Made in the USA
Las Vegas, NV
02 November 2020

10505551R00275

סֵפֶר

לִקּוּטֵי תְּפִלּוֹת

לְנוֹרָא תְהִלּוֹת, כְּלוּלִים מִכָּל טוּב לְבֵית יִשְׂרָאֵל תְּפִלּוֹת, תְּחִנּוֹת וּבַקָּשׁוֹת, וְרִצּוּיִים וּפִיּוּסִים וּוִדּוּיִים וְהִתְעוֹרְרוּת גָּדוֹל לְנַפְשׁוֹ, שֶׁיְּעוֹרֵר הָאָדָם אֶת עַצְמוֹ לִזְכֹּר אֶת אַחֲרִיתוֹ, וְכִסּוּפִים וְגַעְגּוּעִים גְּדוֹלִים וַעֲצוּמִים לְהַשֵּׁם יִתְבָּרַךְ, וְהִשְׁתּוֹקְקוּת נִמְרָץ לַעֲבוֹדָתוֹ וּלְתוֹרָתוֹ יִתְבָּרַךְ, כָּל תְּפִלָּה, כָּל תְּחִנָּה, כָּל בַּקָּשָׁה הַמֻּכְרָח לְכָל אִישׁ וָאִישׁ, אֲשֶׁר יוֹדֵעַ אֶת נִגְעֵי לְבָבוֹ וּמַכְאוֹבָיו, הַכֹּל כַּאֲשֶׁר לַכֹּל יִמָּצֵא בְּתוֹךְ תְּפִלּוֹת וּבַקָּשׁוֹת הַלָּלוּ, אַשְׁרֵי שֶׁיֹּאחַז בָּהֶם, לֹא יָמוּשׁוּ מִפִּיךָ, קָשְׁרֵם עַל לוּחַ לִבֶּךָ לְמַעַן תֶּחְכַּם בְּאַחֲרִיתֶךָ:

מְיֻסָּדִים עַל אַדְנֵי פָּז הַמַּאֲמָרִים הַקְּדוֹשִׁים שֶׁל הַסֵּפֶר הַקָּדוֹשׁ לִקּוּטֵי מוֹהֲרַ"ן. יִסְּדָם אֶחָד הַמְיֻחָד שֶׁבְּתַלְמִידָיו, אֲשֶׁר יָצַק מַיִם עַל יָדָיו, הָרַב הַגָּאוֹן הֶחָסִיד הַמְפֻרְסָם, מוֹרֵנוּ וְרַבֵּנוּ, מְאוֹר עֵינֵינוּ, אֲשֶׁר נָשָׂא אוֹתָנוּ כַּאֲשֶׁר יִשָּׂא הָאוֹמֵן אֶת הַיּוֹנֵק, **מוֹהֲרַ"ר נָתָן, זֵכֶר צַדִּיק וְקָדוֹשׁ לִבְרָכָה,** עַל פִּי פְּקֻדָּתוֹ שֶׁל רַבֵּנוּ הַגָּדוֹל, בַּעַל הַמְחַבֵּר הַלִּקּוּטֵי מוֹהֲרַ"ן, זֵכֶר צַדִּיק וְקָדוֹשׁ לִבְרָכָה, כַּמְבֹאָר בַּהַקְדָּמָה לֵךְ נָא רְאֵה שָׁמָּה:

*

יָצְאוּ בָּרִאשׁוֹנָה לָאוֹר עַל יְדֵי מוֹ"ר מוֹהֲרַ"ר נָתָן, זֵכֶר צַדִּיק וְקָדוֹשׁ לִבְרָכָה, בְּעַצְמוֹ בִּשְׁנַת תקפ"ב לִפְרָט קָטָן, וְכָתַב בְּעַצְמוֹ לִפְרָט "תַּחַת אַהֲבָתִי יִשְׂטְנוּנִי וַ'אֲ'נִ'י תְ'פִ'לָּ'ה.

*

הוּבָא לִדְפוּס עַל־יְדֵי
חֲסִידֵי בְּרֶסְלֶב
עיה"ק יְרוּשָׁלַיִם תובב"א
שְׁנַת תשנ"ו לִפְרָט קָטָן

הכתובת להשיג את הספר הקדוש הזה
וכל ספרי אדמו"ר מוהר"ן מברסלב זי"ע
וספרי תלמידיו הקדושים

בארץ ישראל
יבנאל עיר ברסלב
גליל

בארצות הברית
מתיבתא היכל הקודש – חסידי ברסלב

Mesifta Heichal Hakodesh
1129-42nd street
Brooklyn N.Y. 11219

מוסדות "היכל הקודש" חסידי ברסלב בארץ ובחו"ל
שע"י עמותת "ישמח צדיק – קהילת ברסלב בגליל"
בנשיאות כ"ק מוהרא"ש שליט"א – הצדיק מיבנאל
רח' רבי נחמן מברסלב 1, ת.ד. 421 יבנאל, 15225
טלפון רב קווי: 04-6708356 – פקס: 04-6708359
Web site: www.moharosh.org   E-Mail: breslevcity@gmail.com

הַקְדָּמָה

רַבֵּנוּ זִכְרוֹנוֹ לִבְרָכָה (הוּא אֲדוֹנֵנוּ מוֹרֵנוּ וְרַבֵּנוּ הַגָּאוֹן הַקָּדוֹשׁ אוֹר הַגָּנוּז וְהַצָּפוּן מוֹרֵנוּ הָרַב רַבִּי נַחְמָן זֵכֶר צַדִּיק לִבְרָכָה בַּעַל הַמְחַבֵּר לִקּוּטֵי מוֹהֲרַ"ן) הִזְהִיר אוֹתָנוּ כַּמָּה פְּעָמִים, בְּכַמָּה מִינֵי לְשׁוֹנוֹת, לַעֲשׂוֹת מֵהַתּוֹרוֹת תְּפִלּוֹת. וְאָמַר, שֶׁנַּעֲשֶׂה מִזֶּה שַׁעֲשׁוּעִים גְּדוֹלִים לְמַעְלָה. וְאָמַר, שֶׁעֲדַיִן לֹא עָלוּ שַׁעֲשׁוּעִים כָּאֵלֶּה לִפְנֵי הַשֵּׁם יִתְבָּרַךְ כְּמוֹ אֵלּוּ הַשַּׁעֲשׁוּעִים שֶׁנַּעֲשִׂים מִתְּפִלּוֹת אֵלּוּ שֶׁעוֹשִׂים מִן הַתּוֹרוֹת. וְעוֹד דִּבֵּר מִזֶּה כַּמָּה וְכַמָּה פְּעָמִים עִם כַּמָּה וְכַמָּה בְּנֵי אָדָם:

אָמְנָם לֹא בֵּאֵר הָעִנְיָן הֵיטֵב, אֵיךְ הָיְתָה כַּוָּנָתוֹ הַקְּדוֹשָׁה בָּזֶה, אַךְ מִכְּלַל דְּבָרָיו הֵבַנְנוּ, שֶׁעִקַּר כַּוָּנָתוֹ הָיְתָה בִּפְשִׁיטוּת, שֶׁנִּשְׁתַּדֵּל לְעַיֵּן בַּתּוֹרוֹת הַקְּדוֹשׁוֹת וְהַנּוֹרָאוֹת שֶׁגִּלָּה לָנוּ לְהָבִין וּלְהַשְׂכִּיל כַּוָּנַת אוֹתָהּ הַתּוֹרָה לְמַעֲשֶׂה. (כִּי זֶהוּ הָעִקָּר כִּי לֹא הַמִּדְרָשׁ הוּא הָעִקָּר אֶלָּא הַמַּעֲשֶׂה. כַּמְבֹאָר אֶצְלֵנוּ כְּבָר כַּמָּה פְּעָמִים שֶׁכָּל עִקַּר כַּוָּנַת רַבֵּנוּ הַקָּדוֹשׁ וְהַנּוֹרָא זִכְרוֹנוֹ לִבְרָכָה בְּכָל הַתּוֹרוֹת שֶׁגִּלָּה, הָיָה הַכֹּל רַק בִּשְׁבִיל הַמַּעֲשֶׂה, שֶׁנִּשְׁתַּדֵּל וְנִתְאַמֵּץ וְנִתְחַזֵּק בְּכָל עֹז לִשְׁמֹר וְלַעֲשׂוֹת וּלְקַיֵּם כְּכָל הַנֶּאֱמַר בְּכָל תּוֹרָה וְתוֹרָה), וְנַחְשֹׁב דְּרָכֵנוּ כַּמָּה אָנוּ רְחוֹקִים מֵאֵלּוּ הַדְּבָרִים הַמֻּזְכָּרִים בְּכָל תּוֹרָה וְתוֹרָה, וְנִתְפַּלֵּל וְנַעְתִּיר לַשֵּׁם בְּרִבּוּי הַפְּצָרוֹת וּבַקָּשׁוֹת וְתַחֲנוּנִים שֶׁיְּרַחֵם עָלֵינוּ וִיזַכֵּנוּ, וִיקָרְבֵנוּ בְּרַחֲמָיו הַמְּרֻבִּים, שֶׁנִּזְכֶּה לְקַיֵּם כָּל מַה שֶּׁנֶּאֱמַר שָׁם בְּאוֹתָהּ הַתּוֹרָה, וְנִשְׁפֹּךְ שִׂיחֵנוּ לִפְנֵי הַשֵּׁם יִתְבָּרַךְ עַל כָּל הַדְּבָרִים הַנֶּאֱמָרִים שָׁם, שֶׁנִּזְכֶּה לְקַיְּמָם וּלְהַגִּיעַ אֲלֵיהֶם בִּשְׁלֵמוּת:

וּמִי שֶׁזּוֹכֶה לַעֲסֹק בָּזֶה, לַעֲשׂוֹת מֵהַתּוֹרוֹת תְּפִלּוֹת כַּנַּ"ל, בְּוַדַּאי

יוּכַל תָּמִיד לְפָרֵשׁ שִׂיחָתוֹ לִפְנֵי הַשֵּׁם יִתְבָּרַךְ, וְאֶת כָּל אֲשֶׁר עִם לְבָבוֹ יָשִׂיחַ עַל יְדֵי כָּל תּוֹרָה וְתוֹרָה, כִּי אַף עַל פִּי שֶׁבַּתְּחִלָּה יָכוֹל לִהְיוֹת שֶׁיְּדַמֶּה לוֹ שֶׁהַתּוֹרָה הַזֹּאת אֵינָהּ מְדַבֶּרֶת מֵהֶכְרֵחִיּוּת שֶׁלּוֹ, וּמֵהֶחֶסְרוֹנוֹת וְהַפְּגָמִים שֶׁלּוֹ בְּאוֹתוֹ הָעֵת אַף עַל פִּי כֵן כְּשֶׁיַּתְחִיל לְדַבֵּר עַל יְדֵי אוֹתָהּ הַתּוֹרָה בְּוַדַּאי יַעַזְרֵהוּ הַשֵּׁם יִתְבָּרַךְ וְיוּכַל לְהַכְנִיס כָּל שִׂיחָתוֹ שָׁם, וְאֶת כָּל אֲשֶׁר עִם לְבָבוֹ יוּכַל לְפָרֵשׁ עַל יְדֵי כָּל תּוֹרָה וְתוֹרָה. כִּי דִּבְרֵי רַבֵּנוּ זִכְרוֹנוֹ לִבְרָכָה הֵם כְּלָלִיּוּת גָּדוֹל מְאֹד מְאֹד, וְכָל תּוֹרָה וְתוֹרָה כְּלוּלָה מִכָּל הַתּוֹרָה כֻּלָּהּ וּמִכְּלָלִיּוּת יִשְׂרָאֵל וּמִכְּלָלִיּוּת כָּל הַדְּבָרִים שֶׁבָּעוֹלָם. וְכָל אָדָם כְּמוֹת שֶׁהוּא, בֵּין אִם הוּא בְּתַכְלִית מַדְרֵגָה הָעֶלְיוֹנָה, בֵּין אִם הוּא בְּתַכְלִית דְּיוֹטָא הַתַּחְתּוֹנָה, הַכֹּל כַּאֲשֶׁר לַכֹּל, מֵרֵישׁ כָּל דַּרְגִּין עַד סוֹף כָּל דַּרְגִּין, כֻּלָּם יְכוֹלִים לִמְצֹא עַצְמָם, עִם כָּל בְּחִינוֹתֵיהֶם, בְּתוֹךְ כָּל תּוֹרָה וְתוֹרָה שֶׁל רַבֵּנוּ הַקָּדוֹשׁ וְהַנּוֹרָא זִכְרוֹנוֹ לִבְרָכָה. וְעַל כֵּן עַל יְדֵי כָּל תּוֹרָה וְתוֹרָה יוּכַל כָּל אָדָם שֶׁבָּעוֹלָם בְּכָל עֵת וּבְכָל זְמַן לְפָרֵשׁ שִׂיחָתוֹ יִהְיֶה אֵיךְ שֶׁיִּהְיֶה:

וְגַם עַל פִּי פְּשׁוּטוֹ יְכוֹלִים לְהָבִין זֹאת, שֶׁיְּכוֹלִין לְפָרֵשׁ שִׂיחָתוֹ עַל יְדֵי כָּל תּוֹרָה וְתוֹרָה. לְמָשָׁל, הַתּוֹרָה בַּחֲצוֹצְרוֹת וְקוֹל שׁוֹפָר (בְּסִימָן ה׳ בְּלִקּוּטֵי מוֹהֲרַ"ן א׳), שֶׁמַּתְחֶלֶת כִּי חַיָּב כָּל אָדָם לוֹמַר בִּשְׁבִילִי נִבְרָא הָעוֹלָם, נִמְצָא כְּשֶׁהָעוֹלָם נִבְרָא בִּשְׁבִילִי צָרִיךְ אֲנִי לִרְאוֹת וּלְעַיֵּן בְּכָל עֵת בְּתִקּוּן הָעוֹלָם וּלְמַלְּאוֹת חֶסְרוֹן הָעוֹלָם וּלְהִתְפַּלֵּל בַּעֲבוּרָם וְכוּ׳. וּצְרִיכִים לֵידַע אִם הוּא קֹדֶם גְּזַר דִּין אוֹ אַחַר גְּזַר דִּין כְּדֵי לֵידַע אֵיךְ לְהִתְפַּלֵּל וְכוּ׳ עַיֵּן שָׁם. וְהִנֵּה מֵהַתּוֹרָה הַזֹּאת דִּבֵּר רַבֵּנוּ הַקָּדוֹשׁ זִכְרוֹנוֹ לִבְרָכָה בְּעַצְמוֹ עִם אֲנָשִׁים מֵאֲנָשָׁיו, לְעִנְיַן תְּפִלָּה, שֶׁהִזְהִיר אוֹתָם לַעֲשׂוֹת מֵהַתּוֹרוֹת תְּפִלּוֹת, וְלִמֵּד אוֹתָם סֵדֶר תְּפִלָּה, וְתָפַס לָהֶם לְדוּגְמָא תּוֹרָה הַזֹּאת, וְהוֹרָה

אוֹתָם בִּפְשִׁיטוּת, שֶׁיַּתְחִילוּ לְהִסְתַּכֵּל עַל עַצְמוֹ כַּמָּה הֵם רְחוֹקִים מִכָּל זֶה, כִּי כָּל אֶחָד מְחֻיָּב לוֹמַר כָּל הָעוֹלָם לֹא נִבְרָא אֶלָּא בִּשְׁבִילִי, וּלְהִתְפַּלֵּל עַל חֶסְרוֹן הָעוֹלָם, וְלֵידַע אִם הוּא קֹדֶם גְּזַר דִּין אוֹ לְאַחַר גְּזַר דִּין. וְאִם כֵּן עַתָּה יִסְתַּכֵּל עַל עַצְמוֹ כַּמָּה הוּא רָחוֹק מִכָּל זֶה, וְיִתְפַּלֵּל וְיַעְתִּיר לְהַשֵּׁם יִתְבָּרַךְ שֶׁיִּזְכֶּה לְהַגִּיעַ לְכָל זֶה. וְשָׁאֲלוּ אוֹתוֹ אָז, כִּי אֵין זֶה צָרִיךְ לָנוּ עַכְשָׁיו כִּי אָנוּ רְחוֹקִים עַכְשָׁיו לְהִתְפַּלֵּל עַל זֶה לְפִי מַדְרֵגָתֵנוּ עַכְשָׁיו. הֵשִׁיב לָהֶם, הֲלֹא יִשְׁמְעוּ אָזְנֵיכֶם מַה שֶּׁפִּיכֶם מְדַבֵּר בְּהַתּוֹרָה הַזֹּאת, כִּי הֲלֹא מְבֹאָר כָּאן, שֶׁכָּל אָדָם מְחֻיָּב לוֹמַר כָּל הָעוֹלָם לֹא נִבְרָא אֶלָּא בִּשְׁבִילִי, וְאִם כֵּן הַחוֹב מֻטָּל עַל כָּל אֶחָד וְאֶחָד בְּהֶכְרֵחַ וְאֵינוֹ יָכוֹל לִפְטֹר עַצְמוֹ מִזֶּה וְכוּ'. כַּדְּבָרִים הָאֵלֶּה נִשְׁמַע מִפִּיו הַקָּדוֹשׁ זִכְרוֹנוֹ לִבְרָכָה בְּעַצְמוֹ:

וְהִנֵּה בֶּאֱמֶת אִם יְזַכֵּנוּ הַשֵּׁם יִתְבָּרַךְ לְקַיֵּם דְּבָרָיו כִּפְשׁוּטוֹ, עַל פִּי הַדֶּרֶךְ הַמְבֹאָר כָּאן בִּפְשִׁיטוּת, בְּוַדַּאי יוּכַל כָּל אֶחָד וְאֶחָד לְפָרֵשׁ שִׂיחָתוֹ, עַל פִּי דֶּרֶךְ זֶה עַל יְדֵי כָּל תּוֹרָה וְתוֹרָה. כִּי אֲפִלּוּ אִם יִהְיֶה הַפָּחוּת שֶׁבַּפְּחוּתִים וְהַקַּל שֶׁבַּקַּלִּים, וַאֲפִלּוּ אִם עָבַר מַה שֶּׁעָבַר חַס וְשָׁלוֹם, אִם יִתְעוֹרֵר בֶּאֱמֶת לָשׁוּב אֶל ה', וְיַתְחִיל לִשְׁפֹּךְ שִׂיחוֹ לִפְנֵי הַשֵּׁם יִתְבָּרַךְ, יוּכַל לְפָרֵשׁ עַל יְדֵי זֶה דַּיְקָא כָּל אֲשֶׁר עִם לְבָבוֹ. כִּי יַתְחִיל לוֹמַר בְּמַר נַפְשׁוֹ, הֲלֹא בִּשְׁבִילִי נִבְרָא הָעוֹלָם, כִּי כָּךְ הִזְהִירוּ אוֹתָנוּ חֲכָמֵינוּ זִכְרוֹנָם לִבְרָכָה שֶׁהוּא חִיּוּב עַל כָּל אָדָם לוֹמַר כָּךְ שֶׁכָּל הָעוֹלָם לֹא נִבְרָא אֶלָּא בִּשְׁבִילִי, וְכַמָּה וְכַמָּה אֲנִי רָחוֹק עַכְשָׁיו מִזֶּה. וְאַף שֶׁיְּדַמֶּה לְפִי דַּעְתּוֹ שֶׁהוּא רָחוֹק מְאֹד מְאֹד מִזֶּה בְּלִי שִׁעוּר, עַד אֲשֶׁר אֵין רָאוּי לוֹ לְדַבֵּר כְּלָל מִזֶּה שֶׁבִּשְׁבִילוֹ נִבְרָא הָעוֹלָם, לְפִי מַדְרֵגָתוֹ הַפְּחוּתָה וְהַשְּׁפָלָה שֶׁיּוֹדֵעַ בְּנַפְשׁוֹ, אַף עַל פִּי כֵן אַדְּרַבָּא עַל יְדֵי זֶה דַּיְקָא יוּכַל לִשְׁפֹּךְ שִׂיחוֹ

בְּיוֹתֵר. כִּי הֲלֹא בֶּאֱמֶת לַאֲמִתּוֹ בְּוַדַּאי הַחִיּוּב עָלָיו לוֹמַר כָּךְ שֶׁבִּשְׁבִילוֹ נִבְרָא הָעוֹלָם, כְּמוֹ שֶׁאָמְרוּ רַבּוֹתֵינוּ זִכְרוֹנָם לִבְרָכָה חַיָּב כָּל אָדָם לוֹמַר וְכוּ׳, כָּל אָדָם דַּיְקָא יִהְיֶה מִי שֶׁיִּהְיֶה, רַק שֶׁהוּא נִתְרַחֵק כָּל כָּךְ עַד שֶׁקָּשֶׁה לוֹ לְדַבֵּר מִזֶּה, אִם כֵּן אֵיפוֹא אַדְּרַבָּא עַל יְדֵי זֶה דַּיְקָא, יִשְׁפֹּךְ לִבּוֹ כַּמַּיִם נֹכַח פְּנֵי יְהֹוָה, כְּשֶׁיִּסְתַּכֵּל עַל עַצְמוֹ כַּמָּה הוּא רָחוֹק מִזֶּה עַל יְדֵי מַעֲשָׂיו וְכוּ׳, וְדַיְקָא עַל יְדֵי זֶה יִכְנוֹס בַּדְּבָרִים עַד שֶׁיּוּכַל לְדַבֵּר וּלְפָרֵשׁ כָּל לִבּוֹ, אֶת כָּל נִגְעֵי לְבָבוֹ וּמַכְאוֹבֵי נַפְשׁוֹ בְּאוֹתוֹ הָעֵת. וְכַיּוֹצֵא בָּזֶה בְּכָל דָּבָר וְדָבָר מִתּוֹרָה הַזֹּאת, כִּי אַחַר כָּךְ יִסְתַּכֵּל לְהַלָּן בַּתּוֹרָה הַזֹּאת, שֶׁמְּבֹאָר שָׁם, אֵיךְ לֵידַע בֵּין קֹדֶם גְּזַר דִּין לְאַחַר גְּזַר דִּין, הוּא עַל יְדֵי שִׂמְחָה שֶׁל מִצְוָה לַעֲשׂוֹת הַמִּצְוָה בְּשִׂמְחָה גְּדוֹלָה מֵהַמִּצְוָה בְּעַצְמָהּ וְכוּ׳ עַיֵּן שָׁם. וְיַתְחִיל לְהִתְפַּלֵּל עַל זֶה, וּלְהִסְתַּכֵּל עַל עַצְמוֹ כַּמָּה הוּא רָחוֹק מִזֶּה, וְיִטְעוֹן טַעֲנוֹת וְהַפְצָרוֹת לִפְנֵי הַשֵּׁם יִתְבָּרַךְ שֶׁיְּזַכֵּהוּ לְהַגִּיעַ לָזֶה. וּכְמוֹ כֵן לְהַלָּן יוֹתֵר, שֶׁמְּבֹאָר שָׁם אֵיךְ לִזְכּוֹת לְשִׂמְחָה וְכוּ׳ שֶׁהוּא עַל יְדֵי רְעָמִים עַל יְדֵי שֶׁמַּפְשִׁיטִין עִקְמִימוּת שֶׁבַּלֵּב וְכוּ׳ וּרְעָמִים הֵם הַתְּפִלָּה בְּכֹחַ וְכוּ׳ וְלִזְכּוֹת לָזֶה צְרִיכִין לְפַנּוֹת הַמֹּחַ מִמַּחֲשָׁבוֹת זָרוֹת מֵחָמֵץ שֶׁלֹּא יַחְמִיץ אֶת מֹחוֹ בְּתַאֲווֹת וְהִרְהוּרִים, וְיִגְעוֹר בְּהַמַּחְשָׁבוֹת זָרוֹת כְּמוֹ שֶׁכָּתוּב גְּעַר חַיַּת קָנֶה וְכוּ׳ שֶׁזֶּה בְּחִינַת מַצָּה וְכוּ׳, וְצָרִיךְ לִשְׁמֹר עַצְמוֹ מִיִּרְאוֹת חִיצוֹנִיּוֹת וְכוּ׳, וְהָעִקָּר, לִשְׁמֹר עַצְמוֹ מֵחָמֵץ, שֶׁלֹּא יַחְמִיץ מַחֲשַׁבְתּוֹ בְּשׁוּם מַחֲשָׁבָה חִיצוֹנָה כְּלָל וְכוּ׳, וְצָרִיךְ שֶׁיִּהְיֶה לוֹ אֱמוּנַת חֲכָמִים, וּלְהַאֲמִין שֶׁכָּל הַמַּחֲלֹקֶת שֶׁיֵּשׁ בֵּין הַצַּדִּיקִים הַשְּׁלֵמִים הוּא רַק בִּשְׁבִילוֹ, כְּדֵי שֶׁיִּקַּח לְעַצְמוֹ תּוֹכָחָה וּמוּסָר עַל שֶׁפָּגַם בְּטִפֵּי מֹחוֹ, שֶׁעַל זֶה נֶאֱמַר ״כָּל בָּאֶיהָ לֹא יְשׁוּבוּן וְלֹא יַשִּׂיגוּ אָרְחוֹת חַיִּים״, כְּדֵי שֶׁיִּזְכֶּה לָשׁוּב מִמָּוֶת לְחַיִּים, מֵחָמֵץ לְמַצָּה וְכוּ׳ וְעַל כֵּן אָסוּר לוֹ שֶׁיִּהְיֶה קָשֶׁה לוֹ שׁוּם קֻשְׁיָא עַל

הַמַּחֲלֹקֶת שֶׁבֵּין הַצַּדִּיקִים הָאֲמִתִּיִּם, רַק לְהַאֲמִין בְּכֻלָּם בֶּאֱמוּנָה שְׁלֵמָה וְכוּ'. עַיֵּן שָׁם כָּל הַתּוֹרָה הַנַּ"ל, וְהִנֵּה עַל כָּל הַדְּבָרִים הָאֵלֶּה צָרִיךְ לִשְׁפֹּךְ שִׂיחוֹ בִּתְחִנּוֹת וּבַקָּשׁוֹת הַרְבֵּה שֶׁיִּזְכֶּה לְהַגִּיעַ לְכָל זֶה. כִּי כַּמָּה וְכַמָּה תְּפִלּוֹת וּתְחִנּוֹת צָרִיךְ הָאָדָם לְהִתְפַּלֵּל שֶׁיִּזְכֶּה לְפַנּוֹת הַמֹּחַ מִמַּחֲשָׁבוֹת זָרוֹת וְהִרְהוּרִים וְשֶׁלֹּא יַחְמִיץ אֶת מֹחוֹ בְּתַאֲוֹת וּבְחָכְמוֹת חִיצוֹנִיּוֹת וְהִרְהוּרִים חַס וְשָׁלוֹם. כִּי כִּמְעַט כָּל אָדָם נִלְכָּד בָּזֶה מְאֹד, וּצְרִיכִין לְבַקֵּשׁ הַרְבֵּה מֵהַשֵּׁם יִתְבָּרַךְ לְהִנָּצֵל מִזֶּה וְשֶׁיִּזְכֶּה לְמַחְשָׁבוֹת זַכּוֹת וּקְדוֹשׁוֹת, וְכֵן כַּמָּה צְרִיכִין לְהִתְפַּלֵּל לִזְכּוֹת לִתְפִלָּה בְּכַוָּנָה וּבְכֹחַ וְכוּ' וְכַיּוֹצֵא בָּזֶה בְּכָל הַדְּבָרִים הַנֶּאֱמָרִים שָׁם בַּתּוֹרָה הַזֹּאת. וְכֵן בְּכָל תּוֹרָה וְתוֹרָה. וּמַשְׂכִּיל עַל דָּבָר יוּכַל לְהָבִין מֵעַצְמוֹ דְּבָרִים הַרְבֵּה מִתּוֹךְ דְּבָרִים אֵלּוּ, וְגַם כִּי הַבָּא לִטָּהֵר מְסַיְּעִין לוֹ מִן הַשָּׁמַיִם. וְאִם יָכִין לִבּוֹ, יִהְיֶה הַשֵּׁם יִתְבָּרַךְ בְּעֶזְרוֹ וְיַזְמִין וְיִשְׁלַח לוֹ דִּבּוּרִים הַרְבֵּה בְּפִיו, שֶׁיּוּכַל לְפָרֵשׁ כָּל לְבָבוֹ בְּכָל עֵת עַל יְדֵי כָּל מַאֲמָר וּמַאֲמָר:

עַל כֵּן מִי שֶׁרוֹצֶה לָחוּס עַל נַפְשׁוֹ וּלְהִסְתַּכֵּל עַל תַּכְלִיתוֹ הַנִּצְחִי בֶּאֱמֶת לַאֲמִתּוֹ וְרוֹצֶה לְהִתְקָרֵב לְהַשֵּׁם יִתְבָּרַךְ בֶּאֱמֶת, וְזֶה יָדוּעַ וּבָרוּר שֶׁאִי אֶפְשָׁר לְהִתְקָרֵב לְהַשֵּׁם יִתְבָּרַךְ דְּהַיְנוּ לְשַׁבֵּר וּלְבַטֵּל כָּל הַמִּדּוֹת רָעוֹת וְלִזְכּוֹת לְכָל הַמִּדּוֹת טוֹבוֹת, וְלֵילֵךְ בִּדְרָכָיו יִתְבָּרַךְ, זֶה אִי אֶפְשָׁר כִּי אִם עַל יְדֵי תְּפִלָּה וְתַחֲנוּנִים וְשַׁוְעָה וּזְעָקָה וּצְעָקָה לְהַשֵּׁם יִתְבָּרַךְ יָמִים וְשָׁנִים הַרְבֵּה, וְכָל הַצַּדִּיקִים וְהַכְּשֵׁרִים אֲמִתִּיִּם לֹא זָכוּ לְמַדְרֵגָתָם, כִּי אִם עַל יְדֵי זֶה, עַל יְדֵי תְּפִלָּה וְתַחֲנוּנִים, כַּמְבֹאָר אֶצְלֵנוּ כְּבָר כַּמָּה פְּעָמִים, אֲבָל גַּם זֶה בְּעַצְמוֹ קָשֶׁה וְכָבֵד לָאָדָם, דְּהַיְנוּ לְהַרְבּוֹת בִּתְפִלָּה וְתַחֲנוּנִים, כִּי עַל פִּי רֹב אֵין מִלָּה בִּלְשׁוֹנוֹ לְדַבֵּר וּלְפָרֵשׁ שִׂיחָתוֹ, אֲבָל עַל פִּי הַדֶּרֶךְ הַנַּ"ל לַעֲשׂוֹת מֵהַתּוֹרוֹת תְּפִלּוֹת כַּנַּ"ל, עַל יְדֵי

זֶה בְּקַל יוּכַל לְפָרֵשׁ כָּל שִׂיחָתוֹ כָּל אֲשֶׁר עִם לְבָבוֹ כַּנַּ"ל. אַךְ גַּם עַל זֶה יֵשׁ מְנִיעוֹת וּכְבֵדוּת הַרְבֵּה, כִּי לַאו כָּל אָדָם בָּקִי כָּל כָּךְ בְּדִבְרֵי רַבֵּנוּ זִכְרוֹנוֹ לִבְרָכָה עַד שֶׁיּוּכַל לַעֲשׂוֹת מֵהַתּוֹרוֹת תְּפִלּוֹת וְכַיּוֹצֵא בָּזֶה שְׁאָר מְנִיעוֹת רַבּוֹת. עַל כֵּן שַׂמְתִּי אֶל לִבִּי לְהַעְתִּיק מֵהַתְּפִלּוֹת שֶׁרָשַׁמְתִּי לְעַצְמִי כַּאֲשֶׁר פָּקַד עָלַי רַבֵּנוּ זִכְרוֹנוֹ לִבְרָכָה שֶׁטּוֹב לִכְתּוֹב לְעַצְמוֹ הַתְּפִלּוֹת כְּשֶׁזּוֹכִין לְאֵיזֶה תְּפִלָּה סְדוּרָה, כְּדֵי שֶׁיּוּכַל לְאָמְרָהּ גַּם בְּפַעַם אַחֵר, וְכֵן עָשִׂיתִי. אַחַר כָּךְ רָאִיתִי שֶׁטּוֹב לְהַעְתִּיקָם בִּלְשׁוֹן כְּלָלִיּוּת בְּאוֹפֶן שֶׁיִּהְיוּ שָׁוִין לְכָל נֶפֶשׁ, וּלְמָסְרָם לְאַנְשֵׁי שְׁלוֹמֵנוּ לְבַל אֶמְנַע הַטּוֹב מִבְּעָלָיו. כִּי רָאִיתִי כִּי הֵם כְּלָלִיּוּת גָּדוֹל מְאֹד. וְהֵם דְּבָרִים הַצְּרִיכִים לְכָל נֶפֶשׁ, לְכָל אֶחָד וְאֶחָד לְפִי מַדְרֵגָתוֹ, כֻּלָּם צְרִיכִים לָהֶם לְמִגָּדוֹל וְעַד קָטָן. וְאֵין שׁוּם דָּבָר שֶׁחָסֵר לָאָדָם בְּעִנְיַן עֲבוֹדַת יְ"יָ שֶׁלֹּא יִמְצָא בַּתְּפִלּוֹת הַלָּלוּ. וְכַאֲשֶׁר הֶעְתַּקְתִּי קְצָתָם, וּמְסַרְתִּים לִקְצַת אֲנָשִׁים הוּטְבוּ בְּעֵינֵיהֶם מְאֹד מְאֹד וְהִפְצִירוּ בִּי לְהַעְתִּיק לָהֶם כֻּלָּם. אִם אָמְנָם לִבִּי הָלַךְ אָנֶה וָאָנָה בָּזֶה, עִם כָּל זֶה מָסַרְתִּי עַצְמִי לַשֵּׁם יִתְבָּרַךְ לְבַד וְסָמַכְתִּי עָלָיו לְבַד, כִּרְצוֹנוֹ יִתְבָּרַךְ הַטּוֹב וְכִרְצוֹן רַבֵּנוּ זִכְרוֹנוֹ לִבְרָכָה כֵּן אֶעֱשֶׂה:

וְהִנֵּה מַעֲלַת אֵלּוּ הַתְּפִלּוֹת יָבִין כָּל מַשְׂכִּיל הֶחָפֵץ בָּאֱמֶת וּבִתְמִימוּת, כִּי תְּפִלּוֹת כָּאֵלּוּ עֲדַיִן לֹא הָיוּ בָּעוֹלָם, וְהֵם מְלֵאִים כָּל טוּב לְבֵית יִשְׂרָאֵל. תְּפִלּוֹת תְּחִנּוֹת וּבַקָּשׁוֹת וְהַפְצָרוֹת וְרִצּוּיִים וּפִיּוּסִים וּוִדּוּיִם וּטְעָנוֹת וַאֲמַתְלָאוֹת וּצְעָקוֹת וְשַׁוְעוֹת וּזְעָקוֹת גְּדוֹלוֹת לַשֵּׁם יִתְבָּרַךְ, לְעוֹרֵר רַחֲמָיו הַמְרֻבִּים עָלֵינוּ שֶׁיְּקָרְבֵנוּ לַעֲבוֹדָתוֹ יִתְבָּרַךְ חִישׁ קַל מְהֵרָה. וְגַם כָּלוּל בָּהֶם הִתְעוֹרְרוּת גָּדוֹל שֶׁיֹּאמַר הָאָדָם לְנַפְשׁוֹ, שֶׁיְּעוֹרֵר אֶת עַצְמוֹ לְבַל יַעֲבֹר עוֹלָמוֹ בְּשֵׁנָה חַס וְשָׁלוֹם, כִּי הַדִּבּוּר יֵשׁ לוֹ כֹּחַ גָּדוֹל לְעוֹרֵר

אֶת הָאָדָם, וְעַל כֵּן אֲפִלּוּ הַדְּבָרִים שֶׁהָאָדָם בְּעַצְמוֹ יוֹדֵעַ אוֹתָם, אַף עַל פִּי כֵן כְּשֶׁיֹּאמְרֵם בְּפִיו וִיעוֹרֵר אֶת עַצְמוֹ, עַל יְדֵי זֶה יִתְחַזֵּק וְיִתְגַּבֵּר וְיִשְׁתּוֹקֵק בְּיוֹתֵר לְהִתְקָרֵב לְהַשֵּׁם יִתְבָּרַךְ, עַד שֶׁיִּזְכֶּה לִתְשׁוּבָה שְׁלֵמָה בֶּאֱמֶת. וּמִי שֶׁיִּהְיֶה רָגִיל בִּתְפִלּוֹת אֵלּוּ בֶּאֱמֶת וּבִתְמִימוּת, בְּוַדַּאי יִזְכֶּה לְחַיֵּי עוֹלָם:

אַךְ טוֹב אֲשֶׁר תֶּאֱחֹז בָּזֶה וְגַם מִזֶּה אַל תַּנַּח יָדֶךָ, דְּהַיְנוּ לַעֲסוֹק בְּכָל יוֹם בְּהִתְבּוֹדְדוּת וּלְפָרֵשׁ שִׂיחָתוֹ לִפְנֵי הַשֵּׁם יִתְבָּרַךְ אֶת כָּל אֲשֶׁר עִם לְבָבוֹ בִּלְשׁוֹן אַשְׁכְּנַז [מובן שכוונתו רק לבני עדות אשכנז כמובא בליקו"מ ח"ב סימן ק"כ] (כַּמְבֹאָר בִּסְפָרָיו הַקְּדוֹשִׁים כַּמָּה פְּעָמִים), וְלַעֲשׂוֹת בְּעַצְמוֹ מֵהַתּוֹרוֹת תְּפִלּוֹת כַּנַּ"ל. כִּי אִי אֶפְשָׁר לְבָאֵר בִּכְתָב כָּל הִצְטָרְכוּת הָאָדָם בִּפְרָטִיּוּת, וּבִפְרָט לְפִי הַשִּׁנּוּיִים שֶׁנַּעֲשִׂים בָּאָדָם בְּכָל עֵת וּזְמַן, וּכְבָר הִזְהִיר רַבֵּנוּ זִכְרוֹנוֹ לִבְרָכָה כַּמָּה פְּעָמִים לוֹמַר תְּחִנּוֹת וּבַקָּשׁוֹת הַרְבֵּה בְּכָל יוֹם, כָּל מִינֵי תְּחִנּוֹת הַנִּמְצָאִים בְּאֵיזֶה סִדּוּר מִסִּדּוּרִים הַגְּדוֹלִים אוֹ בְּשַׁעֲרֵי צִיּוֹן וּבִשְׁאָר מְקוֹמוֹת, מִכָּל שֶׁכֵּן וְכָל שֶׁכֵּן לַעֲסוֹק בְּסֵפֶר תְּהִלִּים, וּמִי שֶׁרוֹצֶה לְקַיֵּם דְּבָרָיו הַקְּדוֹשִׁים, וְלַעֲסוֹק בִּתְפִלּוֹת, לִזְכּוֹת לְחַיֵּי עוֹלָם, בְּוַדַּאי יֶעֱרַב לְנַפְשׁוֹ מְאֹד מְאֹד אֵלּוּ הַתְּפִלּוֹת כִּי אֵין שׁוּם תְּפִלּוֹת בָּעוֹלָם שֶׁיּוּכַל הָאָדָם לִמְצוֹא אֶת עַצְמוֹ בָּהֶם כְּמוֹ בְּאֵלּוּ הַתְּפִלּוֹת הַמְדַבְּרִים מִכָּל הַמִּדּוֹת וּמִכָּל הַדְּבָרִים שֶׁבָּעוֹלָם, וְכַאֲשֶׁר יִרְאֶה הָרוֹאֶה בְּעֵינָיו, אַשְׁרֵי שֶׁיֹּאחַז בָּהֶם:

וְהִנֵּה לֹא נִפְלֵאת הוּא לְחַבֵּר תְּפִלּוֹת חֲדָשׁוֹת. כִּי כְּבָר קַדְמוֹנֵי בָּזֶה כַּמָּה וְכַמָּה גְּדוֹלִים וּקְטַנִּים, אֲשֶׁר חִבְּרוּ וְיָסְדוּ כַּמָּה תְּפִלּוֹת, כְּמוֹ בְּסֵפֶר שַׁעֲרֵי צִיּוֹן שֶׁנִּמְצָאִים כַּמָּה תְּפִלּוֹת שֶׁחִבְּרוּ הָאַחֲרוֹנִים, וְכֵן בְּהַסִּדּוּרִים הַגְּדוֹלִים וּבִשְׁאָר סְפָרִים. וְגַם בְּיָמֵינוּ נִתְחַבְּרוּ כַּמָּה וְכַמָּה תְּפִלּוֹת חֲדָשׁוֹת, וְגַם יֵשׁ כַּמָּה וְכַמָּה סְפָרִים

שְׁלֵמִים שֶׁל תְּפִלּוֹת, רַק שֶׁאֵינָם מְצוּיִים בֵּינֵינוּ, כַּמּוּבָא בְּסוֹף סֵפֶר סֵדֶר הַדּוֹרוֹת בְּתוֹךְ שְׁמוֹת הַסְּפָרִים, שֶׁמֵּבִיא שָׁם סְפָרִים הַרְבֵּה שֶׁל תְּפִלּוֹת שֶׁאֵינָם מְצוּיִים כָּל כָּךְ בֵּינֵינוּ. וְגַם כָּל הַפִּיּוּטִים וְהַסְּלִיחוֹת וּזְמִירוֹת רֻבָּם כְּכֻלָּם לֹא יָצְאוּ מִפִּי הַקַּדְמוֹנִים מִנְּבִיאִים וְתַנָּאִים וּבַעֲלֵי רוּחַ הַקֹּדֶשׁ, כִּי אִם מִפִּי הָאַחֲרוֹנִים שֶׁהָיוּ זְמַן רַב אַחַר שֶׁפָּסְקָה רוּחַ הַקֹּדֶשׁ מִיִּשְׂרָאֵל. כִּי מוּבָן לְכָל מַשְׂכִּיל, שֶׁאֵין אִסּוּר לְחַבֵּר תְּפִלּוֹת מִי שֶׁאֵינוֹ בְּמַדְרֵגַת בְּנֵי עֲלִיָּה בַּעֲלֵי רוּחַ הַקֹּדֶשׁ, כְּמוֹ שֶׁשְּׁאָר מְחַבְּרֵי סְפָרִים אֵין חִיּוּב שֶׁיִּהְיוּ בַּעֲלֵי רוּחַ הַקֹּדֶשׁ. כִּי לֹא בַשָּׁמַיִם הִיא, אַדְרַבָּא בְּחִבּוּרֵי תְּפִלּוֹת אֵין שׁוּם אַחֲרָיוּת וְאֵין בּוֹ חֲשָׁשׁ סַכָּנָה כְּמוֹ בִּשְׁאָרֵי סְפָרִים שֶׁמְּחַבְּרִים, כְּמוֹ בְּעִנְיַן הוֹרָאַת אִסּוּר וְהֶתֵּר וְדִינֵי מָמוֹנוֹת, שֶׁיֵּשׁ בָּהֶם סַכָּנָה גְּדוֹלָה לִמְחַבְּרָם, שֶׁלֹּא יִכָּשֵׁל בִּדְבַר הֲלָכָה חַס וְשָׁלוֹם, שֶׁלֹּא יֹאמַר עַל טָמֵא טָהוֹר חַס וְשָׁלוֹם וְכוּ'. וְכֵן בְּסִפְרֵי מְפָרְשִׁים וּמְבָאֲרִים יֵשׁ גַּם כֵּן חֲשָׁשׁ שֶׁלֹּא יֹאמַר שֶׁלֹּא כַּהֲלָכָה, וְלֹא יְכַוֵּן הַפֵּרוּשׁ וְהַבֵּאוּר הָאֱמֶת, וְאַף עַל פִּי כֵן הַחִיּוּב עַל כָּל בַּעַל תּוֹרָה לְחַבֵּר סְפָרִים, כְּפִי אֲשֶׁר תַּשִּׂיג יָדוֹ, כַּאֲשֶׁר הֶאֱרִיכוּ בָּזֶה בְּכַמָּה סִפְרֵי קֹדֶשׁ. וְאָסוּר לִמְנוֹעַ עַצְמוֹ מֵחֲמַת חֲשַׁשׁ סַכָּנוֹת כַּנַּ"ל, כִּי לֹא בַשָּׁמַיִם הִיא. וַאֲנַחְנוּ מְחֻיָּבִים לַעֲשׂוֹת הַמֻּטָּל עָלֵינוּ, לְבָרֵר וּלְלַבֵּן הַהֲלָכָה כְּפִי יְכָלְתֵּנוּ, וּלְהַטּוֹת דַּעְתֵּנוּ וְשִׂכְלֵנוּ אֶל נְקֻדַּת הָאֱמֶת תָּמִיד, וַה' הַטּוֹב בְּעֵינָיו יַעֲשֶׂה, וְאֶת כָּל אֲשֶׁר יַזְמִין לָנוּ הַשֵּׁם יִתְבָּרַךְ בְּשִׂכְלֵנוּ אֵיזֶה חִדּוּשׁ וּבֵאוּר, אָנוּ מְחֻיָּבִים לְבָאֵר עַל סֵפֶר, וּלְהָפִיץ מַעְיְנוֹתֵינוּ חוּצָה, וּלְהֵטִיב מִטּוּבֵנוּ לַאֲחֵרִים. וְלִבְלִי לִמְנֹעַ הַטּוֹב מִבְּעָלָיו מֵחֲמַת חֲשָׁשׁוֹת וּמָרָה שְׁחוֹרוֹת כָּאֵלּוּ, כִּי אֵין הַקָּדוֹשׁ בָּרוּךְ הוּא בָּא בִּטְרוּנְיָא עִם בְּרִיּוֹתָיו וְלֹא נִתְּנָה תּוֹרָה לְמַלְאֲכֵי הַשָּׁרֵת. מִכָּל שֶׁכֵּן וְכָל שֶׁכֵּן בְּעִנְיְנֵי חִבּוּרֵי תְּפִלּוֹת שֶׁאֵין יוֹצֵא מֵהֶם הוֹרָאָה וְדִין וְלֹא בֵּאוּר וּפֵרוּשׁ, בְּוַדַּאי אֵין לִמְנוֹעַ מִלְּחַבְּרָם, אַף מִי שֶׁאֵינוֹ גָּדוֹל בְּמַעֲלָה.

בִּפְרָט תְּפִלּוֹת כָּאֵלּוּ שֶׁנִּתְיַסְּדוּ עַל יְסוֹד חָזָק וְקַיָּם, יְסוֹד מוּסָד, וְיֵשׁ לָהֶם עַל מַה שֶׁיִּסְמוֹכוּ תְּהִלָּה לָאֵל, כִּי כֻּלָּם בְּנוּיִם וּמְיֻסָּדִים עַל אַדְנֵי פָּז, עַל דִּבְרֵי תּוֹרָתוֹ הַקְּדוֹשָׁה שֶׁל רַבֵּנוּ הַגָּדוֹל וְהַקָּדוֹשׁ וְהַנּוֹרָא, זֵכֶר צִדְקָתוֹ וּקְדֻשָּׁתוֹ לִבְרָכָה, אֲשֶׁר כָּל דְּבָרָיו כֻּלָּם נֶאֶמְרוּ בְּרוּחַ הַקֹּדֶשׁ, בְּמַדְרֵגָה גְּבוֹהָה מְאֹד מְאֹד. וּמִי שֶׁיְּעַיֵּן בִּסְפָרָיו הַקְּדוֹשִׁים וּבְשִׂיחוֹתָיו הַקְּדוֹשׁוֹת יָבִין מְעַט מַה מְּאֹד עָמְקוּ מַחְשְׁבוֹתָיו, וְעַד הֵיכָן דְּבָרָיו מַגִּיעִים, וְאֵין לְהַאֲרִיךְ בָּזֶה כָּאן. עַל כֵּן כָּל תְּפִלּוֹת אֵלּוּ, מִמָּקוֹם קָדוֹשׁ יִתְהַלָּכוּ, נוֹבְעִים וְיוֹצְאִים מִמַּעְיָן הַקָּדוֹשׁ הַיּוֹצֵא מִבֵּית ה׳, הַמָּלֵא עַל כָּל גְּדוֹתָיו עֵצוֹת עֲמֻקּוֹת נִפְלָאוֹת וְנוֹרָאוֹת לַעֲבוֹדַת הַבּוֹרֵא יִתְבָּרַךְ, "מַיִם עֲמֻקִּים עֵצָה בְּלֶב אִישׁ". הֵן עַל כָּל אֵלֶּה הֻכְרַחְתִּי לְמַלְאוֹת רְצוֹן חַבְרֵי הַחֲרֵדִים לְדִבְרֵי ה׳, הַמִּתְאַוִּים וּמִשְׁתּוֹקְקִים לִתְפִלּוֹת אֵלּוּ, לְהַעְתִּיקָם וּלְהַדְפִּיסָם, לְהָאִירָם עַל פְּנֵי תֵבֵל, לְחַלְּקָם בְּיַעֲקֹב וְלַהֲפִיצָם בְּיִשְׂרָאֵל. וְדַי בְּהִתְנַצְּלוּת זֹאת לְכָל חָפֵץ בֶּאֱמֶת וַה׳ אֱלֹהִים אֱמֶת, יִתֵּן אֱמֶת לְיַעֲקֹב, וְיוֹרֵנוּ וְיַדְרִיכֵנוּ בְּדֶרֶךְ הָאֱמֶת תָּמִיד. וְיַטֶּה לְבָבֵנוּ אֵלָיו לְעָבְדוֹ בֶּאֱמֶת, עַד יוּכַן בְּחֶסֶד כִּסֵּא דָוִד, וְיֵשֵׁב עָלָיו בֶּאֱמֶת, בִּמְהֵרָה בְיָמֵינוּ אָמֵן:

וְהַשֵּׁם יִתְבָּרַךְ יִשְׁמַע שַׁוְעָתֵנוּ וְיַאֲזִין קוֹלֵנוּ וְיַקְשִׁיב תְּפִלּוֹתֵינוּ, וִיזַכֵּנוּ לַעֲסוֹק בִּתְפִלּוֹת וְתַחֲנוּנִים תָּמִיד, הֵן בַּתְּפִלּוֹת הַכְּתוּבוֹת וּסְדוּרוֹת לְפָנֵינוּ, הֵן בַּתְּפִלּוֹת וּתְחִנּוֹת שֶׁהָאָדָם צָרִיךְ לְדַבֵּר בְּעַצְמוֹ מִלִּבּוֹ בִּלְשׁוֹן אַשְׁכְּנַז בְּכָל יוֹם וָיוֹם כַּאֲשֶׁר הִזְהִירָנוּ רַבֵּנוּ זִכְרוֹנוֹ לִבְרָכָה כַּמָּה פְּעָמִים, כִּי זֶהוּ הָעִקָּר כַּמְבֹאָר בִּסְפָרָיו הַקְּדוֹשִׁים כַּמָּה פְּעָמִים. עַד שֶׁנִּזְכֶּה לָשׁוּב אֵלָיו בֶּאֱמֶת בִּתְשׁוּבָה שְׁלֵמָה כִּרְצוֹנוֹ הַטּוֹב. עַד שֶׁנִּזְכֶּה לַעֲלוֹת וּלְהִכָּלֵל בּוֹ יִתְבָּרַךְ בְּאוֹר הָאֵין סוֹף לַחֲזוֹת בְּנֹעַם הַשֵּׁם וּלְבַקֵּר בְּהֵיכָלוֹ. וּבִזְכוּת

זֶה יָבִיא לָנוּ אֶת מְשִׁיחַ צִדְקֵנוּ בִּמְהֵרָה בְּיָמֵינוּ, כִּי עִקַּר כְּלֵי זַיִן שֶׁל מָשִׁיחַ הוּא הַתְּפִלָּה, כַּמְבֹאָר בְּהַתּוֹרָה אֱמֹר אֶל הַכֹּהֲנִים (בְּסִימָן ב׳). וּצְרִיכִין לְחַזֵּק עַצְמוֹ בִּתְפִלָּה וְתַחֲנוּנִים מְאֹד מְאֹד, אֲפִלּוּ אִם יַעֲבֹר עָלָיו מָה, עַד יַשְׁקִיף וְיֵרֶא הַשֵּׁם מִשָּׁמַיִם. יְחַיֵּינוּ מִיּוֹמָיִם, בַּיּוֹם הַשְּׁלִישִׁי יְקִימֵנוּ וְנִחְיֶה לְפָנָיו, לְהִתְהַלֵּךְ לִפְנֵי הַשֵּׁם בְּאוֹר הַחַיִּים, אָמֵן וְאָמֵן:

מַפְתְּחוֹת וְצִיּוּנִים מִסֵּפֶר לִקּוּטֵי תְּפִלּוֹת הַלָּזֶה מֵאֵיזֶה מַאֲמָרִים שֶׁל הַלִּקּוּטֵי מוֹהֲרַ״ן נוֹבְעִים כָּל אַחַת וְאַחַת:

מִסִּימָן א׳ שֶׁבַּתְּפִלּוֹת הַלָּלוּ עַד סִימָן ע׳, הֵמָּה מְיֻסָּדִים כְּסֵדֶר עַל הַסִּימָנִים שֶׁמִּסִּימָן א׳ עַד סִימָן ע׳ שֶׁבַּסֵּפֶר לִקּוּטֵי מוֹהֲרַ״ן, וּמִשָּׁם וְאֵילָךְ אֵינָם כַּסֵּדֶר רַק הַמַּאֲמָרִים מְפֻזָּרִים, לָכֵן אַצִּיג צִיּוּנָם בִּכְדֵי לְרַוּוֹת נֶפֶשׁ הַמִּתְאַוֶּה לִרְאוֹת מְקֹדֶם הַמַּאֲמָר בְּלִקּוּטֵי מוֹהֲרַ״ן אֲשֶׁר עָלָיו מְיֻסֶּדֶת הַתְּפִלָּה שֶׁרוֹצֶה לְאָמְרָהּ:

לִקּוּטֵי תְּפִלּוֹת

א

יְהִי רָצוֹן מִלְּפָנֶיךָ יְהֹוָה אֱלֹהֵינוּ וֵאלֹהֵי אֲבוֹתֵינוּ, שֶׁתִּהְיֶה בְּעֶזְרֵנוּ וּתְזַכֶּה אוֹתָנוּ בְּרַחֲמֶיךָ הָרַבִּים וַחֲסָדֶיךָ הָעֲצוּמִים לִלְמוֹד וּלְלַמֵּד, וְלַעֲסֹק בְּתוֹרָתְךָ הַקְּדוֹשָׁה לִשְׁמָהּ תָּמִיד, וְלַהֲגוֹת בָּהּ יוֹמָם וָלַיְלָה. וּבִזְכוּת וְכֹחַ לִמּוּד הַתּוֹרָה הַקְּדוֹשָׁה, תְּזַכֶּה אוֹתָנוּ בְּרַחֲמֶיךָ הָרַבִּים, וְתִתֶּן לָנוּ כֹּחַ לְהַכְנִיעַ וּלְשַׁבֵּר וּלְגָרֵשׁ אֶת הַיֵּצֶר הָרָע מִקִּרְבֵּנוּ, וְנִזְכֶּה לְגָרֵשׁ וּלְבַטֵּל אֶת הָרוּחַ שְׁטוּת וְכָל מִינֵי שִׁגָּעוֹן שֶׁנִּתְדַּבֵּק בָּנוּ עַל־יְדֵי מַעֲשֵׂינוּ הָרָעִים. הַכֹּל נִזְכֶּה לְגָרֵשׁ וּלְבַטֵּל עַל־יְדֵי לִמּוּד וְעֵסֶק הַתּוֹרָה הַקְּדוֹשָׁה אֲשֶׁר הִיא כֻּלָּהּ שְׁמוֹתֶיךָ הַקְּדוֹשִׁים, שֶׁלֹּא יִהְיֶה שׁוּם כֹּחַ לְהָרוּחַ שְׁטוּת וְשִׁגָּעוֹן לְבַלְבֵּל דַּעְתֵּנוּ כְּלָל, רַק נִזְכֶּה לְגָרְשׁוֹ וּלְסַלְּקוֹ מֵעָלֵינוּ וּמֵעַל גְּבוּלֵנוּ:

אָנָּא יְהֹוָה, אַתָּה יָדַעְתָּ אֶת רִבּוּי הַמַּחֲשָׁבוֹת

הַטּוֹרְדוֹת הַמְבַלְבְּלִים וּמַטְרִידִים אוֹתָנוּ מֵעֲבוֹדָתְךָ בֶּאֱמֶת בְּכָל עֵת וּבְכָל שָׁעָה. וְכֻלָּם בָּאִים עַל־יְדֵי הָרוּחַ שְׁטוּת וְשִׁגָּעוֹן שֶׁנִּתְדַּבֵּק בָּנוּ עַל־יְדֵי מַעֲשֵׂינוּ הָרָעִים, עַל־יְדֵי חֲטָאֵינוּ וַעֲווֹנוֹתֵינוּ וּפְשָׁעֵינוּ הַמְּרֻבִּים, עַד אֲשֶׁר נִתְבַּלְבֵּל דַּעְתֵּנוּ וְנִתְעַכֵּר שִׂכְלֵנוּ מְאֹד מְאֹד בְּלִי שִׁעוּר וָעֵרֶךְ. אָבִינוּ שֶׁבַּשָּׁמַיִם, טוֹב לַכֹּל וְרַחֲמָיו עַל כָּל מַעֲשָׂיו, תֵּן לָנוּ חֲנִינָה וְלֹא נֹאבֵד. זַכֵּנוּ בְּרַחֲמֶיךָ הָרַבִּים לְהַכְנִיעַ וּלְגָרֵשׁ וּלְבַטֵּל אֶת הָרוּחַ שְׁטוּת וְהַשִּׁגָּעוֹן מִמֶּנּוּ עַל־יְדֵי עֵסֶק הַתּוֹרָה הַקְּדוֹשָׁה:

וּבְכֵן תְּזַכֵּנִי בְּרַחֲמֶיךָ הָרַבִּים, שֶׁלֹּא יִהְיֶה שׁוּם כֹּחַ לְהַיֵּצֶר הָרָע וְהָרוּחַ שְׁטוּת לְבַלְבֵּל אֶת דַּעְתִּי, לְבַטֵּל אוֹתִי, חַס וְשָׁלוֹם, מֵעֲבוֹדָתְךָ בֶּאֱמֶת עַל־יְדֵי הַמִּצְווֹת שֶׁלּוֹ. שֶׁהוּא מִתְלַבֵּשׁ עַצְמוֹ בְּמִצְווֹת, כְּאִלּוּ הוּא מֵסִית אוֹתִי לְאֵיזֶה דְּבַר מִצְוָה, וְהוּא טוֹמֵן בָּזֶה רֶשֶׁת לְרַגְלַי, חַס וְשָׁלוֹם, עַל־יְדֵי אֵלּוּ הַמִּצְווֹת שֶׁלּוֹ שֶׁהוּא מִתְלַבֵּשׁ בָּהֶם, כַּאֲשֶׁר אַתָּה לְבַד יָדַעְתָּ כָּל זֶה:

אָנָּא יְהוָה, חוּס וַחֲמֹל עַל נַפְשִׁי הָאֻמְלָלָה וְהַצִּילֵנִי מִמֶּנּוּ מֵעֲצוֹתָיו הָרָעוֹת הָאֵלּוּ, לְבַל יִהְיֶה לוֹ כֹּחַ לְהַטְעוֹת אוֹתִי, חַס וְשָׁלוֹם, בְּבִלְבּוּלִים הַלָּלוּ. וְהִנְנִי מַשְׁלִיךְ אֶת כָּל יְהָבִי עָלֶיךָ יְהוָה אֱלֹהַי וֵאלֹהֵי אֲבוֹתַי, וַאֲנִי סוֹמֵךְ עַצְמִי עָלֶיךָ לְבַד, שֶׁאַתָּה תּוֹלִיכֵנִי

בְּרַחֲמֶיךָ הָרַבִּים בְּדֶרֶךְ הַיָּשָׁר וְהָאֱמֶת בְּכָל עֵת וּבְכָל שָׁעָה, בְּכָל תְּנוּעָה וּתְנוּעָה, שֶׁכֻּלָּם יִהְיוּ כִּרְצוֹנְךָ הַטּוֹב. וְלֹא אָסוּר מֵרְצוֹנְךָ יָמִין וּשְׂמֹאל, כִּי אַתָּה יָדַעְתָּ כִּי בָּשָׂר וָדָם אֲנַחְנוּ, וְאִי אֶפְשָׁר לָנוּ לְכַוֵּן בְּכָל עֵת רְצוֹנְךָ הַטּוֹב בֶּאֱמֶת לַאֲמִתּוֹ. עַל כֵּן עָזְרֵנִי בְּרַחֲמֶיךָ הָרַבִּים שֶׁלֹּא יִהְיֶה שׁוּם כֹּחַ לְהַיֵּצֶר הָרָע וְהָרוּחַ שְׁטוּת וְהַשִּׁגָּעוֹן לְבַלְבֵּל אֶת דַּעְתִּי עוֹד בְּשׁוּם בִּלְבּוּל בָּעוֹלָם כְּלָל, רַק אֶזְכֶּה לִסְמוֹךְ עָלֶיךָ לְבַד. וְאַתָּה תְּרַחֵם עָלַי בְּרַחֲמֶיךָ הָרַבִּים, וְתוֹלִיכֵנִי וְתַדְרִיכֵנִי בְּדֶרֶךְ הָאֱמֶת תָּמִיד בְּכָל עֵת וּבְכָל רֶגַע, בְּאֹפֶן שֶׁכָּל מַעֲשַׂי וַעֲסָקַי וּתְנוּעוֹתַי כֻּלָּם, וְכָל הַתְּנוּעוֹת שֶׁל בָּנַי וְיוֹצְאֵי חֲלָצַי וְשֶׁל כָּל הַתְּלוּיִים בִּי, כֻּלָּם יִהְיוּ כִּרְצוֹנְךָ הַטּוֹב לְבַד תָּמִיד מֵעַתָּה וְעַד עוֹלָם:

וּבְכֵן תְּעַזְרֵנִי בְּרַחֲמֶיךָ הָרַבִּים, שֶׁאֶזְכֶּה לִתֵּן כֹּחַ לְמַלְכוּת דִּקְדֻשָּׁה, שֶׁיִּתְגַּבֵּר עַל מַלְכוּת הָרִשְׁעָה, וְאֶזְכֶּה לְהַגְבִּיר הַיֵּצֶר טוֹב עַל יֵצֶר הָרָע. וּתְחָנֵּנִי בְּרַחֲמֶיךָ הָרַבִּים, וְתַשְׁפִּיעַ עָלַי חָכְמָה וָשֵׂכֶל דִּקְדֻשָּׁה, שֶׁאֶזְכֶּה לְהִסְתַּכֵּל בְּכָל דָּבָר בְּאוֹר הַשֵּׂכֶל דִּקְדֻשָּׁה שֶׁיֵּשׁ בּוֹ, לְדַבֵּק עַצְמִי לְהַשֵּׁם יִתְבָּרַךְ עַל־יְדֵי כָּל הַדְּבָרִים שֶׁבָּעוֹלָם, שֶׁאֶזְכֶּה לְהָבִין מִכֻּלָּם אֶת הָרְמָזִים שֶׁאַתָּה מְרַמֵּז אֵלַי בְּכָל עֵת לְהִתְקָרֵב אֵלֶיךָ:

וּבְכֵן יְהִי רָצוֹן מִלְּפָנֶיךָ מָלֵא רָצוֹן, מָלֵא רַחֲמִים, מָלֵא חֶסֶד מָלֵא טוּב, בְּכָל עֵת וּבְכָל רֶגַע תָּמִיד, שֶׁתָּחוּס וְתַחְמֹל עָלַי, וְתַשְׁפִּיעַ עָלַי חֵן וָחֶסֶד, וְתִתֵּן לִי חֵן בְּעֵינֶיךָ וּבְעֵינֵי כָל רוֹאַי. וְתַשְׁפִּיעַ לִי דִּבְרֵי חֵן וְתַחֲנוּנִים, בְּאֹפֶן שֶׁיִּכָּנְסוּ דְּבָרַי בְּלִבְּךָ, וּתְקַבֵּל אֶת תְּפִלָּתִי וּבַקָּשָׁתִי תָּמִיד. וּתְקַיֵּם מִקְרָא שֶׁכָּתוּב: "וְשָׁפַכְתִּי עַל בֵּית דָּוִד וְעַל יוֹשֵׁב יְרוּשָׁלַיִם רוּחַ חֵן וְתַחֲנוּנִים", שֶׁנִּזְכֶּה שֶׁיִּהְיוּ דְּבָרֵינוּ לְפָנֶיךָ דִּבְרֵי חֵן וְתַחֲנוּנִים, בְּאֹפֶן שֶׁתִּתֵּן לָהֶם מָקוֹם לִכָּנֵס בְּלִבְּךָ וְיִהְיוּ אֲמָרֵינוּ לְרָצוֹן וּלְנַחַת לִפְנֵי כִּסֵּא כְבוֹדֶךָ:

רִבּוֹנוֹ שֶׁל עוֹלָם, הַבִּיטָה בְּעָנְיֵנוּ וּרְאֵה בְּשִׁפְלוּתֵנוּ וּבִזְיוֹנֵנוּ, כִּי כָל הַחֵן וְהַחֲשִׁיבוּת שֶׁל יִשְׂרָאֵל עַמְּךָ הַקָּדוֹשׁ נָפַל בְּגָלוּת הַמַּר הַזֶּה, וְעַמְּךָ יִשְׂרָאֵל נִבְזִים וּשְׁפָלִים בְּעֵינֵי הָעַכּוּ"ם וְהָרְשָׁעִים, וְכָל הַחֵן וְהַחֲשִׁיבוּת נָפַל אֲלֵיהֶם. עַל־כֵּן חוּסָה נָא כְּרֹב רַחֲמֶיךָ עַל כְּבוֹדְךָ הַגָּדוֹל וְהַקָּדוֹשׁ, וְתַעֲלֶה וּתְרוֹמֵם וּתְגַדֵּל אֶת הַחֵן וְהַחֲשִׁיבוּת שֶׁל יִשְׂרָאֵל בְּגַשְׁמִיּוּת וּבְרוּחָנִיּוּת. וּתְבַטֵּל וְתַכְנִיעַ אֶת הַחֵן וְהַחֲשִׁיבוּת שֶׁל הָעַכּוּ"ם וְהַסִּטְרָא אַחֲרָא וְהָרְשָׁעִים, שֶׁלֹּא יִהְיֶה לָהֶם שׁוּם חֵן וַחֲשִׁיבוּת לֹא לְמַעְלָה וְלֹא לְמַטָּה. וּתְרוֹמֵם קֶרֶן יִשְׂרָאֵל, וְתִשְׁמַע וּתְקַבֵּל אֶת תְּפִלָּתֵנוּ וְאֶנְקָתֵנוּ בְּכָל עֵת, וְתַבִּיט בַּעֲמָלֵנוּ וְתָשׁוּר בְּעָנְיֵנוּ וְדָחֳקֵנוּ. וּתְקַיֵּם

מִקְרָא שֶׁכָּתוּב: "כִּי לֹא בָזָה וְלֹא שִׁקַּץ עֱנוּת עָנִי וְלֹא הִסְתִּיר פָּנָיו מִמֶּנּוּ וּבְשַׁוְּעוֹ אֵלָיו שָׁמֵעַ". חָנֵּנוּ וַעֲנֵנוּ וּשְׁמַע תְּפִלָּתֵנוּ, כִּי אַתָּה שׁוֹמֵעַ תְּפִלַּת כָּל פֶּה עַמְּךָ יִשְׂרָאֵל בְּרַחֲמִים, בָּרוּךְ אַתָּה שׁוֹמֵעַ תְּפִלָּה:

ב

יְהִי רָצוֹן מִלְּפָנֶיךָ יְהֹוָה אֱלֹהֵינוּ וֵאלֹהֵי אֲבוֹתֵינוּ, שׁוֹמֵעַ תְּפִלַּת עַמּוֹ יִשְׂרָאֵל בְּרַחֲמִים, שֶׁיִּתְעוֹרְרוּ רַחֲמֶיךָ וַחֲסָדֶיךָ עָלֵינוּ לְמַעַנְךָ, וְתָכִין לְבָבֵנוּ לְהִתְפַּלֵּל לְפָנֶיךָ בְּכָל לֵב וָנֶפֶשׁ, וְתִהְיֶה תְפִלָּתֵנוּ שְׁגוּרָה בְּפִינוּ תָּמִיד, וְלֹא יִהְיֶה לָנוּ שׁוּם מוֹנֵעַ וְעִכּוּב וּבִלְבּוּל בִּתְפִלָּתֵנוּ:

רִבּוֹנוֹ שֶׁל עוֹלָם, "נוֹהֵג כַּצֹּאן יוֹסֵף יוֹשֵׁב הַכְּרוּבִים, הוֹפִיעָה" עָלֵינוּ בְּרַחֲמֶיךָ הָרַבִּים אוֹר קְדֻשָּׁתֶךָ, שֶׁיִּמְשֹׁךְ עָלֵינוּ קְדֻשָּׁה וְטָהֳרָה, בְּאֹפֶן שֶׁנּוּכַל לָכוֹף וּלְהַכְנִיעַ וּלְשַׁבֵּר אֶת יִצְרֵנוּ הָרָע. וְנִזְכֶּה בְּרַחֲמֶיךָ הָרַבִּים וַחֲסָדֶיךָ הַגְּדוֹלִים, שֶׁנִּהְיֶה כֻּלָּנוּ אֲנַחְנוּ וְזַרְעֵנוּ שׁוֹמְרִים אֶת הַבְּרִית קֹדֶשׁ. וְתַעֲזֹר לָנוּ תָּמִיד, וְתַצִּיל אוֹתָנוּ בְּרַחֲמֶיךָ הָעֲצוּמִים וַחֲסָדֶיךָ הַגְּדוֹלִים מִכָּל מִינֵי פְּגַם הַבְּרִית, חַס וְשָׁלוֹם, הֵן בְּמַחֲשָׁבָה הֵן בְּדִבּוּר הֵן בְּמַעֲשֶׂה, בֵּין בְּשׁוֹגֵג בֵּין בְּמֵזִיד, בֵּין בְּאֹנֶס בֵּין

בִּרְצוֹן, הֵן בְּחוּשׁ הָרְאוּת הֵן בְּחוּשׁ הַשְּׁמִיעָה הֵן בִּשְׁאָר חוּשִׁים - בְּכֻלָּם נִהְיֶה קְדוֹשִׁים וּטְהוֹרִים בִּקְדֻשַּׁת הַבְּרִית בְּלִי שׁוּם פְּגָם וְהִרְהוּר כְּלָל. כִּי בְּרַחֲמֶיךָ הָרַבִּים בָּחַרְתָּ בָּנוּ מִכָּל הָאֻמּוֹת, וְרוֹמַמְתָּנוּ מִכָּל הַלְּשׁוֹנוֹת, וְהִבְדַּלְתָּ אוֹתָנוּ מִכָּל טֻמְאוֹתֵיהֶם וּמִכָּל תּוֹעֲבוֹתֵיהֶם, כַּאֲשֶׁר כָּתַבְתָּ לָנוּ בְּתוֹרָתֶךָ: 'וָאַבְדִּל אֶתְכֶם מִן הָעַמִּים לִהְיוֹת לִי'. וְקָרָאתָ אוֹתָנוּ כֻּלָּנוּ בְּשֵׁם צַדִּיקִים, כְּמוֹ שֶׁנֶּאֱמַר: 'וְעַמֵּךְ (יִשְׂרָאֵל) כֻּלָּם צַדִּיקִים'.

אָנָּא בְּרַחֲמֶיךָ הָרַבִּים, אַל תַּעֲשֶׂה תּוֹרָתְךָ הַקְּדוֹשָׁה פְּלַסְתֵּר, חַס וְשָׁלוֹם, כִּי דְבָרְךָ אֱמֶת וְקַיָּם לָעַד. עַל־כֵּן עֲשֵׂה עִמָּנוּ בְּחַסְדְּךָ וַעֲזֹר לָנוּ שֶׁנִּהְיֶה בֶּאֱמֶת בִּכְלַל צַדִּיקִים עַל־יְדֵי שֶׁתְּזַכֵּנוּ לִהְיוֹת מִשּׁוֹמְרֵי הַבְּרִית, אֲשֶׁר עַל־יְדֵי־זֶה לְבַד יָאוּת לָנוּ לִהְיוֹת נִקְרָא בְּשֵׁם צַדִּיק, כְּמוֹ שֶׁהוֹדַעְתָּנוּ עַל־יְדֵי חֲכָמֶיךָ הַקְּדוֹשִׁים שֶׁאֵין נִקְרָא בְּשֵׁם צַדִּיק כִּי־אִם מַאן דְּנָטִיר בְּרִית.

וּבְכֵן כְּשֵׁם שֶׁעֲזַרְתָּ אֶת יוֹסֵף צַדִּיקְךָ בְּשָׁעָה שֶׁבָּא לִידֵי נִסָּיוֹן וְהִצַּלְתָּ אוֹתוֹ וְנָתַתָּ לוֹ כֹּחַ לְהִתְגַּבֵּר עַל יִצְרוֹ, כֵּן יֶהֱמוּ נָא מֵעֶיךָ וְרַחֲמֶיךָ עָלֵינוּ. וּתְזַכֵּנוּ בִּזְכוּת וְכֹחַ יוֹסֵף הַצַּדִּיק, וְתִתֵּן לָנוּ שֵׂכֶל חָכְמָה וּבִינָה וָדַעַת וְכֹחַ וּגְבוּרָה דִּקְדֻשָּׁה, בְּאֹפֶן שֶׁנּוּכַל לְהִנָּצֵל מִכָּל

מִינֵי פְּגַם הַבְּרִית. וְנוּכַל לְהִתְגַּבֵּר עַל יִצְרֵנוּ, וְנִזְכֶּה שֶׁתִּהְיֶה מַחֲשַׁבְתֵּנוּ קְשׁוּרָה וּדְבוּקָה בִּקְדֻשָּׁתְךָ תָּמִיד בְּלִי הֶפְסֵק רֶגַע, לְמַעַן יִהְיֶה לָנוּ כֹּחַ עַל־יְדֵי־זֶה לְסַדֵּר תְּפִלָּתֵנוּ לְפָנֶיךָ כָּרָאוּי בְּלִי שׁוּם מוֹנֵעַ וְעִכּוּב וּבִלְבּוּל, בְּאֹפֶן שֶׁתְּקַבֵּל תְּפִלָּתֵנוּ לְפָנֶיךָ, וְיִכָּמְרוּ רַחֲמֶיךָ עָלֵינוּ וְתָשִׁיב פָּנֶיךָ אֵלֵינוּ, וּתְמַהֵר וְתָחִישׁ לְגָאֳלֵנוּ וְתָבִיא לָנוּ אֶת מְשִׁיחַ צִדְקֵנוּ. וּלְמַעַנְךָ עֲשֵׂה וְלֹא לָנוּ. וְעָזְרֵנוּ שֶׁתִּהְיֶה תְּפִלָּתֵנוּ מְסֻדֶּרֶת כָּרָאוּי, וְתִתֵּן בָּנוּ שֵׂכֶל וָדַעַת שֶׁנּוּכַל לְכַלְכֵּל דְּבָרֵינוּ בְּמִשְׁפָּט. וְלֹא נִכָּשֵׁל בְּאִמְרֵי פִינוּ וְלֹא נִטֶּה בִּתְפִלָּתֵנוּ לְיָמִין וְלִשְׂמֹאל מִן הַדֶּרֶךְ הַיָּשָׁר וְהָאֱמֶת.

וּתְזַכֶּה אוֹתָנוּ בְּרַחֲמֶיךָ הָרַבִּים לִתֵּן צְדָקָה לַעֲנִיִּים מְהֻגָּנִים. וְתַזְמִין לָנוּ מָמוֹן בְּרֶוַח, וַעֲנִיִּים הֲגוּנִים לִזְכּוֹת בָּהֶם. "וְעֹז מֶלֶךְ מִשְׁפָּט אָהֵב, אַתָּה כּוֹנַנְתָּ מֵישָׁרִים, מִשְׁפָּט וּצְדָקָה בְּיַעֲקֹב אַתָּה עָשִׂיתָ. כִּי מִמְּךָ הַכֹּל וּמִיָּדְךָ נָתַנּוּ לָךְ". עוֹשֶׂה צְדָקוֹת עִם כָּל בָּשָׂר עֲשֵׂה עִמָּנוּ צְדָקָה. וּתְזַכֶּה אוֹתָנוּ בְּרַחֲמֶיךָ לִהְיוֹת בִּכְלַל עוֹשֵׂי צְדָקָה. וְתָסִיר רֹעַ לְבָבֵנוּ, לְמַעַן נִזְכֶּה לִתֵּן צְדָקָה בְּשִׂמְחָה בְּסֵבֶר פָּנִים יָפוֹת, וְלֹא יֵרַע לְבָבֵנוּ בְּתִתֵּנוּ לוֹ. פָּתוֹחַ נִפְתַּח אֶת יָדֵנוּ לוֹ לָתֵת לְעָנִי וְאֶבְיוֹן דֵּי מַחְסוֹרוֹ אֲשֶׁר יֶחְסַר לוֹ, וְנָפִיק לָרָעֵב נַפְשֵׁנוּ וְעָרֹם נְכַסֶּה בֶּגֶד. וּבִגְלַל הַדָּבָר הַזֶּה תְּבָרְכֵנוּ יְהוָה אֱלֹהֵינוּ,

וְתַעַזְרֵנוּ לְסַדֵּר תְּפִלָּתֵנוּ לְפָנֶיךָ בְּתַכְלִית הַשְּׁלֵמוּת. וְתִהְיֶה תְּפִלָּתֵנוּ זַכָּה וּנְכוֹנָה בְּלִי שׁוּם מַחֲשָׁבוֹת זָרוֹת לְמַעַן לֹא יִהְיֶה שׁוּם מָסָךְ הַמַּבְדִּיל בֵּין תְּפִלָּתֵנוּ וּבֵינֶיךָ:

וְהִנְנוּ מְכַוְּנִים בִּתְפִלָּתֵנוּ וּמְקַשְּׁרִים אֶת כָּל תְּפִלּוֹתֵינוּ לְכָל הַצַּדִּיקִים שֶׁבְּדוֹרֵנוּ. וְאַתָּה בְּרַחֲמֶיךָ הָרַבִּים תְּעוֹרֵר אֶת לֵב צַדִּיקֵי אֱמֶת שֶׁבְּדוֹרֵנוּ, וְתִתֵּן לָהֶם כֹּחַ שֶׁיְּקַבְּלוּ אֶת תְּפִלָּתֵנוּ וְיַעֲלוּ אוֹתָם לְפָנֶיךָ. וְאַף אִם תְּפִלָּתֵנוּ אֵינָהּ כָּרָאוּי וְהִיא מְעֹרֶבֶת בִּפְסֹלֶת הַרְבֵּה וְאֵין בִּתְפִלָּתֵנוּ אֲפִלּוּ דִּבּוּר אֶחָד אוֹ אוֹת אַחַת שֶׁתִּהְיֶה זַכָּה וּנְקִיָּה, וּדְבָרַי מְגֻמְגָּם מְאֹד וּלְשׁוֹנִי מָלֵא פְּגַם, כִּי לֹא בְּדַעַת אֲדַבֵּר וְהַדִּבּוּר רָחוֹק מִן הַמַּחֲשָׁבָה, הֵן עַל כָּל אֵלֶּה גָּבְרוּ רַחֲמֶיךָ וַחֲסָדֶיךָ. וְתִתֵּן כֹּחַ בְּצַדִּיקֶיךָ הָאֲמִתִּיִּים שֶׁיּוּכְלוּ לְהַעֲלוֹת וּלְהָרִים וּלְהַגְבִּיהַּ כָּל תְּפִלּוֹתֵינוּ לְזַכּוֹתָם וּלְנַקּוֹתָם מִכָּל סִיג וּפְגַם, בְּאֹפֶן שֶׁיּוּכְלוּ לַעֲלוֹת לְפָנֶיךָ לְרָצוֹן, וְיִבְנוּ מֵהֶם אֶת קוֹמַת הַשְּׁכִינָה, לַהֲכִינָהּ וּלְסַעֲדָהּ וְלַהֲקִימָהּ מִגָּלוּתָהּ. וְתָקִים אֶת סֻכַּת דָּוִד הַנֹּפֶלֶת, עַל יְדֵי תְּפִלּוֹתֵינוּ, וְתָשִׁיב שְׁכִינָתְךָ לְצִיּוֹן, וְתָאִיר פָּנֶיךָ אֵלֵינוּ; "פְּנֵה אֵלַי וְחָנֵּנִי, כִּי לֹא בְקַשְׁתִּי אֶבְטָח וְחַרְבִּי לֹא תוֹשִׁיעֵנִי", רַק בְּשִׁמְךָ לְבַד בָּטָחְנוּ, "בֵּאלֹהִים הִלַּלְנוּ כָּל הַיּוֹם, וְשִׁמְךָ לְעוֹלָם נוֹדֶה סֶּלָה".

וּתְעוֹרֵר אֶת מְשִׁיחַ צִדְקֵנוּ שֶׁיְּקַבֵּל אֶת תְּפִלָּתֵנוּ וְיַעֲלֶה אוֹתָם לְפָנֶיךָ. וְכָל תְּפִלּוֹתֵינוּ וּתְפִלּוֹת עַמְּךָ בֵּית יִשְׂרָאֵל יִהְיוּ בְּיָדוֹ לְחֶרֶב פִּיפִיּוֹת, לְמַחְסֶה וּלְמָגֵן וְצִנָּה, לִלְחֹם אֶת לוֹחֲמֵנוּ וְלָרִיב אֶת רִיבֵנוּ. "יָחֹס עַל דַּל וְאֶבְיוֹן וְנַפְשׁוֹת אֶבְיוֹנִים יוֹשִׁיעַ, הַחֲזֵק מָגֵן וְצִנָּה וְקוּמָה בְּעֶזְרָתִי. חֲגוֹר חַרְבְּךָ עַל יָרֵךְ גִּבּוֹר הוֹדְךָ וַהֲדָרֶךָ". וּלְמַעַנְךָ עֲשֵׂה וְלֹא לָנוּ, כִּי גַם מְעַט דִּמְעַט מַעֲשֵׂינוּ הַטּוֹבִים וְכָל צִדְקוֹתֵינוּ וּתְפִלָּתֵנוּ הַכֹּל מֵאִתְּךָ, "כִּי מִמְּךָ הַכֹּל וּמִיָּדְךָ נָתַנּוּ לָךְ". וּכְמוֹ שֶׁכָּתוּב: "מִי הִקְדִּימַנִי וַאֲשַׁלֵּם". "לֹא לָנוּ יְהוָֹה, לֹא לָנוּ, כִּי לְשִׁמְךָ תֵּן כָּבוֹד עַל חַסְדְּךָ וְעַל אֲמִתֶּךָ", "כְּחַסְדְּךָ חַיֵּנִי וְאֶשְׁמְרָה עֵדוּת פִּיךָ". וְקַיֵּם לָנוּ מִקְרָא שֶׁכָּתוּב: "לְמַעַן שְׁמִי אַאֲרִיךְ אַפִּי וּתְהִלָּתִי אֶחֱטָם לָךְ". לְמַעֲנִי לְמַעֲנִי אֶעֱשֶׂה, כִּי אֵיךְ יֵחָל", וּכְבוֹדִי לְאַחֵר לֹא אֶתֵּן. מַגְדִּיל יְשׁוּעוֹת מַלְכּוֹ, וְעוֹשֶׂה חֶסֶד לִמְשִׁיחוֹ, לְדָוִד וּלְזַרְעוֹ עַד עוֹלָם, אָמֵן סֶלָה:

ג

יְהִי רָצוֹן מִלְּפָנֶיךָ יְהוָֹה אֱלֹהֵינוּ וֵאלֹהֵי אֲבוֹתֵינוּ, הַבּוֹחֵר בְּדָוִד עַבְדּוֹ וּבְזַרְעוֹ אַחֲרָיו, וְהַבּוֹחֵר בְּשִׁירֵי זִמְרָה, שֶׁתִּזְכֹּר בְּרַחֲמֶיךָ וַחֲסָדֶיךָ הַגְּדוֹלִים אֶת שְׁכִינַת עֻזֶּךָ, אֲשֶׁר נָדְדָה מִמְּקוֹמָהּ כְּצִפּוֹר נוֹדֶדֶת מִן

קִנָּה. "אַתָּה תָקוּם תְּרַחֵם צִיּוֹן כִּי עֵת לְחֶנְנָהּ כִּי בָא מוֹעֵד". וְתָקִים וְתַגְבִּיהַּ אֶת כְּנֶסֶת יִשְׂרָאֵל מִנְּפִילָתָהּ, וְתַעֲזֹר אוֹתָנוּ בְּרַחֲמֶיךָ הָרַבִּים, שֶׁנִּזְכֶּה לְהָרִים קוֹל זִמְרָה, לְמַעַן יִהְיֶה לָנוּ כֹּחַ לְסַדֵּר לְפָנֶיךָ זְמִירוֹת שִׁירוֹת וְתִשְׁבָּחוֹת בְּקוֹל גִּילָה וְרַנֵּן, וּנְגִינוֹתֵינוּ נְנַגֵּן כָּל יְמֵי חַיֵּינוּ בְּקוֹל נָעִים וְעָרֵב כַּאֲשֶׁר אָהַבְתָּ.

וְתַעֲזֹר לָנוּ לַעֲסֹק בְּתוֹרָתְךָ הַקְּדוֹשָׁה לִשְׁמָהּ תָּמִיד יוֹמָם וָלַיְלָה. וּכְשֵׁם שֶׁמָּסַרְתָּ תּוֹרָתְךָ הַקְּדוֹשָׁה לְמֹשֶׁה עַבְדְּךָ, וּבַיּוֹם לָמַדְתָּ עִמּוֹ תּוֹרָה שֶׁבִּכְתָב וּבַלַּיְלָה תּוֹרָה שֶׁבְּעַל־פֶּה, כֵּן תַּעַזְרֵנוּ בְּרַחֲמֶיךָ הָרַבִּים לִלְמוֹד וְלַהֲגוֹת בְּתוֹרָתְךָ הַקְּדוֹשָׁה תָּמִיד, שֶׁנִּזְכֶּה לִלְמוֹד תּוֹרָה שֶׁבִּכְתָב וְתוֹרָה שֶׁבְּעַל־פֶּה יוֹמָם וָלַיְלָה:

רִבּוֹנוֹ שֶׁל עוֹלָם, זַכֵּנוּ בְּרַחֲמֶיךָ הָרַבִּים שֶׁיִּהְיֶה לָנוּ כֹּחַ לְהִתְגַּבֵּר עַל הַשֵּׁנָה, שֶׁנּוּכַל לְנַדֵּד שֵׁנָה מֵעֵינֵינוּ לִלְמוֹד בְּכָל לַיְלָה תָּמִיד שִׁשִּׁים מַסֶּכְתּוֹת עִם הַגְּמָרָא הַקְּדוֹשָׁה, לִלְמוֹד וּלְלַמֵּד לִשְׁמֹר וְלַעֲשׂוֹת וּלְקַיֵּם, לַעֲסֹק בָּהֶם לִשְׁמָהּ. "קוּמִי רֹנִּי בַלַּיְלָה לְרֹאשׁ אַשְׁמֻרוֹת", וְעַל־יְדֵי־זֶה יִמְשֹׁךְ עָלֵינוּ חוּט שֶׁל חֶסֶד, "יוֹמָם יְצַוֶּה יְהוָֹה חַסְדּוֹ, וּבַלַּיְלָה שִׁירֹה עִמִּי תְּפִלָּה לְאֵל חַיָּי". וְתַעֲזֹר לָנוּ עַל־יְדֵי־זֶה שֶׁלֹּא יַזִּיק לָנוּ לַעֲבוֹדָתֵנוּ שְׁמִיעַת קוֹל זִמְרָה וְנִגּוּן מִשּׁוּם אָדָם שֶׁבָּעוֹלָם. וַאֲפִלּוּ הַקּוֹלוֹת

הַפְּגוּמִים הַבָּאִים מִצִּפֳּרִים הָאֲחוּזוֹת בַּפָּח אַל יְהֵא לָהֶם כֹּחַ לְהַזִּיק אוֹתָנוּ לְבַלְבֵּל אוֹתָנוּ מֵעֲבוֹדָתֵנוּ, חַס וְשָׁלוֹם. רַק תִּתֵּן לָנוּ כֹּחַ לְהַעֲלוֹתָם וּלְבָרְרָם וּלְהָקִימָם לְהַחֲזִירָם אֶל הַקְּדֻשָּׁה וּתְקִים אֶת סֻכַּת דָּוִד הַנּוֹפֶלֶת.

וּבְרַחֲמֶיךָ הָרַבִּים תְּעוֹרֵר חֲבַצֶּלֶת הַשָּׁרוֹן לָשִׁיר בְּקוֹל נָעִים גִּילָה וְרַנֵּן. וְתִמְלֹךְ אַתָּה יְהוָֹה מְהֵרָה לְבַדְּךָ עַל כָּל מַעֲשֶׂיךָ. וִיקֻיַּם מִקְרָא שֶׁכָּתוּב: "זַמְּרוּ אֱלֹהִים זַמֵּרוּ, זַמְּרוּ לְמַלְכֵּנוּ זַמֵּרוּ, כִּי מֶלֶךְ כָּל הָאָרֶץ אֱלֹהִים, זַמְּרוּ מַשְׂכִּיל". וְתִזְכֹּר אֶת עַמְּךָ יִשְׂרָאֵל אֲשֶׁר נָפוֹצוּ בַּגּוֹיִם, וְאֶת בֵּית מִקְדָּשְׁךָ הֶחָרֵב מֵאֵין יוֹשֵׁב. "גַּם צִפּוֹר מָצְאָה בַיִת וּדְרוֹר קֵן לָהּ אֲשֶׁר שָׁתָה אֶפְרֹחֶיהָ אֶת מִזְבְּחוֹתֶיךָ יְהוָֹה צְבָאוֹת מַלְכִּי וֵאלֹהָי". וְהָשֵׁב כֹּהֲנִים לַעֲבוֹדָתָם. וּלְוִיִּם בְּדוּכָנָם לְשִׁירָם וּלְזִמְרָם וְהָשֵׁב יִשְׂרָאֵל לִנְוֵיהֶם. וְתֵן לָנוּ שֵׂכֶל וְחָכְמָה דִּקְדֻשָּׁה, שֶׁנִּזְכֶּה לְהַמְשִׁיךְ עָלֵינוּ עֹל מַלְכוּתְךָ תָּמִיד, וּלְגַלּוֹת מַלְכוּתְךָ וַאֲדְנוּתְךָ לְכָל בָּאֵי עוֹלָם, וְכִסֵּא דָּוִד מְהֵרָה תָּכִין. חִישׁ קַל מְהֵרָה תָּבִיא לָנוּ אֶת מָשִׁיחַ בֶּן דָּוִד נְעִים זְמִירוֹת יִשְׂרָאֵל. "אָז יִמָּלֵא שְׂחוֹק פִּינוּ וּלְשׁוֹנֵנוּ רִנָּה", וְאָז נָשִׁיר וּנְזַמֵּר וּנְרַנֵּן לְפָנֶיךָ כָּל יָמֵינוּ. וִיקֻיַּם מִקְרָא שֶׁכָּתוּב: "יְהוָֹה לְהוֹשִׁיעֵנוּ וּנְגִינוֹתַי נְנַגֵּן כָּל יְמֵי חַיֵּינוּ עַל בֵּית יְהוָֹה". בִּמְהֵרָה בְיָמֵינוּ אָמֵן:

ד

רִבּוֹנוֹ שֶׁל עוֹלָם אַתָּה עָשִׂיתָ עִמָּנוּ חֶסֶד גָּדוֹל. וְהוֹצֵאתָ אוֹתָנוּ מִמִּצְרַיִם בְּכֹחַ גָּדוֹל וּבְיָד חֲזָקָה, וְהִבְדַּלְתָּנוּ מֵחֲמִשִּׁים שַׁעֲרֵי טֻמְאָה, וְהִכְנַסְתָּנוּ בַּחֲמִשִּׁים שַׁעֲרֵי קְדֻשָּׁה. וַתִּתֶּן לָנוּ יְהֹוָה אֱלֹהֵינוּ בְּרַחֲמֶיךָ וּבַחֲסָדֶיךָ הַגְּדוֹלִים אֶת תּוֹרָתְךָ הַקְּדוֹשָׁה עַל־יְדֵי מֹשֶׁה נְבִיאֲךָ נֶאֱמַן בֵּיתֶךָ. אִלּוּ פִינוּ מָלֵא שִׁירָה כַּיָּם, וּלְשׁוֹנֵנוּ רִנָּה כַּהֲמוֹן גַּלָּיו, וְשִׂפְתוֹתֵינוּ שֶׁבַח כְּמֶרְחֲבֵי רָקִיעַ וְכוּ׳, לֹא נוּכַל לְהוֹדוֹת וּלְהַלֵּל לְפָנֶיךָ עַל כָּל הַטּוֹבוֹת אֲשֶׁר עָשִׂיתָ עִמָּנוּ; אֲשֶׁר נָתַתָּ לָנוּ אֶת תּוֹרָתְךָ הַקְּדוֹשָׁה וְהַתְּמִימָה, וּבָחַרְתָּ בָּנוּ מִכָּל הָאֻמּוֹת, וְקִדַּשְׁתָּנוּ בְּמִצְוֹתֶיךָ הַיְקָרוֹת, ״הַנֶּחֱמָדִים מִזָּהָב וּמִפָּז רָב״. וְכַמָּה אַזְהָרוֹת הִזְהַרְתָּנוּ, וְכַמָּה הוֹכָחוֹת הוֹכַחְתָּנוּ, לְבִלְתִּי לַעֲבֹר עַל מִצְוֹתֶיךָ, לְמַעַן יִיטַב לָנוּ וּלְבָנֵינוּ עַד עוֹלָם.

וְעַתָּה, אַחֲרֵי כָּל הַטּוֹבוֹת וְהַחֲסָדִים הַגְּדוֹלִים וְהַנּוֹרָאִים אֲשֶׁר עָשִׂיתָ עִמָּנוּ, וְגַם אוֹתִי הַשָּׁפָל וְהַנִּבְזֶה בְּתַכְלִית הַשִּׁפְלוּת, אֲשֶׁר אֵין שִׁפְלוּת לְמַטָּה מִמֶּנִּי, זִכִּיתָ גַּם כֵּן בַּחֲסָדֶיךָ הַגְּדוֹלִים וְהָעֲצוּמִים אֲשֶׁר אַתָּה מְרַחֵם עַל כָּל בָּשָׂר וּבָרָאתָ אוֹתִי בֵּין זֶרַע יִשְׂרָאֵל עֲבָדֶיךָ, וְקָרָאתָ שִׁמְךָ עָלַי לִהְיוֹת בִּכְלַל יִשְׂרָאֵל

עַם קָדוֹשׁ אֲשֶׁר שִׁמְךָ מְשֻׁתָּף בִּשְׁמֵנוּ. וְעַתָּה אַחֲרֵי כָּל אֵלֶּה, מָה אֹמַר לְפָנֶיךָ יוֹשֵׁב מָרוֹם, וּמָה אֲסַפֵּר לְפָנֶיךָ שׁוֹכֵן שְׁחָקִים, וְאֵיךְ יוּכַל עֶבֶד אֲדוֹנִי זֶה, עֶבֶד נִבְזֶה וְשָׁפָל כָּמוֹנִי, לְדַבֵּר וּלְפָרֵשׁ שִׂיחָתִי לְפָנֶיךָ יְהוָֹה אֱלֹהַי. וְאֵיךְ אֶפְתַּח פִּי לַעֲמֹד לְפָנֶיךָ, אַחֲרֵי אֲשֶׁר לֹא נִזְהַרְתִּי לַעֲמֹד בְּטוֹבָתִי, וְדָחִיתִי בְּיָדַיִם טוֹבוֹתֶיךָ וַחֲסָדֶיךָ הַגְּדוֹלִים, וְלֹא שָׁמַרְתִּי אֶת מִצְווֹתֶיךָ הַיְקָרוֹת וְהַחֲבִיבוֹת, אֲשֶׁר הֵם הַטּוֹבָה הַגְּדוֹלָה שֶׁבְּכָל הַטּוֹבוֹת, וְהַחֶסֶד הַגָּדוֹל שֶׁבְּכָל הַחֲסָדִים:

אָנָּא יְהוָֹה, אָמְנָה חָטָאתִי לַיהוָֹה אֱלֹהֵי יִשְׂרָאֵל. חָטָאתִי עָוִיתִי וּפָשַׁעְתִּי, וְהָרַע בְּעֵינֶיךָ עָשִׂיתִי, וְכָזֹאת וְכָזֹאת עָשִׂיתִי, וּבִפְרָט (וִיפָרֵט אֶת חֲטָאָיו, כִּי צָרִיךְ לְפָרֵט אֶת הַחֵטְא), לְךָ יְהוָֹה הַצְּדָקָה וְלָנוּ בֹּשֶׁת הַפָּנִים כַּיּוֹם הַזֶּה. מָה אֹמַר מָה אֲדַבֵּר מָה אֶצְטַדָּק. הֲרֵעוֹתִי אֶת מַעֲשַׂי וְקִפַּחְתִּי אֶת טוֹבָתִי וּקְדֻשָּׁתִי, וּפָגַמְתִּי הַרְבֵּה מְאֹד, "גָּדוֹל עֲוֹנִי מִנְּשׂוֹא", עָצְמוּ חֲטָאַי מִסַּפֵּר. וְהִנְנִי עַתָּה בַּעֲווֹנוֹתַי הָרַבִּים "כְּאִישׁ שִׁכּוֹר וּכְגֶבֶר עֲבָרוֹ יָיִן, כִּי עֲוֹנוֹתַי עָבְרוּ רֹאשִׁי כְּמַשָּׂא כָבֵד יִכְבְּדוּ מִמֶּנִּי. וְאִם זָכַרְתִּי וְנִבְהַלְתִּי. תָּעָה לְבָבִי פַּלָּצוּת בִּעֲתַתְנִי, רָחֲפוּ כָּל עַצְמוֹתַי, כִּי אֵין שָׁלוֹם בַּעֲצָמַי מִפְּנֵי חַטָּאתִי". וַתְּהִי עֲווֹנוֹתַי חֲקוּקִים עַל עַצְמוֹתַי, מִכַּף רֶגֶל וְעַד רֹאשׁ אֵין מְתֹם בְּעֶצֶם

מֵעַצְמִי מִפְּנֵי חֲטָאַי וּפְשָׁעַי הַמְרֻבִּים, כִּי כָל עַצְמוֹתַי נִשְׁבְּרוּ וְנִנְסְרוּ עַל־יְדֵי עֲווֹנוֹתַי הַמְרֻבִּים אֲשֶׁר נֶחְקְקוּ עֲלֵיהֶם. אוֹי לִי וַי לִי. אוֹי לִי וַי לִי. מַר לִי מְאֹד, מַר מְאֹד. מַר מִמָּוֶת, מַר מִכָּל מִינֵי מְרִירוּת שֶׁבָּעוֹלָם. וּבֶאֱמֶת עֲדַיִן לֹא הִתְחַלְתִּי לְהַרְגִּישׁ כְּלָל כְּאֵב אֶחָד מֵעֲווֹנוֹתַי, אֲפִלּוּ חֵלֶק אֶחָד מֵאֶלֶף אַלְפֵי אֲלָפִים וְרִבֵּי רְבָבוֹת, כִּי עַל־יְדֵי עֲווֹנוֹתַי הַמְרֻבִּים נִטַמְטֵם לִבִּי וְנִתְבַּלְבֵּל דַּעְתִּי, עַד אֲשֶׁר אֵין אֲנִי יוֹדֵעַ כְּלָל מִמֶּנִּי וּמֵעַצְמִי. וְאִלּוּ זָכִיתִי לֵידַע וּלְהַרְגִּישׁ קְצַת מְעַט דִּמְעַט מֵעֹצֶם כְּאֵב אֶחָד מֵחֲטָאַי וַעֲווֹנוֹתַי הַמְרֻבִּים, אֲשֶׁר קִלְקַלְתִּי וּפָגַמְתִּי בְּשֹׁרֶשׁ נַפְשִׁי וְרוּחִי וְנִשְׁמָתִי וּבְעוֹלָמוֹת עֶלְיוֹנִים, וּמָרַדְתִּי נֶגֶד אֲדוֹן כֹּל, אֲשֶׁר הַשָּׁמַיִם וּשְׁמֵי הַשָּׁמַיִם לֹא יְכַלְכְּלוּהוּ, אֲשֶׁר כָּל מַלְאָכָיו גִּבּוֹרֵי כֹחַ וּשְׂרָפִים וְאוֹפַנִּים וְחַיּוֹת הַקֹּדֶשׁ וְעוֹלָמוֹת עֶלְיוֹנִים וְעוֹלָמוֹת לְמַעְלָה מֵהָעוֹלָמוֹת גָּבֹהַּ מֵעַל גָּבֹהַּ עַד אֵין שִׁעוּר וָעֵרֶךְ, כֻּלָּם יִרְעֲדוּן וְיִפְחֲדוּן מֵאֵימַת שְׁמוֹ וְכֻלָּם עוֹשִׂים רְצוֹנוֹ בְּאֵימָה בְּיִרְאָה וְאַהֲבָה.

וַאֲנִי בְּרִיָּה קַלָּה וּשְׁפָלָה שֶׁבְּכָל הַנִּבְרָאִים טִפָּה סְרוּחָה, גּוּשׁ עָפָר, אָבָק פּוֹרֵחַ, מָרַדְתִּי נֶגֶד אֵל עוֹלָם יִתְבָּרַךְ שְׁמוֹ לָעַד. וְהִנְנִי מַאֲמִין בָּזֶה שֶׁאִם הָיִיתִי מַתְחִיל לְהַרְגִּישׁ חֵלֶק אֶחָד מֵאֲלָפִים וּרְבָבוֹת מֵעֹצֶם מְרִירוּת וּכְאֵב אֶחָד מֵחֲטָאַי וַעֲווֹנוֹתַי הַמְרֻבִּים,

בְּוַדַּאי לֹא הָיָה מָקוֹם שֶׁיּוּכַל לִסְבֹּל אֶת קוֹל זַעֲקָתִי, וְלֹא הָיִיתִי יָכוֹל לִסְבֹּל אֶת קוֹל זַעֲקָתִי וְעֹצֶם כְּאֵבִי וּמְרִירַת לִבִּי אֲפִלּוּ רֶגַע קַלָּה, וְכָל הָעוֹלָם כֻּלּוֹ לֹא הָיָה יָכוֹל לִסְבֹּל אֶת קוֹל צַעֲקָתִי. אוֹי אוֹי, אוֹיָה עַל נַפְשִׁי נַעֲוֵיתִי מִשְּׁמֹעַ נִבְהַלְתִּי מֵרְאוֹת, וְהִסְכַּלְתִּי הַרְבֵּה מְאֹד. וְעַל־יְדֵי מַעֲשַׂי הָרָעִים וּפְשָׁעַי הַמְּרֻבִּים פָּגַמְתִּי בְּתוֹרָתְךָ הַקְּדוֹשָׁה וְהַטְּהוֹרָה וְהַתְּמִימָה, וְקִלְקַלְתִּי וְהָפַכְתִּי צֵרוּפֵי אוֹתִיּוֹת הַתּוֹרָה הַקְּדוֹשִׁים וְהִכְנַסְתִּי אוֹתָם בִּמְקוֹמוֹת אֲשֶׁר לֹא נִתַּן לְהִזָּכֵר. וְהַצֵּרוּפִים הָהֵם אֲשֶׁר הָפַכְתִּי דִּבְרֵי אֱלֹהִים חַיִּים נֶחְקְקוּ עַל עַצְמוֹתַי, וְעַל־יְדֵי־זֶה נָתַתִּי חַס וְשָׁלוֹם, כֹּחַ לְהָעַכּוּ"ם וְנָתַתִּי לָהֶם מֶמְשָׁלָה, וְהֶאֱרַכְתִּי אֶת הַגָּלוּת עַל יְדֵי עֲווֹנוֹתַי הַמְרֻבִּים. וְעַתָּה "מַה יֵּשׁ לִי עוֹד צְדָקָה וְלִזְעֹק עוֹד אֶל הַמֶּלֶךְ".

אֲבָל אַף־עַל־פִּי־כֵן עֲדַיִן לֹא אָבְדָה תִקְוָתִי וְתוֹחַלְתִּי מֵיהוָה, כִּי חָפֵץ חֶסֶד הוּא, כִּי אַתָּה רוֹצֶה בִּתְשׁוּבַת רְשָׁעִים וְאֵין אַתָּה חָפֵץ בְּמִיתָתָם. וּבְרַחֲמֶיךָ הָרַבִּים לִמַּדְתָּנוּ לְהִתְוַדּוֹת לְפָנֶיךָ עַל כָּל חַטֹּאתֵינוּ וַעֲווֹנוֹתֵינוּ וּפְשָׁעֵינוּ, וְהוֹרֵיתָ לָנוּ עַל יְדֵי חֲכָמֶיךָ הַקְּדוֹשִׁים אֲשֶׁר בָּאָרֶץ הֵמָּה לְהִתְוַדּוֹת וִדּוּי דְּבָרִים לִפְנֵי הַתַּלְמִיד חָכָם וְהַצַּדִּיק הָאֱמֶת שֶׁבַּדּוֹר, לְמַעַן עַל־יְדֵי־זֶה תְּכַפֵּר לָנוּ עַל כָּל עֲווֹנוֹתֵינוּ וּפְשָׁעֵינוּ, כְּמוֹ

שֶׁכָּתוּב: "חֲמַת מֶלֶךְ מַלְאֲכֵי מָוֶת וְאִישׁ חָכָם יְכַפְּרֶנָּה", וּכְמוֹ שֶׁכָּתוּב: "וְעֹבֵר עַל פֶּשַׁע לִשְׁאֵרִית" לְמִי שֶׁמֵּשִׂים עַצְמוֹ כְּשִׁירַיִים, שֶׁהוּא הַצַּדִּיק הָאֱמֶת הֶחָכָם שֶׁבַּדּוֹר, שֶׁהוּא "עָנָו מְאֹד מִכֹּל הָאָדָם אֲשֶׁר עַל פְּנֵי הָאֲדָמָה", וְעַל־יְדֵי־זֶה הוּא יָכוֹל לְהַעֲלוֹת וִדּוּי דְּבָרֵנוּ לְפָנֶיךָ וּלְכַפֵּר כָּל עֲווֹנוֹתֵינוּ וּלְהוֹצִיא כָּל הַצֵּרוּפִים רָעִים שֶׁנֶּחְקְקוּ עַל עַצְמוֹתֵינוּ עַל־יְדֵי עֲווֹנוֹתֵינוּ, וְלַהֲפֹךְ כָּל הַצֵּרוּפִים רָעִים מֵרַע לְטוֹב שֶׁיִּהְיוּ נַעֲשִׂים מֵהֶם צֵרוּפִים קְדוֹשִׁים כְּבַתְּחִלָּה, עַל־יְדֵי וִדּוּי דְּבָרֵנוּ לְפָנָיו. וְאָז יִתְחַבְּרוּ וְיִתְרַפְּאוּ שִׁבְרֵי עַצְמוֹתֵינוּ, וְיָשׁוּבוּ כָּל אֶחָד לִמְקוֹמָם בְּשָׁלוֹם, וְעַל־יְדֵי־זֶה נִזְכֶּה לְהִתְהַלֵּל בְּךָ יְהוָה אֱלֹהֵינוּ בְּאוֹרֶךְ הָאֵין סוֹף:

אָנָּא יְהוָה, רַחֲמָן מָלֵא רַחֲמִים, חוֹשֵׁב מַחֲשָׁבוֹת לְבַל יִדַּח מִמְּךָ נִדָּח. "זְכוֹר רַחֲמֶיךָ יְהוָה וַחֲסָדֶיךָ כִּי מֵעוֹלָם הֵמָּה", וּרְאֵה "כִּי אָזְלַת יָד וְאֶפֶס עָצוּר וְעָזוּב". מַה נַּעֲשֶׂה עַתָּה יְהוָה אֱלֹהֵינוּ, כִּי נִשְׁאַרְנוּ יְתוֹמִים וְאֵין אָב, וְאֵין מִי יַעֲמֹד בַּעֲדֵנוּ. אָבַד חָסִיד מִן הָאָרֶץ. וְצַדִּיקֵי אֱמֶת וְחַכְמֵי הַדּוֹר שֶׁהָיָה לָהֶם כָּל הַכֹּחַ הַזֶּה שֶׁהִזְכַּרְתִּי לְפָנֶיךָ וְיוֹתֵר וְיוֹתֵר מִזֶּה, הֲלֹא נִסְתַּלְּקוּ בַּעֲווֹנוֹתֵינוּ הָרַבִּים, עַד אֲשֶׁר נִשְׁאַרְנוּ רֵיקִים וַחֲסֵרִים מִכָּל טוּב וְנִשְׁאַרְנוּ כַּתֹּרֶן בְּרֹאשׁ הָהָר וְכַנֵּס עַל

הַגִּבְעָה. וְאִם אָמְנָם, בְּוַדַּאי אֵין דּוֹר יָתוֹם, וּבְוַדַּאי יֵשׁ צַדִּיקִים אֲמִתִּיִּים גַּם בַּדּוֹר הַזֶּה, אַךְ הֵם בְּהֶעְלֵם וּבְהֶסְתֵּר מֵעֵינֵינוּ, וְאֵין אָנוּ זוֹכִים לֵידַע מֵהֶם וּלְהִתְקָרֵב אֲלֵיהֶם. וְעַתָּה יְהוָה אֱלֹהֵינוּ, לְהֵיכָן נִפְנֶה לְבַקֵּשׁ תְּרוּפָה וּצְרִי לְמַכָּתֵינוּ וְאַיֵּה אֵיפֹה הָרוֹפֵא נְפָשׁוֹת לַחֲבֹשׁ וּלְרַפְּאוֹת מַכּוֹתֵינוּ וּכְאֵבֵנוּ הָאֲנוּשָׁה מְאֹד. אוֹי לָנוּ כִּי שֻׁדַּדְנוּ, "וְנָמֵס כָּל לֵב וְכָשְׁלוּ כָּל בִּרְכַּיִם" בְּבוֹא הַשֶּׁמֶשׁ בַּצָּהֳרָיִם. וְנִלְקַח מִמֶּנּוּ מַחְמַד עֵינֵינוּ, מֵשִׁיב נַפְשֵׁנוּ, חַיֵּינוּ וְאֹרֶךְ יָמֵינוּ תִּפְאֶרֶת רֹאשֵׁנוּ גְּאוֹן עֻזֵּנוּ, נַפְשֵׁנוּ וְרוּחֵנוּ וְנִשְׁמָתֵנוּ קְדֻשָּׁתֵנוּ וְטַהֲרָתֵנוּ, הֵן הֵמָּה צַדִּיקֵי אֱמֶת קְדוֹשֵׁי עֶלְיוֹן אֲשֶׁר נִסְתַּלְּקוּ בַּעֲווֹנוֹתֵינוּ, סָעוּ הֵמָּה לִמְנוּחוֹת, עָזְבוּ אוֹתָנוּ לַאֲנָחוֹת. וּרְאֵה אֶת עַמְּךָ מְרוּדִים מְאֹד בְּתַכְלִית הַיְרִידָה.

וְאַתָּה יְהוָה אֱלֹהִים אֱמֶת, בּוֹחֵן לִבּוֹת וּכְלָיוֹת, וְאַתָּה יוֹדֵעַ צְפוּן לְבָבֵנוּ וְעֹצֶם תְּשׁוּקָתֵנוּ וּתְשׁוּקַת כָּל עַמְּךָ בֵּית יִשְׂרָאֵל, אֲשֶׁר נִכְסְפָה וְגַם כָּלְתָה נַפְשָׁם לִמְצֹא מָזוֹר וּתְרוּפָה לְמַכָּתָם. כָּל אִישׁ אֲשֶׁר יוֹדֵעַ אֶת נִגְעֵי לְבָבוֹ, כֻּלָּם כְּאֶחָד תְּאֵבִים וּמִשְׁתּוֹקְקִים וּמְצַפִּים וּמְחַכִּים לְהִתְקָרֵב לְצַדִּיק הָאֱמֶת, לְמַעַן יָשִׁיב אוֹתָם מֵעֲווֹנוֹתֵיהֶם וִיתַקֵּן פִּשְׁעֵיהֶם וְיוֹרֶה לָנוּ אֶת הַדֶּרֶךְ אֲשֶׁר נֵלֵךְ בָּהּ וְאֶת הַמַּעֲשֶׂה אֲשֶׁר נַעֲשֶׂה.

וְעַתָּה יְהוָה אֱלֹהֵינוּ, אַיֵּה חֲסָדֶיךָ הָרִאשׁוֹנִים, אֲשֶׁר מֵעוֹלָם הָיוּ בְּכָל דּוֹר וָדוֹר צַדִּיקֵי אֱמֶת רוֹעֵי יִשְׂרָאֵל, אֲשֶׁר נָשְׂאוּ אוֹתָם בְּחֵיקָם "כַּאֲשֶׁר יִשָּׂא הָאֹמֵן אֶת הַיּוֹנֵק", עַד אֲשֶׁר הוֹרוּ אוֹתָם דַּרְכֵי יְהוָה וְקֵרְבוּ אוֹתָם אֵלֶיךָ. וְעַתָּה לָמָּה זָנַחְתָּ אוֹתָנוּ, וְהִכִּיתָ אוֹתָנוּ מַכָּה אֲשֶׁר לֹא כְתוּבָה בַּתּוֹרָה זוֹ מִיתַת הַצַּדִּיקִים אֲשֶׁר הִיא קָשָׁה מֵחֻרְבַּן בֵּית הַמִּקְדָּשׁ. וְלָמָּה תִּהְיֶה עֲדַת יְהוָה כַּצֹּאן אֲשֶׁר אֵין לָהֶם רוֹעֶה, וַאֲנַן יַתְמֵי דְיַתְמֵי, עוֹלָלִים לֹא רָאוּ אוֹר, מְלֻכְלָכִים בְּכָל מִינֵי שְׁטוּתִים מְלֵאִים חֵטְא וְעָוֹן וָפֶשַׁע. מַה נַּעֲשֶׂה וּמַה נִּפְעַל, וּלְהֵיכָן נֵלֵךְ וּנְשׁוֹטֵט לְבַקֵּשׁ תְּרוּפָה וְתַחְבּוּלָה וְעֵצָה לָצֵאת מִכְּסִילוּת דַּעְתֵּנוּ וְרֹעַ לְבָבֵנוּ וְכִעוּר מַעֲשֵׂינוּ:

אָנָּא יְהוָה, תֵּן לָנוּ חֲנִינָה וְלֹא נֹאבֵד. בַּקֵּשׁ צֹאן אוֹבְדוֹת, צֹאן נִדָּח וְאֵין מְקַבֵּץ. קָרֵב אַתָּה אוֹתָנוּ בְּרַחֲמֶיךָ הָרַבִּים וַחֲסָדֶיךָ הָעֲצוּמִים. כִּי בֶּאֱמֶת לְפִי דַּעְתִּי, יָדַעְתִּי גַּם יָדַעְתִּי, כִּי בְּוַדַּאי לֹא הָיָה רָאוּי לְקָרְבֵנִי לְפִי מַעֲשַׂי הַמְכֹעָרִים וּפְעֻלּוֹתַי הַמְגֻנּוֹת וּמַחְשְׁבוֹתַי הַמְעֻרְבָּבוֹת וְכָל מַעֲשַׂי הָרָעִים שֶׁשָּׁנִיתִי וְשִׁלַּשְׁתִּי עֲלֵיהֶם עַד אֵין מִסְפָּר, וְכַמָּה וְכַמָּה פְּעָמִים הִבְטַחְתִּיךָ וְקִבַּלְתִּי עָלַי שֶׁלֹּא אָשׁוּב עוֹד לְאִוַּלְתִּי, וְשֶׁלֹּא אַכְעִיסְךָ עוֹד לְעוֹלָם. וְלֹא יָכֹלְתִּי לַעֲמֹד

בְּהַבְטָחָתִי אֲפִלּוּ זְמַן מְעַט, וּמִהַרְתִּי לְקַלְקֵל אֶת מַעֲשַׂי כַּמָּה וְכַמָּה פְּעָמִים עַד אֵין מִסְפָּר. וְאֵיךְ יַעֲלֶה עַל דַּעְתִּי לָבוֹא לְפָנֶיךָ, לְבַקֵּשׁ וּלְרַצּוֹת וּלְפַיֵּס אוֹתְךָ.

אֲבָל יָדַעְנוּ יְהוָה אֱלֹהֵינוּ כִּי גָבְהוּ מַחְשְׁבוֹתֶיךָ מִמַּחְשְׁבוֹתֵינוּ, וְרַחֲמֶיךָ וַחֲסָדֶיךָ גָּבְרוּ וְעָמְקוּ וְעָצְמוּ מְאֹד מְאֹד לְמַעְלָה מִתְּפִיסַת דַּעְתֵּנוּ, וְאִי אֶפְשָׁר לָדַעַת וּלְהַשִּׂיג כְּלָל עַד הֵיכָן עָצְמוּ וְגָבְהוּ רַחֲמֶיךָ וַחֲסָדֶיךָ. "חַסְדֵי יְהוָה כִּי לֹא תָמְנוּ, כִּי לֹא כָלוּ רַחֲמָיו" לְעוֹלָם "תָּשֵׁב אֱנוֹשׁ עַד דַּכָּא" עַד דַּכְדּוּכָהּ שֶׁל נֶפֶשׁ. עַל־כֵּן עַל רַחֲמֶיךָ הָרַבִּים אֲנִי בוֹטֵחַ וְעַל חֲסָדֶיךָ אֲנִי נִשְׁעָן כִּי גַּם אוֹתִי לֹא תַעֲזֹב בְּרַחֲמֶיךָ. וְאִם פָּגַמְתִּי מַה שֶּׁפָּגַמְתִּי, כְּמוֹ שֶׁאַתָּה יוֹדֵעַ עַד הֵיכָן מַגִּיעִים הַפְּגָמִים שֶׁלִּי. כִּי אָנֹכִי אִי אֶפְשָׁר לִי לָדַעַת וּלְהַשִּׂיג כְּלָל חֵלֶק אֶחָד מֵאֲלָפִים וּרְבָבוֹת מִפְּגַם עֲוֹנוֹתַי, וְגַם עֲדַיִן אֵינִי יוֹדֵעַ כְּלָל נֶגֶד מִי מָרַדְתִּי, וְנֶגֶד מִי חָטָאתִי, כִּי הַשָּׂגַת רוֹמְמוּתְךָ נֶעֶלְמָה מִמֶּנִּי בַּעֲוֹנוֹתַי. אֲבָל אַתָּה לְבַד יוֹדֵעַ מַה שֶּׁעָשִׂיתִי וּמַה שֶּׁפָּגַמְתִּי, אֵיךְ וּמָה וְכַמָּה וְנֶגֶד מִי פָּגַמְתִּי כִּי אֵין מִי שֶׁיּוֹדֵעַ מִמְּךָ כִּי אִם אַתָּה לְבַד, יִתְבָּרַךְ שִׁמְךָ לָעַד. וְעַל כָּל אֵלֶּה גָּבְרוּ רַחֲמֶיךָ וַחֲסָדֶיךָ, כִּי אַתָּה יוֹדֵעַ יִצְרֵנוּ, וְאַתָּה חָפֵץ חֶסֶד. "כִּי לֹא תַחְפֹּץ בְּמוֹת הַמֵּת, כִּי אִם בְּשׁוּבוֹ מִדְּרָכָיו וְחָיָה", וְעַד יוֹם מוֹתוֹ תְּחַכֶּה לוֹ אִם יָשׁוּב מִיָּד תְּקַבְּלוֹ:

עַל כֵּן בָּאתִי לְפָנֶיךָ יְהֹוָה אֱלֹהַי וֵאלֹהֵי אֲבוֹתַי, בְּלֵב נִדְכֶּה וּשְׁפַל רוּחַ נִשְׁבָּרָה. שֶׁתָּחֹס וּתְרַחֵם עָלַי וְעַל כָּל חֲבֵרָתֵנוּ וְעַל כָּל עַמְּךָ בֵּית יִשְׂרָאֵל וְתִשְׁלַח לָנוּ צַדִּיקֵי אֱמֶת שֶׁיִּהְיֶה לָהֶם כֹּחַ לְתַקֵּן אוֹתָנוּ לְהַחֲזִיר אוֹתָנוּ בִּתְשׁוּבָה שְׁלֵמָה וּלְתַקֵּן נַפְשֵׁנוּ וּלְכַפֵּר עֲווֹנוֹתֵינוּ. וְנִזְכֶּה בְּרַחֲמֶיךָ וַחֲסָדֶיךָ הָרַבִּים לְהִתְקָרֵב לְצַדִּיקֵי אֱמֶת וְלִרְאוֹת אוֹר פְּנֵיהֶם הַמְּאִירוֹת. וְעַל יְדֵי זֶה תְּזַכֵּנוּ בְּרַחֲמֶיךָ הָרַבִּים לְהַצִּיל נַפְשֵׁנוּ הָאֻמְלָלָה מִן הַקּוֹצִים וּמִן הַפְּחָתִים שֶׁהֵם הַתַּאֲווֹת רָעוֹת וְעַצְבוּת וְעַצְלוּת וְתוֹלְדוֹתֵיהֶם. וְעַל יְדֵי שֶׁתְּזַכֵּנוּ לִרְאוֹת פָּנִים הַמְּאִירוֹת שֶׁל צַדִּיקֵי אֱמֶת וּלְהִתְקָרֵב אֲלֵיהֶם, עַל יְדֵי זֶה, תִּנָּצֵל נַפְשׁוֹתֵינוּ מִן הַמִּדּוֹת רָעוֹת הָאֵלּוּ, וְנִזְכֶּה בַּחֲסָדֶיךָ לְסַלֵּק וּלְשַׁבֵּר כָּל הַתַּאֲווֹת מֵאִתָּנוּ, שֶׁלֹּא יִהְיֶה לָנוּ שׁוּם תַּאֲוָה וּתְשׁוּקָה לְשׁוּם דָּבָר שֶׁבָּעוֹלָם כִּי־אִם אֵלֶיךָ. וְכָל תַּאֲוָתֵנוּ וּתְשׁוּקָתֵנוּ וְחֶפְצֵנוּ וּרְצוֹנֵנוּ יִהְיֶה רַק בְּךָ וּבַעֲבוֹדָתֶךָ. וְנִזְכֶּה לִהְיוֹת זְרִיזִים בַּעֲבוֹדָתְךָ בְּתַכְלִית הַזְּרִיזוּת, וְלִהְיוֹת שְׂמֵחִים וְטוֹבֵי לֵב תָּמִיד. שֶׁלֹּא תִפֹּל עָלֵינוּ שׁוּם עַצְלוּת וְעַצְבוּת לְעוֹלָם, רַק נָגִילָה וְנִשְׂמְחָה בָּךְ. וְנִזְכֶּה לַעֲבֹד אֶת יְהֹוָה בְּשִׂמְחָה וּבְטוּב לֵבָב מֵרֹב כֹּל, וְלִהְיוֹת בְּשִׂמְחָה תָּמִיד:

וּבְכֵן תְּזַכֵּנוּ בְּרַחֲמֶיךָ הָרַבִּים לִתֵּן צְדָקָה לְצַדִּיקֵי אֱמֶת, לְמַעַן נִזְכֶּה עַל־יְדֵי־זֶה לְהִנָּצֵל מֵחַיָּה

רָעָה וּמְלַסְטִים, שֶׁהֵם לָשׁוֹן הָרָע וּדְבָרִים בְּטֵלִים וְגַאֲוָה וְתוֹלְדוֹתֵיהֶם. וְתַעַזְרֵנוּ בְּרַחֲמֶיךָ יְהוָה אֱלֹהֵינוּ, שֶׁיִּהְיֶה כָּל דִּבּוּרֵנוּ לְשִׁמְךָ וְלַעֲבוֹדָתֶךָ וְלֹא נְדַבֵּר דְּבָרִים בְּטֵלִים לְעוֹלָם, רַק כָּל דִּבּוּרֵנוּ יִהְיֶה בְּתוֹרָה וַעֲבוֹדָה וְיִרְאַת שָׁמַיִם. וּבִפְרָט מֵחֵטְא וְעָווֹן הַגָּדוֹל מְאֹד שֶׁהוּא עָוֹן לָשׁוֹן הָרָע וּרְכִילוּת שֶׁהוּא חָמוּר בְּיוֹתֵר, תַּצִּיל אוֹתִי וְכָל עַמְּךָ בֵּית יִשְׂרָאֵל, שֶׁלֹּא יֵצֵא מִפִּי לְעוֹלָם שׁוּם דִּבּוּר רַע עַל שׁוּם יִשְׂרָאֵל שֶׁבָּעוֹלָם. אֱלֹהַי, נְצֹר לְשׁוֹנִי מֵרָע וּשְׂפָתַי מִדַּבֵּר מִרְמָה וְתַצִּילֵנִי מִלָּשׁוֹן הָרָע וּמֵאֲבַק לָשׁוֹן הָרָע וּמֵרְכִילוּת וּמֵאֲבַק רְכִילוּת מֵעַתָּה וְעַד עוֹלָם. וּתְזַכֵּנִי לְמִדַּת עֲנָוָה בֶּאֱמֶת לַאֲמִתּוֹ, וְנַפְשִׁי כֶּעָפָר לַכֹּל תִּהְיֶה וְאֶזְכֶּה לֵידַע שִׁפְלוּתִי בֶּאֱמֶת. וְתַצִּילֵנִי בְּרַחֲמֶיךָ הָרַבִּים מִן הַכַּעַס, שֶׁלֹּא אֶכְעוֹס לְעוֹלָם עַל שׁוּם דָּבָר, וְלֹא אֶהְיֶה קַפְּדָן כְּלָל וְלֹא יְהֵא בְּלִבִּי שׁוּם כַּעַס וְהַקְפָּדָה בָּעוֹלָם כְּלָל. רַק אֶזְכֶּה לְדָבֵק בְּמִדּוֹתֶיךָ לִהְיוֹת טוֹב לַכֹּל, וְלִמְקַלְלַי נַפְשִׁי תִדּוֹם. וְהַצִּילֵנוּ בְּרַחֲמֶיךָ הָרַבִּים מִן הָעֲנִיּוּת וּמִן הַחִסָּרוֹן, וְתַזְמִין פַּרְנָסָתֵנוּ קֹדֶם שֶׁנִּצְטָרֵךְ לָהֶם בְּרֶוַח וְלֹא בְּצִמְצוּם, בְּהֶתֵּר וְלֹא בְּאִסּוּר, בְּכָבוֹד וְלֹא בְּבִזּוּי, בְּנַחַת וְלֹא בְּצַעַר, מִתַּחַת יָדְךָ הָרְחָבָה וְהַמְּלֵאָה, בְּאֹפֶן שֶׁאוּכַל לַעֲשׂוֹת רְצוֹנְךָ בֶּאֱמֶת כָּל יְמֵי חַיַּי מֵעַתָּה וְעַד עוֹלָם:

וְעַל כָּל אֵלֶּה תְּזַכֵּנוּ בְּרַחֲמֶיךָ לְהִתְוַדּוֹת וִדּוּי דְּבָרִים לִפְנֵי הַצַּדִּיק הָאֱמֶת וְהֶחָכָם שֶׁבַּדּוֹר עַל כָּל חַטֹּאתֵינוּ וַעֲווֹנוֹתֵינוּ וּפְשָׁעֵינוּ, שֶׁחָטָאנוּ וְשֶׁעָוִינוּ וְשֶׁפָּשַׁעְנוּ לְפָנֶיךָ מִנְּעוּרֵנוּ עַד הַיּוֹם הַזֶּה, לְמַעַן יְכַפֵּר עָלֵינוּ עַל־יְדֵי חָכְמָתוֹ וַעֲנְוְתָנוּתוֹ, וְיוֹרֶה לָנוּ הַדֶּרֶךְ הַיָּשָׁר וְהָאֱמֶת, אֶת הַדֶּרֶךְ אֲשֶׁר נֵלֵךְ בָּהּ וְאֶת הַמַּעֲשֶׂה אֲשֶׁר נַעֲשֶׂה, וְעַל יָדוֹ תְּזַכֶּה אוֹתָנוּ לִהְיוֹת נִכְלָל בְּאֵין סוֹף. וְנִזְכֶּה לְבַטֵּל עַצְמֵנוּ בֶּאֱמֶת, עַד אֲשֶׁר נָבוֹא לְהִתְפַּשְּׁטוּת הַגַּשְׁמִיּוּת, וְנִזְכֶּה לָשׁוּב וְלַעֲלוֹת אֶל הַמָּקוֹם אֲשֶׁר נֶחְצַבְנוּ מִשָּׁם. וְתִפְתַּח לָנוּ אֶת אוֹרְךָ הַגָּדוֹל אֲשֶׁר אֵין לוֹ סוֹף וְנִזְכֶּה לְהִכָּלֵל בּוֹ בְּרָצוֹא וָשׁוֹב. וּבִפְרָט בִּשְׁעַת תְּפִלָּתֵנוּ תְּזַכֶּה אוֹתָנוּ, שֶׁבְּכָל הַתְּפִלָּה נִהְיֶה דְּבוּקִים בְּךָ בֶּאֱמֶת וּבְטֵלִים אֵלֶיךָ, וּנְבַטֵּל עַצְמֵנוּ לְגַמְרֵי בְּעֵת הַתְּפִלָּה שֶׁתִּהְיֶה הַתְּפִלָּה בְּהִתְפַּשְּׁטוּת הַגַּשְׁמִיּוּת, כִּי אֵין מַעְצוֹר לַיהוָה לְהוֹשִׁיעַ. וְאַף לְפִי עָבְיֵנוּ וְגַשְׁמִיּוּתֵנוּ, וְתֹקֶף גָּלוּתֵינוּ בְּתַאֲווֹת הַגּוּף וּמִדּוֹתָיו הָרָעִים אֲשֶׁר נִתְקַשַּׁרְנוּ בּוֹ מְאֹד כַּאֲסִירֵי עֳנִי וּבַרְזֶל, אַף עַל פִּי כֵן אַתָּה גִּבּוֹר וְרַב לְהוֹשִׁיעַ, וּמִמְּךָ לֹא יִפָּלֵא כָּל דָּבָר וְאֵין דָּבָר נִמְנַע מִמְּךָ. וַאֲנַחְנוּ בְּטוּחִים וּמְחַכִּים וּמְקַוִּים וּמְצַפִּים אֵלֶיךָ שֶׁתְּרַחֵם עָלֵינוּ בְּרַחֲמֶיךָ הָרַבִּים, וּתְזַכֶּה אוֹתָנוּ לְכָל מַה שֶּׁבִּקַּשְׁנוּ מִלְּפָנֶיךָ. שֶׁנִּזְכֶּה לְבַטֵּל לְגַמְרֵי כָּל תַּאֲווֹת הַגּוּף וּמִדּוֹתָיו הָרָעִים, עַד שֶׁנִּזְכֶּה לָבוֹא לְהִתְפַּשְּׁטוּת

הַגַּשְׁמִיּוּת לְהִכָּלֵל בְּךָ בֶּאֱמֶת בִּרְצוֹא וָשׁוֹב כָּל יְמֵי חַיֵּינוּ עַד הַיּוֹם אֲשֶׁר תַּאַסְפֵנוּ אֵלֶיךָ. וְאָז תְּזַכֵּנוּ בְּרַחֲמֶיךָ לְהִכָּלֵל בְּךָ לְעוֹלָם וָעֶד, וְלֹא יְעַכֵּב אוֹתָנוּ שׁוּם חֵטְא וְעָוֹן וָפֶשַׁע, כִּי עַל הַכֹּל תִּמְחֹל וְתִסְלַח לָנוּ בְּרַחֲמֶיךָ הָרַבִּים וַחֲסָדֶיךָ הַגְּדוֹלִים וְהַנּוֹרָאִים, וְתַעֲזֹר לָנוּ בְּרַחֲמֶיךָ הָרַבִּים לְבַטֵּל רְצוֹנֵנוּ מִפְּנֵי רְצוֹנְךָ. שֶׁלֹּא יִהְיֶה לָנוּ שׁוּם רָצוֹן אַחֵר בָּעוֹלָם רַק רְצוֹנֵנוּ יִהְיֶה כִּרְצוֹנְךָ תָּמִיד. וְנִזְכֶּה לָדַעַת כִּי יְהֹוָה הוּא הָאֱלֹהִים וְלֵידַע כִּי כָּל מְאֹרְעוֹתֵינוּ כֻּלָּם הֵם לְטוֹבָתֵנוּ, וּלְבָרֵךְ עַל הַכֹּל הַטּוֹב וְהַמֵּטִיב כְּמוֹ שֶׁיִּהְיֶה לֶעָתִיד לָבוֹא. כְּמוֹ שֶׁכָּתוּב: "בַּיהֹוָה אֲהַלֵּל דָּבָר בֵּאלֹהִים אֲהַלֵּל דָּבָר". וְנִזְכֶּה לְהַעֲלוֹת הַמַּלְכוּת לִמְקוֹמָהּ, שֶׁיִּתְגַּלֶּה מַלְכוּתְךָ בָּעוֹלָם, וּלְבַטֵּל מַלְכוּת הָרִשְׁעָה וּלְשַׁבֵּר וּלְבַטֵּל מַלְכוּת וּמֶמְשֶׁלֶת כָּל הָעַכּוּ"ם מֵעָלֵינוּ וּמֵעַל כָּל עַמְּךָ בֵּית יִשְׂרָאֵל, "וְתִמְלֹךְ אַתָּה יְהֹוָה לְבַדְּךָ עַל כָּל מַעֲשֶׂיךָ":

רִבּוֹנוֹ שֶׁל עוֹלָם, יְהֹוָה אֱלֹהִים, אַתָּה יָדַעְתָּ כִּי לְכָל הַמַּעֲלוֹת הָאֵלֶּה הָיִינוּ יְכוֹלִים לִזְכּוֹת עַל־יְדֵי צַדִּיקֵי אֱמֶת, וּבְכֵן תְּחָנֵּנוּ בְּרַחֲמֶיךָ הָרַבִּים לְגַלּוֹת לָנוּ וּלְהַרְאוֹת לָנוּ אֶת צַדִּיקֵי הָאֱמֶת שֶׁבַּדּוֹר הַזֶּה, וּלְזַכּוֹת אוֹתָנוּ לְהִתְקָרֵב אֲלֵיהֶם, לְמַעַן תְּזַכֶּה אוֹתָנוּ עַל יָדָם לְכֹל אֲשֶׁר בִּקַּשְׁנוּ מִלְּפָנֶיךָ. וְאִם, חַס וְשָׁלוֹם, חַטֹּאתֵינוּ הַמְרֻבִּים גָּרְמוּ לַעֲשׂוֹת מָסָךְ הַמַּבְדִּיל בֵּינֵינוּ וּבֵין

הַצַּדִּיקֵי אֱמֶת, שֶׁיִּהְיוּ נֶעְלָמִים וְנִסְתָּרִים מֵעֵינֵינוּ, חַס וְשָׁלוֹם, וְאֵין אָנוּ יְכוֹלִים לְהוֹצִיא לָאוֹר תַּעֲלוּמוֹת וְהַסְתָּרַת צַדִּיקֵי הָאֱמֶת, יְהִי רָצוֹן מִלְּפָנֶיךָ יְהֹוָה אֱלֹהֵינוּ וֵאלֹהֵי אֲבוֹתֵינוּ, שֶׁאַתָּה בְּעַצְמְךָ בְּרַחֲמֶיךָ הָרַבִּים תְּזַכֶּה אוֹתָנוּ וְתַעֲזֹר לָנוּ לִזְכּוֹת וּלְהַגִּיעַ לְכָל מַה שֶּׁבִּקַּשְׁנוּ מִלְּפָנֶיךָ, וּוִדּוּי דְּבָרִים שֶׁהִתְוַדֵּיתִי לְפָנֶיךָ, יִהְיֶה חָשׁוּב וּמְקֻבָּל וּמְרֻצֶּה לְפָנֶיךָ, כְּאִלּוּ הִתְוַדֵּיתִי לִפְנֵי הֶחָכָם וְהַצַּדִּיק הָאֱמֶת שֶׁבַּדּוֹר. וְכָל הַמַּעֲלוֹת וּמִדּוֹת טוֹבוֹת וּבִטּוּל תַּאֲווֹת וּמִדּוֹת רָעוֹת וְכָל שְׁאָר הַמַּעֲלוֹת טוֹבוֹת, שֶׁהָיִינוּ יְכוֹלִים לִזְכּוֹת עַל יְדֵי צַדִּיקֵי הָאֱמֶת, הֵן מַה שֶּׁבִּקַּשְׁנוּ מִלְּפָנֶיךָ וְהֵן מַה שֶּׁלֹּא הִזְכַּרְנוּ לְפָנֶיךָ, עַל הַכֹּל תַּעֲזֹר לָנוּ יְהֹוָה אֱלֹהֵינוּ בְּרַחֲמֶיךָ הָרַבִּים. כִּי אַתָּה אָבִינוּ וְאֵין לָנוּ עַל מִי לְהִשָּׁעֵן כִּי אִם עָלֶיךָ אָבִינוּ שֶׁבַּשָּׁמַיִם. כִּי גָּלוּי וְיָדוּעַ לְפָנֶיךָ שֶׁרְצוֹנִי וְכָסְפִּי חָזָק מְאֹד לְהִתְקָרֵב לַצַּדִּיק הָאֱמֶת, אַךְ בַּעֲווֹנוֹתַי הָרַבִּים אֵינִי זוֹכֶה לָדַעַת מִי הוּא וְאֵיפֹה הוּא. מִי יִתֵּן יָדַעְתִּי וְאֶמְצָאֵהוּ, הָיִיתִי מְדַלֵּג עַל הֶהָרִים מְקַפֵּץ עַל הַגְּבָעוֹת לָבוֹא לְהִתְקָרֵב אֵלָיו, "מִסְפַּר צְעָדַי אַגִּידֶנּוּ":

מָלֵא רַחֲמִים, "רְאֵה עָנְיִי וַעֲמָלִי, רְאֵה עָנְיִי וּמְרוּדִי לַעֲנָה וָרֹאשׁ, שָׁקַדְתִּי וָאֶהְיֶה כְּצִפּוֹר בּוֹדֵד עַל גָּג". כִּי אֵין לִי לְמִי לִפְנוֹת לְהִוָּשַׁע, רַק לְךָ לְבַד עֵינַי תְּלוּיוֹת. חוּס וַחֲמֹל נָא עָלַי, וּסְלַח נָא וּמְחַל נָא וְכַפֵּר

נָא עַל חֲטָאַי וַעֲווֹנַי וּפְשָׁעַי הַמְּרֻבִּים. לַיהוָֹה אֱלֹהֵינוּ הָרַחֲמִים וְהַסְּלִיחוֹת כִּי מָרַדְנוּ בּוֹ, "לְמַעַן שִׁמְךָ יְהוָֹה וְסָלַחְתָּ לַעֲוֹנִי כִּי רַב הוּא, כִּי עִמְּךָ הַסְּלִיחָה לְמַעַן תִּוָּרֵא".

וְעָזְרֵנוּ וְזַכֵּנוּ וְתִתֵּן לָנוּ בְּמַתְּנַת חִנָּם וְנִדְבַת חֶסֶד כָּל מַה שֶּׁבִּקַּשְׁנוּ מִלְּפָנֶיךָ. וְאִם שָׁגִיתִי בִּלְשׁוֹנִי אַתָּה יְהוָֹה תְּכַפֵּר בַּעֲדִי. וּתְזַכֵּנוּ גַּם בָּעוֹלָם הַזֶּה לִטְעֹם מֵעֵין הָעוֹלָם הַבָּא לְהִתְבַּטֵּל אֵלֶיךָ וְלָדַעַת, שֶׁכָּל מְאֹרְעוֹתֵינוּ הַכֹּל לְטוֹבָתֵנוּ, כִּי טוֹב יְהוָֹה לַכֹּל. וּתְזַכֵּנוּ לְגַלּוֹת מַלְכוּתְךָ בָּעוֹלָם "לְמַעַן דַּעַת כָּל עַמֵּי הָאָרֶץ כִּי יְהוָֹה הוּא הָאֱלֹהִים אֵין עוֹד, וְהָיָה יְהוָֹה לְמֶלֶךְ עַל כָּל הָאָרֶץ, בַּיּוֹם הַהוּא יִהְיֶה יְהוָֹה אֶחָד וּשְׁמוֹ אֶחָד, יִהְיוּ לְרָצוֹן אִמְרֵי פִי, וְהֶגְיוֹן לִבִּי לְפָנֶיךָ, יְהוָֹה צוּרִי וְגוֹאֲלִי":

ה

אַתָּה נִגְלֵיתָ בַּעֲנַן כְּבוֹדְךָ עַל עַם קָדְשְׁךָ לְדַבֵּר עִמָּם, בְּקוֹלוֹת וּבְרָקִים עֲלֵיהֶם נִגְלֵיתָ, וּבְקוֹל שׁוֹפָר עֲלֵיהֶם הוֹפָעְתָּ בְּהִגָּלוֹתְךָ מַלְכֵּנוּ עַל הַר סִינַי, לְלַמֵּד לְעַמְּךָ תּוֹרָה וּמִצְווֹת. וּבְכֵן יְהִי רָצוֹן מִלְּפָנֶיךָ יְהוָֹה אֱלֹהֵינוּ וֵאלֹהֵי אֲבוֹתֵינוּ, שֶׁתַּעַזְרֵנוּ בְּרַחֲמֶיךָ הָרַבִּים

לְקַיֵּם מִצְווֹתֶיךָ בְּשִׂמְחָה גְּדוֹלָה וּתְזַכֵּנִי בְּרַחֲמֶיךָ הָרַבִּים לְהִתְפַּלֵּל לְפָנֶיךָ בְּכָל כֹּחִי, וְכָל מִינֵי כֹּחַ שֶׁנִּמְצָא בִּי בְּרַמַ"ח אֵבָרַי וּשְׁסָ"ה גִּידַי, בְּבָשָׂר וְגִידִין וַעֲצָמוֹת וְעוֹרְקִים בְּחֵלֶב וּבְדָם, וְכָל הַכֹּחַ שֶׁיֵּשׁ בְּמֹחַ שֶׁבָּרֹאשׁ וּבְמֹחַ שֶׁמִּתְפַּשֵּׁט בְּכָל הַגּוּף, וְכָל הַכֹּחַ שֶׁיֵּשׁ בַּחֲמִשָּׁה חוּשִׁים, וְכָל שְׁאָר מִינֵי כֹּחוֹת כֻּלָּם יֻכְלְלוּ בְּתוֹךְ הַתְּפִלָּה. שֶׁאֶזְכֶּה לְהוֹצִיא הַקּוֹל וְהַדִּבּוּר שֶׁל הַתְּפִלָּה בְּכֹחַ גָּדוֹל וְאֶזְכֶּה שֶׁיִּהְיֶה קוֹלִי נִשְׁמָע כְּמוֹ רַעַם גְּבוּרוֹתֶיךָ, וְהַקּוֹל הַזֶּה יְעוֹרֵר כַּוָּנַת לִבִּי, שֶׁלִּבִּי יִהְיֶה שׁוֹמֵעַ וּמֵבִין הֵיטֵב מַה שֶּׁאֲנִי מִתְפַּלֵּל לְפָנֶיךָ, שֶׁאֶזְכֶּה לְהִתְפַּלֵּל בְּכַוָּנַת הַלֵּב. וְזַכֵּנִי שֶׁיִּהְיֶה לִי יִרְאַת שָׁמַיִם יִרְאַת הָרוֹמְמוּת. וְאֶהְיֶה נִשְׁמָר שֶׁלֹּא יִהְיֶה לִי שׁוּם יִרְאָה חִיצוֹנָה כְּלָל, שֶׁלֹּא אִירָא וְלֹא אֶפְחַד מִשּׁוּם דָּבָר שֶׁבָּעוֹלָם, לֹא מִשַּׂר וְאָדוֹן וְלֹא מִשּׁוּם אָדָם שֶׁבָּעוֹלָם, וְלֹא מֵחַיָּה רָעָה וְלִסְטִים, וְלֹא מִשּׁוּם דָּבָר שֶׁבָּעוֹלָם. וְלֹא יִהְיֶה לִי שׁוּם פַּחַד וְיִרְאָה חִיצוֹנָה כְּלָל, כִּי אִם מִמְּךָ לְבַד אִירָא וְאֶפְחַד תָּמִיד, וְאֶזְכֶּה בְּרַחֲמֶיךָ לְיִרְאָה עִלָּאָה יִרְאַת הָרוֹמְמוּת:

וְזַכֵּנִי בְּרַחֲמֶיךָ הָרַבִּים וַחֲסָדֶיךָ הַגְּדוֹלִים לְפַנּוֹת אֶת מֹחִי וּמַחֲשַׁבְתִּי מֵחָכְמוֹת חִיצוֹנִיּוֹת וּמִמַּחֲשָׁבוֹת זָרוֹת, שֶׁלֹּא אֲטַמְטֵם אֶת מֹחִי וּמַחֲשַׁבְתִּי בְּתַאֲווֹת וְהִרְהוּרִים, חַס וְשָׁלוֹם, וְלֹא אַחְמִיץ אֶת מֹחִי

וּמַחְשַׁבְתִּי בְּחָכְמוֹת חִיצוֹנִיּוֹת וּבְתַאֲווֹת, חַס וְשָׁלוֹם, וְלֹא אֲהַרְהֵר בְּהִרְהוּרִים רָעִים, שֶׁלֹּא יִהְיֶה לִי שׁוּם הִרְהוּר וּמַחֲשֶׁבֶת חוּץ בָּעוֹלָם כְּלָל. רַק יִהְיֶה מֹחִי וּמַחְשַׁבְתִּי נָקִי וְזַךְ וָצַח, שֶׁלֹּא יִכְנֹס בְּמַחְשַׁבְתִּי שׁוּם מַחֲשָׁבָה חִיצוֹנָה כְּלָל. וְתִתֵּן לִי כֹּחַ לְהִתְגַּבֵּר עַל כָּל הַמַּחֲשָׁבוֹת רָעוֹת, מַחֲשָׁבוֹת חִיצוֹנִיּוֹת וְהִרְהוּרִים. הַבָּאִים עָלַי לְבַלְבֵּל אֶת דַּעְתִּי, שֶׁלֹּא אֶתֵּן לָהֶם שׁוּם מָקוֹם לִכְנֹס בְּמֹחִי כְּלָל. וְאֶזְכֶּה לִגְעֹר בָּהֶם, וְלָרִיב עִמָּהֶם לְגָרְשָׁם מֵעָלַי וּמֵעַל גְּבוּלִי, שֶׁלֹּא יִהְיֶה לָהֶם שׁוּם כֹּחַ לִכְנֹס בְּדַעְתִּי כְּלָל, וְאֶזְכֶּה לְקַדֵּשׁ אֶת מַחְשַׁבְתִּי תָּמִיד:

אָנָּא יְהֹוָה, רַחֲמָן מָלֵא רַחֲמִים, טוֹב וּמֵטִיב לַכֹּל, אַתָּה יָדַעְתָּ אֶת גֹּדֶל עֹצֶם הַפְּגָם הַגָּדוֹל וְהַנּוֹרָא הַנּוֹגֵעַ בְּעוֹלָמוֹת עֶלְיוֹנִים מְאֹד עַל יְדֵי כָּל מַחֲשָׁבָה רָעָה, מִכָּל שֶׁכֵּן וְכָל שֶׁכֵּן עַל יְדֵי הִרְהוּר רָע, חַס וְשָׁלוֹם, שֶׁהוּא פּוֹגֵם וּמְקַלְקֵל מְאֹד בְּכָל הָעוֹלָמוֹת. וְעוֹקֵר אֶת הָאָדָם, חַס וְשָׁלוֹם, מִמְּקוֹר הַחַיִּים, עַד אֲשֶׁר קָשֶׁה לוֹ עוֹד לָשׁוּב וּלְהַשִּׂיג אָרְחוֹת חַיִּים. וְכָל שְׁאָר הַפְּגָמִים הָעֲצוּמִים וְהַנּוֹרָאִים עַד גָּבְהֵי מְרוֹמִים, הַנּוֹגְעִים בְּמָקוֹם שֶׁנּוֹגְעִים, שֶׁנַּעֲשִׂים עַל יְדֵי כָּל מַחֲשָׁבָה רָעָה וְהִרְהוּר הַנִּכְנָס בַּמֹּחַ, חַס וְשָׁלוֹם. וְגַם אַתָּה יָדַעְתָּ אֶת גֹּדֶל עֹצֶם הַהִתְגַּבְּרוּת שֶׁמִּתְגַּבְּרִים

עָלֵינוּ בְּכָל פַּעַם, לְבַלְבֵּל אֶת דַּעְתֵּנוּ בְּמַחֲשָׁבוֹת רָעוֹת וְהִרְהוּרִים רָעִים. וּבַעֲווֹנוֹתַי הָרַבִּים לֹא נִזְהַרְתִּי לְהִשָּׁמֵר מֵהֶם וּלְהִתְגַּבֵּר עֲלֵיהֶם, עַד אֲשֶׁר פָּגַמְתִּי אֶת מֹחִי מְאֹד עַל יְדֵי מַחְשְׁבוֹתַי הָרָעוֹת שֶׁהִכְנַסְתִּי בְּמֹחִי, עַד שֶׁכָּל מֹחִי הוּא מָלֵא מַחֲשָׁבוֹת חִיצוֹנִיּוֹת. וְעָבַרְתִּי עַל אִסּוּר חָמֵץ, שֶׁהָיִיתִי מַחְמִיץ אֶת מֹחִי בְּתַאֲווֹת וְהִרְהוּרִים וּבִלְבּוּלִים וּבְכָל מִינֵי שְׁטוּתִים. וְלֹא דַּי שֶׁלֹּא הָיִיתִי מִתְגַּבֵּר עַל הַמַּחֲשָׁבוֹת רָעוֹת, אַף גַּם נָתַתִּי לָהֶם כֹּחַ לִכְנוֹס בְּמֹחִי. וְלֹא הִשְׁתַּדַּלְתִּי לְגָרְשָׁם כְּלָל, וְלֹא קִיַּמְתִּי עֲצוֹתֶיךָ הַקְּדוֹשִׁים אֲשֶׁר גִּלִּיתָ לִי בְּרַחֲמֶיךָ הָרַבִּים לְגָרְשָׁם מִמֶּנִּי בְּשֵׁב וְאַל תַּעֲשֶׂה, וְלֹא שָׁמַעְתִּי לְקוֹל מוֹרָי. אוֹי לִי, וַי לִי עַל הַיָּמִים שֶׁעָבְרוּ בְּבִלְבּוּל הַדַּעַת וּמַחֲשָׁבוֹת רָעוֹת. "טָבַעְתִּי בִּיוֵן מְצוּלָה וְאֵין מָעֳמָד בָּאתִי בְמַעֲמַקֵּי מַיִם וְשִׁבֹּלֶת שְׁטָפָתְנִי". וְכָל דַּעְתִּי וּמֹחִי נִתְעַרְבֵּב כָּל כָּךְ בְּמַחֲשָׁבוֹת רָעוֹת וּבִלְבּוּלִים, עַד אֲשֶׁר אֲפִלּוּ בְּשָׁעָה שֶׁאֲנִי חָפֵץ לְהִתְגַּבֵּר עֲלֵיהֶם וְלִבְרֹחַ מֵהֶם, קָשֶׁה עָלַי מְאֹד.

"יְהֹוָה אֱלֹהִים אַתָּה יָדַעְתָּ לְאִוַּלְתִּי, וְאַשְׁמוֹתַי מִמְּךָ לֹא נִכְחָדוּ". הֵן עַל כָּל אֵלֶּה בָּאתִי לְפָנֶיךָ יְהֹוָה אֱלֹהַי וֵאלֹהֵי אֲבוֹתַי בְּלֵב נִשְׁבָּר וְנִדְכֶּה, בִּקִידָה וּבִכְרִיעָה וּבְהִשְׁתַּחֲוָיָה, בִּתְחִנָּה וּבַקָּשָׁה, כְּעָנִי בַּפֶּתַח, נֶאֱנָח וְנִדְכֶּה, שׁוֹאֵל וּמְבַקֵּשׁ מַתְּנַת חִנָּם וְנִדְבַת חֶסֶד,

שֶׁתְּחָנֵּנִי בְּרַחֲמֶיךָ הָעֲצוּמִים וַחֲסָדֶיךָ הַנִּפְלָאִים, וְתוֹצִיאֵנִי מֵאֲפֵלָה לְאוֹרָה, וְתַעֲזֹר לִי מֵהַיּוֹם לְקַדֵּשׁ אֶת מַחְשְׁבוֹתַי תָּמִיד מֵעַתָּה וְעַד עוֹלָם:

רִבּוֹנוֹ שֶׁל עוֹלָם, צוֹפֶה בְּעֶלְבּוֹן אֲנוּחִים, תֵּיקַר נָא נַפְשִׁי הָאֻמְלָלָה בְּעֵינֶיךָ, וַחֲמֹל עָלַי בְּחֶמְלָתְךָ וַחֲנִינוּתֶיךָ, וְעָזְרֵנִי וְסַיְּעֵנִי וְחַזְּקֵנִי וְאַמְּצֵנִי, וְקַדְּשֵׁנִי בִּקְדֻשָּׁתְךָ הָעֶלְיוֹנָה, שֶׁיִּמָּשֵׁךְ עָלַי קְדֻשָּׁה וְטָהֳרָה מֵאִתְּךָ, בְּאֹפֶן שֶׁאֶזְכֶּה מֵעַתָּה לִשְׁמֹר עַצְמִי שֶׁלֹּא אַנִּיחַ לִכְנֹס כְּלָל לְתוֹךְ מַחְשְׁבוֹתַי שׁוּם מַחֲשֶׁבֶת חוּץ שֶׁבָּעוֹלָם, וְלֹא שׁוּם בִּלְבּוּל הַדַּעַת וּמִכָּל שֶׁכֵּן וְכָל שֶׁכֵּן שֶׁלֹּא אֲהַרְהֵר בְּשׁוּם הִרְהוּר בָּעוֹלָם כְּלָל, רַק מַחְשְׁבוֹתַי תִּהְיֶה קְדוֹשָׁה תָּמִיד, זַכָּה וּנְקִיָּה מִכָּל סִיג וּפְסֹלֶת:

וּבְכֵן תְּזַכֵּנִי בְּרַחֲמֶיךָ הָרַבִּים לְהַאֲמִין בְּצַדִּיקֵי אֱמֶת. וְלֹא יִכָּנֵס בְּמַחְשְׁבוֹתַי וְדַעְתִּי שׁוּם הִרְהוּר וּמַחֲשָׁבָה כְּלָל עַל הַמַּחֲלֹקֶת שֶׁיֵּשׁ בֵּין הַצַּדִּיקֵי אֱמֶת, רַק אֶזְכֶּה לְהַאֲמִין בְּצַדִּיקֵי אֱמֶת בֶּאֱמוּנָה שְׁלֵמָה וְלֹא יִהְיֶה לִי שׁוּם הִרְהוּר וְקֻשְׁיָא עֲלֵיהֶם וְעַל הַמַּחֲלֹקֶת שֶׁבֵּינֵיהֶם כְּלָל:

רִבּוֹנוֹ שֶׁל עוֹלָם אִם אָמְנָם פָּגַמְתִּי בְּטִפֵּי מוֹחִי, אֲשֶׁר עַל יְדֵי זֶה אֵינִי רָאוּי וּכְדַאי לְהִתְקָרֵב

לְצַדִּיקֵי אֱמֶת וְלִזְכּוֹת לְהַאֲמִין בָּהֶם בֶּאֱמֶת, אֲשֶׁר מֵחֲמַת זֶה בָּאִים עָלַי מַחְשָׁבוֹת חוּץ וְהִרְהוּרִים לְהַרְהֵר אַחֲרֵיהֶם, חַס וְשָׁלוֹם:

אָנָּא יְהֹוָה, אַל תַּעֲשֶׂה עִמִּי כַּחֲטָאַי, וְאַל תְּדִינֵנִי כְּמִפְעָלַי, וַעֲשֵׂה לְמַעַנְךָ וְלֹא לְמַעֲנִי וּמַלֵּא בַּקָּשָׁתִי בְּרַחֲמִים. וְזַכֵּנִי שֶׁלֹּא יִכָּנֵס בְּלִבִּי שׁוּם קֻשְׁיָא וְהִרְהוּר כְּלָל עַל הַצַּדִּיקֵי אֱמֶת וְעַל הַמַּחֲלֹקֶת שֶׁבֵּינֵיהֶם, רַק אֶזְכֶּה לְהַאֲמִין בָּהֶם תָּמִיד בֶּאֱמוּנָה שְׁלֵמָה בֶּאֱמֶת. וַחֲמֹל עָלַי בְּרַחֲמֶיךָ הָרַבִּים, וְזַכֵּנִי לָשׁוּב אֵלֶיךָ בֶּאֱמֶת וּלְהַשִּׂיג אָרְחוֹת חַיִּים, וּבַמָּקוֹם שֶׁקִּלְקַלְתִּי שָׁם אֶתְתַּקֵּן. וְתָשִׁיב אוֹתִי בְּרַחֲמֶיךָ וַחֲסָדֶיךָ הַגְּדוֹלִים מִמָּוֶת לְחַיִּים, מֵחָמֵץ לְמַצָּה, מִיִּרְאָה רָעָה לְיִרְאָה טוֹבָה, מִקּוֹל פָּגוּם מֵחָכְמָה פְּגוּמָה לְקוֹל טוֹב לְחָכְמָה טוֹבָה, "תּוֹדִיעֵנִי אֹרַח חַיִּים שֹׂבַע שְׂמָחוֹת אֶת פָּנֶיךָ נְעִימוֹת בִּימִינְךָ נֶצַח. כִּי עִמְּךָ מְקוֹר חַיִּים בְּאוֹרְךָ נִרְאֶה אוֹר".

אָבִינוּ שֶׁבַּשָּׁמַיִם חוֹתֵךְ חַיִּים לְכָל חַי, אֵל חַי חֶלְקֵנוּ צוּרֵנוּ גּוֹאֲלֵנוּ מִמָּוֶת, פְּדֵנוּ מִשַּׁחַת, וְהַצֵּל אוֹתִי וְאֶת כָּל עַמְּךָ בֵּית יִשְׂרָאֵל מִכָּל מִינֵי מַחֲשָׁבוֹת רָעוֹת וְהִרְהוּרִים שֶׁהֵם נִקְרָאִים סִטְרָא דְמוֹתָא. וְחָנֵּנִי מֵאִתְּךָ בְּרַחֲמֶיךָ הָרַבִּים, וְתֵן לִי חַיִּים טוֹבִים, חַיִּים אֲרוּכִים, חַיִּים אֲמִתִּיִּים, חַיִּים נִצְחִיִּים. וְעָזְרֵנִי שֶׁאֶזְכֶּה

לְקַדֵּשׁ אֶת הַמֹּחִין שֶׁלִּי הַנִּקְרָאִים בְּאֵר מַיִם חַיִּים:

וְזַכֵּנִי לְאַהֲבָה אֶת שִׁמְךָ הַגָּדוֹל בֶּאֱמֶת, אַהֲבַת הַמֵּישׁוֹר. וְיַחֵד לְבָבִי לְאַהֲבָה וּלְיִרְאָה אֶת שְׁמֶךָ. וְתַצִּיל אוֹתִי מִיִּרְאוֹת הַנְּפוּלוֹת, שֶׁלֹּא אֶתְיָרֵא מִשּׁוּם דָּבָר שֶׁבָּעוֹלָם כִּי אִם מִמְּךָ לְבַד אִירָא וְאֶפְחַד תָּמִיד, לְבַעֲבוּר תִּהְיֶה יִרְאָתְךָ עַל פָּנַי, לְבִלְתִּי אֶחֱטָא לְעוֹלָם.

וְעָזְרֵנִי לְהִתְפַּלֵּל לְפָנֶיךָ בְּכָל כֹּחִי, שֶׁאַכְנִיס כָּל כֹּחִי בְּדִבּוּרֵי הַתְּפִלָּה וְאוֹצִיא אֶת הַקּוֹל וְהַדִּבּוּר שֶׁל הַתְּפִלָּה בְּכֹחַ גָּדוֹל, עַד שֶׁיִּהְיֶה קוֹלִי פּוֹגֵעַ בְּמֹחִי וְיִהְיֶה נִשְׁמָע לְלִבִּי כְּמוֹ קוֹל רְעָמִים, עַד שֶׁהַלֵּב יִשְׁמַע הֵיטֵב דִּבּוּרֵי הַתְּפִלָּה וְיִתְעוֹרֵר לַעֲבוֹדָתְךָ בֶּאֱמֶת, וְיִהְיוּ נַעֲשִׂים מִקּוֹלִי וְדִבּוּרִי בְּחִינַת רְעָמִים. וְזַכֵּנִי שֶׁיִּהְיֶה לִי יִרְאַת שָׁמַיִם בֶּאֱמֶת, עַד שֶׁיִּהְיוּ דְּבָרַי נִשְׁמָעִים לַבְּרִיּוֹת לַעֲבוֹדָתְךָ וּלְיִרְאָתֶךָ. וְקוֹל תְּפִלָּתֵנוּ יַעֲלֶה לְפָנֶיךָ לְרָצוֹן כְּמוֹ שִׁבְעָה קוֹלוֹת שֶׁאָמַר דָּוִד עַל הַמַּיִם, כְּמוֹ שֶׁכָּתוּב: "קוֹל יְהֹוָה עַל הַמָּיִם אֵל הַכָּבוֹד הִרְעִים יְהֹוָה עַל מַיִם רַבִּים, קוֹל יְהֹוָה בַּכֹּחַ". וְזַכֵּנִי שֶׁיִּתְפַּשֵּׁט עַקְמִימִיּוּת שֶׁבְּלִבִּי, שֶׁלֹּא יִהְיֶה בְּלִבִּי שׁוּם עַקְמִימִיּוּת וְעִקְּשׁוּת כְּלָל, "לֵבָב עִקֵּשׁ יָסוּר מִמֶּנִּי רָע לֹא אֵדָע", רַק אֶזְכֶּה לְיֹשֶׁר לֵבָב בֶּאֱמֶת שֶׁיִּהְיֶה לִבִּי יָשָׁר עִם יְהֹוָה תָּמִיד:

וּבְכֵן יְהִי רָצוֹן מִלְּפָנֶיךָ יְהֹוָה אֱלֹהַי וֵאלֹהֵי אֲבוֹתַי, שֶׁתַּעַזְרֵנִי וְתוֹשִׁיעֵנִי בְּרַחֲמֶיךָ הָרַבִּים לִזְכּוֹת לְשִׂמְחָה גְּדוֹלָה בֶּאֱמֶת בַּעֲבוֹדָתֶךָ, כְּמוֹ שֶׁכָּתוּב: "עִבְדוּ אֶת יְהֹוָה בְּשִׂמְחָה וְגִילוּ בִּרְעָדָה". וּתְזַכֵּנִי בְּרַחֲמֶיךָ הָרַבִּים לַעֲשׂוֹת כָּל הַמִּצְוֹת בְּשִׂמְחָה גְּדוֹלָה בֶּאֱמֶת, שֶׁיִּהְיֶה לִי שִׂמְחָה גְּדוֹלָה מֵהַמִּצְוָה בְּעַצְמָהּ, שֶׁאָגִיל וְאֶשְׂמַח מְאֹד בִּשְׁעַת עֲשִׂיַּת כָּל מִצְוָה וּמִצְוָה, בְּמַה שֶּׁזָּכִיתִי בְּרַחֲמֶיךָ לַעֲשׂוֹת הַמִּצְוָה, וְכָל שִׂמְחָתִי יִהְיֶה רַק הַמִּצְוָה לְבַד לֹא בִּשְׁבִיל שְׂכַר עוֹלָם הַבָּא, מִכָּל שֶׁכֵּן וְכָל שֶׁכֵּן שֶׁלֹּא יַעֲלֶה בְּדַעְתִּי, חַס וְשָׁלוֹם פְּנִיּוֹת שֶׁל שְׁטוּת בִּשְׁבִיל בְּנֵי אָדָם אוֹ בִּשְׁבִיל עִסְקֵי עוֹלָם הַזֶּה, חַס וְשָׁלוֹם, רַק שֶׁאֶזְכֶּה לַעֲשׂוֹת כָּל הַמִּצְוֹת בְּשִׂמְחָה גְּדוֹלָה מֵהַמִּצְוָה בְּעַצְמָהּ. וְיִהְיֶה כָּל הָעוֹלָם הַבָּא שֶׁלִּי בְּהַמִּצְוָה בְּעַצְמָהּ עַד שֶׁלֹּא אֶרְצֶה שׁוּם שְׂכַר עוֹלָם הַבָּא בִּשְׁבִיל הַמִּצְוָה, רַק שֶׁכָּל שְׂכָרִי יִהְיֶה שֶׁתְּזַכֵּנִי לַעֲשׂוֹת מִצְוָה אַחֶרֶת בִּשְׂכַר מִצְוָה זֹאת, כְּמוֹ שֶׁאָמְרוּ רַבּוֹתֵינוּ זִכְרוֹנָם לִבְרָכָה: שֶׁשְּׂכַר מִצְוָה מִצְוָה.

וְאֶזְכֶּה לְהִכָּלֵל בְּךָ עַל יְדֵי מִצְוֹתֶיךָ הַקְּדוֹשִׁים אֲשֶׁר הֵם אַחְדוּתֶךָ. וִיקֻיַּם בָּנוּ מִקְרָא שֶׁכָּתוּב:

"יִשְׂמַח יְהוָה בְּמַעֲשָׂיו", "יִשְׂמַח יִשְׂרָאֵל בְּעוֹשָׂיו", שֶׁאַתָּה תִשְׂמַח בָּנוּ עַל יְדֵי שֶׁתְּזַכֵּנוּ לַעֲשׂוֹת מַעֲשִׂים טוֹבִים בְּעֵינֶיךָ, וַאֲנַחְנוּ נָגִילָה וְנִשְׂמְחָה בָּךְ, וְתַעַזְרֵנוּ בְּרַחֲמֶיךָ הָרַבִּים לְהַמְשִׁיךְ חִיּוּת וְשֶׁפַע טוֹבָה וּבְרָכָה עַל יְדֵי עֲשִׂיַּת מִצְוֹתֶיךָ בְּשִׂמְחָה גְּדוֹלָה, לְרַמַ"ח אֵיבָרֵינוּ וּשְׁסָ"ה גִּידֵנוּ, וּלְכָל הָעוֹלָם כֻּלּוֹ וּלְכָל הַשָּׁנָה כֻּלָּהּ, וְכָל הַשְּׁלֹשָׁה קוֹמוֹת, הֵן קוֹמַת עוֹלָם הֵן קוֹמַת שָׁנָה הֵן קוֹמַת נֶפֶשׁ כֻּלָּם יִתְבָּרְכוּ וִיקַבְּלוּ חַיִּים וְטוֹבָה וּבְרָכָה וּקְדֻשָּׁה וְטָהֳרָה עַל יְדֵי קִיּוּם מִצְוֹתֶיךָ בְּשִׂמְחָה גְּדוֹלָה:

וְתַעַזְרֵנוּ בְּרַחֲמֶיךָ הָרַבִּים, שֶׁנּוּכַל לְהִתְפַּלֵּל עֲבוּר כָּל הָעוֹלָם וּלְמַלֹּאת חֶסְרוֹן הָעוֹלָם, וְכָל מִינֵי גְּזֵרוֹת שֶׁנִּגְזְרוּ עַל הָעוֹלָם, כֻּלָּם נִזְכֶּה לְבַטֵּל עַל יְדֵי תְּפִלָּתֵנוּ, וְנִזְכֶּה לָדַעַת וּלְהַשִּׂיג אִם הוּא קֹדֶם גְּזַר דִּין אוֹ לְאַחַר גְּזַר דִּין. וּתְזַכֵּנוּ לֵידַע אֵיךְ לְהִתְפַּלֵּל לְפָנֶיךָ, וּלְהַלְבִּישׁ אֶת תְּפִלָּתֵנוּ בְּסִפּוּרֵי דְּבָרִים בִּזְמַן שֶׁהַשָּׁעָה צְרִיכָה לְכָךְ. וְאִם אָמְנָם בָּעֵת הַזֹּאת אָנוּ רְחוֹקִים מְאֹד מִדַּעַת וְהַשָּׂגָה זֹאת, עִם כָּל זֶה בְּיָדְךָ הַכֹּל וּמִמְּךָ לֹא יִבָּצֵר כָּל דָּבָר, "אַתָּה יְהוָה לֹא תִכְלָא רַחֲמֶיךָ מִמֶּנִּי, חַסְדְּךָ וַאֲמִתְּךָ תָּמִיד יִצְּרוּנִי". וְתַעַזְרֵנִי וּתְזַכֵּנִי לְהַגִּיעַ וְלָבוֹא לְכָל מַה שֶּׁבִּקַּשְׁתִּי מִלְּפָנֶיךָ, קַדְּשֵׁנוּ בְּמִצְוֹתֶיךָ וְשַׂמַּח נַפְשֵׁנוּ בִּישׁוּעָתֶךָ וְטַהֵר לִבֵּנוּ לְעָבְדְּךָ בֶּאֱמֶת,

עֲבוֹדָה שֶׁבַּלֵּב זוֹ תְּפִלָּה, לִזְכּוֹת לְהִתְפַּלֵּל לְפָנֶיךָ בְּכָל כֹּחִי בֶּאֱמֶת וְלַעֲשׂוֹת מִצְווֹתֶיךָ בְּשִׂמְחָה תָּמִיד, "יֶעֱרַב עָלָיו שִׂיחִי אָנֹכִי אֶשְׂמַח בַּיהֹוָה, וְנַפְשִׁי תָּגִיל בַּיהֹוָה תָּשִׂישׂ בִּישׁוּעָתוֹ, כָּל עַצְמוֹתַי תֹּאמַרְנָה, יְהֹוָה מִי כָמוֹךָ, מַצִּיל עָנִי מֵחָזָק מִמֶּנּוּ, וְעָנִי וְאֶבְיוֹן מִגֹּזְלוֹ, אוֹר זָרֻעַ לַצַּדִּיק וּלְיִשְׁרֵי לֵב שִׂמְחָה". בָּרוּךְ יְהֹוָה לְעוֹלָם אָמֵן אָמֵן:

ז

יְהִי רָצוֹן מִלְּפָנֶיךָ יְהֹוָה אֱלֹהֵינוּ וֵאלֹהֵי אֲבוֹתֵינוּ, שֶׁתְּרַחֲמֵנוּ בְּרַחֲמֶיךָ הָרַבִּים וַחֲסָדֶיךָ הַגְּדוֹלִים, וְחוּס וַחֲמֹל נָא עָלַי וְעַל נַפְשִׁי הָאֻמְלָלָה, הַצְּמֵאָה וְהָרְעֵבָה וְהַתְּאֵבָה לָשׁוּב אֵלֶיךָ בֶּאֱמֶת. וְעָזְרֵנִי בְּרַחֲמֶיךָ הָרַבִּים לָשׁוּב בִּתְשׁוּבָה שְׁלֵמָה לְפָנֶיךָ עַל כָּל חֲטָאַי וַעֲווֹנוֹתַי וּפְשָׁעַי, וְזַכֵּנִי שֶׁאֶהְיֶה בִּכְלַל הַבָּא לִטָּהֵר, וְאַתָּה תְּסַיְּעֵנִי מִן הַשָּׁמַיִם לְטַהֲרֵנִי מֵעֲווֹנוֹתַי, שֶׁאֶזְכֶּה לָשׁוּב בִּתְשׁוּבָה שְׁלֵמָה בֶּאֱמֶת עַל כָּל עֲווֹנוֹתַי.

מָלֵא רַחֲמִים, חוּסָה נָא עָלַי בְּרַחֲמֶיךָ הָרַבִּים וּרְאֵה דַּלּוּתִי וְשִׁפְלוּתִי, וְעַל מַה שָּׁוְא בְּרָאתָנִי, כִּי עַתָּה אֵין אֲנִי נֶחְשָׁב בְּשֵׁם בְּרִיָּה כְּלָל, וּכְאִלּוּ עֲדַיִן אֵין

לִי שׁוּם הֲוָיָה בָּעוֹלָם כְּלָל, כִּי טוֹב לִי שֶׁלֹּא נִבְרֵאתִי, מֵאַחַר שֶׁהֲרֵעוֹתִי אֶת מַעֲשַׂי, וּבְכֵן בָּאתִי לְפָנֶיךָ יְהוָֹה אֱלֹהַי, שֶׁתַּעַזְרֵנִי בְּכֹחַ שִׁמְךָ הַגָּדוֹל אֶהְיֶ"ה, אֲשֶׁר בּוֹ נִקְרֵאתָ בְּעֵת שֶׁהִתְחַלְתָּ לִגְאֹל אֶת בָּנֶיךָ מִמִּצְרַיִם לַעֲשׂוֹת אוֹתָם לְךָ לְעָם, וְלַהֲשִׁיבָם אֵלֶיךָ מִטֻּמְאַת מִצְרַיִם, כְּמוֹ שֶׁהוֹדַעְתָּ לְמשֶׁה בַּסְּנֶה, כְּמוֹ שֶׁכָּתוּב: "כֹּה תֹאמַר לִבְנֵי יִשְׂרָאֵל אֶהְיֶה שְׁלָחַנִי אֲלֵיכֶם", וּבְכֵן בְּכֹחַ הַשֵּׁם הַקָּדוֹשׁ הַזֶּה, תְּזַכֵּנִי בְּרַחֲמֶיךָ הָרַבִּים, שֶׁאַתְחִיל לְהָכִין עַצְמִי שֶׁיִּהְיֶה לִי הֲוָיָה בָּעוֹלָם עַל יְדֵי שֶׁתְּזַכֵּנִי בְּרַחֲמֶיךָ הָרַבִּים לָשׁוּב אֵלֶיךָ בֶּאֱמֶת, שֶׁאֶזְכֶּה לְהַרְגִּישׁ כְּאֵב חֲטָאַי וַעֲווֹנוֹתַי הַמְּרֻבִּים, וְלָשׁוּב בִּתְשׁוּבָה שְׁלֵמָה לְפָנֶיךָ.

וְזַכֵּנִי לִהְיוֹת מִן הַנֶּעֱלָבִים וְאֵינָם עוֹלְבִים שׁוֹמְעִים חֶרְפָּתָם וְאֵינָם מְשִׁיבִים, וְלִמְקַלְלַי נַפְשִׁי תִדּוֹם. וְעַל כָּל מִינֵי בִּזְיוֹנוֹת וְחֵרוּפִים וְגִדּוּפִים שֶׁאֶשְׁמַע מֵאֵיזֶה אָדָם שֶׁיְּבַזֶּה אוֹתִי, אֶדֹּם וְאֶשְׁתֹּק לוֹ, כְּמוֹ שֶׁכָּתוּב: "דֹּם לַיהוָֹה וְהִתְחוֹלֵל לוֹ. וַאֲנִי כְּאִישׁ אֲשֶׁר לֹא שׁוֹמֵעַ וְאֵין בְּפִיו תּוֹכָחוֹת, כְּחֵרֵשׁ לֹא אֶשְׁמָע וּכְאִלֵּם לֹא יִפְתַּח פִּיו", כִּי בֶּאֱמֶת יָדַעְתִּי יְהוָֹה, כִּי כָּל מִינֵי בִּזְיוֹנוֹת שֶׁבָּעוֹלָם אֵינָם מַסְפִּיקִים לִי לְפִי גֹדֶל חֲטָאַי הַמְּרֻבִּים, כִּי אֲנִי נִבְזֶה יוֹתֵר וְיוֹתֵר מִכָּל מִינֵי בִזְיוֹנוֹת שֶׁבָּעוֹלָם מַה שֶׁהַפֶּה יָכוֹל לְדַבֵּר, כִּי בַּעֲווֹנוֹתַי

הָרַבִּים פָּגַמְתִּי בִּכְבוֹדְךָ הַגָּדוֹל וְהַקָּדוֹשׁ, וְלֹא כִּבַּדְתִּי אֶת שִׁמְךָ הַגָּדוֹל, וּבִזִּיתִי אֶת נַפְשִׁי מְאֹד עַל יְדֵי עֲווֹנוֹתַי, וְנָתַתִּי תֹּקֶף לְהַדָּם שֶׁבְּחָלָל הַשְּׂמָאלִי שֶׁבַּלֵּב. עַל כֵּן בְּוַדַּאי חוֹבָה עָלַי לִסְבֹּל בִּזְיוֹנוֹת גְּדוֹלוֹת וּשְׁפִיכוּת דָּמִים. לָכֵן עָזְרֵנִי יְהֹוָה אֱלֹהַי, שֶׁלֹּא אָשִׁיב דָּבָר לִמְחָרְפַי וְלִמְבַזַּי נַפְשִׁי, לְמַעַן יִהְיֶה לִי לְכַפָּרָה עַל כָּל עֲווֹנוֹתַי:

יְהֹוָה אֱלֹהַי, נַפְשִׁי יוֹדַעַת מְאֹד כִּי אֲנִי רָחוֹק מְאֹד מִתְּשׁוּבָה בֶּאֱמֶת, כִּי עֲוֹנוֹתַי עָבְרוּ רֹאשִׁי וּבִלְבְּלוּ אֶת דַּעְתִּי, עַד שֶׁאֵין אֲנִי יוֹדֵעַ כְּלָל אֵיךְ לָשׁוּב אֵלֶיךָ, וְהַדַּעַת נִסְתַּלֵּק מִמֶּנִּי וְלִבִּי עֲזָבָנִי, וַאֲנִי הוֹלֵךְ בָּעוֹלָם נָע וָנָד בְּלֹא דַעַת וּבְלֹא לֵב:

יְהֹוָה אֱלֹהִים, אַתָּה יָדַעְתָּ לְאִוַּלְתִּי וְאַשְׁמוֹתַי מִמְּךָ לֹא נִכְחָדוּ. וְעַתָּה אָבִי, אָבִי, מָלֵא רַחֲמִים, מָה אֶעֱשֶׂה, אָנָּא אָנוּס לְעֶזְרָה וְאֵיךְ אֲבַקֵּשׁ תְּרוּפָה וְתַחְבּוּלָה וְעֵצָה לְהִמָּלֵט עַל נַפְשִׁי, לְהַצִּיל נַפְשִׁי מִנִּי שָׁחַת, "אֶשָּׂא עֵינַי אֶל הֶהָרִים מֵאַיִן יָבֹא עֶזְרִי". עָזְרֵנִי עָזְרֵנִי, חָנֵּנִי חָנֵּנִי, הוֹשִׁיעֵנִי בְּרַחֲמֶיךָ הָרַבִּים וַחֲסָדֶיךָ הָעֲצוּמִים וְהוֹפִיעָה עָלַי מִמְּעוֹן קָדְשְׁךָ רוּחַ חָכְמָה וּבִינָה, רוּחַ קְדֻשָּׁה וְטָהֳרָה, שֶׁאֶזְכֶּה לְהִתְקַדֵּשׁ וּלְהִטָּהֵר בֶּאֱמֶת, וְלָשׁוּב אֵלֶיךָ בֶּאֱמֶת בִּתְשׁוּבָה שְׁלֵמָה, וְאֶדֹם

וְאֶשְׁתֹּק לִמְחָרְפַי וְלִמְבַזַּי נַפְשִׁי, וְאֶזְכֶּה לְקַיֵּם מִקְרָא שֶׁכָּתוּב: "דֹּם לַיהוָה וְהִתְחוֹלֵל לוֹ", וְלִסְבֹּל בִּזְיוֹנוֹת וּבוּשׁוֹת וּשְׁפִיכוּת דָּמִים עַל עֲווֹנוֹתַי, וּלְקַבֵּל הַכֹּל בְּאַהֲבָה:

וְזַכֵּנִי לִהְיוֹת כָּל יָמַי בִּתְשׁוּבָה תָּמִיד, כִּי "מִי יֹאמַר זִכִּיתִי לִבִּי טָהַרְתִּי מֵחַטָּאתִי". כִּי אַתָּה יָדַעְתָּ אֶת לְבָבֵנוּ, כִּי הַלֵּב מְעֹרְבָב בִּפְסֹלֶת וּבִפְנִיּוֹת הַרְבֵּה, וַאֲפִלּוּ בְּשָׁעָה שֶׁאֲנִי מִתְוַדֶּה וְאוֹמֵר: חָטָאתִי לְפָנֶיךָ, גַּם אָז בָּאִים בְּלִבִּי מַחֲשָׁבוֹת זָרוֹת וּפְנִיּוֹת גְּדוֹלוֹת, עַד שֶׁאִי אֶפְשָׁר לִי לְדַבֵּר דִּבּוּר אֶחָד בֶּאֱמֶת כָּרָאוּי. וַאֲפִלּוּ לְהִתְוַדּוֹת עַל חַטֹּאתַי מַה שֶּׁחָטָאתִי וּפָשַׁעְתִּי בֶּאֱמֶת לְפָנֶיךָ, גַּם זֶה נִמְנָע מִמֶּנִּי.

עַל כֵּן זַכֵּנִי בְּרַחֲמֶיךָ הָרַבִּים לִהְיוֹת בִּתְשׁוּבָה תָּמִיד, שֶׁאֶזְכֶּה לַעֲשׂוֹת תָּמִיד תְּשׁוּבָה עַל תְּשׁוּבָה הָרִאשׁוֹנָה, וְאֶזְכֶּה לְתַקֵּן בְּכָל פַּעַם פְּגַם תְּשׁוּבָה הָרִאשׁוֹנָה, עַד שֶׁאֶזְכֶּה בְּרַחֲמֶיךָ הָרַבִּים לִתְשׁוּבָה שְׁלֵמָה, תְּשׁוּבָה עִלָּאָה בֶּאֱמֶת כָּרָאוּי. וְאָז תִּפְתַּח אֶת לִבִּי וְדַעְתִּי לָדַעַת אֶת שְׁמֶךָ. וְאָז אֵדַע בֶּאֱמֶת כִּי עֲדַיִן לֹא הִתְחַלְתִּי לַעֲשׂוֹת תְּשׁוּבָה, כְּפִי עֹצֶם גְּדֻלָּתְךָ וְרוֹמְמוּתְךָ שֶׁתְּזַכֵּנִי לְהַשִּׂיג אָז. וְאָז תְּזַכֵּנִי בֶּאֱמֶת לַעֲשׂוֹת תְּשׁוּבָה עַל תְּשׁוּבָה, שֶׁאֶזְכֶּה לַעֲשׂוֹת תְּשׁוּבָה

בְּכָל פַּעַם עַל הַשָּׂגָה הָרִאשׁוֹנָה, עַל שֶׁהָיִיתִי מְגַשֵּׁם אֶת רוֹמְמוּת אֱלֹהוּתְךָ, לְפִי עֹצֶם רוֹמְמוּתְךָ שֶׁאֶזְכֶּה לְהַשִּׂיג אַחַר־כָּךְ בְּכָל פַּעַם, בְּאֹפֶן שֶׁאֶזְכֶּה לִהְיוֹת כָּל יָמַי בִּתְשׁוּבָה תָּמִיד. עַד הַיּוֹם אֲשֶׁר תַּאַסְפֵנִי אֵלֶיךָ, וּתְזַכֵּנִי לָעוֹלָם הַבָּא, לְיוֹם שֶׁכֻּלּוֹ שַׁבָּת, כֻּלּוֹ תְּשׁוּבָה. וְזַכֵּנִי לִזְבֹּחַ אֶת יִצְרִי, וְאֶזְכֶּה לְקַיֵּם מִקְרָא שֶׁכָּתוּב: "זוֹבֵחַ תּוֹדָה יְכַבְּדָנְנִי", שֶׁאֶזְכֶּה לְכַבֵּד אוֹתְךָ בִּשְׁנֵי עוֹלָמוֹת, בָּעוֹלָם הַזֶּה וּבָעוֹלָם הַבָּא. וְעָזְרֵנִי שֶׁאֶהְיֶה בּוֹרֵחַ מִן הַכָּבוֹד בֶּאֱמֶת, וְאֶזְכֶּה לְמַעֵט בִּכְבוֹד עַצְמִי וּלְהַרְבּוֹת בִּכְבוֹד הַמָּקוֹם. וְתַשְׁפִּיעַ עָלַי מִכְּבוֹדְךָ הַגָּדוֹל וּתְזַכֵּנִי בְּרַחֲמֶיךָ הָרַבִּים לִכְבוֹד אֱלֹהִים, שֶׁאֶזְכֶּה לְכָבוֹד דִּקְדֻשָּׁה לְמַעַנְךָ לְבַד וְלֹא אֵהָנֶה מִן הַכָּבוֹד כְּלָל לְמַעֲנִי, וְלֹא אֶשְׁתַּמֵּשׁ עִם הַכָּבוֹד כִּי אִם לִשְׁמְךָ וְלַעֲבוֹדָתְךָ בֶּאֱמֶת, וְעָזְרֵנִי שֶׁלֹּא יִשְׁאַל וְלֹא יַחְקֹר שׁוּם בְּרִיָּה עַל כְּבוֹדִי:

וְעָזְרֵנִי יְהוָֹה אֱלֹהַי, לִהְיוֹת תַּקִּיף וְאַמִּיץ וְחָזָק בַּעֲבוֹדָתְךָ תָּמִיד. וְאַל תַּנִּיחֵנִי לִפֹּל חַס וְשָׁלוֹם לְעוֹלָם. "אַל תַּשְׁלִיכֵנִי מִלְּפָנֶיךָ וְרוּחַ קָדְשְׁךָ אַל תִּקַּח מִמֶּנִּי". וְזַכֵּנִי לִהְיוֹת עָיֵיל וְנָפִיק, וְאֶזְכֶּה לִהְיוֹת בָּקִי בַּהֲלָכָה בָּקִי בְּרָצוֹא בָּקִי בְּשׁוֹב בָּקִי בְּעָיֵיל בָּקִי בְּנָפִיק. וּבְכָל מָקוֹם אוּכַל לִמְצֹא אוֹתְךָ בֵּין בַּעֲלִיָּה בֵּין בִּירִידָה, כְּמוֹ שֶׁכָּתוּב: "אִם אֶסַּק שָׁמַיִם, שָׁם אָתָּה,

וְאַצִּיעָה שְׁאוֹל הִנֶּךָּ". וְאֶזְכֶּה לֶאֱחֹז בְּךָ וּלְהִתְדַּבֵּק בְּךָ תָּמִיד. וִיקֻיַּם בִּי מִקְרָא שֶׁכָּתוּב: "אֲנִי לְדוֹדִי וְדוֹדִי לִי":

אָנָּא יְהֹוָה, יֶהֱמוּ וְיִכָּמְרוּ מֵעֶיךָ וְרַחֲמֶיךָ וַחֲנִינוֹתֶיךָ עָלַי, וְיַעֲלֶה וְיָבֹא זִכְרוֹנִי לְפָנֶיךָ לְטוֹבָה. וְרַחֵם עָלַי בְּרַחֲמֶיךָ הָרַבִּים וְאַל תַּנִּיחֵנִי וְאַל תִּטְּשֵׁנִי לְהִשְׁתַּקֵּעַ, חַס וְשָׁלוֹם, בְּאֵלּוּ הַמְּקוֹמוֹת הַנְּמוּכִים וְהַשְּׁפָלִים אֲשֶׁר בָּאתִי עַד הֵנָּה. "אַל תַּעַזְבֵנִי יְהֹוָה אֱלֹהַי וְאַל תִּרְחַק מִמֶּנִּי, אַל תִּבְלָעֵנִי מְצוּלָה וְאַל תֶּאְטַר עָלַי בְּאֵר פִּיהָ". חָנֵּנִי וַהֲקִימֵנִי, וּמֵעָפָר דַּלּוּתִי וּמֵעֹצֶם שִׁפְלוּתִי תְּרוֹמְמֵנִי. וִיקֻיַּם מִקְרָא שֶׁכָּתוּב: "אָנֹכִי אֵרֵד עִמְּךָ מִצְרַיְמָה וְאָנֹכִי אַעַלְךָ גַם עָלֹה", וְהַיְּרִידָה יִהְיֶה תַּכְלִית הָעֲלִיָּה. חוּס וַחֲמֹל עָלַי, וּשְׁלַח יְשׁוּעָתְךָ וְתִתְמְכֵנִי בִּימִין צִדְקֶךָ, וְתִסְעָדֵנִי בְּעֹצֶם חֶמְלָתְךָ, וְתִהְיֶה תָּמִיד עִמִּי. וְתִתֵּן לִי כֹּחַ וָשֵׂכֶל לֶאֱחֹז בְּךָ תָּמִיד. וְאַל תַּנִּיחֵנִי לִפֹּל חַס וְשָׁלוֹם, לְעוֹלָם. וִיקֻיַּם מִקְרָא שֶׁכָּתוּב: "כִּי יִפֹּל לֹא יוּטָל כִּי יְהֹוָה סוֹמֵךְ יָדוֹ".

וּתְמַהֵר וְתָחִישׁ לְגָאֳלֵנוּ גְּאֻלַּת הַנֶּפֶשׁ, וְתוֹצִיאֵנִי וְתַעֲלֵנִי מֵהַיּוֹם וּמֵעַתָּה, מִכָּל מִינֵי נְפִילוֹת וִירִידוֹת וְהִתְרַחֲקוּת מִמְּךָ שֶׁנִּתְרַחַקְתִּי עַד הֵנָּה. מֵקִים מֵעָפָר דָּל מֵאַשְׁפּוֹת יָרִים אֶבְיוֹן. חֲמֹל עַל דַּל וְאֶבְיוֹן כָּמוֹנִי, חָנֵּנִי וַהֲקִימֵנִי, חָנֵּנִי וַהֲקִימֵנִי, שֶׁשָּׁטַחְתִּי אֵלֶיךָ

כַּפִּי, "מִקְצֵה הָאָרֶץ אֵלֶיךָ אֶקְרָא בַּעֲטֹף לִבִּי בְּצוּר יָרוּם מִמֶּנִּי תַנְחֵנִי".

רִבּוֹנוֹ שֶׁל עוֹלָם, רִבּוֹנוֹ שֶׁל עוֹלָם, חוּס וַחֲמוֹל עָלַי אָבִי שֶׁבַּשָּׁמַיִם, וְתִגְעַר בְּהָרוֹדְפִים וּמַפִּילִים אוֹתִי, וֶאֱמֹר לְצָרוֹתַי דַּי וְתֹאמַר עַד פֹּה תָּבֹא. וּמֵעַתָּה תְּרַחֵם עָלַי וְתַעַזְרֵנִי וְתוֹשִׁיעֵנִי וְתַתְחִיל לְהַעֲלוֹת אוֹתִי מַעְלָה מָעְלָה חִישׁ קַל מְהֵרָה. וְכָל הַיְרִידוֹת יִתְהַפְּכוּ לַעֲלִיּוֹת, וְכָל הַהִתְרַחֲקוּת יִתְהַפֵּךְ לְהִתְקָרְבוּת. כִּי אַתָּה הַחִלּוֹתָ לְקָרְבֵנוּ בְּרַחֲמֶיךָ, וְהִתְחַלְתָּ לְהַשְׁפִּיעַ עָלֵינוּ הֲמוֹן קְדֻשָּׁתְךָ וְתֹקֶף חֶמְלָתְךָ עַל יְדֵי צַדִּיקֵי אֱמֶת שֶׁבְּכָל דּוֹר וָדוֹר. עַל כֵּן אֵין נָאֶה לְךָ לְעָזְבֵנוּ יְהוָֹה אֱלֹהֵינוּ, יֶהֱמוּ מֵעֶיךָ עָלֵינוּ. וְכַאֲשֶׁר הַחִלּוֹתָ לְהַרְאוֹת גָּדְלְךָ וְטוּבְךָ עָלֵינוּ, וְנָתַתָּ לָנוּ תּוֹרָתְךָ הַקְּדוֹשָׁה עַל יְדֵי מֹשֶׁה נְבִיאֲךָ נֶאֱמַן בֵּיתְךָ, וְשָׁלַחְתָּ לָנוּ בְּרַחֲמֶיךָ הָרַבִּים, צַדִּיקֵי אֱמֶת בְּכָל דּוֹר וָדוֹר, אֲשֶׁר עַל יָדָם נִמְסְרָה הַתּוֹרָה לָנוּ מִמֹּשֶׁה לִיהוֹשֻׁעַ, וּמִיהוֹשֻׁעַ לִזְקֵנִים, וּמִזְּקֵנִים לִזְקֵנִים וְצַדִּיקִים שֶׁבְּכָל דּוֹר וָדוֹר, עַד אֲשֶׁר הִגִּיעַ אֵלֵינוּ הִשְׁתַּלְשְׁלוּת קַבָּלַת הַתּוֹרָה, וַעֲדַיִן לֹא כָלוּ רַחֲמֶיךָ מִמֶּנּוּ, "הֲקִיצוֹתִי וְעוֹדִי עִמָּךְ", כֵּן יִכְמְרוּ מֵעֶיךָ עָלֵינוּ, וְתַעַזְרֵנִי לְקַיֵּם בֶּאֱמֶת אֶת כָּל דִּבְרֵי תוֹרָתֶךָ בְּאַהֲבָה. חוּסָה עָלֵינוּ בְּרַחֲמֶיךָ וְעָזְרֵנוּ לִהְיוֹת דָּבוּק בְּךָ וּבְצַדִּיקֵי אֱמֶת לְעוֹלָם וָעֶד, בָּעוֹלָם הַזֶּה וּבָעוֹלָם הַבָּא:

אָנָּא יְהוָֹה בְּרַחֲמֶיךָ הָרַבִּים, זַכֵּנִי שֶׁיִּפָּקְחוּ עֵינַי וְלִבִּי וְאָזְנַי לִרְאוֹת וּלְהָבִין וְלִשְׁמֹעַ גְּדֻלָּתְךָ וְרוֹמְמוּתֶךָ, וְלָשׁוּב אֵלֶיךָ בֶּאֱמֶת, וְחָנֵּנִי מֵאִתְּךָ דֵּעָה בִּינָה וְהַשְׂכֵּל לְהָבִין וּלְהַשִּׂיג דַּרְכֵי הַתְּשׁוּבָה בֶּאֱמֶת, וְתַעַזְרֵנִי לֵילֵךְ בָּהֶם תָּמִיד. וְאֶזְכֶּה לִהְיוֹת בִּכְלַל בַּעֲלֵי תְשׁוּבָה בֶּאֱמֶת, כִּי יְמִינְךָ פְּשׁוּטָה לְקַבֵּל שָׁבִים וְרוֹצֶה אַתָּה בִּתְשׁוּבָה, וְאִם לֹא עַכְשָׁו אֵימָתַי, וְתַעַזְרֵנִי שֶׁאֶזְכֶּה לִתְשׁוּבָה שְׁלֵמָה בֶּאֱמֶת, לִתְשׁוּבָה עִלָּאָה, בְּאֹפֶן שֶׁאֶזְכֶּה שֶׁיִּתְיַחֵד עַל יְדֵי נְקֻדָּה הַתַּחְתּוֹנָה בִּנְקֻדָּה הָעֶלְיוֹנָה, וְיִתְתַּקֵּן וְיֻשְׁלַם עַל יְדֵי אָדָם הָעֶלְיוֹן לָשֶׁבֶת עַל הַכִּסֵּא, וְשָׁם יִהְיֶה נִכְלָל נַפְשִׁי וְרוּחִי וְנִשְׁמָתִי מֵעַתָּה וְעַד עוֹלָם. וּתְמַלֵּא פְּגִימַת הַלְּבָנָה, וְיִהְיֶה אוֹר הַלְּבָנָה כְּאוֹר הַחַמָּה. כְּמוֹ שֶׁכָּתוּב: "וְהָיָה אוֹר הַלְּבָנָה כְּאוֹר הַחַמָּה, וְאוֹר הַחַמָּה יִהְיֶה שִׁבְעָתַיִם כְּאוֹר שִׁבְעַת הַיָּמִים". כִּי מַלְכוּתְךָ בַּכֹּל מָשָׁלָה, בַּשָּׁמַיִם וּבָאָרֶץ.

וְאַתָּה עוֹשֶׂה גְּדוֹלוֹת וְנִפְלָאוֹת עַד אֵין חֵקֶר, וְאַתָּה חוֹשֵׁב מַחֲשָׁבוֹת לְבַל יִדַּח מִמְּךָ נִדָּח. "מֵמִית וּמְחַיֶּה מוֹרִיד שְׁאוֹל וַיָּעַל". וְאַתָּה מְקַשֵּׁר וּמְחַבֵּר וּמְיַחֵד שְׁנֵי הֲפָכִים יַחַד תַּכְלִית קָצֶה הַתַּחְתּוֹן מֵעִמְקֵי שְׁאוֹל עַד רוּם גָּבְהֵי מְרוֹמִים עַד תַּכְלִית קָצֶה הָעֶלְיוֹן. מִנְּקֻדָּה הַתַּחְתּוֹנָה עַד נְקֻדָּה הָעֶלְיוֹנָה. כִּי מִי יֹאמַר לְךָ מַה תַּעֲשֶׂה, עַל כֵּן יַגִּיעוּ רַחֲמֶיךָ גַּם עָלַי, וְתַחְתֹּר

חֲתִירָה מִתַּחַת כִּסֵּא כְבוֹדֶךָ, חוֹמֵל דַּלִּים שׁוֹמֵעַ אֶנְקַת אֶבְיוֹנִים, וְתַעַזְרֵנִי לְהִתְעוֹרֵר בֶּאֱמֶת וְלָשׁוּב בִּתְשׁוּבָה שְׁלֵמָה לְפָנֶיךָ בֶּאֱמֶת, וּתְזַכֵּנִי לִהְיוֹת דָּבוּק בֶּאֱמֶת בְּצַדִּיקֵי אֱמֶת מֵעַתָּה וְעַד עוֹלָם. "כִּי לֹא תַחְפֹּץ בְּמוֹת הַמֵּת כִּי אִם בְּשׁוּבוֹ מִדְּרָכָיו וְחָיָה, תָּשֵׁב אֱנוֹשׁ עַד דַּכָּא וַתֹּאמֶר שׁוּבוּ בְנֵי אָדָם, שׁוּבָה יְהוָה עַד מָתָי וְהִנָּחֵם עַל עֲבָדֶיךָ. הֲשִׁיבֵנוּ יְהוָה אֵלֶיךָ וְנָשׁוּבָה חַדֵּשׁ יָמֵינוּ כְּקֶדֶם":

ז

יְהִי רָצוֹן מִלְּפָנֶיךָ יְהוָה אֱלֹהֵינוּ וֵאלֹהֵי אֲבוֹתֵינוּ, שֶׁתְּרַחֵם עָלֵינוּ וְעַל כָּל עַמְּךָ בֵּית יִשְׂרָאֵל, וְתִטַּע אֱמוּנָתְךָ בְּלִבֵּנוּ, וְנִזְכֶּה לְהַאֲמִין בְּךָ וּבְצַדִּיקֶיךָ הָאֲמִתִּיִּים בֶּאֱמוּנָה שְׁלֵמָה, וְתִהְיֶה הָאֱמוּנָה זַכָּה וּנְכוֹנָה צַחָה וּנְקִיָּה, בְּלִי שׁוּם פְּגַם וּבְלִי שׁוּם בִּלְבּוּל בָּעוֹלָם חַס וְשָׁלוֹם כְּלָל. וְנִזְכֶּה בְּרַחֲמֶיךָ הָרַבִּים, שֶׁתִּהְיֶה אֱמוּנָתֵנוּ חֲזָקָה כָּל כָּךְ כְּאִלּוּ אָנוּ רוֹאִין בְּעֵינֵינוּ אֱלָהוּתְךָ וְהַשְׁגָּחָתְךָ וּכְבוֹדְךָ אֲשֶׁר מָלֵא כָּל הָעוֹלָם. וְנִהְיֶה דְּבֵקִים בְּךָ תָּמִיד בֶּאֱמֶת וּבִתְמִימוּת וּבְדֵעָה נְכוֹנָה וּמְיֻשֶּׁבֶת בְּלִי שׁוּם תַּעֲרֹבֶת פְּסֹלֶת כְּלָל.

כִּי "אַתָּה הַחִלּוֹתָ לְהַרְאוֹת אֶת עַבְדְּךָ אֶת גָּדְלְךָ וְאֶת

יָדְךָ הַחֲזָקָה אֲשֶׁר מִי אֵל בַּשָּׁמַיִם וּבָאָרֶץ אֲשֶׁר יַעֲשֶׂה כְמַעֲשֶׂיךָ וְכִגְבוּרוֹתֶיךָ". וְגִלִּיתָ אֱלָהוּתְךָ וּמַלְכוּתְךָ עָלֵינוּ, כִּי הוֹצֵאתָנוּ מִמִּצְרַיִם, וּפְדִיתָנוּ מִתֹּקֶף גָּלוּתָם מִתּוֹךְ כּוּר הַבַּרְזֶל, מֵעִמְקֵי הַקְּלִפּוֹת. וְהוֹצֵאתָ אוֹתָנוּ מִנּו"ן שַׁעֲרֵי טוּמְאָה, וְהִכְנַסְתָּ אוֹתָנוּ בְּנוּ"ן שַׁעֲרֵי קְדֻשָּׁה. וְעָשִׂיתָ נִסִּים וְנִפְלָאוֹת בְּמִצְרַיִם וְעַל יַם סוּף, וְשִׁבַּרְתָּ וְהִכְנַעְתָּ כָּל אֱלִילֵי מִצְרַיִם, וְשִׁדַּדְתָּ הַמַּעֲרָכוֹת וְשִׁנִּיתָ הַטֶּבַע וְעִקַּרְתָּ וּבִטַּלְתָּ כָּל מִינֵי כְּפִירוֹת וְכָל מִינֵי אֱמוּנוֹת כְּזָבִיּוֹת שֶׁל פַּרְעֹה וּמִצְרַיִם, שֶׁרָצוּ שֶׁיִּשְׁתַּקְּעוּ בְּנֵי יִשְׂרָאֵל בֵּינֵיהֶם, חַס וְשָׁלוֹם, שֶׁיִּתְגַּבְּרוּ עַל יִשְׂרָאֵל, חַס וְשָׁלוֹם, בְּמִינֵי כְּפִירוֹת וֶאֱמוּנוֹת כְּזָבִיּוֹת שֶׁלָּהֶם, אֲשֶׁר זֶה הָיָה תֹּקֶף גָּלוּתָם. וְאַתָּה בְּרַחֲמֶיךָ הָרַבִּים לֹא עֲזַבְתָּ אוֹתָנוּ בֵּינֵיהֶם, וּמִהַרְתָּ לְהוֹצִיא אוֹתָנוּ מִתּוֹכָם, וְהִכְנַעְתָּ וְשִׁבַּרְתָּ וְעִקַּרְתָּ כָּל מִינֵי כְּפִירוֹת שֶׁלָּהֶם עַל יְדֵי הַנִּסִּים וְהַמּוֹפְתִים הַגְּדוֹלִים וְהַנּוֹרָאִים שֶׁעָשִׂיתָ בָּהֶם. וְגִלִּיתָ אֱלָהוּתְךָ וַאֲדְנוּתְךָ לְכָל בָּאֵי עוֹלָם, וּמֵאָז נִדְבְּקוּ יִשְׂרָאֵל בְּךָ לְעוֹלָם, וְהֶאֱמִינוּ בַּיהוָה וּבְמֹשֶׁה עַבְדּוֹ. כֵּן בְּרַחֲמֶיךָ הָרַבִּים תְּזַכֵּנוּ לְהַאֲמִין בְּךָ וּבְצַדִּיקֶיךָ הָאֲמִתִּיִּים תָּמִיד, בֶּאֱמוּנָה שְׁלֵמָה וַחֲזָקָה וּנְכוֹנָה.

וְכַאֲשֶׁר אַתָּה אֱלֹהִים אֱמֶת, כֵּן נִזְכֶּה לְהַאֲמִין בְּךָ בֶּאֱמֶת, עַד שֶׁנִּזְכֶּה לְהַרְגִּישׁ אֱלָהוּתְךָ עָלֵינוּ,

וְנִהְיֶה דְּבֵקִים בְּךָ תָּמִיד, וְלֹא נִפָּרֵד מִמְּךָ לְעוֹלָם אֲפִלּוּ כְּרֶגַע קַלָּה. וְיִהְיֶה לָנוּ בּוּשָׁה וָפַחַד וְאֵימָה וְיִרְאָה מִמְּךָ תָּמִיד בְּכָל עֵת וּבְכָל רֶגַע, וּבִלְעָדֶיךָ לֹא נָרִים אֶת יָדֵינוּ וְאֶת רַגְלֵנוּ לַעֲשׂוֹת שׁוּם עֲבֹדָה בָּעוֹלָם. וּבְכָל עֵסֶקֵנוּ וַעֲשִׂיָּתֵנוּ אֲפִלּוּ בַּעֲבוֹדוֹת חִיצוֹנִיּוֹת שֶׁהֵם אֲכִילָה וּשְׁתִיָּה וְכַיּוֹצֵא בָּהֶם, בְּכֻלָּם נִהְיֶה דְּבֵקִים בְּךָ תָּמִיד, וְכֻלָּם יִהְיוּ לְשִׁמְךָ וְלַעֲבוֹדָתְךָ בֶּאֱמֶת. וְלֹא נִשְׁכַּח אוֹתְךָ לְעוֹלָם, בְּשָׁכְבֵנוּ וּבְקוּמֵנוּ, בְּשִׁבְתֵּנוּ בְּבֵיתֵנוּ וּבְלֶכְתֵּנוּ בַדֶּרֶךְ בְּדִבּוּרֵנוּ וּבִשְׁתִיקוֹתֵנוּ, בַּעֲמִידָתֵנוּ וּבִישִׁיבָתֵנוּ, בֵּין בְּעָסְקֵנוּ בְּתוֹרָה וּמִצְווֹת וּבֵין בְּעָסְקֵנוּ בְּדֶרֶךְ אֶרֶץ, בְּכֻלָּם נִהְיֶה דְּבֵקִים בְּךָ וְלֹא נִשְׁכַּח אוֹתְךָ לְעוֹלָם.

וְתַעַזְרֵנִי לְקַיֵּם בֶּאֱמֶת מִקְרָא שֶׁכָּתוּב: "שִׁוִּיתִי יְהֹוָה לְנֶגְדִּי תָמִיד כִּי מִימִינִי בַּל אֶמּוֹט". וְנִזְכֶּה לְהַרְגִּישׁ אֱלָהוּתְךָ עָלֵינוּ תָּמִיד, כִּי מְלֹא כָל הָאָרֶץ כְּבוֹדְךָ, וּמַלְכוּתְךָ בַּכֹּל מָשָׁלָה, כְּמוֹ שֶׁכָּתוּב: "אִם יִסָּתֵר אִישׁ בַּמִּסְתָּרִים וַאֲנִי לֹא אֶרְאֶנּוּ נְאֻם יְהֹוָה, הֲלֹא אֶת הַשָּׁמַיִם וְאֶת הָאָרֶץ אֲנִי מָלֵא".

מָלֵא רַחֲמִים חָפֵץ לְהֵיטִיב, אֲשֶׁר בִּשְׁבִיל זֶה לְבַד בָּרָאתָ עוֹלָמֶךָ; אֶת הַשָּׁמַיִם וְאֶת הָאָרֶץ וְכָל צְבָאָם, וְכָל הָעוֹלָמוֹת עֶלְיוֹנִים וְתַחְתּוֹנִים אַלְפֵי אֲלָפִים

וְרִבֵּי רְבָבוֹת, עַד אֵין שִׁיעוּר וּמִסְפָּר, כְּדֵי לְגַלּוֹת אֱלָהוּתְךָ בָּעוֹלָם, כְּדֵי שֶׁנִּזְכֶּה בְּרַחֲמֶיךָ לְהַכִּיר אוֹתְךָ בָּעוֹלָם הַשָּׁפָל הַזֶּה. כִּי אַתָּה טוֹב וּמֵטִיב לַכֹּל וְרָצִיתָ לְהֵטִיב מִטּוּבְךָ לָנוּ, וּלְהַרְאוֹת לָנוּ רַחֲמָנוּתֶיךָ וְחַנִינוּתֶיךָ. עַל כֵּן בָּרָאתָ עוֹלָמְךָ בִּרְצוֹנְךָ הַטּוֹב, כְּדֵי שֶׁנִּזְכֶּה לֵידַע וּלְהַכִּיר אוֹתְךָ, וְלַחֲזוֹת בְּנֹעַם זִיוְךָ, אֲשֶׁר זֹאת [הִיא] הַטּוֹבָה הַגְּדוֹלָה שֶׁבְּכָל הַטּוֹבוֹת, טוֹבוֹת הָאֲמִתִּיּוֹת וְהַנִּצְחִיּוֹת. וְאֵין שׁוּם טוֹבָה אַחֶרֶת בָּעוֹלָם כְּלָל, וְכָל הַטּוֹבוֹת וְכָל הַנִּסִּים וְנִפְלָאוֹת שֶׁעָשִׂיתָ עִם אֲבוֹתֵינוּ וְעִמָּנוּ, וַאֲשֶׁר אַתָּה עוֹשֶׂה עַתָּה עִמָּנוּ בְּכָל יוֹם וּבְכָל שָׁעָה, כֻּלָּם הֵם רַק בִּשְׁבִיל תַּכְלִית הַטּוֹב הַזֶּה כְּדֵי שֶׁנִּזְכֶּה לֵידַע מִמְּךָ, אֲשֶׁר זֹאת הִיא הַתַּכְלִית שֶׁל כָּל הַטּוֹבוֹת שֶׁבָּעוֹלָם. עַל כֵּן רַחֵם עָלֵינוּ אֲדוֹן כֹּל, וְתִקְבַּע אֱמוּנָתְךָ בְּלִבֵּנוּ לְעוֹלָם וָעֶד, וְשַׂבְּעֵנוּ מִטּוּבְךָ, וּתְזַכֵּנוּ לַחֲזוֹת בְּנֹעַם זִיוְךָ. וְתַעֲזֹר לָנוּ בְּרַחֲמֶיךָ לְהִתְפַּלֵּל לְפָנֶיךָ תְּפִלּוֹתֵינוּ בְּכָל לֵב וָנֶפֶשׁ, עַד שֶׁיִּהְיֶה לָנוּ כֹּחַ עַל יְדֵי תְּפִלּוֹתֵינוּ לְשַׁנּוֹת הַטֶּבַע, וְלַעֲשׂוֹת נִסִּים וּמוֹפְתִים בָּעוֹלָם, וְתִשְׁמַע תְּפִלּוֹתֵינוּ תָּמִיד:

וּתְזַכֵּנוּ לָבֹא לְאֶרֶץ יִשְׂרָאֵל, הָאָרֶץ אֲשֶׁר בָּחַרְתָּ בָּהּ מִכָּל הָאֲרָצוֹת, וְנָתַתָּ אוֹתָהּ לְיִשְׂרָאֵל לְעוֹלָם.

וּמִיּוֹם אֲשֶׁר סַרְנוּ מֵאַחֲרֶיךָ וּפָגַמְנוּ בֶּאֱמוּנָתְךָ הַקְּדוֹשָׁה, גָּלִינוּ מֵאַרְצֵנוּ, וְנִתְרַחַקְנוּ מֵעַל אַדְמָתֵנוּ, עַד

אֲשֶׁר אָרַךְ עָלֵינוּ הַגָּלוּת. עַל כֵּן חוּס וַחֲמֹל נָא עָלֵינוּ, וְזַכֵּנוּ בְּרַחֲמֶיךָ הָרַבִּים לְהַכְנִיעַ וּלְשַׁבֵּר וּלְבַטֵּל כָּל מִינֵי כְּפִירוֹת וּבִלְבּוּלִים, שֶׁלֹּא יַעֲלוּ בְּלִבֵּנוּ וּבְלֵב כָּל עַמְּךָ יִשְׂרָאֵל לְעוֹלָם. וְנִזְכֶּה לְהַאֲמִין בְּנִסֶּיךָ הַקְּדוֹשִׁים אֲשֶׁר אַתָּה עוֹשֶׂה עִמָּנוּ בְּכָל דּוֹר וָדוֹר מֵעוֹלָם, וַאֲשֶׁר אַתָּה עוֹשֶׂה עִמָּנוּ עֲדַיִן בְּכָל יוֹם וּבְכָל שָׁעָה. וְלֹא נְכַסֶּה שׁוּם נֵס בְּדֶרֶךְ הַטֶּבַע, חַס וְשָׁלוֹם, רַק נֵדַע וְנַאֲמִין שֶׁהַכֹּל מֵאִתְּךָ לְבַד, עַל יְדֵי הַשְׁגָּחָתְךָ אֲשֶׁר אַתָּה מַשְׁגִּיחַ תָּמִיד בְּהַשְׁגָּחָה פְּרָטִיּוּת עַל כָּל דָּבָר שֶׁבָּעוֹלָם. וְנִזְכֶּה לְהַאֲמִין בְּךָ וּבְצַדִּיקֵי הָאֱמֶת תָּמִיד, וְעַל יְדֵי זֶה נִזְכֶּה לָבוֹא לְאֶרֶץ יִשְׂרָאֵל חִישׁ קַל מְהֵרָה, וּתְמַהֵר וְתָחִישׁ לְגָאֳלֵנוּ גְּאֻלָּה שְׁלֵמָה, וְתָבִיא לָנוּ אֶת מְשִׁיחַ צִדְקֵנוּ:

רִבּוֹנוֹ שֶׁל עוֹלָם, יְהוָה אֱלֹהִים אֱמֶת, אֲשֶׁר נָטַעְתָּ בָּנוּ בְּכָל דּוֹר וָדוֹר צַדִּיקֵי אֱמֶת, הוֹשִׁיעֵנוּ וְרַחֲמֵנוּ בְּרַחֲמֶיךָ הָרַבִּים, וְזַכֵּנוּ לְהִתְקָרֵב לְצַדִּיקֵי אֱמֶת לְקַבֵּל מֵהֶם עֵצוֹת אֲמִתִּיּוֹת וְלֹא נָסוּר מִדִּבְרֵיהֶם יָמִין וּשְׂמֹאל, רַק נִזְכֶּה לֵילֵךְ בְּדֶרֶךְ עֲצָתָם הָאֲמִתִּיּוֹת. וּתְרַחֵם עָלֵינוּ וְתַצִּיל אוֹתָנוּ וְאֶת כָּל חֶבְרָתֵנוּ וְאֶת כָּל עַמְּךָ בֵּית יִשְׂרָאֵל מֵעֲצַת רְשָׁעִים שֶׁהֵם עֲצַת הַנָּחָשׁ הַקַּדְמוֹנִי. וְלֹא נַטֶּה אֹזֶן לְדִבְרֵיהֶם כְּלָל, וְלֹא נֹאבֶה וְלֹא נִשְׁמַע לָהֶם וְלֹא יִכָּנְסוּ דִּבְרֵיהֶם וַעֲצָתָם בְּלִבֵּנוּ כְּלָל. וְתַבְדִּילֵנוּ מִן הַתּוֹעִים, וְלֹא יִהְיֶה לָהֶם שׁוּם כֹּחַ

לְהַטְעוֹת אוֹתָנוּ, חַס וְשָׁלוֹם, בַּעֲצוֹת רָעוֹת שֶׁלָּהֶם, וְלֹא תַעֲשֶׂינָה יְדֵיהֶם תּוּשִׁיָּה.

וְהַצִּילֵנוּ בְּרַחֲמֶיךָ הָרַבִּים מִכָּל מִינֵי שֶׁקֶר וְטָעוּת שֶׁבָּעוֹלָם, וְלֹא נֵלֵךְ אַחַר עֲצוֹת רָעוֹת שֶׁל אֵלּוּ הַמְחַפִּים אֶת הַשֶּׁקֶר בֶּאֱמֶת, וּמְהַפְּכִים דִּבְרֵי אֱלֹהִים חַיִּים, וְאוֹמְרִים לָרַע טוֹב וְלַטּוֹב רַע, וּמוֹנְעִים אֶת יִשְׂרָאֵל מִדֶּרֶךְ הָאֱמֶת וְהַנָּכוֹן, עַל יְדֵי עֲצוֹתָם הַמְהֻפָּכוֹת מִן הָאֱמֶת, אֶת אֲשֶׁר הֶחְמַרְתָּ הֵקֵלּוּ, וְאֶת אֲשֶׁר הֵקַלְתָּ הֶחְמִירוּ, אֶת אֲשֶׁר רִחַקְתָּ הֵם מְקָרְבִים, וַאֲשֶׁר קֵרַבְתָּ הֵם מְרַחֲקִים. וְיֵשׁ מֵהֶם אֲשֶׁר טָעוּ בְּעַצְמָן, וְאֵינָם יוֹדְעִים בְּעַצְמָם אֶת הָאֱמֶת לַאֲמִתּוֹ, וְהֵם מְדַבְּרִים לְפִי תֻּמָּם, וַעֲצָתָם הֲפוּכָה וּמַזֶּקֶת לָנוּ מְאֹד לַעֲבוֹדָתֶךָ. רִבּוֹנוֹ שֶׁל עוֹלָם, אַתָּה יָדַעְתָּ הָאֱמֶת, וּלְפָנֶיךָ נִגְלוּ כָּל תַּעֲלוּמוֹת. אַתָּה יוֹדֵעַ רָזֵי עוֹלָם וְתַעֲלוּמוֹת סִתְרֵי כָּל חָי. קוּמָה בְּעֶזְרָתֵנוּ וְהַצֵּל אוֹתָנוּ מֵהֶם, שֶׁלֹּא יִדְבְּקוּ וְיִכָּנְסוּ דִּבְרֵיהֶם בְּלִבֵּנוּ כְּלָל, לֹא מֵהֶם וְלֹא מֵהֲמוֹנָם וְלֹא מֵהֶמֵהֶם.

גְּדוֹל הָעֵצָה וְרַב הָעֲלִילִיָּה, זַכֵּנוּ בְּרַחֲמֶיךָ הָרַבִּים שֶׁיִּתְגַּלּוּ לָנוּ צַדִּיקֵי הָאֱמֶת, וְנִזְכֶּה לְהִתְקָרֵב אֲלֵיהֶם בֶּאֱמֶת, וּלְקַבֵּל מֵהֶם עֵצוֹת נְכוֹנוֹת וּבְרוּרוֹת וִישָׁרוֹת, עֵצוֹת טוֹבוֹת הַנִּמְשָׁכִים מִתַּרְיַ"ג עֵטִין

דְּאוֹרַיְתָא. שֶׁנִּזְכֶּה לְקַבֵּל אוֹר הָאֱמֶת עַל יְדֵי עֲצָתָם הָאֲמִתִּיּוֹת, וְעַל יְדֵי זֶה נִזְכֶּה לֶאֱמוּנָה שְׁלֵמָה בֶּאֱמֶת לְעוֹלָם וָעֶד:

וְעָזְרֵנוּ בְּרַחֲמֶיךָ הָרַבִּים לִשְׁמֹר אֶת הַבְּרִית קֹדֶשׁ. וְרַחֵם עָלֵינוּ וְהַצִּילֵנוּ אוֹתָנוּ וְאֶת כָּל עַמְּךָ בֵּית יִשְׂרָאֵל, מִכָּל מִינֵי פְּגַם שֶׁל נִאוּף, חַס וְשָׁלוֹם. הֵן בִּרְאִיָּה הֵן בְּמַחֲשָׁבָה בְּדִבּוּר וּבְמַעֲשֶׂה, וּבְכָל הַחֲמִשָּׁה חוּשִׁים בְּכֻלָּם תִּשְׁמְרֵנוּ וְתַצִּילֵנוּ מִכָּל מִינֵי פְּגַם הַבְּרִית. רַק תַּעַזְרֵנוּ לִהְיוֹת קְדוֹשִׁים וּטְהוֹרִים בְּכֻלָּם וְנִזְכֶּה לְקַדֵּשׁ הַבְּרִית בֶּאֱמֶת, כִּרְצוֹנְךָ הַטּוֹב, וּבְצֵל כְּנָפֶיךָ תַּסְתִּירֵנוּ.

וּתְזַכֵּנוּ לְקַיֵּם מִצְוַת צִיצִית כָּרָאוּי בְּכָל פְּרָטֶיהָ וְדִקְדּוּקֶיהָ וְכַוָּנוֹתֶיהָ, וְתַרְיַ"ג מִצְוֹת הַתְּלוּיִים בָּהּ. וְעַל־יְדֵי כַּנְפֵי הַצִּיצִית הַקְּדוֹשִׁים תָּגֵן עָלֵינוּ וְתַצִּיל אוֹתָנוּ מִכָּל מִינֵי פְּגַם הַבְּרִית, וּתְזַכֵּנוּ לְהִתְקַדֵּשׁ בִּקְדֻשָּׁתְךָ תָּמִיד, וְעַל־יְדֵי־זֶה תַּצִּיל אוֹתָנוּ מֵעֲצַת הַנָּחָשׁ, מֵעֲצַת הַמְפַתִּים וְהַמְסִיתִים וְהַמַּדִּיחִים מִדֶּרֶךְ הָאֱמֶת, בְּכַוָּנָה לְהָרַע אוֹ שֶׁלֹּא בְּכַוָּנָה. וְנִזְכֶּה לְקַבֵּל וּלְהַמְשִׁיךְ עָלֵינוּ אוֹר הַשֵּׂכֶל הָאֱמֶת שֶׁל צַדִּיקֵי אֱמֶת עַל־יְדֵי שֶׁנִּזְכֶּה לְקַבֵּל וּלְקַיֵּם עֵצוֹת טוֹבוֹת וַאֲמִתִּיּוֹת שֶׁלָּהֶם. וְעַל־יְדֵי־זֶה נִזְכֶּה לֶאֱמֶת וְלֹא יֵצֵא

דְּבַר שֶׁקֶר מִפִּינוּ לְעוֹלָם:

רִבּוֹנוֹ שֶׁל עוֹלָם, הַצִּילֵנוּ בְּרַחֲמֶיךָ הָרַבִּים מִכָּל מִינֵי שֶׁקֶר וְטָעוּת שֶׁבָּעוֹלָם, הֵן מִדִּבְרֵי שֶׁקֶר שֶׁלֹּא יֵצֵא מִפִּינוּ לְעוֹלָם שׁוּם דְּבַר שֶׁקֶר, חַס וְשָׁלוֹם, וְהֵן מִדַּרְכֵי שֶׁקֶר, שֶׁלֹּא נֵלֵךְ בְּדַרְכֵי שֶׁקֶר חָלִילָה. וְתַצִּיל אוֹתָנוּ בְּרַחֲמֶיךָ מִדְּרָכִים נְבוֹכִים מִדַּרְכֵי תוֹעִים, רַק תִּהְיֶה בְּעֶזְרֵנוּ תָּמִיד לֵילֵךְ בְּדֶרֶךְ הָאֱמֶת לַאֲמִתּוֹ, בְּאֹפֶן שֶׁנִּזְכֶּה עַל־יְדֵי הָאֱמֶת לֶאֱמוּנָה שְׁלֵמָה, וְנִזְכֶּה לְחַבֵּר וּלְיַחֵד אֱמֶת וֶאֱמוּנָה תָּמִיד.

וְעָזְרֵנוּ שֶׁתִּהְיֶה תְּפִלָּתֵנוּ נְכוֹנָה וּסְדוּרָה וּשְׁגוּרָה בְּפִינוּ וּבִלְבָבֵנוּ. וּתְגַלֶּה נִסִּים וּמוֹפְתִים בָּעוֹלָם, "לְמַעַן דַּעַת כָּל עַמֵּי הָאָרֶץ כִּי יְהֹוָה הוּא הָאֱלֹהִים אֵין עוֹד". וְתִזְכֹּר אֶת עַמְּךָ יִשְׂרָאֵל לְהוֹצִיאָם מִתֹּקֶף גָּלוּתָם, אֲשֶׁר גָּלִיתָ אוֹתָנוּ זֶה כַּמָּה שָׁנִים, וּתְמַהֵר וְתָחִישׁ לְגָאֳלֵנוּ וְנִזְכֶּה לָשׁוּב לְאַרְצֵנוּ, וְתָבִיא לָנוּ אֶת מְשִׁיחַ צִדְקֵנוּ בִּמְהֵרָה, וִיקֻיַּם מִקְרָא שֶׁכָּתוּב: "וְהָיָה צֶדֶק אֵזוֹר מָתְנָיו וְהָאֱמוּנָה אֵזוֹר חֲלָצָיו. אֱמֶת מֵאֶרֶץ תִּצְמָח וְצֶדֶק מִשָּׁמַיִם נִשְׁקָף". וְקַיֵּם לָנוּ מִקְרָא שֶׁכָּתוּב: "תָּבוֹאִי, תָּשׁוּרִי מֵרֹאשׁ אֲמָנָה" בִּמְהֵרָה בְיָמֵינוּ אָמֵן:

ח

יְהִי רָצוֹן מִלְּפָנֶיךָ יְהֹוָה אֱלֹהֵינוּ וֵאלֹהֵי אֲבוֹתֵינוּ, אֵל רַחוּם וְחַנּוּן אֶרֶךְ אַפַּיִם וְרַב חֶסֶד וֶאֱמֶת, שֶׁתְּעוֹרֵר רַחֲמֶיךָ וַחֲסָדֶיךָ הַגְּדוֹלִים עָלֵינוּ וּתְזַכֵּנוּ בְּרַחֲמֶיךָ הָרַבִּים לְהַאֲמִין וּלְהִתְקָרֵב לְצַדִּיקִים אֲמִתִּיִּים שֶׁבְּדוֹרֵנוּ אֲשֶׁר בָּהֶם בָּחַרְתָּ, לְהַחֲיוֹת אֶת עַמְּךָ בֵּית יִשְׂרָאֵל עַל יָדָם, כִּי מֵהֶם תּוֹצְאוֹת חַיִּים לָנוּ וּלְכָל יִשְׂרָאֵל.

וּבְכֵן עֲזָרֵנִי יְהֹוָה שֶׁנִּזְכֶּה לְהַמְשִׁיךְ מֵהֶם רוּחַ חַיִּים לְמַלֹּאת כָּל מַחְסוֹרֵנוּ, וְתִשְׁמַע קוֹל אַנְחוֹתֵינוּ תָּמִיד, וְיִהְיֶה לָנוּ כֹּחַ לְהַמְשִׁיךְ עַל יְדֵי אַנְחוֹתֵינוּ רוּחַ חַיִּים רוּחַ טוֹבָה מֵהַצַּדִּיקֵי אֱמֶת לְהַשְׁלִים כָּל הַחֶסְרוֹנוֹת שֶׁחָסֵר לָנוּ, הֵן בְּגוּף הֵן בְּנֶפֶשׁ הֵן בְּמָמוֹן, בְּגַשְׁמִי וּבְרוּחָנִי, כֻּלָּם יִתְמַלְּאוּ וְיֻשְׁלְמוּ לְטוֹבָה, כִּי עִמְּךָ מְקוֹר חַיִּים וְאַתָּה מַשְׁפִּיעַ רוּחַ חַיִּים לְכָל חַי וּלְכָל דָּבָר שֶׁבָּעוֹלָם עַל יְדֵי צַדִּיקֶיךָ הָאֲמִתִּיִּים הַדְּבֵקִים בְּתוֹרָתְךָ הַקְּדוֹשָׁה תָּמִיד, אֲשֶׁר הִיא חַיֵּינוּ וְאֹרֶךְ יָמֵינוּ. עַל כֵּן חֲמֹל עַל עַמְּךָ יִשְׂרָאֵל, וּתְגַלֶּה לָנוּ צַדִּיקֶיךָ הָאֲמִתִּיִּים, וּתְזַכֵּנוּ לְהַמְשִׁיךְ מֵהֶם רוּחַ הַחַיִּים, עַד שֶׁיִּהְיֶה לָנוּ כֹּחַ עַל יְדֵי אַנְחוֹתֵינוּ לְבַד שֶׁאָנוּ מִתְאַנְּחִים עַל מַה שֶּׁחָסֵר לָנוּ, שֶׁיִּהְיֶה נִשְׁלָם הַחִסָּרוֹן תֵּכֶף. וּתְמַלֵּא

כָּל מִשְׁאֲלוֹת לִבֵּנוּ לְטוֹבָה. וְכָל הָעֲווֹנוֹת וְהַחֲטָאִים וְהַפְּשָׁעִים שֶׁחָטָאנוּ לְפָנֶיךָ, אֲשֶׁר עַל יָדָם סִלַּקְנוּ וְהִרְחַקְנוּ הָרוּחַ חַיִּים וְעַל יָדָם בָּאוּ לָנוּ כָּל הַחֶסְרוֹנוֹת שֶׁחָסֵר לָנוּ, עַל כֻּלָּם תִּמְחֹל וְתִסְלַח בְּרַחֲמֶיךָ הָרַבִּים עַל יְדֵי צַדִּיקֵי הַדּוֹר הָאֲמִתִּיִּים אֲשֶׁר רוּחַ אֱלֹהִים בְּקִרְבָּם, אֲשֶׁר עַל יָדָם אַתָּה מִתְרַצֶּה וּמִתְפַּיֵּס לְיִשְׂרָאֵל בְּרַחֲמִים, וְעַל יָדָם אַתָּה מְכַפֵּר וּמוֹחֵל לַעֲווֹנוֹתֵינוּ בְּכָל דּוֹר וָדוֹר, כְּמוֹ שֶׁכָּתוּב: "וְאִישׁ חָכָם יְכַפְּרֶנָּה". וּתְבַטֵּל וּתְשַׁבֵּר וְתַכְנִיעַ כָּל אוֹיְבֵינוּ, וְכָל הַקָּמִים עָלֵינוּ לְרָעָה, מְהֵרָה הָפֵר עֲצָתָם וְקַלְקֵל מַחֲשַׁבְתָּם:

יְהֹוָה אֱלֹהִים, אַתָּה יָדַעְתָּ שִׁפְלוּתֵנוּ וַחֲלִישׁוּתֵינוּ בָּעֵת הַזֹּאת, אֲשֶׁר יָרַדְנוּ מַטָּה מַטָּה. "כִּי אָזְלַת יָד וְאֶפֶס עָצוּר וְעָזוּב". כִּי סָר כֹּחֵנוּ. וּבְכָל יוֹם וָיוֹם מִתְגַּבְּרִים עָלֵינוּ מְאֹד מְאֹד עַל כָּל אֶחָד וְאֶחָד לְרַחֲקֵנוּ מֵעֲבוֹדָתֶיךָ בֶּאֱמֶת, חַס וְשָׁלוֹם, וּלְגָרְשֵׁנוּ מִן הַחַיִּים הָאֲמִתִּיִּים, חָלִילָה. וְלֹא דַּי לָנוּ בְּצָרוֹתֵינוּ וְדוֹחֲקֵנוּ וַעֲמָלֵנוּ שֶׁיֵּשׁ לָנוּ מֵעַצְמֵנוּ, מַה שֶּׁתַּאֲווֹת הַגּוּף וּמִדּוֹתָיו הָרָעִים מִתְגַּבְּרִים עָלֵינוּ בְּכָל יוֹם וּבְכָל שָׁעָה, עַד אֲשֶׁר "כָּשַׁל כֹּחַ הַסַּבָּל", כִּי בַּעֲווֹנוֹתֵינוּ לֹא הִשְׁתַּדַּלְנוּ לְגָרֵשׁ הָאוֹרֵחַ מִקִּרְבֵּנוּ עַד אֲשֶׁר נַעֲשָׂה, חַס וְשָׁלוֹם, כְּאִלּוּ הוּא בַּעַל הַבַּיִת. עַד אֲשֶׁר תַּשׁ כֹּחֵנוּ וּמָטָה יָדֵנוּ מְאֹד, וְלֹא דַּי לָנוּ בְּכָל זֶה, כִּי אִם עוֹד רַבִּים

קָמִים עָלֵינוּ, רַבִּים מְאֹד. יְהֹוָה מָה רַבּוּ צָרֵינוּ, כַּאֲשֶׁר לְפָנֶיךָ נִגְלֶה הַכֹּל, כַּמָּה וְכַמָּה מִינֵי שׂוֹנְאִים וּמְקַטְרְגִים שֶׁעוֹמְדִים עָלֵינוּ בְּכָל עֵת, הֵן לְמַעְלָה הֵן לְמַטָּה, אֲשֶׁר הִגְדִּילוּ עָלֵינוּ בְּפִיהֶם, וַיַּאֲרִיכוּ עָלֵינוּ לְשׁוֹנָם, פָּצוּ עָלֵינוּ פִּיהֶם אָמְרוּ בִּלָּעְנוּ, כִּי חֲפֵצִים לְבַלְּעֵנוּ חִנָּם, חַס וְשָׁלוֹם.

מָרָא דְעָלְמָא כֻּלָּא, רַחֲמָן אֲמִתִּי, מָלֵא רַחֲמִים רַבִּים וַחֲסָדִים עֲצוּמִים, אַתָּה יָדַעְתָּ מִי וָמִי עוֹמְדִים עָלֵינוּ בְּכָל יוֹם וּבְכָל שָׁעָה. "לָמָּה תַבִּיט בּוֹגְדִים תַּחֲרִישׁ בְּבַלַּע רָשָׁע צַדִּיק מִמֶּנּוּ". יֶהֱמוּ נָא רַחֲמֶיךָ עָלֵינוּ, וְיִגֹּלוּ רַחֲמֶיךָ עַל מִדּוֹתֶיךָ, כִּי אַתָּה יוֹדֵעַ שֶׁאֵין בָּנוּ כֹּחַ לַעֲמֹד נֶגֶד אֶחָד מִשּׂוֹנְאֵינוּ שֶׁיֵּשׁ לָנוּ בְּגַשְׁמִיּוּת וּבְרוּחָנִיּוּת, אַף כִּי נֶגֶד כֻּלָּם. וְלָמָּה לֹא תְּרַחֵם עַל תּוֹלַעַת נִמְאָס, נִרְפָּס וְנִדּוֹשׁ מְאֹד כָּמוֹנוּ הַיּוֹם, וְאֵיךְ יוּכְלוּ חֲלוּשֵׁי כֹּחַ כָּמוֹנוּ לַעֲמֹד בְּפִי אֲרָיוֹת.

בּוֹחֵן לִבּוֹת וּכְלָיוֹת, יוֹדֵעַ תַּעֲלוּמוֹת, יְהֹוָה אֱלֹהִים, אַתָּה יָדַעְתָּ כִּי כָל כַּוָּנָתִי רְצוּיָה לְשִׁמְךָ בֶּאֱמֶת. וְאִם אָמְנָם מַעֲשַׂי אֵינָם עוֹלִים יָפֶה, וּפְעֻלּוֹתַי סוֹתְרִים אֶת דְּבָרַי, וְאֵינִי זוֹכֶה לְרַחֵם עַל עַצְמִי לְמַלֹּאת מִשְׁאֲלוֹת לִבִּי לִהְיוֹת כִּרְצוֹנְךָ הַטּוֹב בֶּאֱמֶת, אֲשֶׁר בָּזֶה לְבַד חָפַצְתִּי, הֵן עַל כָּל אֵלֶּה גָּבְרוּ רַחֲמֶיךָ וַחֲסָדֶיךָ,

וּמַחֲשָׁבָה הַטּוֹבָה אַתָּה מְצָרֵף לְמַעֲשֶׂה, כִּי אַתָּה יָדַעְתָּ אֶת לְבָבִי, אֲשֶׁר זֶה כַּמָּה אֲנִי כּוֹסֵף וּמִשְׁתּוֹקֵק וּמְקַוֶּה וּמְיַחֵל בְּכָל עֵת וּבְכָל שָׁעָה לִזְכּוֹת לִישׁוּעָתְךָ בֶּאֱמֶת, שֶׁתַּעַזְרֵנִי לִכְנֹס בַּעֲבוֹדָתְךָ בֶּאֱמֶת. וְלָמָּה תַתְעֵנוּ יְהֹוָה מִדְּרָכֶיךָ, וְלָמָּה תִתֵּן כֹּחַ לְהָעוֹמְדִים עָלֵינוּ הָרוֹצִים לְהַסְתִּיר הָאֱמֶת, וּלְהַגְבִּיר הַשֶּׁקֶר, חָלִילָה, כִּי אֵין בָּנוּ כֹּחַ לַעֲמֹד כְּנֶגְדָּם, כִּי אִם עָלֶיךָ לְבַד אָנוּ נִשְׁעָנִים וְלִישׁוּעָתְךָ אָנוּ מְצַפִּים וּמְקַוִּים:

וּבְכֵן יְהִי רָצוֹן מִלְּפָנֶיךָ יְהֹוָה אֱלֹהֵינוּ וֵאלֹהֵי אֲבוֹתֵינוּ, שֶׁתַּעַזְרֵנוּ בְּרַחֲמֶיךָ הָרַבִּים לְהִנָּצֵל מִכָּל שׂוֹנְאֵינוּ וְרוֹדְפֵינוּ הַקָּמִים עָלֵינוּ בְּכָל יוֹם בְּגַשְׁמִיּוּת וּבְרוּחָנִיּוּת, וְתִתֵּן לָנוּ כֹּחַ וְרוּחַ חַיִּים דִּקְדֻשָּׁה לְהִתְגַּבֵּר עֲלֵיהֶם לְהַכְנִיעָם וּלְהַשְׁפִּילָם עַד עָפָר. וְתָסִיר מֵהֶם הָרוּחַ חַיִּים שֶׁהֵם מְקַבְּלִים מֵהַסִּטְרָא אַחֲרָא מֵחֶרֶב דִּקְלִפָּה לְבַל יִהְיֶה לָהֶם שׁוּם כֹּחַ לְהִתְגַּבֵּר עָלֵינוּ וְתַצִּילֵנוּ מִפִּיהֶם, וְתוֹשַׁע מֵחֶרֶב מִפִּיהֶם וּמִיַּד חָזָק אֶבְיוֹן.

אָנָּא יְהֹוָה, עָזְרֵנִי בְּרַחֲמֶיךָ הָרַבִּים לִזְכּוֹת לְהִתְפַּלֵּל לְפָנֶיךָ בְּכָל לֵב בֶּאֱמֶת וּבֶאֱמוּנָה שְׁלֵמָה, שֶׁתְּהֵא תְּפִלָּתֵנוּ זַכָּה וּנְכוֹנָה וּמְסֻדֶּרֶת כָּרָאוּי וּבְכַוָּנָה שְׁלֵמָה בֶּאֱמֶת. שֶׁתִּהְיֶה מַחֲשַׁבְתִּי קְשׁוּרָה בְּדִבּוּרֵי הַתְּפִלָּה,

שֶׁאֶזְכֶּה לְכַוֵּן הֵיטֵב בְּדִבּוּרֵי הַתְּפִלָּה. וְאֶזְכֶּה לִשְׁפֹּךְ כַּמַּיִם לִבִּי נֹכַח פָּנֶיךָ יְהֹוָה בִּתְפִלָּתִי.

וְתִהְיֶה בְּעֶזְרִי שֶׁאוּכַל לְפָרֵשׁ שִׂיחָתִי לְפָנֶיךָ תָּמִיד, וְאֵת כָּל אֲשֶׁר עִם לְבָבִי אָשִׂיחָה לְפָנֶיךָ. כִּי אַתָּה יָדַעְתָּ כִּי צָרְכֵי הֵמָּה מְרֻבִּים מְאֹד, כִּי צָרוֹת לְבָבִי הִרְחִיבוּ מְאֹד וְדַעְתִּי קְצָרָה לְבָאֵר וּלְפָרֵשׁ לְפָנֶיךָ אֶת צְרָכַי בְּקֻשּׁוֹתַי הַמְרֻבִּים. עַל כֵּן חוּס וַחֲמֹל נָא עַל נַפְשִׁי הָאֻמְלָלָה, וְעָזְרֵנִי שֶׁאוּכַל לְדַבֵּר אֶת כָּל אֲשֶׁר עִם לְבָבִי לְפָנֶיךָ, וְתִשְׁלַח בְּפִי דִּבּוּרִים כְּשֵׁרִים דִּבּוּרֵי חֵן וְתַחֲנוּנִים, בְּאֹפֶן שֶׁאוּכַל לְעוֹרֵר רַחֲמֶיךָ שֶׁתְּקַבֵּל תְּפִלָּתִי לְפָנֶיךָ בְּרַחֲמִים, וְתַעֲלֶה תְּפִלָּתִי לְפָנֶיךָ לְמַעְלָה לְמַעְלָה. וְיִהְיֶה לָנוּ כֹּחַ עַל־יְדֵי תְּפִלּוֹתֵינוּ לְעוֹרֵר אֶת הָעֵדֶן הָעֶלְיוֹן לִפְתֹּחַ שָׁם הִתְעוֹרְרוּת שֶׁפַע רַחֲמִים וְדַעַת עֶלְיוֹן, עַד שֶׁיִּהְיֶה נִמְשָׁךְ עָלֵינוּ הַנָּהָר הַיּוֹצֵא מִשָּׁם לְהַשְׁקוֹת אֶת הַגָּן דָּא אוֹרַיְתָא אֲשֶׁר שָׁם שֹׁרֶשׁ נִשְׁמוֹתֵינוּ. וְעַל־יְדֵי־זֶה יִרְבּוּ וְיִגְדְּלוּ וְיִצְמְחוּ נִשְׁמוֹתֵינוּ הַגְּדֵלִים שָׁם בַּגָּן הַזֶּה. וְעַל־יְדֵי־זֶה יִהְיֶה נִפְתָּח לָנוּ שְׁבִילֵי הַשֵּׂכֶל הָאֱמֶת, וְנִזְכֶּה לְחָכְמָה בִּינָה וָדַעַת, וְיִהְיֶה לָנוּ כֹּחַ לַעֲסֹק בְּתוֹרָתְךָ בֶּאֱמֶת. וְתַעַזְרֵנוּ בְּרַחֲמֶיךָ לְבָרֵר דִּינֵי הַתּוֹרָה בֶּאֱמֶת, לִזְכּוֹת לַהֲלָכָה בְּרוּרָה. וְנִזְכֶּה לִלְמֹד סִפְרֵי הַפּוֹסְקִים. וְתַשְׁפִּיעַ לָנוּ חָכְמָה בִּינָה וְדַעַת אֲמִתִּי, שֶׁיִּהְיֶה לָנוּ כֹּחַ לְבָרֵר פִּסְקֵי

הַהֲלָכָה בֶּאֱמֶת, לְבָרֵר הַמֻּתָּר מִן הָאָסוּר, הַטָּהוֹר מִן הַטָּמֵא, הַכָּשֵׁר מִן הַפָּסוּל, לְמַעַן יִהְיֶה לָנוּ כֹּחַ עַל יְדֵי זֶה לְתַקֵּן וּלְבָרֵר כָּל הַפְּגָמִים שֶׁפָּגַמְנוּ בְּכָל הָעוֹלָמוֹת עַל יְדֵי חֲטָאֵינוּ וּפְשָׁעֵינוּ הַמְּרֻבִּים מְאֹד, אֲשֶׁר עַל יָדָם נִתְעָרֵב הַטּוֹב וְהָרָע בְּכָל הָעוֹלָמוֹת וּפָגַמְנוּ הַרְבֵּה מְאֹד.

עַל כֵּן תַּעַזְרֵנוּ בְּרַחֲמֶיךָ לִזְכּוֹת לִתְפִלָּה בֶּאֱמֶת, אֲשֶׁר עַל יְדֵי זֶה נִזְכֶּה שֶׁיִּפָּתַח לָנוּ אוֹר הַשֵּׂכֶל הָאֱמֶת בְּאֹפֶן שֶׁנִּזְכֶּה לְבָרֵר פְּסַק הַהֲלָכָה עַל מְכוֹנוֹ בֶּאֱמֶת. וְעַל יְדֵי זֶה יִהְיֶה לָנוּ כֹּחַ לְבָרֵר הַטּוֹב מִן הָרָע בְּכָל הָעוֹלָמוֹת שֶׁפָּגַמְנוּ בָּהֶם בַּחֲטָאֵינוּ, הֵן בְּגִלְגּוּל זֶה וְהֵן בְּגִלְגּוּל אַחֵר. וּתְמַלֵּא כָּל מִשְׁאֲלוֹת לִבֵּנוּ לְטוֹבָה, וְנִזְכֶּה לְהוֹצִיא מִכֹּחַ אֶל הַפֹּעַל, אֶת כָּל צָרְכֵי בַּקָּשָׁתֵנוּ.

וּבְכֵן תַּעַזְרֵנוּ בְּרַחֲמֶיךָ, שֶׁנִּזְכֶּה עַל יְדֵי לִמּוּד הַהֲלָכוֹת לְבָרֵר וּלְזַכֵּךְ וּלְתַקֵּן כָּל הָאַרְבַּע יְסוֹדוֹת שֶׁבְּגוּפֵנוּ, לְהַכְנִיעַ וּלְשַׁבֵּר כָּל הַמִּדּוֹת רָעוֹת וְכָל הַתַּאֲווֹת רָעוֹת הַבָּאִים מֵהֶם. וּלְבָרֵר הַטּוֹב שֶׁבָּהֶם לִזְכּוֹת לְכָל הַמִּדּוֹת טוֹבוֹת בֶּאֱמֶת, בְּאֹפֶן שֶׁיִּתְבָּרְרוּ וְיִזְדַּכְּכוּ כָּל הָאַרְבַּע יְסוֹדוֹת וְיִהְיֶה רַק כֻּלּוֹ טוֹב בְּלִי שׁוּם אֲחִיזַת הָרָע כְּלָל, עַד שֶׁיִּהְיוּ נִכְלָלִים כָּל הָאַרְבַּע יְסוֹדוֹת בְּאַרְבַּע אוֹתִיּוֹת שִׁמְךָ הַמְיֻחָד, אֲשֶׁר

מִשָּׁם הוּא שָׁרְשָׁם לְמַעְלָה בִּקְדֻשָּׁה:

אָנָּא יְהֹוָה, רַחֵם עָלֵינוּ בְּרַחֲמֶיךָ, לְהַגִּיעַ לְכָל מַה שֶּׁבִּקַּשְׁנוּ מִלְּפָנֶיךָ. אִם אָמְנָם יָדַעְנוּ כַּמָּה אָנוּ רְחוֹקִים עַתָּה מִנְּקֻדָּה אַחַת מִכָּל מַה שֶּׁבִּקַּשְׁנוּ, עִם כָּל זֶה אֵין מַעֲצוֹר לַיהֹוָה לְהוֹשִׁיעַ, וּמִמְּךָ לֹא יִפָּלֵא כָּל דָּבָר וְעִמְּךָ הַיְשׁוּעָה לְעָזְרֵנוּ וּלְהַחֲזִיקֵנוּ לְהַגִּיעַ לְכָל מַה שֶּׁבִּקַּשְׁנוּ מִלְּפָנֶיךָ. עֲשֵׂה עִמָּנוּ לְמַעַן שְׁמֶךָ, וּלְמַעַן הַצַּדִּיקִים הָאֲמִתִּיִּים אֲשֶׁר זָכוּ לְהַגִּיעַ לְכָל אֵלֶּה וְיוֹתֵר מִזֶּה, וְתַמְשִׁיךְ עָלֵינוּ כֹּחַ וּגְבוּרָה מֵהֶם בְּרַחֲמֶיךָ, לְחַיּוּתֵינוּ וּלְאַמְּצֵנוּ לְזַכּוֹת אוֹתָנוּ לָבוֹא גַּם כֵּן לְכָל אֵלֶּה, וּלְזַכּוֹת בְּכֹחַ הַצַּדִּיק הָאֱמֶת לְהִתְגַּבֵּר עַל כָּל הַשּׂוֹנְאִים הַמִּתְנַגְּדִים עַל הָאֱמֶת. וּתְשַׁבֵּר וְתַכְנִיעַ אֶת כָּל הַצִּנּוֹרוֹת שֶׁל הָרְשָׁעִים, שֶׁהֵם הַמִּדּוֹת רָעוֹת שֶׁהִתְגַּבְּרוּ עֲלֵיהֶם, וְעַל יְדֵי זֶה תַּשְׁפִּיל הָרְשָׁעִים עֲדֵי אָרֶץ, וְלֹא יִהְיֶה לָהֶם שׁוּם כֹּחַ לְהִתְגַּבֵּר עָלֵינוּ, חַס וְשָׁלוֹם, "וְלֹא תַעֲשֶׂינָה יְדֵיהֶם תּוּשִׁיָּה. יֵבֹשׁוּ וְיִבָּהֲלוּ מְאֹד כָּל אוֹיְבָי יָשֻׁבוּ יֵבֹשׁוּ רָגַע":

וְתַעַזְרֵנוּ לְקַיֵּם מִצְוַת צִיצִית כְּתִקּוּנָהּ בִּשְׁלֵמוּת, בְּכָל פְּרָטֶיהָ וְדִקְדּוּקֶיהָ וְתַרְיַ"ג מִצְוֹת הַתְּלוּיִים בָּהּ, וּבְכַוָּנָה שְׁלֵמָה כָּרָאוּי, וּבְלֵב טוֹב וּבְשִׂמְחָה גְּדוֹלָה, בְּאֹפֶן שֶׁנִּזְכֶּה לְהַמְשִׁיךְ הָרוּחַ חַיִּים

דִקְדֻשָּׁה עַל יְדֵי מִצְוַת צִיצִית. לְמַלֹּאת כָּל הַחֶסְרוֹנוֹת שֶׁחָסֵר לָנוּ בְּגַשְׁמִיּוּת וּבְרוּחָנִיּוּת, בְּגוּף וָנֶפֶשׁ. וְתֹאחֵז בְּכַנְפוֹת הָאָרֶץ וְתִנָּעֵר רְשָׁעִים מִמֶּנָּה, וּתְשַׁבֵּר וּתְמַגֵּר וְתַכְנִיעַ וְתַשְׁפִּיל אֶת אִישׁ צַר וְאוֹיֵב הוּא עֵשָׂו אִישׁ שָׂעִיר, וְתוֹצִיא בִּלְעוֹ מִפִּיו.

חוֹמֵל דַּלִּים שׁוֹמֵעַ אֶנְקַת אֶבְיוֹנִים, חוֹשֵׁב מַחֲשָׁבוֹת לְבַל יִדַּח מִמְּךָ נִדָּח, רַחֵם עָלַי וְהוֹצִיאֵנִי מִבֵּין שִׁנֵּי הָרְשָׁעִים הַקָּמִים עָלֵינוּ לְבַלְּעֵנוּ חִנָּם, חַס וְשָׁלוֹם. "אַל תִּבְלָעֵנִי מְצוּלָה וְאַל תֶּאְטַר עָלַי בְּאֵר פִּיהָ". וּכְשֵׁם שֶׁעָנִיתָ לְיוֹנָה בִּמְעֵי הַדָּגָה, כֵּן תַּעֲנֵנִי בְּרַחֲמֶיךָ הָרַבִּים לְהוֹצִיאֵנִי מִבֵּין שִׁנֵּי הַכְּפִירִים, כַּאֲשֶׁר הִבְטַחְתָּ לָנוּ. כְּמוֹ שֶׁכָּתוּב: "אָמַר אֲדֹנָי מִבָּשָׁן אָשִׁיב, אָשִׁיב מִמְּצֻלוֹת יָם". וְדָרְשׁוּ רַבּוֹתֵינוּ זִכְרוֹנָם לִבְרָכָה, מִבֵּין שִׁנֵּי אֲרָיוֹת הִבְטִיחָנוּ הַשֵּׁם יִתְבָּרַךְ לַהֲשִׁיבֵנוּ מֵהֶם.

אָבִינוּ אָב הָרַחֲמָן. חֲמֹל עָלֵינוּ בְּעֵת צָרָה הַזֹּאת, חוּס וַחֲמֹל עַל נִרְדָּף כָּמוֹנִי, עַל מְמֻשָּׁךְ וּמְמֹרָט כָּמוֹנִי, עַל נֶאֱנָח וְנִדְכֶּה כָּמוֹנִי, עַל מֻרְחָק וּמְגֹרָשׁ מִמְּךָ כָּמוֹנִי. "אַל תִּתֵּן לְחַיַּת נֶפֶשׁ תּוֹרֶךָ חַיַּת עֲנִיֶּיךָ אַל תִּשְׁכַּח לָנֶצַח". מְחַיֶּה מֵתִים בְּרַחֲמִים רַבִּים הַחֲיֵנוּ וְקַיְּמֵנוּ בְּאוֹר פָּנֶיךָ, וְתֵן לָנוּ כֹּחַ לְהַמְשִׁיךְ הָרוּחַ חַיִּים דִקְדֻשָּׁה עַל יְדֵי אַנְחוֹתֵינוּ לְמַלֹּאת כָּל מִשְׁאֲלוֹת לִבֵּנוּ

לְטוֹבָה, שֶׁנִּזְכֶּה לַעֲשׂוֹת רְצוֹנְךָ תָּמִיד כָּל יְמֵי חַיֵּינוּ, וְנִזְכֶּה לִהְיוֹת סוּר מֵרָע בֶּאֱמֶת, וְלַעֲשׂוֹת הַטּוֹב בְּעֵינֶיךָ תָּמִיד, אֲנַחְנוּ וְצֶאֱצָאֵינוּ וְצֶאֱצָאֵי עַמְּךָ בֵּית יִשְׂרָאֵל מֵעַתָּה וְעַד עוֹלָם, אָמֵן סֶלָה:

ט

יְהִי רָצוֹן מִלְּפָנֶיךָ יְהוָה אֱלֹהֵינוּ וֵאלֹהֵי אֲבוֹתֵינוּ, אֱלֹהֵי אַבְרָהָם אֱלֹהֵי יִצְחָק וֵאלֹהֵי יַעֲקֹב, הַבּוֹחֵר בִּתְפִלַּת עֲבָדָיו, שֶׁתְּרַחֵם עָלַי וְעַל כָּל עַמְּךָ בֵּית יִשְׂרָאֵל, וּתְזַכֵּנוּ בַּחֲסָדֶיךָ הָעֲצוּמִים לְהִתְפַּלֵּל וּלְהִתְחַנֵּן תְּפִלּוֹתֵינוּ וּתְחִנּוֹתֵינוּ לְפָנֶיךָ בֶּאֱמֶת וּבְלֵב שָׁלֵם. הוֹרֵנוּ מַה שֶּׁנְּדַבֵּר, הֲבִינֵנוּ מַה שֶּׁנִּשְׁאַל, וְזַכֵּנִי שֶׁאוֹצִיא דִּבּוּרֵי הַתְּפִלָּה לְפָנֶיךָ בֶּאֱמֶת לַאֲמִתּוֹ. בְּאֹפֶן שֶׁיָּאִיר לִי אוֹר הָאֱמֶת לֵיצֵא מִתּוֹךְ עֹמֶק הַחֹשֶׁךְ וְהַמַּחֲשָׁבוֹת זָרוֹת וְהַקְּלִפּוֹת הָעוֹמְדִים עָלַי וּמְסַבְּבִים אוֹתִי בְּכָל עֵת, וּבִפְרָט בִּשְׁעַת הַתְּפִלָּה שֶׁכֻּלָּם בָּאִים עָלַי וּמְסַבְּבִים אוֹתִי מִכָּל צַד וּמִכָּל פִּנָּה, בְּכַמָּה מִינֵי סִבּוּבִים וּבִלְבּוּלִים הַרְבֵּה מְאֹד בְּלִי שִׁעוּר וָעֵרֶךְ וּמִסְפָּר, עַד שֶׁאֵינִי יָכוֹל לִפְתֹּחַ פִּי בִּתְפִלָּה, וְאֵינִי יָכוֹל לְהוֹצִיא אֲפִלּוּ דִּבּוּר אֶחָד בִּתְפִלָּתִי כָּרָאוּי, מִגֹּדֶל הַחֹשֶׁךְ וְהַמַּחֲשָׁבוֹת זָרוֹת וְהַבִּלְבּוּלִים וְהַמְּנִיעוֹת וְהַמְּסַכִים הַמְסַבְּבִים אוֹתִי מִכָּל צַד בִּשְׁעַת הַתְּפִלָּה. וְאֵין לִי שׁוּם

פֶּתַח תִּקְוָה וְהַצָּלָה לְהִנָּצֵל מֵהֶם כִּי אִם עַל יְדֵי דִּבּוּר הָאֱמֶת, כַּאֲשֶׁר גִּלִּיתָ לָנוּ עַל יְדֵי חֲכָמֶיךָ הַקְּדוֹשִׁים, אֲשֶׁר עַל יְדֵי דִּבּוּר הָאֱמֶת תָּאִיר לָנוּ בְּתוֹךְ עֹמֶק הַחֹשֶׁךְ וְהָאֲפֵלָה לָצֵאת מֵחֹשֶׁךְ לְאוֹר גָּדוֹל, כִּי אַתָּה חָפֵץ בֶּאֱמֶת וְקָרוֹב אַתָּה לְכָל אֲשֶׁר יִקְרָאוּךָ בֶּאֱמֶת.

וְעַל כֵּן בָּאתִי לְחַלּוֹת פָּנֶיךָ יְהוָה אֱלֹהַי, וּלְהִשְׁתַּטֵּחַ לְפָנֶיךָ וְלִפְרֹשׂ כַּפַּי אֵלֶיךָ, שֶׁתְּעוֹרֵר רַחֲמֶיךָ הָאֲמִתִּיִּים עָלַי, עַל עָנִי וְאֶבְיוֹן כָּמוֹנִי וְתַשְׁפִּיעַ עָלַי בְּרַחֲמֶיךָ הָרַבִּים אוֹר הָאֱמֶת שֶׁאֶזְכֶּה לְדַבֵּר לְפָנֶיךָ דִּבּוּרֵי הַתְּפִלָּה בֶּאֱמֶת לַאֲמִתּוֹ, וְאֶזְכֶּה לְהוֹצִיא כָּל דִּבּוּרֵי הַתְּפִלָּה מִפִּי בֶּאֱמֶת בָּרוּר זַךְ וְצָלוּל, לְמַעַן אֶזְכֶּה שֶׁיָּאִיר לִי אוֹר הָאֱמֶת לִמְצֹא הַפְּתָחִים בְּתוֹךְ הַחֹשֶׁךְ הַגָּדוֹל הַמִּתְגַּבֵּר עָלֵינוּ בְּכָל עֵת, הָרוֹצֶה לְהַחְשִׁיךְ וּלְהַסְתִּיר מִמֶּנּוּ, חַס וְשָׁלוֹם, אוֹרְךָ הַגָּדוֹל. וְאִם חָטָאתִי עָוִיתִי וּפָשַׁעְתִּי לְפָנֶיךָ, מִנְּעוּרַי עַד הַיּוֹם הַזֶּה, וּפָגַמְתִּי לְפָנֶיךָ פְּגָמִים הַרְבֵּה מְאֹד, וְשָׁנִיתִי וְשִׁלַּשְׁתִּי עֲלֵיהֶם פְּעָמִים אֵין מִסְפָּר, וּבְכָל פַּעַם עַל יְדֵי כָּל חֵטְא וּפְגַם, הוֹסַפְתִּי עָלַי, חַס וְשָׁלוֹם, חֹשֶׁךְ עַל חֹשֶׁךְ וּמַסְגֵּר עַל מַסְגֵּר, וּמְסָכִים וּמְחִצּוֹת עַל מְסָכִים וּמְחִצּוֹת וּמְנִיעוֹת עַל מְנִיעוֹת, וּבִלְבּוּלִים עַל בִּלְבּוּלִים, עַד אֲשֶׁר בָּאתִי בְּתוֹךְ עֹמֶק הַחֹשֶׁךְ וַאֲפֵלָה גְּדוֹלָה מְאֹד, וְנֶחְשְׁכוּ וְנִסְתְּרוּ מֵעֵינַי כָּל מִינֵי פְּתָחִים

שֶׁיֵּשׁ שָׁם, לָצֵאת עַל יָדָם מֵאֲפֵלָה לְאוֹרָה, "טָבַעְתִּי בִּיוֵן מְצוּלָה וְאֵין מָעֳמָד בָּאתִי בְמַעֲמַקֵּי מַיִם וְשִׁבֹּלֶת שְׁטָפָתְנִי":

הֵן עַל זֶה בָּאתִי לְפָנֶיךָ יְהֹוָה אֱלֹהַי וֵאלֹהֵי אֲבוֹתַי, חֲמֹל, חֲמֹל, חוּס, חוּס, רַחֵם, רַחֵם, הַצֵּל, הַצֵּל. וּכְשֵׁם שֶׁגָּבְרוּ עָלֵינוּ רַחֲמֶיךָ וַחֲסָדֶיךָ הָעֲצוּמִים, וְגִלִּיתָ לָנוּ עֵצָה הַקְּדוֹשָׁה הַזֹּאת, כֵּן יֶהֱמוּ נָא מֵעֶיךָ וְרַחֲמֶיךָ עָלֵינוּ יְהֹוָה אֱלֹהֵינוּ, וְתַעַזְרֵנוּ וְתוֹשִׁיעֵנוּ בַּחֲסָדֶיךָ הַנּוֹרָאִים וְהַנִּפְלָאִים שֶׁנִּזְכֶּה לְקַיֵּם עֵצָה הַקְּדוֹשָׁה הַזֹּאת, שֶׁנִּזְכֶּה לְהוֹצִיא מִפִּינוּ דִּבּוּרֵי אֱמֶת לְפָנֶיךָ בִּתְפִלּוֹתֵינוּ וְתַחֲנוּנֵינוּ וּבַקָּשָׁתֵנוּ, עַד אֲשֶׁר לֹא יִהְיֶה שׁוּם כֹּחַ לְשׁוּם חֹשֶׁךְ וַאֲפֵלָה לִמְנֹעַ אוֹתָנוּ חַס וְשָׁלוֹם, מִתְּפִלָּתֵנוּ וַעֲבוֹדָתֵנוּ. וּבְכָל מִינֵי חֹשֶׁךְ וַאֲפֵלָה הָרוֹצִים לְהִתְגַּבֵּר עָלֵינוּ בְּכָל עֵת וּבִפְרָט בִּשְׁעַת הַתְּפִלָּה, בְּכֻלָּם נוּכַל לִמְצֹא הַפְּתָחִים עַל־יְדֵי דִּבּוּר הָאֱמֶת שֶׁנּוֹצִיא מִפִּינוּ לָצֵאת עַל יָדוֹ מֵאֲפֵלָה לְאוֹרָה, מֵחֹשֶׁךְ לְאוֹר גָּדוֹל. "כִּי אַתָּה תָּאִיר נֵרִי, יְהֹוָה אֱלֹהַי יַגִּיהַּ חָשְׁכִּי", וִיקֻיַּם מִקְרָא שֶׁכָּתוּב: "יְהֹוָה אוֹרִי וְיִשְׁעִי מִמִּי אִירָא, יְהֹוָה מָעוֹז חַיַּי מִמִּי אֶפְחָד". כִּי אַתָּה יָדַעְתָּ יְהֹוָה אֱלֹהַי, אֲשֶׁר אֵין לִי שׁוּם פֶּתַח הַצָּלָה אַחֶרֶת כִּי אִם עַל־יְדֵי־זֶה עַל יְדֵי שֶׁתְּזַכֶּה אוֹתִי לְדַבֵּר דִּבּוּרֵי אֱמֶת לְפָנֶיךָ כָּרָאוּי.

וְתַעַזְרֵנִי בְּרַחֲמֶיךָ הָרַבִּים לֵילֵךְ בְּדֶרֶךְ אֱמֶת תָּמִיד, וְאֶזְכֶּה שֶׁלֹּא יֵצֵא דְּבַר שֶׁקֶר מִפִּי לְעוֹלָם, וְתִשְׁמְרֵנִי בְּרַחֲמֶיךָ הָרַבִּים שֶׁלֹּא יֵצֵא שׁוּם שֶׁקֶר מִפִּי אֲפִלּוּ בְּטָעוּת שֶׁלֹּא בְּכַוָּנָה, רַק כָּל דִּבּוּרַי יִהְיוּ דִּבּוּרֵי אֱמֶת תָּמִיד. וּתְיַחֵד אֶת לְבָבִי אֵלֶיךָ, שֶׁאֶזְכֶּה תָּמִיד לְהַטּוֹת דַּעְתִּי וּמַחֲשַׁבְתִּי אֶל הָאֱמֶת לַאֲמִתּוֹ וְאַתָּה תְּסַיְּעֵנִי מִן הַשָּׁמַיִם לִדְרֹךְ וְלֵילֵךְ בִּנְתִיב הָאֱמֶת תָּמִיד, וְלֹא אַטֶּה מִדֶּרֶךְ הָאֱמֶת יָמִין וּשְׂמֹאל. "הַדְרִיכֵנִי בַאֲמִתֶּךָ וְלַמְּדֵנִי כִּי אַתָּה אֱלֹהֵי יִשְׁעִי אוֹתְךָ קִוִּיתִי כָּל הַיּוֹם. שְׁלַח אוֹרְךָ וַאֲמִתְּךָ הֵמָּה יַנְחוּנִי, יְבִיאוּנִי אֶל הַר קָדְשְׁךָ וְאֶל מִשְׁכְּנוֹתֶיךָ. וְאַל תַּצֵּל מִפִּי דְבַר אֱמֶת עַד מְאֹד, כִּי לְמִשְׁפָּטֶיךָ יִחָלְתִּי":

וְאֶזְכֶּה תָּמִיד לִשְׁפֹּךְ שִׂיחִי וּתְפִלָּתִי וּתְחִנָּתִי לְפָנֶיךָ בֶּאֱמֶת לַאֲמִתּוֹ. וְתַעַזְרֵנִי שֶׁאוּכַל לְפָרֵשׁ כָּל שִׂיחָתִי לְפָנֶיךָ בֶּאֱמֶת. וְאֵת כָּל אֲשֶׁר עִם לְבָבִי אָשִׂיחָה לְפָנֶיךָ יְהֹוָה אֱלֹהַי וֵאלֹהֵי אֲבוֹתַי, כִּי אַתָּה יָדַעְתָּ אֶת לְבָבֵנוּ, כִּי צְרָכֵי הֵמָּה מְרֻבִּים מְאֹד, וְדַעְתִּי קְצָרָה לְבָאֵר וּלְפָרֵשׁ. אִלּוּ כָּל הַיַּמִּים דְּיוֹ וְכָל אֲגַמִּים קוּלְמוּסִין, אִי אֶפְשָׁר לְבָאֵר וּלְפָרֵשׁ אֶפֶס קָצֵה מִצְּרָכֵינוּ הַמְרֻבִּים מְאֹד, כִּי עֲדַיִן לֹא הִתְחַלְנוּ לְהַכְנִיעַ וּלְבַטֵּל שׁוּם מִדָּה רָעָה וְשׁוּם תַּאֲוָה רָעָה מֵאִתָּנוּ, וַאֲנַחְנוּ רְחוֹקִים מִמְּךָ בְּתַכְלִית הָרִחוּק. וְאַף עַל פִּי כֵן

בְּכָל עֵת שֶׁאֲנַחְנוּ בָּאִים לְפָרֵשׁ שִׂיחָתֵנוּ לְפָנֶיךָ נִסְתַּם פִּינוּ וּלְשׁוֹנֵנוּ, וְאֵין אָנוּ יְכוֹלִים לְדַבֵּר שׁוּם דִּבּוּר כָּרָאוּי לְפָנֶיךָ.

יְהֹוָה אֱלֹהִים, אַתָּה יָדַעְתָּ אֶת לְבָבֵינוּ, וּלְפָנֶיךָ נִגְלוּ כָּל תַּעֲלוּמוֹת. חָנֵּנוּ וַעֲנֵנוּ, וְהָכֵן לְבָבֵינוּ, וְזַכֵּנוּ בְּרַחֲמֶיךָ הָרַבִּים לְדִבּוּרֵי אֱמֶת לְפָנֶיךָ בְּאֹפֶן שֶׁיִּפָּתַח לָנוּ אוֹרֶךְ הַגָּדוֹל עַל יְדֵי זֶה, שֶׁהוּא עֶצֶם הָאֱמֶת. וְנִזְכֶּה עַל יְדֵי זֶה לְפָרֵשׁ שִׂיחָתֵנוּ וּתְחִנּוֹתֵינוּ לְפָנֶיךָ תָּמִיד בֶּאֱמֶת כָּרָאוּי, וְנִזְכֶּה לְהוֹצִיא מִפִּינוּ בֶּאֱמֶת כָּל צְרָכֵינוּ, וְכָל מַה שֶּׁחָסֵר לָנוּ בְּגוּף וָנֶפֶשׁ הַכֹּל נוּכַל לְפָרֵשׁ וּלְבָאֵר לְפָנֶיךָ בְּאִמְרֵי פִינוּ, עַד שֶׁנִּזְכֶּה לִשְׁפֹּךְ לִבֵּנוּ כַּמַּיִם נֹכַח פָּנֶיךָ יְהֹוָה בִּתְפִלּוֹתֵינוּ וּתְחִנּוֹתֵינוּ. וְיִתְעוֹרְרוּ רַחֲמֶיךָ עָלֵינוּ, וְתַאֲזִין שַׁוְעָתֵינוּ וְתַקְשִׁיב תְּחִנּוֹתֵינוּ, וּתְמַלֵּא כָּל מִשְׁאֲלוֹת לִבֵּנוּ לְטוֹבָה בְּרַחֲמִים, בְּאֹפֶן שֶׁנִּזְכֶּה לְהִתְקָרֵב אֵלֶיךָ בֶּאֱמֶת מֵעַתָּה וְעַד עוֹלָם, וְלַעֲשׂוֹת רְצוֹנְךָ כָּל יְמֵי חַיֵּינוּ, אֲנַחְנוּ וְצֶאֱצָאֵינוּ וְצֶאֱצָאֵי עַמְּךָ בֵּית יִשְׂרָאֵל.

וְזַכֵּנִי בְּרַחֲמֶיךָ הָרַבִּים שֶׁאֶתְפַּלֵּל בְּכַוָּנָה שְׁלֵמָה כָּרָאוּי בֶּאֱמֶת עִם כָּל הַכֹּחוֹת שֶׁיֵּשׁ בִּי. וְאֶזְכֶּה לְהַכְנִיס כָּל כֹּחִי בְּאוֹתִיּוֹת הַתְּפִלָּה עַד שֶׁיִּתְחַדֵּשׁ כָּל כֹּחִי בְּתוֹךְ הַתְּפִלָּה. וְאֶזְכֶּה לְקַבֵּל חִיּוּת חָדָשׁ דִּקְדֻשָּׁה

מִן הַתְּפִלָּה הַקְּדוֹשָׁה אֲשֶׁר מִשָּׁם נִמְשָׁךְ כָּל הַחִיּוּת כְּמוֹ שֶׁנֶּאֱמַר: "תְּפִלָּה לְאֵל חַיָּי". וְזַכֵּנִי בְּרַחֲמֶיךָ הָרַבִּים לֶאֱמוּנָה שְׁלֵמָה בֶּאֱמֶת:

וּבְכֵן תְּחָנֵּנוּ בְּרַחֲמֶיךָ הָרַבִּים וְתַעַזְרֵנוּ לְהַעֲלוֹת תְּפִלָּתֵנוּ לְפָנֶיךָ דֶּרֶךְ הַשַּׁעַר וְהַשֵּׁבֶט הַשַּׁיָּךְ לְשֹׁרֶשׁ נִשְׁמָתֵנוּ, אֲשֶׁר מִשָּׁם נֶחְצַבְנוּ, כְּדֵי שֶׁתַּעֲלֶה תְּפִלָּתֵנוּ דֶּרֶךְ הַשַּׁעַר הַהוּא הַשַּׁיָּךְ לִתְפִלָּתֵנוּ הַשָּׁמַיְמָה דֶּרֶךְ אֶרֶץ יִשְׂרָאֵל וִירוּשָׁלַיִם וּבֵית הַמִּקְדָּשׁ וְקָדְשֵׁי קָדָשִׁים, עַד שֶׁתַּעֲלֶה תְּפִלָּתֵנוּ לִמְכוֹן שִׁבְתֶּךָ. וְיִהְיֶה כֹּחַ לִתְפִלָּתֵנוּ לְעוֹרֵר אֶת הַמַּזָּל הָעֶלְיוֹן הַשַּׁיָּךְ לְשַׁעַר וָשֵׁבֶט שֶׁל כָּל אֶחָד וְאֶחָד מֵאִתָּנוּ, וְיַשְׁפִּיעַ עָלֵינוּ טוֹבָה וּבְרָכָה, לְבָרֵךְ אֶת כָּל פְּרִי הָאֲדָמָה וּלְהַצְלִיחַ אֶת מַעֲשֵׂי יָדֵינוּ.

וְתַזְמִין לָנוּ בְּרַחֲמֶיךָ הָרַבִּים וַחֲסָדֶיךָ הַגְּדוֹלִים אֶת פַּרְנָסוֹתֵינוּ קֹדֶם שֶׁנִּצְטָרֵךְ לָהֶם, בְּרֶוַח וְלֹא בְּצִמְצוּם, בְּהֶתֵּר וְלֹא בְּאִסּוּר, בְּנַחַת וְלֹא בְּצַעַר, בְּכָבוֹד וְלֹא בְּבִזּוּי, מִתַּחַת יָדְךָ הָרְחָבָה וְהַמְּלֵאָה. וְאַל תַּצְרִיכֵנוּ לֹא לִידֵי מַתְּנַת בָּשָׂר וָדָם וְלֹא לִידֵי הַלְוָאָתָם, בְּאֹפֶן שֶׁנִּזְכֶּה לַעֲשׂוֹת רְצוֹנְךָ וְלַעֲסֹק בְּתוֹרָתְךָ תָּמִיד יוֹמָם וָלַיְלָה. וְנִזְכֶּה בְּרַחֲמֶיךָ הָרַבִּים לְתוֹרָה וּגְדֻלָּה בְּמָקוֹם אֶחָד.

וְחַמֹּל נָא עָלֵינוּ וְעָזְרֵנוּ שֶׁיִּהְיֶה זִוּוּגֵנוּ בִּקְדֻשָּׁה גְּדוֹלָה כִּרְצוֹנְךָ הַטּוֹב. וְתַעֲזֹר לְכָל עַמְּךָ בֵּית יִשְׂרָאֵל וּלְכָל יוֹצְאֵי חֲלָצֵינוּ לְכָל מִי שֶׁצָּרִיךְ לִמְצוֹא זִוּוּגוֹ, שֶׁתַּזְמִין לוֹ זִוּוּגוֹ הֶהָגוּן לוֹ מִן הַשָּׁמַיִם. וְלֹא יִתְחַלְּפוּ הַזִּוּוּגִים, חַס וְשָׁלוֹם, בַּעֲווֹנוֹתֵינוּ. רַק תַּעֲזֹר לְכָל בְּנֵי עַמְּךָ יִשְׂרָאֵל שֶׁכָּל אֶחָד יִמְצָא מְהֵרָה זִוּוּגוֹ הָרָאוּי לוֹ מִן הַשָּׁמַיִם בֶּאֱמֶת כְּפִי שָׁרְשֵׁי הַנְּשָׁמוֹת:

וְזַכֵּנוּ בְּרַחֲמֶיךָ הָרַבִּים לְקַשֵּׁר כָּל תְּפִלָּתֵנוּ לְצַדִּיקֵי אֱמֶת שֶׁבַּדּוֹר, אֲשֶׁר יֵשׁ לָהֶם כֹּחַ לְהַעֲלוֹת תְּפִלָּתֵנוּ לְפָנֶיךָ דֶּרֶךְ הַשַּׁעַר וְהַשֵּׁבֶט הַשַּׁיָּךְ לְכָל תְּפִלָּה וּתְפִלָּה:

אָנָּא יְהוָה, עֵינֶיךָ הֲלֹא לֶאֱמוּנָה, חָנֵּנוּ וְזַכֵּנוּ וְעָזְרֵנוּ בְּרַחֲמֶיךָ הָרַבִּים, וְתַשְׁפִּיעַ עָלֵינוּ אֱמוּנָתְךָ הַקְּדוֹשָׁה תָּמִיד בְּלִי הֶפְסֵק רֶגַע. וּתְזַכֶּה אוֹתִי וְאֶת כָּל עַמְּךָ בֵּית יִשְׂרָאֵל לֶאֱמוּנָה שְׁלֵמָה בֶּאֱמֶת. וְנִזְכֶּה לְהַאֲמִין בְּךָ וּבְצַדִּיקֶיךָ הָאֲמִתִּיִּים בֶּאֱמֶת תָּמִיד, בְּלִי שׁוּם מַחֲשֶׁבֶת חוּץ, חַס וְשָׁלוֹם, וּבְלִי שׁוּם בִּלְבּוּל וּנְטִיָּה כְּלָל, חַס וְשָׁלוֹם.

וְאֶזְכֶּה לְהַאֲמִין בְּנִסֶּיךָ הַקְּדוֹשִׁים אֲשֶׁר עָשִׂיתָ עִמָּנוּ מֵעוֹלָם נִסִּים וְנִפְלָאוֹת גְּדוֹלוֹת וַאֲשֶׁר אַתָּה

עוֹשֶׂה עִמָּנוּ בְּכָל דּוֹר וָדוֹר עַד עַתָּה, נִסִּים עֶלְאִין וְנִסִּים תַּתָּאִין נִסִּים נִגְלִים וְנִסִּים נִסְתָּרִים, נִסִּים עַל־פִּי דֶּרֶךְ הַטֶּבַע וְנִסִּים שֶׁלֹּא עַל־פִּי דֶּרֶךְ הַטֶּבַע, נִסִּים בִּכְלָל וְנִסִּים בִּפְרָט, לְכָל אֶחָד וְאֶחָד מִיִּשְׂרָאֵל בְּכָל יוֹם וּבְכָל עֵת וּבְכָל שָׁעָה, בְּכֻלָּם אֶזְכֶּה אֲנִי וְכָל עַמְּךָ בֵּית יִשְׂרָאֵל לְהַאֲמִין בָּהֶם בֶּאֱמוּנָה שְׁלֵמָה בְּלִי שׁוּם דֹּפִי וּבִלְבּוּל כְּלָל, חַס וְשָׁלוֹם. וְתִסָּתֵם וְתִסָּכֵר פִּי כָּל דּוֹבְרֵי שֶׁקֶר הָרוֹצִים לְהַכְנִיס כְּפִירוֹת בַּלֵּב וּלְכַסּוֹת נִסִּים בְּתוֹךְ דֶּרֶךְ הַטֶּבַע, חַס וְשָׁלוֹם, "מַלֵּא פְנֵיהֶם קָלוֹן וִיבַקְשׁוּ שִׁמְךָ יְהוָה". וַעֲזֹר אוֹתָנוּ בְּרַחֲמֶיךָ הָרַבִּים לְהִנָּצֵל מֵהֶם שֶׁלֹּא נֹאבֶה וְלֹא נִשְׁמַע לָהֶם כְּלָל. רַק תִּתֵּן לָנוּ כֹּחַ לְהַכְנִיעָם וּלְשַׁבְּרָם וְלַעֲקֹר וּלְבַטֵּל מַחְשְׁבוֹתָם הָרָעָה מִן הָעוֹלָם. וְלַמַּלְשִׁינִים אַל תְּהִי תִקְוָה, וְכָל הַמִּינִים וְהַזֵּדִים וְהָאֶפִּיקוֹרְסִים כְּרֶגַע יֹאבֵדוּ, וְתֵן בְּלִבָּם שֶׁיָּשׁוּבוּ וְיִתְחָרְטוּ כֻּלָּם מִדַּעְתָּם הָרָעָה וְהַנְּבוּכָה, וְיָשׁוּבוּ כֻּלָּם אֵלֶיךָ בֶּאֱמֶת, וְיַכִּירוּ כֹּחַ מַלְכוּתֶךָ.

אֵל אֱמוּנָה, עָזְרֵנוּ בְּרַחֲמֶיךָ הָעֲצוּמִים שֶׁנִּזְכֶּה לֶאֱמוּנָה שְׁלֵמָה בֶּאֱמֶת כָּרָאוּי. וְזַכֵּנוּ לָבוֹא לְאֶרֶץ יִשְׂרָאֵל מְקוֹם קְדֻשָּׁתֵנוּ, מְקוֹר הָאֱמוּנָה וְהַתְּפִלָּה וְהַנִּסִּים, מְקוֹר הַחַיִּים, מְקוֹר הִתְקָרְבוּת יִשְׂרָאֵל לַאֲבִיהֶם שֶׁבַּשָּׁמַיִם, מְקוֹם קָדְשֵׁנוּ וְתִפְאַרְתֵּנוּ, מְקוֹם חַיֵּינוּ וְאֹרֶךְ יָמֵינוּ.

אָבִינוּ שֶׁבַּשָּׁמַיִם, חֲמֹל עָלֵינוּ בְּמַתְּנַת חִנָּם וְנִדְבַת חֶסֶד, וְזַכֵּנוּ בַּחֲסָדֶיךָ הָעֲצוּמִים לַעֲלוֹת מְהֵרָה לְאֶרֶץ יִשְׂרָאֵל, וְנִזְכֶּה לְעָבְדְךָ שָׁם בֶּאֱמֶת בְּיִרְאָה וּבְאַהֲבָה. וּמַהֵר לְהוֹצִיאֵנוּ מִתּוֹךְ עֹמֶק גָּלוּתֵינוּ אֲשֶׁר גָּלִינוּ מֵאַרְצֵנוּ זֶה כַּמָּה וְכַמָּה שָׁנִים, וַהֲבִיאֵנוּ לְשָׁלוֹם מֵאַרְבַּע כַּנְפוֹת הָאָרֶץ וְתוֹלִיכֵנוּ מְהֵרָה קוֹמְמִיּוּת לְאַרְצֵנוּ.

רִבּוֹנוֹ שֶׁל עוֹלָם, אַתָּה יָדַעְתָּ אֲשֶׁר כָּל אֲרִיכוּת גָּלוּתֵינוּ זֶה הוּא רַק מֵחֲמַת פְּגַם חֲלִישׁוּת הָאֱמוּנָה, אֲשֶׁר בִּשְׁבִיל זֶה גָּלִינוּ מֵאַרְצֵנוּ, וַעֲדַיִן לֹא זָכִינוּ לְתַקֵּן פְּגַם הָאֱמוּנָה, וּמֵחֲמַת זֶה אָרַךְ עָלֵינוּ הַגָּלוּת הַמַּר הַזֶּה עַד הֵנָּה.

עַל כֵּן חֲמֹל עַל עַמְּךָ יִשְׂרָאֵל, כִּי אֵין מִי יַעֲמֹד בַּעֲדֵינוּ, כִּי אִם שִׁמְךָ הַגָּדוֹל יַעֲמֹד לָנוּ, שֶׁתִּטַּע וְתִקְבַּע אֱמוּנָתְךָ הַקְּדוֹשָׁה בְּלִבֵּנוּ בֶּאֱמֶת מֵעַתָּה וְעַד עוֹלָם. וְתָסִיר עַקְמִימִיּוּת שֶׁבְּלִבֵּנוּ, שֶׁלֹּא יַעֲלֶה בְּלִבֵּנוּ שׁוּם עַקְמִימִיּוּת וְשׁוּם קוּשְׁיָא, חַס וְשָׁלוֹם, עַל הַנְהָגוֹתֶיךָ, וְנִזְכֶּה לְהַאֲמִין תָּמִיד כִּי צַדִּיק וְיָשָׁר אַתָּה. "כִּי יָשָׁר דְּבַר יְהֹוָה וְכָל מַעֲשֵׂהוּ בֶּאֱמוּנָה. כָּל מִצְוֹתֶיךָ אֱמוּנָה, שֶׁקֶר רְדָפוּנִי עָזְרֵנִי" חָנֵּנוּ וַעֲנֵנוּ וְזַכֵּנוּ לֶאֱמוּנָה שְׁלֵמָה בֶּאֱמֶת תָּמִיד, וְעַל־יְדֵי־זֶה נִזְכֶּה

לָשׁוּב לְאַרְצֵנוּ בְּקָרוֹב. כְּמוֹ שֶׁנֶּאֱמַר: "תָּבוֹאִי, תָּשׁוּרִי מֵרֹאשׁ אֲמָנָה" בִּמְהֵרָה בְיָמֵינוּ אָמֵן:

י

רִבּוֹן כָּל הָעוֹלָמִים, אֲדוֹן כֹּל, אֲשֶׁר גִּלִּיתָ אֱלָהוּתְךָ וַאֲדָנוּתְךָ בָּעוֹלָם עַל יְדֵי אֲבוֹתֵינוּ אַבְרָהָם יִצְחָק וְיַעֲקֹב, וְעַל יָדָם נִתְגַּדַּלְתָּ וְנִתְקַדַּשְׁתָּ מִדּוֹר לְדוֹר, עַד אֲשֶׁר זָכִינוּ לְקַבֵּל תּוֹרָתְךָ הַקְּדוֹשָׁה עַל יְדֵי מֹשֶׁה נְבִיאֲךָ נֶאֱמַן בֵּיתֶךָ. וְאָז רָאוּ כָּל הָעַמִּים וְכָל הַגּוֹיִם אֶת גְּדֻלָּתְךָ וּגְבוּרוֹתֶיךָ, אֲשֶׁר הִרְבֵּיתָ לַעֲשׂוֹת עִמָּנוּ נִסִּים נִפְלָאִים וְנוֹרָאִים בִּיצִיאַת מִצְרַיִם וּקְרִיעַת יַם סוּף וּמִלְחֶמֶת עֲמָלֵק עַד אֲשֶׁר נִתְגַּלָּה אֱלָהוּתְךָ לְכָל בָּאֵי עוֹלָם, וְרָאוּ רְחוֹקִים אֶת גְּבוּרָתֶךָ. עַד שֶׁבָּא יִתְרוֹ וְנִתְגַּיֵּר, וְאָמַר: "כִּי עַתָּה יָדַעְתִּי כִּי גָדוֹל יְהוָה וַאֲדוֹנֵנוּ מִכָּל הָאֱלֹהִים", וְאָז נִתְעַלָּה וְנִתְגַּדֵּל וְנִתְקַדֵּשׁ שִׁמְךָ לְמַעְלָה וּלְמַטָּה, כִּי זֶה עִקַּר גְּדֻלָּתְךָ וְרוֹמְמוּתְךָ כְּשֶׁהָרְחוֹקִים מִמְּךָ מְאֹד מַכִּירִים אֶת אֱלָהוּתְךָ וַאֲדָנוּתְךָ, כִּי אָז נִתְגַּדֵּל וְנִתְקַדֵּשׁ וְנִתְעַלָּה שִׁמְךָ הַגָּדוֹל יִתְבָּרַךְ וְיִשְׁתַּבַּח לָעַד.

עַל כֵּן בָּאתִי לְפָנֶיךָ יְהוָה אֱלֹהַי וֵאלֹהֵי אֲבוֹתַי לְהַפִּיל תְּחִנָּתִי לְפָנֶיךָ. מִקְצֵה הָאָרֶץ אֵלֶיךָ אֶקְרָא,

שֶׁתְּרַחֵם עָלַי בְּרַחֲמֶיךָ הָרַבִּים, עַל מְרֻחָק וּמְגֹרָשׁ כָּמוֹנִי, וּתְקָרֵב אוֹתִי בְּרַחֲמֶיךָ וַחֲסָדֶיךָ הָעֲצוּמִים, וְתֹאמַר לְצָרוֹתַי דַּי וְתַתְחִיל מֵעַתָּה לְקָרְבֵנִי בְּרַחֲמֶיךָ הָרַבִּים, כִּי זֶה עִקַּר גְּדֻלָּתְךָ כְּשֶׁהַמְרֻחָקִים בְּיוֹתֵר מִתְקָרְבִים לַעֲבוֹדָתְךָ בֶּאֱמֶת, כַּאֲשֶׁר גִּלִּיתָ לָנוּ עַל יְדֵי חֲכָמֶיךָ הַקְּדוֹשִׁים. וְאִם אָמְנָם אֲנִי רָחוֹק מְאֹד מִמְּךָ בְּתַכְלִית הָרִחוּק, אַל תַּעֲשֶׂה עִמִּי כַּחֲטָאַי וְאַל תְּדִינֵנִי כְּמִפְעָלַי כִּי קָרוֹב אַתָּה לָרְחוֹקִים. כִּי הֲלֹא מִמֶּנִּי דַּיְקָא יִתְעַלֶּה וְיִשְׁתַּבַּח וְיִתְגַּדֵּל שִׁמְךָ יִתְבָּרַךְ לָעַד וּלְנֶצַח נְצָחִים, עַל יְדֵי שֶׁתְּקָרֵב מְרֻחָק כָּמוֹנִי לְשִׁמְךָ הַגָּדוֹל, כִּי זֶה עִקַּר גְּדֻלָּתְךָ כְּשֶׁהַמְרֻחָקִים בְּיוֹתֵר מִתְקָרְבִים אֵלֶיךָ בֶּאֱמֶת.

אָנָּא יְהוָֹה, לַמְּדֵנִי לְסַדֵּר תְּפִלָּתִי לְפָנֶיךָ כָּרָאוּי בְּלָשׁוֹן צַח וְנָקִי, בִּלְשׁוֹן רַחֲמִים וְתַחֲנוּנִים, וְתִשְׁלַח וְתַזְמִין לִי דִּבּוּרִים כְּשֵׁרִים וְיָפִים. וְתִהְיֶה תְּפִלָּתִי שְׁגוּרָה בְּפִי, בְּאֹפֶן שֶׁאוּכַל לְרַצּוֹת וּלְפַיֵּס אוֹתְךָ, שֶׁתְּעוֹרֵר רַחֲמֶיךָ הַגְּנוּזִים עָלַי לְקָרְבֵנִי אֵלֶיךָ מִמָּקוֹם שֶׁנִּתְרַחַקְתִּי בְּכַמָּה וְכַמָּה מִינֵי הַרְחָקוֹת בְּלִי שִׁעוּר וָעֵרֶךְ. וּמִכָּל הַהַרְחָקוֹת תְּקָרְבֵנִי אֵלֶיךָ בְּרַחֲמֶיךָ הָעֲצוּמִים, בְּרַחֲמֶיךָ הָרַבִּים בְּרַחֲמֶיךָ הַגְּדוֹלִים, בְּרַחֲמִים נוֹרָאִים שֶׁיֵּשׁ לְךָ גְּנוּזִים בְּאוֹצְרוֹתֶיךָ שֶׁאֵין בָּהֶם שׁוּם אֲחִיזַת דִּין וְקִטְרוּג כְּלָל, בְּרַחֲמִים שֶׁיֵּשׁ לָהֶם

כֹּחַ לְקָרֵב אֲפִלּוּ הַמְרֻחָקִים בְּתַכְלִית הָרִחוּק שֶׁאֵין רָחוֹק יוֹתֵר מֵהֶם. וַעֲשֵׂה לְמַעַנְךָ וְלֹא לְמַעֲנֵנוּ, עֲשֵׂה לְמַעַנְךָ וְהוֹשִׁיעֵנוּ. קָרְבֵנוּ אֵלֶיךָ, אַמְּצֵנוּ בַּעֲבוֹדָתֶךָ, חַזְּקֵנוּ בְּיִרְאָתֶךָ. אֱחֹז בְּיָדֵינוּ וְהוֹצֵא אוֹתָנוּ מִכָּל הַתַּאֲווֹת רָעוֹת וּמִכָּל הַמִּדּוֹת רָעוֹת הַקְּשׁוּרִים בְּגוּפֵנוּ, הַמַּרְחִיקִים אוֹתָנוּ מִמְּךָ בְּכָל עֵת.

כִּי אַתָּה לְבַד יָדַעְתָּ, אֶת גֹּדֶל הָרַחֲמָנוּת שֶׁיֵּשׁ עָלֵינוּ. וְעַל נַפְשֵׁנוּ וְרוּחֵנוּ וְנִשְׁמוֹתֵינוּ אֲשֶׁר נִשְׁמָתֵנוּ יָרְדָה מֵרוּם גָּבְהֵי מְרוֹמִים, מֵחֵיק אָבִיהָ שֶׁבַּשָּׁמַיִם וּבָאתָה בְּזֶה הָעוֹלָם בְּגוּף עָכוּר כָּזֶה, בְּגוּף מְגֻשָּׁם כָּזֶה. אוֹי לַבֵּן שֶׁגָּלָה מֵעַל שֻׁלְחַן אָבִיו. וְכַוָּנָתְךָ הַקְּדוֹשָׁה הָיְתָה לְטוֹבָתֵנוּ, כְּדֵי שֶׁיִּהְיֶה לָנוּ נִסָּיוֹן וּבְחִירָה בָּעוֹלָם הַשָּׁפָל הַזֶּה, לְמַעַן נָכוֹף וְנִשַּׁבֵּר וְנַכְנִיעַ גַּשְׁמִיּוּת גּוּפֵנוּ וְתַאֲווֹת לִבֵּנוּ, לְמַעַן נִזְכֶּה לְהַכִּיר אוֹתְךָ בָּעוֹלָם הַשָּׁפָל הַזֶּה דַּיְקָא, הָרָחוֹק מִקְּדֻשָּׁתְךָ בְּתַכְלִית הָרִחוּק. אֲבָל מַה נַּעֲשֶׂה אָבִינוּ שֶׁבַּשָּׁמַיִם כִּי לֹא יָכֹלְנוּ לְקַבֵּל טוֹבָתְךָ הַגְּדוֹלָה, וְלֹא חַסְנוּ עַל נַפְשֵׁנוּ, וְלֹא נִתְגַּבַּרְנוּ לְהַכְנִיעַ תַּאֲווֹתֵינוּ. צְרִפְתָּנוּ כַּל תִּמְצָא, וּכְבָר כִּלִּינוּ שָׁנֵינוּ לָהֶבֶל וָלָרִיק, עַל יְדֵי תַּאֲווֹת גּוּפֵנוּ הַקְּשׁוּרִים וּצְרוּרִים בָּנוּ מִנְּעוּרֵנוּ עַד הַיּוֹם הַזֶּה, וּבְכָל יוֹם אָנוּ מְצַפִּים וּמְחַכִּים לִגְאֻלַּת הַנֶּפֶשׁ בֶּאֱמֶת, וַתְּהִי תוֹחַלְתֵּנוּ נִכְזָבָה. וּבְכָל יוֹם וָיוֹם יִצְרֵנוּ מִתְגַּבֵּר עָלֵינוּ בְּיוֹתֵר, וְאֵין לָנוּ

עַל מִי לְהִשָּׁעֵן כִּי אִם עָלֶיךָ אָבִינוּ שֶׁבַּשָּׁמַיִם. חֲמֹל עָלֵינוּ בְּחֶמְלָתְךָ, רַחֵם עָלֵינוּ בְּרַחֲמֶיךָ, חֶסֶד חִנָּם עֲשֵׂה עִמָּנוּ, כְּרַחֵם אָב עַל בָּנִים רַחֵם עָלֵינוּ. עֲנֵנוּ אָבִינוּ עֲנֵנוּ, עֲנֵנוּ בּוֹרְאֵנוּ עֲנֵנוּ, עֲנֵנוּ גּוֹאֲלֵנוּ עֲנֵנוּ, וַעֲשֵׂה אֵת אֲשֶׁר בְּחֻקּוֹתֶיךָ נֵלֵךְ וְאֶת מִשְׁפָּטֶיךָ נִשְׁמֹר, וְעָזְרֵנוּ וְהוֹשִׁיעֵנוּ:

"אָנָּא יְהוָֹה מַלְּטָה נַפְשִׁי" מִכָּל הַתַּאֲווֹת וּמִכָּל הַמִּדּוֹת רָעוֹת הַקְּשׁוּרִים בְּגוּפִי עֲדַיִן, הֵן הַתַּאֲווֹת וְהַמִּדּוֹת רָעוֹת שֶׁיֵּשׁ בִּי מִצַּד הַהוֹלָדָה, "כִּי בְּעָוֹן חוֹלָלְתִּי וּבְחֵטְא יֶחֱמַתְנִי אִמִּי", וְהֵן הַתַּאֲווֹת וְהַמִּדּוֹת רָעוֹת שֶׁמָּשַׁכְתִּי עָלַי בְּעַצְמִי, מֵחֲמַת שֶׁלֹּא הָיִיתִי מִתְגַּבֵּר וּמִתְחַזֵּק לְהַכְנִיעַ וּלְשַׁבֵּר וּלְבַטֵּל כָּל הַתַּאֲווֹת רָעוֹת וּמִדּוֹת רָעוֹת, מִכֻּלָּם תַּצִּיל אוֹתִי בְּרַחֲמֶיךָ הָרַבִּים מֵעַתָּה וְעַד עוֹלָם.

וּתְזַכֵּנִי מֵעַתָּה וְתִתֵּן לִי חָכְמָה וָשֵׂכֶל וְעֵצוֹת הַקְּדוֹשָׁה וְכֹחַ וּגְבוּרָה מֵאִתְּךָ, בְּאֹפֶן שֶׁאֶזְכֶּה לְמַלֵּט נַפְשִׁי מִנִּי שַׁחַת, לִמְשֹׁךְ אֶת עַצְמִי וּלְהַרְחִיק אֶת עַצְמִי מִכָּל הַתַּאֲווֹת וּמִכָּל הַמִּדּוֹת רָעוֹת עַד שֶׁאֶזְכֶּה לְגָרֵשׁ וּלְבַטֵּל מִמֶּנִּי כָּל מִינֵי תַּאֲווֹת וּמִדּוֹת רָעוֹת, עַד שֶׁיִּהְיֶה גּוּפִי זַךְ וְצַח וְנָקִי מִכָּל מִינֵי תַּאֲווֹת וּמִכָּל מִינֵי מִדּוֹת רָעוֹת, וְאֶזְכֶּה לִהְיוֹת קָדוֹשׁ וְטָהוֹר בֶּאֱמֶת

כָּרָאוּי לְאִישׁ יִשְׂרְאֵלִי:

וְזַכֵּנִי שֶׁאוּכַל לְתַקֵּן בְּחַיַּי אֶת כָּל מִינֵי קִלְקוּלִים וּפְגָמִים שֶׁפָּגַמְתִּי עַד הֵנָּה, מִנְּעוּרַי עַד הַיּוֹם הַזֶּה. וְאֶזְכֶּה בְּרַחֲמֶיךָ לְהַעֲבִיר וּלְבַטֵּל מִנַּפְשִׁי אֶת כָּל מִינֵי חֶרְפּוֹת וּבִזְיוֹנוֹת שֶׁהִטַּלְתִּי בְּנַפְשִׁי עַל־יְדֵי חֲטָאַי וַעֲווֹנוֹתַי וּפְשָׁעַי הַמְּרֻבִּים. אַתָּה יָדַעְתָּ חֶרְפָּתִי וּבָשְׁתִּי וּכְלִמָּתִי נֶגְדְּךָ כָּל צוֹרְרָי. "חֶרְפָּה שָׁבְרָה לִבִּי וָאָנוּשָׁה, וָאֲקַוֶּה לָנוּד וָאַיִן, וְלַמְנַחֲמִים וְלֹא מָצָאתִי, הַעֲבֵר חֶרְפָּתִי אֲשֶׁר יָגֹרְתִּי כִּי מִשְׁפָּטֶיךָ טוֹבִים". תִּיקַר נָא נַפְשִׁי בְּעֵינֶיךָ, יִגּוֹלְלוּ רַחֲמֶיךָ עַל מִדּוֹתֶיךָ. "הוֹצִיאָה מִמַּסְגֵּר נַפְשִׁי לְהוֹדוֹת אֶת שְׁמֶךָ". כִּי "מַה בֶּצַע בְּדָמִי בְּרִדְתִּי אֶל שָׁחַת, הֲיוֹדְךָ עָפָר, הֲיַגִּיד אֲמִתֶּךָ. קוּמָה יְהוָֹה חַלְּצָה נַפְשִׁי", מִכָּל מִינֵי חֶרְפּוֹת וּבִזְיוֹנוֹת, מִכָּל מִינֵי תַּאֲווֹת וּמִדּוֹת רָעוֹת, מִכָּל מִינֵי פְּגָמִים וְקִלְקוּלִים, וּסְלַח וּמְחֹל לִי עַל כָּל מַה שֶׁפָּגַמְתִּי עַד הֵנָּה, וְאֶסֹף אֶת חֶרְפָּתִי וְתַשְׁלִיךְ בִּמְצוּלוֹת יָם כָּל חַטֹּאתַי, בְּמָקוֹם אֲשֶׁר לֹא יִזָּכְרוּ וְלֹא יִפָּקְדוּ וְלֹא יַעֲלוּ עַל לֵב לְעוֹלָם, וַעֲזֹר לִי מֵעַתָּה לִנְקוֹת וּלְטַהֵר נַפְשִׁי וְגוּפִי מִכָּל מִינֵי תַּאֲווֹת וּמִדּוֹת רָעוֹת, בְּאֹפֶן שֶׁאֶזְכֶּה מֵעַתָּה לִהְיוֹת קָדוֹשׁ וְטָהוֹר בֶּאֱמֶת כִּרְצוֹנְךָ הַטּוֹב:

וְעָזְרֵנִי שֶׁאֶזְכֶּה לְהַחֲזִיר אֲחֵרִים בִּתְשׁוּבָה, כִּי אַתָּה

לְבַד יָדַעְתָּ גֹּדֶל הָרַחֲמָנוּת שֶׁיֵּשׁ עַל הָרְחוֹקִים מִשִּׁמְךָ, הַכְּלוּאִים בְּמַאֲסַר הַתַּאֲווֹת, הַלְּכוּדִים בְּרִשְׁתֵּי הַהֲבָלִים. זַכֵּנִי שֶׁאוּכַל לְדַבֵּר עַל לִבָּם דְּבָרִים הַמִּתְיַשְּׁבִין עַל הַלֵּב, דִּבּוּרִים אֲמִתִּיִּים דִּבּוּרִים קְדוֹשִׁים. וְיִכָּנְסוּ דְּבָרַי בְּאָזְנֵיהֶם, וְיִתְעוֹרֵר לְבָבָם בֶּאֱמֶת, בְּאֹפֶן שֶׁיָּשׁוּבוּ אֵלֶיךָ בֶּאֱמֶת. וִיקֻיַּם מִקְרָא שֶׁכָּתוּב: "יִתַּמּוּ חַטָּאִים מִן הָאָרֶץ וּרְשָׁעִים עוֹד אֵינָם, בָּרְכִי נַפְשִׁי אֶת יְהוָה, הַלְלוּיָהּ":

וְזַכֵּנִי בְּרַחֲמֶיךָ הָרַבִּים, לְשַׁבֵּר וּלְסַלֵּק מֵעָלַי אֶת מִדַּת הַגַּאֲוָה, וְלֹא יִהְיֶה בְּלִבִּי שׁוּם גֵּאוּת וְגַבְהוּת בָּעוֹלָם כְּלָל. אָנָּא יְהוָה מָלֵא רַחֲמִים אַתָּה יָדַעְתָּ אֶת שִׁפְלוּתֵנוּ וְדַלּוּתֵנוּ וַעֲנִיּוּתֵנוּ בָּעֵת הַזֹּאת עַל־יְדֵי חֲטָאֵינוּ וַעֲווֹנוֹתֵינוּ וּפְשָׁעֵינוּ הַמְרֻבִּים, אֲשֶׁר עַל יָדָם נִתְרַחַקְנוּ מִמְּךָ מְאֹד, וְאֵין לָנוּ שׁוּם צַד זְכוּת לִפְעֹל בַּקָּשָׁתֵנוּ עַל יָדוֹ, כִּי אִם בְּמַתְּנַת חִנָּם לְגַמְרֵי. כִּי דַרְכְּךָ לְהֵיטִיב לִבְרִיּוֹתֶיךָ, וְאַתָּה מְרַחֵם עַל כָּל מַעֲשֶׂיךָ בְּרַחֲמִים רַבִּים וּבְמַתְּנַת חִנָּם. עַל כֵּן מָלֵא רַחֲמִים תְּרַחֵם עָלֵינוּ לְבַל יַעֲלֶה בְּדַעְתֵּנוּ, חַס וְשָׁלוֹם, שׁוּם מַחֲשֶׁבֶת חוּץ לְטָעוּת, חַס וְשָׁלוֹם, וְלֹא יִכָּנֵס בְּלִבִּי שׁוּם נִדְנוּד גֵּאוּת וְגַבְהוּת וּפְנִיּוֹת בָּעוֹלָם כְּלָל, לְבַל תֹּאבַד תִּקְוָתִי לְגַמְרֵי, חַס וְשָׁלוֹם. כִּי מְעַט הַטּוֹב שֶׁיֵּשׁ בָּנוּ הַכֹּל מֵאִתְּךָ, "כִּי מִמְּךָ הַכֹּל וּמִיָּדְךָ נָתַנּוּ לָךְ". וְגַם זֶה

הַמְעַט דִּמְעַט טוֹב מְעֹרְבָּב בִּפְסֹלֶת הַרְבֵּה מְאֹד, עַד שֶׁגַּם מְעַט הַטּוֹב צָרִיךְ תִּקּוּנִים גְּדוֹלִים רַבִּים בְּרַחֲמֶיךָ הָרַבִּים, שֶׁיּוּכַל לְהִתְבָּרֵר וְלַעֲלוֹת לְפָנֶיךָ, וְאֵיךְ יוּכַל מְגֻשָּׁם וּמְרֻחָק כָּזֶה לִזְכּוֹת עַל יְדֵי מְעַט טוֹב פָּחוּת מִטִּפָּה מִן הַיָּם. וְאֵין לִי שׁוּם מַשְׁעֵן וּמַשְׁעֵנָה כִּי אִם עַל רַחֲמֶיךָ הָרַבִּים. וְאִם חַס וְשָׁלוֹם, נִכְנַס בְּלִבִּי חָלִילָה הַטָּעוּת שֶׁל צַד גַּבְהוּת וְגֵאוּת, אָז אָבַדְתִּי בְּעָנְיִי, חַס וְשָׁלוֹם. כִּי בַּמֶּה יִזְכֶּה נַעַר מְנֹעָר מִכָּל טוּב כָּמוֹנִי.

יְהֹוָה אֱלֹהִים דַּעְתִּי קְצָרָה לְבָאֵר וּלְפָרֵשׁ שִׂיחָתִי לְפָנֶיךָ, חוּס וַחֲמֹל עָלַי וְתַצִּילֵנִי מִגֵּאוּת וְגַבְהוּת. כִּי בֶּאֱמֶת שָׁפָל וְנִבְזֶה כָּמוֹנִי, לֹא הָיָה צָרִיךְ לְהִתְפַּלֵּל כְּלָל לְהִנָּצֵל מִגֵּאוּת. כִּי אֵיךְ יַעֲלֶה עַל דַּעַת נִבְזֶה וְנִמְאָס וּמָלֵא פְּגָמִים מִכַּף רֶגֶל וְעַד רֹאשׁ, שֶׁיִּכָּנֵס בְּלִבּוֹ שְׁטוּת וְשִׁגָּעוֹן הַזֶּה, שֶׁיַּעֲלֶה עַל דַּעְתּוֹ שׁוּם כִּדְנוּד גֵּאוּת. וְאִלְמָלֵא לֹא הָיִיתִי פּוֹגֵם נֶגְדְּךָ כָּל יָמַי אֶלָּא פְּגַם אֶחָד לְבַד קַל שֶׁבַּקַּלִּים, גַּם כֵּן לֹא הָיָה לִי יְכֹלֶת עוֹד לְהָרִים רֹאשׁ לְהִתְגָּאוֹת עַל שׁוּם בְּרִיָּה קַלָּה שֶׁבָּעוֹלָם, לְפִי עֹצֶם גְּדֻלָּתְךָ וְרוֹמְמוּתְךָ, וּלְפִי עֹצֶם רִבּוּי הַטּוֹבוֹת הַגְּדוֹלוֹת וְהַנּוֹרָאוֹת, אֲשֶׁר אַתָּה עוֹשֶׂה עִמָּנוּ בְּכָל עֵת וּבְכָל שָׁעָה, אֲשֶׁר לְפִי הִתְנוֹצְצוּת רוֹמְמוּתְךָ וּגְדֻלָּתְךָ אֲפִלּוּ בְּדָבָר קַל בְּעָלְמָא. כְּשֶׁאֵין אָנוּ זוֹכִים, חַס וְשָׁלוֹם, לַעֲשׂוֹת אֵיזֶה דָּבָר כָּרָאוּי בְּתַכְלִית

הַשְּׁלֵמוּת בֶּאֱמֶת, שׁוּב אֵין אָנוּ יְכוֹלִים לְהָרִים פָּנֵינוּ כְּלָל לְפָנֶיךָ. וּבְוַדַּאי לֹא הָיִיתִי צָרִיךְ לְבַקֵּשׁ כְּלָל עַל בִּטּוּל הַגַּאֲוָה:

אַךְ הֲלֹא אַתָּה יָדַעְתָּ יְהֹוָה אֱלֹהֵינוּ, כִּי בָּשָׂר וָדָם אֲנַחְנוּ וְדַעְתֵּנוּ מְעֹרְבָב וּמְבֻלְבָּל מְאֹד בְּכַמָּה מִינֵי שְׁטוּתִים וְשִׁגָּעוֹן, עַד שֶׁאוֹרְבִים עָלֵינוּ גַּם בְּמַחֲשָׁבוֹת שְׁטוּת שֶׁל פְּנִיּוֹת וְגַבְהוּת. כַּאֲשֶׁר אַתָּה יָדַעְתָּ כִּי רַבִּים קָמִים עָלֵינוּ וּמִכָּל צַד אוֹרְבִים עָלֵינוּ בְּכָל עֵת וּמִצְּדֵי צְדָדִים, עַד שֶׁאֵינִי יָכוֹל לִפְתֹּחַ פִּי לְדַבֵּר אֵיזֶה דִּבּוּר הָגוּן לְפָנֶיךָ בֶּאֱמֶת כָּרָאוּי. וְאֵינִי יוֹדֵעַ מַה לַּעֲשׂוֹת, לְהֵיכָן אָנוּס לְהֵיכָן אֶפְנֶה, מֵאַיִן יָבוֹא עֶזְרִי, צַר לִי מְאֹד, "גַּם כִּי אֶזְעַק וַאֲשַׁוֵּעַ שָׂתַם תְּפִלָּתִי", מֵחֲמַת רִבּוּי הַמַּחֲשָׁבוֹת זָרוֹת וְהַפְּנִיּוֹת הַמִּתְגַּבְּרִים לְבַלְבֵּל אֶת תְּפִלָּתִי, חַס וְשָׁלוֹם. מָה אֹמַר מָה אֲדַבֵּר מַה אֶצְטַדָּק, הָאֱלֹהִים מָצָא אֶת עֲוֹנִי. עֲשֵׂה עִמִּי מַה שֶּׁתִּרְצֶה, הִנְנִי בְּיָדְךָ כַּחֹמֶר בְּיַד הַיּוֹצֵר. רַחֵם רַחֵם, הַצֵּל הַצֵּל, הוֹשִׁיעָה הוֹשִׁיעָה, הַצֵּל לְקוּחִים לַמָּוֶת, וּמָטִים לַהֶרֶג תַּחְשׂךְ וְתַצִּיל וּתְמַלֵּט בְּרַחֲמֶיךָ הָרַבִּים וְהַגְּדוֹלִים מִמָּוֶת לְחַיִּים, מִיָּגוֹן לְשִׂמְחָה, מֵאֲפֵלָה לְאוֹר גָּדוֹל:

רַחֵם עָלַי בְּרַחֲמֶיךָ הָרַבִּים שֶׁיָּגֵן עָלַי זְכוּת וְכֹחַ צַדִּיקֵי

אֱמֶת, וְאֶזְכֶּה עַל יָדָם לְשַׁבֵּר וּלְבַטֵּל מֵעָלַי לְגַמְרֵי מִדַּת הַגַּאֲוּת עַד שֶׁאֶזְכֶּה לְהַרְגִּישׁ שִׁפְלוּתִי בְּכָל אֵבֶר וְאֵבָר בֶּאֱמֶת לַאֲמִתּוֹ. וְלֹא יִכָּנֵס בְּלִבִּי וְדַעְתִּי שׁוּם צַד מַחְשָׁבָה שֶׁל גֵּאוּת וְגַבְהוּת בָּעוֹלָם כְּלָל. וְאֶזְכֶּה לַעֲנָוָה אֲמִתִּית וְלֶאֱמוּנָה שְׁלֵמָה בֶּאֱמֶת. וְזַכֵּנִי לְבַטֵּל וּלְשַׁבֵּר כָּל מִינֵי כְּפִירוֹת וְקֻשְׁיוֹת וּבִלְבּוּלִים וְעַקְמִימִיּוּת שֶׁבַּלֵּב, שֶׁלֹּא יַעֲלֶה בְּלִבִּי וּבְלֵב כָּל עַמְּךָ יִשְׂרָאֵל לְעוֹלָם.

וְתַעַזְרֵנִי לְהִתְקַשֵּׁר בֶּאֱמֶת עִם רוּחַ הַקֹּדֶשׁ שֶׁל צַדִּיקֵי אֱמֶת, וְאֶזְכֶּה לִשְׁאֹב וּלְהַמְשִׁיךְ לְתוֹךְ לִבִּי אֶת רוּחַ הַקֹּדֶשׁ שֶׁל צַדִּיקֵי אֱמֶת. וְעַל־יְדֵי־זֶה אֶזְכֶּה לְיֹשֶׁר לֵבָב בֶּאֱמֶת, שֶׁיִּהְיֶה לִבִּי נָכוֹן עִם יְהֹוָה תָּמִיד בֶּאֱמֶת וּבֶאֱמוּנָה שְׁלֵמָה וּבַעֲנָוָה אֲמִתִּית. וְאֶזְכֶּה בְּרַחֲמֶיךָ שֶׁיִּהְיֶה נִמְשָׁךְ הָרוּחַ הַקֹּדֶשׁ הַזֶּה לְתוֹךְ יָדַי וְרַגְלַי, עַד שֶׁאֶזְכֶּה לְתַקֵּן פְּגַם הַיָּדַיִם וְהָרַגְלַיִם, לְגַלּוֹת וּלְהָאִיר הֶאָרַת הַיָּדַיִם וְהָרַגְלַיִם, עַד שֶׁיִּתְעוֹרֵר לִבִּי בְּשִׂמְחָה גְּדוֹלָה לְשִׁמְךָ הַגָּדוֹל בֶּאֱמֶת, עַד שֶׁתִּתְפַּשֵּׁט הַשִּׂמְחָה הַקְּדוֹשָׁה לְתוֹךְ יָדַי וְרַגְלַי. עַד שֶׁאֶזְכֶּה לְהַמְחָאַת כַּף וְרִקּוּדִין דִּקְדֻשָּׁה, בְּאֹפֶן שֶׁנִּזְכֶּה לְהַמְתִּיק דִּינִים מֵעָלֵינוּ וּמֵעַל כָּל עַמְּךָ בֵּית יִשְׂרָאֵל, עַל־יְדֵי מְחָאַת כַּף וְרִקּוּדִין דִּקְדֻשָּׁה, וְאֶזְכֶּה בְּרַחֲמֶיךָ לְנַשֵּׂא וּלְהָרִים וּלְהַעֲלוֹת אֶת יָדַי וְרַגְלַי לְנַקּוֹתָם מִכָּל פְּגָם.

רִבּוֹנוֹ שֶׁל עוֹלָם, "חַזֵּק יָדַיִם רָפוֹת וּבִרְכַּיִם כּוֹשְׁלוֹת תְּאַמֵּץ". וּתְרַחֵם עָלַי וּתְטַהֵר וּתְקַדֵּשׁ אֶת יָדַי וְרַגְלַי. וְתֹאמַר לָאֲסוּרִים צֵאוּ. וְאַל תִּתֵּן לַמּוֹט רַגְלַי, וְתוֹצִיא אֶת רַגְלַי מִמַּאֲסָר. וְרַגְלַיִם אֲשֶׁר יָרְדוּ לַמָּוֶת, תּוֹצִיאֵם לָבֶטַח מְהֵרָה בְּרַחֲמֶיךָ הָרַבִּים, מִמָּוֶת לְחַיִּים. וִיקֻיַּם בִּי מִקְרָא שֶׁכָּתוּב: "רַגְלִי עָמְדָה בְמִישׁוֹר". וְיָדַיִם פְּגוּמִים הַמְלֻכְלָכִים בְּכַמָּה מִינֵי לִכְלוּכִים וּפְגָמִים רַבִּים מְאֹד, תְּרַחֵם עֲלֵיהֶם לְנַקּוֹתָם וּלְטַהֲרָם, וְתוֹצִיאֵם מִטֻּמְאָה לְטָהֳרָה. וְתִמְחֹל וְתִסְלַח לִי בְּרַחֲמֶיךָ הָרַבִּים, עַל כָּל מִינֵי פְּגָמִים שֶׁפָּגַמְתִּי בְּיָדַי וּבְרַגְלַי, וּתְזַכֶּה אוֹתִי מֵעַתָּה שֶׁיִּהְיוּ יָדַי וְרַגְלַי קְדוֹשִׁים וּטְהוֹרִים מִכָּל מִינֵי פְּגָמִים שֶׁבָּעוֹלָם. וְתִהְיֶה בְּעֶזְרִי שֶׁאֶזְכֶּה לַעֲשׂוֹת מִצְווֹת רַבּוֹת בְּיָדַי וּבְרַגְלַי בְּכָל עֵת וּבְכָל שָׁעָה, בְּאֹפֶן שֶׁאֶזְכֶּה לְהָרִים אֶת יָדַי וְאֶת רַגְלַי לְשָׁרְשָׁם שֶׁבִּקְדֻשָּׁה, וְתִתְגַּלֶּה הֶאָרָתָם הַגְּדוֹלָה, וְאֶזְכֶּה לְהַמְחָאַת כַּף וְרִקּוּדִין דִּקְדֻשָּׁה:

וְזַכֵּנִי בְּרַחֲמֶיךָ הָרַבִּים לְקַיֵּם מִצְוַת סְפִירַת הָעֹמֶר בִּקְדֻשָּׁה וּבְטָהֳרָה, וּבְלֵב טוֹב וּבְשִׂמְחָה גְדוֹלָה, עִם כָּל פְּרָטֶיהָ וְדִקְדּוּקֶיהָ וְכַוָּנוֹתֶיהָ וְתַרְיַ"ג מִצְווֹת הַתְּלוּיִים בָּהּ. וְעַל־יְדֵי־זֶה נִזְכֶּה לְהַכְנִיעַ וּלְשַׁבֵּר וְלַעֲקֹר וּלְבַטֵּל קְלִפַּת הָמָן־עֲמָלֵק מִן הָעוֹלָם.

וְתַעַזְרֵנִי בְּרַחֲמֶיךָ לְקַיֵּם וּלְקַבֵּל אֶת יְמֵי הַפּוּרִים בְּשִׂמְחָה גְּדוֹלָה, וְנִזְכֶּה שֶׁיִּמְשַׁךְ קְדֻשַּׁת הֶאָרַת פּוּרִים, קְדֻשַּׁת מָרְדְּכַי וְאֶסְתֵּר עָלֵינוּ וְעַל זַרְעֵנוּ וְעַל כָּל עַמְּךָ בֵּית יִשְׂרָאֵל. וְנִזְכֶּה לְקַיֵּם כָּל הַמִּצְווֹת הַנּוֹהֲגוֹת בְּפוּרִים בִּקְדֻשָּׁה וּבְטָהֳרָה וּבְלֵב טוֹב וּבְשִׂמְחָה גְּדוֹלָה. וְתִתֵּן שִׂמְחָה בְּלִבֵּנוּ עַד שֶׁתִּתְפַּשֵּׁט הַשִּׂמְחָה בְּיָדֵינוּ וְרַגְלֵינוּ, וְנִזְכֶּה אָז לְהַמְחָאַת כַּף וְרִקּוּדִין דִּקְדֻשָּׁה בְּשִׂמְחָה גְּדוֹלָה לְשִׁמְךָ בֶּאֱמֶת.

וַעֲזָרֵנוּ בְּרַחֲמֶיךָ הָרַבִּים שֶׁנְּקַבֵּל עַל עַצְמֵנוּ מֵחָדָשׁ לְקַיֵּם אֶת כָּל דִּבְרֵי תּוֹרָתְךָ בְּאַהֲבָה, וְנִזְכֶּה לִלְמוֹד וּלְלַמֵּד לִשְׁמֹר וְלַעֲשׂוֹת וּלְקַיֵּם. וְתָאִיר עֵינֵינוּ בְּתוֹרָתֶךָ. וְנִזְכֶּה לִלְמוֹד וּלְהָבִין וּלְהַשְׂכִּיל בְּנִגְלֶה וּבְנִסְתָּר בֶּאֱמֶת, וּתְזַכֵּנוּ לְהַשִּׂיג נִסְתָּרוֹת יְהוָה בְּכָל פַּעַם, וְלָא נֵיעוּל בְּכִסּוּפָא קַמָּךְ:

וְתַעַזְרֵנִי לַחֲזוֹר בִּתְשׁוּבָה שְׁלֵמָה לְפָנֶיךָ בֶּאֱמֶת, וְלֹא אֵצֵא מִן הָעוֹלָם הַזֶּה עַד שֶׁאָשׁוּב מֵעֲווֹנוֹתַי, וַאֲתַקֵּן אֵת כָּל אֲשֶׁר פָּגַמְתִּי נֶגְדְּךָ בְּמַחֲשָׁבָה, דִּבּוּר וּמַעֲשֶׂה. וְתִהְיֶה בְּעֶזְרֵנוּ שֶׁנִּזְכֶּה לְהַמְשִׁיךְ עָלֵינוּ הֶאָרַת הַתְּשׁוּבָה הַשְּׁלֵמָה מִשָּׁרְשָׁהּ שֶׁהוּא רֹאשׁ חֹדֶשׁ, כַּאֲשֶׁר גִּלִּיתָ לָנוּ עַל־יְדֵי צַדִּיקֶיךָ הָאֲמִתִּיִּים. וְנִזְכֶּה לְקַבֵּל רָאשֵׁי חֳדָשִׁים בִּקְדֻשָּׁה גְּדוֹלָה

וְנִזְכֶּה לְהַמְשִׁיךְ עָלֵינוּ שֹׁרֶשׁ הַתְּשׁוּבָה בְּכָל שְׁנֵים־עָשָׂר רָאשֵׁי חֳדָשִׁים, אֲשֶׁר נָתַתָּ לְעַמְּךָ יִשְׂרָאֵל זְמַן כַּפָּרָה לְכָל תּוֹלְדוֹתָם, בְּאֹפֶן שֶׁנִּזְכֶּה לָשׁוּב אֵלֶיךָ בִּתְשׁוּבָה שְׁלֵמָה בֶּאֱמֶת:

וְזַכֵּנִי בְּרַחֲמֶיךָ הָרַבִּים לְהַאֲמִין בְּצַדִּיקֵי אֱמֶת וְאֶזְכֶּה לְהִתְקָרֵב אֲלֵיהֶם בֶּאֱמֶת. וְתִהְיֶה בְּעֶזְרִי שֶׁאוּכַל לְעוֹרֵר רַחֲמִים תָּמִיד אֵצֶל הַצַּדִּיקֵי אֱמֶת, שֶׁיִּתְפַּלְּלוּ עָלַי וְיַעְתִּירוּ בַּעֲדִי וִיעוֹרְרוּ רַחֲמִים אֶצְלְךָ לְקָרְבֵנִי אֵלֶיךָ בֶּאֱמֶת, וְיַמְשִׁיכוּ עָלַי וְעַל זַרְעִי וְעַל כָּל עַמְּךָ בֵּית יִשְׂרָאֵל כָּל טוּב. וְכָל מַה שֶּׁחָסֵר לָנוּ הֵן בְּגַשְׁמִיּוּת וְהֵן בְּרוּחָנִיּוּת הַכֹּל יִתְמַלֵּא לְטוֹבָה עַל־יְדֵי תְּפִלּוֹת הַצַּדִּיקִים הָאֲמִתִּיִּים שֶׁיִּתְפַּלְּלוּ עָלַי וְעַל כָּל עַמְּךָ בֵּית יִשְׂרָאֵל. כִּי אַתָּה יָדַעְתָּ, כִּי אֵין לָנוּ כֹּחַ לְסַדֵּר תְּפִלּוֹתֵינוּ לְפָנֶיךָ כָּרָאוּי, וּדְבָרֵנוּ מְגֻמְגָּם מְאֹד, וּלְשׁוֹנֵנוּ מָלֵא פְּגָם.

עַל כֵּן אֵין לָנוּ שׁוּם סְמִיכָה וְתִקְוָה, כִּי אִם עַל תְּפִלַּת הַצַּדִּיקִים הָאֲמִתִּיִּים, הֵן הַצַּדִּיקִים הָאֲמִתִּיִּים אֲשֶׁר הֵם בַּחַיִּים חַיּוּתָם לְאֹרֶךְ יָמִים וְשָׁנִים, הֵן הַצַּדִּיקִים אֲמִתִּיִּים שׁוֹכְנֵי עָפָר עֲלֵיהֶם לְבַד תָּמַכְתִּי יְתֵדוֹתַי, עֲלֵיהֶם לְבַד אָשִׂים תִּקְוָתִי, עֲלֵיהֶם אֶשָּׁעֵן. וּבִזְכוּתָם וְכֹחָם הַגָּדוֹל בָּאתִי לְפָנֶיךָ יְהוָה אֱלֹהַי וֵאלֹהֵי

אֲבוֹתַי, חוּס וַחֲמֹל עָלֵינוּ, שֶׁיָּגֵנּוּ תְּפִלָּתָם בַּעֲדֵינוּ, שֶׁנִּזְכֶּה עַל־יְדֵי תְּפִלָּתָם לְהִתְקָרֵב אֵלֶיךָ בֶּאֱמֶת, וְנִזְכֶּה לָסוּר מֵרָע בֶּאֱמֶת וְלַעֲשׂוֹת הַטּוֹב בְּעֵינֶיךָ תָּמִיד מֵעַתָּה וְעַד עוֹלָם אָמֵן סֶלָה:

יא

אָנָּא הַשֵּׁם הַנִּכְבָּד וְהַנּוֹרָא, מֶלֶךְ הַכָּבוֹד, אֲשֶׁר בָּרָאתָ כָּל הָעוֹלָם כֻּלּוֹ בִּשְׁבִיל כְּבוֹדְךָ יִתְבָּרַךְ, כְּמוֹ שֶׁכָּתוּב: "כֹּל הַנִּקְרָא בִשְׁמִי וְלִכְבוֹדִי בְּרָאתִיו יְצַרְתִּיו אַף עֲשִׂיתִיו". וּבְכֵן תַּעַזְרֵנִי בְּרַחֲמֶיךָ הָרַבִּים, שֶׁאֶזְכֶּה שֶׁיִּתְגַּדֵּל וְיִשְׁתַּבַּח וְיִתְעַלֶּה כְּבוֹדְךָ עַל יָדִי, וְתִהְיֶה בְּעֶזְרִי שֶׁאוּכַל לְבַטֵּל עַצְמִי לְגַמְרֵי וּלְמַעֵט בִּכְבוֹדִי, שֶׁיִּהְיֶה כְּבוֹדִי לְאַיִן וָאֶפֶס, וְלֹא אַשְׁגִּיחַ עַל כְּבוֹד עַצְמִי כְּלָל, רַק לְהַרְבּוֹת כְּבוֹד הַמָּקוֹם, וְיִהְיוּ כָּל עֲסָקַי וַעֲשִׂיָּתִי וּמַחְשְׁבוֹתַי וּרְצוֹנִי כֻּלָּם רַק בִּשְׁבִיל כְּבוֹדְךָ הַגָּדוֹל יִתְבָּרַךְ.

וְתַעַזְרֵנִי בְּרַחֲמֶיךָ הָרַבִּים לְשַׁבֵּר וּלְסַלֵּק מֵעָלַי מִדַּת הַגַּאֲוָה, שֶׁאֶזְכֶּה שֶׁלֹּא יַעֲלֶה בְּלִבִּי שׁוּם צַד וְנִדְנוּד גֵּאוּת בָּעוֹלָם וְאֶזְכֶּה לַעֲנָוָה בֶּאֱמֶת. וְתִתֵּן לִי שֵׂכֶל וְחָכְמָה אֲמִתִּיּוֹת מֵאִתְּךָ בְּאֹפֶן שֶׁאוּכַל לְהָפִיק דַּרְכֵי הָעֲנָוָה, וְאֶנָּצֵל מֵעֲנָוָה פְּסוּלָה, מֵעֲנָוָה שֶׁהִיא

בִּשְׁבִיל כָּבוֹד, שֶׁזֹּאת הָעֲנָוָה הִיא תַּכְלִית הַגַּדְלוּת, שֶׁלֹּא תִהְיֶה כַּוָּנָתִי, חַס וְשָׁלוֹם, לִהְיוֹת עָנָו כְּדֵי לְהִתְכַּבֵּד וּלְהִתְיַקֵּר עַל יְדֵי זֶה, רַק תְּזַכֵּנִי בְּרַחֲמֶיךָ הָרַבִּים וַחֲסָדֶיךָ הַגְּדוֹלִים הָאֲמִתִּיִּים שֶׁאֶזְכֶּה לְתַכְלִית הָעֲנָוָה בֶּאֱמֶת לַאֲמִתּוֹ:

אָנָּא יְהוָה מָלֵא רַחֲמִים רַבִּים, הָרַחֲמָן בֶּאֱמֶת, יְעוֹרְרוּ רַחֲמֶיךָ וַחֲסָדֶיךָ עַל נִבְזֶה וַחֲדַל אִישִׁים כָּמוֹנִי, שֶׁאֶזְכֶּה לְהַרְגִּישׁ שִׁפְלוּתִי בֶּאֱמֶת. וְאַל יִגְרְמוּ עֲוֹנוֹתַי לִדְחוֹת אוֹתִי, חַס וְשָׁלוֹם, לְבַלְבֵּל אֶת דַּעְתִּי וּמַחְשְׁבוֹתַי בְּמַחֲשָׁבוֹת שֶׁל שְׁטוּת שֶׁהֵם הַמַּחֲשָׁבוֹת שֶׁל פְּנִיּוֹת וְגַבְהוּת. רַחֵם עָלַי לְמַעַנְךָ וְהַצִּילֵנִי בְּרַחֲמֶיךָ הָרַבִּים מִשּׁוּם צַד גֵּאוּת וְגַבְהוּת בָּעוֹלָם כְּלָל. כִּי בֶּאֱמֶת יָדַעְתִּי כִּי אֵינִי רָאוּי וּכְדַאי לְהִתְקָרֵב אֵלֶיךָ, כִּי פָּגַמְתִּי בִּכְבוֹדְךָ מְאֹד כַּאֲשֶׁר אַתָּה יָדַעְתָּ יְהוָה אֱלֹהַי, אַךְ נִשְׁעַנְתִּי עַל רַחֲמֶיךָ הָרַבִּים, שֶׁתִּהְיֶה בְּעֶזְרִי וְתִשְׁתַּדֵּל בְּהַצָּלָתִי.

עַל כֵּן עָזְרֵנִי יְהוָה אֱלֹהַי, שֶׁלֹּא יִתְבַּלְבֵּל דַּעְתִּי בְּשׁוּם צַד פְּנִיּוֹת וְגֵאוּת כְּלָל, וּתְרַחֵם עָלַי בְּרַחֲמֶיךָ הָרַבִּים וְלֹא תַנִּיחֵנִי לִתְעוֹת בִּדְרָכִים נְבוּכִים, חַס וְשָׁלוֹם. וְתַעֲשֶׂה בְּרַחֲמֶיךָ אֵת אֲשֶׁר בְּחֻקֶּיךָ אֵלֵךְ, וְאֶת מִשְׁפָּטֶיךָ אֶשְׁמֹר בֶּאֱמֶת בְּתַכְלִית הָעֲנָוָה בֶּאֱמֶת

לַאֲמִתּוֹ. וְתַעַזְרֵנִי שֶׁאֲפִלּוּ בְּשָׁעָה שֶׁתְּזַכֵּנִי לַעֲשׂוֹת טוֹב, שֶׁלֹּא אֵדַע מֵעַצְמִי כְּלָל לְעוֹלָם.

אָנָּא יְהוָה, רַחֲמָן הָאֱמֶת, מָלֵא רַחֲמִים, חֲמֹל עַל מַעֲשֶׂיךָ, וְתִפְתַּח פִּי וְלִבִּי שֶׁאוּכַל לְפָרֵשׁ שִׂיחָתִי לְפָנֶיךָ. וְאֶזְכֶּה לְעוֹרֵר רַחֲמֶיךָ הָאֲמִתִּיִּים עָלַי, שֶׁתְּרַחֵם עָלַי מֵעַתָּה, וְתַעֲזֹר לִי שֶׁאֶזְכֶּה לְקַדֵּשׁ וּלְטַהֵר עַצְמִי בִּקְדֻשַּׁת הַבְּרִית וְאֶנָּצֵל מֵעַתָּה מִכָּל מִינֵי פְּגַם הַבְּרִית שֶׁבָּעוֹלָם. "הַעֲבֵר עֵינַי מֵרְאוֹת שָׁוְא, בִּדְרָכֶיךָ חַיֵּנִי".

וְכָל מַה שֶׁפָּגַמְתִּי עַד עַתָּה בִּבְרִית קֹדֶשׁ עַל הַכֹּל תִּמְחֹל וְתִסְלַח לִי, מוֹחֵל וְסוֹלֵחַ בְּרַחֲמֶיךָ הָרַבִּים וַחֲסָדֶיךָ הָעֲצוּמִים, הֵן מַה שֶׁפָּגַמְתִּי בְּמַחֲשָׁבָה אוֹ בְדִבּוּר אוֹ בְּמַעֲשֶׂה, הֵן מַה שֶׁפָּגַמְתִּי בִּרְאִיַּת הָעַיִן וּבִשְׁמִיעַת הָאֹזֶן וּבְחוּשׁ הָרֵיחַ, בֵּין בְּשׁוֹגֵג בֵּין בְּמֵזִיד בֵּין בְּאֹנֶס בֵּין בְּרָצוֹן וְכָל מִינֵי פְּגָמִים שֶׁפָּגַמְתִּי בִּפְגַם הַבְּרִית עַל הַכֹּל תִּמְחֹל וְתִסְלַח לִי, חַנּוּן הַמַּרְבֶּה לִסְלֹחַ. "לְמַעַן שִׁמְךָ יְהוָה וְסָלַחְתָּ לַעֲוֹנִי כִּי רַב הוּא". וּתְרַחֵם עָלַי וּתְשַׁבֵּר וּתְמַגֵּר וְתַכְנִיעַ וּתְבַטֵּל אֶת כָּל מִינֵי קְשָׁרִים וַעֲבוֹתוֹת וְשַׁלְשֶׁלֶת דְּסִטְרָא אָחֳרָא שֶׁנִּקְשְׁרוּ וְנִגְדְּלוּ עַל יְדֵי עֲוֹנוֹתַי הַמְּרֻבִּים, אֲשֶׁר הֵם מִתְגַּבְּרִים עָלַי בְּכָל עֵת וְרוֹצִים לְמָשְׁכֵנִי, חַס וְשָׁלוֹם, מִפְּגַם לִפְגָם, וְאֵין מַנִּיחִים אוֹתִי לְקַדֵּשׁ וּלְטַהֵר עַצְמִי בֶּאֱמֶת

כָּרָאוּי, וּמֵחֲמַת זֶה אֲנִי רָחוֹק מִקְּדֻשַּׁת הַבְּרִית בֶּאֱמֶת, כָּרָאוּי לְאִישׁ יִשְׂרְאֵלִי לְזֶרַע אַבְרָהָם יִצְחָק וְיַעֲקֹב אֲשֶׁר בָּהֶם בָּחָרְתָּ:

רִבּוֹנוֹ שֶׁל עוֹלָם, אַתָּה יָדַעְתָּ אֶת לְבָבִי, חוּס וַחֲמֹל עָלַי, וְתִפְסֹק וְתִקְרַע וּתְשַׁבֵּר וּתְבַטֵּל אֶת כָּל הַקְּשָׁרִים וְהַשַּׁלְשֶׁלֶת דְּסִטְרָא אָחֳרָא, עַד שֶׁלֹּא יִהְיֶה לָהֶם שׁוּם כֹּחַ לְהִתְגַּבֵּר עָלַי כְּלָל. וּתְבַטְּלֵם בְּבִטּוּל גָּמוּר שֶׁלֹּא יִשָּׁאֵר מֵהֶם שׁוּם זֵכֶר וּרְשִׁימָה בָּעוֹלָם כְּלָל, רַק כָּל הָעֲווֹנוֹת יִתְהַפְּכוּ לִזְכֻיּוֹת. וְאִם אָמְנָם לֹא זָכִיתִי עֲדַיִן לִתְשׁוּבָה זוֹ, כִּי עֲדַיִן לֹא הִתְחַלְתִּי לַעֲשׂוֹת תְּשׁוּבָה בֶּאֱמֶת כְּלָל, אַף עַל פִּי כֵן תִּתֵּן לִי בְּמַתְּנַת חִנָּם וְנִדְבַת חֶסֶד, וּתְרַחֵם עָלַי בְּחַסְדְּךָ הַגָּדוֹל, וְתִרְאֶה בְּעָנְיִי וַעֲמָלִי אֲשֶׁר הֵם אוֹרְבִים עָלַי בְּכָל עֵת וּבְכָל שָׁעָה וּמְעַנִּים אֶת נַפְשִׁי וְרוּחִי וְנִשְׁמָתִי בְּכָל מִינֵי עִנּוּיִים, וְרוֹדְפִים אַחֲרַי בְּכָל מִינֵי רְדִיפוֹת שֶׁבָּעוֹלָם, וְרוֹצִים לְגָרְשֵׁנִי, חַס וְשָׁלוֹם, מֵאֶרֶץ הַחַיִּים, וְהֵם צוֹדִים אֶת נַפְשִׁי לְקַחְתָּהּ, חַס וְשָׁלוֹם.

וְאִם אָמְנָם אֲנִי בְּעַצְמִי רוֹדֵף אוֹתִי יוֹתֵר מִכֻּלָּם. כִּי בְּוַדַּאי הַבְּחִירָה חָפְשִׁית, וּמִי יוּכַל לְהַכְרִיחַ אוֹתִי לְהַטּוֹת לְדַרְכָּם, חַס וְשָׁלוֹם, הִנְנִי מוֹדֶה וּמִתְוַדֶּה כִּי בֶּאֱמֶת אֲנִי בְּעַצְמִי הַחַיָּב. כִּי אֲנִי אֲדֹנֵי הֶעָווֹן, אֲבָל

מָה אֶעֱשֶׂה יְהֹוָה אֱלֹהַי כִּי מָטָה יָדֵינוּ מְאֹד, וְאֵינִי יוֹדֵעַ לְבַקֵּשׁ אֵיזֶה דֶּרֶךְ מָנוֹס לָנוּס מֵהֶם וּלְהִתְגַּבֵּר עַל כָּל הַתַּאֲווֹת וְהַהִרְהוּרִים רָעִים שֶׁהֵם מִתְגַּבְּרִים עָלַי בְּכָל עֵת, וְאֵין לִי שׁוּם תִּקְוָה כִּי אִם עַל רַחֲמֶיךָ הָרַבִּים וַחֲסָדֶיךָ הַגְּדוֹלִים, שֶׁתַּעֲזֹר לִי וְתִתֵּן לִי כֹּחַ לְהִתְגַּבֵּר עַל כָּל מִינֵי תַּאֲווֹת וְהִרְהוּרִים רָעִים לְהַכְנִיעָם וּלְהַשְׁפִּילָם וּלְשַׁבְּרָם וּלְסַלְּקָם מֵעָלַי וּמֵעַל גְּבוּלִי מֵעַתָּה וְעַד עוֹלָם, שֶׁלֹּא יִכְנֹס בְּדַעְתִּי וּמַחֲשַׁבְתִּי שׁוּם צַד הִרְהוּר בָּעוֹלָם כְּלָל, רַק מֹחִי וּמַחֲשַׁבְתִּי יִהְיוּ קְדוֹשִׁים וּטְהוֹרִים תָּמִיד בְּתַכְלִית הַקְּדֻשָּׁה בִּשְׁלֵמוּת:

וְתַעַזְרֵנִי בְּרַחֲמֶיךָ הָרַבִּים, שֶׁאֶזְכֶּה לִקְדֻשָּׁה וְטָהֳרָה, שֶׁאֶזְכֶּה לְקַדֵּשׁ עַצְמִי בְּמֻתָּר לִי, וְאֶזְכֶּה בְּכָל פַּעַם לְהוֹסִיף קְדֻשָּׁה עַל קְדֻשָּׁה, עַד שֶׁאֶזְכֶּה לִקְדֻשָּׁה וּפְרִישׁוּת בֶּאֱמֶת, עַד שֶׁאֶזְכֶּה שֶׁיִּתְיַחֵד עַל יְדֵי יִחוּדָא עִלָּאָה וְיִחוּדָא תַּתָּאָה:

אָנָּא יְהֹוָה, עָזְרֵנִי בְּרַחֲמֶיךָ הָרַבִּים שֶׁלֹּא אַאֲבֵד אֶת עוֹלָמִי, חַס וְשָׁלוֹם, עַל־יְדֵי טִרְדַּת הַפַּרְנָסָה, וְתַצִּילֵנִי בְּרַחֲמֶיךָ הָרַבִּים מִפְּגַם הַל"ט מְלָאכוֹת דְּסִטְרָא אָחֳרָא שֶׁהֵם ל"ט מַלְקִיּוֹת, שֶׁהֵם מַטְרִידִים אֶת רֹב הָעוֹלָם בִּיגִיעוֹת וְטִרְדּוֹת הָעוֹלָם הַזֶּה, אֲשֶׁר הֵם רָצִים כָּל יְמֵיהֶם אַחַר פַּרְנָסָתָם בִּיגִיעוֹת וְטִרְחוֹת

גְּדוֹלוֹת מְאֹד, וְהֵם אוֹכְלֵי לֶחֶם בְּעִצָּבוֹן. בְּזֵעַת אַפָּם יֹאכְלוּ לֶחֶם עַד שׁוּבָם אֶל הָאֲדָמָה, וּמְאוּמָה לֹא יִשְׂאוּ בַעֲמָלָם, כִּי טִרְדַּת הַפַּרְנָסָה מְבַלְבֶּלֶת אוֹתָם כָּל יְמֵיהֶם, וּמוֹנַעַת אוֹתָם מִלִּזְכֹּר וְלָשִׂים אֶל לִבָּם אֶת תַּכְלִיתָם מַה יַּעֲשׂוּ לְיוֹם פְּקֻדָּה.

אָנָּא יְהוָה, מָלֵא רַחֲמִים רַבִּים, רַחֵם עָלַי וְעַל כָּל חֶבְרָתֵנוּ וְעַל כָּל עַמְּךָ בֵּית יִשְׂרָאֵל, וְתַצִּיל אוֹתָנוּ מִכָּל זֶה, וּתְזַכֶּה אוֹתָנוּ שֶׁלֹּא נִהְיֶה טְרוּדִים כְּלָל בְּטִרְדַּת הַפַּרְנָסָה, וַאֲפִלּוּ בְּעֵת שֶׁאָנוּ מֻכְרָחִים לַעֲשׂוֹת אֵיזֶה עֵסֶק אוֹ מַשָּׂא וּמַתָּן בִּשְׁבִיל פַּרְנָסָה, תַּעַזְרֵנוּ בְּרַחֲמֶיךָ הָרַבִּים שֶׁיִּהְיֶה הַכֹּל בִּקְדֻשָּׁה וּבְטָהֳרָה, בֶּאֱמֶת וּבֶאֱמוּנָה כִּרְצוֹנְךָ הַטּוֹב, בְּלִי טִרְדָּא וּבְלִי בִּלְבּוּל הַדַּעַת כְּלָל. וְנֵדַע וְנַאֲמִין כִּי הַכֹּל מֵאִתְּךָ וְלֹא עַל יָדֵינוּ כְּלָל, וְכָל עִסְקֵנוּ וַעֲשִׂיָּתֵנוּ בְּמַשָּׂא וּבְמַתָּן וְעִסְקֵי פַרְנָסָה יִהְיֶה הַכֹּל מְזֻכָּךְ וּמְזֻקָּק, עַד שֶׁיִּהְיוּ מְאִירִים כָּל הל״ט מְלָאכוֹת וְיִכָּלְלוּ בְּט״ל אוֹרוֹת הַנִּמְשָׁכִים מִשִּׁמְךָ הַגָּדוֹל. וְכָל הל״ט מְלָאכוֹת יִהְיוּ בִּקְדֻשָּׁה וּבְטָהֳרָה, בִּבְחִינוֹת מְלֶאכֶת הַמִּשְׁכָּן. וּתְבָרֵךְ אֶת מַעֲשֵׂה יָדֵינוּ, וְתִשְׁלַח בְּרָכָה וְהַצְלָחָה בְּכָל עִסְקֵנוּ וַעֲשִׂיָּתֵינוּ. וְתַזְמִין פַּרְנָסָתֵנוּ קֹדֶם שֶׁנִּצְטָרֵךְ לָהֶם, בְּרֶוַח וְלֹא בְּצִמְצוּם, בְּהֶתֵּר וְלֹא בְּאִסּוּר מִתַּחַת יָדְךָ הָרְחָבָה וְהַמְּלֵאָה. "וִיהִי נֹעַם יְהוָה אֱלֹהֵינוּ עָלֵינוּ, וּמַעֲשֵׂה יָדֵינוּ כּוֹנְנָה עָלֵינוּ,

וּמַעֲשֵׂה יָדֵינוּ כּוֹנְנֵהוּ".

וְעָזְרֵנוּ יְהֹוָה שֶׁנִּהְיֶה שְׂמֵחִים בְּחֶלְקֵנוּ תָּמִיד וְתִהְיֶה תּוֹרָתֵנוּ קֶבַע וּמְלַאכְתֵּנוּ עֲרַאי. וַאֲפִלּוּ בְּאוֹתָהּ הַשָּׁעָה הַמְּעוּטָה שֶׁנִּצְטָרֵךְ לַעֲסֹק בְּאֵיזֶה עֵסֶק אוֹ מַשָּׂא וּמַתָּן בִּשְׁבִיל הֶכְרֵחִיּוּת פַּרְנָסָתֵנוּ. גַּם אָז נִהְיֶה דְּבוּקִים בְּךָ וּבְתוֹרָתְךָ הַקְּדוֹשָׁה, וְלֹא נִשְׁכַּח אוֹתְךָ אֲפִלּוּ רֶגַע קַלָּה:

אָנָּא יְהֹוָה. זַכֵּנִי לְהַגִּיעַ לְכָל מַה שֶּׁבִּקַּשְׁתִּי מִלְּפָנֶיךָ. וַעֲזֹר לִי מֵעַתָּה שֶׁאֶזְכֶּה לְקַדֵּשׁ אֶת עַצְמִי בִּקְדֻשַּׁת הַבְּרִית, וְאֶזְכֶּה לְבַטֵּל עַצְמִי נֶגְדְּךָ בֶּאֱמֶת, וְלֹא יַעֲלֶה בְּלִבִּי וְדַעְתִּי שׁוּם צַד גֵּאוּת וְגַבְהוּת וּפְנִיּוֹת בָּעוֹלָם, וְאֶזְכֶּה לַעֲנָוָה בֶּאֱמֶת לַאֲמִתּוֹ. וְתַעַזְרֵנִי וּתְזַכֵּנִי שֶׁיִּתְגַּדֵּל וְיִתְקַדֵּשׁ וְיִשְׁתַּבַּח כְּבוֹדְךָ הַגָּדוֹל עַל יָדִי, וּתְזַכֵּנִי לְדִבּוּרִים הַמְּאִירִים בַּתּוֹרָה, וְיָאִירוּ לִי דִּבּוּרֵי הַתּוֹרָה לָצֵאת מִפְּחִיתוּת וְשִׁפְלוּת מַדְרֵגָתִי הַפְּחוּתָה וּשְׁפָלָה מְאֹד. וְאֶזְכֶּה שֶׁיָּאִירוּ לִי דִּבּוּרֵי הַתּוֹרָה בְּכָל פַּעַם לְכָל הַמְּקוֹמוֹת שֶׁאֲנִי צָרִיךְ לַעֲשׂוֹת תְּשׁוּבָה, בְּאֹפֶן שֶׁאֶזְכֶּה לַעֲשׂוֹת תְּשׁוּבַת הַמִּשְׁקָל מַמָּשׁ עַל כָּל חֲטָאַי וַעֲווֹנוֹתַי וּפְשָׁעַי הַמְרֻבִּים, וְעַל כָּל הַפְּגָמִים שֶׁפָּגַמְתִּי בִּכְבוֹדְךָ הַגָּדוֹל יִתְבָּרַךְ מִנְּעוּרַי עַד עַתָּה. וּתְזַכֵּנִי לְתַקֵּן הַכֹּל בְּחַיַּי, וְתַעַזְרֵנִי בְּכָל פַּעַם

לַעֲלוֹת מִמַּדְרֵגָא לְדַרְגָּא, עַד שֶׁאֶזְכֶּה לָבוֹא לִתְבוּנוֹת הַתּוֹרָה לְעָמְקָהּ, וּתְזַכֵּנִי לֵידַע וּלְהָבִין וּלְהַשִּׂיג הֲלָכָה וְקַבָּלָה, רָזִין וְרָזִין דְּרָזִין.

יְהֹוָה אֱלֹהִים, נַפְשִׁי יוֹדַעַת מְאֹד כַּמָּה אֲנִי רָחוֹק כָּעֵת מִכָּל אֵלֶּה, עַד אֲשֶׁר מַסְוֶה הַבּוּשָׁה עַל פָּנַי, לְבַקֵּשׁ עַל כָּל אֵלֶּה. כִּי אֵיךְ יוּכַל נִבְזֶה וְנִמְאָס כָּמוֹנִי לְבַקֵּשׁ גְּדוֹלוֹת כָּאֵלֶּה. אַךְ עַל רַחֲמֶיךָ הַגְּדוֹלִים נִשְׁעַנְתִּי, וְעַל עַנְוְתָנוּתְךָ וְטוּבְךָ תָּמַכְתִּי יְתֵדוֹתַי, כִּי אַתָּה טוֹב לַכֹּל וְאֵין דָּבָר נִמְנָע מִמְּךָ, וְאַתָּה עוֹשֶׂה גְּדוֹלוֹת וְנִפְלָאוֹת עַד אֵין חֵקֶר בְּכָל עֵת וּבְכָל שָׁעָה, וּמִי יֹאמַר לְךָ מַה תַּעֲשֶׂה.

עַל כֵּן עֵינַי לְךָ תְלוּיוֹת עַד שֶׁתְּחָנֵּנִי בְּרַחֲמֶיךָ הָרַבִּים, לִזְכּוֹת לְהַגִּיעַ לְכָל מַה שֶּׁבִּקַּשְׁתִּי מִלְּפָנֶיךָ, חִישׁ קַל מְהֵרָה, וְאִם לֹא עַכְשָׁו אֵימָתַי, כִּי כְּבָר כִּלִּיתִי שְׁנוֹתַי בְּהֶבֶל וָרִיק. עָזְרֵנִי מֵעַתָּה בְּרַחֲמֶיךָ, שֶׁאֶזְכֶּה לְהִתְעוֹרֵר מֵהַיּוֹם לְהַמְשִׁיךְ עָלַי קְדֻשָּׁה וְטָהֳרָה בֶּאֱמֶת, עַד שֶׁאֶזְכֶּה לְהַגִּיעַ לְכָל מַה שֶּׁבִּקַּשְׁתִּי מִלְּפָנֶיךָ. עֲשֵׂה לְמַעַן שְׁמֶךָ, עֲשֵׂה לְמַעַן כְּבוֹדֶךָ, עֲשֵׂה לְמַעַן קְדֻשָּׁתֶךָ, עֲשֵׂה לְמַעַן תּוֹרָתֶךָ, כִּי שִׁמְךָ וּכְבוֹדְךָ עָלֵינוּ נִקְרָא, וּכְבָר הִבְטַחְתָּנוּ שֶׁלֹּא תִתֵּן כְּבוֹדְךָ לְאַחֵר, כְּמוֹ שֶׁכָּתוּב: "אֲנִי יְהֹוָה הוּא שְׁמִי וּכְבוֹדִי לְאַחֵר לֹא אֶתֵּן

וּתְהִלָּתִי לַפְּסִילִים". עָזְרֵנוּ יְהֹוָה שֶׁיִּתְגַּדֵּל כְּבוֹדְךָ עַל יָדֵינוּ, וּכְבוֹדְךָ יִמָּלֵא כָּל הָאָרֶץ, תָּאִיר אֶרֶץ מִכְּבוֹדֶךָ. "יְהִי כְבוֹד יְהֹוָה לְעוֹלָם יִשְׂמַח יְהֹוָה בְּמַעֲשָׂיו. בָּרוּךְ יְהֹוָה אֱלֹהִים אֱלֹהֵי יִשְׂרָאֵל עֹשֵׂה נִפְלָאוֹת לְבַדּוֹ, וּבָרוּךְ שֵׁם כְּבוֹדוֹ לְעוֹלָם, וְיִמָּלֵא כְבוֹדוֹ אֶת כָּל הָאָרֶץ אָמֵן וְאָמֵן":

יב

בַּמֶּה נְקַדֵּם יְהֹוָה, כְּעַל כֹּל אֲשֶׁר גְּמָלָנוּ בְּרַחֲמָיו וְרֹב חֲסָדָיו, אֲשֶׁר נָתַן לָנוּ תּוֹרַת אֱמֶת וְחַיֵּי עוֹלָם נָטַע בְּתוֹכֵנוּ. וְעַתָּה יְהֹוָה אֱלֹהֵינוּ, אֲשֶׁר חֲסָדֶיךָ מֵעוֹלָם וְעַד עוֹלָם עָלֵינוּ, יֶהֱמוּ מֵעֶיךָ עָלֵינוּ, וּכְשֵׁם שֶׁחָמַלְתָּ עָלֵינוּ, וְנָתַתָּ לָנוּ בְּרַחֲמֶיךָ הָרַבִּים תּוֹרָתְךָ הַקְּדוֹשָׁה, חֶמְדָּה גְּנוּזָה, שַׁעֲשׁוּעַ יוֹם יוֹם, כֵּן תְּזַכֵּנוּ בְּרַחֲמֶיךָ הָרַבִּים, וּתְחָנֵּנוּ בַּחֲסָדֶיךָ הַגְּדוֹלִים, וְתִהְיֶה בְּעֶזְרֵנוּ שֶׁנִּזְכֶּה כֻּלָּנוּ לִלְמֹד וְלַעֲסֹק בְּתוֹרָתְךָ הַקְּדוֹשָׁה לִשְׁמָהּ תָּמִיד, וְנַהֲפֹךְ פָּנֵינוּ מֵהַבְלֵי הָעוֹלָם הַזֶּה לְגַמְרֵי, כִּי אִם בְּתוֹרַת יְהֹוָה תִּהְיֶה חֶפְצֵנוּ, וּבְתוֹרָתְךָ נֶהְגֶּה יוֹמָם וָלָיְלָה. וְכָל לִמּוּדֵנוּ יִהְיֶה בִּקְדֻשָּׁה וּבְטָהֳרָה, וְכָל כַּוָּנָתֵנוּ תִּהְיֶה רַק בִּשְׁבִיל שִׁמְךָ הַגָּדוֹל וְהַקָּדוֹשׁ בֶּאֱמֶת, לַעֲשׂוֹת נַחַת רוּחַ לְפָנֶיךָ בְּלִמּוּדֵנוּ. וְנִזְכֶּה לִלְמֹד וּלְלַמֵּד לִשְׁמֹר וְלַעֲשׂוֹת וּלְקַיֵּם אֶת כָּל דִּבְרֵי תוֹרָתְךָ בְּאַהֲבָה,

וְתַעַזְרֵנוּ שֶׁיָּאִיר לָנוּ אוֹר הַתּוֹרָה הַקְּדוֹשָׁה שֶׁנִּזְכֶּה לִלְמוֹד וְלַהֲגוֹת בָּהּ, לְהוֹצִיאֵנוּ מֵאֲפֵלָה לְאוֹרָה, לְהַחֲזִירֵנוּ בִּתְשׁוּבָה שְׁלֵמָה לְפָנֶיךָ, כְּמוֹ שֶׁאָמְרוּ רַבּוֹתֵינוּ, זִכְרוֹנָם לִבְרָכָה: 'הַמָּאוֹר שֶׁבָּהּ מַחֲזִיר לַמּוּטָב':

אָנָּא יְהוָה, עָזְרֵנוּ שֶׁיִּהְיֶה נַעֲשֶׂה אֶצְלֵנוּ מִלִּמּוּד הַתּוֹרָה הַקְּדוֹשָׁה סַם חַיִּים, שֶׁנִּזְכֶּה עַל יְדֵי לִמּוּדֵנוּ לַחֲזֹר בִּתְשׁוּבָה שְׁלֵמָה לְפָנֶיךָ בֶּאֱמֶת וּלְחַדֵּשׁ כַּנֶּשֶׁר נְעוּרֵנוּ, לְחַדֵּשׁ יָמֵינוּ שֶׁעָבְרוּ בְּחשֶׁךְ גָּדוֹל, וּזְכוּת וְכֹחַ הַתּוֹרָה הַקְּדוֹשָׁה יָגֵן עָלֵינוּ, לְהַצִּילֵנוּ מֵעַתָּה מִכָּל מִינֵי חֲטָאִים וַעֲוֹנוֹת וּפְשָׁעִים וּמִכָּל מִינֵי פְּגָמִים שֶׁבָּעוֹלָם, בֵּין בְּעֵת שֶׁנַּעֲסֹק בָּהּ וּבֵין בְּעֵת שֶׁאָנוּ מֻכְרָחִים שֶׁלֹּא לַעֲסֹק בָּהּ, תָּמִיד יָגֵן עָלֵינוּ זְכוּת וְכֹחַ הַתּוֹרָה הַקְּדוֹשָׁה לְהַצִּילֵנוּ מִכָּל מִינֵי חֲטָאִים וּפְגָמִים שֶׁבָּעוֹלָם. כְּמוֹ שֶׁהוֹדַעְתָּ לָנוּ עַל יְדֵי חֲכָמֶיךָ הַקְּדוֹשִׁים, שֶׁאָמְרוּ: 'אוֹרַיְתָא מְגִינָּה וּמַצְּלָה בֵּין בְּעִדָּנָא דְּעָסִיק בָּהּ וּבֵין בְּעִדָּנָא דְּלָא עָסִיק בָּהּ'. וְנִזְכֶּה שֶׁיִּמְשַׁךְ עָלֵינוּ קְדֻשָּׁה וְטָהֳרָה עַל יְדֵי לִמּוּד הַתּוֹרָה הַקְּדוֹשָׁה, שֶׁנִּזְכֶּה מֵעַתָּה לְקַדֵּשׁ וּלְטַהֵר עַצְמֵנוּ בִּקְדֻשָּׁה גְּדוֹלָה כִּרְצוֹנְךָ הַטּוֹב:

אָנָּא יְהוָה, רַחֲמָן מָלֵא רַחֲמִים, חֲמֹל עָלַי וְעַל כָּל עַמְּךָ

בֵּית יִשְׂרָאֵל בָּעֵת הַזֹּאת, אֲשֶׁר יָרַדְנוּ מְאֹד מְאֹד בְּאֵין עוֹזֵר וְסוֹמֵךְ, וּרְאֵה "כִּי אָזְלַת יָד וְאֶפֶס עָצוּר וְעָזוּב", וְאֵין לָנוּ שׁוּם חִיּוּת וּמְשִׁיבַת נֶפֶשׁ לְהַחֲיוֹת נַפְשׁוֹתֵינוּ הָאֻמְלָלוֹת מְאֹד, כִּי אִם עַל יְדֵי לִמּוּד תּוֹרָתְךָ הַקְּדוֹשָׁה וְהַטְּהוֹרָה וְהַתְּמִימָה הַמְּאִירַת עֵינַיִם וּמְשִׁיבַת נָפֶשׁ. כַּאֲשֶׁר הִבְטַחְתָּ לָנוּ בְּתוֹרָתְךָ הַקְּדוֹשָׁה, אֲשֶׁר גַּם בְּאַחֲרִית הַיָּמִים הָאֵלֶּה, בְּתֹקֶף הַהַסְתָּרָה שֶׁבְּתוֹךְ הַסְתָּרָה, גַּם אָז לֹא תִשָּׁכַח הַתּוֹרָה מִפִּינוּ וּמִפִּי זַרְעֵנוּ. כְּמוֹ שֶׁכָּתוּב: "וְאָנֹכִי הַסְתֵּר אַסְתִּיר פָּנַי מֵהֶם וְכוּ' וְעָנְתָה הַשִּׁירָה הַזֹּאת לְפָנָיו לְעֵד כִּי לֹא תִשָּׁכַח מִפִּי זַרְעוֹ". וְהִנֵּה עַתָּה בַּעֲווֹנוֹתֵינוּ הָרַבִּים כְּבָר נִתְקַיֵּם בָּנוּ: "וְאָנֹכִי הַסְתֵּר אַסְתִּיר" כִּי נִסְתַּרְתָּ מִמֶּנּוּ מְאֹד מְאֹד בְּהַסְתָּרָה שֶׁבְּתוֹךְ הַסְתָּרָה בַּאֲלָפִים וּרְבָבוֹת הַסְתָּרוֹת, כַּאֲשֶׁר אַתָּה יָדַעְתָּ יְהֹוָה אֱלֹהֵינוּ. וּבְכֵן יְעוֹרְרוּ רַחֲמֶיךָ וַחֲסָדֶיךָ הָעֲצוּמִים עָלֵינוּ וְאַל תּוֹסִיף לְהַסְתִּיר פָּנֶיךָ עוֹד מִמֶּנּוּ, פְּנֵה אֵלֵינוּ וְחָנֵּנוּ, וְהָאֵר פָּנֶיךָ בָּנוּ, וְקַיֵּם לָנוּ הַבְטָחָתְךָ הַקְּדוֹשָׁה שֶׁהִבְטַחְתָּ לָנוּ: "וְעָנְתָה הַשִּׁירָה הַזֹּאת לְפָנָיו לְעֵד כִּי לֹא תִשָּׁכַח מִפִּי זַרְעוֹ":

וְעָזְרֵנוּ בְּרַחֲמֶיךָ, שֶׁנִּזְכֶּה לִלְמוֹד וְלַהֲגוֹת וּלְהַתְמִיד בְּתוֹרָתְךָ הַקְּדוֹשָׁה יוֹמָם וָלַיְלָה בִּקְדֻשָּׁה וּבְטָהֳרָה, אֲנַחְנוּ וְצֶאֱצָאֵינוּ וְצֶאֱצָאֵי צֶאֱצָאֵינוּ, וְלֹא

תִּשְׁכַּח הַתּוֹרָה מִפִּינוּ וּמִפִּי זַרְעֵנוּ לְעוֹלָם. וִיקֻיַּם מִקְרָא שֶׁכָּתוּב: "וַאֲנִי זֹאת בְּרִיתִי אוֹתָם אָמַר יְהֹוָה, רוּחִי אֲשֶׁר עָלֶיךָ וּדְבָרַי אֲשֶׁר שַׂמְתִּי בְּפִיךָ, לֹא יָמוּשׁוּ מִפִּיךָ וּמִפִּי זַרְעֲךָ וּמִפִּי זֶרַע זַרְעֲךָ, אָמַר יְהֹוָה מֵעַתָּה וְעַד עוֹלָם".

וְנִזְכֶּה עַל יְדֵי לִמּוּד הַתּוֹרָה הַקְּדוֹשָׁה לָשׁוּב אֵלֶיךָ בֶּאֱמֶת, וְלַחֲזֹר בִּתְשׁוּבָה שְׁלֵמָה לְפָנֶיךָ עַל כָּל חֲטָאֵינוּ וַעֲווֹנוֹתֵינוּ וּפְשָׁעֵינוּ הַמְרֻבִּים. וְנִזְכֶּה מֵעַתָּה לְקַיֵּם אֶת כָּל דִּבְרֵי תוֹרָתֶךָ בְּאַהֲבָה, וּתְעוֹרֵר רַחֲמֶיךָ עָלֵינוּ, וְתַשְׁפִּיעַ עָלֵינוּ קְדֻשָּׁתֶךָ, וּתְזַכֵּנוּ שֶׁנִּלְמֹד בִּקְדֻשָּׁה גְּדוֹלָה תּוֹרָתְךָ הַקְּדוֹשָׁה תּוֹרָה שֶׁבִּכְתָב וְתוֹרָה שֶׁבְּעַל פֶּה, עַד שֶׁנִּזְכֶּה בְּעֵת הַלִּמּוּד לְקַשֵּׁר רוּחֵנוּ עִם רוּחַ הַצַּדִּיק שֶׁחִדֵּשׁ זֹאת הַתּוֹרָה וְהַהֲלָכָה שֶׁאָנוּ לוֹמְדִים אוֹתָהּ. עַד שֶׁנִּזְכֶּה לִבְחִינַת נְשִׁיקִין דִּקְדֻשָּׁה לְאִדַּבְּקָא רוּחֵנוּ בְּרוּחַ הַצַּדִּיק, וְיִהְיֶה דּוֹמֶה כְּאִלּוּ אָנוּ מְנַשְּׁקִין עַצְמֵנוּ עִם הַצַּדִּיק וְהַתַּנָּא שֶׁחִדֵּשׁ הַתּוֹרָה הַזֹּאת. וְנִזְכֶּה שֶׁיִּהְיֶה לִמּוּדֵנוּ לְנַחַת רוּחַ לְהַצַּדִּיק וְהַתַּנָּא שֶׁחִדֵּשׁ זֹאת הַתּוֹרָה וְהַהֲלָכָה שֶׁאָנוּ לוֹמְדִים אוֹתָהּ, וְנִגְרֹם תַּעֲנוּג גָּדוֹל לְהַתַּנָּא וְהַצַּדִּיק הַזֶּה שֶׁיִּהְיוּ שִׂפְתוֹתָיו דּוֹבְבוֹת בַּקֶּבֶר עַל יְדֵי לִמּוּדֵנוּ בִּקְדֻשָּׁה גְּדוֹלָה אֶת דְּבָרָיו הַקְּדוֹשִׁים, וְנִזְכֶּה לְאָקָמָא שְׁכִינְתָּא מֵעַפְרָא לְהַעֲלוֹת הַשְּׁכִינָה מֵהַגָּלוּת עַל יְדֵי לִמּוּדֵנוּ

בִּקְדֻשָּׁה וּבְטָהֳרָה גְּדוֹלָה:

אָנָּא יְהוָה מָלֵא רַחֲמִים, חֲמֹל עַל נַפְשׁוֹתֵינוּ הָאֻמְלָלָה [הָאֻמְלָלוֹת], וְהַצֵּל אוֹתִי וְאֶת זַרְעִי וְאֶת כָּל עַמְּךָ בֵּית יִשְׂרָאֵל. וְתַבְדִּילֵנוּ מִן הַתּוֹעִים מִדֶּרֶךְ הָאֱמֶת, וְתַצִּיל אוֹתָנוּ בְּרַחֲמֶיךָ הָרַבִּים שֶׁלֹּא יִהְיֶה נַעֲשֶׂה אֶצְלֵנוּ, חַס וְשָׁלוֹם, מִלִּמּוּד הַתּוֹרָה סַם מָוֶת, חַס וְשָׁלוֹם, שֶׁלֹּא יִהְיֶה נִכְנָס בְּלִבֵּנוּ, חַס וְשָׁלוֹם, שׁוּם צַד הִתְנַגְּדוּת עַל צַדִּיקֵי אֱמֶת עַל יְדֵי לִמּוּדֵנוּ. וְלֹא יִהְיֶה לִמּוּדֵנוּ לְהִתְיַהֵר וּלְקַנְטֵר, חַס וְשָׁלוֹם, וּבִפְרָט בְּעֵת לִמּוּדֵנוּ בַּתּוֹרָה שֶׁבְּעַל פֶּה בַּגְּמָרָא וְתוֹסָפוֹת וּפוֹסְקִים.

אָנָּא יְהוָה, תַּצִּיל וּתְמַלֵּט אוֹתָנוּ בְּרַחֲמֶיךָ הָרַבִּים שֶׁלֹּא יִכָּנֵס בְּלִבֵּנוּ שׁוּם צַד גֵּאוּת וְגַבְהוּת בָּעוֹלָם כְּלָל וְלֹא יִכָּנֵס בְּלִבֵּנוּ שׁוּם צַד עַרְמִימִיּוּת כְּלָל. וְלֹא יִהְיֶה בְּלִבֵּנוּ שׁוּם הִרְהוּרִים וְקֻשְׁיוֹת עַל צַדִּיקֵי הַדּוֹר הָאֲמִתִּיִּים. וּמִכָּל שֶׁכֵּן וְכָל שֶׁכֵּן שֶׁלֹּא יֵצֵא עָתָק מִפִּינוּ, חַס וְשָׁלוֹם, לְדַבֵּר עֲלֵיהֶם שׁוּם דִּבּוּר כְּנֶגֶד כְּבוֹדָם, חָלִילָה, רַק אַדְּרַבָּא, תְּזַכֵּנוּ בְּרַחֲמֶיךָ הָרַבִּים עַל יְדֵי לִמּוּדֵינוּ לְהִתְקַשֵּׁר וּלְהִתְקָרֵב לְצַדִּיקֵי אֱמֶת, לִהְיוֹת נִכְנָע אֶצְלָם וּלְהַאֲמִין בָּם, וּלְהִתְבַּטֵּל אֲלֵיהֶם, וּלְהִתְאַבֵּק בַּעֲפַר רַגְלֵיהֶם, וְלִשְׁתּוֹת בַּצָּמָא אֶת דִּבְרֵיהֶם הַקְּדוֹשִׁים שֶׁל הַצַּדִּיקֵי אֱמֶת כָּל יְמֵי חַיַּי, אֲנִי

וְזַרְעִי וְזֶרַע זַרְעִי וְכָל עַמְּךָ בֵּית יִשְׂרָאֵל מֵעַתָּה וְעַד עוֹלָם:

וּתְזַכֵּנוּ לְהִתְקַשֵּׁר וּלְהִתְקָרֵב לְצַדִּיקֵי אֱמֶת הַגְּדוֹלִים בְּמַעֲלָה מְאֹד, אֲשֶׁר יֵשׁ לָהֶם כֹּחַ לְהַעֲלוֹת וְלַהֲפֹךְ כָּל הַדִּבּוּרִים וְהַצֵּרוּפִים רָעִים שֶׁמְּדַבְּרִים עַל הַצַּדִּיקֵי אֱמֶת לְהָפְכָם אֶל הַקְּדֻשָּׁה, וְלַעֲשׂוֹת מֵהַדִּבּוּרִים רָעִים שֶׁלָּהֶם צֵרוּפֵי הֲלָכוֹת, אֲשֶׁר מִשָּׁם נִשְׁתַּלְשְׁלוּ אֵלּוּ הַדִּבּוּרִים רָעִים שֶׁל הַמִּתְנַגְּדִים אֶל הָאֱמֶת, אֲשֶׁר הָפְכוּ דִּבְרֵי אֱלֹהִים חַיִּים וְנַעֲשָׂה לָהֶם פֶּה לְדַבֵּר עַל הַצַּדִּיק עָתָק בְּגַאֲוָה וָבוּז עַל יְדֵי לִמּוּדָם תּוֹרָה שֶׁבְּעַל־פֶּה.

וּתְזַכֶּה אוֹתָנוּ בְּרַחֲמֶיךָ הָרַבִּים עַל יְדֵי כֹּחַ הַצַּדִּיקֵי אֱמֶת לְהִתְקַדֵּשׁ וּלְהִטָּהֵר בֶּאֱמֶת, עַד שֶׁנִּזְכֶּה גַּם אֲנַחְנוּ לָבוֹא לְדַעַת זֶה, שֶׁנֵּדַע לְבָרֵר וּלְהַעֲלוֹת וְלַהֲפֹךְ כָּל הַצֵּרוּפִים רָעִים אֶל הַקְּדֻשָּׁה לְבָרְרָם וּלְהַעֲלוֹתָם לְשָׁרְשָׁם שֶׁבִּקְדֻשָּׁה לַעֲשׂוֹת מֵהֶם צֵרוּפֵי הֲלָכוֹת קְדוֹשׁוֹת. וְנִזְכֶּה לְהַעֲלוֹת הַשְּׁכִינָה מֵהַגָּלוּת וּלְחַבְּרָהּ עִם דּוֹדָהּ בְּאַהֲבָה וְאַחֲוָה וְרֵעוּת, בִּבְחִינַת חִבּוּק וְנִשּׁוּק וְזִוּוּג, וּלְהוֹצִיא בִּלְעָם מִפִּיהֶם:

וְתַכְנִיעַ וּתְשַׁבֵּר וּתְבַטֵּל אֶת כָּל הַחוֹלְקִים עַל הָאֱמֶת, וְתִתֵּן בְּלִבָּם אֱמֶת וֶאֱמוּנָה, שֶׁיִּתְגַּלֶּה לָהֶם

הָאֱמֶת, וְיָשׁוּבוּ כֻּלָּם אֵלֶיךָ בֶּאֱמֶת וּבְלֵב שָׁלֵם. וְתִגָּלֶה וְתִתְפַּרְסֵם אֶת הָאֱמֶת בָּעוֹלָם. וּתְקַיֵּם מִקְרָא שֶׁכָּתוּב: "אֱמֶת מֵאֶרֶץ תִּצְמָח וְצֶדֶק מִשָּׁמַיִם נִשְׁקָף". וְתָשִׂים שָׁלוֹם בֵּין כָּל עַמְּךָ יִשְׂרָאֵל לְעוֹלָם.

וְזַכֵּנִי לַעֲבֹד אוֹתְךָ בְּשִׂמְחָה תָּמִיד, וְעָזְרֵנִי לִהְיוֹת מִן הַנֶּעֱלָבִים וְאֵינָם עוֹלְבִים, שׁוֹמְעִים חֶרְפָּתָם וְאֵינָם מְשִׁיבִים, עוֹשִׂים מֵאַהֲבָה וּשְׂמֵחִים בְּיִסּוּרִים, וְחָנֵּנוּ מֵאִתְּךָ חָכְמָה בִּינָה וָדַעַת. וְנִזְכֶּה כֻּלָּנוּ לִלְמֹד תּוֹרָתְךָ הַקְּדוֹשָׁה לִשְׁמָהּ תָּמִיד, וְנָשׁוּב אֵלֶיךָ בֶּאֱמֶת, וְתַשְׁפִּיעַ עָלֵינוּ רַב בְּרָכוֹת מִמְּקוֹר הַבְּרָכוֹת. וְנִזְכֶּה לַעֲשׂוֹת רְצוֹנְךָ בֶּאֱמֶת כָּל יְמֵי חַיֵּינוּ, אֲנַחְנוּ וְזַרְעֵנוּ וְכָל עַמְּךָ בֵּית יִשְׂרָאֵל מֵעַתָּה וְעַד עוֹלָם אָמֵן סֶלָה:

יג

יוֹשֵׁב הַמְּרוֹמִים וּמַשְׁגִּיחַ הַתַּחְתּוֹנִים, עֵינֵי עַמְּךָ בְּךָ תְּלוּיוֹת כְּעֵינֵי עֲבָדִים אֶל יַד אֲדוֹנִים, מִשְׁתַּטְּחִים לְפָנֶיךָ וּפוֹרְשִׂים כַּפָּם מוּל שׁוֹכֵן מְעוֹנִים, שֶׁתַּשְׁפִּיעַ עֲלֵיהֶם מִמְּעוֹן קָדְשָׁתֶךָ שֶׁיִּזְכּוּ כֻּלָּם לַעֲשׂוֹת בְּאֵימָה וּבְיִרְאָה רְצוֹן קוֹנָם, וְתַשְׁגִּיחַ עֲלֵיהֶם בְּהַשְׁגָּחָתְךָ הַשְּׁלֵמָה לַהֲשִׁיבָם לְאֶרֶץ הַקְּדוֹשָׁה אֶל אֲרֻבּוֹתֵיהֶם כַּיּוֹנִים.

רִבּוֹנוֹ שֶׁל עוֹלָם, מַאֲזִין חִנּוּנִים וּמַקְשִׁיב רְנָנִים, הַנּוֹטֶה אֹזֶן לְשַׁוְעַת אֶבְיוֹנִים, מָרָא דְעָלְמָא כֹּלָּא, אַתָּה יָדַעְתָּ אֶת לְבָבֵינוּ כִּי אֵין בָּנוּ כֹּחַ לְסַדֵּר תְּפִלָּתֵנוּ לְפָנֶיךָ כָּרָאוּי בֶּאֱמֶת, כִּי אֲפָפוּ עָלַי רָעוֹת עַד אֵין מִסְפָּר הִשִּׂיגוּנִי עֲווֹנוֹתַי וְלֹא יָכֹלְתִּי לִרְאוֹת, עָצְמוּ מִשַּׂעֲרוֹת רֹאשִׁי וְלִבִּי עֲזָבָנִי. וְעַתָּה יְהֹוָה אֱלֹהַי מָלֵא רַחֲמִים, מָה אֶעֱשֶׂה וּמָה אֶפְעַל וּמֵהֵיכָן אֲבַקֵּשׁ מָנוֹחַ אֲשֶׁר יִיטַב לִי, כִּי אָנֹכִי יָדַעְתִּי גַּם יָדַעְתִּי גֹּדֶל הִתְרַחֲקוּתִי מִמְּךָ בְּתַכְלִית הָרִחוּק, כִּי הֲרֵעוֹתִי אֶת מַעֲשַׂי מִנְּעוּרַי עַד הַיּוֹם הַזֶּה, מִדֵּי יוֹם הַשְׁכֵּם וְחָטוֹא. וַאֲנִי מָלֵא חֲטָאִים וּפְגָמִים מִכַּף רֶגֶל וְעַד רֹאשׁ אֵין בִּי מְתֹם. וְלֹא דַי שֶׁלֹּא זָכִיתִי עֲדַיִן לָצֵאת מִן הַחֹל אֶל הַקֹּדֶשׁ אֲפִלּוּ כְּחוּט הַשַּׂעֲרָה, אַף גַּם לֹא חַסְתִּי עַל נַפְשִׁי וְהוֹסַפְתִּי חֵטְא עַל פֶּשַׁע, חֲטָאִים עַל חֲטָאִים, פְּגָמִים עַל פְּגָמִים, עַד אֲשֶׁר אִי אֶפְשָׁר לְבָאֵר וּלְפָרֵט כְּלָל חֵלֶק אֶחָד מֵאַלְפֵי אֲלָפִים וְרִבֵּי רְבָבוֹת חֲטָאִים וַעֲווֹנוֹת וּפְגָמִים גְּדוֹלִים וְנוֹרָאִים מְאֹד שֶׁגָּרַמְתִּי עַל יְדֵי מַעֲשַׂי הָרָעִים, מָה אֹמַר מָה אֲדַבֵּר מָה אֹמַר מָה אֲדַבֵּר:

יְהֹוָה אֱלֹהִים, אַתָּה יָדַעְתָּ כִּי אִי אֶפְשָׁר לְהַכְנִיס כְּלָל בְּתוֹךְ צֵרוּפֵי אוֹתִיּוֹת וְדִבּוּרִים אֶת רִבּוּי הַפְּגָמִים וְהַקִּלְקוּלִים שֶׁלָּנוּ, כִּי פָּגַמְנוּ וְקִלְקַלְנוּ מְאֹד

מְאֹד, וַאֲפִלּוּ מְעַט דִּמְעַט מַעֲשִׂים הַטּוֹבִים שֶׁהֵם בְּעֶרְכֵּנוּ מְכֻנִּים בְּשֵׁם מַעֲשִׂים טוֹבִים, הֵם גַּם כֵּן פְּגוּמִים מְאֹד. וְאֵיךְ יוּכַל פָּגוּם כָּזֶה, מְלֻכְלָךְ כָּזֶה, מְעֹרְבָּב כָּזֶה, לְבַקֵּשׁ עֵזֶר וּתְרוּפָה וְהַצָּלָה וּמָנוֹס לְמַלֵּט נַפְשׁוֹ מִנִּי שַׁחַת לְהִתְדַּבֵּק בְּאוֹר הַחַיִּים.

וְאִם אָמַר, חַס וְשָׁלוֹם, אָבְדָה תִקְוָתִי וְתוֹחַלְתִּי מֵיְהֹוָה, זוֹ קָשָׁה מִן הָרִאשׁוֹנוֹת, כִּי כְּבָר הִזְהַרְתָּנוּ עַל יְדֵי נְבִיאֶיךָ וְצַדִּיקֶיךָ הַקְּדוֹשִׁים הָאֲמִתִּיִּים, כִּי אָסוּר לָאָדָם לְיָאֵשׁ עַצְמוֹ מֵהַשֵּׁם יִתְבָּרַךְ לְעוֹלָם. אַךְ בְּרַחֲמֶיךָ הָרַבִּים חָשַׁבְתָּ מֵרָחוֹק לְהֵיטִיב אַחֲרִיתֵנוּ, וְהִקְדַּמְתָּ רְפוּאָה לְמַכָּתֵנוּ, וְשָׁלַחְתָּ לָנוּ בְּרַחֲמֶיךָ הָרַבִּים צַדִּיקֶיךָ הָאֲמִתִּיִּים הַקְּדוֹשִׁים אֲשֶׁר בָּאָרֶץ הֵמָּה, אֲשֶׁר הֵם הָיוּ לְמִשְׁעָן וּלְמָנוֹס לָנוּ. כִּי עַל יְדֵי מַעֲשֵׂיהֶם הַטּוֹבִים הָעֲצוּמִים וְהַנּוֹרָאִים זָכוּ אֲשֶׁר נָתַתָּ לָהֶם כֹּחַ לְהַעֲלוֹת וּלְהָרִים אֶת כָּל בֵּית יִשְׂרָאֵל, אֲשֶׁר זָכוּ לְהִתְקָרֵב אֲלֵיהֶם בֶּאֱמֶת, לְהַחֲזִירָם בִּתְשׁוּבָה שְׁלֵמָה לְפָנֶיךָ. וּבְכֹחָם הַגְּדוֹלִים הָיוּ יְכוֹלִים לְהָרִים וּלְהַגְבִּיהַּ גַּם אֶת נַפְשִׁי הָאֻמְלָלָה מְאֹד, לָקַחַת וּלְקַבֵּץ גַּם פִּזּוּר נַפְשִׁי הַמְפֻזֶּרֶת בְּפִזּוּר גָּדוֹל מְאֹד הָעֲיֵפָה וְהָרְעֵבָה וְהַצְּמֵאָה, הַמָּרָה בִּמְרִירוּת גָּדוֹל מְאֹד, לְכַנֵּס וּלְקַבֵּץ וּלְהַעֲלוֹת גַּם אֶת נַפְשִׁי בְּתוֹךְ כְּלָלִיּוּת נַפְשׁוֹת בְּנֵי יִשְׂרָאֵל הַקְּדוֹשִׁים בִּבְחִינַת עִבּוּר, לְחַדֵּשׁ אֶת נַפְשִׁי לְטוֹבָה עִמָּהֶם יַחַד.

"וַתְּהִי לַדַּל תִּקְוָה וְעֹלָתָה קָפְצָה פִּיהָ". אַשְׁרֵי עַיִן רָאֲתָה צַדִּיקִים אֲמִתִּיִּים אֲשֶׁר הָיָה לָהֶם כָּל הַכֹּחַ הַזֶּה וְיוֹתֵר מִזֶּה. אַשְׁרֵי הַנְּפָשׁוֹת אֲשֶׁר הָיוּ עוֹלִים וְנִכְלָלִים וְנִתְחַדְּשִׁים לְטוֹבָה עַל יְדֵי צַדִּיקֵי אֱמֶת:

וְעַתָּה הִנֵּה בָּאתִי לְפָנֶיךָ יְהֹוָה אֱלֹהַי וֵאלֹהֵי אֲבוֹתַי, שֶׁתַּחְמֹל וְתָחוּס עַל נַפְשִׁי הָאֻמְלָלָה מְאֹד, וְתוֹרֵנִי וְתוֹדִיעֵנִי עֵצָה וְתַחְבּוּלָה מַה לַּעֲשׂוֹת עַכְשָׁו בָּעֵת הַזֹּאת אֲשֶׁר נִשְׁאַרְנוּ כַּתֹּרֶן בְּרֹאשׁ הָהָר. כִּי הַצַּדִּיקֵי אֱמֶת נִסְתַּלְּקוּ בַּעֲווֹנוֹתֵינוּ הָרַבִּים, "הַצַּדִּיק אָבָד וְאֵין אִישׁ שָׂם עַל לֵב, וְאַנְשֵׁי חֶסֶד נֶאֱסָפִים בְּאֵין מֵבִין, כִּי מִפְּנֵי הָרָעָה נֶאֱסַף הַצַּדִּיק".

וְעַתָּה אַתָּה אָבִי שֶׁבַּשָּׁמַיִם, אָב הָרַחֲמָן, אָב הַחֶסֶד, הַחוֹמֵל בֶּאֱמֶת, רְאֵה נָא בְעָנְיֵנוּ בָּעֵת הַזֹּאת כִּי בְּצָרָה גְדוֹלָה אֲנָחְנוּ, וְנִתְקַיֵּם בָּנוּ עַכְשָׁו: "וְהָיְתָה עֵת צָרָה לְיַעֲקֹב אֲשֶׁר כָּמוֹהוּ לֹא נִהְיָתָה", כִּי הִכִּיתָ אוֹתָנוּ מַכָּה אֲשֶׁר לֹא כְתוּבָה בַּתּוֹרָה זוֹ מִיתַת הַצַּדִּיקִים אֲשֶׁר הָיוּ נוֹשְׂאִים אוֹתָנוּ כַּאֲשֶׁר יִשָּׂא הָאוֹמֵן אֶת הַיּוֹנֵק, וְהָיוּ חָסִים עַל נַפְשׁוֹתֵינוּ, וְהָיוּ מִסְתַּכְּלִים תָּמִיד בְּכָל עֵת עַל תִּקּוּן נַפְשׁוֹתֵינוּ, לְחַדֵּשׁ נַפְשׁוֹתֵינוּ לְטוֹבָה. לְחַדֵּשׁ כַּנֶּשֶׁר יָמֵינוּ שֶׁעָבְרוּ בַּחֹשֶׁךְ. וְעַתָּה לְהֵיכָן נִפְנֶה, לְהֵיכָן נָנוּס, מֵאַיִן נְבַקֵּשׁ עֵזֶר לָנוּ.

רִבּוֹנוֹ שֶׁל עוֹלָם, הַבִּיטָה בְּעָנְיֵנוּ כִּי רַבּוּ מַכְאוֹבֵינוּ וְצָרוֹת לְבָבֵינוּ, מָרָא דְעָלְמָא כֻּלָּא, רְעֵה אֶת צֹאן הַהֲרֵגָה וְהִנֵּה אָנֹכִי בְּעָנְיִי הוֹלֵךְ נָע וָנָד כְּגוּף בְּלֹא נְשָׁמָה, כְּגֹלֶם בְּלֹא דַעַת, כִּסְפִינָה תוֹעָה בְּלֵב יָם בְּלִי מַנְהִיג. וְהָרוּחַ סְעָרָה הוֹלֵךְ וְסוֹעֵר מְאֹד מְאֹד בְּכָל עֵת וּבְכָל רֶגַע. לְהִתְקָרֵב אֵלֶיךָ אֵינִי יָכוֹל מֵחֲמַת עֲווֹנוֹתַי הַמְּרֻבִּים, וְדַרְכֵי הַתְּשׁוּבָה נֶעֶלְמוּ מִמֶּנִּי, וְאֵינִי יוֹדֵעַ עֵצָה וְתַחְבּוּלָה אֵיךְ לְבַקֵּשׁ דַּעַת וָשֵׂכֶל וְכֹחַ וּגְבוּרָה, לְהִתְגַּבֵּר עַל יִצְרִי הָרָע, לְהַכְנִיעוֹ וּלְשַׁבְּרוֹ לְכוֹפוֹ לְהִשְׁתַּעְבֵּד לָךְ, לְהַטּוֹת לְבָבִי אֵלֶיךָ בֶּאֱמֶת, כִּי תָעִיתִי מְאֹד מְאֹד מִקְּדֻשָּׁתְךָ הָאֲמִתִּיּוֹת. "תָּעִיתִי כְּשֶׂה אֹבֵד בַּקֵּשׁ עַבְדֶּךָ כִּי מִצְוֹתֶיךָ לֹא שָׁכָחְתִּי".

יְהֹוָה אֱלֹהַי, אַתָּה יָדַעְתָּ כִּי כָל מַה שֶּׁאֲנִי מוֹסִיף וּמַרְבֶּה לְדַבֵּר וּלְהִתְוַדּוֹת לְפָנֶיךָ, עֲדַיִן לֹא הִתְחַלְתִּי כְּלָל לְפָרֵשׁ שִׂיחָתִי לְסַפֵּר הִתְרַחֲקוּתִי מִמְּךָ, כִּי הִתְרַחֲקוּתִי מִמְּךָ וּפְגָמַי הַמְּרֻבִּים אִי אֶפְשָׁר לְהַכְנִיס כְּלָל בְּתוֹךְ דִּבּוּרִים וְצֵרוּפֵי אוֹתִיּוֹת וְגַם אֲנִי בְּעַצְמִי אֵינִי יוֹדֵעַ כְּלָל הֵיכָן אֲנִי בָּעוֹלָם, רַק אֲנִי רוֹאֶה הִתְרַחֲקוּתִי מִמְּךָ וּפְגָמַי הַמְּרֻבִּים, כְּמוֹ מִי שֶׁמַּבִּיט מֵרָחוֹק מְאֹד, כִּי מִנְּעוּרַי עַד הַיּוֹם הַזֶּה לֹא עָבַר עָלַי עֲדַיִן יוֹם אֶחָד שֶׁיִּהְיֶה שָׁלֵם בְּלִי פְּגָמִים:

וְגַם בְּעֵת אֲשֶׁר גּוֹבְרִים רַחֲמֶיךָ וַחֲסָדֶיךָ הָרַבִּים עָלַי, וְאַתָּה עוֹזֵר לִי מְעַט לְהִתְעוֹרֵר אֵלֶיךָ, וּלְהַתְחִיל לִכְנוֹס בַּעֲבוֹדָתֶךָ, אֵינִי זוֹכֶה לְהִתְגַּבֵּר וּלְהִתְחַזֵּק בַּעֲבוֹדָתְךָ, שֶׁיִּמְשַׁךְ דֶּרֶךְ הַקֹּדֶשׁ אֶצְלִי זְמַן רַב לְעוֹלָם וָעֶד. כִּי בְּכָל פַּעַם וּפַעַם שֶׁעֲזַרְתָּ לִי בְּרַחֲמֶיךָ לֹא חַסְתִּי עַל נַפְשִׁי וְלֹא הִשְׁתַּדַּלְתִּי לַעֲמֹד בְּטוֹבָתִי אֲפִלּוּ יוֹם אֶחָד בִּשְׁלֵמוּת, "עַד שֶׁהַמֶּלֶךְ בִּמְסִבּוֹ נִרְדִּי נָתַן רֵיחוֹ". וְאַף־עַל־פִּי־כֵן רַחֲמֶיךָ גּוֹבְרִים עָלֵינוּ תָּמִיד וְאַתָּה עוֹזֵר לָנוּ בְּכָל עֵת. אַתָּה גְּמַלְתָּנוּ הַטּוֹבוֹת וַאֲנַחְנוּ גְּמַלְנוּךָ הָרָעוֹת. וּבְעֹצֶם דָּחְקֵנוּ וַעֲמָלֵנוּ וַחֲלִישׁוּתֵנוּ בָּעֵת הַזֹּאת אָנוּ צְרִיכִים שֶׁתִּתֵּן לָנוּ מַנְהִיג אֲמִתִּי, שֶׁיַּשְׁגִּיחַ עָלֵינוּ בְּכָל יוֹם וּבְכָל עֵת וּבְכָל שָׁעָה, "יָחֹס עַל דַּל וְאֶבְיוֹן וְנַפְשׁוֹת אֶבְיוֹנִים יוֹשִׁיעַ", אֲשֶׁר יֹאחֵז בְּיָדֵינוּ, וְיַעֲלֶה אוֹתָנוּ וְיוֹצִיאֵנוּ מֵאֲפֵלָה לְאוֹרָה, וְיוֹרֶה לָנוּ אֶת הַדֶּרֶךְ אֲשֶׁר נֵלֵךְ בָּהּ וְאֶת הַמַּעֲשֶׂה אֲשֶׁר נַעֲשֶׂה. וְעַתָּה עַתָּה רִבּוֹנוֹ שֶׁל עוֹלָם, רִבּוֹנוֹ שֶׁל עוֹלָם, מָרָא דְעָלְמָא כֹּלָּא, מָלֵא רַחֲמִים, אֱלֹהֵי יִשְׂרָאֵל, אוֹהֵב יִשְׂרָאֵל בֶּאֱמֶת. "הַגִּידָה לִי שֶׁאָהֲבָה נַפְשִׁי אֵיכָה תִרְעֶה, אֵיכָה תַּרְבִּיץ בַּצָּהֳרָיִם", כִּי נִתְקַיֵּם עַתָּה בָּנוּ בַּעֲווֹנוֹתֵינוּ הָרַבִּים מִקְרָא שֶׁכָּתוּב: "כִּי מִי יַחְמוֹל עָלַיִךְ יְרוּשָׁלַיִם וּמִי יָנוּד לָךְ וּמִי יָסוּר לִשְׁאוֹל לְשָׁלוֹם לָךְ":

רִבּוֹנוֹ שֶׁל עוֹלָם, כְּבָר הִבְטַחְתָּנוּ כִּי אֵין דּוֹר יָתוֹם,

וּבְוַדַּאי גַּם עַכְשָׁו בַּדּוֹר הַזֶּה נִמְצָאִים צַדִּיקִים אֲמִתִּיִּים בָּעוֹלָם, אֲשֶׁר יֵשׁ לָהֶם זֶה הַכֹּחַ לְקַבֵּץ אֶת נַפְשׁוֹתֵינוּ לְחַדֵּשׁ אוֹתָנוּ לְטוֹבָה וּלְהוֹרִיד וּלְהַמְשִׁיךְ לָנוּ חִדּוּשֵׁי תוֹרָה, לְהַחֲזִירֵנוּ בִּתְשׁוּבָה שְׁלֵמָה לְפָנֶיךָ. וּבְכֵן יְהִי רָצוֹן מִלְּפָנֶיךָ יְהֹוָה אֱלֹהֵינוּ וֵאלֹהֵי אֲבוֹתֵינוּ, שֶׁתְּמַלֵּא עָלֵינוּ רַחֲמִים וְאַל תַּסְתֵּר פָּנֶיךָ מִמֶּנּוּ, וּתְזַכֶּה אוֹתָנוּ בַּחֲסָדֶיךָ הַגְּדוֹלִים לְגַלּוֹת לָנוּ וּלְהַרְאוֹת לָנוּ אֶת הַצַּדִּיקֵי אֱמֶת שֶׁבַּדּוֹר הַזֶּה, וּתְזַכֶּה אוֹתָנוּ לְהִתְקָרֵב אֲלֵיהֶם, כִּי אֵין לָנוּ עַל מִי לְהִשָּׁעֵן כִּי אִם עָלֶיךָ אָבִינוּ שֶׁבַּשָּׁמַיִם, וְעַל צַדִּיקֶיךָ הָאֲמִתִּיִּים אֲשֶׁר עַל יָדָם אַתָּה עוֹזֵר וְסוֹמֵךְ לְעַמְּךָ יִשְׂרָאֵל בְּרַחֲמִים:

אָנָּא יְהֹוָה, זַכֵּנוּ בַּחֲסָדֶיךָ הַגְּדוֹלִים שֶׁנִּזְכֶּה לְהִתְגַּבֵּר עַל תַּאֲוֹתֵינוּ וּמַחְשְׁבוֹתֵינוּ הָרָעוֹת, וְתַעַזְרֵנוּ שֶׁנִּזְכֶּה לְבַטֵּל וּלְשַׁבֵּר אֶת תַּאֲוַת מָמוֹן מֵאִתָּנוּ. וְאֶהְיֶה שָׂמֵחַ בְּחֶלְקִי אֲשֶׁר נָתַתָּ לִי יְהֹוָה, וְלֹא אֶהְיֶה אָץ לְהַעֲשִׁיר וְלֹא אֶרְדֹּף אַחַר מוֹתָרוֹת לְהַרְבּוֹת הוֹן מֵהֶבֶל. וַאֲפִלּוּ הַהֶכְרֵחִיּוּת מַה שֶּׁאֲנִי מֻכְרָח לַעֲסוֹק בְּאֵיזֶה עֵסֶק אוֹ מַשָּׂא וּמַתָּן בִּשְׁבִיל פַּרְנָסָה תְּזַכֵּנִי בְּרַחֲמֶיךָ הָרַבִּים שֶׁיִּהְיֶה הָעֵסֶק בִּקְדֻשָּׁה וּבְטָהֳרָה לְשִׁמְךָ הַגָּדוֹל. וּתְזַכֵּנִי לַעֲשׂוֹת מַשָּׂא וּמַתָּן בֶּאֱמוּנָה וְתִהְיֶה תּוֹרָתִי קֶבַע וּמְלַאכְתִּי עֲרַאי. וְלֹא אַטְרִיד אֶת דַּעְתִּי וּמַחֲשַׁבְתִּי כְּלָל בְּהַמַּשָּׂא וּמַתָּן וַאֲפִלּוּ בְּעֵת עֲשִׂיַּת הַמַּשָּׂא וּמַתָּן אֶזְכֶּה

בְּרַחֲמֶיךָ, שֶׁתִּהְיֶה מַחֲשַׁבְתִּי קְשׁוּרָה וּדְבוּקָה בְּךָ וּבְתוֹרָתְךָ הַקְּדוֹשָׁה הַמְלֻבֶּשֶׁת וְנֶעֱלֶמֶת בְּכָל עִסְקֵי מַשָּׂא וּמַתָּן וּמְלָאכוֹת וַעֲסָקִים שֶׁבָּעוֹלָם.

וְזַכֵּנִי שֶׁיִּהְיֶה לִי מִדַּת הַבִּטָּחוֹן בֶּאֱמֶת בִּשְׁלֵמוּת, וְאֶהְיֶה בּוֹטֵחַ בַּיהֹוָה תָּמִיד, וְאֶזְכֶּה לְהַשְׁלִיךְ אֶת כָּל יְהָבִי עָלֶיךָ וְאַתָּה תְּכַלְכְּלֵנִי שֶׁתִּתֶּן לִי עֵצָה טוֹבָה בְּכָל פַּעַם בְּכָל עִנְיְנֵי הַמַּשָּׂא וּמַתָּן, שֶׁאֶזְכֶּה לֵידַע אֵיךְ לְהִתְנַהֵג בְּהַמַּשָּׂא וּמַתָּן, לָדַעַת מָה וּמָתַי לִקְנוֹת וְלִמְכּוֹר, בְּאֹפֶן שֶׁתַּצְלִיחַ אֶת מַעֲשֵׂי יָדַי. וְתַזְמִין לִי פַּרְנָסָתִי בְּרֶוַח בְּסִבָּה קַלָּה בְּלִי שׁוּם טִרְדָּא וּבִלְבּוּל כְּלָל, לְמַעַן אוּכַל לַעֲשׂוֹת רְצוֹנְךָ וְלַעֲסֹק בְּתוֹרָתְךָ וּבַעֲבוֹדָתְךָ תָּמִיד:

אָנָּא יְהֹוָה, חוּס וַחֲמֹל עַל נַפְשִׁי הָאֻמְלָלָה וְעַל נַפְשׁוֹת כָּל בֵּית יִשְׂרָאֵל עַמֶּךָ, וְתַבְדִּילֵנוּ מִן הַתּוֹעִים הָאוֹבְדִים אֶת עוֹלָמָם עַל יְדֵי תַּאֲווֹת מָמוֹן, הַטְּרוּדִים כָּל יְמֵיהֶם בְּעִסְקֵי פַּרְנָסָתָם וְאוֹכְלֵי לֶחֶם בְּעִצָּבוֹן. בְּזֵעַת אַפָּם יֹאכְלוּ לֶחֶם עַד שׁוּבָם אֶל הָאֲדָמָה, וּמְאוּמָה לֹא יִשְׂאוּ בַעֲמָלָם. מָלֵא רַחֲמִים רַחֵם עָלֵינוּ וְהַצִּילֵנוּ מֵהֶם.

רַחֵם רַחֵם, הַצֵּל הַצֵּל, אוֹתִי וְאֶת כָּל חֶבְרָתֵנוּ וְאֶת כָּל

עַמְּךָ בֵּית יִשְׂרָאֵל מִתַּאֲוַת מָמוֹן, אֲשֶׁר זֹאת הַתַּאֲוָה הָרָעָה נִתְגַּבְּרָה וְנִתְפַּשְּׁטָה מְאֹד מְאֹד עַכְשָׁו בַּדּוֹרוֹת הַלָּלוּ, עַד שֶׁאִי אֶפְשָׁר לָנוּ כְּלָל לְהִסְתַּכֵּל עַל עַצְמֵנוּ לְיַשֵּׁב דַּעְתֵּנוּ, לַחֲשֹׁב הֵיטֵב מַה יְהֵא בְּסוֹפֵנוּ, בְּהָאֵיךְ אַנְפִּין נֵיעוּל קֳדָם מַלְכָּא, מֵחֲמַת טִרְדַּת דַּעְתֵּנוּ וּמַחְשְׁבוֹתֵינוּ בְּכָל עֵת עַל עִסְקֵי פַּרְנָסוֹתֵינוּ, וַאֲפִלּוּ הַהֶכְרֵחִיּוֹת, מְבַלְבְּלִין אוֹתָנוּ מְאֹד מְאֹד.

יְהֹוָה אֱלֹהִים, חוּסָה עָלֵינוּ בְּרַחֲמֶיךָ וְהַצֵּל אוֹתָנוּ מִתַּאֲוָה הָרָעָה הַזֹּאת שֶׁל מָמוֹן וְזַכֵּנוּ בְּרַחֲמֶיךָ הָרַבִּים רַב חֶסֶד וּמַרְבֶּה לְהֵיטִיב וְתִהְיֶה בְּעֶזְרֵנוּ, שֶׁנִּזְכֶּה לִתֵּן צְדָקָה הַרְבֵּה לַעֲנִיִּים מְהֻגָּנִים וְכָל עִקַּר כַּוָּנוֹת עִסְקֵנוּ בְּהַמַּשָּׂא וּמַתָּן יִהְיֶה רַק בִּשְׁבִיל הַצְּדָקָה. וְנִזְכֶּה לִתֵּן צְדָקָה יוֹתֵר מִכְּפִי כֹּחֵנוּ, וְתַזְמִין לָנוּ בְּרַחֲמֶיךָ עֲנִיִּים מְהֻגָּנִים לִזְכּוֹת בָּהֶם. וְתַעַזְרֵנוּ לְקַיֵּם מִצְוַת צְדָקָה כָּרָאוּי בֶּאֱמֶת בְּתַכְלִית הַשְּׁלֵמוּת, בְּשִׂמְחָה וּבְטוּב לֵבָב וּבְסֵבֶר פָּנִים יָפוֹת. וּתְזַכֵּנוּ לִתֵּן צְדָקָה בְּאֹפֶן שֶׁלֹּא יִתְבַּיֵּשׁ הֶעָנִי בְּקַבָּלָתוֹ, וְאֶזְכֶּה לְדַבֵּר עַל לֵב עֲנִיִּים וּמְרוּדִים לְפַיְּסָם וּלְהַרְחִיב דַּעְתָּם וּלְשַׂמֵּחַ אֶת לִבָּם.

"הָשִׁיבָה לִּי שְׂשׂוֹן יִשְׁעֶךָ וְרוּחַ נְדִיבָה תִסְמְכֵנִי". שֶׁאֶזְכֶּה שֶׁיִּתְנַדֵּב לִבִּי תָּמִיד לַעֲזֹר לַעֲנִיִּים

הֲגוּנִים בְּכָל כֹּחִי, הֵן לְפַזֵּר מִשֶּׁלִּי לַעֲנִיִּים הֲגוּנִים לְהַעֲנִיק לָהֶם וְלִתֵּן לָהֶם בִּשְׁתֵּי יָדַיִם מִבִּרְכַּת יְהֹוָה אֲשֶׁר אַתָּה נוֹתֵן לִי בְּכָל עֵת, הֵן לְהִשְׁתַּדֵּל עֲבוּרָם בְּכָל כֹּחִי לֵילֵךְ וְלְסַבֵּב עֲבוּרָם וּלְקַבֵּץ עַל יַד נִדְבַת לֵב אַחֵינוּ בְּנֵי יִשְׂרָאֵל לְתָמְכָם וּלְסַעֲדָם. לְמַלֹּאת יְדֵי עֲנִיִּים הֲגוּנִים דֵּי מַחְסוֹרָם אֲשֶׁר יֶחְסַר לָהֶם, הֵן מְזוֹנוֹת הֵן מַלְבּוּשִׁים וְכָל מַה שֶּׁהֵם צְרִיכִים.

וְתַשְׁפִּיעַ עָלַי בְּחַסְדְּךָ וְתִתְּנֵנִי לְחֵן וּלְחֶסֶד בְּעֵינֵי עַמְּךָ בֵּית יִשְׂרָאֵל, שֶׁאֶזְכֶּה שֶׁיִּהְיוּ נִשְׁמָעִים דְּבָרַי אֶצְלָם, וְיִכָּנְסוּ דְּבָרַי בְּאָזְנֵיהֶם שֶׁיִּתְנַדְּבוּ לְבָבָם לִתֵּן צְדָקָה הַרְבֵּה. וְאֶזְכֶּה לְקַבֵּל מֵהֶם מִכָּל אֶחָד וְאֶחָד מָנָה יָפָה אַפַּיִם. וְתַעַזְרֵנִי שֶׁיִּהְיֶה לִי כֹּחַ לַהֲפֹךְ בְּדִבְרֵי לֵב אַכְזָר לְלֵב נְדִיבָה, וְאֶזְכֶּה לְהַרְבּוֹת בִּצְדָקָה בֶּאֱמֶת תָּמִיד כָּל יְמֵי חַיַּי:

וּבִזְכוּת וְכֹחַ הַצְּדָקָה שֶׁל כָּל עַמְּךָ בֵּית יִשְׂרָאֵל תְּזַכֶּה אוֹתָנוּ לְשַׁבֵּר תַּאֲוַת מָמוֹן מֵאִתָּנוּ. וְהָרוּחַ נְדִיבָה שֶׁל הַצְּדָקָה הַקְּדוֹשָׁה יִמְשַׁךְ עָלֵינוּ וִישַׁכֵּךְ חֲמִימוּת תַּאֲוַת מָמוֹן תַּאֲוַת הַנְּגִידוּת וְהָעֲשִׁירוּת מַה שֶּׁהַלֵּב בּוֹעֵר וּמִתְאַוֶּה לְמָמוֹן הַרְבֵּה, לְהִתְעַשֵּׁר בְּעוֹלָם שֶׁאֵינוֹ שֶׁלּוֹ. וְנִזְכֶּה לְהַשְׁלִיךְ אֱלִילֵי כֶּסֶף וְזָהָב, שֶׁלֹּא יִהְיֶה בְּלִבֵּנוּ שׁוּם תַּאֲוָה וַחֲמִימוּת וְהִתְלַהֲבוּת לְמָמוֹן

כְּלָל, רַק נִהְיֶה שְׂמֵחִים בְּחֶלְקֵנוּ תָּמִיד. וְנִהְיֶה מִסְתַּפְּקִים בְּמַה שֶּׁאַתָּה חוֹנֵן אוֹתָנוּ בְּרַחֲמֶיךָ בְּכָל עֵת, אֶת כָּל אֶחָד וְאֶחָד כְּפִי רְצוֹנְךָ הַטּוֹב, וְלֹא נִתֵּן עֵינֵינוּ כְּלָל בְּמַה שֶּׁאֵינוֹ שֶׁלָּנוּ. וְלֹא נַחְמֹד וְלֹא נִתְאַוֶּה כְּלָל לְכָל אֲשֶׁר לְרֵעֵינוּ, רַק נִזְכֶּה לִהְיוֹת שְׂמֵחִים בְּחֶלְקֵנוּ תָּמִיד בֶּאֱמֶת:

וּתְזַכֵּנוּ בְּרַחֲמֶיךָ הָרַבִּים לְהִכָּלֵל וּלְהִתְדַּבֵּק לְצַדִּיקֵי הַדּוֹר הָאֲמִתִּיִּים אֲשֶׁר זָכוּ לְבַטֵּל וּלְשַׁבֵּר תַּאֲוַת מָמוֹן בְּתַכְלִית, וְעַל־יְדֵי־זֶה יִהְיֶה נִמְשָׁךְ עָלֵינוּ חֶסֶד. וְעַל־יְדֵי חַסְדְּךָ הַגָּדוֹל תִּפְתַּח לָנוּ אוֹר הַדַּעַת, וּתְזַכֶּה אוֹתָנוּ לְהִתְקָרֵב לְצַדִּיק אֱמֶת כָּזֶה שֶׁיֵּשׁ לוֹ כֹּחַ הַזֶּה וְדַעַת הַזֶּה, שֶׁיּוּכַל לְקַבֵּץ וְלִקַּח אֶת נַפְשׁוֹתֵינוּ, כְּמוֹ שֶׁנֶּאֱמַר: "וְלוֹקֵחַ נְפָשׁוֹת חָכָם", וְיִהְיוּ כָּל נַפְשׁוֹתֵינוּ כְּלוּלוֹת יַחַד. וְהֶחָכָם הָאֱמֶת יִקַּח הַנְּפָשׁוֹת שֶׁלָּנוּ וְיַעֲלֶה עִמָּהֶם וִיחַדֵּשׁ אוֹתָם כֻּלָּם יַחַד לְטוֹבָה, וְיוֹרִיד לָנוּ חִדּוּשֵׁי תוֹרָה מִפִּי עַתִּיק יוֹמִין. כְּמוֹ שֶׁנֶּאֱמַר: "עִיר גִּבּוֹרִים עָלָה חָכָם, וַיֹּרֶד עֹז מִבְטֶחָה". וּתְגַלֶּה לָנוּ בְּרַחֲמֶיךָ הָרַבִּים סִתְרֵי תוֹרָה אוֹרַיְתָא דְּעַתִּיקָא סְתִימָאָה:

אָנָּא יְהֹוָה עֲשֵׂה לְמַעַן שְׁמֶךָ, וּמַלֵּא בַקָּשָׁתֵנוּ בְּרַחֲמִים, שֶׁנִּזְכֶּה בְּרַחֲמֶיךָ הָרַבִּים וַחֲסָדֶיךָ הָעֲצוּמִים

לְהִתְקָרֵב לְצַדִּיק הָאֱמֶת שֶׁבַּדּוֹר הַזֶּה, שֶׁיֵּשׁ לוֹ כֹּחַ הַזֶּה וְדַעַת הַזֶּה, שֶׁיּוּכַל לְקַבֵּץ נַפְשׁוֹתֵינוּ וּלְהַעֲלוֹת אוֹתָם וְלִגְרֹם עַל יָדָם יִחוּד קֻדְשָׁא בְּרִיךְ הוּא וּשְׁכִינְתֵּיהּ וּלְחַדְּשָׁם לְטוֹבָה בִּבְחִינַת עִבּוּר, וּלְהַמְשִׁיךְ לָנוּ חִדּוּשֵׁי תוֹרָה אֲמִתִּיִּים. כִּי אַתָּה יָדַעְתָּ מְרִירוּת נַפְשִׁי וּפִזּוּר נַפְשִׁי, כִּי נַפְשִׁי מָרָה לִי מְאֹד מְאֹד, עַד אֲשֶׁר "כָּשַׁל כֹּחַ הַסַּבָּל", וְאִי אֶפְשָׁר לִסְבֹּל עוֹד כְּלָל פִּזּוּר נַפְשִׁי וּמְרִירוּת נַפְשִׁי הַמְפֻזֶּרֶת בְּפִזּוּר גָּדוֹל וּבִמְרִירוּת עָצוּם מְאֹד, כַּאֲשֶׁר אַתָּה יָדַעְתָּ עֹצֶם מְרִירוּתִי. וְאֵין מִי שֶׁיַּעֲמֹד בַּעֲדִי לִהְיוֹת בְּעֶזְרִי לְהוֹשִׁיעֵנִי וּלְהַצִּילֵנִי מִן הַפִּזּוּר הַגָּדוֹל וְהַמְּרִירוּת שֶׁל נַפְשִׁי הָאֻמְלָלָה מְאֹד, כִּי אִם כֹּחַ הַצַּדִּיקֵי אֱמֶת שֶׁיֵּשׁ לָהֶם כֹּחַ וָדַעַת לְקַבֵּץ גַּם פִּזּוּר נַפְשִׁי, וּלְלַקֵּט וּלְהַעֲלוֹת גַּם הַנַּפְשׁוֹת וְהָרְצוֹנוֹת הָרָעִים וְהַמָּרִים שֶׁיֵּשׁ לִי, לְבָרְרָם וּלְהַעֲלוֹתָם עִם כָּל הָרְצוֹנוֹת וְהַנַּפְשׁוֹת הַטּוֹבוֹת שֶׁיִּמָּצֵא בִּי לְלַקְּטָם וּלְקַבְּצָם וּלְהַעֲלוֹתָם כֻּלָּם יַחַד וּלְחַדְּשָׁם לְטוֹבָה. לְהָאִיר אוֹר חָדָשׁ עַל נַפְשִׁי הַמֻּנַּחַת בְּחֹשֶׁךְ גָּדוֹל, וְיַשְׂבִּיעַ בְּצַחְצָחוֹת נַפְשִׁי. וְנַפְשִׁי הָרְעֵבָה יְמַלֵּא טוֹב וִיחַדֵּשׁ כַּנֶּשֶׁר נְעוּרָי, וְתִהְיֶה נַפְשִׁי נִכְלֶלֶת עִם נַפְשׁוֹת כָּל חֲבֵרֵתֵנוּ וְנַפְשׁוֹת כָּל עַמְּךָ בֵּית יִשְׂרָאֵל, וְיִכָּלְלוּ כָּל הַנַּפְשׁוֹת יַחַד גְּדוֹלוֹת עִם קְטַנּוֹת.

עַל כֵּן זַכֵּנוּ בְּרַחֲמֶיךָ הָרַבִּים וַחֲנִינוֹתֶיךָ הַגְּדוֹלִים

שֶׁנִּזְכֶּה לְהִתְקָרֵב לְצַדִּיק הָאֱמֶת שֶׁיֵּשׁ לוֹ כֹּחַ הַזֶּה וְדַעַת הַזֶּה, וִיקַבֵּץ כָּל נַפְשׁוֹתֵינוּ, וְיַעֲלֶה עִמָּהֶם לִפְנֵי כִּסֵּא כְבוֹדֶךָ, וּתְמַלֵּא רַחֲמִים עָלֵינוּ בִּזְכוּת וְכֹחַ הַצַּדִּיק הָאֱמֶת, וְיַעֲלוּ נַפְשׁוֹתֵינוּ לְנַחַת רוּחַ וּלְרָצוֹן לְפָנֶיךָ, וְתִשְׁתַּעֲשַׁע עִם כָּל נַפְשׁוֹתֵינוּ, וְיִהְיֶה נַעֲשֶׂה יִחוּד גָּדוֹל עַל־יְדֵי נַפְשׁוֹתֵינוּ יִחוּדָא דְקֻדְשָׁא בְּרִיךְ הוּא וּשְׁכִינְתֵּיהּ וְיִתְחַדְּשׁוּ נַפְשׁוֹתֵינוּ כֻּלָּם יַחַד לְטוֹבָה בִּבְחִינַת עִבּוּר. וְיוֹרִיד לָנוּ הַצַּדִּיק הָאֱמֶת עַל־יְדֵי־זֶה חִדּוּשֵׁי תוֹרָה אֲמִתִּיִּים, וְיִתְגַּלּוּ לָנוּ סִתְרֵי תוֹרָה אוֹרַיְתָא דְעַתִּיקָא סְתִימָאָה, וְנִזְכֶּה שֶׁיְּתַקֵּן הַצַּדִּיק הָאֱמֶת עַל־יְדֵי נַפְשׁוֹתֵינוּ תִּקּוּנָא דְמֶרְכַּבְתָּא עִלָּאָה וּמֶרְכַּבְתָּא תַּתָּאָה:

וּתְזַכֵּנוּ בְּרַחֲמֶיךָ הָרַבִּים שֶׁיִּהְיֶה אַהֲבָה וְשָׁלוֹם גָּדוֹל בֵּינֵינוּ תָּמִיד, עַד שֶׁנִּהְיֶה כֻּלָּנוּ נִכְלָלִים זֶה בָּזֶה, וּנְעוֹרֵר זֶה אֶת זֶה, וְנַזְכִּיר זֶה אֶת זֶה לָשׁוּב אֵלֶיךָ בֶּאֱמֶת, לְשַׁבֵּר וּלְבַטֵּל אֶת כָּל הַתַּאֲווֹת רָעוֹת וּמִדּוֹת רָעוֹת מֵאִתָּנוּ, וְלִזְכּוֹת לְכָל הַמִּדּוֹת טוֹבוֹת, לַעֲשׂוֹת הַטּוֹב וְהַיָּשָׁר בְּעֵינֶיךָ כָּל יְמֵי חַיֵּינוּ. וְכָל מַה שֶּׁחָסֵר לְאֶחָד מֵאִתָּנוּ מִכָּל עַמְּךָ בֵּית יִשְׂרָאֵל, אֵיזֶה מִדָּה טוֹבָה, אוֹ תִּקּוּן וּבִטּוּל אֵיזֶה מִדָּה רָעָה, נִזְכֶּה תָּמִיד לְהַזְכִּיר אֶחָד אֶת חֲבֵרוֹ לְעוֹרְרוֹ וּלְחַזְּקוֹ וּלְאַמְּצוֹ לְתַקֵּן הַכֹּל בְּחַיִּים חִיּוּתֵינוּ. וְנִזְכֶּה כֻּלָּנוּ לָשׁוּב אֵלֶיךָ

בִּתְשׁוּבָה שְׁלֵמָה בֶּאֱמֶת לְתַקֵּן אֶת כָּל אֲשֶׁר פָּגַמְנוּ מִנְּעוּרֵינוּ עַד הַיּוֹם הַזֶּה. וּמֵעַתָּה תִּהְיֶה בְּעֶזְרֵנוּ, שֶׁנִּהְיֶה כֻּלָּנוּ כִּרְצוֹנְךָ הַטּוֹב בֶּאֱמֶת, וְלֹא נָסוּר מִן רְצוֹנְךָ לְיָמִין וְלִשְׂמֹאל מֵעַתָּה וְעַד עוֹלָם, וְתַמְשִׁיךְ עָלֵינוּ הַשְׁגָּחָתְךָ בִּשְׁלֵמוּת.

רִבּוֹנוֹ שֶׁל עוֹלָם, "הַטֵּה אֱלֹהַי אָזְנְךָ וּשְׁמָע פְּקַח עֵינֶיךָ וּרְאֵה שׁוֹמְמוֹתֵינוּ", וְאַל תַּעְלִים עֵינֶיךָ מֵאִתָּנוּ. וַחֲמֹל עָלֵינוּ בְּרַחֲמֶיךָ הָרַבִּים, וְתַשְׁגִּיחַ עָלֵינוּ בְּעֵין הַחֶמְלָה וְהַחֲנִינָה בְּעֵינָא חַד דְּרַחֲמֵי, עֵינָא פְּקִיחָא דְּלָא נָאִים תָּדִיר. וְתַמְשִׁיךְ עָלֵינוּ הַשְׁגָּחָה שְׁלֵמָה בְּרַחֲמֶיךָ הָרַבִּים, שֶׁנִּזְכֶּה שֶׁיִּמָּשֵׁךְ כֹּחַ הָרְאוּת מֵעֵינֶיךָ עָלֵינוּ עַל־יְדֵי תּוֹרָתְךָ הַקְּדוֹשָׁה, אֲשֶׁר אַתָּה מַשְׁפִּיעַ עָלֵינוּ עַל־יְדֵי צַדִּיקֵי אֱמֶת, וְנִהְיֶה סְמוּכִים וּקְרוֹבִים מְאֹד אֶל כֹּחַ הָרְאוּת וְהַשְׁגָּחָתְךָ הַקְּדוֹשָׁה, עַד שֶׁנִּזְכֶּה לָשׁוּב וּלְהִצְטַיֵּר בְּעֵינֶיךָ וְנִהְיֶה נִכְלָלִים בְּךָ.

וְתַמְשִׁיךְ עָלֵינוּ בְּרַחֲמֶיךָ הַשְׁגָּחָה שְׁלֵמָה תָּמִיד. וְעַל־יְדֵי־זֶה תַּשְׁפִּיעַ עָלֵינוּ כָּל טוּב, שֶׁפַע טוֹבָה וּבְרָכָה וּקְדֻשָּׁה וְטָהֳרָה אֲמִתִּיּוֹת. וְתַשְׁגִּיחַ וְתִרְאֶה בְּעָנְיֵנוּ וַעֲמָלֵנוּ וְדָחְקֵנוּ בְּגוּף וָנֶפֶשׁ וּמָמוֹן בְּגַשְׁמִיּוֹת וְרוּחָנִיּוֹת. וְתְרַחֵם עַל עַמְּךָ יִשְׂרָאֵל הַנְּפוֹצִים כְּצֹאן אֲשֶׁר אֵין לָהֶם רוֹעֶה. וְתָשׁוּב וּתְקַבֵּץ

נְפוּצוֹתֵינוּ וְנִדָּחֵינוּ מֵאַרְבַּע כַּנְפוֹת הָאָרֶץ. וּתְמַהֵר וְתָחִישׁ לְגָאֳלֵינוּ, וְתָבִיא לָנוּ אֶת מְשִׁיחַ צִדְקֵנוּ, כִּי אָרַךְ עָלֵינוּ הַגָּלוּת מְאֹד בְּגוּף וָנֶפֶשׁ, עַד אֲשֶׁר "כָּשַׁל כֹּחַ הַסַּבָּל", כַּאֲשֶׁר אַתָּה יָדַעְתָּ יְהֹוָה אֱלֹהֵינוּ.

חוּס וַחֲמֹל עָלֵינוּ, וְתַשְׁפִּיעַ חֲסָדֶיךָ עָלֵינוּ, וְתָבִיא לָנוּ מְהֵרָה אֶת מְשִׁיחַ צִדְקֵנוּ, וְתִבְנֶה אֶת בֵּית הַמִּקְדָּשׁ בִּמְהֵרָה בְּיָמֵינוּ. וִיקֻיַּם מִקְרָא שֶׁכָּתוּב: "וַאֲנִי בְּרֹב חַסְדְּךָ אָבוֹא בֵיתֶךָ אֶשְׁתַּחֲוֶה אֶל הֵיכַל קָדְשְׁךָ בְּיִרְאָתֶךָ. יִהְיוּ לְרָצוֹן אִמְרֵי פִי וְהֶגְיוֹן לִבִּי לְפָנֶיךָ יְהֹוָה צוּרִי וְגוֹאֲלִי":

יד

יְהִי רָצוֹן מִלְּפָנֶיךָ יְהֹוָה אֱלֹהֵינוּ וֵאלֹהֵי אֲבוֹתֵינוּ, שֶׁתְּרַחֵם עָלַי בְּרַחֲמֶיךָ הָרַבִּים וּתְבַטֵּל מֵעָלַי מִדַּת הַגַּאֲוָה בְּבִטּוּל גָּמוּר, שֶׁלֹּא יְהֵא בְּלִבִּי שׁוּם צַד גֵּאוּת וְגַבְהוּת בָּעוֹלָם כְּלָל, וְאֶזְכֶּה לֵידַע שִׁפְלוּתִי בֶּאֱמֶת לַאֲמִתּוֹ, וְאֶזְכֶּה לְבַטֵּל עַצְמִי לְגַמְרֵי עַד שֶׁאֶהְיֶה קָטָן בְּעֵינַי יוֹתֵר מִמַּדְרֵגָתִי הַשְּׁפָלָה מְאֹד:

אָנָּא יְהֹוָה, עָזְרֵנִי בְּרַחֲמֶיךָ לְבַל יוּכְלוּ לְבַלְבֵּל אֶת דַּעְתִּי, לְבַל יוּכְלוּ לְהַטְעוֹת אוֹתִי, חַס וְשָׁלוֹם,

בְּמַחְשְׁבוֹת שְׁטוּת שֶׁל שׁוּם צַד גֵּאוּת וְגַבְהוּת בָּעוֹלָם כְּלָל. כִּי אֲנִי בְּעָנְיִי בְּעֹצֶם דָּחְקִי וְלַחֲצִי וְגֹדֶל הִתְרַחֲקוּתִי מִמְּךָ, וְצָרוֹת נַפְשִׁי גָּדְלוּ וְשָׂגְבוּ מְאֹד מְאֹד זֶה זְמַן רַב מְאֹד. "וְאַבִּיט וְאֵין עוֹזֵר וְאֶשְׁתּוֹמֵם כִּי אֵין סוֹמֵךְ". וְאֵין לִי שׁוּם מָנוֹס כִּי אִם לִצְעֹק אֵלֶיךָ תָּמִיד, וּלְצַפּוֹת לְרַחֲמֶיךָ, וּלְקַוּוֹת לִישׁוּעָתְךָ, וּלְיַחֵל לַחֲסָדֶיךָ. וְאִם, חַס וְשָׁלוֹם, בְּעֹצֶם הִתְרַחֲקוּתִי הַזֹּאת. עוֹלָה, חַס וְשָׁלוֹם, עַל דַּעְתִּי הַמְּבֻלְבֶּלֶת גַּם הַשְּׁטוּת הַזֹּאת וְהַבִּלְבּוּל הַזֶּה שֶׁל צַד גֵּאוּת וְגַבְהוּת, חַס וְשָׁלוֹם, אָבְדָה תִקְוָתִי חָלִילָה. כִּי בַּמֶּה יְזַכֶּה נַעַר הַמְנֹעָר מִכָּל טוּב כָּמוֹנִי הַמָּלֵא חֲטָאִים וַעֲווֹנוֹת וּפְשָׁעִים שֶׁחָטָאתִי וְעָוִיתִי וּפָשַׁעְתִּי לְפָנֶיךָ בְּמַחֲשָׁבָה דִּבּוּר וּמַעֲשֶׂה, בְּשׁוֹגֵג וּבְמֵזִיד בְּאֹנֶס וּבְרָצוֹן, מִנְּעוּרַי עַד הַיּוֹם הַזֶּה:

אָנָּא יְהֹוָה, חֲמֹל עַל נַפְשִׁי הָאֻמְלָלָה מְאֹד. חוּס וַחֲמֹל נָא עָלַי, עָזְרֵנִי, עָזְרֵנִי, הַצִּילֵנִי, הַצִּילֵנִי, כִּי בֶּאֱמֶת לֹא יָדַעְתִּי מַה לְּבַקֵּשׁ קֹדֶם, כִּי צְרָכַי הֵמָּה מְרֻבִּים מְאֹד מְאֹד וְדַעְתִּי קְצָרָה לְבָאֵר וּלְפָרֵשׁ. וְגַם אִי אֶפְשָׁר לְבָאֵר וּלְפָרֵשׁ כְּלָל אֶת עֹצֶם רִבּוּי צָרְכֵי בַקָּשׁוֹתַי כִּי נַעֲנֵיתִי עַד מְאֹד, וְחִבַּלְתִּי אֶת נַפְשִׁי, וְקִלְקַלְתִּי אֶת קְדֻשָּׁתִי הַרְבֵּה מְאֹד בְּלִי שִׁעוּר וָעֵרֶךְ, וְאֵין לִי שׁוּם מְנוּחָה מֵרוֹדְפַי, כִּי אוֹרְבִים וְרוֹדְפִים עָלַי בְּכָל עֵת וּבְכָל שָׁעָה וּבְכָל רֶגַע מַמָּשׁ, וּבַעֲווֹנוֹתַי

הָרַבִּים מְאֹד, כֹּחִי חַלָּשׁ וְדַל מְאֹד, וְאֵינִי יוֹדֵעַ שׁוּם עֵצָה וְתַחְבּוּלָה לַעֲמֹד כְּנֶגְדָּם:

אָנָּא יְהוָה, הוֹרֵנִי מַה שֶּׁאֶצְעַק אֵלֶיךָ, הוֹדִיעֵנִי אֵיךְ לְהִתְחַנֵּן לְפָנֶיךָ בֶּאֱמֶת וּבְלֵב שָׁלֵם, בְּאֹפֶן שֶׁאוּכַל לִפְעֹל בַּקָּשָׁתִי בְּרַחֲמִים אֶצְלְךָ, שֶׁתְּחָנֵּנִי וּתְזַכֵּנִי לָשׁוּב בִּתְשׁוּבָה שְׁלֵמָה אֵלֶיךָ, וְלִהְיוֹת כִּרְצוֹנְךָ הַטּוֹב מֵעַתָּה וְעַד עוֹלָם, שֶׁאֶזְכֶּה לִבְלִי לָסוּר מֵרְצוֹנְךָ וּמִמִּצְוֹתֶיךָ יָמִין וּשְׂמֹאל מֵעַתָּה וְעַד עוֹלָם. וְאֶזְכֶּה בְּרַחֲמֶיךָ הָרַבִּים לְשַׁבֵּר וּלְבַטֵּל מִדַּת הַגַּאֲוָה בְּתַכְלִית, מֵעָלַי וּמֵעַל גְּבוּלִי, וְלֹא יַעֲלֶה בְלִבִּי שׁוּם צַד גֵּאוּת וְגַבְהוּת בָּעוֹלָם כְּלָל מִכָּל הַדְּבָרִים שֶׁדֶּרֶךְ בְּנֵי אָדָם לְהִתְגַּדֵּל בָּהֶם הֵן בְּחָכְמָה וּמַעֲשִׂים טוֹבִים, וְהֵן בִּגְבוּרָה וְהֵן בַּעֲשִׁירוּת בְּכֻלָּם אֶזְכֶּה לִהְיוֹת עָנָו וְשָׁפָל בֶּאֱמֶת לְבַל אֶתְגָּאֶה וְאֶתְגַּדֵּל בָּהֶם כְּלָל. אִם אָמְנָם יָדַעְתִּי יְהוָה כִּי בַעַר אָנֹכִי וַאֲנִי רֵיק וְחָסֵר מִכָּל אֵלּוּ הַדְּבָרִים, "כִּי בַעַר אָנֹכִי מֵאִישׁ וְלֹא בִינַת אָדָם לִי", וְאֵין לִי שׁוּם כֹּחַ וּגְבוּרָה בְּגוּף וָנֶפֶשׁ, וּבֵיתִי רֵיקָן מֵעֲשִׁירוּת, וְאֵין בְּיָדִי לֹא חָכְמָה וְלֹא גְבוּרָה וְלֹא עֲשִׁירוּת גַּשְׁמִית וְלֹא עֲשִׁירוּת רוּחָנִית שֶׁל מַעֲשִׂים טוֹבִים.

וּלְפִי גֹּדֶל שִׁפְלוּתִי וְקַטְנוּתִי כָּעֵת וְשִׁפְלוּת מַדְרֵגָתִי

הַקְּטַנָּה וְהַשְּׁפָלָה מְאֹד וְעֹצֶם הִתְרַחֲקוּתִי מִמְּךָ, בְּוַדַּאי לֹא הָיִיתִי צָרִיךְ כְּלָל לְהִתְפַּלֵּל עַל בִּטּוּל הַגַּאֲוָה. אַךְ הֲלֹא אַתָּה יָדַעְתָּ אֶת רֹעַ לְבָבֵנוּ וַעֲכִירַת דַּעְתֵּנוּ וּבִלְבּוּל מַחְשְׁבוֹתֵנוּ, עַד שֶׁגַּם אֲפִלּוּ בְּעֹצֶם הִתְרַחֲקוּתֵנוּ הֵם מְבַלְבְּלִים וּמְעַרְבְּבִים אֶת דַּעְתֵּנוּ מְאֹד גַּם בִּשְׁטוּת וּבִלְבּוּל הַזֶּה שֶׁל פְּנִיּוֹת וְגֵאוּת, עַד אֲשֶׁר הָיְתָה הַמִּלְחָמָה עָלֵינוּ פָּנִים וְאָחוֹר, וּמִכָּל צַד אוֹרְבִים עָלֵינוּ וּמְצַדֵּי צְדָדִים. וְאֵין מַנִּיחִים לָנוּ שׁוּם מָנוֹס אֵלֶיךָ, כַּאֲשֶׁר אַתָּה יָדַעְתָּ יְהֹוָה אֱלֹהֵינוּ וֵאלֹהֵי אֲבוֹתֵינוּ.

אַךְ אַף עַל פִּי כֵן עֲדַיִן אֲנִי עוֹמֵד וּמְצַפֶּה וּמְקַוֶּה וּמְיַחֵל בְּכָל עֵת לִישׁוּעָתְךָ בֶּאֱמֶת וּלְרַחֲמֶיךָ הָרַבִּים, כִּי יָדַעְנוּ כִּי אַתָּה מָלֵא רַחֲמִים בְּכָל עֵת, וְאַתָּה בּוֹחֵן לִבּוֹת וּכְלָיוֹת וְיוֹדֵעַ כָּל הַתַּעֲלוּמוֹת, וְאַתָּה יוֹדֵעַ שֶׁבִּפְנִימִיּוּת עֹמֶק לְבָבֵנוּ אָנוּ חֲפֵצִים וּמִשְׁתּוֹקְקִים מְאֹד לְהִתְקָרֵב אֵלֶיךָ בֶּאֱמֶת, וְלַעֲשׂוֹת רְצוֹנְךָ בֶּאֱמֶת תָּמִיד בְּלִי שׁוּם פְּנִיּוֹת וּבִלְבּוּלִים. עַל כֵּן חֲמֹל עָלֵינוּ לְמַעַנְךָ אָבִינוּ שֶׁבַּשָּׁמַיִם אֲדוֹן כֹּל, וְזַכֵּנוּ בְּרַחֲמֶיךָ הָרַבִּים שֶׁנְּבַטֵּל וְנִסַּלֵּק מֵעָלֵינוּ מִדַּת הַגַּאֲוָה בְּתַכְלִית הַבִּטּוּל עַד שֶׁאֶזְכֶּה לְכָל בְּחִינוֹת שִׁפְלוּת בֶּאֱמֶת לַאֲמִתּוֹ, לִהְיוֹת עָנָו וְשָׁפָל בֶּאֱמֶת לִפְנֵי כָּל אָדָם שֶׁבָּעוֹלָם, לִפְנֵי גְּדוֹלִים וּבֵינוֹנִים וּקְטַנִּים וְלִפְנֵי קָטָן שֶׁבִּקְטַנִּים, כִּי בַּעֲווֹנוֹתַי הָרַבִּים קָטֹנְתִּי מְאֹד מִקָּטָן שֶׁבִּקְטַנִּים.

וּתְזַכֵּנִי לֵידַע וּלְהַרְגִּישׁ שִׁפְלוּתִי בֶּאֱמֶת בְּכָל הָאֵבָרִים, עַד שֶׁאֶזְכֶּה לִהְיוֹת עָנָו וְשָׁפָל וְקָטָן בְּעֵינַי בֶּאֱמֶת יוֹתֵר מִמַּדְרֵגָתִי הַקְּטַנָּה וְהַשְּׁפָלָה, וְאֶזְכֶּה לָבוֹא לְתַכְלִית הַבִּטּוּל בֶּאֱמֶת כִּרְצוֹנְךָ הַטּוֹב:

אָנָּא יְהֹוָה, יָדַעְתִּי כִּי דְּבָרִי מְגֻמְגָּם מְאֹד וּלְשׁוֹנִי מָלֵא פְּגָם, וְאֵינִי יוֹדֵעַ כְּלָל אֵיךְ לְסַדֵּר תְּפִלָּתִי וּתְחִנָּתִי לְפָנֶיךָ, אַךְ תְּמִכְתִּי יְתֵדוֹתַי כִּי אַתָּה שׁוֹמֵעַ תְּפִלַּת כָּל פֶּה. מָלֵא רַחֲמִים, חֲמֹל עָלַי וְעָזְרֵנִי וְזַכֵּנִי לִהְיוֹת כִּרְצוֹנְךָ הַטּוֹב מֵעַתָּה וְעַד עוֹלָם, וְעָזְרֵנִי שֶׁאֶזְכֶּה לַעֲנָוָה אֲמִתִּית:

וּבְכֵן יְהִי רָצוֹן מִלְּפָנֶיךָ יְהֹוָה אֱלֹהֵינוּ וֵאלֹהֵי אֲבוֹתֵינוּ, שֶׁתְּזַכֵּנִי אוֹתִי וְאֶת כָּל עַמְּךָ בֵּית יִשְׂרָאֵל לַעֲסֹק בְּתוֹרָתְךָ הַקְּדוֹשָׁה תָּמִיד יוֹמָם וָלַיְלָה בִּקְדֻשָּׁה וּבְטָהֳרָה, עַד שֶׁנִּזְכֶּה עַל יְדֵי לִמּוּד הַתּוֹרָה הַקְּדוֹשָׁה לְעוֹרֵר שָׁרְשֵׁי נִשְׁמוֹת יִשְׂרָאֵל שֶׁעָלוּ בְּמַחֲשָׁבָה תְּחִלָּה, וְכֻלָּם מְשֹׁרָשִׁים בְּאוֹתִיּוֹת הַתּוֹרָה הַקְּדוֹשָׁה. עָזְרֵנִי יְהֹוָה שֶׁיָּאִיר עֵסֶק הַתּוֹרָה שֶׁלָּנוּ עַד שֶׁנִּזְכֶּה לְעוֹרֵר עַל יְדֵי לִמּוּד תּוֹרָתֵנוּ שָׁרְשֵׁי נִשְׁמוֹת יִשְׂרָאֵל, וְיָאִירוּ וְיִתְנוֹצְצוּ הַנְּשָׁמוֹת זֶה לָזֶה, עַד שֶׁיִּתְעוֹרְרוּ וְיִתְנוֹצְצוּ בְּתוֹכָם נַפְשׁוֹת כָּל הָרְשָׁעִים וְכָל הַפּוֹשְׁעֵי יִשְׂרָאֵל, עַד שֶׁיַּגִּיעַ אֲלֵיהֶם הֶאָרָה מִשֹּׁרֶשׁ

נִשְׁמוֹתֵיהֶם, וְיִתְעוֹרְרוּ כֻּלָּם בִּתְשׁוּבָה שְׁלֵמָה וְיָשׁוּבוּ אֵלֶיךָ בֶּאֱמֶת. וְעַל יְדֵי הִתְנוֹצְצוּת הַנְּשָׁמוֹת נִזְכֶּה שֶׁיִּהְיוּ נוֹלָדִים וְנִבְרָאִים נִשְׁמוֹת הַגֵּרִים, עַד שֶׁיָּבוֹאוּ רְחוֹקִים וְיִתְגַּיְּרוּ וְיַכִּירוּ כֹּחַ מַלְכוּתְךָ וְיַעַבְדוּךָ כֻּלָּם בֶּאֱמֶת.

וְאִם אָמְנָם אָנֹכִי בְּעָנְיִי, רָחוֹק מְאֹד מֵעֵסֶק הַתּוֹרָה בִּקְדֻשָּׁה כָּזוֹ לְעוֹרֵר נְפָשׁוֹת אֲחֵרִים בִּתְשׁוּבָה, עַל כָּל פָּנִים תְּרַחֵם עָלַי בְּרַחֲמֶיךָ הָעֲצוּמִים וּתְזַכֵּנִי בַּחֲסָדֶיךָ הַגְּדוֹלִים, שֶׁאֶזְכֶּה עַל יְדֵי לִמּוּד הַתּוֹרָה הַקְּדוֹשָׁה לְהִכָּלֵל בְּתוֹךְ נִשְׁמַת הַצַּדִּיק הַדּוֹר הָאֲמִתִּי, אֲשֶׁר הוּא עוֹסֵק בַּתּוֹרָה בִּקְדֻשָּׁה כָּזוֹ, עַד שֶׁאֶזְכֶּה לְהִתְעוֹרֵר עַל יְדֵי הַתּוֹרָה שֶׁל הַצַּדִּיק הָאֱמֶת שֶׁתָּאִיר וְתִתְנוֹצֵץ נִשְׁמָתִי בְּשָׁרְשָׁהּ בְּמַחֲשָׁבָה עֶלְיוֹנָה דְּקֻדְשָׁא בְּרִיךְ הוּא, בְּתוֹךְ שְׁאָר נִשְׁמוֹת הַקְּדוֹשִׁים שֶׁל בְּנֵי יִשְׂרָאֵל עַמְּךָ, עַד שֶׁיַּגִּיעַ אֵלַי הֶאָרָה מִשֹּׁרֶשׁ נִשְׁמָתִי בְּאֹפֶן שֶׁאֶזְכֶּה לָשׁוּב בִּתְשׁוּבָה שְׁלֵמָה אֵלֶיךָ בֶּאֱמֶת:

אָנָּא יְהוָה צַר לִי מְאֹד, פְּדֵנִי וְחָנֵּנִי, חוּס וַחֲמֹל עַל נַפְשִׁי הָאֻמְלָלָה וְהַפְּגוּמָה, הַמְטֹרֶפֶת וְנִדְכֵּאת כְּמוֹ בֵּין שְׁנֵי אֲרָיוֹת, הַמְּלֵאָה חֲטָאִים וַעֲווֹנוֹת וּפְשָׁעִים, הָרְחוֹקָה מִמְּךָ בְּכַמָּה וְכַמָּה הַרְחָקוֹת. וּמָתַי אֶעֱשֶׂה גַּם אָנֹכִי לְבֵיתִי לְהָכִין לִי צֵידָה לְדַרְכִּי, כַּאֲשֶׁר

הֲכִינוּ לָהֶם כָּל הַצַּדִּיקִים הַיְרֵאִים וְהַכְּשֵׁרִים שֶׁהָיוּ מִלְּפָנַי בְּכָל דּוֹר וָדוֹר. וּמָה אֶעֱשֶׂה לְיוֹם פְּקֻדָּה, אָנָה אוֹלִיךְ אֶת חֶרְפָּתִי הַגְּדוֹלָה וְאֵיךְ אוּכַל לְהִטָּמֵן. "וּמָה אֶעֱשֶׂה כִּי יָקוּם אֵל וְכִי יִפְקֹד מָה אֲשִׁיבֶנּוּ".

וּכְבָר הוֹדַעְתָּנוּ עַל יְדֵי חֲכָמֶיךָ הַקְּדוֹשִׁים, שֶׁאֵין אַתָּה וַתְּרָן כְּלָל בָּעוֹלָם הַבָּא, וְאַתָּה פּוֹקֵד עַל כָּל אָדָם כִּדְרָכָיו וְכִפְרִי מַעֲלָלָיו, וְעִקַּר רַחֲמָנוּתֶיךָ וַחֲנִינוּתֶיךָ הוּא עַל הַשָּׁבִים אֵלֶיךָ בֶּאֱמֶת בָּעוֹלָם הַזֶּה אֲשֶׁר עֲלֵיהֶם אַתָּה מָלֵא רַחֲמִים וּמוֹחֵל לַעֲווֹנוֹתֵיהֶם וְסוֹלֵחַ לְכָל פִּשְׁעֵיהֶם, אֲפִלּוּ אִם הִרְבּוּ מְאֹד לִפְשֹׁעַ נֶגְדֶּךָ, כְּמוֹ שֶׁהוֹדַעְתָּ לְמֹשֶׁה עַבְדֶּךָ, כְּמוֹ שֶׁכָּתוּב: "וְנַקֵּה לֹא יְנַקֶּה", וְדָרְשׁוּ חֲכָמֵינוּ, זִכְרוֹנָם לִבְרָכָה, וְנַקֵּה לַשָּׁבִים, לֹא יְנַקֶּה לְשֶׁאֵינָן שָׁבִים.

עַל כֵּן בָּאתִי לְהִתְנַפֵּל וּלְהִתְחַנֵּן לְפָנֶיךָ, וּלְהִשְׁתַּטֵּחַ מוּל הֲדְרַת קָדְשֶׁךָ. מָלֵא רַחֲמִים, טוֹב וּמֵטִיב לָרָעִים וְלַטּוֹבִים, הַצּוֹפֶה לָרָשָׁע וְחָפֵץ בְּהִצָּדְקוֹ, חוּס וְחָנֵּנִי, וְרַחֵם עָלַי בְּרַחֲמֶיךָ הַגְּדוֹלִים, וְעָזְרֵנִי בָּעוֹלָם הַזֶּה, שֶׁאֶזְכֶּה לָשׁוּב בִּתְשׁוּבָה שְׁלֵמָה אֵלֶיךָ. וְאֶזְכֶּה לְתַקֵּן כָּל מַה שֶּׁפָּגַמְתִּי קֹדֶם שֶׁאֶסְתַּלֵּק מִן הָעוֹלָם. וְעָזְרֵנִי מֵעַתָּה לַעֲזֹב דַּרְכֵי הָרָע וּמַחְשְׁבוֹתַי הָרָעוֹת וְהַמְבֻלְבָּלוֹת הַמְבַלְבְּלִים אוֹתִי וּמוֹנְעִים אוֹתִי מִדֶּרֶךְ

הַטּוֹב וְהַיָּשָׁר. עֲזֵרְנִי לָשׁוּב מֵאֵלּוּ הַמַּחֲשָׁבוֹת הָרָעוֹת וְתֵן לִי כֹּחַ לְגָרֵשׁ וּלְסַלֵּק וּלְבַטֵּל מֵעָלַי כָּל אֵלּוּ הַמַּחֲשָׁבוֹת הַמַּטְרִידִים אֶת דַּעְתִּי אֲשֶׁר הֵם הָיוּ בְּעוֹכְרַי, וְגָרְמוּ לְהַרְחִיק אוֹתִי מִמְּךָ. קוּמָה בְּעֶזְרָתִי וּתְטַהֵר וּתְקַדֵּשׁ אֶת מַחֲשַׁבְתִּי וּתְזַכֵּנִי מֵעַתָּה לְדַבֵּק אֶת מַחֲשַׁבְתִּי אֵלֶיךָ בֶּאֱמֶת וּבִתְמִימוּת מֵעַתָּה וְעַד עוֹלָם:

אָנָּא יְהוָה, חֲמוֹל עַל נַפְשִׁי וְצַוֵּה בְּרַחֲמֶיךָ הָרַבִּים לְהָסִיר וּלְהַפְשִׁיט מֵעָלַי אֶת הַבְּגָדִים הַצּוֹאִים שֶׁהִלְבַּשְׁתִּי אֶת נַפְשִׁי עַל יְדֵי מַעֲשַׂי הָרָעִים, עַל יְדֵי חֲטָאֵינוּ וַעֲוֹנוֹתֵינוּ וּפְשָׁעֵינוּ שֶׁחָטָאנוּ וְשֶׁעָוִינוּ וְשֶׁפָּשַׁעְנוּ לְפָנֶיךָ. אֲשֶׁר אֵלּוּ הַבְּגָדִים הַצּוֹאִים שֶׁנַּעֲשׂוּ מֵחֲטָאֵינוּ הֵם מוֹנְעִים וּמְעַכְּבִים אוֹתָנוּ מְאֹד מִלָּשׁוּב אֵלֶיךָ בֶּאֱמֶת, וְלֵילֵךְ בִּדְרָכֶיךָ הַקְּדוֹשִׁים וְהַטּוֹבִים. וְאַתָּה יָדַעְתָּ יְהוָה אֱלֹהֵינוּ אֶת גֹּדֶל עֹצֶם הַיְגִיעוֹת הָרַבּוֹת מְאֹד, שֶׁאָנוּ צְרִיכִים לְהִתְיַגֵּעַ וְלִטְרֹחַ מְאֹד בְּכַמָּה וְכַמָּה יְגִיעוֹת רַבּוֹת וַעֲצוּמוֹת כְּדֵי לְהַפְשִׁיטָם מֵעָלֵינוּ, עַד אֲשֶׁר "כָּשַׁל כֹּחַ הַסַּבָּל" לִסְבֹּל עֹצֶם הַמְּרִירוּת וְהַיְגִיעוֹת הַקָּשׁוֹת וְהַכְּבֵדוֹת, שֶׁצְּרִיכִים לִסְבֹּל קֹדֶם שֶׁמְּשַׁבְּרִין מְנִיעוֹת וּמְסָכִים וּמְחִצּוֹת בַּרְזֶל כָּאֵלּוּ, הַמַּפְסִיקִים בֵּינֵינוּ וּבֵין הַקְּדֻשָּׁה. כִּי בַּעֲוֹנוֹתֵינוּ הָרַבִּים נִתְרַבּוּ מְאֹד הַבְּגָדִים הַצּוֹאִים, וְאַתָּה לְבַד

יָדַעְתָּ גֹּדֶל רִחוּקֵנוּ מִמְּךָ עַל יְדֵי זֶה.

עַל כֵּן יֶהֱמוּ נָא מֵעֶיךָ וְרַחֲמֶיךָ עָלֵינוּ, וְחוּס וַחֲמֹל עַל נַפְשֵׁנוּ וְרוּחֵנוּ וְנִשְׁמָתֵנוּ, וְצַוֵּה לְמַלְאָכֶיךָ הַקְּדוֹשִׁים לְהָסִיר מֵעָלַי אֶת הַבְּגָדִים הַצּוֹאִים, וּלְהַלְבִּישׁ אוֹתִי מַחֲלָצוֹת, בְּאֹפֶן שֶׁאֶזְכֶּה שֶׁיִּתְבַּטְּלוּ מֵעָלַי וּמֵעַל גְּבוּלִי כָּל הַמּוֹנְעִים וְהַמַּבְדִּילִים וְהַמְּסָכִים וְהַמַּפְסִיקִים וּמְחִצּוֹת הַבַּרְזֶל שֶׁיֵּשׁ בֵּינֵינוּ לְבֵין הַקְּדֻשָּׁה, עַד שֶׁאִי אֶפְשָׁר לָנוּ עַתָּה לַעֲשׂוֹת שׁוּם דָּבָר שֶׁבִּקְדֻשָּׁה בִּשְׁלֵמוּת כָּרָאוּי כַּאֲשֶׁר אַתָּה יָדַעְתָּ. וְכָל אֵלּוּ הַמְּסָכִים וְהַמְּנִיעוֹת כֻּלָּם יִתְבַּטְּלוּ לְגַמְרֵי, לְמַעַן אֶזְכֶּה לָשׁוּב אֵלֶיךָ בֶּאֱמֶת, וְאֶזְכֶּה לִהְיוֹת מֵעַתָּה "סוּר מֵרָע" בֶּאֱמֶת וְלַעֲשׂוֹת הַטּוֹב בְּעֵינֶיךָ תָּמִיד:

וּבְכֵן תַּעַזְרֵנוּ בְּרַחֲמֶיךָ שֶׁנִּזְכֶּה, שֶׁיִּהְיֶה זִוּוּגֵנוּ בִּקְדֻשָּׁה גְּדוֹלָה לְשִׁמְךָ הַגָּדוֹל בֶּאֱמֶת, וְנִזְכֶּה לְהַמְשִׁיךְ נְשָׁמוֹת קְדוֹשׁוֹת וּטְהוֹרוֹת לְבָנֵינוּ, נְשָׁמוֹת בְּהִירוֹת וְזַכּוֹת, הַנִּמְשָׁכִין מִשָּׁרְשֵׁי נִשְׁמוֹת יִשְׂרָאֵל הַקְּדוֹשִׁים הַמְּשֹׁרָשִׁים בְּאוֹתִיּוֹת הַתּוֹרָה הַקְּדוֹשָׁה, בְּמַחֲשָׁבָה עֶלְיוֹנָה דְּקֻדְשָׁא בְּרִיךְ הוּא, בְּאֹפֶן שֶׁנִּזְכֶּה שֶׁיִּהְיוּ בָּנֵינוּ תַּלְמִידֵי חֲכָמִים אֲמִתִּיִּים. וְיִהְיוּ כֻּלָּם יְרֵאִים וּשְׁלֵמִים, עוֹסְקֵי תוֹרָתְךָ לִשְׁמָהּ וּמְקַיְּמֵי מִצְוֹתֶיךָ בֶּאֱמֶת וּבְלֵב שָׁלֵם. וְיִתְגַּדֵּל וְיִשְׁתַּבַּח

וְיִתְקַדֵּשׁ שִׁמְךָ הַגָּדוֹל עַל יְדֵי בָּנֵינוּ וְיוֹצְאֵי חֲלָצֵינוּ, וִיהְיֶה נֶאֱמַר עֲלֵיהֶם: "בֵּן חָכָם יְשַׂמַּח אָב". וִיקֻיַּם בָּהֶם: "יִשְׂמַח אָבִיךָ וְאִמֶּךָ וְתָגֵל יוֹלַדְתֶּךָ". וְתַאֲרִיךְ יְמֵיהֶם וּשְׁנוֹתֵיהֶם בַּטּוֹב וּבַנְּעִימִים, וְיַעֲשׂוּ רְצוֹנְךָ כָּל יְמֵיהֶם לְעוֹלָם:

אָנָּא יְהֹוָה חֲמוֹל עָלַי, רַחֵם עָלַי, וּמַלֵּא מִשְׁאֲלוֹתַי בְּרַחֲמִים, וּמְחוֹל לִי עַל כָּל עֲווֹנוֹתַי, וְצַוֵּה לְהַפְשִׁיט מֵעָלַי כָּל הַבְּגָדִים הַצּוֹאִים וְהַלְבִּישֵׁנִי בִּבְגָדִים נְקִיִּים, בִּבְגָדִים טְהוֹרִים וּקְדוֹשִׁים, וֶהְיֵה בְּעֶזְרִי, וְזַכֵּנִי בְּרַחֲמֶיךָ הָרַבִּים לְקַיֵּם מִצְוַת צִיצִית כָּרָאוּי בְּתַכְלִית הַשְּׁלֵמוּת. וּכְשֵׁם שֶׁאֲנִי מִתְכַּסֶּה בְּטַלִּית בָּעוֹלָם הַזֶּה כֵּן תַּלְבִּישׁ לְמַעְלָה אֶת נַפְשִׁי וְרוּחִי וְנִשְׁמָתִי בְּטַלִּית נָאָה וּבַחֲלוּקָא דְרַבָּנָן בִּבְגָדִים נְקִיִּים וּלְבָנִים. וִיקֻיַּם בִּי מִקְרָא שֶׁכָּתוּב: "בְּכָל עֵת יִהְיוּ בְגָדֶיךָ לְבָנִים וְשֶׁמֶן עַל רֹאשְׁךָ אַל יֶחְסָר".

קוּמָה בְּעֶזְרָתִי, וְתֵן בְּלִבִּי וְזַכֵּנִי שֶׁאָחוֹס עַל כְּבוֹדְךָ הַגָּדוֹל וְהַקָּדוֹשׁ וְעַל כְּבוֹד נַפְשִׁי וְרוּחִי וְנִשְׁמָתִי. כִּי בַּעֲווֹנוֹתֵינוּ הָרַבִּים דַּל כְּבוֹדֵנוּ, כִּי לֹא חַסְנוּ עַל כְּבוֹדְךָ וְעַל כְּבוֹדֵנוּ וּבָזִינוּ אֶת נַפְשֵׁינוּ מְאֹד, עַד אֲשֶׁר נָפְלוּ חֶלְקֵי כְּבוֹדֵנוּ בְּעֹמֶק זִלְזוּל הַגָּלוּת מְאֹד. דַּל כְּבוֹדֵנוּ בַּגּוֹיִם, וְשִׁקַּצְנוּהוּ בְּטֻמְאַת הַנִּדָּה, וּרְאֵה אֶת

עַמְּךָ יִשְׂרָאֵל מְרוּדִים מְאֹד בִּכְלָל וּבִפְרָט.

חוּסָה עַל כְּבוֹדְךָ הַגָּדוֹל וְהַקָּדוֹשׁ, אֲשֶׁר בִּשְׁבִיל זֶה בָּרָאתָ כָּל הָעוֹלָמוֹת כֻּלָּם, כְּדֵי שֶׁיִּתְגַּדֵּל וְיִתְעַלֶּה כְּבוֹדְךָ עַל יְדֵי עַמְּךָ יִשְׂרָאֵל. כְּמוֹ שֶׁכָּתוּב: "כֹּל הַנִּקְרָא בִשְׁמִי וְלִכְבוֹדִי בְּרָאתִיו יְצַרְתִּיו אַף עֲשִׂיתִיו". וְלָמָּה נֶהְפַּךְ כָּל הַכָּבוֹד לְזָרִים, וְנִטַּל כָּל הַכָּבוֹד מִיִּשְׂרָאֵל, וְנָפַל הַכָּבוֹד בַּגָּלוּת בֵּין הָעַכּוּ"ם וְהָרְשָׁעִים, אֲשֶׁר יֵשׁ לָהֶם כָּל הַכָּבוֹד, וְעַמְּךָ יִשְׂרָאֵל לְחֶרְפָּה וּלְבִזָּיוֹן, אֲשֶׁר מְחָרְפִים וּמְבַזִּים אוֹתָנוּ בְּכָל עֵת:

וּבְכֵן רַחֵם עָלֵינוּ לְמַעַנְךָ וּלְמַעַן כְּבוֹדֶךָ, וּשְׁלַח עֶזְרְךָ מִקֹּדֶשׁ. וְסַעֲדֵנִי וְהוֹשִׁיעֵנִי שֶׁאֶזְכֶּה לְהִתְעוֹרֵר מֵעַתָּה בֶּאֱמֶת וּבְלֵב שָׁלֵם לַעֲבוֹדָתְךָ וּלְיִרְאָתֶךָ, וְאֶזְכֶּה מֵעַתָּה לָשׁוּב בִּתְשׁוּבָה שְׁלֵמָה לְפָנֶיךָ. וְאֶזְכֶּה לְקַשֵּׁט עַצְמִי וְגַם לְקַשֵּׁט אֲחֵרִים לְדַבֵּר עַל לִבָּם וּלְגַלּוֹת לָהֶם הָאֱמֶת וְלַהֲשִׁיבָם בִּתְשׁוּבָה שְׁלֵמָה לְפָנֶיךָ, כְּדֵי שֶׁיִּשְׁתַּבַּח וְיִתְעַלֶּה כְּבוֹדְךָ הַגָּדוֹל וְהַקָּדוֹשׁ עַל יָדִי, כִּי זֶה עִקַּר כְּבוֹדְךָ כְּשֶׁהַמְרֻחָקִים בְּיוֹתֵר מִתְקָרְבִים אֵלֶיךָ בֶּאֱמֶת, כִּי אָז אִסְתַּלַּק וְאִתְיַקַּר שְׁמָא דְקֻדְשָׁא בְּרִיךְ הוּא עֵלָּא וְתַתָּא. עַל כֵּן רַחֵם עָלַי וְקָרֵב אֵלֶיךָ מְרֻחָק כָּמוֹנִי וְגַלְגֵּל זְכוּת עַל יָדִי, שֶׁתְּקָרֵב עוֹד שְׁאָר מְרֻחָקִים

מִמְּךָ עַל יָדִי. וְתִתְגַּדֵּל וְתִתְקַדֵּשׁ כְּבוֹדְךָ הַגָּדוֹל עַל יְדֵי דַּיְקָא, עַל־יְדֵי מְרֻחָק כָּמוֹנִי.

וְעָזְרֵנִי וְסַיְּעֵנִי וְחַזְּקֵנִי וְאַמְּצֵנִי, שֶׁאֶזְכֶּה לְהַעֲלוֹת הַכָּבוֹד דִּקְדֻשָּׁה מִזִּלּוּתָא דְּגָלוּתָא, וְאֶזְכֶּה תָּמִיד לְהַעֲלוֹת וּלְגַדֵּל כְּבוֹדְךָ הַגָּדוֹל וְהַקָּדוֹשׁ. וְעָזְרֵנִי שֶׁאֶזְכֶּה לְהַעֲלוֹת הַכָּבוֹד לְשָׁרְשׁוֹ שֶׁהוּא הַיִּרְאָה, וְתַשְׁפִּיעַ עָלַי יִרְאָתְךָ הַקְּדוֹשָׁה שֶׁאֶזְכֶּה לְיִרְאָה מִפָּנֶיךָ תָּמִיד, "לְיִרְאָה אֶת הַשֵּׁם הַנִּכְבָּד וְהַנּוֹרָא" הַזֶּה, וְתַעַזְרֵנִי לְהַגִּיעַ לְיִרְאָה בִּשְׁלֵמוּת לְיִרְאַת הָרוֹמְמוּת בֶּאֱמֶת. וּתְזַכֵּנוּ בְּרַחֲמֶיךָ הָרַבִּים לְכַבֵּד יִרְאֵי יְהֹוָה בֶּאֱמֶת וּבְלֵב שָׁלֵם, שֶׁנִּזְכֶּה לְבַטֵּל עַצְמֵנוּ בֶּאֱמֶת נֶגְדָּם, וְלִתֵּן לָהֶם כָּל הַכָּבוֹד בֶּאֱמֶת וּבְלֵב שָׁלֵם, בְּאֹפֶן שֶׁיִּתְתַּקֵּן עַל יָדֵינוּ פְּגָמֵי הַיִּרְאָה. וְנִזְכֶּה לְיִרְאָה בִּשְׁלֵמוּת בְּלִי פְּגַם כְּלָל. וִיקֻיַּם בָּנוּ מִקְרָא שֶׁכָּתוּב: "יְראוּ אֶת יְהֹוָה קְדֹשָׁיו כִּי אֵין מַחְסוֹר לִירֵאָיו". וְנִזְכֶּה עַל־יְדֵי־זֶה לִשְׁלֵמוּת אֲמִתִּי. וְאֶזְכֶּה שֶׁיִּהְיֶה שָׁלוֹם בַּעֲצָמַי וּתְרַפְּאֵנִי רְפוּאַת הַנֶּפֶשׁ וּרְפוּאַת הַגּוּף, בְּאֹפֶן שֶׁאֶזְכֶּה לִהְיוֹת שָׁלֵם בִּשְׁלֵמוּת אֲמִתִּי בְּלִי שׁוּם מוּם וּפְגָם.

רִבּוֹנוֹ שֶׁל עוֹלָם, יָדַעְתִּי כִּי עַכְשָׁו אֲנִי רָחוֹק מְאֹד מִשְּׁלֵמוּת, כִּי אֲנִי מָלֵא מוּמִים וּפְגָמִים הַרְבֵּה מְאֹד, מִכַּף רֶגֶל וְעַד רֹאשׁ אֵין בִּי מְתֹם. "אֵין מְתֹם

בִּבְשָׂרִי מִפְּנֵי זַעְמֶךָ, אֵין שָׁלוֹם בַּעֲצָמַי מִפְּנֵי חַטָּאתִי". וְכָל אֵיבָרַי מְלֵאִים מוּמִים שֶׁהִטַּלְתִּי בְּנַפְשִׁי עַל יְדֵי עֲווֹנוֹתַי וּפְשָׁעַי הַמְּרֻבִּים, מֵחֲמַת זֶה אֲנִי רָחוֹק מֵעֲבוֹדָתְךָ בֶּאֱמֶת וְאֵינִי יָכוֹל לַעֲבֹד עֲבוֹדָה תַּמָּה וְאֵינִי זוֹכֶה לְהִתְפַּלֵּל שׁוּם תְּפִלָּה בִּשְׁלֵמוּת כָּרָאוּי. כִּי "כָּל אֲשֶׁר בּוֹ מוּם לֹא יִקְרָב". וּמֵאַחַר שֶׁאֲנִי רָחוֹק מִתְּפִלָּה, בַּמֶּה אֶזְכֶּה לְהִתְקָרֵב אֵלֶיךָ.

אָבִי שֶׁבַּשָּׁמַיִם, רִבּוֹנוֹ דְּעָלְמָא כֻּלָּא, מָלֵא רַחֲמִים, אָמְנָם יָדַעְתִּי כִּי אַף עַל פִּי כֵן אַתָּה שׁוֹמֵעַ קוֹל שַׁוְעָתִי מִמֶּרְחַקִּים עַל כֵּן הֲרִימוֹתִי קוֹלִי וָאֶקְרָא אֵלֶיךָ: אָבִי, אָבִי, אֲדוֹנִי, אֲדוֹנִי, מַלְכִּי וֵאלֹהַי, אֵלֶיךָ אֶתְפַּלָּל אֵלֶיךָ אֶזְעַק אֵלֶיךָ אֲשַׁוֵּעַ, אֵלֶיךָ אֶתְחַנֵּן, לְפָנֶיךָ אֶשְׁתַּטֵּחַ, לְפָנֶיךָ אֶשְׁתַּחֲוֶה וְאֶכְרָעָה, אֵלֶיךָ שִׁטַּחְתִּי כַּפַּי, חוּס וְחָנֵּנִי וַחֲמֹל עָלַי בְּחֶמְלָתְךָ וּבְרַחֲמֶיךָ הַגְּדוֹלִים, יֶהֱמוּ נָא מֵעֶיךָ עָלַי וְתַשְׁגִּיחַ עָלַי מִמְּעוֹן קָדְשְׁךָ בְּאַהֲבָה וּבְחֶמְלָה גְּדוֹלָה וִיתֵרָה, וּתְרַפֵּא אֶת מַכְאוֹבֵי נַפְשִׁי הָאֻמְלָלָה מְאֹד, וְתָסִיר מֵעָלַי כָּל הַמּוּמִים שֶׁהִטַּלְתִּי בְּנַפְשִׁי מִכָּל אֵבֶר וָאֵבֶר. כִּי דַרְכְּךָ לְהִשְׁתַּמֵּשׁ בְּכֵלִים נִשְׁבָּרִים וְאַתָּה עוֹשֶׂה גְּדוֹלוֹת וְנִפְלָאוֹת עַד אֵין חֵקֶר וְאֵין מִסְפָּר. וְאַתָּה מְחַיֶּה מֵתִים בְּרַחֲמִים רַבִּים, וּבְכֹחֲךָ הַגָּדוֹל אַתָּה מַעֲלֶה וּמְקַבֵּץ שִׁבְרֵי כֵלִים נִשְׁבָּרִים, שִׁבְרֵי שְׁבָרִים, וְאַתָּה מְחַבֵּר

וּמְתַקֵּן אוֹתָם בַּחֲסָדֶיךָ, וְאַתָּה מְחַדֵּשׁ אוֹתָם כְּבָרִאשׁוֹנָה בְּיֶתֶר שְׂאֵת וּבְיֶתֶר עָז, וְאֵין שׁוּם נִצּוֹץ נֶאֱבָד וְנִדְחֶה מִמְּךָ, חָלִילָה, "כִּי בְּיָדְךָ כֹּחַ וּגְבוּרָה וּבְיָדְךָ לְגַדֵּל וּלְחַזֵּק לַכֹּל".

רוֹפֵא חִנָּם, יִכְמְרוּ רַחֲמֶיךָ עָלַי וְתִרְפָּאֵנִי וְתָסִיר מִמֶּנִּי כָּל הַמּוּמִים וְהַפְּגָמִים, מִגּוּפִי וְנַפְשִׁי וְרוּחִי וְנִשְׁמָתִי. וּשְׁלַח רְפוּאָה שְׁלֵמָה לְחוֹלֵי עַמְּךָ (וּבִפְרָט וְכוּ'). רוֹפֵא נֶאֱמָן וְרַחֲמָן אָתָּה, הָרוֹפֵא לִשְׁבוּרֵי לֵב וּמְחַבֵּשׁ לְעַצְּבוֹתָם, רְפָאֵנִי יְהוָה וְאֵרָפֵא הוֹשִׁיעֵנִי וְאִוָּשֵׁעָה כִּי תְהִלָּתִי אָתָּה, וְאֶזְכֶּה לִהְיוֹת שָׁלֵם בִּשְׁלֵמוּת גָּמוּר בְּלִי שׁוּם מוּם וּפְגָם.

וְזַכֵּנִי שֶׁיִּהְיֶה שָׁלוֹם בְּעַצְמִי, שֶׁאֶזְכֶּה לְהַכְנִיעַ וּלְשַׁבֵּר וּלְבַטֵּל אֶת גּוּפִי, שֶׁיִּתְבַּטְּלוּ מִמֶּנִּי לְגַמְרֵי כָּל תַּאֲווֹת הַגּוּף וּמִדּוֹתָיו הָרָעִים, עַד שֶׁיִּתְבַּטֵּל גּוּפִי לְגַמְרֵי אֵצֶל הַנְּשָׁמָה. עַד שֶׁלֹּא יִהְיֶה לְהַגּוּף שׁוּם תַּאֲוָה וְרָצוֹן אַחֵר כְּלָל חוּץ מֵרְצוֹן הַנְּשָׁמָה הַקְּדוֹשָׁה, שֶׁהוּא רְצוֹנְךָ הַטּוֹב. וְיִהְיֶה שָׁלוֹם בֵּין נִשְׁמָתִי וְגוּפִי. שֶׁגּוּפִי יִתְקַדֵּשׁ וְיִזְדַּכֵּךְ עַד שֶׁיִּהְיֶה נִכְלָל בְּתוֹךְ הַנְּשָׁמָה הַקְּדוֹשָׁה. וְאֶזְכֶּה לַעֲשׂוֹת כָּל הַמִּצְוֹת וְכָל הַדְּבָרִים שֶׁיֵּשׁ בָּהֶם רְצוֹנְךָ בְּשִׂמְחָה גְּדוֹלָה וּבְרָצוֹן טוֹב בְּגוּף וָנֶפֶשׁ. וּשְׁנֵיהֶם יִהְיוּ נִכְלָלִים כְּאֶחָד בְּאַהֲבָה וּבְשָׁלוֹם

גָּדוֹל בֶּאֱמֶת לַעֲשׂוֹת רְצוֹנְךָ בֶּאֱמֶת בְּשִׂמְחָה גְּדוֹלָה תָּמִיד עַד שֶׁאֶזְכֶּה לִשְׁלֵמוּת גְּמוּרָה דִּקְדֻשָּׁה בֶּאֱמֶת. עַד שֶׁאֶהְיֶה מוּכָן וְרָאוּי לְסַדֵּר תְּפִלָּתִי לְפָנֶיךָ בְּתַכְלִית הַשְּׁלֵמוּת. וְתִכּוֹן תְּפִלָּתִי לְפָנֶיךָ כְּמוֹ קְטֹרֶת וְקָרְבְּנוֹת שְׁלָמִים הָעוֹלִים לְפָנֶיךָ עַל־יְדֵי אִישׁ תָּמִים וְשָׁלֵם.

רִבּוֹנוֹ שֶׁל עוֹלָם, פְּתַח פִּיךָ לְאִלֵּם כָּמוֹנִי וְזַכֵּנִי לְסַדֵּר תְּפִלָּתִי וּתְחִנָּתִי וּבַקָּשָׁתִי לְפָנֶיךָ כָּרָאוּי בֶּאֱמֶת בְּכָל עֵת, שֶׁאוּכַל לְפָרֵשׁ שִׂיחָתִי לְפָנֶיךָ תָּמִיד, וְאֵת כָּל אֲשֶׁר עִם לְבָבִי אָשִׂיחָה בֶּאֱמֶת בְּרַחֲמִים וְתַחֲנוּנִים. בְּאֹפֶן שֶׁאֶזְכֶּה לְעוֹרֵר רַחֲמֶיךָ עָלַי. וּתְמַלֵּא בַקָּשָׁתִי בְּרַחֲמִים תָּמִיד:

אָנָּא יְהֹוָה, רַחֵם עָלֵינוּ בְּרַחֲמֶיךָ הָרַבִּים, וְעָזְרֵנוּ שֶׁנִּזְכֶּה לְהַגִּיעַ לְכָל מַה שֶּׁבִּקַּשְׁנוּ מִלְּפָנֶיךָ, שֶׁנִּזְכֶּה בְּכֹחַ וּזְכוּת עֵסֶק הַתּוֹרָה שֶׁל צַדִּיקֵי אֱמֶת שֶׁיִּמְשַׁךְ עָלֵינוּ הֶאָרָה גְּדוֹלָה וְהִתְנוֹצְצוּת חָזָק מִשֹּׁרֶשׁ נִשְׁמָתֵנוּ, עַד שֶׁנִּזְכֶּה לְהִתְעוֹרֵר בֶּאֱמֶת אֵלֶיךָ, וְלָשׁוּב בִּתְשׁוּבָה שְׁלֵמָה לְפָנֶיךָ בֶּאֱמֶת עַל כָּל עֲוֹנוֹתֵינוּ, עַד שֶׁנִּזְכֶּה לְהַעֲלוֹת הַכָּבוֹד דִּקְדֻשָּׁה מֵעֹמֶק הַגָּלוּת, מֵעִמְקֵי הַקְּלִפּוֹת, מִזִּלּוּתָא דְגָלוּתָא. וְנִזְכֶּה שֶׁיִּתְגַּדֵּל וְיִתְקַדֵּשׁ וְיִתְעַלֶּה וְיִתְרוֹמֵם כְּבוֹדְךָ הַגָּדוֹל וְהַקָּדוֹשׁ עַל יָדֵינוּ תָּמִיד, וְיִתְגַּלֶּה כְּבוֹדְךָ בְּכָל הָעוֹלָם כֻּלּוֹ. תָּאִיר אֶרֶץ

מִכְּבוֹדֶךָ, כְּמוֹ שֶׁכָּתוּב: "וְהָאָרֶץ הֵאִירָה מִכְּבוֹדוֹ" וִיקֻיַּם מִקְרָא שֶׁכָּתוּב: "וְנִגְלָה כְּבוֹד יְהֹוָה, וְרָאוּ כָל בָּשָׂר יַחְדָּו, כִּי פִּי יְהֹוָה דִּבֵּר".

וְנִזְכֶּה לְהַעֲלוֹת הַכָּבוֹד לְשֹׁרֶשׁ הַיִּרְאָה, וְיִהְיוּ נִשְׁלָמִים פְּגָמֵי הַיִּרְאָה, וְנִזְכֶּה לְיִרְאָה בִּשְׁלֵמוּת, לְיִרְאָה אֶת "הַשֵּׁם הַנִּכְבָּד וְהַנּוֹרָא" הַזֶּה אֶת יְהֹוָה אֱלֹהֵינוּ. וְנִזְכֶּה לְיִרְאָה עִלָּאָה, יִרְאַת הָרוֹמְמוּת, וְלֹא יִהְיֶה לָנוּ שׁוּם יִרְאָה וָפַחַד מִשּׁוּם דָּבָר שֶׁבָּעוֹלָם. כִּי אִם מִמְּךָ לְבַד נִירָא וְנִפְחַד תָּמִיד, וְתִהְיֶה יִרְאָתְךָ עַל פָּנֵינוּ לְבִלְתִּי נֶחֱטָא כְּלָל מֵעַתָּה וְעַד עוֹלָם.

וְעַל יְדֵי הַיִּרְאָה תְּזַכֵּנוּ לְשָׁלוֹם שֶׁיִּהְיֶה שָׁלוֹם בַּעֲצָמֵינוּ. וְהַגּוּף יִתְבַּטֵּל וְיִהְיֶה נִכְלָל בְּתוֹךְ הַנְּשָׁמָה הַקְּדוֹשָׁה לַעֲשׂוֹת רְצוֹנְךָ בֶּאֱמֶת תָּמִיד. וְנִזְכֶּה לִתְפִלָּה בִּשְׁלֵמוּת, וְתִשְׁמַע תְּפִלָּתֵנוּ תָּמִיד, וְתַמְשִׁיךְ שָׁלוֹם בָּעוֹלָם. וּבְרַחֲמֶיךָ הָרַבִּים תָּשִׂים שָׁלוֹם בְּפַמַּלְיָא שֶׁל מַעְלָה וּבְפַמַּלְיָא שֶׁל מַטָּה, וּתְבַטֵּל אֶת כָּל מִינֵי מַחֲלֹקֶת מִן הָעוֹלָם, כִּי אַתָּה יְהֹוָה לְבַדְּךָ יָדַעְתָּ כַּמָּה רָעוֹת וְקִלְקוּלִים גּוֹרְמִים, חַס וְשָׁלוֹם, הַמַּחֲלֹקֶת שֶׁיֵּשׁ עַכְשָׁו וּבִפְרַט עֹצֶם הַמַּחֲלֹקֶת שֶׁיֵּשׁ עַכְשָׁו בֵּין הַצַּדִּיקִים וּבֵין הַכְּשֵׁרִים שֶׁבַּדּוֹר, עַד אֲשֶׁר חָלַק לֵב כָּל אֶחָד וְאֶחָד מֵחֲבֵרוֹ.

אָנָּא יְהוָֹה, רַחֵם עָלֵינוּ בְּרַחֲמֶיךָ הָרַבִּים וּתְגַלֶּה הָאֱמֶת בָּעוֹלָם, וְתָשִׂים שָׁלוֹם בֵּין עַמְּךָ יִשְׂרָאֵל לְעוֹלָם, וְתַשְׁפִּיעַ שָׁלוֹם בְּכָל הָעוֹלָמוֹת עַד שֶׁיִּמְשַׁךְ הַשָּׁלוֹם גַּם בָּעוֹלָם הַזֶּה הַגַּשְׁמִי, וְכָל הַבְּרוּאִים יְרַחֲמוּ זֶה עַל זֶה, וְיִהְיֶה הַשָּׁלוֹם גָּדוֹל בֵּין כָּל הַבְּרוּאִים שֶׁבָּעוֹלָם:

וְעָזְרֵנוּ בְּרַחֲמֶיךָ הָרַבִּים, שֶׁנִּזְכֶּה לְקַיֵּם מִצְוַת הַדְלָקַת נֵר חֲנֻכָּה בִּזְמַנּוֹ בִּשְׁלֵמוּת כָּרָאוּי בִּקְדֻשָּׁה וּבְטָהֳרָה וּבְכַוָּנָה גְּדוֹלָה וַעֲצוּמָה כָּרָאוּי. וְנִזְכֶּה לְתַקֵּן כָּל הַתִּקּוּנִים הָאֵלֶּה שֶׁהִזְכַּרְנוּ לְפָנֶיךָ עַל־יְדֵי מִצְוַת נֵר חֲנֻכָּה. וְיֵחָשֵׁב לְפָנֶיךָ קִיּוּם מִצְוָתֵנוּ כְּאִלּוּ קִיַּמְנוּהָ בְּכָל פְּרָטֶיהָ וְדִקְדּוּקֶיהָ וְכַוָּנוֹתֶיהָ וְתַרְיַ"ג מִצְוֹת הַתְּלוּיִם בָּהּ. וְיָאִירוּ לְפָנֶיךָ אוֹר קְדֻשַּׁת מִצְוָתֵנוּ בְּכָל הָעוֹלָמוֹת כֻּלָּם. וְנִזְכֶּה לְתַקֵּן כָּל הָעוֹלָמוֹת כֻּלָּם, עַל־יְדֵי קִיּוּם מִצְוָה זוֹ. וְעַל־יְדֵי קִיּוּם כָּל הַמִּצְוֹת דְּאוֹרַיְתָא וּדְרַבָּנָן שֶׁתְּזַכֵּנוּ בְּרַחֲמֶיךָ לְקַיֵּם כֻּלָּם בְּאַהֲבָה וּבְיִרְאָה וּבְשִׂמְחָה גְּדוֹלָה וּבִשְׁלֵמוּת גְּדוֹלָה, עַד שֶׁנִּזְכֶּה לְהַמְשִׁיךְ שָׁלוֹם מֵאִתְּךָ בְּכָל הָעוֹלָמוֹת כֻּלָּם. וִיקֻיַּם מִקְרָא שֶׁכָּתוּב: "יְהוָֹה עֹז לְעַמּוֹ יִתֵּן יְהוָֹה יְבָרֵךְ אֶת עַמּוֹ בַשָּׁלוֹם". עוֹשֶׂה שָׁלוֹם בִּמְרוֹמָיו הוּא בְּרַחֲמָיו יַעֲשֶׂה שָׁלוֹם עָלֵינוּ וְעַל כָּל יִשְׂרָאֵל וְאִמְרוּ אָמֵן:

טו

יְהִי רָצוֹן מִלְּפָנֶיךָ יְהֹוָה אֱלֹהֵינוּ וֵאלֹהֵי אֲבוֹתֵינוּ, הָאֵל הַגָּדוֹל הַגִּבּוֹר וְהַנּוֹרָא, אֲשֶׁר יִרְאָתְךָ וְאֵימָתְךָ עַל כָּל שִׁנְאַנֵּי שַׁחַק וְעַל כָּל הַשְּׂרָפִים וְאוֹפַנִּים וְחַיּוֹת הַקֹּדֶשׁ וְעַל כָּל הָעוֹלָמוֹת כֻּלָּם, וְעַל כָּל בְּרוּאֵי מַעְלָה וּמַטָּה, כֻּלָּם יִרְעֲדוּן וְיִפְחֲדוּן מֵאֵימַת שְׁמֶךָ. וּבְכֵן רַחֵם עָלַי בְּרַחֲמֶיךָ, עַל עֶצֶב נִבְזֶה וְנִמְאָס כָּמוֹנִי, שֶׁתַּמְשִׁיךְ עָלַי יִרְאָתְךָ הַקְּדוֹשָׁה תָּמִיד וְתִהְיֶה יִרְאָתְךָ עַל פָּנַי לְבִלְתִּי אֶחֱטָא, וְאֶזְכֶּה לְהַרְגִּישׁ יִרְאָתְךָ הַקְּדוֹשָׁה בְּכָל אֵיבָרַי:

אָנָּא יְהֹוָה, זַכֵּנִי בְּרַחֲמֶיךָ הָרַבִּים וַחֲסָדֶיךָ הָעֲצוּמִים לְבַל אֲאַבֵּד אֶת עוֹלָמִי, חַס וְשָׁלוֹם, וְלֹא אִיגַע לָרִיק וְלֹא אֵלֵד לַבֶּהָלָה. וְאֶזְכֶּה לְהִסְתַּכֵּל עַל עַצְמִי תָּמִיד, וּלְיַשֵּׁב דַּעְתִּי הֵיטֵב הֵיטֵב מָה אֲנִי עוֹשֶׂה בָּעוֹלָם הַזֶּה – עוֹלָם הָעוֹבֵר כְּהֶרֶף עַיִן. וְלַחֲשֹׁב דְּרָכַי, וְלִשְׁפֹּט בְּעַצְמִי אֶת כָּל הַמַּעֲשִׂים, אֲשֶׁר אֲנִי עוֹשֶׂה בְּכָל עֵת וּבְכָל יוֹם וּבְכָל שָׁעָה, לְהִשָּׁפֵט בְּעַצְמִי עֲלֵיהֶם בְּכָל עֵת אִם אֲנִי עוֹשֶׂה כְּהֹגֶן אִם לָאו, חַס וְשָׁלוֹם, לְמַעַן אֶזְכֶּה עַל יְדֵי זֶה לְרַחֵם עַל עַצְמִי וְלָשׁוּב מִמַּעֲשַׂי הָרָעִים וּמִמַּחְשְׁבוֹתַי הַמְגֻנּוֹת. לִהְיוֹת סוּר מֵרָע בֶּאֱמֶת הֵן בְּמַחֲשָׁבָה הֵן בְּדִבּוּר הֵן בְּמַעֲשֶׂה, וְלַעֲשׂוֹת רַק הַטּוֹב

בְּעֵינֶיךָ תָּמִיד:

אָנָּא יְהֹוָה חֲמֹל עָלַי בְּחֶמְלָתְךָ, חוּס עָלַי בְּרַחֲמֶיךָ הַגְּדוֹלִים, חוּס וְחָנֵּנִי וְרַחֵם עָלֵינוּ וּרְאֵה שִׁפְלוּתֵנוּ וַעֲנִיּוּתֵנוּ, כִּי בְּצָרָה גְדוֹלָה אֲנַחְנוּ, יוֹתֵר וְיוֹתֵר מִתּוֹעֶה בְּלֵב יָם וּמִשּׁוֹכֵב בְּרֹאשׁ חִבֵּל. לֹא יָדַעְתִּי נַפְשִׁי, לְהֵיכָן אָנוּס לְהֵיכָן אֶבְרַח, לְהֵיכָן אָעוּף לִשְׁכֹּן, לְהִנָּצֵל מִצָּרוֹת נַפְשִׁי הַמְּרֻבִּים מְאֹד מְאֹד. וְלֹא יָדַעְתִּי כְּלָל לִמְצוֹא אֵיזֶה דֶּרֶךְ אֵיךְ לִצְעֹק וְלִזְעֹק אֵלֶיךָ. כִּי זֶה יָמִים וְשָׁנִים אֲשֶׁר אֲנִי עוֹסֵק לִקְרֹא אֵלֶיךָ לְעוֹרֵר חֲסָדֶיךָ לְגַלּוֹת רַחֲמֶיךָ, שֶׁתְּזַכֵּנִי לָצֵאת מֵרַע לְטוֹב מֵחֹשֶׁךְ לְאוֹר, שֶׁתַּעַזְרֵנִי לַעֲזוֹב דַּרְכֵּי הָרַע וּמַחְשְׁבוֹתַי הַמְגֻנּוֹת מְאֹד, כַּאֲשֶׁר לִמַּדְתָּנוּ עַל יְדֵי צַדִּיקֶיךָ הָאֲמִתִּיִּים שֶׁהַתְּפִלָּה מוֹעִילָה לְכָל דָּבָר, וְעִקַּר הַהִתְקָרְבוּת אֵלֶיךָ בֶּאֱמֶת הוּא עַל יְדֵי תְּפִלָּה, וְאַתָּה שׁוֹמֵעַ תְּפִלַּת כָּל פֶּה, וַאֲפִלּוּ קוֹל צְעָקָה מִבֶּטֶן שְׁאוֹל, מִמַּעֲמַקֵּי עֲמָקִים אַתָּה שׁוֹמֵעַ בְּרַחֲמֶיךָ, וְלָמָּה לֹא תַטֶּה אָזְנְךָ לִשְׁמֹעַ אֶת דִּבְרֵי עַבְדְּךָ הָעוֹמֵד לְפָנֶיךָ, הַצּוֹעֵק אֵלֶיךָ זֶה זְמַן רַב, וְלֹא דַי שֶׁאֵינִי זוֹכֶה לְהֵיטִיב מַעֲשַׂי בְּכָל יוֹם, אַף גַּם בְּכָל יוֹם וָיוֹם צָרַת נַפְשִׁי מְרֻבָּה מֵחֲבֵרוֹ, וְאֵינִי יוֹדֵעַ כְּלָל מַה אֶעֱשֶׂה, אֵיזֶה עֵצָה וְתַחְבּוּלָה אֲבַקֵּשׁ, לְהַמְשִׁיךְ עָלַי כֹּחַ הַקְּדֻשָּׁה, שֶׁאֶזְכֶּה לְהִתְגַּבֵּר וְלִכְבֹּשׁ אֶת יִצְרִי הָרָע, וְלָכוֹף וּלְשַׁבֵּר וּלְבַטֵּל

אֶת תַּאֲווֹתַי כִּי אֵין לִי שׁוּם דֶּרֶךְ לָנוּס מִמַּה שֶּׁאֲנִי צָרִיךְ לָנוּס, לְהַצִּיל אֶת נַפְשִׁי מִדִּינָהּ שֶׁל גֵּיהִנֹּם, כִּי אִם עַל־יְדֵי תְּפִלָּה וְתַחֲנוּנִים וּצְעָקָה וְשַׁוְעָה וּזְעָקָה אֵלֶיךָ, וְגַם זֶה נִמְנַע מִמֶּנִּי, כִּי אֵיךְ יִזְכֶּה נִרְדָּף וּמֻכֶּה, מְמֻשָּׁךְ וּמְמֹרָט כָּמוֹנִי, לִתְפִלָּה וּצְעָקָה בֶּאֱמֶת כָּרָאוּי. רַק אֲנִי מְחֻיָּב לִצְעֹק וּלְהִתְפַּלֵּל כְּפִי כֹּחִי, וְאִם גַּם זֶה אֵינוֹ מוֹעִיל לִי, חַס וְשָׁלוֹם, לֹא יָדַעְתִּי מַה לַּעֲשׂוֹת, אֵיךְ לְבַקֵּשׁ לִי מָנוֹס וּמִבְטָח:

רִבּוֹנוֹ שֶׁל עוֹלָם, אֱמֶת יָדַעְתִּי כִּי אֲנִי בְּעַצְמִי הַחַיָּב, וּבִי אֲדוֹנִי הֶעָוֹן, כִּי אֵינִי מִתְגַּבֵּר עַל תַּאֲווֹתַי אֲפִלּוּ שָׁעָה קְטַנָּה. וּבַעֲווֹנוֹתַי הָרַבִּים הָיִיתִי כְּמִי שֶׁמּוֹשֵׁךְ עַל עַצְמוֹ אֶת הַתַּאֲווֹת, חַס וְשָׁלוֹם. וְלֹא דַי שֶׁלֹּא הִשְׁתַּדַּלְתִּי לְגָרְשָׁם וּלְהִתְגַּבֵּר עֲלֵיהֶם, אַף גַּם מְשַׁכְתִּים עָלַי רַחֲמָנָא לִצְלָן מֵעַתָּה. אַךְ הֲלֹא גַּם עַל זֶה כְּבָר בִּקַּשְׁתִּי מִלְּפָנֶיךָ, וְהִפַּלְתִּי תְּחִנָּתִי לִפְנֵי חֲסָדֶיךָ הָאֲמִתִּיִּים, שֶׁתִּמָּלֵא רַחֲמִים עָלַי וְתַצִּילֵנִי בְּרַחֲמֶיךָ מִמֶּנִּי בְּעַצְמִי לְבַל אֶהְיֶה עוֹד אַכְזָר עַל נַפְשִׁי הָאֻמְלָלָה מְאֹד. וְאֶזְכֶּה לְרַחֵם עַל עַצְמִי כִּי אֵין רַחֲמָנוּת בָּעוֹלָם כְּמוֹ הָרַחֲמָנוּת שֶׁיֵּשׁ עַל מִי שֶׁנִּתְרַחֵק מִמְּךָ, וַעֲדַיִן אֵינוֹ זוֹכֶה לְהִתְקָרֵב אֵלֶיךָ בֶּאֱמֶת כַּאֲשֶׁר אַתָּה יָדַעְתָּ בֶּאֱמֶת:

יְהוָֹה אֱלֹהַי, רוֹפֵא חוֹלִים מַתִּיר אֲסוּרִים סוֹמֵךְ נוֹפְלִים, שׁוֹמֵעַ אֶנְקַת אֶבְיוֹנִים, חֲמֹל עָלַי וְאַל תַּעַזְבֵנִי וְאַל תִּטְּשֵׁנִי. רְאֵה "עָנְיִי וּמְרוּדִי לַעֲנָה וָרֹאשׁ", וַאֲנִי יָדַעְתִּי גּוֹאֲלִי חַי וְאַתָּה חוֹשֵׁב מֵרָחוֹק לְהֵיטִיב אַחֲרִיתִי, וּלְהָשִׁיב אֶת שְׁבוּתִי. עֲנֵנִי יְהוָֹה עֲנֵנִי. עָזְרֵנִי עָזְרֵנִי. חָנֵּנִי חָנֵּנִי. הוֹשִׁיעֵנִי הוֹשִׁיעֵנִי. תֶּן לִי חֲנִינָה וְלֹא אֹבַד. זַכֵּנִי וְעָזְרֵנִי לָשׁוּב אֵלֶיךָ בֶּאֱמֶת בִּתְשׁוּבָה שְׁלֵמָה, וְעֵשֶׂה אֶת אֲשֶׁר בְּחֻקֶּיךָ אֵלֵךְ וְאֶת מִשְׁפָּטֶיךָ אֶשְׁמֹר.

וְזַכֵּנִי לְמִשְׁפָּט דִּקְדֻשָּׁה בֶּאֱמֶת, שֶׁאֶזְכֶּה לְיַשֵּׁב דַּעְתִּי בְּכָל יוֹם תָּמִיד וְאֶשְׁפֹּט אֶת עַצְמִי הֵיטֵב. וְאָדוּן בְּעַצְמִי אֶת כָּל הָעֲסָקִים וְהָעִנְיָנִים וְהַמַּעֲשִׂים אֲשֶׁר אֲנִי עוֹשֶׂה, אִם כָּךְ רָאוּי לִי לַעֲשׂוֹת, לְבַלּוֹת יָמַי בְּמַעֲשִׂים כָּאֵלֶּה, חַס וְשָׁלוֹם. וְאֶזְכֶּה לֶאֱחֹז אֶת דַּעְתִּי הֵיטֵב זְמַן מְסֻיָּם בְּיִשּׁוּב הַדַּעַת הַזֶּה וּבְמִשְׁפָּט הַזֶּה, וְלֹא אָנִיחַ אֶת דַּעְתִּי וּמַחֲשַׁבְתִּי לִבְרֹחַ מִזֶּה מְהֵרָה, רַק אֶזְכֶּה לִכְנוֹס בְּיִשּׁוּב הַדַּעַת הַזֶּה וּבְמִשְׁפָּט הַזֶּה הֵיטֵב הֵיטֵב. עַד שֶׁאֶזְכֶּה שֶׁיִּתְחַזֵּק יִשּׁוּב דַּעְתִּי בֶּאֱמֶת בְּתֹקֶף גָּדוֹל וּבְהִתְגַּבְּרוּת חֲזָקָה, בְּאֹפֶן שֶׁאֶזְכֶּה לָסוּר וְלָשׁוּב מֵעַתָּה תֵּכֶף וּמִיָּד מִכָּל הַמַּעֲשִׂים הָרָעִים וּמִכָּל הַמַּחֲשָׁבוֹת הָרָעוֹת וְלֶאֱחֹז רַק בְּמַעֲשִׂים טוֹבִים תָּמִיד:

וְעַל־יְדֵי־זֶה תְּזַכֵּנִי בְּרַחֲמֶיךָ לְיִרְאָה שְׁלֵמָה, "לְיִרְאָה אֶת הַשֵּׁם הַנִּכְבָּד וְהַנּוֹרָא" הַזֶּה אֶת יְהֹוָה אֱלֹהֵינוּ. וּתְהִיֶה יִרְאָתִי בָּרָה וּנְקִיָּה בְּלִי שׁוּם פְּסֹלֶת, וְיִהְיֶה לִי רַק יִרְאַת יְהֹוָה לְבַד. וְתַגְדִּל חַסְדְּךָ עִמִּי וְתַמְתִּיק וּתְבַטֵּל מֵעָלַי וּמֵעַל זַרְעִי וּמֵעַל כָּל עַמְּךָ בֵּית יִשְׂרָאֵל כָּל מִינֵי דִּינִים שֶׁבָּעוֹלָם. וְאַל תְּדִינֵנִי כְּמַעֲשַׂי, וְאַל תִּשְׁפְּטֵנִי כְּמִפְעָלַי, אַל תָּבוֹא בְּמִשְׁפָּט עִמִּי "כִּי לֹא יִצְדַּק לְפָנֶיךָ כָּל חָי", רַק תִּגְזֹר בַּחֲסָדֶיךָ הַגְּדוֹלִים וְהַמְרֻבִּים לְבַטֵּל מֵעָלַי כָּל הַמִּשְׁפָּטִים וְכָל הַדִּינִים שֶׁבָּעוֹלָם, שֶׁלֹּא יִהְיֶה לָהֶם שׁוּם פִּתְחוֹן פֶּה לְעוֹרֵר דִּין וּמִשְׁפָּט, חַס וְשָׁלוֹם. רַק תְּזַכֵּנִי שֶׁאֲנִי בְּעַצְמִי אֶשְׁפֹּט עַצְמִי הֵיטֵב בְּכָל עֵת, לְעוֹרֵר עַצְמִי לִתְשׁוּבָה שְׁלֵמָה בֶּאֱמֶת תָּמִיד, עַד שֶׁאֶזְכֶּה לִהְיוֹת כִּרְצוֹנְךָ הַטּוֹב בֶּאֱמֶת לַאֲמִתּוֹ.

וְתַצִּילֵנוּ בְּרַחֲמֶיךָ הָרַבִּים מִכָּל מִינֵי יִרְאוֹת הַחִיצוֹנִיּוֹת, מִיִּרְאוֹת נְפוּלוֹת, שֶׁלֹּא אִירָא וְאֶפְחַד מִשּׁוּם שַׂר וְאָדוֹן, וְלֹא מִשּׁוּם מִין חַיָּה רָעָה וְלִסְטִים, וְלֹא מִשּׁוּם דָּבָר שֶׁבָּעוֹלָם, כִּי אִם מִמְּךָ לְבַד אִירָא וְאֶפְחַד. וּתְהִיֶה יִרְאָתְךָ עַל פָּנַי תָּמִיד לְבִלְתִּי אֶחֱטָא, וְאֶזְכֶּה לְהַעֲלוֹת הַיִּרְאָה לְשָׁרְשָׁהּ לְדַעַת הַקָּדוֹשׁ. וְאֶזְכֶּה בְּרַחֲמֶיךָ הָעֲצוּמִים לְהַשְׁלִים דַּעְתִּי בִּשְׁלֵמוּת בִּקְדֻשָּׁה וּבְטָהֳרָה, לְמַעַן אֵדַע מִמִּי אֶתְיָרֵא לְיִרְאָה אֶת

שִׁמְךָ הַגָּדוֹל לְבַד. וְיֻמְשַׁךְ הַיִּרְאָה הַקְּדוֹשָׁה בְּכָל אֵיבָרַי בְּרַמַ"ח אֵיבָרַי וּבִשְׁסָ"ה גִידַי, וְאֶזְכֶּה לִהְיוֹת מָלֵא אֵימָה וָפַחַד וְיִרְאָה גְּדוֹלָה בֶּאֱמֶת מִשִּׁמְךָ הַגָּדוֹל וְהַקָּדוֹשׁ, בְּכָל עֵת וּבְכָל שָׁעָה תָּמִיד. וּתְזַכֵּנִי בְּרַחֲמֶיךָ הָרַבִּים לְדַעַת שָׁלֵם בֶּאֱמֶת בִּקְדֻשָּׁה וּבְטָהֳרָה:

יְהֹוָה אֱלֹהִים אַתָּה יָדַעְתָּ אֶת גֹּדֶל פְּחִיתוּת וְשִׁפְלוּת וּפְגַם דַּעְתֵּנוּ. כִּי דַעְתֵּנוּ נִפְגְּמָה וְנִתְקַלְקְלָה מְאֹד עַל־יְדֵי מַעֲשֵׂינוּ הָרָעִים וּמַחְשְׁבוֹתֵינוּ הַמְגֻנּוֹת וְדֵעוֹתֵינוּ הַמְבֻלְבָּלוֹת מְאֹד, עַד אֲשֶׁר אֵין אָנוּ יוֹדְעִים כְּלָל לָתֵת עֵצָה בְּנַפְשֵׁנוּ אֵיךְ לְהִתְנַהֵג בְּשׁוּם דָּבָר שֶׁבָּעוֹלָם. אָנָּא יְהֹוָה, מָלֵא רַחֲמִים, חֲמֹל עָלַי וְחָנֵּנִי מֵאִתְּךָ דֵּעָה שְׁלֵמָה, שֶׁאֶזְכֶּה לְדַעַת שָׁלֵם דִּקְדֻשָּׁה, לְמַעַן אֵדַע אֶת שִׁמְךָ בֶּאֱמֶת, וְאִירָא מִמְּךָ תָּמִיד, וְאֶזְכֶּה לְיִרְאָה עִלָּאָה יִרְאַת הָרוֹמְמוּת:

וּבְכֵן תְּזַכֵּנִי בְּרַחֲמֶיךָ הָרַבִּים, שֶׁאֶזְכֶּה לַעֲסֹק בְּתוֹרָתְךָ הַקְּדוֹשָׁה תָּמִיד יוֹמָם וָלַיְלָה, וְתִפְתַּח אֶת דַּעְתִּי וְתָאִיר עֵינַי בְּתוֹרָתֶךָ. וְאֶזְכֶּה לִלְמֹד תּוֹרָתְךָ הַקְּדוֹשָׁה בְּשֵׂכֶל צַח וְזַךְ. וְאֶזְכֶּה לֵידַע וּלְהָבִין בִּמְהִירוּת גָּדוֹל בְּכָל מָקוֹם שֶׁאֲנִי לוֹמֵד. וְלֹא יִהְיֶה כֹּחַ לְשׁוּם מְבַלְבֵּל לְבַלְבֵּל אֶת דַּעְתִּי, חַס וְשָׁלוֹם, בִּשְׁעַת לִמּוּדִי בְּשׁוּם בִּלְבּוּל שֶׁבָּעוֹלָם, הֵן מַחְשָׁבוֹת חוּץ מַחֲשָׁבוֹת זָרוֹת

מֵהֶבְלֵי עוֹלָם, הֵן בִּלְבּוּלִים וְעִרְבּוּבִים וְעַקְמוּמִיּוּת בְּעִנְיַן הַלִּמּוּד בְּעַצְמוֹ, מִכֻּלָּם תַּצִּיל אוֹתִי אָבִי שֶׁבַּשָּׁמַיִם בְּרַחֲמֶיךָ הָרַבִּים. רַק אֶזְכֶּה לְהִתְגַּבֵּר בְּרַחֲמֶיךָ לְסַלֵּק וּלְבַטֵּל מֵעָלַי כָּל מִינֵי בִּלְבּוּלִים וְעַקְמוּמִיּוּת שֶׁבָּעוֹלָם בִּשְׁעַת הַלִּמּוּד, וְאֶזְכֶּה לִלְמֹד הַרְבֵּה בִּמְהִירוּת גָּדוֹל, בְּשֵׂכֶל צַח וָזַךְ בֶּאֱמֶת. וְאֶזְכֶּה לְהַתְחִיל וְלִגְמֹר כָּל סִפְרֵי הַתּוֹרָה הַקְּדוֹשָׁה שֶׁבִּכְתָב וּבְעַל פֶּה, וְלִלְמֹד אוֹתָם כַּמָּה פְּעָמִים.

אָנָּא יְהוָֹה, מָלֵא רַחֲמִים, אַתָּה יָדַעְתָּ אֶת עֹצֶם הַבִּלְבּוּלִים וְהָעִרְבּוּבִים שֶׁמְּעָרְבְּבִים וּמְסַבְּבִים וּמְבַלְבְּלִים אֶת דַּעְתִּי תָּמִיד וּבִפְרָט בְּעֵת לִמּוּדִי, עַד שֶׁלֹּא זָכִיתִי עַד הֵנָּה לִלְמֹד שָׁעָה קַלָּה בְּמַחֲשָׁבָה זַכָּה וּנְכוֹנָה וְכָל הַיּוֹם כֻּלּוֹ אֲפִלּוּ בְּעֵת לִמּוּדִי דַּעְתִּי מְבֻלְבֶּלֶת וּמְטֹרֶפֶת מְאֹד בְּכַמָּה מִינֵי בִּלְבּוּלִים וְעִרְבּוּבִים וּמַחֲשָׁבוֹת שֶׁל שְׁטוּת וְעַקְמִימוּת הַלֵּב, אַלְפֵי אֲלָפִים וְרִבֵּי רְבָבוֹת, בְּלִי שִׁעוּר וָעֵרֶךְ בְּכָל עֵת וּבְכָל שָׁעָה, וְאֵין אֲנִי יוֹדֵעַ לְהֵיכָן אֶבְרַח לְהַצִּיל אֶת נַפְשִׁי מֵהֶם:

יְהוָֹה אֱלֹהִים, אַתָּה יָדַעְתָּ, אַתָּה יָדַעְתָּ אֶת פִּזּוּר דַּעְתֵּנוּ, כִּי פָּגַמְנוּ וְקִלְקַלְנוּ אֶת דַּעְתֵּנוּ מְאֹד, וְזֶה יָמִים וְשָׁנִים אֲשֶׁר דַּעְתִּי מְפֻזֶּרֶת מְאֹד וּמְשׁוֹטֶטֶת

בְּכָל עֵת בִּשְׁטוּתִים וּבִלְבּוּלִים וּבְהִרְהוּרִים רָעִים וּבְכַמָּה מִינֵי פְּגָמִים, אֲשֶׁר אִי אֶפְשָׁר לְבָאֵר וּלְפָרֵשׁ כְּלָל. אִם אָמַרְתִּי אֲסַפְּרָה כְּמוֹ אֶפֶס קָצֶה מֵעֹצֶם בִּלְבּוּל עֲכִירַת הַדַּעַת יִכְלֶה הַזְּמַן. וְכָל הָעֵצוֹת טוֹבוֹת שֶׁגִּלִּיתָ לָנוּ עַל-יְדֵי צַדִּיקֵי אֱמֶת, אֵיךְ לְהִנָּצֵל מֵהֶם, בְּשֵׁב וְאַל תַּעֲשֶׂה, מָרַדְנוּ בָּהֶם וְלֹא קִיַּמְנוּם. עַד שֶׁבַּעֲווֹנוֹתֵינוּ הָרַבִּים קִלְקַלְנוּ וּפָגַמְנוּ מְאֹד בְּכָל הָעֵצוֹת טוֹבוֹת שֶׁגִּלִּיתָ לָנוּ כְּבָר, וַאֲשֶׁר אַתָּה מְגַלֶּה לָנוּ וּמְרַמֵּז לָנוּ בְּכָל עֵת עֵצוֹת יְשָׁרוֹת אֵיךְ לְהִנָּצֵל מִבִּלְבּוּל וּפִזּוּר דַּעְתֵּנוּ. כִּי לֹא הָיִיתִי מִתְגַּבֵּר כְּלָל לְקַיְּמָם עַד אֲשֶׁר נִתְבַּלְבְּלָה וְנִתְפַּזְּרָה דַּעְתֵּנוּ כָּל כָּךְ, שֶׁאֲפִלּוּ בְּשָׁעָה שֶׁאֲנַחְנוּ רוֹצִים לְהִתְגַּבֵּר וְלַעֲזֹב מַחְשְׁבוֹתֵינוּ הָרָעוֹת, וְלֶאֱחֹז בְּדַרְכֵי עֵצוֹתֶיךָ הַטּוֹבוֹת, שׁוּב אֵין אָנוּ יְכוֹלִים כְּלָל לְהַחֲזִיק מַחְשְׁבוֹתֵינוּ בִּמְנוּחָה, בִּקְדֻשָּׁה וּבְטָהֳרָה אֲפִלּוּ זְמַן מוּעָט:

יְהֹוָה אֱלֹהִים, אָבִינוּ שֶׁבַּשָּׁמַיִם, רַחֲמָן הָאֱמֶת, מָלֵא רַחֲמִים בְּכָל עֵת וּבְכָל רֶגַע תָּמִיד. אַתָּה יָדַעְתָּ כַּמָּה אֲנַחְנוּ רְחוֹקִים עַכְשָׁו מִקְּדֻשַּׁת הַמַּחֲשָׁבָה וּמִשְּׁלֵמוּת הַדַּעַת, וּכְבָר כָּלִינוּ שְׁנוֹתֵינוּ בְּהֶבֶל וָרִיק, בְּבִלְבּוּל הַדַּעַת וּבְמַחֲשָׁבוֹת רָעוֹת וּפְגוּמוֹת מְאֹד בְּכָל עֵת וּבְכָל שָׁעָה, וַעֲדַיִן לֹא זָכִינוּ לְיִשּׁוּב הַדַּעַת כָּרָאוּי בֶּאֱמֶת אֲפִלּוּ שָׁעָה אַחַת מִנְּעוּרֵינוּ עַד הַיּוֹם הַזֶּה, כִּי

חָטָאנוּ עָוִינוּ וּפָשַׁעְנוּ מְאֹד וּפָגַמְנוּ בְּהַבְּרִית קֹדֶשׁ, אֲשֶׁר עַל־יְדֵי־זֶה נִטְרַף וְנִתְבַּלְבֵּל דַּעְתֵּנוּ מְאֹד. וְאֵין אָנוּ יוֹדְעִים כְּלָל אֵיךְ לְהַחֲיוֹת אֶת עַצְמֵנוּ, וּבְאֵיזֶה דֶּרֶךְ נִזְכֶּה לָשׁוּב אֶל הַדַּעַת דִּקְדֻשָּׁה בִּשְׁלֵמוּת כָּרָאוּי בֶּאֱמֶת, כִּי קִלְקַלְנוּ וּפָגַמְנוּ בְּכָל הַדְּרָכִים וְהַשְּׁבִילִים שֶׁל הַדַּעַת דִּקְדֻשָּׁה:

אָנָּא יְהוָה, חֲמֹל עָלַי בְּרַחֲמֶיךָ הָרַבִּים חוּס וַחֲמֹל נָא עַל נַפְשִׁי הָאֻמְלָלָה מְאֹד, הַיְגֵעָה מְאֹד, הַחֲלוּשָׁה מְאֹד, הָרְעֵבָה וּצְמֵאָה מְאֹד, הַמֻּנַּחַת בְּמָקוֹם שֶׁמֻּנַּחַת, כַּאֲשֶׁר אַתָּה לְבַד יָדַעְתָּ גֹּדֶל עֹצֶם הָרַחֲמָנוּת אֲשֶׁר עָלֵינוּ בָּעֵת הַזֹּאת, בְּעִקְבְתָא דִמְשִׁיחָא בְּעֹמֶק הַגָּלוּת. צָרוֹת נַפְשֵׁנוּ הִרְחִיבוּ מְאֹד בְּלִי שִׁעוּר וָעֵרֶךְ, אֲשֶׁר אִי אֶפְשָׁר לְבָאֵר וּלְסַפֵּר כְּלָל חֵלֶק אֶחָד מֵאֶלֶף וּרְבָבָה מֵהֶם. אָבִינוּ שֶׁבַּשָּׁמַיִם עָזְרֵנוּ, אָבִינוּ שֶׁבַּשָּׁמַיִם חָנֵּנוּ, אָבִינוּ שֶׁבַּשָּׁמַיִם, אֵין אָנוּ יוֹדְעִים כְּלָל מַה לְּדַבֵּר, וּבְאֵיזֶה דֶּרֶךְ נִזְכֶּה לְרַצּוֹת וּלְפַיֵּס אוֹתְךָ, אַחַר שֶׁנִּאַצְנוּ עֲצוֹתֶיךָ הָעֶלְיוֹנוֹת וּמָרַדְנוּ נֶגְדְּךָ הַרְבֵּה מְאֹד:

רִבּוֹנוֹ שֶׁל עוֹלָם, אַתָּה יָדַעְתָּ כִּי כָל דִּבּוּרַי וּבַקָּשׁוֹתַי וְתַחֲנוּנוֹתַי וְכָל מַה שֶּׁאֲנִי מְצַפֶּה וּמְקַוֶּה וּמְיַחֵל עֲדַיִן לִישׁוּעָתְךָ בֶּאֱמֶת כְּהֶרֶף עַיִן בְּכֻלָּם אֵין לִי שׁוּם סְמִיכָה וּמִבְטָח וּמָנוֹס כִּי אִם בְּכֹחַ הַצַּדִּיקֵי אֱמֶת,

אֲשֶׁר זִכִּיתָ אוֹתָנוּ בְּכָל הַדּוֹרוֹת וְגַם בַּדּוֹר הַזֶּה זִכִּיתָ אוֹתָנוּ לְצַדִּיקִים אֲמִתִּיִּים גְּדוֹלִים וְנוֹרָאִים אֲשֶׁר נִקְרָא שְׁמָם עָלֵינוּ, וְעַל כֹּחָם הַגָּדוֹל לְבַד נִשְׁעָנְנוּ. וּבְכֵן יֶהֱמוּ נָא מֵעֶיךָ עָלֵינוּ יֶהֱמוּ וְיִכָּמְרוּ רַחֲמֶיךָ הָעֲצוּמִים עָלֵינוּ, עַל מִרְדָּף בְּלִי חָשַׂךְ כָּמוֹנוּ, עַל עָנִי וְכוֹאֵב, נִכְאֵה לֵבָב כָּמוֹנוּ. וְעָזְרֵנוּ בְּרַחֲמֶיךָ הָרַבִּים בְּכֹחַ וּזְכוּת הַצַּדִּיקֵי אֱמֶת, שֶׁאֶזְכֶּה לְהִתְגַּבֵּר עַל כָּל מַחְשְׁבוֹתַי הָרָעוֹת, וְאֶזְכֶּה לְהַשְׁלִים דַּעְתִּי בִּקְדֻשָּׁה וּבְטָהֳרָה בְּרַחֲמֶיךָ הָרַבִּים. וּתְזַכֵּנִי לִלְמֹד וְלַהֲגוֹת בְּתוֹרָתְךָ הַקְּדוֹשָׁה תָּמִיד יוֹמָם וָלַיְלָה, וְאֶזְכֶּה לִלְמֹד בִּמְהִירוּת גְּדוֹלָה בְּלִי שׁוּם בִּלְבּוּלִים כְּלָל, וְאֶזְכֶּה שֶׁיִּזְדַּכֵּךְ מֹחִי וְיִהְיֶה מֹחִי וְשִׂכְלִי זַךְ וָצַח וְנָקִי בְּלִי שׁוּם פְּסֹלֶת כְּלַל, וְיִהְיֶה מֹחִי וְשִׂכְלִי מָהִיר וְחָרִיף לְהָבִין הַדָּבָר עַל בֻּרְיוֹ בֶּאֱמֶת לַאֲמִתּוֹ בִּמְהִירוּת גָּדוֹל בְּלִי עִיּוּן כְּלָל.

וּתְרַחֵם עָלַי שֶׁאֶזְכֶּה לַעֲנָוָה וְשִׁפְלוּת אֲמִתִּי שֶׁלֹּא יַעֲלֶה בְּלִבִּי שׁוּם צַד גַּאֲוָה וּפְנִיּוֹת כְּלָל. וְגַם כַּאֲשֶׁר תְּזַכֵּנִי בְּרַחֲמֶיךָ לִלְמֹד תּוֹרָה הַרְבֵּה, אֶזְכֶּה לְבַל אַחֲזִיק טוֹבָה לְעַצְמִי כְּלָל, וְלֹא יַעֲלֶה בְּלִבִּי, חַס וְשָׁלוֹם, עַל־יְדֵי לִמּוּד הַתּוֹרָה שׁוּם פְּנִיּוֹת וְגַסּוּת הָרוּחַ כְּלָל. וְאֶזְכֶּה לִלְמֹד תּוֹרָה הַרְבֵּה לִשְׁמָהּ בִּקְדֻשָּׁה וּבְטָהֳרָה בַּעֲנָוָה וְשִׁפְלוּת בֶּאֱמֶת. וְאֶזְכֶּה לִלְמֹד וּלְלַמֵּד לִשְׁמֹר וְלַעֲשׂוֹת וּלְקַיֵּם אֶת כָּל דִּבְרֵי תוֹרָתֶךָ בְּאַהֲבָה:

וּבְכֵן תְּזַכֵּנִי בְּרַחֲמֶיךָ הָרַבִּים לִתְפִלָּה בֶּאֱמֶת בִּשְׁלֵמוּת כָּרָאוּי, וְאֶזְכֶּה לְהִתְפַּלֵּל כָּל הַיּוֹם כֻּלּוֹ בֶּאֱמֶת. וּתְעוֹרֵר אֶת לְבָבִי בְּרַחֲמֶיךָ הָרַבִּים שֶׁאֶזְכֶּה לִשְׁפֹּךְ שִׂיחִי לְפָנֶיךָ לְפָרֵשׁ שִׂיחָתִי לְפָנֶיךָ תָּמִיד בִּתְפִלָּה וְתַחֲנוּנִים, וְאֶת כָּל הַטּוֹב אֲשֶׁר נִסְתָּר וְנִצְפָּן בִּנְקֻדָּתִי הַטּוֹבָה אוּכַל לְהוֹצִיא לָאוֹר עַל־יְדֵי דִבּוּרֵי הַתְּפִלָּה וּתְחִנּוֹת וּבַקָּשׁוֹת בֶּאֱמֶת מֵעוּמְקָא דְלִבָּא, עַד שֶׁאֶזְכֶּה שֶׁיִּתְגַּלֶּה הַטּוֹב הַנֶּעְלָם וְהַנִּסְתָּר אֶצְלִי וְיִתְגַּבֵּר הַטּוֹב עַל הָרָע, עַד שֶׁאַכְנִיעַ וַאֲבַטֵּל אֶת הָרָע לְגַמְרֵי, עַד שֶׁאֶזְכֶּה לָצֵאת מֵרַע לְטוֹב מֵחֹשֶׁךְ לְאוֹר גָּדוֹל.

וּתְזַכֵּנִי בְּרַחֲמֶיךָ לְהִתְפַּלֵּל בִּמְסִירוּת נֶפֶשׁ בֶּאֱמֶת, וְאֶזְכֶּה לְבַטֵּל כָּל יֵשׁוּתִי וְגַשְׁמִיּוּתִי, וְלֹא אֶתְפַּלֵּל בִּשְׁבִיל תּוֹעֶלֶת עַצְמִי כְּלָל, רַק אֶזְכֶּה לְהִתְבַּטֵּל לְגַמְרֵי בִּשְׁעַת הַתְּפִלָּה כְּאִלּוּ אֵינֶנִּי בָּעוֹלָם כְּלָל, וְכָל כַּוָּנָתִי בַּתְּפִלָּה יִהְיֶה רַק לְשִׁמְךָ בֶּאֱמֶת לְהַעֲלוֹת הַשְּׁכִינָה מֵהַגָּלוּת, לְגַלּוֹת אֱלָהוּתְךָ בָּעוֹלָם.

וְכַאֲשֶׁר כְּבָר הִתְחַלְתָּ בְּרַחֲמֶיךָ וַחֲסָדֶיךָ הָרַבִּים לְגַלּוֹת אֱלָהוּתְךָ בָּעוֹלָם, וְלִמַּדְתָּנוּ עַל־יְדֵי צַדִּיקֶיךָ הָאֲמִתִּיִּים לְסַדֵּר שִׁירוֹת וְתִשְׁבָּחוֹת וּתְפִלּוֹת וְתַחֲנוּנִים לְפָנֶיךָ, וְהוֹרֵיתָ לָנוּ שְׁמוֹתֶיךָ הַקְּדוֹשִׁים, וְעָזַרְתָּ בְּחַסְדְּךָ לִסְמֹךְ אוֹתָנוּ בְּתָאֳרֶיךָ וּשְׁבָחֶיךָ, שֶׁיִּהְיֶה

לָנוּ רְשׁוּת וְכֹחַ לְכַנּוֹת וְלִקְרוֹת אוֹתְךָ בְּתָאֳרִים וּשְׁבָחִים, אֲשֶׁר עַל־יְדֵי־זֶה לְבַד יֵשׁ לָנוּ סְמִיכָה וְתִקְוָה לְהִתְקָרֵב אֵלֶיךָ בֶּאֱמֶת וְלָדַעַת אוֹתְךָ בְּלֵב שָׁלֵם. כֵּן בְּרַחֲמֶיךָ הָרַבִּים תְּזַכֶּה אוֹתָנוּ בְּכָל דּוֹר וָדוֹר. וּבִכְלַל יִשְׂרָאֵל תְּזַכֶּה אוֹתִי גַּם כֵּן וְתִתֶּן לִי דַּעַת אֲמִתִּי דִּקְדֻשָּׁה עַל־יְדֵי תּוֹרָתְךָ הַקְּדוֹשָׁה, שֶׁאֶזְכֶּה לְסַדֵּר שִׁירוֹת וְתִשְׁבָּחוֹת וּתְפִלָּה וְתַחֲנוּנִים לְפָנֶיךָ תָּמִיד כָּל יְמֵי חַיַּי בֶּאֱמֶת בֶּאֱמוּנָה וּבְדֵעָה נְכוֹנָה וּמְיֻשֶּׁבֶת. וְאֶזְכֶּה לְכַוֵּן אֶל הָאֱמֶת וּלְכַנּוֹת וְלִקְרוֹת אוֹתְךָ בְּתָאֳרִים וּשְׁבָחִים הֲגוּנִים הָרְאוּיִם לִקְרוֹת אוֹתְךָ בָּהֶם, בְּאֹפֶן שֶׁיַּעֲלוּ דִּבְרֵי תְחִנּוֹתַי וּבַקָּשׁוֹתַי וְשִׁירוֹת וְתִשְׁבָּחוֹת שֶׁאֲנִי מְסַדֵּר לְפָנֶיךָ לְרָצוֹן, וִיעוֹרְרוּ רַחֲמֶיךָ הָרַבִּים עָלַי וְתִתְרַצֶּה וְתִתְפַּיֵּס אֵלֵינוּ.

וּתְזַכֵּנוּ מֵעַתָּה לְהִתְקָרֵב אֵלֶיךָ בֶּאֱמֶת. וּמֵאוֹצַר מַתְּנַת חִנָּם חָנֵּנִי כִּי עֵינַי לְךָ תְּלוּיוֹת וּמְחַכּוֹת, שֶׁתְּזַכֵּנִי לָבוֹא לִתְפִלָּה בֶּאֱמֶת. וְאֶזְכֶּה לַעֲסֹק בִּתְפִלָּה תָּמִיד, עַד שֶׁאֶזְכֶּה עַל־יְדֵי הַתְּפִלָּה לָבוֹא וּלְהַגִּיעַ וּלְהַשִּׂיג סוֹדוֹת הַתּוֹרָה הָאֲמִתִּיִּים, וְאֶזְכֶּה לִטְעֹם טַעַם אוֹר הַגָּנוּז, אֲשֶׁר אַתָּה עָתִיד לְגַלּוֹת לְצַדִּיקֶיךָ הָאֲמִתִּיִּים שֶׁהוּא פְּנִימִיּוּת סִתְרֵי תוֹרָה. וּתְזַכֵּנִי "לַחֲזוֹת בְּנֹעַם יְהֹוָה וּלְבַקֵּר בְּהֵיכָלוֹ".

אֲדוֹן כֹּל מָלֵא רַחֲמִים, חָנֵּנִי וְזַכֵּנִי בְּרַחֲמֶיךָ הָרַבִּים לְתוֹרָה וּתְפִלָּה בֶּאֱמֶת בִּמְסִירַת נֶפֶשׁ, עַד שֶׁאֶזְכֶּה בְּרַחֲמֶיךָ לִטְעֹם גַּם בָּעוֹלָם הַזֶּה טַעַם אוֹר הַגָּנוּז אֲשֶׁר גָּנוּז וְצָפוּן לִירֵאֶיךָ, כְּמוֹ שֶׁכָּתוּב: "מָה רַב טוּבְךָ אֲשֶׁר צָפַנְתָּ לִירֵאֶיךָ, פָּעַלְתָּ לַחוֹסִים בָּךְ נֶגֶד בְּנֵי אָדָם", כִּי אַתָּה טוֹב וּמֵיטִיב לַכֹּל וְאַתָּה יָדַעְתָּ כִּי אֵין טוֹב אֲמִתִּי בָּעוֹלָם כִּי אִם לִהְיוֹת סוּר מֵרָע בֶּאֱמֶת, וְלַעֲשׂוֹת מַעֲשִׂים טוֹבִים, לִהְיוֹת מְשֻׁעְבָּד וּבָטֵל אֶל הַתּוֹרָה וְאֶל הָעֲבוֹדָה בֶּאֱמֶת תָּמִיד, עַד שֶׁנִּזְכֶּה לִטְעֹם טַעַם אוֹר הַגָּנוּז גַּם בָּעוֹלָם הַזֶּה אֲשֶׁר זֹאת הִיא הַטּוֹבָה הָאֲמִתִּיִּית וְהַנִּצְחִיִּית. עֲשֵׂה עִמִּי כְּחַסְדֶּךָ, וְזַכֵּנִי לִטְעֹם מִטּוּבְךָ הָאֲמִתִּי. "מְקִים מֵעָפָר דָּל מֵאַשְׁפּוֹת יָרִים אֶבְיוֹן", חָנֵּנִי וַהֲקִימֵנִי וּמִטּוּבְךָ תַּשְׂבִּיעֵנִי, וּמִזִּיו כְּבוֹדְךָ תַּרְאֵנִי, וּלְחַיִּים נִצְחִיִּים תְּזַכֵּנִי מֵעַתָּה וְעַד עוֹלָם אָמֵן סֶלָה:

טז

רִבּוֹן הָעוֹלָמִים, אַתָּה בָּרָאתָ אוֹתָנוּ בִּרְצוֹנְךָ הַטּוֹב בָּעוֹלָם הַשָּׁפָל הַזֶּה, וְגָזַרְתָּ עַל נִשְׁמָתֵנוּ שֶׁתֵּרֵד מֵעוֹלָם הָעֶלְיוֹן, מֵהֵיכָלָא דְּמַלְכָּא מִקָּדְשֵׁי קָדָשִׁים, וְתִכָּנֵס בַּגּוּף הַגַּשְׁמִי בָּעוֹלָם הַזֶּה. וְכַוָּנָתְךָ הַקְּדוֹשָׁה הָיְתָה לְטוֹבָתֵנוּ, כְּדֵי שֶׁנִּזְכֶּה לְדַבֵּק עַצְמֵנוּ בְּךָ בָּעוֹלָם

הַשָּׁפָל הַזֶּה. עַל כֵּן בְּוַדַּאי חוֹבָה עָלֵינוּ לִהְיוֹת דְּבֵקִים בְּךָ תָּמִיד בְּלִי הֶפְסֵק רֶגַע, וְלַעֲסֹק בְּתוֹרָתְךָ הַקְּדוֹשָׁה יוֹמָם וָלַיְלָה בְּלִי שׁוּם הֶפְסֵק וּבִטּוּל כְּלָל, כִּי הִיא חַיֵּינוּ וְאֹרֶךְ יָמֵינוּ וְאֵין לָנוּ שׁוּם חַיּוּת כִּי אִם כְּשֶׁאָנוּ דְּבֵקִים בְּךָ וּבְתוֹרָתְךָ הַקְּדוֹשָׁה.

אֲבָל מַה נַּעֲשֶׂה יְהֹוָה אֱלֹהֵינוּ כִּי אַתָּה יָדַעְתָּ, כִּי מֵחֲמַת עֲכִירַת גַּשְׁמִיּוּת גּוּפֵנוּ וּמֵעֹצֶם גָּלוּתֵינוּ בֵּין הָעַכּוּ"ם בַּעֲוֹנוֹתֵינוּ הָרַבִּים, אִי אֶפְשָׁר לָנוּ עַכְשָׁו בְּשׁוּם אֹפֶן לִהְיוֹת תָּמִיד דְּבוּקִים בְּךָ וּבְתוֹרָתְךָ הַקְּדוֹשָׁה בְּלִי שׁוּם הֶפְסֵק, כַּמֻּטָּל עָלֵינוּ. וּבְהֶכְרֵחַ אָנוּ מֻכְרָחִים לִפְעָמִים לְבַטֵּל קְצָת מְעַט מִדִּבְרֵי תּוֹרָה, מִלְּשׁוֹטֵט בְּחָכְמָתְךָ הַקְּדוֹשָׁה. כִּי מֵעֹצֶם הַבִּלְבּוּלִים הַבָּאִים עַל הַמֹּחַ עַל יְדֵי הָעֲנָנִין דִּמְכַסְּיָן עַל עַיְנִין, הַמִּתְגַּבְּרִים עַתָּה בְּתֹקֶף גָּלוּתֵנוּ, מֵחֲמַת זֶה הַהֶכְרֵחַ אֲפִלּוּ לְהַצַּדִּיק הָאֲמִתִּי שֶׁיִּתְבַּטֵּל לִפְעָמִים מִדְּבֵקוּתוֹ וּמֵחָכְמָתוֹ הָעֶלְיוֹנָה, כְּדֵי לָתֵת נַיְחָא לְהַמּוֹחִין שֶׁלֹּא יִתְגַּבְּרוּ הַבִּלְבּוּלִים, חַס וְשָׁלוֹם, לְבַלְבֵּל וּלְבַטֵּל לְגַמְרֵי. וְאָנֹכִי הֶעָנִי בְּדַעַת הָרָשׁ בְּחָכְמָה, לֹא יָדַעְתִּי נַפְשִׁי, אֵיךְ לְהִתְנַהֵג בְּעִנְיַן הַלִּמּוּד וְהַבִּטּוּל, אֵיךְ לְפַלֵּס דְּרָכַי, שֶׁיִּהְיֶה הַבִּטּוּל בְּעֵת הַהֶכְרֵחַ לְבַד בְּמוֹעֲדוֹ וּבִזְמַנּוֹ שֶׁלֹּא לְהִתְבַּטֵּל יוֹתֵר מִדַּי.

וּבְכֵן בָּאתִי לְפָנֶיךָ לְבַקֵּשׁ רַחֲמִים מִלְּפָנֶיךָ יְהוָֹה אֱלֹהַי וֵאלֹהֵי אֲבוֹתַי, שֶׁתְּזַכֵּנִי וְתַדְרִיכֵנִי בְּדֶרֶךְ הַנָּכוֹן וְהָאֱמֶת, וְתַשְׁפִּיעַ עָלַי מִמְּעוֹן קָדְשְׁךָ חָכְמָה בִּינָה וָדַעַת. וְתַעַזְרֵנִי שֶׁאֵדַע אֵיךְ לְהִתְנַהֵג בְּעִנְיָן זֶה, בְּעִנְיַן בִּטּוּלָהּ שֶׁל תּוֹרָה זֶהוּ קִיּוּמָהּ. וְתַדְרִיכֵנִי וּתְלַמְּדֵנִי, בְּאֹפֶן שֶׁאֶזְכֶּה לְהִתְנַהֵג תָּמִיד כִּרְצוֹנְךָ הַטּוֹב, לַעֲשׂוֹת הַכֹּל יָפֶה בְּעִתּוֹ, לַעֲסֹק בַּתּוֹרָה וּתְפִלָּה וּבְמַעֲשִׂים טוֹבִים לִשְׁמְךָ תָּמִיד יוֹמָם וָלַיְלָה בְּהַתְמָדָה גְּדוֹלָה וּבִזְרִיזוּת גְּדוֹלָה, וְאֶזְכֶּה לְהַרְבּוֹת בְּכָל יוֹם בַּעֲבוֹדַת יְהוָֹה בֶּאֱמֶת. וּתְחָנֵּנִי לָדַעַת מָתַי אֲנִי מֻכְרָח לְבַטֵּל קְצָת, וְאֶזְכֶּה שֶׁלֹּא יִהְיֶה לִי שׁוּם בִּטּוּל כִּי אִם בְּעֵת הַהֶכְרֵחַ לְבַד. וַאֲפִלּוּ בָּעֵת שֶׁאֲנִי מֻכְרָח לְהִתְבַּטֵּל קְצָת מִדִּבְרֵי תוֹרָה, תַּעַזְרֵנִי וּתְזַכֵּנִי שֶׁלֹּא אֶתְבַּטֵּל, חַס וְשָׁלוֹם, לְגַמְרֵי מִכֹּל וָכֹל, רַק תְּחָנֵּנִי דֵּעָה בִּינָה וְהַשְׂכֵּל, וְתַשְׁפִּיעַ עָלַי שֵׂכֶל מֵאִתְּךָ, שֶׁאוּכַל לִהְיוֹת דָּבוּק בְּהֶעְלֵם אֶל הַשֵּׁם יִתְבָּרַךְ וְאֶל הַתּוֹרָה הַקְּדוֹשָׁה, אֲפִלּוּ בְּעֵת בִּטּוּלָהּ שֶׁל תּוֹרָה. וְיִהְיוּ מְאִירִין עֵינֵי שִׂכְלִי בְּעֵת הַבִּטּוּל עַל־יְדֵי הָרְשִׁימוּ שֶׁנִּשְׁאַר מֵאוֹר הַחָכְמָה שֶׁל הַתּוֹרָה הַקְּדוֹשָׁה שֶׁהָיִיתִי עוֹסֵק בָּהּ וְיִהְיוּ עֵינַי מְאִירוֹת כַּשֶּׁמֶשׁ וְכַיָּרֵחַ, לִפְעָמִים כַּשֶּׁמֶשׁ כְּשֶׁאָנוּ דְּבֵקִים בַּחָכְמָה הָעֶלְיוֹנָה בְּתוֹרָתְךָ הַקְּדוֹשָׁה, וְלִפְעָמִים כַּיָּרֵחַ כְּשֶׁאָנוּ מֻכְרָחִין לְהִתְבַּטֵּל מִן הַחָכְמָה וּמֵעֵסֶק הַתּוֹרָה, שֶׁאָז יָאִירוּ עֵינַי כַּיָּרֵחַ יָקָר הוֹלֵךְ, בְּאֹפֶן שֶׁאֶזְכֶּה

לְהִתְדַּבֵּק בְּךָ תָּמִיד לְעוֹלָם וָעֶד:

וְתִהְיֶה בְּעֶזְרִי תָּמִיד, וְתוֹשִׁיעֵנִי לָשׁוּב אֵלֶיךָ בֶּאֱמֶת בִּתְשׁוּבָה שְׁלֵמָה לְפָנֶיךָ. וְאֶזְכֶּה מֵעַתָּה לְהִתְדַּבֵּק בְּךָ בֶּאֱמֶת כִּרְצוֹנְךָ הַטּוֹב, וְאֶזְכֶּה לְבַלּוֹת כָּל יָמַי בְּתוֹרָה וּתְפִלָּה וּבְמַעֲשִׂים טוֹבִים, בִּקְדֻשָּׁה וּבְטָהֳרָה בֶּאֱמֶת וּבֶאֱמוּנָה וּבְיִרְאָה וּבְאַהֲבָה, בְּשִׂמְחָה וּבְטוּב לֵבָב מֵרֹב כֹּל. עָזְרֵנִי בְּרַחֲמֶיךָ הָרַבִּים שֶׁלֹּא אֲאַבֵּד מֵעַתָּה שׁוּם שָׁעָה וְשׁוּם רֶגַע מִימֵי חַיַּי הַמֻּעָטִים בְּחִנָּם כִּי מְעַט יָמַי, וְאִם לֹא עַכְשָׁו אֵימָתַי. כִּי הֲלֹא אַתָּה עָתִיד לְקַבֵּל דִּין וְחֶשְׁבּוֹן מֵאִתָּנוּ עַל כָּל שָׁעָה וָרֶגַע מִימֵי חַיֵּינוּ. עָזְרֵנִי שֶׁאֲפִלּוּ בְּעֵת שֶׁאֲנִי מֻכְרָח לְהִתְבַּטֵּל מִדִּבְרֵי תוֹרָה, שֶׁתְּזַמִּין לִי אָז אֵיזֶה עֲסָקִים מֵעֲבוֹדָתְךָ וּרְצוֹנְךָ, שֶׁאוּכַל עַל יָדָם לְפַקֵּחַ אֶת דַּעְתִּי וְלָתֵת נַיְחָא לְמוֹחִי, וְאַף־עַל־פִּי־כֵן אֶעֱסֹק אָז בִּדְבָרִים קְדוֹשִׁים שֶׁהֵם רְצוֹנְךָ בֶּאֱמֶת. חוּס וַחֲמֹל עָלַי וְעָזְרֵנִי מֵעַתָּה לִהְיוֹת כִּרְצוֹנְךָ הַטּוֹב תָּמִיד בֶּאֱמֶת:

וּתְעוֹרֵר רַחֲמֶיךָ הָרַבִּים עָלֵינוּ וּתְמַהֵר וְתָחִישׁ לְגָאֳלֵנוּ, וְתִשְׁלַח לָנוּ מְהֵרָה אֶת מְשִׁיחֵינוּ מָשִׁיחַ בֶּן דָּוִד וּמָשִׁיחַ בֶּן יוֹסֵף. וּשְׁנֵיהֶם יִתְחַבְּרוּ וְיִכְלְלוּ יַחַד וְיַכְנִיעוּ וְיַשְׁפִּילוּ אֶת כָּל הַשִּׁבְעִין עַכּוּ״ם וְכָל הַסִּטְרָא אַחֲרָא עַד עָפָר, וִיגַלּוּ חָכְמָתָם בָּעוֹלָם,

וְיָפוּצוּ מַעְיְנוֹתֵיהֶם חוּצָה. "וְתִמָּלֵא הָאָרֶץ דֵּעָה לָדַעַת אֶת יְהֹוָה כַּמַּיִם לַיָּם מְכַסִּים". וְיֵדַע כָּל פָּעוּל כִּי אַתָּה פְּעַלְתּוֹ וְיָבִין כָּל יָצוּר כִּי אַתָּה יְצַרְתּוֹ, וְיָשׁוּבוּ כָּל הָעַמִּים עַל־יְדֵי חָכְמָתָם שֶׁל הַתֵּרֶץ מְשִׁיחִין. לַעֲבוֹדָתֶךָ וּלְיִרְאָתֶךָ וִיקֻיַּם מִקְרָא שֶׁכָּתוּב: "כִּי אָז אֶהְפֹּךְ אֶל כָּל הָעַמִּים שָׂפָה בְרוּרָה לִקְרֹא כֻלָּם בְּשֵׁם יְהֹוָה לְעָבְדוֹ שְׁכֶם אֶחָד".

וְתַעֲבִיר מֶמְשֶׁלֶת זָדוֹן מִן הָאָרֶץ. וּמַלְכוּת הָרִשְׁעָה מְהֵרָה תְעַקֵּר וּתְשַׁבֵּר וּתְמַגֵּר וּתְכַלֵּם וְתַכְנִיעֵם וְתַשְׁפִּילֵם בִּמְהֵרָה בְיָמֵינוּ. וּתְבַטֵּל וּתְבַעֵר כָּל הָעֲנָנִין דִּמְכַסִּין עַל עַיְנִין, וְאָז נִזְכֶּה לִהְיוֹת דְּבֵקִים בְּךָ וּבְתוֹרָתְךָ הַקְּדוֹשָׁה תָּמִיד בְּלִי שׁוּם הֶפְסֵק וּבִטּוּל כְּלָל. וְלֹא יִהְיֶה כֹּחַ לְשׁוּם מוֹנֵעַ וּלְשׁוּם מְבַלְבֵּל לְבַלְבֵּל אֶת דַּעְתֵּנוּ כְּלָל, רַק נִזְכֶּה לִהְיוֹת דְּבֵקִים בְּךָ תָּמִיד כָּל יְמֵי חַיֵּינוּ לְעוֹלְמֵי עַד וּלְנֵצַח נְצָחִים. וִיקֻיַּם מִקְרָא שֶׁכָּתוּב: "וְהָיָה אוֹר הַלְּבָנָה כְּאוֹר הַחַמָּה" בִּמְהֵרָה בְיָמֵינוּ אָמֵן:

יז

רִבּוֹן כָּל הָעוֹלָמִים אֲדוֹן כָּל הַנְּשָׁמוֹת, אַתָּה בָּרָאתָ עוֹלָמְךָ בִּרְצוֹנְךָ הַטּוֹב בִּשְׁבִיל יִשְׂרָאֵל עַמְּךָ,

כְּמוֹ שֶׁכָּתוּב: "בְּרֵאשִׁית בָּרָא אֱלֹהִים אֵת הַשָּׁמַיִם וְאֵת הָאָרֶץ", וְאָמְרוּ רַבּוֹתֵינוּ, זִכְרוֹנָם לִבְרָכָה, בִּשְׁבִיל יִשְׂרָאֵל שֶׁנִּקְרָאוּ רֵאשִׁית, כִּי יִשְׂרָאֵל עָלָה בְּמַחֲשָׁבָה תְּחִלָּה. וּבִשְׁבִילֵנוּ בָּרָאתָ כָּל הָעוֹלָמוֹת כֻּלָּם, מִן תְּחִלַּת הָאֲצִילוּת עַד עוֹלָם הַגַּשְׁמִי הַזֶּה, הָאָרֶץ וְכָל אֲשֶׁר עָלֶיהָ הַיַּמִּים וְכָל אֲשֶׁר בָּהֶם. וְהַכֹּל בָּרָאתָ כִּרְצוֹנְךָ הַטּוֹב לְמַעַן אֲשֶׁר תִּתְפָּאֵר בָּנוּ בְּכָל דּוֹר וָדוֹר. וּבְכֵן תְּרַחֵם עָלֵינוּ אָבִינוּ אָב הָרַחֲמָן וּתְזַכֵּנוּ לַעֲשׂוֹת הַטּוֹב בְּעֵינֶיךָ תָּמִיד, וְנִזְכֶּה לִהְיוֹת כִּרְצוֹנְךָ הַטּוֹב בֶּאֱמֶת, לָסוּר מֵרָע וְלַעֲשׂוֹת טוֹב תָּמִיד, לְמַעַן יִתְגַּלֶּה הַהִתְפָּאֲרוּת וְהַשַּׁעֲשׁוּעִים שֶׁלְּךָ בָּנוּ, לְעוֹלְמֵי עַד וּלְנֵצַח נְצָחִים:

וְזַכֵּנִי בְּרַחֲמֶיךָ הָרַבִּים לִתֵּן צְדָקָה הַרְבֵּה לַעֲנִיִּים מְהֻגָּנִים הַרְבֵּה וּלְצַדִּיקֵי אֱמֶת, לְמַעַן נִזְכֶּה לְהַכָּלֵל בְּנַפְשׁוֹת רַבִּים שֶׁל בְּנֵי יִשְׂרָאֵל עַמְּךָ. וְעַל יְדֵי זֶה תְּזַכֵּנִי בְּרַחֲמֶיךָ הָרַבִּים, שֶׁנִּזְכֶּה לְגַלּוֹת וּלְהָאִיר אֶת הַטּוֹב הַכָּבוּשׁ בָּנוּ. כִּי אַתָּה יָדַעְתָּ אֶת עֹצֶם יֹפִי קְדֻשַּׁת הַטּוֹב הַכָּבוּשׁ אֶצְלִי בְּגָלוּת גְּדוֹלָה וּמָרָה מְאֹד זֶה כַּמָּה שָׁנִים, מִיּוֹם הֱיוֹתִי עַל הָאֲדָמָה עַד הַיּוֹם הַזֶּה, וְאֵינִי זוֹכֶה עֲדַיִן לְרַחֵם עַל עַצְמִי, לְהוֹצִיא לָאוֹר תַּעֲלוּמוֹת וְהַסְתָּרַת הַטּוֹב שֶׁבִּי הַכָּבוּשׁ בַּגָּלוּת. וְאֵינִי זוֹכֶה לְהַזְכִּיר אֶת עַצְמִי הֵיטֵב הֵיכָן אֲנִי בָּעוֹלָם, וְאֵינִי יוֹדֵעַ מַה לַּעֲשׂוֹת, בְּאֵיזֶה דֶּרֶךְ וּמָנוֹס אֶזְכֶּה לְגַלּוֹת הַטּוֹב

שֶׁיֵּשׁ בִּי:

אָנָּא יְהוָה, תֵּן לִי עֵצָה, תֵּן לִי חֲנִינָה, תֵּן לִי יְשׁוּעָה שְׁלֵמָה, עֲשֵׂה עִמִּי פֶּלֶא לְחַיִּים לְבַל אֶהְיֶה, חַס וְשָׁלוֹם, כְּמֵת בְּחַיַּי. עֲשֵׂה עִמִּי חֶסֶד חִנָּם כַּאֲשֶׁר נָאֶה לְךָ, לֹא כְּמַעֲשַׂי הָרָעִים וּפְעֻלּוֹתַי הַמְגֻנּוֹת וְדֵעוֹתַי הַמְעֹרְבָבוֹת. חוּס וַחֲמֹל נָא עַל נַפְשִׁי הָאֻמְלָלָה מְאֹד. יֶהֱמוּ נָא מֵעֶיךָ וְרַחֲמֶיךָ עַל עֶצֶם הַטּוֹב שֶׁיֵּשׁ בִּי, שֶׁיּוּכַל לְהִתְגַּבֵּר לִכְבֹּשׁ אֶת הַגּוּף וְתַאֲווֹתָיו תַּחְתָּיו, שֶׁיִּהְיֶה הָרַע כָּפוּף וּבָטֵל תַּחַת הַטּוֹב, עַד שֶׁיִּתְבַּטְּלוּ מִמֶּנִּי כָּל תַּאֲווֹת הַגּוּף וּמִדּוֹתָיו הָרָעוֹת, בְּאֹפֶן שֶׁאֶזְכֶּה לִהְיוֹת כִּרְצוֹנְךָ הַטּוֹב בֶּאֱמֶת תָּמִיד:

אָבִי שֶׁבַּשָּׁמַיִם, אָבִי שֶׁבַּשָּׁמַיִם אָב הַחֶסֶד, אָב הָרַחֲמָן בֶּאֱמֶת, הַחוֹמֵל דַּלִּים, הַשּׁוֹמֵעַ אֶנְקַת אֶבְיוֹנִים, הָרוֹאֶה בְּעֶלְבּוֹן עֲלוּבִים, הַשּׁוֹמֵעַ וּמַאֲזִין צַעֲקָה מֵעִמְקֵי הַשְּׁאוֹל תַּחְתִּיּוֹת וּמִתַּחְתָּיו, עַד אֲשֶׁר אֵין מָקוֹם אֲשֶׁר לֹא תִשְׁמַע מִמֶּנּוּ קוֹל אֲנָחָה וַאֲנָקָה, לַמְּדֵנִי מַה לְּדַבֵּר לְפָנֶיךָ, הוֹרֵינִי מַה שֶּׁאֹמַר לְפָנֶיךָ, הוֹדִיעֵנִי מַה שֶּׁאֶצְעַק אֵלֶיךָ, חֲמֹל נָא עַל עֲלוּב נֶפֶשׁ כָּמוֹנִי, עַל נִכְאֵה לֵבָב כָּמוֹנִי עַל חֲסַר דֵּעָה חֲסַר לֵב כָּמוֹנִי, עַל חֲלוּשׁ כֹּחַ כָּמוֹנִי, עַל מְבֻלְבָּל וּמְטֹרָף וּמְעֹרְבָב בְּכָל מִינֵי עִרְבּוּבִים כָּמוֹנִי, אֲשֶׁר הַטּוֹב שֶׁבִּי הוּא כָּבוּשׁ

כְּמוֹ בְּבֵית הַסֹּהַר מַמָּשׁ, וּבְגָלוּת גְּדוֹלָה וּמָרָה מְאֹד. וְכַמָּה אַלְפֵי אֲלָפִים מְחִצּוֹת וְחוֹמוֹת בַּרְזֶל וּמַסְגֵּר עַל מַסְגֵּר הַמְסַבְּבִים אוֹתִי, וְכַמָּה וְכַמָּה אֲלָפִים שׁוֹמְרִים וְאוֹרְבִים עוֹמְדִים עָלַי בְּכָל עֵת וּבְכָל רֶגַע לֹא יִתְּנוּנִי הָשֵׁב רוּחִי. וְאֵינִי יָכוֹל לַעֲשׂוֹת שׁוּם תְּנוּעָה שֶׁיִּהְיֶה כָּרָאוּי, אֲפִלּוּ בְּעֵת שֶׁאֲנִי מִתְעוֹרֵר לַעֲשׂוֹת אֵיזֶה דָּבָר שֶׁבִּקְדֻשָּׁה, אֵינִי זוֹכֶה לַעֲשׂוֹת תְּנוּעָה קַלָּה שֶׁיִּהְיֶה לָהּ יֹפִי וְהִדּוּר כָּרָאוּי לְאִישׁ יִשְׂרְאֵלִי, כַּאֲשֶׁר אַתָּה יָדַעְתָּ. אוֹי לִי מְאֹד, אוֹי וּמַר לִי מְאֹד מְאֹד, אֲהָהּ עָלַי, מַר לִי מְאֹד, אוֹיָה עַל נַפְשִׁי, אוֹי לְהַנֶּפֶשׁ אֲשֶׁר עָשְׂתָה מַעֲשִׂים כָּאֵלֶּה, אוֹי לְהַיָּמִים וְהַשָּׁנִים אֲשֶׁר כִּלִּיתִי בַּהֲבָלִים וּבִלְבּוּלִים רָעִים מְאֹד כָּאֵלֶּה. אֲדוֹן כֹּל, אֵלֶיךָ זַעֲקָתִי וְשַׁוְעָתִי. מָלֵא רַחֲמִים, הַטֵּה אֵלַי אָזְנְךָ וּשְׁמַע פְּקַח עֵינֶיךָ וּרְאֵה שׁוֹמְמוּתִי, רְאֵה נָא בְעָנְיִי וַעֲמָלִי:

רִבּוֹנוֹ שֶׁל עוֹלָם, אַתָּה זִכִּיתַנִי בְּרַחֲמֶיךָ הָרַבִּים לִהְיוֹת בִּכְלַל זֶרַע יִשְׂרָאֵל עֲבָדֶיךָ, וְקֵרַבְתָּ אוֹתִי בְּרַחֲמֶיךָ הָרַבִּים לְצַדִּיקֵי אֱמֶת, לְהַאֲמִין בָּהֶם וּלְהִשְׁתּוֹקֵק לָהֶם. עֲשֵׂה עִמִּי כַּחֲסָדֶיךָ בִּזְכוּת הַקְּדוֹשִׁים אֲשֶׁר בָּאָרֶץ הֵמָּה, וְעָזְרֵנִי וְסַיְּעֵנִי שֶׁיַּגִּיעַ לִי הֶאָרָה וְהִתְעוֹרְרוּת אֲמִתִּי שֶׁיִּזְכֹּר וְיִתְעוֹרֵר אֶת עַצְמוֹ בֶּאֱמֶת הַטּוֹב שֶׁבִּי, וְיִתְוַדַּע לְהַטּוֹב שֶׁבִּי מַעֲלָתוֹ הַגְּדוֹלָה, מֵהֵיכָן הוּא נִלְקָח וְנִמְשָׁךְ, מִמַּחֲשָׁבָה עֶלְיוֹנָה דִּקְדֻשָּׁא

בָּרוּךְ הוּא, אֲשֶׁר שָׁם עָלִיתִי בְּמַחֲשָׁבָה תְּחִלָּה בְּתוֹךְ כְּלַל נִשְׁמוֹת יִשְׂרָאֵל. וַאֲנִי בְּרִיָּה קַלָּה שֶׁבַּיָּם, לְמַעְלָה מִכָּל הָאַרְבַּע עוֹלָמוֹת, שֶׁהֵם: אֲצִילוּת, בְּרִיאָה, יְצִירָה, עֲשִׂיָּה, וַאֲנִי בְּשָׁרְשִׁי לְמַעְלָה מִכֻּלָּם, כִּי אָנֹכִי מִזֶּרַע יִשְׂרָאֵל שֶׁעָלוּ בְּמַחֲשָׁבָה תְּחִלָּה. וּבָנוּ נִמְלַךְ הַשֵּׁם יִתְבָּרַךְ וְנִתְיָעֵץ עִמָּנוּ לִבְרֹא אֶת כָּל הָעוֹלָמוֹת כֻּלָּם וְכָל אֲשֶׁר בָּהֶם, עַד תַּכְלִית הָעֲשִׂיָּה שֶׁהוּא הָעוֹלָם הַזֶּה וְכָל אֲשֶׁר בּוֹ, בַּשָּׁמַיִם וּבָאָרֶץ בַּיַּמִּים וְכָל אֲשֶׁר בָּהֶם. וְעַתָּה עַתָּה, עָזְרֵנִי נָא, חַזְּקֵנִי נָא, אַמְּצֵנִי נָא, הֲקִיצֵנִי נָא, עוֹרְרֵנִי נָא, שֶׁאֶזְכֶּה בְּרַחֲמֶיךָ וַחֲסָדֶיךָ הָאֲמִתִּיִּים, לְהַזְכִּיר אֶת עַצְמִי הֵיטֵב הֵיטֵב, הֵיכָן אֲנִי, לְהֵיכָן נִשְׁלַכְתִּי, לְהֵיכָן נִתְרַחַקְתִּי מִמְּךָ עַד הֵנָּה. הַיְאֻמַּן כִּי יְסֻפַּר שֶׁטּוֹב אֲמִתִּי כָּזֶה הַמֻּשְׁרָשׁ בִּי יִהְיֶה מֻשְׁלָךְ בְּמָקוֹם אָפֵל וְחשֶׁךְ כָּזֶה, בְּמָקוֹם שָׁפָל כָּזֶה, בַּאֲפֵלָה מְנֻדָּח כָּזֶה, בִּמְקוֹמוֹת פְּגוּמִים כָּאֵלֶּה, בִּמְקוֹמוֹת נְמוּכִים וּרְחוֹקִים מִן הַקְּדֻשָּׁה כָּאֵלֶּה, בִּמְקוֹמוֹת שֶׁאֵינָם רְאוּיִים לְהִקָּרֵא בְּשֵׁם מָקוֹם כְּלָל:

אָנָּא יְהוָה חֲמוֹל עָלַי, חוּסָה עָלַי, כִּי בְּכָל עֵת שֶׁאֲנִי רוֹצֶה לְדַבֵּר וּלְפָרֵשׁ שִׂיחָתִי לְפָנֶיךָ, אֵינִי יוֹדֵעַ מֵהֵיכָן אַתְחִיל לְבַקֵּשׁ וְאֵיךְ אֲסַיֵּם. וּמֵרֹב דְּחָקַי וַעֲנָיַי אֲשֶׁר צְרָכַי מְרֻבִּים מְאֹד, אֲשֶׁר לֹא יַסְפִּיקוּ אֲלָפִים וּרְבָבוֹת יְרִיעוֹת לְבָאֲרָם, מֵחֲמַת זֶה אֵינִי יָכוֹל לִפְתֹּחַ

פִּי כְּלָל. וַאֲפִלּוּ בְּעֵת שֶׁאֲנִי מַתְחִיל לְדַבֵּר קְצָת, דְּבָרַי מְבֻלְבָּלִים מְאֹד מֵעֹצֶם רִבּוּי צְרָכַי אֲשֶׁר הֵם מְרֻבִּים בְּיוֹתֵר, אֲשֶׁר אִי אֶפְשָׁר לְבָאֵר וּלְפָרֵשׁ כְּלָל בְּשׁוּם אֹפֶן, כִּי אִם לְפָנֶיךָ אֲדוֹן כֹּל נִגְלוּ כָּל הַתַּעֲלוּמוֹת וַהֲמוֹן נִסְתָּרוֹת שֶׁמִּבְּרֵאשִׁית. וְאַתָּה יוֹדֵעַ צְפוּן לְבָבֵנוּ וְעֹמֶק מַחְשְׁבוֹתֵינוּ, אֲשֶׁר בְּתוֹךְ פְּנִימִיּוּת פְּנִימִיּוּת מַחֲשַׁבְתִּי צוֹעֵק הַטּוֹב שֶׁבִּי בְּקוֹל עָצוּם וָמַר מְאֹד, זְעָקָה גְּדוֹלָה וּמָרָה מְאֹד מְאֹד, אֲשֶׁר אִי אֶפְשָׁר לִסְבֹּל עֹצֶם מְרִירוּת צַעֲקַת הַטּוֹב הַכָּבוּשׁ בְּקִרְבִּי וְגֹדֶל הָרַחֲמָנוּת שֶׁיֵּשׁ עָלַי בְּלִי שִׁעוּר וָעֵרֶךְ וּמִסְפָּר כְּלָל. וְלָמָּה תַעְלֵם אָזְנְךָ וְתַסְתִּיר פָּנֶיךָ מִמֶּנִּי זֶה זְמַן רַב מְאֹד, "הֲמוֹן מֵעֶיךָ וְרַחֲמֶיךָ עָלַי הִתְאַפָּקוּ":

וּבְכֵן יְהִי רָצוֹן מִלְּפָנֶיךָ יְהֹוָה אֱלֹהֵינוּ וֵאלֹהֵי אֲבוֹתֵינוּ, כְּשֵׁם שֶׁגָּבְרוּ רַחֲמֶיךָ וַחֲסָדֶיךָ הָעֲצוּמִים עָלַי, וּבָרָאתָ אוֹתִי בֵּין זֶרַע יִשְׂרָאֵל עֲבָדֶיךָ, כֵּן יֶהֱמוּ מֵעֶיךָ וַחֲנִינוֹתֶיךָ וַחֲסָדֶיךָ הַגְּדוֹלִים עָלַי, שֶׁאֶזְכֶּה לִשְׁמֹעַ הֵיטֵב אֶת קוֹל דִּבְרֵי הַצַּדִּיקִים אֲמִתִּיִּים, וְיִפָּקְחוּ עֵינַי, וְיִשְׁמְעוּ אָזְנַי, וּלְבָבִי יָבִין הֵיטֵב אֶת קוֹל דִּבְרֵי הַצַּדִּיקִים אֲמִתִּיִּים, אֲשֶׁר עוֹסְקִים תָּמִיד לְעוֹרֵר וּלְהַעֲלוֹת אֶת הַטּוֹב הַנִּמְשָׁךְ מִנִּשְׁמוֹת יִשְׂרָאֵל הַכָּבוּשׁ בַּגָּלוּת, וְלַעֲשׂוֹת בַּעֲלֵי תְשׁוּבָה וְגֵרִים, הֵן קוֹל דִּבְרֵי הַצַּדִּיקִים אֲמִתִּיִּים שֶׁבַּדּוֹר הַזֶּה, הֵן דִּבְרֵי צַדִּיקִים

אֲמִתִּיִּים שׁוֹכְנֵי עָפָר, הַכְּתוּבִים בְּסִפְרֵיהֶם הַקְּדוֹשִׁים. עַד שֶׁאֶשְׁמַע וְאֶרְאֶה וְאָבִין הֵיטֵב אֶת דִּבְרֵיהֶם הַקְּדוֹשִׁים, עַד שֶׁהַטּוֹב שֶׁבִּי יִתְעוֹרֵר בְּתֹקֶף גָּדוֹל, וּבְכֹחַ וּגְבוּרָה גְּדוֹלָה דִּקְדֻשָּׁה, עַד שֶׁאֶזְכֶּה לְהִתְגַּבֵּר בֶּאֱמֶת עַל הָרַע לְשַׁבְּרוֹ וּלְגָרְשׁוֹ וּלְבַטְּלוֹ מִמֶּנִּי בְּבִטּוּל גָּמוּר, בְּאֹפֶן שֶׁאֶזְכֶּה לָשׁוּב בִּתְשׁוּבָה שְׁלֵמָה לְפָנֶיךָ בֶּאֱמֶת וּבְלֵב שָׁלֵם. וְאֶזְכֶּה לִהְיוֹת כִּרְצוֹנְךָ הַטּוֹב בֶּאֱמֶת בִּקְדֻשָּׁה וּבְטָהֳרָה בְּשִׂמְחָה וּבְטוּב לֵבָב:

אָנָּא יְהֹוָה חֲמֹל עָלַי, וּמַלֵּא בַּקָּשָׁתִי בְּרַחֲמִים, וּבְכֵן תַּעַזְרֵנוּ יְהֹוָה אֱלֹהֵינוּ בְּרַחֲמֶיךָ הָרַבִּים, שֶׁיִּתְגַּלֶּה הָאֱמֶת בָּעוֹלָם, עַד שֶׁיִּתְעוֹרְרוּ כָּל יִשְׂרָאֵל בִּתְשׁוּבָה שְׁלֵמָה לְפָנֶיךָ בֶּאֱמֶת. וְיִשְׁמְעוּ רְחוֹקִים וְיָבוֹאוּ וְיַכִּירוּ כֹּחַ מַלְכוּתֶךָ. וְתִמָּלֵא רַחֲמִים עַל עַמְּךָ יִשְׂרָאֵל, וַאֲפִלּוּ עַל הַטּוֹב הַכָּבוּשׁ בֵּין הָאֻמּוֹת. וְתַעֲשֶׂה כְּגֹדֶל נִפְלְאוֹתֶיךָ הַנּוֹרָאוֹת, בְּאֹפֶן שֶׁתּוֹדִיעַ לְהַטּוֹב הַכָּבוּשׁ בֵּינֵיהֶם, הַמְפֻזָּר וּמְפֹרָד בֵּין הָעַמִּים בַּמְּקוֹמוֹת הָרְחוֹקִים מֵהַקְּדֻשָּׁה מְאֹד מְאֹד, וְתוֹדִיעַ לָהֶם הֵיטֵב הֵיכָן הֵם בָּעוֹלָם, וּלְהֵיכָן הֵם מוּכָנִים לֵילֵךְ אִם לֹא יָשׁוּבוּ, חַס וְשָׁלוֹם, עַד שֶׁיִּתְעוֹרְרוּ הֵיטֵב, וִירַחֲמוּ עַל עַצְמָם. וְיִזְכְּרוּ אֶת יְהֹוָה וְיָשׁוּבוּ אֵלֶיךָ, וְיִתְגַּיְּרוּ בֶּאֱמֶת. כִּי אַתָּה יְהֹוָה לְבַד יָדַעְתָּ, אֶת גֹּדֶל עֹצֶם הָרַחֲמָנוּת שֶׁיֵּשׁ עַל הַטּוֹב הַכָּבוּשׁ בִּמְקוֹמוֹת כָּאֵלּוּ

וְאַתָּה יָדַעְתָּ בֶּאֱמֶת, כִּי אֵין רַחֲמָנוּת בָּעוֹלָם יוֹתֵר מִזֶּה, וְאֵין שׁוּם צַעַר וְיִסּוּרִים שֶׁבָּעוֹלָם נֶחְשָׁבִים כְּלָל כְּנֶגֶד הַצַּעַר וְהַיִּסּוּרִים וְהָעִנּוּיִים הַקָּשִׁים וְהַמָּרִים שֶׁיֵּשׁ לְהַטּוֹב הַזֶּה, אֲשֶׁר אִי אֶפְשָׁר לִסְבֹּל כְּלָל אֶת גֹּדֶל הָרַחֲמָנוּת שֶׁיֵּשׁ עַל זֶה הַטּוֹב הַכָּבוּשׁ בְּמָקוֹם שֶׁהוּא כָּבוּשׁ, אֲשֶׁר נִתְרַחֵק מֵאָבִיו שֶׁבַּשָּׁמַיִם. וּמַה לּוֹ לָאָב שֶׁהִגְלָה אֶת בָּנָיו, וְאוֹי לַבֵּן שֶׁגָּלָה מֵעַל שֻׁלְחַן אָבִיו. אוֹי וַאֲבוֹי לַבֵּן הַזֶּה, אוֹי וָמַר, אוֹי וָמַר מִכָּל מִינֵי מְרִירוּת לְהַבֵּן הַזֶּה, שֶׁהָיָה בְּמָקוֹם שֶׁהָיָה, וְעַכְשָׁו נָפַל לְמָקוֹם שֶׁנָּפַל, וְאִם אַתָּה בְּעַצְמְךָ לֹא תְרַחֵם עָלֵינוּ, חַס וְשָׁלוֹם, מִי יְרַחֵם עָלֵינוּ, וּמִי יַעֲמֹד בַּעֲדֵנוּ, כִּי עַתָּה אֵין לָנוּ עַל מִי לְהִשָּׁעֵן כִּי אִם עָלֶיךָ אָבִינוּ שֶׁבַּשָּׁמַיִם. כִּי הַצַּדִּיקֵי אֱמֶת שֶׁהָיָה לָהֶם זֶה הַכֹּחַ לְהוֹדִיעַ הָאֱמֶת לְהַטּוֹב הַכָּבוּשׁ, הֲלֹא הֵמָּה נִסְתַּלְּקוּ בַּעֲווֹנוֹתֵינוּ הָרַבִּים. וּמַה נַּעֲשֶׂה עַכְשָׁו בְּעֵת צָרָה הַזֹּאת אֲשֶׁר כָּמֹהוּ לֹא נִהְיָתָה, אֲשֶׁר נִשְׁאַרְנוּ כַּתֹּרֶן בְּרֹאשׁ הָהָר וְכַנֵּס עַל הַגִּבְעָה, בְּאֵין מִשְׁעָן וּמַשְׁעֵנָה. וּרְאֵה "כִּי אָזְלַת יָד וְאֶפֶס עָצוּר וְעָזוּב", וְאֵין עוֹזֵר וְאֵין סוֹמֵךְ. הַבִּיטָה בְּעָנְיֵנוּ כִּי רַבּוּ מַכְאוֹבֵינוּ וְצָרוֹת לְבָבֵנוּ. עָזְרֵנוּ כִּי עָלֶיךָ נִשְׁעָנְנוּ.

טוֹב וּמֵיטִיב לַכֹּל, עֲשֵׂה לְמַעַן טוּבְךָ, עֲשֵׂה לְמַעַן כְּבוֹדֶךָ. וַעֲשֵׂה אֶת אֲשֶׁר תַּעֲשֶׂה, בְּאֹפֶן שֶׁיֻּחְזַר

כָּל הַטּוֹב הַמְפֻזָּר וּמְפֹרָד בֵּין הָעַמִּים אֶל הַקְּדֻשָּׁה. וְיִתּוֹסְפוּ וְיִתְרַבּוּ בְּכָל פַּעַם גֵּרִים וּבַעֲלֵי תְשׁוּבָה אֲמִתִּיִּים, עַד שֶׁיָּשׁוּבוּ כָּל יִשְׂרָאֵל וְכָל בָּאֵי עוֹלָם אֵלֶיךָ בֶּאֱמֶת, וְנִזְכֶּה לִרְאוֹת מְהֵרָה בְּתִפְאֶרֶת עֻזֶּךָ, לְהַעֲבִיר גִּלּוּלִים מִן הָאָרֶץ, וְהָאֱלִילִים כָּרוֹת יִכָּרֵתוּן, לְתַקֵּן עוֹלָם בְּמַלְכוּת שַׁדַּי, וְכָל בְּנֵי בָשָׂר יִקְרְאוּ בִשְׁמֶךָ, לְהַפְנוֹת אֵלֶיךָ כָּל רִשְׁעֵי אָרֶץ, יַכִּירוּ וְיֵדְעוּ כָּל יוֹשְׁבֵי תֵבֵל כִּי לְךָ תִּכְרַע כָּל בֶּרֶךְ, תִּשָּׁבַע כָּל לָשׁוֹן:

וּבְכֵן תַּעַזְרֵנוּ בְּרַחֲמֶיךָ הָרַבִּים, שֶׁנִּזְכֶּה לְשַׁבֵּר אֶת תַּאֲוַת אֲכִילָה בְּתַכְלִית בֶּאֱמֶת, עַד שֶׁלֹּא יִהְיֶה לָנוּ שׁוּם תַּאֲוָה גַּשְׁמִית לֶאֱכֹל וְלִשְׂבֹּעַ בִּשְׁבִיל תַּאֲוַת וַהֲנָאַת הַגּוּף, חַס וְשָׁלוֹם, רַק כָּל אֲכִילָתֵנוּ וּשְׁתִיָּתֵנוּ יִהְיֶה הַכֹּל לִשְׁמֶךָ בֶּאֱמֶת, כְּדֵי שֶׁיִּהְיֶה לָנוּ כֹּחַ לַעֲסֹק בְּתוֹרָתְךָ בֶּאֱמֶת, וְנִזְכֶּה לֶאֱכֹל בִּקְדֻשָּׁה וּבְטָהֳרָה לְמַעַן שִׁמְךָ לְבַד. וְתִהְיֶה בְּעֶזְרֵנוּ. וְתִשְׁמְרֵנוּ בְּרַחֲמֶיךָ הַגְּדוֹלִים וְתַצִּילֵנוּ מִכָּל מִינֵי מַאֲכָלוֹת אֲסוּרוֹת הֵן מֵאִסּוּרִין דְּאוֹרַיְתָא הֵן מֵאִסּוּרִין דְּרַבָּנָן, וְתִשְׁמֹר אוֹתָנוּ תָּמִיד, שֶׁלֹּא יֶאֱרַע לָנוּ שׁוּם מִכְשׁוֹל לְעוֹלָם, חַס וְשָׁלוֹם. וְלֹא יָבוֹא לְתוֹךְ פִּינוּ שׁוּם מַאֲכָל הָאָסוּר לָנוּ. כִּי אַתָּה יָדַעְתָּ רִבּוֹנוֹ דְּעָלְמָא כֻּלָּא, שֶׁאִי אֶפְשָׁר לְבָשָׂר וָדָם לְהִזָּהֵר וּלְהִשָּׁמֵר בְּעַצְמוֹ מִכָּל מִינֵי מַאֲכָלוֹת אֲסוּרוֹת וּמִתְעָרְבוּתֵיהֶם, אֲשֶׁר פְּרָטֵיהֶם וְדִקְדּוּקֵיהֶם

רַבִּים מְאֹד, וְעָצְמוּ מִסַּפֵּר, וְאַתָּה יוֹדֵעַ גֹּדֶל הַפְּגַם הָעָצוּם הַפּוֹגֵם בְּנֶפֶשׁ יִשְׂרָאֵל עַל יְדֵי מַאֲכָלוֹת אֲסוּרוֹת, חַס וְשָׁלוֹם.

עַל כֵּן רַחֵם עָלֵינוּ לְמַעַנְךָ וְעָזְרֵנוּ וְהוֹשִׁיעֵנוּ וּשְׁמֹר אֶת נַפְשֵׁנוּ, שֶׁנִּזְכֶּה לִהְיוֹת נִצּוֹלִים וּפְרוּשִׁים וּמֻבְדָּלִים לְגַמְרֵי מִכָּל מִינֵי מַאֲכָלוֹת אֲסוּרוֹת. מִנְּבֵלוֹת וּטְרֵפוֹת, מִשְּׁקָצִים וּמִרְמָשִׂים, מִבָּשָׂר בְּחָלָב וּמִיֵּין נֶסֶךְ, מֵחֵלֶב וָדָם, מִגִּיד הַנָּשֶׁה וְאֵבֶר מִן הַחַי, וּמִפַּת שֶׁל עַכּוּ"ם וּמִבִּשּׁוּלֵי עַכּוּ"ם, וּמִשְּׁאָר כָּל מִינֵי מַאֲכָלוֹת אֲסוּרוֹת, מֵהֶם וּמִתַּעֲרוּבוֹתֵיהֶם וּמִמַּשֶּׁהוּ חָמֵץ בְּפֶסַח, מִכֻּלָּם תִּשְׁמְרֵנוּ וְתַצִּילֵנוּ בְּרַחֲמֶיךָ הָעֲצוּמִים, שֶׁלֹּא יִכָּנְסוּ לְתוֹךְ פִּינוּ, וְלֹא יְטַמְּאוּ אֶת נַפְשׁוֹתֵינוּ, וְנִהְיֶה אֲנַחְנוּ וְצֶאֱצָאֵינוּ נְקִיִּים וּטְהוֹרִים וּמֻבְדָּלִים מֵהֶם לְגַמְרֵי. וּתְקַדְּשֵׁנוּ בִּקְדֻשָּׁתְךָ הָעֶלְיוֹנָה, וּתְקַיֵּם בָּנוּ מִקְרָא שֶׁכָּתוּב: "וִהְיִיתֶם לִי קְדוֹשִׁים כִּי קָדוֹשׁ אָנִי".

חוּס וַחֲמֹל עָלֵינוּ, וּפְדֵנוּ וְהַצִּילֵנוּ וּמַלְּטֵנוּ מִכָּל מִינֵי טֻמְאוֹת וּמִכָּל הַדְּבָרִים הַמְשַׁקְּצִין אֶת הַנֶּפֶשׁ, וְקַדְּשֵׁנוּ בְּכָל מִינֵי קְדֻשּׁוֹת, וְעָזְרֵנוּ וְזַכֵּנוּ לַאֲכִילָה הַקְּדוֹשָׁה בִּשְׁלֵמוּת בֶּאֱמֶת כָּרָאוּי לְאִישׁ יִשְׂרְאֵלִי. וְנִזְכֶּה לְהַשְׁלִים פְּגָמֵי הַמִּזְבֵּחַ דִּקְדֻשָּׁה, עַל יְדֵי אֲכִילָתֵנוּ

בִּקְדֻשָּׁה וּבְטָהֳרָה, עַד שֶׁיִּהְיֶה הַשֻּׁלְחָן שֶׁלָּנוּ מְכַפֵּר כְּמִזְבֵּחַ. וּתְזַכֵּנוּ בְּרַחֲמֶיךָ הָרַבִּים לֶאֱמוּנָה שְׁלֵמָה בֶּאֱמֶת וְתִתֵּן לָנוּ כֹּחַ וְשֵׂכֶל דִּקְדֻשָּׁה לְהַכְנִיעַ וּלְבַטֵּל כָּל מִינֵי אֱמוּנוֹת כְּזָבִיּוֹת, וּלְהָשִׁיב וּלְהַחֲזִיר אֶת כָּל הַתּוֹעִים בֶּאֱמוּנוֹת כְּזָבִיּוֹת שֶׁיָּשׁוּבוּ כֻּלָּם לֶאֱמוּנָתְךָ הַקְּדוֹשָׁה:

אָנָּא יְהוָה, עָזְרֵנוּ לָצֵאת מִתַּאֲוַת גּוּפֵנוּ וּמֵעֲכִירַת מַעֲשֵׂינוּ, וּמִכְּסִילוּת דַּעְתֵּנוּ, וְזַכֵּנוּ בְּרַחֲמֶיךָ הָרַבִּים לִתֵּן צְדָקָה הַרְבֵּה לַעֲנִיִּים מְהֻגָּנִים הַרְבֵּה, וּלְצַדִּיקִים אֲמִתִּיִּים שֶׁבְּדוֹרֵנוּ, לְמַעַן נִזְכֶּה עַל־יְדֵי־זֶה לְהַשְׁלִים וּלְתַקֵּן פְּגַם הַמִּזְבֵּחַ שֶׁנִּפְגַּם עַל־יְדֵי עֲווֹנוֹתֵינוּ, עַד אֲשֶׁר אֵין לָנוּ לֹא אִשִּׁים וְלֹא קָרְבָּן וְלֹא כֹהֵן שֶׁיְּכַפֵּר בַּעֲדֵינוּ:

וּבְכֵן תְּרַחֵם עָלֵינוּ, שֶׁנִּזְכֶּה לְתַקֵּן אֶת פְּגַם תַּאֲוַת אֲכִילָה, וְנִזְכֶּה מֵעַתָּה לֶאֱכֹל בִּקְדֻשָּׁה וּבְטָהֳרָה עַד שֶׁיִּהְיֶה הַשֻּׁלְחָן שֶׁלָּנוּ מְכַפֵּר כַּמִּזְבֵּחַ, וְנִזְכֶּה לְהַכְנִיס אוֹרְחִים הֲגוּנִים עַל שֻׁלְחָנֵנוּ, וְלִתֵּן חֵלֶק מִסְּעֻדָּתֵנוּ לַעֲנִיִּים הֲגוּנִים. וְזַכֵּנוּ לִלְמֹד תּוֹרָה עַל הַשֻּׁלְחָן, וְיִהְיֶה הַשֻּׁלְחָן שֶׁלָּנוּ שָׁלֵם בְּכָל מִינֵי שְׁלֵמוּת דִּקְדֻשָּׁה בְּלִי שׁוּם פְּגָם כְּלָל, עַד שֶׁנִּזְכֶּה שֶׁהַשֻּׁלְחָן שֶׁלָּנוּ יְטַהֵר אוֹתָנוּ מִכָּל עֲווֹנוֹתֵינוּ, וִיזַכֶּה אוֹתָנוּ לְעָלְמָא דְּאָתֵי וּלְפַרְנָסָה

טוֹבָה. וְנִהְיֶה רְשׁוּמִים לְטוֹב לְעֵלָּא וּלְעֵלָּא. וְנִזְכֶּה שֶׁיִּתּוֹסֵף לָנוּ כֹּחַ וּגְבוּרָה בְּשָׁעָה שֶׁנִּצְטָרֵךְ. וְנִזְכֶּה שֶׁלֹּא יִהְיֶה שׁוּם כֹּחַ לְהַסִּטְרָא אַחֲרָא לִינֹק כְּלָל מִשֻּׁלְחָנֵנוּ וַאֲכִילָתֵנוּ, כִּי אִם מְעַט דִּמְעַט חִיּוּת הַמֻּכְרָח לִתֵּן לָהֶם בְּצִמְצוּם גָּדוֹל כְּפִי רְצוֹנְךָ הַטּוֹב וְלֹא יוֹתֵר מֵהַהֶכְרֵחַ כְּלָל.

וְנִזְכֶּה לְקַיֵּם מִצְוַת נְטִילַת יָדַיִם בְּמַיִם רִאשׁוֹנִים וְאַחֲרוֹנִים כָּרָאוּי בִּשְׁלֵמוּת. וְנִזְכֶּה לְקַדֵּשׁ יָדֵינוּ עַל־יְדֵי נְטִילַת יָדַיִם, וְיֻמְשַׁךְ עָלֵינוּ קְדֻשָּׁה וְטָהֳרָה שְׁלֵמָה עַל־יְדֵי נְטִילַת יָדַיִם רִאשׁוֹנִים וְאַחֲרוֹנִים. וִיקֻיַּם בָּנוּ מִקְרָא שֶׁכָּתוּב: "וְהִתְקַדִּשְׁתֶּם וִהְיִיתֶם קְדֹשִׁים, כִּי קָדוֹשׁ אֲנִי יְהֹוָה". וְתַעַזְרֵנוּ לְבָרֵךְ בִּרְכַּת הַמּוֹצִיא וּבִרְכַּת הַמָּזוֹן וְכָל בִּרְכַּת הַנֶּהֱנִין תְּחִלָּה וָסוֹף בְּכַוָּנָה גְּדוֹלָה כָּרָאוּי בִּקְדֻשָּׁה וּבְטָהֳרָה. וְנִזְכֶּה שֶׁיְּקֻיַּם בְּשֻׁלְחָן שֶׁלָּנוּ מִקְרָא שֶׁכָּתוּב: "וַיְדַבֵּר אֵלַי זֶה הַשֻּׁלְחָן אֲשֶׁר לִפְנֵי יְהֹוָה", וְנִזְכֶּה עַל יְדֵי אֲכִילָתֵנוּ בִּקְדֻשָּׁה לְהַכְנִיעַ וּלְבַטֵּל כְּסִילוּת דַּעְתֵּנוּ וְכִעוּר מַעֲשֵׂינוּ. וְתַעַזְרֵנוּ שֶׁיִּהְיֶה נִשְׁלָם דַּעְתֵּנוּ עַל יְדֵי אֲכִילָתֵנוּ בִּקְדֻשָּׁה וּבְטָהֳרָה כִּרְצוֹנְךָ הַטּוֹב:

אָנָּא יְהֹוָה, אַתָּה יָדַעְתָּ אֶת עֹצֶם בִּלְבּוּל וּכְסִילוּת דַּעְתִּי שֶׁמִּתְגַּבֵּר עָלַי בְּכָל עֵת וּבְכָל שָׁעָה, עַד

אֲשֶׁר "כָּשַׁל כֹּחַ הַסַּבָּל", וְאֵינִי יוֹדֵעַ מַה לַּעֲשׂוֹת וְאֵיזֶה תַּחְבּוּלָה אֲבַקֵּשׁ לְתַקֵּן אֶת דַּעְתִּי לְהַכְנִיעַ כְּסִילוּת דַּעְתִּי, אֲשֶׁר מִזֶּה בָּאוּ מַעֲשֵׂי הַמְכֹעָרִים. וְלֹא דַּי שֶׁלֹּא זָכִיתִי לְתַקֵּן דַּעְתִּי וּמַעֲשַׂי, אַף גַּם הוֹסַפְתִּי בְּכָל פַּעַם קִלְקוּלִים עַל קִלְקוּלִים, וּפְגָמִים עַל פְּגָמִים וַעֲבֵירוֹת עַל עֲבֵירוֹת, וּכְסִילוּת עַל כְּסִילוּת, וּבִלְבּוּלִים רַבִּים עַל בִּלְבּוּלִים.

"דַּלּוּ עֵינַי לַמָּרוֹם יְהֹוָה עָשְׁקָה לִּי עָרְבֵנִי. עֲרוֹב עַבְדְּךָ לְטוֹב, אַל יַעַשְׁקֻנִי זֵדִים. הוֹצִיאָה מִמַּסְגֵּר נַפְשִׁי". הִנְנוּ מֵאִתְּךָ דֵּעָה בִּינָה וְהַשְׂכֵּל, וְעָזְרֵנִי שֶׁאֶזְכֶּה לָשׁוּב מִמַּחְשְׁבוֹתַי הָרָעוֹת, וְאֶזְכֶּה לַעֲזֹב דַּרְכֵי הָרַע וּמַחְשְׁבוֹתַי הַפְּגוּמוֹת וְהַמְבֻלְבָּלוֹת, הַמְבַלְבְּלִים אוֹתִי וּמוֹנְעִים אוֹתִי מְאֹד מִלָּשׁוּב אֵלֶיךָ בֶּאֱמֶת. חוּס נָא עָלַי חוּס וַחֲמֹל נָא עָלַי, יֶהֱמוּ מֵעֶיךָ וַחֲסָדֶיךָ עָלַי, וְתֵן לִי תִּקְוָה טוֹבָה, שֶׁאֶזְכֶּה מֵעַתָּה לְרַחֵק וּלְגָרֵשׁ מֵעָלַי כָּל מִינֵי מַחֲשָׁבוֹת רָעוֹת וְכָל מִינֵי בִּלְבּוּל הַדַּעַת שֶׁבָּעוֹלָם, עַד שֶׁאֶזְכֶּה חִישׁ קַל מְהֵרָה לְהַשְׁלִים אֶת דַּעְתִּי. וְאֶזְכֶּה לִשְׁלֵמוּת הַדַּעַת דִּקְדֻשָּׁה וְעַל־יְדֵי־זֶה תְּזַכֵּנִי בְּרַחֲמֶיךָ הָרַבִּים לַעֲזֹב מֵעַתָּה אֶת כָּל מַעֲשַׂי הָרָעִים, וְאֶזְכֶּה מֵעַתָּה לִהְיוֹת סוּר מֵרָע בֶּאֱמֶת. וּתְעַזְרֵנִי לְתַקֵּן אֶת מַעֲשַׂי. וְתַחַת מַעֲשַׂי הַמְכֹעָרִים אֶזְכֶּה מֵעַתָּה לַעֲשׂוֹת תַּחְתָּם מַעֲשִׂים נָאִים, מַעֲשִׂים

הֲגוּנִים, מַעֲשִׂים טוֹבִים שֶׁיִּהְיוּ לְנַחַת וּלְרָצוֹן לִפְנֵי כִּסֵּא כְבוֹדֶךָ:

וּבְכֵן יְהִי רָצוֹן מִלְּפָנֶיךָ יְהֹוָה אֱלֹהֵינוּ וֵאלֹהֵי אֲבוֹתֵינוּ, שֶׁיִּפָּקַח לִי אוֹר הַשֵּׂכֶל דִּקְדֻשָּׁה. וְיִתְגַּלֶּה לִי אוֹר הַצַּדִּיקֵי אֱמֶת הַמְּאִירִים בְּכָל הָעוֹלָמוֹת כֻּלָּם, וּמִכָּל־שֶׁכֵּן בָּעוֹלָם הַשָּׁפָל הַזֶּה. וּמֵעֹצֶם עֲכִירַת מַעֲשֵׂינוּ וּכְסִילוּת דַּעְתֵּנוּ, נִסְתַּם וְנִסְתַּר מִמֶּנּוּ אוֹרָם הַגָּדוֹל, עַד אֲשֶׁר אֲפִלּוּ כְּשֶׁאָנוּ זוֹכִים לְהִתְקָרֵב אֲלֵיהֶם וְלַעֲסֹק בִּסְפָרֵיהֶם הַקְּדוֹשִׁים, אֵין אָנוּ זוֹכִים לְהַרְגִּישׁ וְלִרְאוֹת כְּלָל אוֹרָם הַצַּח וְהַמְצֻחְצָח, וְאֵין אָנוּ מַרְגִּישִׁים נְעִימוּת קְדֻשַּׁת דִּבְרֵיהֶם מֵעֹצֶם חֶשְׁכַּת שִׂכְלֵנוּ וּכְסִילוּת דַּעְתֵּנוּ וַעֲכִירַת מַעֲשֵׂינוּ. וּמֵחֲמַת זֶה נֶחְשַׁךְ אוֹר הַיִּרְאָה וְהָאַהֲבָה הַקְּדוֹשָׁה מֵאִתָּנוּ, עַד אֲשֶׁר בַּעֲווֹנוֹתֵינוּ אָנוּ רְחוֹקִים מְאֹד מִיִּרְאָה וְאַהֲבָה אֲמִתִּיּוֹת:

אָנָּא יְהֹוָה חֲמֹל עָלֵינוּ וְאַל תַּזְנִיחֵנוּ וְאַל תִּטְּשֵׁנוּ, וְתַעַזְרֵנוּ לְהַשְׁלִים אֶת דַּעְתֵּנוּ וּלְתַקֵּן אֶת מַעֲשֵׂינוּ. וְתִפְתַּח לָנוּ אֶת אוֹר הַדַּעַת דִּקְדֻשָּׁה, שֶׁיִּתְגַּלֶּה לָנוּ הָאֱמֶת. וְנִזְכֶּה לִרְאוֹת בְּעֵינֵי שִׂכְלֵנוּ אֶת אוֹר צַדִּיקֵי הָאֱמֶת, וְנִזְכֶּה לְהִכָּלֵל בָּהֶם, וּלְהִתְדַּבֵּק בְּדַרְכֵיהֶם וּבְמַעֲשֵׂיהֶם הַטּוֹבִים אֲשֶׁר הוֹרוּ אוֹתָנוּ, וְעַל

יְדֵי זֶה נִזְכֶּה לְיִרְאָה וְאַהֲבָה דִּקְדֻשָּׁה בִּשְׁלֵמוּת בֶּאֱמֶת.

וְנִזְכֶּה לְהִתְקָרֵב לְצַדִּיקֵי אֱמֶת שֶׁיֵּשׁ לָהֶם כֹּחַ לְגַלּוֹת אֶת גֹּדֶל הַהִתְפָּאֲרוּת שֶׁאַתָּה מִתְפָּאֵר עִם עַמְּךָ יִשְׂרָאֵל בְּכָל דּוֹר וָדוֹר. כְּמוֹ שֶׁכָּתוּב: "יִשְׂרָאֵל אֲשֶׁר בְּךָ אֶתְפָּאָר". הֵן בִּכְלָל מַה שֶּׁאַתָּה מִתְפָּאֵר עִם כְּלָלִיּוּת יִשְׂרָאֵל עַמְּךָ הַקָּדוֹשׁ, אֲשֶׁר בָּחַרְתָּ בָּנוּ מִכָּל הָעַמִּים וְרוֹמַמְתָּנוּ מִכָּל הַלְּשׁוֹנוֹת, הֵן בִּפְרָטִיּוּת מַה שֶּׁאַתָּה מִתְפָּאֵר עִם כָּל אֶחָד וְאֶחָד מִיִּשְׂרָאֵל בִּפְרָט, אֲפִלּוּ עִם הַפְּחוּתוֹת שֶׁבִּפְחוּתִים, וַאֲפִלּוּ עִם פּוֹשְׁעֵי יִשְׂרָאֵל, כָּל זְמַן שֶׁשֵּׁם יִשְׂרָאֵל נִקְרָא עָלָיו אַתָּה מִתְפָּאֵר וּמִתְגַּדֵּל וּמִתְרוֹמֵם בּוֹ. וְהֵן בִּפְרָטֵי פְּרָטִיּוּת מַה שֶּׁאַתָּה מִתְפָּאֵר וּמִתְנַשֵּׂא בִּפְרָטֵי הַמַּעֲשִׂים וְהַתְּנוּעוֹת טוֹבוֹת שֶׁל כָּל אֶחָד מִיִּשְׂרָאֵל. כָּל אֵלּוּ הַהִתְפָּאֲרוּת יִתְגַּלּוּ עַל־יְדֵי צַדִּיקֵי הָאֱמֶת, וְעַל יְדֵי זֶה יִתְגַּלּוּ לָנוּ כָּל הָרְצוֹנוֹת שֶׁהָיוּ לְךָ בִּבְרִיאַת עוֹלָמְךָ. בִּכְלָלִיּוּת הַבְּרִיאָה וּבִפְרָטִיּוּת כָּל נִבְרָא וְנִבְרָא וּבִפְרָטֵי פְּרָטִיּוּת, אֲשֶׁר הַכֹּל הָיָה רַק בִּשְׁבִיל יִשְׂרָאֵל עַמְּךָ, כְּדֵי שֶׁתִּתְפָּאֵר וְתִתְגַּדֵּל וְתִתְרוֹמֵם וְתִתְנַשֵּׂא עַל יְדֵי יִשְׂרָאֵל עַמֶּךָ. וְעַל יְדֵי זֶה תְּזַכֵּנוּ בְּרַחֲמֶיךָ הָרַבִּים שֶׁיִּמְשֹׁךְ עָלֵינוּ יִרְאָה וְאַהֲבָה בִּשְׁלֵמוּת בֶּאֱמֶת, שֶׁנִּזְכֶּה לְיִרְאָה אֶת שִׁמְךָ הַגָּדוֹל וְהַנּוֹרָא, וּלְאַהֲבָה אוֹתְךָ בֶּאֱמֶת בְּכָל לְבָבֵנוּ וּבְכָל נַפְשֵׁנוּ וּבְכָל מְאֹדֵנוּ:

אָנָּא יְהֹוָה שׁוֹמֵעַ תְּפִלָּה, שׁוֹמֵעַ צְעָקָה, שׁוֹמֵעַ אֲנָחָה, שְׁמַע קוֹל תְּפִלָּתֵנוּ בְּרַחֲמִים, וּמַלֵּא בַּקָּשָׁתֵנוּ לְמַעַנְךָ וְלֹא לְמַעֲנֵנוּ, שֶׁנִּזְכֶּה לִתֵּן צְדָקָה הַרְבֵּה לַעֲנִיִּים הֲגוּנִים וּלְצַדִּיקִים אֲמִתִּיִּים שֶׁבַּדּוֹר הַזֶּה, וְעַל יְדֵי זֶה נִזְכֶּה לְהַזְכִּיר אֶת הַטּוֹב הַכָּבוּשׁ בַּגָּלוּת, וּבִפְרָט הַטּוֹב הַכָּבוּשׁ אֶצְלִי בְּגָלוּת גָּדוֹל. שֶׁיִּזְכֹּר אֶת מַעֲלָתוֹ הַגְּדוֹלָה, וְיִתְעוֹרֵר בֶּאֱמֶת וְיִתְגַּבֵּר עַל הָרָע. עַד שֶׁאֶזְכֶּה לְהַכְנִיעַ וּלְשַׁבֵּר וּלְגָרֵשׁ אֶת הָרָע מִמֶּנִּי לְגַמְרֵי וְאֶזְכֶּה לָשׁוּב בִּתְשׁוּבָה שְׁלֵמָה לְפָנֶיךָ בֶּאֱמֶת חִישׁ קַל מְהֵרָה. וְנִזְכֶּה לְתַקֵּן אֶת פְּגַם תַּאֲוַת אֲכִילָה, וְתַעַזְרֵנוּ לֶאֱכֹל בִּקְדֻשָּׁה וּבְטָהֳרָה לְמַעַן שִׁמְךָ לְבַד בֶּאֱמֶת, וְנִזְכֶּה לְהַכְנִיעַ וּלְבַטֵּל כְּסִילוּת הַדַּעַת וַעֲכִירַת הַמַּעֲשִׂים.

וּתְזַכֵּנוּ בַּחֲסָדֶיךָ הָרַבִּים לִשְׁלֵמוּת הַדַּעַת דִּקְדֻשָּׁה, וְלַעֲשׂוֹת מַעֲשִׂים טוֹבִים וַהֲגוּנִים בְּעֵינֶיךָ, וְתִפְתַּח לָנוּ אוֹר הַשֵּׂכֶל בֶּאֱמֶת, בְּאֹפֶן שֶׁנִּזְכֶּה שֶׁיִּתְגַּלֶּה לָנוּ הֵיטֵב בֶּאֱמֶת לַאֲמִתּוֹ אוֹר הַצַּדִּיקִים הָאֲמִתִּיִּים, הַמְּאִירִים בְּכָל הָעוֹלָמוֹת כֻּלָּם. וְנִזְכֶּה עַל יְדֵי זֶה לְיִרְאָה וְאַהֲבָה בִּשְׁלֵמוּת, וּתְיַחֵד לְבָבֵנוּ לְאַהֲבָה וּלְיִרְאָה אֶת שִׁמְךָ בֶּאֱמֶת בְּתַכְלִית הַשְּׁלֵמוּת, מֵעַתָּה וְעַד עוֹלָם אָמֵן סֶלָה:

יח

רִבּוֹן עָלְמִין, טוֹב וּמֵטִיב לַכֹּל, אַתָּה בָּרָאתָ עוֹלָמְךָ בִּרְצוֹנְךָ הַטּוֹב כְּפִי מַה שֶּׁעָלָה בְּמַחֲשַׁבְתְּךָ הַקְּדוּמָה, וְתַכְלִית כַּוָּנָתְךָ הַטּוֹבָה הָיְתָה לְטוֹבָתֵנוּ, כְּדֵי שֶׁנִּזְכֶּה עַל יְדֵי זֶה לְהַשִּׂיג הַתַּכְלִית הַטּוֹב תַּכְלִית הָאֲמִתִּי, תַּכְלִית הַטּוֹב שֶׁל כָּל הַתַּכְלִיתִין. וּבִשְׁבִיל זֶה בָּרָאתָ כָּל הָעוֹלָמוֹת כֻּלָּם בְּחָכְמָה נִפְלָאָה מֵרֵאשִׁית הָאֲצִילוּת עַד סוֹף הָעֲשִׂיָּה, כְּדֵי שֶׁנִּזְכֶּה מִסּוֹף הַמַּעֲשֶׂה לָבוֹא וּלְהִכָּלֵל בְּמַחֲשָׁבָה תְּחִלָּה, לְהַשִּׂיג הַתַּכְלִית הָאַחֲרוֹן טוֹב הַנִּצְחִי:

וּבְכֵן יְהִי רָצוֹן מִלְּפָנֶיךָ יְהֹוָה אֱלֹהֵינוּ וֵאלֹהֵי אֲבוֹתֵינוּ, שֶׁתַּעַזְרֵנוּ בְּרַחֲמֶיךָ הָרַבִּים, שֶׁנִּזְכֶּה לְמַלֹּאת רְצוֹנְךָ הַטּוֹב. וְנִזְכֶּה לַעֲסֹק בַּעֲבוֹדָתְךָ תָּמִיד בֶּאֱמֶת וּבְלֵב שָׁלֵם. וְנִזְכֶּה לָסוּר מֵרָע לְגַמְרֵי בֶּאֱמֶת. וְלַעֲשׂוֹת הַטּוֹב בְּעֵינֶיךָ תָּמִיד, לְמַעַן נִזְכֶּה עַל־יְדֵי־זֶה לְהַשִּׂיג הַתַּכְלִית הָאֲמִתִּי. וּבְכָל עֲשִׂיָּתֵנוּ וַעֲסָקֵינוּ שֶׁנַּעֲשֶׂה וְנַעֲסֹק בְּזֶה הָעוֹלָם, בְּכֻלָּם יִהְיוּ כַּוָּנָתֵנוּ רַק בִּשְׁבִיל תַּכְלִית הַטּוֹב הָאַחֲרוֹן, כְּדֵי שֶׁיִּתְגַּלְגֵּל מִזֶּה הַדָּבָר הַשָּׂגַת תַּכְלִית הָאֲמִתִּי. וְלֹא נַעֲשֶׂה שׁוּם דָּבָר, וְלֹא נַעֲסֹק בְּשׁוּם עֵסֶק וְלֹא נְדַבֵּר שׁוּם דִּבּוּר, שֶׁאֵין בָּהֶם הַשָּׂגַת הַתַּכְלִית הָאַחֲרוֹן. וְנִזְכֶּה לְקַיֵּם מִקְרָא

שֶׁכָּתוּב: "בְּכָל דְּרָכֶיךָ דָעֵהוּ. וְהוּא יְיַשֵּׁר אוֹרְחוֹתֶיךָ", וְכָל מַעֲשֵׂינוּ יִהְיוּ לְשֵׁם שָׁמַיִם:

רִבּוֹנוֹ שֶׁל עוֹלָם, אַתָּה יָדַעְתָּ כַּמָּה אֲנִי רָחוֹק מִתַּכְלִית הָאֲמִתִּי, וְלֹא דַי שֶׁלֹּא נִזְהַרְתִּי בְּכָל מַעֲשַׂי שֶׁלֹּא לַעֲשׂוֹת דָּבָר שֶׁאֵין בּוֹ הַשָּׂגַת הַתַּכְלִית הָאַחֲרוֹן, אַף גַּם עָשִׂיתִי מֵהֶפֶךְ אֶל הֶפֶךְ, וְעָשִׂיתִי מַעֲשִׂים הַגּוֹרְמִים לְהִתְרַחֵק מְאֹד, חַס וְשָׁלוֹם, מִן הַתַּכְלִית. וּפָגַמְתִּי הַרְבֵּה וְנִתְרַחַקְתִּי מִן הַתַּכְלִית הָאֲמִתִּי בְּתַכְלִית הָרִחוּק. וְעַתָּה אָבִי שֶׁבַּשָּׁמַיִם, לָמָּה לִי חַיִּים כָּאֵלֶּה, חַיֵּי צַעַר כָּאֵלֶּה, חַיִּים מָרִים וּמְרוּרִים כָּאֵלֶּה, הַאִם זֶה נִקְרָא חַיִּים, הֲלֹא אֶלֶף מִיתוֹת טוֹבִים מֵחַיִּים מָרִים כָּאֵלֶּה, מֵאַחַר שֶׁאֵינִי זוֹכֶה בַּחַיִּים הָאֵלֶּה לְהַשָּׂגַת הַתַּכְלִית הָאֲמִתִּי:

רִבּוֹנוֹ שֶׁל עוֹלָם, מָרָא דְעָלְמָא כֻּלָּא, מְחַיֶּה מֵתִים בְּרַחֲמִים רַבִּים, חַי הַחַיִּים, תֶּן לִי חַיִּים וְאֶחְיֶה וְלֹא אָמוּת, תֶּן לִי חַיִּים אֲמִתִּיִּים, חַיִּים נִצְחִיִּים, חַיִּים טוֹבִים, חַיִּים אֲרוּכִים, חַיִּים שֶׁיֵּשׁ בָּהֶם יִרְאַת שָׁמַיִם, חַיִּים שֶׁנִּזְכֶּה עַל יָדָם בְּכָל עֵת וּבְכָל רֶגַע לְהַשָּׂגַת הַתַּכְלִית הָאַחֲרוֹן הָאֲמִתִּי אֲשֶׁר בִּשְׁבִיל זֶה בָּרָאתָ כָּל הָעוֹלָמוֹת כֻּלָּם, וּבִשְׁבִיל זֶה בָּאנוּ מֵעוֹלָם הָעֶלְיוֹן, מֵרוּם הַמַּעֲלוֹת לָעוֹלָם הַשָּׁפָל הַזֶּה.

חוּס וַחֲמֹל עָלַי וְתֵן לִי תִּקְוָה וְלֹא אֹבַד, וְחַזְּקֵנִי וְאַמְּצֵנִי שֶׁאֶזְכֶּה מֵעַתָּה לְרַחֵם עָלַי לְהִתְרַחֵק וְלָסוּר מֵרַע לְגַמְרֵי. וְלֹא אֶעֱשֶׂה עוֹד שׁוּם דָּבָר שֶׁאֵין בּוֹ הַשָּׂגַת הַתַּכְלִית הָאַחֲרוֹן הָאֲמִתִּי, חֲמֹל עַל מַעֲשֵׂה יָדֶיךָ, וְזַכֵּנִי לָשׁוּב אֵלֶיךָ בֶּאֱמֶת, עַד שֶׁאֶזְכֶּה אֶל הַתַּכְלִית הָאֲמִתִּי, לְהָרִים וּלְהַגְבִּיהַּ וּלְהַכְלִיל סוֹף הַמַּעֲשֶׂה בְּמַחֲשָׁבָה תְּחִלָּה:

וּבְכֵן יְהִי רָצוֹן מִלְּפָנֶיךָ יְהֹוָה אֱלֹהֵינוּ וֵאלֹהֵי אֲבוֹתֵינוּ, מָלֵא טוֹב מָלֵא רַחֲמִים, מָלֵא רָצוֹן, שֶׁתִּהְיֶה בְּעֶזְרִי, וְתִשְׁמְרֵנִי וְתַצִּילֵנִי מִן הַכַּעַס וּמִן הָרֹגֶז וּמִכָּל מִינֵי קְפֵדוֹת. וְתָגֵן עָלַי בְּרַחֲמֶיךָ וְתִשְׁמְרֵנִי תָּמִיד. וַאֲפִלּוּ בְּשָׁעָה שֶׁיָּבוֹא חַס וְשָׁלוֹם, לְיָדִי אֵיזֶה כַּעַס, תַּחְמֹל עָלַי בְּרַחֲמֶיךָ וְתִשְׁמְרֵנִי וְתַצִּילֵנִי שֶׁלֹּא אֶפְעַל בְּכַעֲסִי שׁוּם אַכְזָרִיּוּת כְּלָל. רַק אֶזְכֶּה לְשַׁבֵּר וּלְהָפֵר הַכַּעַס בְּרַחֲמָנוּת, וְאֶזְכֶּה לְהִתְגַּבֵּר עַל יִצְרִי לְשַׁבֵּר הַכַּעַס וְלַהֲפֹךְ הַכַּעַס לְרַחֲמָנוּת, לְרַחֵם דַּיְקָא בְּרַחֲמָנוּת גְּדוֹלָה בְּמָקוֹם שֶׁהָיִיתִי רוֹצֶה לִכְעֹס, חַס וְשָׁלוֹם. וְלֹא יִהְיֶה בִּי אֵל זָר וְלֹא אֶשְׁתַּחֲוֶה לְאֵל נֵכָר, שֶׁזֶּה נֶאֱמַר עַל הַכּוֹעֵס, שֶׁנֶּחֱשָׁב כְּאִלּוּ עוֹבֵד עֲבוֹדָה זָרָה.

רִבּוֹנוֹ שֶׁל עוֹלָם, אַתָּה יָדַעְתָּ כַּמָּה קָשֶׁה לָנוּ לְשַׁבֵּר

וּלְבַטֵּל מִדָּה רָעָה זוֹ שֶׁל כַּעַס וּקְפֵדוּת. כִּי כְּשֶׁמַּתְחִיל הַכַּעַס לִבְעֹר בָּנוּ, חַס וְשָׁלוֹם, כִּמְעַט אֵין אָנוּ בְּדַעְתֵּנוּ, וְקָשֶׁה עָלֵינוּ לְכַבּוֹת אֵשׁ הַכַּעַס וּלְכָבְשׁוֹ. עַל כֵּן רַחֵם עָלֵינוּ לְמַעַן שְׁמֶךָ, וֶהְיֵה בְּעֶזְרֵנוּ וְשָׁמְרֵנוּ וְהַצִּילֵנוּ תָּמִיד בְּרַחֲמֶיךָ וַחֲסָדֶיךָ הַגְּדוֹלִים, וְעָזְרֵנוּ לְשַׁבֵּר וּלְבַטֵּל מִדַּת הַכַּעַס וּקְפֵדוּת מֵעָלֵינוּ וּמֵעַל גְּבוּלֵנוּ, וְלֹא נִכְעוֹס לְעוֹלָם, וְלֹא אֶהְיֶה שׁוּם קַפְּדָן כְּלָל, רַק אֶזְכֶּה לִהְיוֹת טוֹב לַכֹּל תָּמִיד מֵעַתָּה וְעַד עוֹלָם:

וְעַל יְדֵי זֶה נִזְכֶּה לְעוֹרֵר רַחֲמֶיךָ וַחֲסָדֶיךָ הָאֲמִתִּיִּים עָלֵינוּ, עַל עַם עָנִי וְאֶבְיוֹן כָּמוֹנוּ הַיּוֹם, עַל עַם מְמֻשָּׁךְ וּמְמֹרָט, הַנְּפוֹצִים עַל הֶהָרִים כַּצֹּאן אֲשֶׁר אֵין לָהֶם רוֹעֶה, צֹאן נִדָּח וְאֵין מְקַבֵּץ. וְתָפֵר כַּעַסְךָ מֵעִמָּנוּ, וְתַמְתִּיק וּתְבַטֵּל חֲרוֹן אַפְּךָ מֵעָלֵינוּ, וְיִגֹּלּוּ רַחֲמֶיךָ עַל מִדּוֹתֶיךָ, וְתָשִׁיב פָּנֶיךָ אֵלֵינוּ. וְתַחְמֹל עָלֵינוּ בְּחֶמְלָתְךָ הַגְּדוֹלָה. וְתִשְׁלַח לָנוּ צַדִּיקֵי אֱמֶת מַנְהִיגִים אֲמִתִּיִּים הַקְּדֻשָּׁה, שֶׁיַּנְהִיגוּ אוֹתָנוּ בְּרַחֲמִים וְיַכְנִיסוּ הַשָּׂגַת הַתַּכְלִית הָאַחֲרוֹן בְּלִבֵּנוּ וּבְשִׂכְלֵנוּ, עַד שֶׁנִּזְכֶּה עַל יָדָם לִרְדֹּף וְלָרוּץ כָּל יָמֵינוּ לְהַשִּׂיג הַתַּכְלִית הָאֲמִתִּי. וְנַשְׁלִיךְ כָּל תַּאֲווֹת עוֹלָם הַזֶּה אַחֲרֵי גֵוֵנוּ. וְנָשִׂים כָּל מְגַמּוֹתֵינוּ וְכָל חֶפְצֵנוּ וְכָל תְּשׁוּקָתֵנוּ וְכָל יְגִיעוֹתֵינוּ וְכָל טִרְחוֹתֵינוּ רַק בִּשְׁבִיל הַתַּכְלִית הָאַחֲרוֹן הָאֲמִתִּי כִּרְצוֹנְךָ הַטּוֹב בֶּאֱמֶת:

רִבּוֹנוֹ שֶׁל עוֹלָם, אַתָּה לְבַד יָדַעְתָּ עֹצֶם הָרַחֲמָנוּת שֶׁיֵּשׁ עָלֵינוּ עַכְשָׁו בַּדּוֹר הַזֶּה עַל כָּל עַמְּךָ יִשְׂרָאֵל בִּכְלָלִיּוּת, וּבִפְרָטִיּוּת עַל כָּל אֶחָד וְאֶחָד מִיִּשְׂרָאֵל. כִּי הַכֹּל חֲפֵצִים לְיִרְאָה אֶת שְׁמֶךָ, וְהַכֹּל תְּאֵבִים וּמִשְׁתּוֹקְקִים וּמְצַפִּים וּמְחַכִּים לְהִתְקָרֵב אֵלֶיךָ בֶּאֱמֶת. וְכָל אִישׁ אֲשֶׁר יוֹדֵעַ אֶת נִגְעֵי לְבָבוֹ מְצַפֶּה וּמְחַכֶּה לְרוֹפֵא נֶאֱמָן מַנְהִיג אֲמִתִּי, שֶׁיְּקָרֵב אוֹתוֹ וִירַפֵּא תַּחֲלוּאֵי נַפְשׁוֹ וּמַכְאוֹבָיו. וְאֵין מִי שֶׁיַּעֲמֹד בַּעֲדֵנוּ, כִּי לָקַחְתָּ מִמֶּנּוּ מַחְמַד עֵינֵינוּ, כָּל הַצַּדִּיקֵי אֱמֶת וּמַנְהִיגִים אֲמִתִּיִּים. וְהִסְתַּרְתָּ פָּנֶיךָ מִמֶּנּוּ וְאֵין לָנוּ לֹא מַנְהִיג וְלֹא מְנַהֵל אֲמִתִּי, שֶׁיּוּכַל לְהַנְהִיג אוֹתָנוּ, לְקָרְבֵנוּ לַעֲבוֹדָתֶךָ בֶּאֱמֶת.

מָרֵיהּ דְּעָלְמָא כֻּלָּא, אַתָּה יָדַעְתָּ אֶת מַכְאוֹבֵנוּ, וְאֶת צַעֲקָתֵנוּ שָׁמַעְתָּ מִפְּנֵי נוֹגְשֵׂינוּ, קוּמָה בְּעֶזְרָתֵנוּ בְּעֵת צָרָה הַזֹּאת, בְּעִקְבָא דִּמְשִׁיחָא, בְּתֹקֶף מְרִירוּת גָּלוּת הַנֶּפֶשׁ וְהַגּוּף. כִּי אֵין לָנוּ שׁוּם שֵׂכֶל וָדַעַת אֵיךְ לְרַצּוֹת וּלְפַיֵּס אוֹתְךָ וְאֵיךְ לִקְרֹא אוֹתְךָ שֶׁתָּשִׁיב פָּנֶיךָ אֵלֵינוּ. אָבִינוּ שֶׁבַּשָּׁמַיִם, חֲמֹל עָלֵינוּ אָבִינוּ שֶׁבַּשָּׁמַיִם אַל תַּסְתֵּר פָּנֶיךָ מִמֶּנּוּ. מוֹשֵׁל בַּכֹּל, מֶלֶךְ עַל כָּל הָאָרֶץ, שְׁלַח לָנוּ מַנְהִיג וּמוֹשֵׁל אֲמִתִּי דִּקְדֻשָּׁה, שֶׁיּוּכַל לְהַנְהִיג אוֹתָנוּ בְּרַחֲמִים, "כַּאֲשֶׁר יִשָּׂא הָאוֹמֵן אֶת הַיּוֹנֵק", לְקָרְבֵנוּ לַעֲבוֹדָתֶךָ בֶּאֱמֶת. תֵּן לָנוּ

מַנְהִיג אֲמִתִּי כְּמוֹ מֹשֶׁה רַבֵּנוּ, עָלָיו הַשָּׁלוֹם. כִּי יִשְׂרָאֵל הָיוּ שְׁקוּעִים בְּמִצְרַיִם בְּמ"ט [בְּאַרְבָּעִים וְתִשְׁעָה] שַׁעֲרֵי טֻמְאָה, וְלֹא הָיָה אֶפְשָׁר שֶׁיֵּצְאוּ מִשָּׁם כִּי אִם עַל יְדֵי מֹשֶׁה רַבֵּנוּ. וְחָמַלְתָּ עֲלֵיהֶם, וְגָזַרְתָּ עַל מֹשֶׁה שֶׁיֵּלֵךְ מֹשֶׁה וְיִגְאָלֵם, אַף עַל פִּי שֶׁמֹּשֶׁה רַבֵּנוּ מִגֹּדֶל עַנְוְתָנוּתוֹ הָיָה מַסְתִּיר פָּנָיו, וְלֹא רָצָה לְקַבֵּל הַמֶּמְשָׁלָה וְהַמַּנְהִיגוּת. אֲבָל אַתָּה חָמַלְתָּ עַל עַמְּךָ יִשְׂרָאֵל, וְגָזַרְתָּ שֶׁיֵּלֵךְ בְּעַל כָּרְחוֹ, וְהָיִיתָ עִמּוֹ תָּמִיד עַד שֶׁזָּכָה לְגָאֳלָם.

וְהִנֵּה עַכְשָׁו בַּעֲווֹנוֹתֵינוּ, אָנוּ שְׁקוּעִים בְּגָלוּת יוֹתֵר מִגָּלוּת מִצְרַיִם, וְאַתָּה יוֹדֵעַ שֶׁאֵין מִי שֶׁיּוּכַל לַעֲזֹר אוֹתָנוּ, כִּי אִם מַנְהִיג אֲמִתִּי שֶׁיִּהְיֶה בִּבְחִינַת מֹשֶׁה רַבֵּנוּ, עָלָיו הַשָּׁלוֹם. עַל כֵּן רַחֵם עָלֵינוּ לְמַעַן שְׁמֶךָ, וּשְׁבֹר וְהָפֵר כַּעַסְךָ מֵעָלֵינוּ וּשְׁלַח רַחֲמָנוּת בְּלֵב הַמַּנְהִיג הָאֱמֶת שֶׁיַּחְמֹל עָלֵינוּ, וְיָשִׁיב פָּנָיו אֵלֵינוּ, וִיקַבֵּל הַמַּנְהִיגוּת וְהַמֶּמְשָׁלָה, וְיַנְהִיג אוֹתָנוּ בְּרַחֲמָיו, וִיקָרְבֵנוּ לַעֲבוֹדָתְךָ בֶּאֱמֶת:

וְזַכֵּנוּ בְּרַחֲמֶיךָ הָרַבִּים לֶאֱמוּנָה שְׁלֵמָה בֶּאֱמֶת, לֶאֱמוּנָה הַקְּדוֹשָׁה,לְהַאֲמִין בְּךָ וּבְצַדִּיקֶיךָ הָאֲמִתִּיִּים, בֶּאֱמוּנָה שְׁלֵמָה בֶּאֱמֶת. וְתַצִּילֵנוּ בְּרַחֲמֶיךָ הָרַבִּים מֵאֱמוּנוֹת כְּזָבִיּוֹת, מֵאֱמוּנוֹת שֶׁל שְׁטוּת וָהֶבֶל.

וְלֹא יִהְיֶה לָנוּ שׁוּם אֱמוּנָה כּוֹזְבִית, וְלֹא נַאֲמִין בְּשׁוּם דָּבָר שֶׁהוּא מִדַּרְכֵי הָאֱמוֹרִי. וְלֹא נֵלֵךְ בְּדַרְכֵיהֶם וְחֻקּוֹתֵיהֶם, וְלֹא נַטֶּה לְבָבֵנוּ אַחַר שְׁטוּתֵיהֶם וְשִׁקְרֵיהֶם, רַק נִזְכֶּה לֶאֱמוּנָה דִקְדֻשָּׁה בִּשְׁלֵמוּת. לֶאֱמוּנָה זַכָּה וּנְקִיָּה בְּךָ, יְהוָה אֱלֹהֵינוּ, וּבְצַדִּיקֶיךָ הָאֲמִתִּיִּים, וּבְתוֹרָתְךָ הַקְּדוֹשָׁה, בַּתּוֹרָה שֶׁבִּכְתָב וְתוֹרָה שֶׁבְּעַל פֶּה, וּבִכְלָלִיּוּת עַמְּךָ יִשְׂרָאֵל הַקָּדוֹשׁ. בֶּאֱמֶת וּבְלֵב שָׁלֵם.

וּבְכֵן רַחֵם עָלֵינוּ, וְשָׁמְרֵנוּ וְהַצִּילֵנוּ בְּרַחֲמֶיךָ הָרַבִּים מִמַּנְהִיגֵי שֶׁקֶר, מִמַּנְהִיגִים אַכְזָרִים, מִפַּרְנָסִים הַמִּתְגָּאִים עַל הַצִּבּוּר שֶׁלֹּא לְשֵׁם שָׁמַיִם. הָרוֹדְפִים אַחַר הַכָּבוֹד לַהֲנָאָתָם וְתוֹלִין רְדִיפָתָם בְּרַחֲמָנוּת, כְּאִלּוּ הֵם רוֹצִים לְרַחֵם עַל הָעוֹלָם לְהַנְהִיגָם. אֲשֶׁר בֶּאֱמֶת הֵם רְחוֹקִים מִזֶּה, וְאֵינָם יְכוֹלִים לְהַנְהִיג אֶת עַצְמָן מִכָּל שֶׁכֵּן אֲחֵרִים. וְלֹא נִתַּן לָהֶם הַגְּדֻלָּה מִן הַשָּׁמַיִם כְּלָל. רַחֵם עָלֵינוּ בְּרַחֲמֶיךָ הָרַבִּים, וְהַצִּילֵנוּ מֵהֶם וּמֵהֲמוֹנָם, וּתְבַטֵּל וּתְשַׁבֵּר וְתַכְנִיעַ גְּדֻלָּתָם וּמֶמְשַׁלְתָּם מִן הָעוֹלָם.

וְעָזְרֵנוּ בְּרַחֲמֶיךָ הָרַבִּים, וְהַצֵּל אוֹתִי וְאֶת זַרְעִי וְכָל עַמְּךָ בֵּית יִשְׂרָאֵל מִתַּאֲוָה רָעָה הַזֹּאת שֶׁל פַּרְנָסוּת וּמַנְהִיגוּת, שָׁמְרֵנִי וְהַצִּילֵנִי וּמַלְּטֵנִי, שֶׁלֹּא יַעֲלֶה עַל לִבִּי שׁוּם תַּאֲוָה וְחֶמְדָּה וְשׁוּם מַחֲשָׁבָה כְּלָל

שֶׁל פַּרְנָסוֹת וּמַנְהִיגוּת וְרָאשׁוּת וְהִתְנַשְּׂאוּת, וְלֹא אֶרְדֹּף אַחַר הַכָּבוֹד לְעוֹלָם.

וְעָזְרֵנִי בְּרַחֲמֶיךָ הָרַבִּים לְמַעַנְךָ, וְזַכֵּנִי לָשׁוּב בִּתְשׁוּבָה שְׁלֵמָה לְפָנֶיךָ מְהֵרָה, בֶּאֱמֶת וּבְלֵב שָׁלֵם. וְתֵן בְּלִבִּי לַעֲשׂוֹת רְצוֹנְךָ, וְכוֹף אֶת יִצְרִי לְהִשְׁתַּעְבֵּד לָךְ, וְתִתֶּן לִי כֹּחַ וּגְבוּרָה דִּקְדֻשָּׁה לִכְבֹּשׁ אֶת יִצְרִי וּלְשַׁבֵּר תַּאֲוֹתַי הָרָעוֹת, וּלְהַמְשִׁיךְ עַצְמִי רַק אֶל הַתַּכְלִית הָאֲמִתִּי. וְאֶזְכֶּה לְקַשֵּׁט עַצְמִי וּלְקַשֵּׁט אֲחֵרִים הַרְבֵּה לְקָרְבָם וּלְהַכְנִיסָם לְתוֹךְ הַקְּדֻשָּׁה לְקָרְבָם אֶל הַתּוֹרָה וְאֶל הָעֲבוֹדָה הָאֲמִתִּיּוֹת כִּרְצוֹנְךָ הַטּוֹב.

וְזַכֵּנִי בְּרַחֲמֶיךָ הָרַבִּים לְאַהֲבַת חֲכָמִים אֲמִתִּיִּים, וְאֶזְכֶּה לְכַבֵּד אוֹתָם בְּכָל מִינֵי כָּבוֹד וּפְאֵר, וְלִמְסֹר נַפְשִׁי עֲבוּרָם. וְתִתֶּן לִי כֹּחַ לִסְכֹּר פִּי כָּל דּוֹבְרֵי שֶׁקֶר, הַמְּבַזִּים וּמְחָרְפִים אוֹתָם. וְתַעַזְרֵנִי לְהִתְגַּבֵּר עֲלֵיהֶם לְנַצְּחָם וּלְשַׁבְּרָם וּלְהַשְׁפִּילָם וּלְהַכְנִיעָם עַד עָפָר.

חוּס וַחֲמֹל עָלַי וְזַכֵּנִי לָבוֹא מְהֵרָה לְכָל מַה שֶּׁבִּקַּשְׁתִּי מִלְּפָנֶיךָ, וְאֶזְכֶּה לָבוֹא חִישׁ קַל מְהֵרָה אֶל הַתַּכְלִית הָאֲמִתִּי לְתַכְלִית הַטּוֹב הַנִּצְחִי. וּמֵעַתָּה תִּהְיֶה בְּעֶזְרִי, שֶׁלֹּא אֶעֱשֶׂה עוֹד שׁוּם דָּבָר שֶׁאֵין בּוֹ הַשָּׂגַת

הַתַּכְלִית הָאֲמִתִּי. וַאֲבַלֶּה כָּל יָמַי וּשְׁנוֹתַי רַק בִּשְׁבִיל הַשָּׂגַת הַתַּכְלִית הָאַחֲרוֹן הָאֲמִתִּי, וּתְזַכֵּנִי לְהַשִּׂיגוֹ בֶּאֱמֶת, בַּחַיִּים חִיּוּתִי בְּגוּפִי הַזֶּה, קֹדֶם שֶׁאֶסְתַּלֵּק מִן הָעוֹלָם הַזֶּה. וְתַצִּילֵנִי שֶׁלֹּא אֶצְטָרֵךְ לְהִתְגַּלְגֵּל, חַס וְשָׁלוֹם, בְּגוּף אַחֵר בִּשְׁבִיל הַשָּׂגַת הַתַּכְלִית הַזֶּה. רַק אֶזְכֶּה לְהַשִּׂיגוֹ בְּעַצְמִי בְּעוֹלָם הַזֶּה בַּחַיִּים חִיּוּתִי, בְּרַחֲמֶיךָ הָרַבִּים וּבַחֲסָדֶיךָ הַגְּדוֹלִים לְמַעַנְךָ וּלְמַעַן הַצַּדִּיקִים הָאֲמִתִּיִּים, וְלֹא לְמַעֲנִי כְּלָל. וְאֶזְכֶּה בְּרַחֲמֶיךָ לְחַיֵּי עוֹלָם הַבָּא בְּלִי שׁוּם צַעַר גֵּהִנָּם וְחִבּוּט הַקֶּבֶר. וּתְחָנֵּנִי בְּרַחֲמֶיךָ לְחַיִּים טוֹבִים וַאֲרֻכִּים, לְחַיִּים נִצְחִיִּים, לְעוֹלָם שֶׁכֻּלּוֹ טוֹב וְכֻלּוֹ אָרֹךְ. "כְּחַסְדְּךָ חַיֵּנִי וְאֶשְׁמְרָה עֵדוּת פִּיךָ, תּוֹדִיעֵנִי אֹרַח חַיִּים שֹׂבַע שְׂמָחוֹת אֶת פָּנֶיךָ נְעִימוֹת בִּימִינְךָ נֶצַח, יִהְיוּ לְרָצוֹן אִמְרֵי פִי וְהֶגְיוֹן לִבִּי לְפָנֶיךָ יְהֹוָה צוּרִי וְגוֹאֲלִי":

יט

"אֲדֹנָי שְׂפָתַי תִּפְתָּח וּפִי יַגִּיד תְּהִלָּתֶךָ". פְּתַח פִּיךָ לְאִלֵּם וְזַכֵּנִי לְסַדֵּר תְּפִלָּתִי לְפָנֶיךָ, בִּלְשׁוֹן רַחֲמִים וְתַחֲנוּנִים בְּלָשׁוֹן צַח וָזָךְ, בְּלָשׁוֹן שֶׁמַּלְאֲכֵי הַשָּׁרֵת מִשְׁתַּמְּשִׁין בּוֹ, בְּלָשׁוֹן שֶׁאוּכַל לְעוֹרֵר רַחֲמֶיךָ הָאֲמִתִּיִּים עָלַי, בִּשְׁלֵמוּת לְשׁוֹן הַקֹּדֶשׁ:

רִבּוֹנוֹ שֶׁל עוֹלָם, מָלֵא רַחֲמִים זַכֵּנִי בְּרַחֲמֶיךָ הָרַבִּים לִשְׁלֵמוּת לְשׁוֹן הַקֹּדֶשׁ, לְמַעַן אֶזְכֶּה עַל יְדֵי זֶה לְהַפִּיל וּלְהַכְנִיעַ וּלְשַׁבֵּר כָּל הַתַּאֲווֹת רָעוֹת וְכָל הַמִּדּוֹת רָעוֹת הַנִּמְשָׁכִין מִשִּׁבְעִין עֲמָמִין, אֲשֶׁר כָּל הַתַּאֲווֹת וְהַמִּדּוֹת רָעוֹת שַׁיָּכִים לָהֶם וְלֹא לָנוּ, וּבִפְרָט תַּבְעֵרַת הַמְּדוּרָה שֶׁל תַּאֲוַת נִאוּף, הַחֲפֵצָה לְהִתְגַּבֵּר עָלֵינוּ בְּכָל עֵת. חוּס וְחֲמֹל עָלֵינוּ, וְזַכֵּנוּ לְהַפִּיל וּלְהַכְנִיעַ וּלְבַטֵּל תַּבְעֵרַת הַמְּדוּרָה הַזֹּאת מֵעָלֵינוּ וּמֵעַל גְּבוּלֵנוּ.

כִּי אַתָּה בְּרַחֲמֶיךָ בָּחַרְתָּ בָּנוּ מִכָּל הָעַמִּים, וְרוֹמַמְתָּנוּ מִכָּל הַלְּשׁוֹנוֹת, וְנָתַתָּ לָנוּ לְחֶלְקֵנוּ שְׁלֵמוּת לְשׁוֹן הַקֹּדֶשׁ, אֲשֶׁר בּוֹ בָּרָאתָ עוֹלָמְךָ. כְּמוֹ שֶׁכָּתוּב: "בִּדְבַר יְהוָה שָׁמַיִם נַעֲשׂוּ וּבְרוּחַ פִּיו כָּל צְבָאָם". וְנָתַתָּ לָנוּ תּוֹרָתְךָ הַקְּדוֹשָׁה עַל יְדֵי מֹשֶׁה נְבִיאֶךָ בִּלְשׁוֹן הַקֹּדֶשׁ, וּבוֹ נִדְבַּרְתָּ עִם כָּל נְבִיאֶיךָ הַנֶּאֱמָנִים הַמְדַבְּרִים בְּשִׁמְךָ בְּרוּחַ נְבוּאָה וְרוּחַ הַקֹּדֶשׁ, אֲשֶׁר עִם כֻּלָּם דִּבַּרְתָּ בִּלְשׁוֹן הַקֹּדֶשׁ אֲשֶׁר הִיא כְּלִילַת יֹפִי מָשׂוֹשׂ לְכָל הָאָרֶץ.

עַל כֵּן בָּאתִי לְהַפִּיל תְּחִנָּתִי לְפָנֶיךָ יְהוָה אֱלֹהַי וֵאלֹהֵי אֲבוֹתַי, יֶהֱמוּ נָא מֵעֶיךָ עָלַי, תִּיקַר נָא נַפְשִׁי בְּעֵינֶיךָ, שֶׁתְּעוֹרֵר חֲסָדֶיךָ הָאֲמִתִּיִּים עָלַי, וְתַשְׁפִּיעַ עָלַי בְּרַחֲמֶיךָ הַגְּדוֹלִים שְׁלֵמוּת לְשׁוֹן הַקֹּדֶשׁ, בְּאֹפֶן שֶׁאֶזְכֶּה בְּרַחֲמֶיךָ לְהִתְגַּבֵּר עַל יִצְרִי הָרָע, לְהַכְנִיעַ וּלְשַׁבֵּר

וּלְבַטֵּל מֵעָלַי תַּבְעֶרֶת הַמְּדוּרָה שֶׁל תַּאֲוַת נִאוּף. כִּי אַתָּה יָדַעְתָּ יְהוָֹה אֱלֹהֵינוּ, כִּי תַּאֲוָה זוֹ הִיא עִקַּר הַנִּסָּיוֹן וְהַמִּתְקָלָא, אֲשֶׁר רַק בִּשְׁבִיל זֶה בָּאנוּ לָעוֹלָם הַזֶּה, כְּדֵי לְהִתְנַסּוֹת וּלְהִצְטָרֵף בְּתַאֲוָה זוֹ. כִּי רְצוֹנְךָ הַטּוֹב הָיָה לְנַסּוֹת אוֹתָנוּ בְּתַאֲוָה הַזֹּאת, אִם יְהֵא לָנוּ כֹּחַ לְהִתְגַּבֵּר עַל יִצְרֵנוּ לְהַכְנִיעַ וּלְשַׁבֵּר תַּאֲוַת גּוּפֵנוּ, וּלְדַבֵּק עַצְמֵנוּ לְשִׁמְךָ הַגָּדוֹל בֶּאֱמֶת כָּל יְמֵי חַיֵּינוּ כְּדֵי לְהֵיטִיב אַחֲרִיתֵנוּ, לְמַעַן תִּתְפָּאֵר בָּנוּ בְּכָל הָעוֹלָמוֹת כְּשֶׁנִּזְכֶּה לְהַכְנִיעַ וּלְשַׁבֵּר וּלְבַטֵּל תַּאֲוָה הַזֹּאת. וּבַעֲווֹנוֹתֵינוּ הָרַבִּים לֹא נִזְהַרְנוּ לַעֲמֹד בְּנִסָּיוֹן וְצֵרוּף הַזֶּה כָּרָאוּי. כְּמוֹ שֶׁאָמַר דָּוִד הַמֶּלֶךְ עָלָיו הַשָּׁלוֹם: "בָּחַנְתָּ לִבִּי פָּקַדְתָּ לַיְלָה צְרַפְתַּנִי בַל תִּמְצָא, זַמֹּתִי בַּל יַעֲבָר פִּי", עַד אֲשֶׁר כָּלוּ בְיָגוֹן חַיֵּינוּ וּשְׁנוֹתֵינוּ בַּאֲנָחָה, כִּי רַק עַל־יְדֵי־זֶה סַרְנוּ מִמִּצְוֹתֶיךָ וּמִמִּשְׁפָּטֶיךָ הַטּוֹבִים. וּבְכָל יוֹם וָיוֹם יִצְרוֹ שֶׁל אָדָם מִתְגַּבֵּר עָלָיו בְּיוֹתֵר. וּבְרַחֲמֶיךָ הָרַבִּים גִּלִּיתָ לָנוּ עַל יְדֵי צַדִּיקֵי הַדּוֹר הָאֲמִתִּיִּים עֵצוֹת טוֹבוֹת לְהִמָּלֵט מִזֶּה בְּשֵׁב וְאַל תַּעֲשֶׂה בְּמַעֲשֶׂה וּבְמַחֲשָׁבָה. אֲבָל לֹא נִזְהַרְנוּ לְקַיֵּם עֲצוֹתֶיךָ הַטּוֹבוֹת בֶּאֱמֶת, וְלֹא שָׁמַרְנוּ אֶת הַמַּחֲשָׁבָה מִבִּלְבּוּלִים וְהִרְהוּרִים וּשְׁטוּתִים.

אֲבָל אַף־עַל־פִּי־כֵן אַתָּה מָלֵא רַחֲמִים, וַעֲדַיִן לֹא כָלוּ רַחֲמֶיךָ מִמֶּנִּי. וְאַתָּה גְּדוֹל הָעֵצָה פֶּלֶא יוֹעֵץ,

חֲמֹל עָלַי וְתַשְׁפִּיעַ לִי עֵצָה טוֹבָה עֵצָה אֲמִתִּיִּית בְּאֹפֶן שֶׁאֶזְכֶּה לְקַיֵּם עֲצוֹתֶיךָ הַטּוֹבוֹת, בְּאֹפֶן שֶׁאֶזְכֶּה מֵעַתָּה לְהִמָּלֵט וּלְהִנָּצֵל מֵאֵשׁ הַמְּדוּרָה הַזֹּאת. וְתַצִּילֵנִי בְּרַחֲמֶיךָ הָרַבִּים מֵרוּחַ שְׁטוּת שֶׁל תַּאֲוָה רָעָה הַזֹּאת, כִּי בַּעֲווֹנוֹתֵינוּ הָרַבִּים אֵין אָנוּ יוֹדְעִים לְהַשִּׂיג עֲצוֹתֶיךָ הַקְּדוֹשׁוֹת אֵיךְ לְהִנָּצֵל מִתַּאֲוָה הַזֹּאת. כִּי אַתָּה גִּלִּיתָ לָנוּ עַל־יְדֵי צַדִּיקֶיךָ הָאֲמִתִּיִּים, שֶׁעַל־יְדֵי שְׁלֵמוּת לְשׁוֹן הַקֹּדֶשׁ זוֹכִין לְהַכְנִיעַ תַּאֲוָה רָעָה זוֹ. וְגַם אַתָּה הוֹדַעְתָּ לָנוּ שֶׁאִי אֶפְשָׁר לִזְכּוֹת לִשְׁלֵמוּת לְשׁוֹן הַקֹּדֶשׁ כִּי־אִם עַל יְדֵי שֶׁמְּשַׁבְּרִים תַּאֲוָה זוֹ וְזוֹכִין לִשְׁמִירַת הַבְּרִית. וַאֲנִי בַעַר וְלֹא אֵדָע, מֵהֵיכָן אַתְחִיל לִזְכּוֹת לְמַעֲלוֹת קְדוֹשׁוֹת הָאֵלּוּ שֶׁהֵם שְׁלֵמוּת לְשׁוֹן הַקֹּדֶשׁ וּשְׁמִירַת הַבְּרִית, מֵאַחַר שֶׁשְּׁנֵיהֶם תְּלוּיִים זֶה בָּזֶה.

עַל־כֵּן בָּאתִי לְשַׁחֵר פָּנֶיךָ יְהוָֹה אֱלֹהַי "הוֹדִיעֵנִי נָא אֶת דְּרָכֶיךָ", וְאֵדְעָה בְּאֵיזֶה דֶּרֶךְ אֶזְכֶּה לְמַעֲלוֹת הָאֵלּוּ לִשְׁלֵמוּת לְשׁוֹן הַקֹּדֶשׁ וְלִשְׁמִירַת הַבְּרִית, בְּאֹפֶן שֶׁאֶזְכֶּה לְהִתְקָרֵב אֵלֶיךָ בֶּאֱמֶת, כִּי אַתָּה יָדַעְתָּ כִּי אִי אֶפְשָׁר לְהִתְקָרֵב אֵלֶיךָ בֶּאֱמֶת, כִּי אִם עַל יְדֵי שֶׁמְּשַׁבְּרִין תַּאֲוָה הַזֹּאת לְגַמְרֵי, אֲשֶׁר הִיא הָרָע הַכּוֹלֵל שֶׁל כָּל הַשִּׁבְעִין אֻמּוֹת. וַאֲנַחְנוּ בְּנֵי יִשְׂרָאֵל עַם קָדוֹשׁ, אֲנַחְנוּ בְּשָׁרְשֵׁנוּ אָנוּ רְחוֹקִים לְגַמְרֵי מִתַּאֲוָה רָעָה הַזֹּאת, וְאֵין הַתַּאֲוָה הַזֹּאת שַׁיֶּכֶת לָנוּ כְּלָל כִּי אִם

לָהֶם וּלְחֶלְקָם וְלֹא לָנוּ:

רִבּוֹנוֹ שֶׁל עוֹלָם, חוּסָה עַל כְּבוֹדֶךָ, וּרְאֵה שִׁפְלוּתֵנוּ וּבִזְיוֹנֵנוּ אֲשֶׁר יָרַדְנוּ מַטָּה מַטָּה, וְנָפַלְנוּ בְּגָלוּת שֶׁל שִׁבְעִין אֻמּוֹת עַל יְדֵי תַּאֲוָה רָעָה הַזֹּאת, אֲשֶׁר הִיא גָּרְמָה לָנוּ כָּל הַצָּרוֹת וְכָל הַגָּלֻיּוֹת בִּכְלָל וּבִפְרָט שֶׁעָבְרוּ עָלֵינוּ כְּבָר, וַאֲשֶׁר עֲדַיִן לֹא נִצַּלְנוּ מֵהֶם. וְאִם אָמְנָם אֲנַחְנוּ בְּעַצְמֵנוּ יוֹדְעִים מִכָּל זֶה, וְאַף־עַל־פִּי־כֵן לֹא הָיִינוּ נִשְׁמָרִים לְגָרֵשׁ הָרוּחַ שְׁטוּת שֶׁל תַּאֲוָה זוֹ מִקִּרְבֵּנוּ, הֲלֹא אַתָּה יָדַעְתָּ כִּי בָּשָׂר וָדָם אֲנַחְנוּ, וְאַתָּה יָדַעְתָּ יִצְרֵנוּ כִּי מֵחֹמֶר קֹרַצְנוּ. "הֵן בְּעָוֹן חוֹלָלְתִּי, וּבְחֵטְא יֶחֱמַתְנִי אִמִּי", אֲבָל אַתָּה גִּבּוֹר וְרַב לְהוֹשִׁיעַ, "גְּדֹל הָעֵצָה וְרַב הָעֲלִילִיָּה" וְאַתָּה מְסִבּוֹת מִתְהַפֵּךְ, "וּבְיָדְךָ כֹּחַ וּגְבוּרָה וּבְיָדְךָ לְגַדֵּל וּלְחַזֵּק לַכֹּל", וְאַתָּה יָכוֹל לִמְצֹא בִּי גַּם כֵּן נְקֻדּוֹת טוֹבוֹת, וּלְהָאִיר וּלְהַשְׁפִּיעַ עֲלֵיהֶם בְּאֹפֶן שֶׁיִּתְגַּבֵּר הַטּוֹב שֶׁבִּי עַל הָרַע שֶׁבִּי, עַד שֶׁכָּל הָרַע הַנֶּאֱחָז וְהַנִּדְבָּק בִּי יִפֹּל וְיִתְבַּטֵּל לְגַמְרֵי, וְהַטּוֹב יִתְבָּרֵר וְיִתְנַשֵּׂא וְיַעֲלֶה וְיַשְׁלִים אֶת הַלָּשׁוֹן הַקֹּדֶשׁ. עַד שֶׁאֶזְכֶּה בְּרַחֲמֶיךָ לְבָרֵר כָּל הַטּוֹב שֶׁבְּעֵץ הַדַּעַת טוֹב וָרָע, שֶׁהוּא לְשׁוֹן תַּרְגּוּם. וּלְהַכְנִיעַ וּלְהַפִּיל וּלְבַטֵּל אֶת הָרָע שֶׁבּוֹ עַד שֶׁלֹּא יִהְיֶה שׁוּם כֹּחַ לְהַסִּטְרָא אַחֲרָא וּלְכָל הַקְּלִפּוֹת הַנִּמְשָׁכִין מִזֻּהֲמַת הַנָּחָשׁ הַקַּדְמוֹנִי לַעֲלוֹת דֶּרֶךְ לְשׁוֹן תַּרְגּוּם לְהָסִית

וּלְפַתּוֹת אוֹתָנוּ, חַס וְשָׁלוֹם. רַק תִּהְיֶה בְּעֶזְרֵנוּ תָּמִיד, וְתַשְׁפִּיעַ עָלֵינוּ בְּרַחֲמֶיךָ חָכְמָה וָדַעַת וְשֵׂכֶל דִּקְדֻשָּׁה, בְּאֹפֶן שֶׁלֹּא יִהְיֶה לָהֶם שׁוּם כֹּחַ לְפַתּוֹת אוֹתָנוּ, חַס וְשָׁלוֹם. וְנִזְכֶּה לְגָרֵשׁ לְגַמְרֵי רוּחַ שְׁטוּת שֶׁל תַּאֲוָה הַזֹּאת מִקִּרְבֵּנוּ.

וְנִזְכֶּה בְּרַחֲמֶיךָ הָרַבִּים לִשְׁלֵמוּת לְשׁוֹן הַקֹּדֶשׁ עַל יְדֵי לְשׁוֹן תַּרְגּוּם. וְתַמְשִׁיךְ עָלֵינוּ קְדֻשָּׁה וְטָהֳרָה. וְנִזְכֶּה תָּמִיד לְקַדֵּשׁ אֶת הַלָּשׁוֹן שֶׁלֹּא נְדַבֵּר שׁוּם דִּבּוּר הַפּוֹגֵם אֶת הַלָּשׁוֹן, רַק כָּל דִּבּוּרֵנוּ יִהְיוּ תָּמִיד בְּתוֹרָה וּבִתְפִלָּה וּבַקָּשׁוֹת וְתַחֲנוּנִים וּבְיִרְאַת שָׁמַיִם וּבְכָל עִנְיְנֵי הַקֹּדֶשׁ הַמְקַדְּשִׁין אֶת הַלָּשׁוֹן, עַד שֶׁנִּזְכֶּה מְהֵרָה לִשְׁלֵמוּת לְשׁוֹן הַקֹּדֶשׁ וְלִשְׁמִירַת הַבְּרִית בֶּאֱמֶת:

וְזַכֵּנִי בְּרַחֲמֶיךָ הָרַבִּים לְקָרֵר כָּל חֲמִימוּתִי בְּהַדִּבּוּר שֶׁל לְשׁוֹן הַקֹּדֶשׁ. כְּמוֹ שֶׁכָּתוּב: "חַם לִבִּי בְּקִרְבִּי בַּהֲגִיגִי תִבְעַר אֵשׁ. דִּבַּרְתִּי בִּלְשׁוֹנִי". שֶׁתִּהְיֶה בְּעֶזְרִי וּתְזַכֵּנִי לְדַבֵּר כָּל דִּבּוּרִים הַקְּדוֹשִׁים בַּחֲמִימוּת גָּדוֹל דִּקְדֻשָּׁה וְהִתְלַהֲבוּת הַלֵּב בֶּאֱמֶת. וְאֶזְכֶּה לְעוֹרֵר רִשְׁפֵּי שַׁלְהֶבֶת יָהּ הַמֻּשְׁרָשׁ בְּקִרְבִּי בְּשֹׁרֶשׁ נַפְשִׁי וְרוּחִי וְנִשְׁמָתִי, הַבּוֹעֵר וְלוֹהֵט לְהִתְקָרֵב לְהַשֵּׁם יִתְבָּרַךְ, עַד שֶׁאֶזְכֶּה לַעֲסֹק תָּמִיד בְּתוֹרָה וּבְיִרְאַת שָׁמַיִם וּבִתְפִלּוֹת וְתַחֲנוֹת וּבַקָּשׁוֹת וְשִׁירוֹת וְתִשְׁבָּחוֹת לְהַשֵּׁם יִתְבָּרַךְ.

וְכֻלָּם יִהְיוּ בְּדִבּוּרִים חַמִּים מֵעֹמֶק הַלֵּב, בִּקְדֻשָּׁה וּבְטָהֳרָה בְּדִבּוּרִים בּוֹעֲרִים כְּאֵשׁ לוֹהֵט. וְכָל דְּבָרַי יִהְיוּ כְּגַחֲלֵי אֵשׁ בְּאֵימָה וּבְיִרְאָה גְּדוֹלָה מִפָּנֶיךָ. וְנִזְכֶּה לְהַמְלִיכְךָ עָלֵינוּ עַל כָּל רַמַ"ח אֵבָרֵינוּ וּשְׁסָ"ה גִּידֵינוּ בְּפַחַד וּבְרַעַד בְּרֶתֶת וְזִיעַ, עַד שֶׁאֶזְכֶּה שֶׁיִּהְיוּ כָּל דִּבּוּרַי הַיּוֹצְאִים מִפִּי בִּבְחִינַת שְׁלֵמוּת לְשׁוֹן הַקֹּדֶשׁ, וְיִתְקָרֵר כָּל חֲמִימוּתִי בְּהַדִּבּוּר שֶׁל לְשׁוֹן הַקֹּדֶשׁ. וְעַל יְדֵי אֵשׁ הַקְּדוֹשָׁה הַזֹּאת שֶׁל לְשׁוֹן הַקֹּדֶשׁ, אֶזְכֶּה לִשְׂרֹף וּלְהַכְנִיעַ וּלְהַפִּיל אֶת כָּל הָאֵשׁ הָרָע שֶׁל תַּבְעֵרַת הַמְּדוּרָה שֶׁל שִׁבְעִין כּוֹכְבִין, שֶׁהוּא הָאֵשׁ הָרָע שֶׁל חֲמִימוּת תַּאֲוַת נִאוּף, בְּאֹפֶן שֶׁיִּתְבַּטֵּל מִמֶּנִּי תַּאֲוָה רָעָה הַזֹּאת לְגַמְרֵי מֵעַתָּה וְעַד עוֹלָם. וִיקֻיַּם מִקְרָא שֶׁכָּתוּב: "מֵהָאֵשׁ יָצָאוּ וְהָאֵשׁ תֹּאכְלֵם. רֹאשׁ מְסִבָּי עֲמַל שְׂפָתֵימוֹ יְכַסֵּמוֹ. יִמּוֹטוּ עֲלֵיהֶם גֶּחָלִים בָּאֵשׁ יַפִּלֵם בְּמַהֲמֹרוֹת בַּל יָקוּמוּ". וְאֶזְכֶּה לִהְיוֹת קָדוֹשׁ וּפָרוּשׁ לְגַמְרֵי. וְאֶזְכֶּה לִבְלִי לְהִזְדַּקֵּק לָזֶה כִּי אִם בִּשְׁבִיל קִיּוּם הָעוֹלָם לְבַד, בִּקְדֻשָּׁה וּבְטָהֳרָה בֶּאֱמֶת, כִּרְצוֹנְךָ הַטּוֹב:

וְתַצִּילֵנִי בְּרַחֲמֶיךָ הָרַבִּים מֵהִרְהוּרִים רָעִים וּמֵחֲלוֹמוֹת רָעִים, וּתְהֵא מִטָּתִי שְׁלֵמָה לְפָנֶיךָ. וּתְזַכֵּנִי לְמַעֵט בְּשֵׁנָה וְתַרְדֵּמָה. וַאֲפִלּוּ מְעַט הַשֵּׁנָה שֶׁאֲנִי מֻכְרָח לִישֹׁן בִּשְׁבִיל קִיּוּם הַגּוּף, אֶזְכֶּה

שֶׁיִּהְיֶה בִּקְדֻשָּׁה וּבְטָהֳרָה וּשְׁנָתִי תֶּעֱרַב לִי. וְאֶזְכֶּה לִישֹׁן תָּמִיד מִתּוֹךְ מַחֲשָׁבוֹת וְהִרְהוּרֵי תוֹרָה וּמִתּוֹךְ שִׂמְחָה. וְאֶזְכֶּה לִקְרוֹת קְרִיאַת שְׁמַע שֶׁעַל הַמִּטָּה בִּקְדֻשָּׁה גְדוֹלָה וּבִמְסִירַת נֶפֶשׁ וּבְכַוָּנַת הַלֵּב בֶּאֱמֶת כָּרָאוּי, בְּאֹפֶן שֶׁאֶזְכֶּה לַהֲרֹג כָּל הַמְחַבְּלִים וּמַזִּיקִין וְכָל הַסִּטְרִין אוּחֲרָנִין עַל יְדֵי קְרִיאַת שְׁמַע שֶׁעַל הַמִּטָּה.

וְאֶזְכֶּה שֶׁתְּכַלֵּל נַפְשִׁי וְרוּחִי וְנִשְׁמָתִי בְּתוֹךְ כְּלָלִיּוּת נַפְשׁוֹת הַקְּדוֹשִׁים שֶׁל בְּנֵי יִשְׂרָאֵל, וּבְתוֹכָם תַּעֲלֶה נַפְשִׁי עִמָּהֶם אֵלֶיךָ בִּשְׁעַת שְׁנָתִי. וְתִהְיֶה נַפְשִׁי פְּקוּדָה וּמְסוּרָה בְּיָדְךָ לְבַד. כְּמוֹ שֶׁכָּתוּב: "בְּיָדְךָ אַפְקִיד רוּחִי, פָּדִיתָה אוֹתִי יְהוָה אֵל אֱמֶת". וּבְרַחֲמֶיךָ הָרַבִּים תְּגָרֵשׁ מִנַּפְשִׁי כָּל מִינֵי מְחַבְּלִים וְסִטְרִין אוּחֲרָנִין הַחֲפֵצִים לְהִתְאַחֵז בָּהּ, חַס וְשָׁלוֹם. וְתַחְמֹל עַל נַפְשִׁי הָאֻמְלָלָה וְהָעֲלוּבָה, וְתִהְיֶה בְּעֶזְרָהּ שֶׁתּוּכַל לַעֲלוֹת בְּשָׁלוֹם אֵלֶיךָ בִּשְׁעַת שֵׁנָה, וְלָשׁוּב בְּשָׁלוֹם לְתוֹךְ גּוּפִי בְּעֵת הִתְעוֹרְרוּת הַשֵּׁנָה, בְּאֹפֶן שֶׁאֶזְכֶּה לְשֵׁנָה דִקְדֻשָּׁה, שֵׁנָה טוֹבָה וּמְתוּקָה וַעֲרֵבָה, שֵׁנָה שֶׁל חַיִּים. וּתְזַכֵּנִי לַחֲלוֹמוֹת טוֹבִים, חֲלוֹמוֹת צוֹדְקִים וַאֲמִתִּיִּים, חֲלוֹמוֹת קְדוֹשִׁים הַבָּאִים עַל יְדֵי מַלְאָכִים קְדוֹשִׁים אֲמִתִּיִּים. וְתַצִּילֵנִי בְּרַחֲמֶיךָ הָרַבִּים מֵחֲלוֹמוֹת שֶׁל שֶׁקֶר, מֵחֲלוֹמוֹת הַבָּאִים עַל־יְדֵי שֵׁדִים, חַס וְשָׁלוֹם, מֵחֲלוֹמוֹת מְעֻרְבָּבִים, מֵחֲלוֹמוֹת שֶׁל שָׁוְא וָהֶבֶל:

וּבְכֵן תְּרַחֵם עָלַי בְּחֶמְלָתְךָ הַגְּדוֹלָה, וְתִשְׁמְרֵנִי וְתַצִּילֵנִי בַּחֲסָדֶיךָ הַגְּדוֹלִים מִמִּקְרֵה לַיְלָה, חַס וְשָׁלוֹם, שֶׁלֹּא יֶאֱרַע לִי שׁוּם מִקְרֶה לֹא בַּיּוֹם וְלֹא בַּלַּיְלָה. רַק אֶזְכֶּה לִישַׁן בִּקְדֻשָּׁה וּבְטָהֳרָה, "בְּטוֹב אָלִין אָקִיץ בְּרַחֲמִים":

אָבִינוּ אָב הָרַחֲמָן, מָלֵא רַחֲמִים רַבִּים וַחֲסָדִים גְּדוֹלִים וַעֲצוּמִים תָּמִיד, צוֹפֶה מֵרָחוֹק לְהֵטִיב אַחֲרִיתֵנוּ, חוּס וַחֲמֹל נָא עָלֵינוּ, הֲמוֹן מֵעֶיךָ וְרַחֲמֶיךָ יְעוֹרְרוּ עָלֵינוּ, חֲמֹל עָלֵינוּ וְעַל עוֹלָלֵנוּ וְטַפֵּינוּ, וְהַצֵּל אוֹתִי וְאֶת כָּל עַמְּךָ בֵּית יִשְׂרָאֵל מִמִּקְרֵה לַיְלָה. כִּי אַתָּה יָדַעְתָּ אֶת עֹצֶם הַפְּגָם הַגָּדוֹל וְהַנּוֹרָא הַנּוֹגֵעַ בְּכָל הָעוֹלָמוֹת לְמַעְלָה לְמַעְלָה, עַל יְדֵי מִקְרֵה לַיְלָה, חַס וְשָׁלוֹם. אֲשֶׁר עַל יְדֵי זֶה חָרְבָה עִירֵנוּ וְשָׁמֵם בֵּית מִקְדָּשֵׁנוּ, וְנִטַּל כָּבוֹד מִבֵּית חַיֵּינוּ, וְנִתְרַחַקְנוּ מֵעַל אַדְמָתֵנוּ, וְנִתְפַּזַּרְנוּ בֵּין הַגּוֹיִם, וְנִדַּחְנוּ בְּאַרְבַּע כַּנְפוֹת הָאָרֶץ.

חֲמֹל עַל שְׁאֵרִית עַמְּךָ בֵּית יִשְׂרָאֵל, חֲמֹל עַל עֲנִיֵּי הַצֹּאן, צֹאן נִדָּח וְאֵין מְקַבֵּץ. מֶלֶךְ רַחֲמָן רַחֵם עָלֵינוּ, טוֹב וּמֵטִיב הִדָּרֶשׁ לָנוּ, שׁוּבָה עָלֵינוּ בַּהֲמוֹן רַחֲמֶיךָ בִּגְלַל אָבוֹת שֶׁעָשׂוּ רְצוֹנֶךָ, וֶאֱמֹר לְצָרוֹתֵינוּ דַּי. וְזַכֵּנוּ בְּרַחֲמֶיךָ הָרַבִּים, וְתִשְׁמְרֵנוּ וְתַצִּילֵנוּ מֵעַתָּה

מִמִּקְרֵה לַיְלָה, וּשְׁמֹר צֵאתֵנוּ וּבוֹאֵנוּ לְחַיִּים וּלְשָׁלוֹם מֵעַתָּה וְעַד עוֹלָם. וְנִזְכֶּה לִהְיוֹת נִשְׁמָרִים מִכָּל דָּבָר רָע, שֶׁלֹּא נִהְרְהֵר בַּיּוֹם, וְלֹא נָבוֹא לִידֵי טֻמְאָה בַּלַּיְלָה, חַס וְשָׁלוֹם, וְנִזְכֶּה שֶׁתִּהְיֶה מַחְשְׁבוֹתֵינוּ קְדוֹשָׁה וּטְהוֹרָה תָּמִיד:

וּבְכֵן תְּזַכֵּנוּ בְּרַחֲמֶיךָ הָרַבִּים, שֶׁתִּהְיֶה אֲכִילָתֵנוּ בִּקְדֻשָּׁה וּבְטָהֳרָה בְּלִי שׁוּם תַּאֲוָה גַּשְׁמִיּוּת כְּלָל. וְתִתֵּן לָנוּ כֹּחַ לְעוֹרֵר הִתְנוֹצְצוּת הָאוֹתִיּוֹת הַקְּדוֹשִׁים שֶׁל כ״ח אַתְוָן דְּמַעֲשֵׂה בְּרֵאשִׁית שֶׁמְּלֻבָּשׁ בְּכָל דָּבָר שֶׁבָּעוֹלָם, עַד שֶׁכָּל אֲכִילָתֵנוּ וּשְׁתִיָּתֵנוּ וְכָל סְעֻדָּתֵנוּ וְתַעֲנוּגֵנוּ יִהְיֶה רַק מֵהִתְנוֹצְצוּת הָאוֹתִיּוֹת הַקְּדוֹשִׁים לְבַד שֶׁיֵּשׁ בְּאוֹתוֹ הַדָּבָר, שֶׁאָנוּ אוֹכְלִים וְשׁוֹתִים אוֹ מִתְעַנְּגִים מִמֶּנּוּ. וְעַל־יְדֵי־זֶה נִזְכֶּה לְלֵב טוֹב, שֶׁלִּבִּי יִהְיֶה מֵאִיר בִּקְדֻשָּׁה גְּדוֹלָה עַל־יְדֵי שֶׁיִּזְכֶּה לֵהָנוֹת וְלִזּוֹן רַק מֵהִתְנוֹצְצוּת הָאוֹתִיּוֹת שֶׁל כֹּחַ מַעֲשֵׂה בְרֵאשִׁית שֶׁיֵּשׁ בְּכָל דָּבָר.

וְתִהְיֶה בְּעֶזְרִי, וְתִשְׁמְרֵנִי וְתַצִּילֵנִי תָּמִיד שֶׁלֹּא אֵהָנֶה מֵהָעוֹלָם הַזֶּה בְּלֹא בְּרָכָה. וְנִזְכֶּה לְבָרֵךְ עַל כָּל דָּבָר שֶׁנֹּאכַל וְנֵהָנֶה, בְּרָכָה תְּחִלָּה וָסוֹף בְּכַוָּנָה עֲצוּמָה, בְּכַוָּנָה קְדוֹשָׁה וּטְהוֹרָה לְשִׁמְךָ הַגָּדוֹל וְהַקָּדוֹשׁ יִתְבָּרַךְ לָעַד. וְכָל הַבְּרָכוֹת וְהוֹדָאוֹת וְשִׁירוֹת וְתִשְׁבָּחוֹת שֶׁלָּנוּ

כֻּלָּם יִהְיוּ בִּשְׁלֵמוּת בִּבְחִינַת שְׁלֵמוּת לְשׁוֹן הַקֹּדֶשׁ עַל־יְדֵי לְשׁוֹן תַּרְגּוּם, בְּאֹפֶן שֶׁנִּזְכֶּה לְעוֹרֵר כֹּחַ מַעֲשֵׂי יְהֹוָה שֶׁהֵם הַל״ב אֱלֹהִים שֶׁל מַעֲשֵׂה בְרֵאשִׁית, שֶׁהֵם הָאוֹתִיּוֹת הַמְלֻבָּשִׁין בְּכָל דָּבָר שֶׁבָּעוֹלָם אֲשֶׁר עַל יָדָם בָּרָאתָ בִּרְצוֹנְךָ הַטּוֹב כָּל הַדְּבָרִים שֶׁבָּעוֹלָם מִגָּדוֹל וְעַד קָטָן. וּבָרָאתָ כָּל דָּבָר מְשֻׁנֶּה מֵחֲבֵרוֹ בְּמַרְאֶה וְטַעַם וּתְמוּנָה אַחֶרֶת, כְּפִי אוֹתִיּוֹת הַתּוֹרָה הַקְּדוֹשָׁה שֶׁהִכְנַסְתָּ בְּכָל דָּבָר כְּפִי רְצוֹנְךָ הַטּוֹב, כַּאֲשֶׁר שִׁעַרְתָּ וּמָדַדְתָּ וְשָׁקַלְתָּ בְּחָכְמָתְךָ הַקְּדוֹשָׁה. ״מָה רַבּוּ מַעֲשֶׂיךָ יְהֹוָה, כֻּלָּם בְּחָכְמָה עָשִׂיתָ, מָלְאָה הָאָרֶץ קִנְיָנֶךָ, וְעַתָּה יִגְדַּל נָא כֹּחַ אֲדֹנָי כַּאֲשֶׁר דִּבַּרְתָּ לֵאמֹר״.

עֲשֵׂה לְמַעַנְךָ וּלְמַעַן כְּבוֹדְךָ וּלְמַעַן אוֹתִיּוֹת הַקְּדוֹשִׁים שֶׁלְּךָ הַמְלֻבָּשִׁין בְּכָל דָּבָר, שֶׁתִּתֶּן לָנוּ כֹּחַ בְּרַחֲמֶיךָ הָרַבִּים לְעוֹרֵר תָּמִיד כֹּחַ הָאוֹתִיּוֹת שֶׁל מַעֲשֵׂה בְרֵאשִׁית שֶׁמְּלֻבָּשׁ בְּכָל דָּבָר שֶׁבָּעוֹלָם, וְלֹא נֵלֵךְ אַחַר שְׁרִירוּת לִבֵּנוּ, וּנְמַעֵט תַּאֲוַת טִבְעֵנוּ, שֶׁלֹּא יִהְיֶה לָנוּ שׁוּם תַּאֲוָה גַּשְׁמִיּוּת שֶׁל הַגּוּף לְשׁוּם דָּבָר שֶׁבָּעוֹלָם כְּלָל. וְכָל אֲכִילָתֵנוּ וּשְׁתִיָּתֵנוּ וְכָל הֲנָאָתֵנוּ וְתַעֲנוּגֵנוּ יִהְיֶה רַק מֵהִתְנוֹצְצוּת הָאוֹתִיּוֹת שֶׁיֵּשׁ בְּכָל דָּבָר שֶׁבָּעוֹלָם בְּלִי שׁוּם תַּאֲוַת הַגּוּף כְּלָל. וְעַל־יְדֵי־זֶה תְּשַׁלַּח בְּרָכָה בִּמְזוֹנֵנוּ, וְנִזְכֶּה לִשְׂבִיעָה דִּקְדֻשָּׁה שֶׁיִּהְיֶה שְׂבִיעָה בְּמֵעֵינוּ לֶאֱכֹל מְעַט וְלִשְׂבֹּעַ רַק מֵהִתְנוֹצְצוּת

הָאוֹתִיּוֹת הַקְּדוֹשִׁים שֶׁל אוֹתוֹ הַדָּבָר שֶׁאֹכַל וְאֶשְׁתֶּה בִּקְדֻשָּׁה וּבְטָהֳרָה גְּדוֹלָה. וִיקֻיַּם בָּנוּ מִקְרָא שֶׁכָּתוּב: "וַאֲכַלְתֶּם אָכוֹל וְשָׂבוֹעַ וְהִלַּלְתֶּם אֶת שֵׁם יְהֹוָה אֱלֹהֵיכֶם אֲשֶׁר עָשָׂה עִמָּכֶם לְהַפְלִיא וְלֹא יֵבֹשׁוּ עַמִּי לְעוֹלָם", עַד שֶׁנִּזְכֶּה לְלֵב טוֹב וּמֵאִיר, לְלֵב שָׂמֵחַ עַל־יְדֵי אֲכִילָתֵנוּ וּשְׁתִיָּתֵנוּ. וְעַל־יְדֵי הֶאָרַת הַלֵּב נִזְכֶּה לְפָנִים מְאִירוֹת דִּקְדֻשָּׁה. בָּרְכֵנוּ אָבִינוּ כֻּלָּנוּ יַחַד בְּאוֹר פָּנֶיךָ, שֶׁנִּזְכֶּה לְפָנִים דִּקְדֻשָּׁה, פָּנִים מְאִירוֹת, פָּנִים שֶׁל שִׂמְחָה. שֶׁיִּהְיֶה אוֹר פְּנֵי יְהֹוָה חוֹפֵף עַל פָּנֵינוּ תָּמִיד. וִיקֻיַּם בָּנוּ וּבְזַרְעֵנוּ מִקְרָא שֶׁכָּתוּב: "זֶה דּוֹר דּוֹרְשָׁיו מְבַקְשֵׁי פָנֶיךָ יַעֲקֹב סֶלָה".

וּתְזַכֵּנוּ שֶׁיִּהְיֶה פָּנֵינוּ מְאִירוֹת כָּל כָּךְ עַד שֶׁיִּהְיֶה לָנוּ כֹּחַ לְהַחֲזִיר כָּל הָעוֹלָם בִּתְשׁוּבָה שְׁלֵמָה עַל יְדֵי רְאִיַּת פָּנֵינוּ לְבַד. שֶׁיִּהְיוּ פָּנֵינוּ מְאִירוֹת בְּאוֹר פְּנֵי יְהֹוָה כְּמוֹ אַסְפַּקְלַרְיָא הַמְאִירָה עַד שֶׁכָּל אֶחָד וְאֶחָד יִסְתַּכֵּל אֶת עַצְמוֹ וְיִרְאֶה אֶת עַצְמוֹ בְּתוֹךְ פָּנֵינוּ הַמְּאִירוֹת כְּמוֹ בְּמַרְאָה וְאַסְפַּקְלַרְיָא. וְיִרְאֶה אֵיךְ פָּנָיו מְשֻׁקָּע בַּחֹשֶׁךְ, וִיחַדֵּשׁ כַּנֶּשֶׁר נְעוּרָיו, וְיָשׁוּב בִּתְשׁוּבָה שְׁלֵמָה בֶּאֱמֶת לְפָנֶיךָ:

וְחָנֵּנִי בְּרַחֲמֶיךָ הָרַבִּים, שֶׁאֶזְכֶּה לְהִתְקָרֵב לְצַדִּיק הָאֱמֶת שֶׁבַּדּוֹר הַזֶּה, וְאֶזְכֶּה לִשְׁמֹעַ מִפִּיו

הַקָּדוֹשׁ בְּעַצְמוֹ, דִּבְרֵי אֱלֹהִים חַיִּים אֲשֶׁר הוּא זוֹכֶה עַל־יְדֵי מַעֲשָׂיו הַטּוֹבִים לִשְׁמֹעַ מִפִּיךָ. וְתַשְׁפִּיעַ עָלַי יִרְאָתְךָ הַקְּדוֹשָׁה יִרְאָה עִלָּאָה יִרְאַת הָרוֹמְמוּת, וְאֶזְכֶּה לִשְׁמֹעַ הַדִּבּוּר הַקָּדוֹשׁ מִפִּי הַצַּדִּיק הָאֱמֶת בְּאֵימָה וּבְיִרְאָה גְּדוֹלָה, בְּאֹפֶן שֶׁאֲקַבֵּל דִּבּוּר לְשׁוֹן הַקֹּדֶשׁ בִּשְׁלֵמוּת גָּמוּר, וְאֶזְכֶּה לִשְׁמִירַת הַבְּרִית בֶּאֱמֶת בִּקְדֻשָּׁה גְּדוֹלָה, כָּרָאוּי לְזֶרַע יִשְׂרָאֵל עֲבָדֶיךָ אֲשֶׁר בָּהֶם בָּחַרְתָּ. וְחָנֵּנִי בְּרַחֲמֶיךָ הָרַבִּים שֶׁאֶזְכֶּה לְתַקֵּן בְּחַיַּי אֶת כָּל הַחֲטָאִים וַעֲווֹנוֹת וּפְשָׁעִים וְכָל הַפְּגָמִים שֶׁפָּגַמְתִּי לְפָנֶיךָ מִנְּעוּרַי עַד הַיּוֹם הַזֶּה. וַאֲפִלּוּ כָּל הַחֲטָאִים שֶׁחָטָאתִי בְּשׁוֹגֵג אוֹ בְּאֹנֶס, כֻּלָּם אֶזְכֶּה לְתַקֵּן בְּחַיַּי חִישׁ קַל מְהֵרָה. וּמֵעַתָּה תְּזַכֵּנִי לְהִתְקָרֵב אֵלֶיךָ בֶּאֱמֶת בִּקְדֻשָּׁה וּבְטָהֳרָה, וְאֶזְכֶּה לִשְׁלֵמוּת לְשׁוֹן הַקֹּדֶשׁ וְלִקְדֻשַּׁת הַבְּרִית:

וּבְכֵן יְהִי רָצוֹן מִלְּפָנֶיךָ יְהֹוָה אֱלֹהֵינוּ וֵאלֹהֵי אֲבוֹתֵינוּ, מָלֵא רַחֲמִים מָלֵא רָצוֹן, עָזְרֵנִי וְהוֹשִׁיעֵנִי וְזַכֵּנִי בְּרַחֲמֶיךָ הָרַבִּים וּבַחֲסָדֶיךָ הָעֲצוּמִים לְקַבֵּל שַׁבָּתוֹת בְּשִׂמְחָה גְּדוֹלָה וּבְחֶדְוָה רַבָּה וַעֲצוּמָה וּבְיִרְאָה וְאַהֲבָה. וּתְזַכֵּנִי לִטְרֹחַ בְּעַצְמִי לַעֲשׂוֹת צָרְכֵי שַׁבָּת בְּעַצְמִי בְּכֹחַ גָּדוֹל וּבִזְרִיזוּת נִמְרָץ. וְתַעַזְרֵנוּ תָּמִיד לְהַשְׁלִים כָּל פָּרְשִׁיּוֹתֵינוּ עִם הַצִּבּוּר. שֶׁנִּזְכֶּה לִקְרוֹת הַפָּרָשָׁה שֶׁל הַשָּׁבוּעַ בְּכָל עֶרֶב שַׁבָּת שְׁנַיִם

מִקְרָא וְאֶחָד תַּרְגּוּם בְּכַוָּנָה גְּדוֹלָה וַעֲצוּמָה בִּקְדֻשָּׁה וּבְטָהֳרָה, בְּאֹפֶן שֶׁנִּזְכֶּה עַל־יְדֵי־זֶה לִשְׁלֵמוּת לְשׁוֹן הַקֹּדֶשׁ עַל־יְדֵי לְשׁוֹן תַּרְגּוּם.

וְנִזְכֶּה בְּרַחֲמֶיךָ הָרַבִּים שֶׁיִּהְיֶה נִמְשָׁךְ עָלֵינוּ קְדֻשַּׁת שַׁבָּת קֹדֶשׁ עַל־יְדֵי רְחִיצַת חַמִּין וְהַטְּבִילָה שֶׁל עֶרֶב שַׁבַּת קֹדֶשׁ. וְתִהְיֶה בְּעֶזְרִי שֶׁלֹּא אֲבַטֵּל לְעוֹלָם הָרְחִיצָה וְהַטְּבִילָה שֶׁל עֶרֶב שַׁבָּת. וּכְשֵׁם שֶׁאֲנִי רוֹחֵץ וְטוֹבֵל עַצְמִי בָּעוֹלָם הַזֶּה, כֵּן תְּטַהֵר וּתְקַדֵּשׁ אֶת גּוּפִי וְנַפְשִׁי וְרוּחִי וְנִשְׁמָתִי בִּקְדֻשָּׁתְךָ הָעֶלְיוֹנָה, וְתַמְשִׁיךְ רִשְׁפֵּי שַׁלְהֶבֶת יָהּ מֵאֵשׁ הַקְּדוֹשָׁה שֶׁלְּמַעְלָה, הָאוֹכֶלֶת וְשׂוֹרֶפֶת כָּל מִינֵי אֵשׁ. וְעַל־יְדֵי־זֶה תְּבַעֵר וְתִשְׂרֹף וּתְבַטֵּל מִמֶּנִּי וּמִכָּל עַמְּךָ בֵּית יִשְׂרָאֵל אֶת כָּל תַּעֲרוּבוֹת הָרָע, שֶׁנִּתְעָרֵב וְנֶאֱחַז בָּנוּ עַל יְדֵי פְּגַם עֵץ הַדַּעַת טוֹב וָרָע, וְעַל־יְדֵי חֲטָאֵינוּ וַעֲוֹנוֹתֵינוּ וּפְשָׁעֵינוּ, בְּאֹפֶן שֶׁיִּשָּׂרֵף וְיִפֹּל וְיִתְבַּטֵּל כָּל הָרָע שֶׁנִּתְאַחֵז בָּנוּ. וְהַטּוֹב יִתְבָּרֵר וְיַעֲלֶה וְיִכָּלֵל לְמַעְלָה לְמַעְלָה בַּטּוֹב הָעֶלְיוֹן, בְּטוּבְךָ הַגָּדוֹל שֶׁהוּא טוֹב הַנִּצְחִי:

אָנָּא יְהֹוָה, אַתָּה יָדַעְתָּ כִּי אֵין בִּי כֹּחַ לְהַמְשִׁיךְ עָלַי בְּעַצְמִי קְדֻשַּׁת שַׁבַּת קֹדֶשׁ. חוּס וַחֲמֹל עָלַי, יֶהֱמוּ נָא וְיִכָּמְרוּ רַחֲמֶיךָ עָלַי, כִּי אַתָּה יָדַעְתָּ כַּמָּה אֲנִי רָחוֹק מִקְּדֻשַּׁת שַׁבָּת בֶּאֱמֶת. חוּס וְחָנֵּנִי בְּמַתְּנַת חִנָּם,

וְתַשְׁפִּיעַ עָלַי בְּרַחֲמֶיךָ קְדֻשַּׁת שַׁבָּת בֶּאֱמֶת. וְאֶזְכֶּה לְהוֹסִיף מֵחֹל עַל הַקֹּדֶשׁ בִּכְנִיסָתוֹ וּבִיצִיאָתוֹ. וְתַעַזְרֵנוּ לְהַמְשִׁיךְ קְדֻשַּׁת שַׁבָּת עַל יְמֵי הַחֹל, עַד שֶׁכָּל שֵׁשֶׁת יְמֵי הַמַּעֲשֶׂה יִהְיוּ טְהוֹרִים וּקְדוֹשִׁים בִּקְדֻשָּׁה גְּדוֹלָה בִּקְדֻשַּׁת שַׁבָּת קֹדֶשׁ, עַד שֶׁיִּהְיוּ נִכְלָלִים כָּל שֵׁשֶׁת יְמֵי הַמַּעֲשֶׂה בְּשֹׁרֶשׁ חִיּוּתָם שֶׁבִּקְדֻשָּׁה שֶׁהוּא שַׁבָּת קֹדֶשׁ. שֶׁהוּא מְחַיֶּה וּמְקַיֵּם כָּל שֵׁשֶׁת הַיָּמִים וְכָל הַנֶּאֱצָלִים וְכָל הַנִּבְרָאִים וְהַנּוֹצָרִים וְהַנַּעֲשִׂים וְכָל הָעוֹלָמוֹת כֻּלָּם מֵרֵאשִׁית נְקֻדַּת הַבְּרִיאָה עַד סוֹף נְקֻדַּת הַמֶּרְכָּז שֶׁל עוֹלָם הַגַּשְׁמִי, אֲשֶׁר כָּל חִיּוּתָם וְקִיּוּמָם הוּא שַׁבָּת קֹדֶשׁ:

רִבּוֹנוֹ שֶׁל עוֹלָם, אַתָּה בְּרַחֲמֶיךָ נָתַתָּ לָנוּ מַתָּנָה טוֹבָה הַזֹּאת, שֶׁהָיְתָה בְּבֵית גְּנָזֶיךָ וְשַׁבָּת שְׁמָהּ. עַל כֵּן בָּאתִי לְהַפִּיל תְּפִלָּתִי וּתְחִנָּתִי וּבַקָּשָׁתִי לְפָנֶיךָ יְהֹוָה אֱלֹהַי וֵאלֹהֵי אֲבוֹתַי, כְּשֵׁם שֶׁגָּבְרוּ רַחֲמֶיךָ וַחֲסָדֶיךָ לִתֵּן לָנוּ מַתָּנָה טוֹבָה קְדוֹשָׁה הַזֹּאת, כֵּן תַּעֲנִיקֵנוּ מִטּוּבְךָ הַגָּדוֹל, וְתַשְׁפִּיעַ עָלֵינוּ מִמְּעוֹן קָדְשֶׁךָ. וְתַעַזְרֵנוּ לְקַבֵּל מַתָּנָה טוֹבָה קְדוֹשָׁה הַזֹּאת, שֶׁנִּזְכֶּה לְקַבֵּל שַׁבָּת בִּקְדֻשָּׁה גְּדוֹלָה וּבְשִׂמְחָה וְחֶדְוָה רַבָּה וַעֲצוּמָה. וְנַמְשִׁיךְ עָלֵינוּ קְדֻשַּׁת שַׁבָּת תָּמִיד. וְנִזְכֶּה לְשַׁבֵּר וּלְבַטֵּל הָרָע הַנֶּאֱחָז בָּנוּ וּלְבָרֵר וּלְהַעֲלוֹת הַטּוֹב שֶׁבָּנוּ בִּבְחִינַת שְׁלֵמוּת לְשׁוֹן הַקֹּדֶשׁ עַל יְדֵי

לְשׁוֹן תַּרְגּוּם. וְנִזְכֶּה לִקְדֻשַּׁת הַבְּרִית בֶּאֱמֶת, וְנָשׁוּב אֵלֶיךָ בֶּאֱמֶת, וְנִזְכֶּה תָּמִיד לֵילֵךְ וְלַעֲלוֹת מִדַּרְגָּא לְדַרְגָּא וּמִמַּעֲלָה לְמַעְלָה בִּקְדֻשָּׁה גְּדוֹלָה כִּרְצוֹנְךָ הַטּוֹב בֶּאֱמֶת, עַד שֶׁנִּזְכֶּה לַעֲלוֹת לְהִכָּלֵל בְּשַׁבַּת הָעֶלְיוֹן. וּתְחָנְנוּ בַּחֲסָדֶיךָ לְיוֹם שֶׁכֻּלּוֹ שַׁבָּת וּמְנוּחָה לְחַיֵּי הָעוֹלָמִים, "יִהְיוּ לְרָצוֹן אִמְרֵי פִי וְהֶגְיוֹן לִבִּי לְפָנֶיךָ יְהֹוָה צוּרִי וְגוֹאֲלִי":

כ

"מִן הַמֵּצַר קָרָאתִי יָּהּ עָנָנִי בַמֶּרְחָב יָהּ. מִקְצֵה הָאָרֶץ אֵלֶיךָ אֶקְרָא בַּעֲטֹף לִבִּי בְּצוּר יָרוּם מִמֶּנִּי תַנְחֵנִי", חוּס וַחֲמֹל עָלַי, יְעוֹרְרוּ רַחֲמֶיךָ וַחֲסָדֶיךָ הַגְּדוֹלִים עָלַי, וְעָזְרֵנִי וְזַכֵּנִי לֵילֵךְ וְלָבֹא מְהֵרָה לָאָרֶץ הַקְּדוֹשָׁה, אֲשֶׁר הִיא מְקוֹר קְדֻשָּׁתֵנוּ. כַּאֲשֶׁר אַתָּה יָדַעְתָּ יְהֹוָה אֱלֹהֵינוּ שֶׁכָּל קְדֻשָּׁתֵנוּ וְטָהֳרָתֵנוּ וְכָל יַהֲדוּתֵנוּ תָּלוּי בְּאֶרֶץ יִשְׂרָאֵל, וְאִי אֶפְשָׁר לִהְיוֹת אִישׁ יִשְׂרְאֵלִי בֶּאֱמֶת, וְלֵילֵךְ וְלַעֲלוֹת מִדַּרְגָּא לְדַרְגָּא, כִּי אִם עַל יְדֵי שֶׁזּוֹכִין לָבוֹא לְאֶרֶץ יִשְׂרָאֵל מְקוֹם קְדֻשָּׁתֵנוּ, הָאָרֶץ אֲשֶׁר בָּחַרְתָּ בָּהּ מִכָּל הָאֲרָצוֹת וְנָתַתָּ אוֹתָהּ לְעַמְּךָ יִשְׂרָאֵל הַנִּבְחָר מִכָּל הָעַמִּים לְנַחֲלָה, אֶרֶץ אֲשֶׁר אַתָּה דוֹרֵשׁ אוֹתָהּ תָּמִיד כְּמָה שֶׁכָּתוּב: "אֶרֶץ אֲשֶׁר יְהֹוָה אֱלֹהֶיךָ דֹּרֵשׁ אֹתָהּ תָּמִיד עֵינֵי יְהֹוָה אֱלֹהֶיךָ בָּהּ

מֵרֵשִׁית הַשָּׁנָה וְעַד אַחֲרִית שָׁנָה". וְאַתָּה יָדַעְתָּ עֹצֶם רִבּוּי הַמְּנִיעוֹת וְהָעִרְבּוּבִים וְהַבִּלְבּוּלִים הַמּוֹנְעִים אוֹתָנוּ מִזֶּה אֲשֶׁר עַל יָדָם אֵין אָנוּ יְכוֹלִים לֵילֵךְ וְלָבוֹא לְאֶרֶץ יִשְׂרָאֵל. וּכְבָר כָּלִינוּ יָמֵינוּ וּשְׁנוֹתֵינוּ בְּחוּץ לָאָרֶץ, וַאֲנוּ מְגֹרָשִׁים מֵאֶרֶץ הַחַיִּים, מֵאֶרֶץ הַקְּדוֹשָׁה מֵהִסְתַּפֵּחַ בְּנַחֲלַת יְהוָה, אֲשֶׁר הִיא חַיֵּינוּ וְאֹרֶךְ יָמֵינוּ, לָשֶׁבֶת עַל הָאֲדָמָה אֲשֶׁר נָתַן לָנוּ יְהוָה.

רִבּוֹנוֹ שֶׁל עוֹלָם, רַחֵם עָלֵינוּ בְּרַחֲמֶיךָ הָרַבִּים וּתְעוֹרֵר אֶת לְבָבֵנוּ וְאֶת לְבַב זַרְעֵנוּ וּלְבַב כָּל עַמְּךָ בֵּית יִשְׂרָאֵל שֶׁיִּהְיוּ לָנוּ כִּסּוּפִין וְגַעְגּוּעִים גְּדוֹלִים וְהִשְׁתּוֹקְקוּת נִמְרָץ לְאֶרֶץ יִשְׂרָאֵל. וְנִכְסֹף וְנִשְׁתּוֹקֵק תָּמִיד בֶּאֱמֶת לָבוֹא לְאֶרֶץ יִשְׂרָאֵל עַד אֲשֶׁר תְּזַכֵּנוּ בְּרַחֲמֶיךָ לָבוֹא לָאָרֶץ הַקְּדוֹשָׁה בִּמְהֵרָה, לְמַעַן נִזְכֶּה עַל יְדֵי זֶה לְהִתְעוֹרֵר בֶּאֱמֶת לַעֲבוֹדָתְךָ וּלְיִרְאָתֶךָ.

חוּס וַחֲמוֹל נָא עָלֵינוּ מָלֵא רַחֲמִים, שֶׁלֹּא נְבַלֶּה יָמֵינוּ, חַס וְשָׁלוֹם, בְּחוּץ לָאָרֶץ, כִּי אַתָּה יָדַעְתָּ אֶת כָּל תְּלָאוֹתֵינוּ וַחֲלִישׁוּתֵינוּ בָּעֵת הַזֹּאת, וְאֵין אָנוּ יְכוֹלִים לְשַׁבֵּר רִבּוּי הַמְּנִיעוֹת הָעֲצוּמוֹת הַמּוֹנְעִים מֵאֶרֶץ יִשְׂרָאֵל. אַלְפֵי אֲלָפִים וְרִבְבוֹת מְנִיעוֹת וְעִכּוּבִים אֲשֶׁר קָצְרָה יָדֵינוּ לְשַׁבְּרָם, כִּי אִם בְּכֹחֲךָ הַגָּדוֹל וּבַחֲסָדֶיךָ הָעֲצוּמִים, וְאֵין לָנוּ עַל מִי לְהִשָּׁעֵן כִּי אִם עָלֶיךָ אָבִינוּ

שֶׁבַּשָּׁמַיִם. חֲמֹל עַל עַמְּךָ יִשְׂרָאֵל, וּמַהֵר לַהֲבִיאֵנוּ לְאֶרֶץ יִשְׂרָאֵל חִישׁ קַל מְהֵרָה. וְתִתֶּן לָנוּ כֹּחַ בְּרַחֲמֶיךָ הָרַבִּים לְנַצֵּחַ אֶת הַמִּלְחָמָה לְשַׁבֵּר וּלְגָרֵשׁ וּלְבַטֵּל אֶת כָּל מוֹצִיאֵי דִבַּת הָאָרֶץ רָעָה, אֲשֶׁר מֵהֶם נִמְשָׁכִים כָּל מִינֵי מְנִיעוֹת וּבִלְבּוּלִים מִלָּבוֹא לְאֶרֶץ יִשְׂרָאֵל, בְּאֹפֶן שֶׁנִּזְכֶּה לְשַׁבֵּר וּלְבַטֵּל כָּל הַמּוֹנְעִים וְהַמְעַכְּבִים, וְנִזְכֶּה לָבֹא לְשָׁלוֹם לְאֶרֶץ יִשְׂרָאֵל חִישׁ קַל מְהֵרָה:

וְתַשְׁפִּיעַ עָלֵינוּ בְּרַחֲמֶיךָ הָרַבִּים, וְתִפְתַּח אֶת לִבֵּנוּ, שֶׁנּוּכַל לְהִתְפַּלֵּל לְפָנֶיךָ יְהוָה אֱלֹהֵינוּ בְּכָל לֵב וָנֶפֶשׁ. וְנִזְכֶּה לִשְׁפֹּךְ אֶת לִבֵּנוּ כַּמַּיִם נֹכַח פְּנֵי יְהוָה, שֶׁנִּשְׁפֹּךְ שִׂיחֵנוּ וּתְפִלָּתֵנוּ לְפָנֶיךָ תָּמִיד בֶּאֱמֶת בְּרַחֲמִים וְתַחֲנוּנִים, עַד שֶׁנְּעוֹרֵר רַחֲמֶיךָ עָלֵינוּ. וְיֶהֱמוּ וְיִכְמְרוּ רַחֲמֵי לִבְּךָ עָלֵינוּ עַד אֲשֶׁר נִזְכֶּה שֶׁתַּשְׁפִּיעַ עָלֵינוּ מִלֵּב הָעֶלְיוֹן דִּבּוּרִים חַמִּים כְּגַחֲלֵי אֵשׁ. כְּמוֹ שֶׁכָּתוּב: "חַם לִבִּי בְּקִרְבִּי בַּהֲגִיגִי תִבְעַר אֵשׁ דִּבַּרְתִּי בִּלְשׁוֹנִי".

וְנִזְכֶּה לְדַבֵּר תָּמִיד דִּבּוּרִים קְדוֹשִׁים בַּחֲמִימוּת וּבְהִתְלַהֲבוּת גָּדוֹל דִּקְדֻשָּׁה, וְכָל דְּבָרֵינוּ יִהְיוּ כְּגַחֲלֵי אֵשׁ. וְעַל יְדֵי זֶה נִזְכֶּה לְהַמְשִׁיךְ בֵּאוּרֵי הַתּוֹרָה מִלֵּב הָעֶלְיוֹן. וּתְזַכֵּנוּ לְחַדֵּשׁ בַּתּוֹרָה תָּמִיד חִדּוּשִׁין דְּאוֹרַיְתָא, חִדּוּשִׁין אֲמִתִּיִּים דִּקְדֻשָּׁה, חִדּוּשִׁין שֶׁיִּהְיוּ

לְךָ לְנַחַת וּלְרָצוֹן לִפְנֵי כִּסֵּא כְּבוֹדֶךָ, חִדּוּשִׁין שֶׁתִּתְפָּאֵר בָּהֶם בְּכָל הָעוֹלָמוֹת:

רִבּוֹנוֹ שֶׁל עוֹלָם, רִבּוֹנוֹ דְּעָלְמָא כֻּלָּא, אֲדוֹן כֹּל, אַתָּה יָדַעְתָּ אֶת גֹּדֶל יְקַר תִּפְאֶרֶת קְדֻשַּׁת נִשְׁמָתֵנוּ בְּשָׁרְשֵׁנוּ, אֲשֶׁר לְפִי עֹצֶם קְדֻשַּׁת נִשְׁמָתֵנוּ בְּשָׁרְשָׁהּ הָיָה רָאוּי לָנוּ לְחַדֵּשׁ תָּמִיד חִדּוּשִׁין דְּאוֹרַיְתָא אֲמִתִּיִּים, כִּי לְכַךְ נוֹצַרְנוּ. וּבַעֲווֹנוֹתַי הָרַבִּים נִתְרַחַקְתִּי מִמְּךָ כָּל כָּךְ, עַד אֲשֶׁר כָּבֵד עָלַי אֲפִלּוּ לְבַקֵּשׁ עַל זֶה, כִּי מַסְוֶה הַבּוּשָׁה עַל פָּנַי לְהִתְפַּלֵּל לִזְכּוֹת לְחִדּוּשֵׁי תוֹרָה אֲמִתִּיִּים, כִּי אֵינִי יוֹדֵעַ עַל מָה לְבַקֵּשׁ קֹדֶם. כִּי פָּגַמְתִּי בְּהַדַּעַת מְאֹד עַל יְדֵי פְּגַם הַבְּרִית, עַד אֲשֶׁר אֵינִי יוֹדֵעַ אֵיךְ לְהַתְחִיל וּלְבַקֵּשׁ עַל תִּקּוּן פְּגַם הַבְּרִית. אִם לְבַקֵּשׁ עַל הֶעָבָר לְתַקֵּן מַה שֶּׁכְּבָר פָּגַמְתִּי מִנְּעוּרַי עַד הַיּוֹם הַזֶּה, בְּמַחֲשָׁבָה דִּבּוּר וּמַעֲשֶׂה, בִּרְאִיַּת הָעַיִן וּבִשְׁמִיעַת הָאֹזֶן וּבִשְׁאָר חוּשִׁים, בְּשׁוֹגֵג וּבְמֵזִיד בְּאֹנֶס וּבְרָצוֹן. אִם לְבַקֵּשׁ עַל הֶעָתִיד שֶׁאֶזְכֶּה מֵעַתָּה לִבְלִי לִפְגֹּם עוֹד כְּלָל, אֲפִלּוּ בְּמַחֲשָׁבָה בְּעָלְמָא.

מָלֵא רַחֲמִים, חֲמֹל עַל מָלֵא בוּשָׁה וּכְלִמָּה, עַל לֵב עִקֵּשׁ וּפְתַלְתֹּל. כִּי אַתָּה יָדַעְתָּ אֶת כָּל הַתְּלָאָה אֲשֶׁר מְצָאַתְנִי, כִּי רְשָׁתוֹת פְּרוּסִים עָלֵינוּ מִכָּל צַד וּמְצוֹדֵי צְדָדִים, וְאֵינִי יוֹדֵעַ אֵיךְ לִבְרֹחַ מֵהֶם. וַאֲפִלּוּ

לִצְעֹק אֵלֶיךָ נִמְנַע מִמֶּנִּי, כִּי אֵין לִי עוֹד דִּבּוּרִים וְקוֹל לִצְעֹק אֵלֶיךָ, כִּי פָּגַמְנוּ בְּקוֹל וְדִבּוּר, וּבְכָל הָרַמַ״ח אֵיבָרִים וּשְׁסָ״ה גִּידִים, וְקִלְקַלְנוּ כָּל שְׁבִילֵי הַדַּעַת, וּפָגַמְנוּ בְּכָל הַנְּתִיבוֹת שֶׁל הַקְּדֻשָּׁה, עַד אֲשֶׁר נֶעְלָם מִדַּעְתֵּנוּ, וְאֵין אָנוּ יוֹדְעִין שׁוּם דֶּרֶךְ וְנָתִיב אֵיךְ לִזְכּוֹת לְהִתְקָרֵב אֵלֶיךָ בֶּאֱמֶת לַאֲמִתּוֹ. אֲבָל עֲדַיִן לֹא כָלוּ רַחֲמֶיךָ וְאָנוּ סְמוּכִים וּבְטוּחִים עַל כֹּחָם שֶׁל זְקֵנִים דִּקְדֻשָּׁה, שֶׁהֵם הַצַּדִּיקִים אֲמִתִּיִּים אֲשֶׁר עֲלֵיהֶם כָּל בֵּית יִשְׂרָאֵל נִשְׁעָן, וְעַל כֹּחָם לְבַד אָנוּ נִשְׁעָנִים, אֲשֶׁר יֵשׁ לָהֶם כֹּחַ לִמְשֹׁךְ וּלְהוֹצִיא אֶת כָּל יִשְׂרָאֵל מֵרְשׁוּת דְּסִטְרָא אָחֳרָא וּלְהַכְנִיסָם בִּרְשׁוּת דִּקְדֻשָּׁה.

עַל כֵּן בָּאתִי לְפָנֶיךָ יְהֹוָה אֱלֹהַי וֵאלֹהֵי אֲבוֹתַי, בְּלֵב נִשְׁבָּר וְנִדְכָּא בְּלֵב נֶאֱנָח מְמֻשָּׁךְ וּמְמֹרָט, שׁוֹאֵל וּמְבַקֵּשׁ כֶּעָנִי בַּפֶּתַח, דַּל וָרָשׁ וְאֶבְיוֹן פּוֹרֵשׁ כַּפָּיו, נוֹשֵׂא עֵינָיו לַשָּׁמַיִם כְּעֵינֵי עֲבָדִים אֶל יַד אֲדוֹנֵיהֶם, כְּעֵין הַחַיָּב וְהַמּוֹרֵד הַבָּא לְרַצּוֹת וּלְפַיֵּס אֶת אֲדוֹנָיו, שׁוֹאֵל וּמְבַקֵּשׁ וּמִתְחַנֵּן מַתְּנַת חִנָּם. חָנֵּנִי, חָנֵּנִי, וְתַמְשִׁיךְ עָלַי דַּעַת דִּקְדֻשָּׁה מִזְּקֵנִים שֶׁבִּקְדֻשָּׁה. וּתְזַכֵּנִי מֵעַתָּה לְהִנָּצֵל מִכָּל מִינֵי פְּגַם הַבְּרִית. וְתִשְׁמְרֵנִי וְתַצִּילֵנִי בְּרַחֲמֶיךָ הָרַבִּים מִכָּל מִינֵי מַחֲשָׁבוֹת רָעוֹת וְהִרְהוּרִים רָעִים, וּמִכָּל מִינֵי פְּגַם הַדַּעַת, וְאֶזְכֶּה לְתַקֵּן מְהֵרָה אֶת כָּל מִינֵי פְּגַם הַבְּרִית

שֶׁפָּגַמְתִּי עַד עַתָּה, בְּאֹפֶן שֶׁאֶזְכֶּה לְתַקֵּן הַבְּרִית בִּשְׁלֵמוּת כִּרְצוֹנְךָ הַטּוֹב:

וְעָזְרֵנִי וְהוֹשִׁיעֵנִי שֶׁאֶזְכֶּה לְעוֹרֵר קוֹלִי בִּקְדֻשָּׁה גְּדוֹלָה, וְהַקּוֹל יְעוֹרֵר הַכַּוָּנָה עַד שֶׁאֶזְכֶּה לְתַקֵּן דַּעְתִּי בִּשְׁלֵמוּת עַל יְדֵי זֶה. אָנָּא יְהוָה, חוּס וַחֲמֹל עָלֵינוּ, וְזַכֵּנוּ לְתַקֵּן הַבְּרִית שֶׁהוּא תִּקּוּן הַדַּעַת בִּשְׁלֵמוּת בִּקְדֻשָּׁה וּבְטָהֳרָה, בְּלִי שׁוּם פְּגַם כְּלָל. וּכְשֵׁם שֶׁהוֹצֵאתָ אֶת אֲבוֹתֵינוּ מִגָּלוּת מִצְרַיִם בְּגַשְׁמִיּוּת וּבְרוּחָנִיּוּת, וְהוֹצֵאתָ אוֹתָם מֵחֲמִשִּׁים שַׁעֲרֵי טֻמְאָה, מִפְּגַם הַבְּרִית, מִפְּגַם הַדַּעַת, אֲשֶׁר זֶה הָיָה עִקַּר גָּלוּת מִצְרַיִם, וְהִכְנַסְתָּם בַּחֲמִשִּׁים שַׁעֲרֵי קְדֻשָּׁה, וְזִכִּיתָ אוֹתָם לְתִקּוּן הַבְּרִית, לְתִקּוּן הַדַּעַת, וְנָתַתָּ לָהֶם תּוֹרָתְךָ הַקְּדוֹשָׁה, וְהִכְנַסְתָּ אוֹתָם לְאֶרֶץ יִשְׂרָאֵל, כֵּן תַּעֲשֶׂה עִמָּנוּ נִסִּים וְנִפְלָאוֹת גְּדוֹלוֹת וְנוֹרָאוֹת וְתוֹצִיא אוֹתָנוּ מִן הַגָּלוּת הַמַּר הַזֶּה בְּגַשְׁמִיּוּת וּבְרוּחָנִיּוּת, מִגָּלוּת הַגּוּף וּמִגָּלוּת הַנֶּפֶשׁ. וּתְמַהֵר לְהוֹצִיאֵנוּ מִכָּל הַחֲמִשִּׁים שַׁעֲרֵי טֻמְאָה. וְתִפְדֵּנוּ וְתִגְאָלֵנוּ וְתַצִּילֵנוּ מִכָּל מִינֵי פְּגַם הַבְּרִית, מִפְּגַם הַדַּעַת, וְתַכְנִיסֵנוּ בְּרַחֲמֶיךָ מְהֵרָה לְכָל הַחֲמִשִּׁים שַׁעֲרֵי קְדֻשָּׁה, וּתְזַכֵּנוּ בְּרַחֲמֶיךָ הָרַבִּים חִישׁ קַל מְהֵרָה לְתִקּוּן הַבְּרִית לְתִקּוּן הַדַּעַת בֶּאֱמֶת כָּרָאוּי לְיִשְׂרָאֵל עַם קָדְשֶׁךָ וְקַיֵּם לָנוּ מִקְרָא שֶׁכָּתוּב: "כִּימֵי צֵאתְךָ מֵאֶרֶץ מִצְרָיִם אַרְאֶנּוּ נִפְלָאוֹת":

וְתִהְיֶה בְּעֶזְרֵנוּ, שֶׁנִּזְכֶּה לְקַבֵּל עָלֵינוּ קְדֻשַּׁת חַג הַפֶּסַח בִּקְדֻשָּׁה נוֹרָאָה וַעֲצוּמָה וּבְשִׂמְחָה וְחֶדְוָה גְּדוֹלָה, וְנִזְכֶּה לְקַיֵּם מִצְוַת אַרְבַּע כּוֹסוֹת שֶׁל יַיִן שֶׁל פֶּסַח בִּשְׁלֵמוּת הָרָאוּי, בִּקְדֻשָּׁה וּבְטָהֳרָה גְּדוֹלָה. וְתִפְתַּח לָנוּ אוֹר הַדַּעַת, וְתַשְׁפִּיעַ עָלֵינוּ אוֹר קְדֻשַּׁת הַמּוֹחִין הָעֶלְיוֹנִים, שֶׁנִּזְכֶּה שֶׁיִּהְיוּ נִמְשָׁכִין עָלֵינוּ בְּפֶסַח כָּל הַמֹּחִין הַקְּדוֹשִׁים, מֹחִין דְּגַדְלוּת וּמֹחִין דְּקַטְנוּת.

וְנִזְכֶּה לְסַדֵּר הַסֵּדֶר שֶׁל פֶּסַח בִּקְדֻשָּׁה גְּדוֹלָה כָּרָאוּי. וְתַעַזְרֵנוּ לוֹמַר הַהַגָּדָה בְּקוֹל רָם בְּכַוָּנָה גְּדוֹלָה וְנוֹרָאָה וּבְשִׂמְחָה וְחֶדְוָה רַבָּה וַעֲצוּמָה, וּבְהִתְעוֹרְרוּת גָּדוֹל וּבְהִתְלַהֲבוּת נִמְרָץ, בִּקְדֻשָּׁה וּבְטָהֳרָה גְּדוֹלָה, עַד שֶׁהַקּוֹל יְעוֹרֵר הַכַּוָּנָה. עַד שֶׁאֶזְכֶּה עַל יְדֵי זֶה לְתִקּוּן הַבְּרִית וּלְתִקּוּן הַדַּעַת בִּשְׁלֵמוּת בֶּאֱמֶת. עַד שֶׁאֶזְכֶּה לָבוֹא לְחִדּוּשֵׁי תוֹרָה אֲמִתִּיִּים, וְאֶזְכֶּה לְהַמְשִׁיךְ תָּמִיד דִּבּוּרִים חַמִּים כְּגַחֲלֵי אֵשׁ עַל יְדֵי תְּפִלָּה וְתַחֲנוּנִים. וּתְזַכֵּנִי לְהִתְפַּלֵּל אֵלֶיךָ בְּהִתְקַשְּׁרוּת נִשְׁמוֹת יִשְׂרָאֵל. שֶׁתִּהְיֶה תְּפִלָּתֵנוּ תְּפִלַּת רַבִּים. וְלֹא תִמְאַס אֶת תְּפִלָּתֵנוּ. כְּמוֹ שֶׁכָּתוּב: "הֵן אֵל כַּבִּיר וְלֹא יִמְאָס". וְיִתּוֹסֵף וְיִתְגַּדֵּל לְמַעְלָה תּוֹסְפוֹת קְדֻשָּׁה רַבָּה וַעֲצוּמָה עַל יְדֵי תְּפִלָּתֵנוּ. וְעַל יְדֵי זֶה נִזְכֶּה לְהַמְשִׁיךְ בֵּאוּרֵי הַתּוֹרָה מִלֵּב הָעֶלְיוֹן. אֲשֶׁר שָׁם

כְּתוּבִים כָּל בֵּאוּרֵי הַתּוֹרָה.

וּתְזַכֵּנוּ שֶׁנֵּלֵךְ בְּדַרְכָּהּ שֶׁל תּוֹרָה. וְנִזְכֶּה לְקַיֵּם דִּבְרֵי רַבּוֹתֵינוּ, זִכְרוֹנָם לִבְרָכָה. אֲשֶׁר גִּלּוּ לָנוּ דַּרְכָּהּ שֶׁל תּוֹרָה. לֶאֱכֹל פַּת בְּמֶלַח וּמַיִם בִּמְשׂוּרָה נִשְׁתֶּה וּבַתּוֹרָה נִהְיֶה עֲמֵלִים תָּמִיד. וְעַל יְדֵי זֶה נִזְכֶּה לְהַמְשִׁיךְ בֵּאוּרֵי הַתּוֹרָה מֵהַנְּשָׁמָה הַקְּדוֹשָׁה הַסּוֹבֶלֶת מְרִירוּת עַל שִׁעְבּוּד הַתּוֹרָה, אֲשֶׁר מִשָּׁם נִמְשָׁכִין כָּל הַחִדּוּשִׁין וְכָל הַבֵּאוּרִים שֶׁל הַתּוֹרָה. וְנִזְכֶּה לְהַמְשִׁיךְ בֵּאוּרֵי הַתּוֹרָה מִשָּׁם בְּרַחֲמִים וְתַחֲנוּנִים עַד שֶׁאֶזְכֶּה לְחַדֵּשׁ תָּמִיד חִדּוּשִׁין דְּאוֹרַיְתָא אֲמִתִּיִּים. חִדּוּשִׁין דִּקְדֻשָּׁה חִדּוּשִׁין הַנִּמְשָׁכִין מִתְּלֵיסַר תִּקּוּנָא דִּיקְנָא קַדִּישָׁא, שֶׁהֵם שְׁלֹשׁ עֶשְׂרֵה מִדּוֹת שֶׁהַתּוֹרָה נִדְרֶשֶׁת בָּהֶן.

וְתִשְׁמְרֵנוּ וְתַצִּילֵנוּ מִכָּל מִינֵי מְרִיבוֹת וּמַחֲלֹקֶת, וּתְבַטֵּל שִׂנְאַת חִנָּם מֵעָלֵינוּ וּמֵעַל כָּל עַמְּךָ בֵּית יִשְׂרָאֵל. וְתֵן בְּלֵב כָּל הַחוֹלְקִים עָלֵינוּ שֶׁיָּשׁוּבוּ מִשִּׂנְאָתָם וּמִמַּחְלְקוֹתָם. וְהַט לְבָבָם אֶל הָאֱמֶת וְלֹא יְעוֹרְרוּ עוֹד מְרִיבָה עָלֵינוּ בְּחִנָּם. וְתָשִׂים שָׁלוֹם בֵּין עַמְּךָ יִשְׂרָאֵל לְעוֹלָם:

רִבּוֹנוֹ שֶׁל עוֹלָם, חוּס וַחֲמֹל עָלֵינוּ, וְזַכֵּנוּ לָבוֹא לְכָל

מַה שֶׁבִּקַּשְׁנוּ מִלְּפָנֶיךָ, שֶׁנִּזְכֶּה לְדִבּוּרִים חַמִּים דִּקְדֻשָּׁה וּלְחִדּוּשִׁין דְּאוֹרַיְתָא אֲמִתִּיִּים. וְנִזְכֶּה שֶׁיִּהְיוּ נִבְרָאִין מַלְאָכִים קְדוֹשִׁים מִכָּל דִּבּוּר וְדִבּוּר שֶׁל חִדּוּשֵׁי תוֹרָתֵנוּ בִּקְדֻשָּׁה וּבְטָהֳרָה. וְאֵלּוּ הַמַּלְאָכִים הַקְּדוֹשִׁים יִצְטָרְפוּ וְיִתְחַבְּרוּ עִם כָּל הַמַּלְאָכִים הַנִּבְרָאִים תָּמִיד עַל יְדֵי חִדּוּשֵׁי תוֹרָה שֶׁל צַדִּיקִים אֲמִתִּיִּים. וְכָל אֵלּוּ הַמַּלְאָכִים הַקְּדוֹשִׁים יְקַבְּלוּ כֹּחַ מֵאָדוֹם הַמְמֻנֶּה עַל הַחֶרֶב לַעֲנֹשׁ אֶת הָרְשָׁעִים בְּחַרְבָּא וְקַטְלָא, כְּדֵי לְהַכְנִיעַ וּלְשַׁבֵּר וּלְבַעֵר אֶת כָּל מוֹצִיאֵי דִבַּת הָאָרֶץ רָעָה שֶׁהֵם כְּלַל כָּל הַמּוֹנְעִים וְהַמַּפְסִיקִים וְהַמְעַכְּבִים מִלָּבוֹא לְאֶרֶץ יִשְׂרָאֵל, אוֹ שֶׁתָּבִיא מֹרֶךְ בִּלְבָבָם, לְבַל יִהְיֶה לָהֶם כֹּחַ לְעַכֵּב וְלִמְנֹעַ אוֹתָנוּ, חַס וְשָׁלוֹם, מֵאֶרֶץ יִשְׂרָאֵל אוֹ מִשְּׁאָר כָּל הַדְּבָרִים שֶׁבִּקְדֻשָּׁה.

מָלֵא רַחֲמִים, חוּס וַחֲמֹל עָלֵינוּ, וְתֵן לָנוּ כֹּחַ בְּרַחֲמֶיךָ הָרַבִּים, לְהַכְנִיעַ וּלְשַׁבֵּר וּלְבַטֵּל כָּל הַמְעַכְּבִים וְהַמּוֹנְעִים מִן הַקְּדֻשָּׁה הַקָּמִים עָלֵינוּ בְּכָל עֵת, וְרוֹצִים לְהִתְגַּבֵּר, חַס וְשָׁלוֹם, לְבַלְבֵּל אוֹתָנוּ חַס וְשָׁלוֹם מֵעֲבוֹדָתְךָ בֶּאֱמֶת, רִבּוֹנוֹ שֶׁל עוֹלָם, אַתָּה יָדַעְתָּ אֶת לְבָבָם, חוּסָה עָלֵינוּ בְּרַחֲמֶיךָ הָרַבִּים, וֶהְיֵה בְּעֶזְרֵנוּ וְהוֹשִׁיעֵנוּ וְהַצִּילֵנוּ מֵהֶם. וּשְׁבֹר זְרוֹעָם וְכֹחָם, שֶׁלֹּא יִהְיֶה לָהֶם שׁוּם כֹּחַ לִמְנֹעַ אוֹתָנוּ, חַס וְשָׁלוֹם, מִשּׁוּם דָּבָר שֶׁבִּקְדֻשָּׁה, וְלֹא יוּכְלוּ לְבַלְבֵּל

אוֹתָנוּ וְכָל הַנִּלְוִים אֵלֵינוּ כְּלָל.

וְעָזְרֵנוּ אוֹתָנוּ וְאֶת כָּל עַמְּךָ בֵּית יִשְׂרָאֵל, הַחֲפֵצִים בַּעֲבוֹדָתְךָ לְהִתְקָרֵב אֵלֶיךָ בֶּאֱמֶת, שֶׁיִּהְיֶה לָנוּ כֹּחַ לְהַכְנִיעַ אֶת הָרְשָׁעִים הַמִּתְנַגְּדִים וְחוֹלְקִים עַל הָאֱמֶת, הָרוֹצִים לְרַחֵק אוֹתָנוּ מֵעֲבוֹדָתְךָ בֶּאֱמֶת. וְתִתֶּן לָנוּ כֹּחַ לְעוֹרֵר עֲלֵיהֶם מִשְׁפְּטֵי הָאֻמּוֹת. וְנִזְכֶּה לָדוּן אוֹתָם וּלְהַכְנִיעַ אוֹתָם בְּמִשְׁפְּטֵיהֶם. וְעָזְרֵנוּ שֶׁנַּצְלִיחַ בְּמִשְׁפָּטָם, וְכָל הַחוֹלְקִים וְהַמּוֹנְעִים מִדַּרְכֵי הַקְּדֻשָּׁה הָאֲמִתִּיִּים כֻּלָּם יֵצְאוּ חַיָּבִים בְּדִינֵיהֶם, וְנַשְׁפִּיל אוֹתָם עֲדֵי אָרֶץ עַל־יְדֵי מִשְׁפְּטֵיהֶם, וְנוֹצִיא בִלְעָם מִפִּיהֶם.

כִּי אַתָּה יָדַעְתָּ אֶת לְבָבֵנוּ שֶׁכַּוָּנָתֵנוּ לְטוֹבָה כְּדֵי לְהַעֲמִיד הַדָּת הַקָּדוֹשׁ עַל תִּלּוֹ, כְּדֵי שֶׁנִּזְכֶּה לֵילֵךְ בְּדֶרֶךְ הַקֹּדֶשׁ בְּדֶרֶךְ מַלְכּוֹ שֶׁל עוֹלָם, וְאֵין לָנוּ כֹּחַ לַעֲנֹשׁ אֶת הָרְשָׁעִים כִּי אִם בְּדִינֵיהֶם. עַל כֵּן חֲמֹל עָלֵינוּ, וְעַל כָּל עַמְּךָ בֵּית יִשְׂרָאֵל, הַמְקַנְּאִים קִנְאַת יְהֹוָה צְבָאוֹת, וְעוֹמְדִים לָדִין וּבָאִים בְּמִשְׁפְּטֵי הַגּוֹיִים, כְּדֵי לְהַכְנִיעַ הָרְשָׁעִים הַחוֹלְקִים עַל הָאֱמֶת. וְתִתֶּן לָנוּ כֹּחַ שֶׁנַּצְלִיחַ בְּמִשְׁפָּטָם, בְּאֹפֶן שֶׁנִּזְכֶּה לְהַשְׁפִּילָם וּלְשַׁבְּרָם וּלְהַכְנִיעָם עַד עָפָר. כֻּלָּם יִכְרְעוּ וְיִפְּלוּ בְּמִשְׁפָּטָם, יִפְּלוּ וְלֹא יָקוּמוּ. וְלֹא יִהְיֶה לָהֶם עוֹד שׁוּם כֹּחַ לְבַטֵּל וְלִמְנֹעַ אוֹ לְבַלְבֵּל אוֹתָנוּ חַס וְשָׁלוֹם מֵעֲבוֹדַת הַבּוֹרֵא יִתְבָּרַךְ

שְׁמוֹ. וְנִזְכֶּה עַל יְדֵי זֶה לְהַעֲלוֹת מִשְׁפַּט דִּקְדֻשָּׁה מִבֵּין הַקְּלִפּוֹת. וְעָזְרֵנוּ בְּרַחֲמֶיךָ שֶׁלֹּא יִהְיֶה לָהֶם פֶּה לְדַבֵּר עָתָק עַל צַדִּיקֵי הָאֱמֶת וְעַל אֲנָשִׁים כְּשֵׁרִים בֶּאֱמֶת. וְתִסְכֹּר אֶת פִּיהֶם, שֶׁלֹּא יְדַבְּרוּ סָרָה בִּפְנֵי הֶהָמוֹן עָם, וְלֹא יַחֲלִישׁוּ דַּעְתָּם, חַס וְשָׁלוֹם. כִּי "יִסָּכֵר פִּי כָל דּוֹבְרֵי שָׁקֶר", בְּאֹפֶן שֶׁתְּזַכֶּה אוֹתָנוּ לְבַטֵּל וּלְשַׁבֵּר כָּל מִינֵי מְנִיעוֹת וּמְסָכִים וּמַפְסִיקִים הַמּוֹנְעִים אוֹתָנוּ מִלָּבוֹא לְאֶרֶץ יִשְׂרָאֵל, וּמִשְּׁאָר כָּל הַדְּבָרִים שֶׁבִּקְדֻשָּׁה. וְנִזְכֶּה לָבוֹא לְאֶרֶץ יִשְׂרָאֵל מְהֵרָה וּלְהִתְקָרֵב אֵלֶיךָ בֶּאֱמֶת:

רִבּוֹנוֹ שֶׁל עוֹלָם, אַתָּה יָדַעְתָּ אֶת חֲלִישׁוּת כֹּחֵנוּ בָּעֵת הַזֹּאת, שֶׁאֵין לָנוּ שׁוּם כֹּחַ לְשַׁבֵּר הַמּוֹנְעִים וְהַמְעַכְּבִים מֵאֶרֶץ יִשְׂרָאֵל וּמִכָּל הַדְּבָרִים שֶׁבִּקְדֻשָּׁה בְּשׁוּם דֶּרֶךְ מִכָּל הַדְּרָכִים הָאֵלּוּ שֶׁהִזְכַּרְתִּי לְפָנֶיךָ, כִּי אִם בְּשִׁמְךָ הַגָּדוֹל לְבַד בָּטָחְנוּ. וְעַל חַסְדְּךָ אָנוּ נִשְׁעָנִים, שֶׁתּוֹשִׁיעֵנוּ בְּגֹדֶל רַחֲמֶיךָ וַחֲנִינוֹתֶיךָ וּבְעֹצֶם חֶמְלָתְךָ, וּבִזְכוּת וְכֹחַ צַדִּיקֵי אֱמֶת, שֶׁכְּבָר זָכוּ לְשַׁבֵּר כָּל הַמְּנִיעוֹת וְעָבְרוּ בְּשָׁלוֹם וּבָאוּ לְאֶרֶץ־יִשְׂרָאֵל. בִּזְכוּתָם וְכֹחָם לְבַד נִשְׁעַנְתִּי, וּבְחַסְדְּךָ הַגָּדוֹל תָּמַכְתִּי יְתֵדוֹתַי, שֶׁתְּחָנֵּנִי גַּם כֵּן לִנְסֹעַ וְלָבוֹא לְאֶרֶץ־יִשְׂרָאֵל מְהֵרָה, אַף עַל פִּי שֶׁאֵינִי כְּדַאי וְהָגוּן לְהַזְכִּיר בְּפִי שֵׁם אֶרֶץ יִשְׂרָאֵל הַקְּדוֹשָׁה, וַאֲנִי רָחוֹק מְאֹד מְאֹד מִקְּדֻשַּׁת אֶרֶץ יִשְׂרָאֵל בְּתַכְלִית הָרִחוּק. אַף עַל פִּי כֵן אַתָּה

מִקֶּרֶב רְחוֹקִים, חוּס וְחֲמֹל עָלַי, חוּס וַחֲמֹל עָלַי, חוּס וְחָנֵּנִי בְּמַתְּנַת חִנָּם, שֶׁאֶזְכֶּה לָבוֹא לְאֶרֶץ יִשְׂרָאֵל מְהֵרָה לְמַעַן אֶזְכֶּה לִכְנֹס בְּדַרְכֵי הַקְּדֻשָּׁה בֶּאֱמֶת. וְאֶזְכֶּה לַעֲלוֹת בְּכָל פַּעַם מִדַּרְגָּא לְדַרְגָּא בִּקְדֻשָּׁה וּבְטָהֳרָה בֶּאֱמֶת חִישׁ קַל מְהֵרָה, בְּאֹפֶן שֶׁאֶזְכֶּה לְהִתְקָרֵב אֵלֶיךָ בֶּאֱמֶת וּבִתְמִים מֵעַתָּה וְעַד עוֹלָם. וְלֹא אֵבוֹשׁ בָּעוֹלָם הַזֶּה וְלֹא אֶכָּלֵם לָעוֹלָם הַבָּא. וְ"אֶתְהַלֵּךְ לִפְנֵי יְהוָה בְּאַרְצוֹת הַחַיִּים, אֶעְבְּרָה נָּא וְאֶרְאֶה אֶת הָאָרֶץ הַטּוֹבָה הַזֹּאת, הָהָר הַטּוֹב הַזֶּה וְהַלְּבָנוֹן". תֵּיקַר נָא נַפְשִׁי הָאֻמְלָלָה בְּעֵינֶיךָ, וּמַלֵּא מִשְׁאֲלוֹתַי בְּרַחֲמִים, וַהֲבִיאֵנוּ לְשָׁלוֹם לְאֶרֶץ יִשְׂרָאֵל בִּמְהִירוּת גָּדוֹל מִיָּד. וְאֶזְכֶּה לִדְרֹךְ וּלְהִשְׁתַּטֵּחַ עַל עֲפַר אַדְמַת הַקֹּדֶשׁ, וְלִרְצוֹת אֶת אֲבָנֶיהָ וּלְנַשֵּׁק רִגְבוֹתֶיהָ.

יִגֹּלּוּ רַחֲמֶיךָ עַל מִדּוֹתֶיךָ, וְתַעֲשֶׂה עִמִּי לִפְנִים מִשּׁוּרַת הַדִּין. וְאַל תָּבוֹא בְּמִשְׁפָּט עִמִּי כְּלָל, כִּי לֹא עַל צִדְקוֹתַי אֲנִי מַפִּיל תְּחִנָּתִי לְפָנֶיךָ כִּי אִם עַל רַחֲמֶיךָ הָרַבִּים. מִתְרַצֶּה בְּרַחֲמִים וּמִתְפַּיֵּס בְּתַחֲנוּנִים, עָזְרֵנִי וְהוֹשִׁיעֵנִי שֶׁלֹּא אֶתֵּן דֳּמִי לָךְ, וְלֹא אַחֲרִישׁ וְלֹא אֶשְׁקֹט וְלֹא אַפְסִיק מִלְּהִתְפַּלֵּל עַל זֶה תָּמִיד, רַק אֶזְכֶּה לְהַעְתִּיר וּלְהַרְבּוֹת בִּתְפִלָּה וְתַחֲנוּנִים עַל זֶה תָּמִיד, עַד שֶׁאֶזְכֶּה לִפְעֹל בַּקָּשָׁתִי בְּרַחֲמִים אֶצְלְךָ, שֶׁאֶזְכֶּה לָבוֹא בַּחַיִּים הַיּוֹתִי חִישׁ קַל מְהֵרָה לְאֶרֶץ יִשְׂרָאֵל, וִיקֻיַּם בִּי מִקְרָא

שֶׁכָּתוּב: "כִּי הִצַּלְתָּ נַפְשִׁי מִמָּוֶת הֲלֹא רַגְלַי מִדֶּחִי לְהִתְהַלֵּךְ לִפְנֵי אֱלֹהִים בְּאוֹר הַחַיִּים" אָמֵן וְאָמֵן:

כא

"קוֹלִי אֶל יְהֹוָה אֶזְעָק קוֹלִי אֶל יְהֹוָה אֶתְחַנָּן. קוֹלִי אֶל יְהֹוָה וְאֶצְעָקָה קוֹלִי אֶל יְהֹוָה וְהַאֲזִין אֵלָי. מִבֶּטֶן שְׁאוֹל שִׁוַּעְתִּי שָׁמַעְתָּ קוֹלִי וַתָּבֹא שַׁוְעָתִי אֵלֶיךָ אֶל הֵיכַל קָדְשֶׁךָ. קוֹלִי שָׁמָעְתָּ אַל תַּעְלֵם אָזְנְךָ לְרַוְחָתִי ו)לְשַׁוְעָתִי. שְׁמַע יְהֹוָה קוֹלִי אֶקְרָא וְחָנֵּנִי וַעֲנֵנִי. שַׁוְעָתֵנוּ קַבֵּל וּשְׁמַע צַעֲקָתֵנוּ יוֹדֵעַ תַּעֲלוּמוֹת".

רִבּוֹנוֹ שֶׁל עוֹלָם, שׁוֹמֵעַ קוֹל שַׁוְעַת עַמּוֹ יִשְׂרָאֵל בְּרַחֲמִים, חוּס וְחָנֵּנוּ וְרַחֵם עָלֵינוּ, וֶהְיֵה בְּעֶזְרֵנוּ, וְהָכֵן לְבָבֵנוּ שֶׁנִּזְעַק וְנִצְעַק אֵלֶיךָ בֶּאֱמֶת עַד שֶׁתַּעֲנֵנוּ. נְשַׁוַּע וְתֹאמַר הִנֵּנִי. וִיהְיֶה קוֹל צַעֲקָתֵנוּ הוֹלֵךְ וְחָזֵק מְאֹד, וְלֹא נִתֵּן דֳּמִי לָךְ עַד שֶׁתְּחָנֵּנוּ, וְתַאֲזִין קוֹלֵנוּ וְתַקְשִׁיב שַׁוְעָתֵנוּ וּתְרַחֵם עָלֵינוּ בְּרַחֲמֶיךָ. וְנִזְכֶּה לְגַלּוֹת וּלְהָאִיר וּלְהוֹלִיד הַמֹּחִין הַקְּדוֹשִׁים הַנֶּעְלָמִים עַכְשָׁו מֵאִתָּנוּ בַּעֲוֹנוֹתֵינוּ, בְּהֶעְלֵם גָּדוֹל וּבְהַסְתָּרָה גְּדוֹלָה, עַד אֲשֶׁר בַּעֲווֹנוֹתֵינוּ אֵין לָנוּ עַתָּה שׁוּם דַּעַת לְהַכִּיר אוֹתְךָ וְלַעֲבֹד אוֹתְךָ בֶּאֱמֶת. וְאֵין אָנוּ זוֹכִים לְחַדֵּשׁ דָּבָר בַּתּוֹרָה הַקְּדוֹשָׁה בֶּאֱמֶת לַאֲמִתּוֹ:

רִבּוֹנוֹ שֶׁל עוֹלָם, לְפָנֶיךָ נִגְלוּ כָּל תַּעֲלוּמוֹת, וְאַתָּה יוֹדֵעַ אֶת לְבָבֵנוּ, כִּי אָנוּ רְחוֹקִים מִמְּךָ עַכְשָׁו כָּל כָּךְ, עַד אֲשֶׁר כִּסְּתָה כְלִמָּה פָּנֵינוּ וְאָנוּ בּוֹשִׁים לִשְׁאֹל וּלְבַקֵּשׁ מִמְּךָ זֹאת, שֶׁתְּגַלֶּה לָנוּ תַּעֲלוּמוֹת וְנִסְתָּרוֹת שֶׁבַּתּוֹרָה, כִּי אֵין אָנוּ יוֹדְעִים עַל מַה לְבַקֵּשׁ קֹדֶם, כִּי עֲדַיִן לֹא הִתְחַלְנוּ לְטַהֵר וּלְקַדֵּשׁ עַצְמֵנוּ כְּלָל. אֲבָל אַתָּה יוֹדֵעַ גֹּדֶל יְקָרַת קְדֻשַּׁת נִשְׁמוֹתֵנוּ בְּשָׁרְשֵׁנוּ, כִּי אַתָּה בְּחַרְתָּ בָּנוּ מִכָּל הָעַמִּים וְקָרָאתָ אוֹתָנוּ עַם קָדוֹשׁ עַם סְגֻלָּה, כְּמוֹ שֶׁכָּתוּב: "וִהְיִיתֶם לִי סְגֻלָּה מִכָּל הָעַמִּים" וּכְמוֹ שֶׁכָּתוּב: "כִּי יַעֲקֹב בָּחַר לוֹ יָהּ, יִשְׂרָאֵל לִסְגֻלָּתוֹ".

חוּס וַחֲמֹל עַל סְגֻלָּתְךָ וְרַעְיָתְךָ, עַל עַמְּךָ וְנַחֲלָתֶךָ, עַל צְבִי צְבָאוֹת חֶמְדָּתֶךָ, אֲשֶׁר בְּכָל לְשׁוֹנוֹת שֶׁל חִבָּה קְרָאתָ אוֹתָנוּ בְּאַהֲבָתְךָ וּבְחֶמְלָתֶךָ. אָהַבְתָּ אוֹתָנוּ וְרָצִיתָ בָּנוּ וְרוֹמַמְתָּנוּ מִכָּל הַלְּשׁוֹנוֹת וְקֵרַבְתָּנוּ מַלְכֵּנוּ לַעֲבוֹדָתֶךָ. יֶהֱמוּ מֵעֶיךָ עָלֵינוּ, יִכָּמְרוּ רַחֲמֶיךָ עַל שִׁפְלוּתֵנוּ וּבִזְיוֹנֵנוּ. קוּמָה בְּעֶזְרָתֵנוּ וְהוֹשִׁיעֵנוּ, וְתֵן בְּלִבֵּנוּ לִצְעֹק אֵלֶיךָ תָּמִיד עַד שֶׁתְּרַחֵם עָלֵינוּ וְתָשִׁיב פָּנֶיךָ אֵלֵינוּ וּתְקָרְבֵנוּ. אִם אָמְנָם יָדַעְתִּי, כִּי לְפִי גֹּדֶל הִתְרַחֲקוּתִי מִמְּךָ בַּאֲלָפִים וּרְבָבוֹת הַרְחָקוֹת, אֵין כֹּחַ בְּקוֹל צַעֲקָתִי לְעוֹרֵר וּלְהוֹלִיד תַּעֲלוּמוֹת הַמֹּחִין, וַאֲפִלּוּ אִם הָיָה לִי כֹּחַ לִצְעֹק וְלִזְעֹק, כָּל הַקּוֹלוֹת שֶׁל כָּל בְּרוּאֵי

עוֹלָם לֹא יַסְפִּיקוּ לִי אֲפִלּוּ מַה שֶּׁאֲנִי צָרִיךְ לִצְעֹק עַל הִתְרַחֲקוּת אֶחָד שֶׁל יוֹם אֶחָד. וְאֵין שׁוּם קוֹל בָּעוֹלָם שֶׁיֵּשׁ לוֹ כֹּחַ לְהוֹעִיל לִי לְפִי גֹּדֶל הִתְרַחֲקוּתִי מִמְּךָ. "גַּם כִּי אֶזְעַק וַאֲשַׁוֵּעַ שָׂתַם תְּפִלָּתִי". מִכָּל שֶׁכֵּן וְכָל שֶׁכֵּן שֶׁעֲדַיִן לֹא הִתְחַלְתִּי לִזְעֹק אֲפִלּוּ לְפִי כֹּחִי. אֲבָל כְּבָר הוֹדַעְתָּנוּ, שֶׁאַתָּה מָלֵא רַחֲמִים בְּכָל עֵת וּבְכָל רֶגַע עָלֵינוּ, וּבְרַחֲמֶיךָ הָרַבִּים אַתָּה שׁוֹמֵעַ וּמַאֲזִין כָּל הַקּוֹלוֹת שֶׁבָּעוֹלָם מֵעִמְקֵי עֲמֻקִּים. כְּמוֹ שֶׁכָּתוּב: "מִבֶּטֶן שְׁאוֹל שִׁוַּעְתִּי שָׁמַעְתָּ קוֹלִי". עַל כֵּן תָּמַכְתִּי יִתֵדוֹתַי בְּטוּבוֹתֶיךָ וַחֲנִינוֹתֶיךָ הַגְּדוֹלִים, כִּי עַל רַחֲמֶיךָ הָרַבִּים אֲנִי בוֹטֵחַ, וְעַל חַסְדְּךָ אֲנִי נִשְׁעָן, וְלִסְלִיחוֹתֶיךָ אֲנִי מְקַוֶּה, וְלִישׁוּעָתְךָ אֲנִי מְצַפֶּה. וּבָאתִי לְפָרֵשׂ כַּפַּי לְפָנֶיךָ יְהוָה אֱלֹהֵינוּ וֵאלֹהֵי אֲבוֹתֵינוּ, עָזְרֵנִי וְחָנֵּנִי, וְעוֹרֵר אֶת לְבָבִי בֶּאֱמֶת שֶׁאֶזְכֶּה לְהַרְגִּישׁ כְּאֵבִי הָעֲצוּמִים בֶּאֱמֶת, כְּאֵב נַפְשִׁי וְרוּחִי וְנִשְׁמָתִי, וְאֶזְכֶּה לִרְאוֹת וּלְהָבִין עֹצֶם הִתְרַחֲקוּתִי מִמְּךָ. וּתְזַכֵּנִי לִצְעֹק אֵלֶיךָ תָּמִיד בְּכָל כֹּחִי. וְאַתָּה תִּמָּלֵא רַחֲמִים עָלַי, וְתַאֲזִין קוֹלִי הַפָּגוּם, וְתַקְשִׁיב שַׁוְעָתִי הַמְקֻלְקֶלֶת.

וּתְרַחֵם עָלַי בְּרַחֲמֶיךָ, וְתַעַזְרֵנִי לְתַקֵּן אֶת קוֹלִי, וְתַעֲלֵנִי מִקּוֹל פָּגוּם לְקוֹל טוֹב, וּתְזַכֵּנִי לִצְעֹק בֵּין בַּתּוֹרָה בֵּין בַּתְּפִלָּה, עַד שֶׁאֶזְכֶּה בְּרַחֲמֶיךָ הָרַבִּים לְעוֹרֵר וּלְהוֹלִיד בְּקוֹלִי אֶת תַּעֲלוּמוֹת הַמֹּחִין

שֶׁנִּתְעַלְּמוּ מִמֶּנּוּ בַּעֲווֹנוֹתֵינוּ. וּמֵרֹב עֲווֹנֵנוּ הֶחֱלַשְׁנוּ כִּבְיָכוֹל כֹּחַ שֶׁל מַעְלָה, עַד אֲשֶׁר, כִּבְיָכוֹל, תַּשׁ כֹּחַ הַשְּׁכִינָה לְהוֹלִיד הַמֹּחִין. כְּמוֹ שֶׁכָּתוּב: "צוּר יְלָדְךָ תֶּשִׁי, כִּי בָאוּ בָנִים עַד מַשְׁבֵּר וְכֹחַ אַיִן לְלֵדָה":

רִבּוֹנוֹ שֶׁל עוֹלָם, עֲשֵׂה לְמַעַנְךָ וְלֹא לְמַעֲנֵנוּ, עֲשֵׂה לְמַעַן שְׁכִינָתְךָ וְעָזְרֵנוּ לִצְעֹק אֵלֶיךָ בֶּאֱמֶת בְּתוֹרָה וּתְפִלָּה, וְיַעֲלֶה וְיָבוֹא וְיַגִּיעַ קוֹלֵנוּ אֵלֶיךָ וּתְקַבֵּל קוֹל צַעֲקָתֵנוּ בִּמְקוֹם צַעֲקַת הַשְּׁכִינָה, עַד שֶׁנִּזְכֶּה לְעוֹרֵר וּלְהוֹלִיד תַּעֲלוּמוֹת הַמֹּחִין הַקְּדוֹשִׁים שֶׁלָּנוּ שֶׁנִּתְעַלְּמוּ מֵאִתָּנוּ. כִּי אַתָּה לְבַד יוֹדֵעַ תַּעֲלוּמוֹת, וּלְפָנֶיךָ נִגְלוּ תַּעֲלוּמוֹת הַמֹּחִין שֶׁל כָּל אֶחָד וְאֶחָד מֵאִתָּנוּ, לְהֵיכָן נִתְעַלְּמוּ וְנִסְתְּרוּ מֵאִתָּנוּ. עָזְרֵנוּ וְהוֹשִׁיעֵנוּ לָנוּ וּלְכָל עַמְּךָ בֵּית יִשְׂרָאֵל, שֶׁנִּזְכֶּה כָּל אֶחָד לְעוֹרֵר וּלְהוֹלִיד עַל יְדֵי קוֹל צַעֲקָתֵנוּ אֶת הַמֹּחִין הַקְּדוֹשִׁים שֶׁנִּתְעַלְּמוּ מִכָּל אֶחָד וְאֶחָד לְמָקוֹם שֶׁנִּתְעַלְּמוּ, עַד שֶׁכָּל אֶחָד יִזְכֶּה בְּכָל פַּעַם לְהוֹלִיד וּלְגַלּוֹת וּלְהַשִּׂיג מֹחִין חֲדָשִׁים הַשַּׁיָּכִים אֵלָיו כְּפִי שֹׁרֶשׁ נַפְשׁוֹ וְרוּחוֹ וְנִשְׁמָתוֹ. וְנִזְכֶּה לְהַכִּיר אוֹתְךָ בֶּאֱמֶת וְלָדַעַת אוֹתְךָ בְּכָל פַּעַם בַּהֲבָנָה יְתֵרָה, וְנִזְכֶּה לְגַלּוֹת אֱלָהוּתְךָ בָּעוֹלָם:

וּבְכֵן יְהִי רָצוֹן מִלְּפָנֶיךָ יְהֹוָה אֱלֹהֵינוּ וֵאלֹהֵי

אֲבוֹתֵינוּ, מָלֵא רַחֲמִים, שֶׁתְּרַחֵם עָלֵינוּ וְתַעַזְרֵנוּ וְתוֹשִׁיעֵנוּ מְהֵרָה שֶׁנַּתְחִיל מֵעַתָּה לְקַדֵּשׁ אֶת שִׁבְעַת הַנֵּרוֹת הַמְּאִירִין אֶל מוּל פְּנֵי הַמְּנוֹרָה הַקְּדוֹשָׁה, שֶׁהֵם הָעֵינַיִם וְהָאָזְנַיִם וְהַפֶּה וְהַחֹטֶם. וּתְזַכֵּנִי לְקַדֵּשׁ אֶת פִּי שֶׁלֹּא יֵצֵא דְּבַר שֶׁקֶר מִפִּי לְעוֹלָם, וְלֹא שׁוּם דִּבּוּר הַפּוֹגֵם אֶת הַפֶּה, חַס וְשָׁלוֹם, רַק כָּל דִּבּוּרַי יִהְיוּ דִּבְרֵי אֱמֶת תָּמִיד בִּקְדֻשָּׁה וּבְטָהֳרָה. וְאֶזְכֶּה לְקַדֵּשׁ אֶת פִּי בְּתוֹרָה וּבִתְפִלָּה וּבְכָל מִינֵי דִּבּוּרִים הַמְקַדְּשִׁין אֶת הַפֶּה, וּתְזַכֵּנִי לְקַדֵּשׁ אֶת עֵינַי וְתַעַזְרֵנִי לְהַעֲצִים אֶת עֵינַי מֵרְאוֹת בְּרָע, וְתִהְיֶה בְּעֶזְרִי שֶׁלֹּא יִהְיֶה לִי שׁוּם הִסְתַּכְּלוּת עַל שׁוּם דָּבָר שֶׁבָּעוֹלָם הַזֶּה כְּלָל. וּבִפְרָט תַּעַזְרֵנִי וְתַצִּילֵנִי וּתְמַלְּטֵנִי, שֶׁלֹּא אֶסְתַּכֵּל, חַס וְשָׁלוֹם, עַל שׁוּם דָּבָר הַמֵּבִיא לִידֵי הִרְהוּר, חַס וְשָׁלוֹם. חוּס וְחָנֵּנִי וְרַחֵם עָלַי וְהַצִּילֵנִי, וּמַלֵּט נַפְשִׁי מֵעַתָּה מִפְּגַם הָרְאוּת, וְלֹא אָתוּר אַחַר לְבָבִי וְאַחַר עֵינַי, "הַעֲבֵר עֵינַי מֵרְאוֹת שָׁוְא בִּדְרָכֶיךָ חַיֵּנִי", וְזַכֵּנִי לְקַדֵּשׁ אֶת אָזְנַי, וְאֶזְכֶּה לִשְׁמֹעַ תָּמִיד דִּבְרֵי חֲכָמִים אֲמִתִּיִּים וּלְהַאֲמִין בָּהֶם, וְיִהְיֶה לִי אֱמוּנַת חֲכָמִים בִּשְׁלֵמוּת. וְתִהְיֶה בְּעֶזְרִי שֶׁאַטֶּה אָזְנַי תָּמִיד לִשְׁמֹעַ דִּבְרֵי חֲכָמִים אֲמִתִּיִּים, וְיִכָּנְסוּ דִּבְרֵיהֶם בְּאָזְנַי, וִיעוֹרְרוּ אֶת לְבָבִי בֶּאֱמֶת לָשׁוּב אֵלֶיךָ וְלַעֲשׂוֹת רְצוֹנְךָ תָּמִיד. וְתִשְׁמְרֵנִי וְתַצִּילֵנִי, שֶׁלֹּא אֶשְׁמַע לְעוֹלָם וְלֹא יִכָּנֵס בְּאָזְנַי שׁוּם דִּבּוּר הַפָּגוּם, וְלֹא אֶשְׁמַע וְלֹא אֲקַבֵּל שׁוּם דִּבּוּר לְשׁוֹן

הָרָע וּרְכִילוּת. וְלֹא אֶשְׁמַע דִּבּוּרֵי נִבּוּל פֶּה לְעוֹלָם, וְלֹא שׁוּם דִּבּוּר פָּגוּם. רַק אֶזְכֶּה לִשְׁמֹעַ תָּמִיד דִּבּוּרִים קְדוֹשִׁים מִפִּי צַדִּיקִים וּכְשֵׁרִים אֲמִתִּיִּים, דִּבּוּרִים הַמְקַדְּשִׁים אֶת אֹזֶן הַשּׁוֹמְעִים. וְזַכֵּנִי שֶׁיִּהְיֶה לִי יִרְאַת שָׁמַיִם בֶּאֱמֶת, וְעַל־יְדֵי־זֶה אֶזְכֶּה לְקַדֵּשׁ אֶת חָטְמִי, וִיקֻיַּם בִּי מִקְרָא שֶׁכָּתוּב: "וַהֲרִיחוֹ בְּיִרְאַת יְהֹוָה":

וְכָל מַה שֶּׁפָּגַמְתִּי עַד הֵנָּה בְּשִׁבְעַת הַנֵּרוֹת הָאֵלּוּ עַל־יְדֵי עֲווֹנוֹתַי וּפְגָמַי הַמְּרֻבִּים, שֶׁחָטָאתִי עָוִיתִי וּפָשַׁעְתִּי לְפָנֶיךָ וּפָגַמְתִּי בְּפִי וּבְעֵינַי וּבְאָזְנַי וּבְחָטְמִי מִנְּעוּרַי עַד הַיּוֹם הַזֶּה, בְּשׁוֹגֵג וּבְמֵזִיד, בְּאֹנֶס וּבְרָצוֹן, עַל כֻּלָּם תִּמְחֹל וְתִסְלַח לִי מָלֵא רַחֲמִים, חַנּוּן הַמַּרְבֶּה לִסְלֹחַ, וּתְתַקֵּן בְּרַחֲמֶיךָ כָּל הַפְּגָמִים הָאֵלּוּ וְלֹא יִהְיֶה נִשְׁאָר מֵהֶם שׁוּם רֹשֶׁם כְּלָל, כִּי אַתָּה יָדַעְתָּ, כִּי אֵין בָּנוּ כֹּחַ לְתַקֵּן הַפְּגָמִים הָאֵלּוּ, כִּי הִרְבִּינוּ לִפְשֹׁעַ וְלִפְגֹּם בָּהֶם. כִּי מִי יוּכַל לְשַׁעֵר וּלְהַעֲרִיךְ וּלְסַפֵּר כָּל הַחֲטָאִים וְהַפְּגָמִים בְּאִמְרֵי פִינוּ מִיּוֹם הֱיוֹתֵינוּ עַל הָאֲדָמָה עַד הַיּוֹם הַזֶּה, וְכַמָּה שְׁקָרִים יָצְאוּ מִפִּי כִּמְעַט בְּכָל יוֹם וָיוֹם, וּכְמוֹ כֵן שְׁאָר חֲטָאִים וּפְגָמִים גְּדוֹלִים שֶׁפָּגַמְתִּי בְּאִמְרֵי פִי, בְּדִבּוּרֵי לָשׁוֹן הָרָע וּרְכִילוּת וְלֵיצָנוּת וּדְבָרִים בְּטֵלִים בְּלִי שִׁעוּר וָעֵרֶךְ וּמִסְפָּר, וּבִפְרָט רִבּוּי וְעֹצֶם הַפְּגָמִים הַמְּרֻבִּים וְהַגְּדוֹלִים שֶׁפָּגַמְתִּי בְּעֵינַי, מִי יוּכַל לְשַׁעֲרָם וּלְסַפְּרָם מִי יוּכַל

לְפָרְטָם בַּפֶּה. וְנִמְנָע מִמֶּנִּי אֲפִלּוּ לְהִתְוַדּוֹת עֲלֵיהֶם, מִכָּל שֶׁכֵּן לַעֲשׂוֹת תִּקּוּנִים הַרְבֵּה כְּפִי רִבּוּי הַפְּגָמִים הָאֵלֶּה לְתַקְּנָם. כִּי עֲדַיִן לֹא עָבַר עָלַי יוֹם אֶחָד מִיָּמַי שֶׁלֹּא פָּגַמְתִּי בּוֹ בְּעֵינַי בְּשׁוֹגֵג וּבְמֵזִיד, בְּאֹנֶס וּבְרָצוֹן. וְאַתָּה לְבַד יוֹדֵעַ עַד הֵיכָן מַגִּיעַ פְּגַם הָעֵינַיִם אֲשֶׁר כָּל הַתּוֹרָה כֻּלָּהּ תְּלוּיָה בָּהֶם. אוֹי לִי וַי לִי. מָה אֹמַר מָה אֲדַבֵּר. אִם אָמַרְתִּי אֲסַפְּרָה כְּמוֹ אֶפֶס קָצֶה מִפְּגַם הָעֵינַיִם שֶׁפָּגַמְתִּי בְּכָל יוֹם וָיוֹם יִכְלֶה הַזְּמַן וְהֵמָּה לֹא יִכְלוּ. "אֶסְפְּרֵם מֵחוֹל יִרְבּוּן" וְאִם אַתָּה בְּעַצְמְךָ לֹא תַעֲשֶׂה לְמַעַנְךָ, חַס וְשָׁלוֹם, וּתְתַקֵּן כָּל הַפְּגָמִים הָעֲצוּמִים הָאֵלֶּה בְּרַחֲמֶיךָ, אֵין בְּיָדֵינוּ לְתַקֵּן פְּגַם אֶחָד מֵהֶם, מִכָּל שֶׁכֵּן כֻּלָּם. "אִם עֲוֹנוֹת תִּשְׁמָר יָהּ, אֲדֹנָי מִי יַעֲמֹד. כִּי עִמְּךָ הַסְּלִיחָה לְמַעַן תִּוָּרֵא". חוּס וַחֲמֹל עָלֵינוּ, חוּס וְרַחֵם עָלֵינוּ, כִּי אֵין לָנוּ שֵׂכֶל וָדַעַת אֵיךְ לְרַצּוֹת וּלְפַיֵּס אוֹתְךָ עַל כָּל הַפְּגָמִים הַגְּדוֹלִים וְהַנּוֹרָאִים הָאֵלֶּה, שֶׁפָּגַמְנוּ עַד הֵנָּה בְּשִׁבְעַת הַנֵּרוֹת הַקְּדוֹשִׁים הָאֵלּוּ, הַנִּמְשָׁכִין מִן הַמֹּחַ הַקָּדוֹשׁ. וּמֵעֹצֶם רִבּוּי הַפְּגָמִים הָאֵלּוּ, שֶׁפָּגַמְנוּ בְּשִׁבְעַת הַנֵּרוֹת הַקְּדוֹשִׁים הָאֵלּוּ, עַל יְדֵי זֶה נִפְגַּם דַּעְתֵּנוּ וְנִתְעַכֵּר שִׂכְלֵנוּ וְנִתְבַּלְבֵּל מֹחֵנוּ וְדַעְתֵּנוּ. וּמֵחֲמַת זֶה בָּאִים עָלַי קֻשְׁיוֹת וּבִלְבּוּלִים וַעֲקְמִימִיּוֹת שֶׁבַּלֵּב, וּמְבַלְבְּלִים וּמְעַקְּמִים אֶת דַּעְתִּי וְלִבִּי מְאֹד, עַד שֶׁאֵינִי יָכוֹל לְהִתְקָרֵב לְשׁוּם דָּבָר שֶׁבִּקְדֻשָּׁה כָּרָאוּי, וְרוֹצִים לְרַחֵק

אוֹתָנוּ לְגַמְרֵי, חַס וְשָׁלוֹם, מֵעֲבוֹדָתְךָ בֶּאֱמֶת:

רִבּוֹנוֹ שֶׁל עוֹלָם, אַתָּה יָדַעְתָּ אֶת מְרִירוּת לְבָבִי. אַתָּה יָדַעְתָּ אֶת הָעַקְמִימִיּוּת הַמַּר שֶׁבְּלִבִּי. אַתָּה יָדַעְתָּ מִי וָמִי הָעוֹמְדִים עָלֵינוּ בְּכָל עֵת וּבְכָל שָׁעָה. "יְהוָֹה מָה רַבּוּ צָרָי, רַבִּים קָמִים עָלָי". וְלֹא דַי לָנוּ בְּצָרוֹת נַפְשֵׁנוּ הַמְרֻבִּים, שֶׁיֵּשׁ לָנוּ עַל יְדֵי תַּאֲווֹתֵינוּ הָרָעוֹת, שֶׁחָטָאנוּ וְשֶׁעָוִינוּ וְשֶׁפָּשַׁעְנוּ לְפָנֶיךָ הַרְבֵּה מְאֹד עַל־יְדֵי שֶׁהָלַכְנוּ אַחֲרֵי שְׁרִירוּת לִבֵּנוּ הָרָע וּפָגַמְנוּ בְּשִׁמְךָ הַגָּדוֹל, וְכַמָּה עוֹלָמוֹת נֶחֶרְבוּ עַל יְדֵי עֲווֹנוֹתֵינוּ הַמְרֻבִּים כַּאֲשֶׁר אַתָּה לְבַד יוֹדֵעַ כַּמָּה פְּגָמִים גָּרַמְנוּ עַל יְדֵי פְּשָׁעֵינוּ הַמְרֻבִּים. וְלֹא דַי לָנוּ בְּכָל זֶה כִּי אִם עוֹד הִשְׂתָּרְגוּ עָלוּ עַל צַוָּארֵינוּ, וּמְבַלְבְּלִים דַּעְתֵּנוּ מְאֹד, וּמְעַקְּמִים אֶת לִבֵּנוּ מְאֹד, בְּכַמָּה קֻשְׁיוֹת שֶׁל שְׁטוּת עַל הַשֵּׁם יִתְבָּרַךְ וְעַל צַדִּיקֵי אֱמֶת, וְרוֹצִים לְרַחֲקֵנוּ מִנְּקֻדַּת הָאֱמֶת, חַס וְשָׁלוֹם.

רִבּוֹנוֹ שֶׁל עוֹלָם, חוּס וְחֲמֹל עָלֵינוּ וְאַל תְּדִינֵנוּ כְּמִפְעָלֵנוּ, וְאַל תַּעֲשֶׂה עִמָּנוּ כַּחֲטָאֵינוּ, וְרַחֵם עָלֵינוּ וּגְעַר בְּהָרוֹדְפִים אוֹתָנוּ, וְרַחֵק וְגָרֵשׁ מֵעָלֵינוּ וּמֵעַל כָּל עַמְּךָ בֵּית יִשְׂרָאֵל, כָּל מִינֵי מַחֲשָׁבוֹת רָעוֹת וְהִרְהוּרִים וְעַקְמִימִיּוּת שֶׁבַּלֵּב, וְקֻשְׁיוֹת הַנְּבוֹכוֹת וַחֲקִירוֹת שֶׁל שְׁטוּת שֶׁרוֹצִים לַעֲלוֹת עַל הַלֵּב לְבַלְבֵּל,

חַס וְשָׁלוֹם, מֵעֲבוֹדָתְךָ הָאֲמִתִּיּוֹת. וַעֲשֵׂה בְּרַחֲמֶיךָ שֶׁלֹּא יַעֲלֶה עוֹד בְּלִבֵּנוּ שׁוּם צַד הִרְהוּר וּמַחֲשָׁבָה כְּלָל מֵעֵין זֶה, מֵעִנְיַן הַמְּבוּכוֹת וְהַבִּלְבּוּלִים הָאֵלּוּ. "כִּי בַעַר אָנֹכִי מֵאִישׁ וְלֹא בִינַת אָדָם לִי, וַאֲנִי בַעַר וְלֹא אֵדָע, בְּהֵמוֹת הָיִיתִי עִמָּךְ":

רִבּוֹנוֹ שֶׁל עוֹלָם, חוּס וַחֲמֹל עָלֵינוּ, וְזַכֵּנוּ לֶאֱמוּנָה שְׁלֵמָה בֶּאֱמֶת, שֶׁנִּזְכֶּה לְהַאֲמִין בְּךָ וּבְצַדִּיקֶיךָ הָאֲמִתִּיִּים בֶּאֱמֶת וּבְלֵב שָׁלֵם. וְלֹא נַטֶּה לְבָבֵנוּ לְשׁוּם קֻשְׁיָא וְשׁוּם מְבוּכָה בָּעוֹלָם כְּלָל, וְלֹא יַעֲלוּ וְלֹא יִכָּנְסוּ בְּלִבֵּנוּ וּבְדַעְתֵּנוּ כְּלָל. רַק נַשְׁלִיךְ שִׂכְלֵנוּ הַנָּבוֹךְ וְהַמְּבֻלְבָּל, וְנִסְמֹךְ רַק עַל אֱמוּנָה לְבַד, כִּי בָשָׂר וָדָם אֲנַחְנוּ, גּוּשׁ עָפָר, קְרוּצֵי מֵחֹמֶר, מְיֻחָמִים בְּחֵטְא מְלֻכְלָכִים בֶּעָווֹן, וְאֵיךְ אֶפְשָׁר לִילוּד אִשָּׁה טִפָּה סְרוּחָה לְהַשִּׂיג וּלְהָבִין דָּבָר מֵאוֹרְחוֹתֶיךָ וְהַנְהָגוֹתֶיךָ.

וְנִזְכֶּה שֶׁלֹּא נִשְׁתַּמֵּשׁ עִם שִׂכְלֵנוּ כִּי אִם לַעֲבוֹדָתְךָ וּלְתוֹרָתְךָ וּלְיִרְאָתְךָ בֶּאֱמֶת, וְלֹא נַתְחִיל לַחֲקֹר בְּדַעְתֵּנוּ שׁוּם חֲקִירָה בָּעוֹלָם כְּלָל, וְנֵדַע וְנַאֲמִין בֶּאֱמֶת וּבֶאֱמוּנָה שְׁלֵמָה כִּי צַדִּיק וְיָשָׁר אַתָּה. כְּמוֹ שֶׁכָּתוּב: "הַצּוּר תָּמִים פָּעֳלוֹ כִּי כָל דְּרָכָיו מִשְׁפָּט, אֵל אֱמוּנָה וְאֵין עָוֶל צַדִּיק וְיָשָׁר הוּא". וְנֶאֱמַר: "לְהַגִּיד כִּי יָשָׁר יְהוָֹה, צוּרִי וְלֹא עַוְלָתָה בּוֹ".

וְתִשְׁמְרֵנוּ בְּרַחֲמֶיךָ הָרַבִּים וְתַצִּיל אוֹתָנוּ וְאֶת זַרְעֵנוּ וְאֶת כָּל עַמְּךָ בֵּית יִשְׂרָאֵל, שֶׁלֹּא נִלְמַד וְלֹא נָשִׂים עַיִן כְּלָל בְּסִפְרֵי הַמְחַקְּרִים, הֵן בְּסִפְרֵי חֲקִירוֹת שֶׁל הָעַכּוּ"ם הֵן בְּסִפְרֵי חֲקִירוֹת שֶׁל יִשְׂרָאֵל. וְלֹא נֹאבֶה וְלֹא נִשְׁמַע לָהֶם כְּלָל, וְלֹא נֵלֵךְ בְּאוֹרְחוֹתָם, וְלֹא נִדְרֹךְ בִּנְתִיבוֹתָם וְלֹא נָשִׂים לֵב לְדִבְרֵיהֶם, וְלֹא יִכָּנְסוּ דִּבְרֵיהֶם וַחֲקִירוֹתֵיהֶם הַמְּטָעוֹת וְקֻשְׁיוֹתֵיהֶם וּמְבוּכוֹתֵיהֶם בְּאָזְנֵינוּ וּבְדַעְתֵּנוּ כְּלָל. כִּי אַתָּה יוֹדֵעַ כַּמָּה רָעוֹת גְּדוֹלוֹת וְכַמָּה חֻרְבָּנוֹת גָּרְמוּ לָנוּ הַמְחַקְּרִים עַל יְדֵי חֲקִירוֹתֵיהֶם וְטָעוּתֵיהֶם, כִּי הֵם רוֹצִים לְהַרְחִיק אוֹתָנוּ, חַס וְשָׁלוֹם, מֵעֲבוֹדָתְךָ בֶּאֱמֶת:

חוּס וַחֲמֹל עַל כְּבוֹדְךָ הַגָּדוֹל וְהַקָּדוֹשׁ, וַעֲשֵׂה לְמַעַן יִשְׂרָאֵל עַמְּךָ, וּלְמַעַן אֲבוֹתֵיהֶם אַבְרָהָם יִצְחָק וְיַעֲקֹב, וּלְמַעַן מֹשֶׁה וְאַהֲרֹן דָּוִד וּשְׁלֹמֹה, וּלְמַעַן שְׁנֵים עָשָׂר שִׁבְטֵי יָהּ, וּלְמַעַן כָּל הַזְּקֵנִים הַקְּדוֹשִׁים, וְהַנְּבִיאִים הָאֲמִתִּיִּים רִאשׁוֹנִים וְאַחֲרוֹנִים, וּלְמַעַן כָּל הַתַּנָּאִים וְאָמוֹרָאִים, וּלְמַעַן כָּל הַצַּדִּיקִים וּכְשֵׁרִים אֲמִתִּיִּים שֶׁהָיוּ בְּכָל דּוֹר וָדוֹר, וְרַחֵם עַל פְּלֵיטַת עַמְּךָ בֵּית יִשְׂרָאֵל, בְּעֵת צָרָה הַזֹּאת אֲשֶׁר כָּמוֹהוּ לֹא נִהְיָתָה, שֶׁהֵם רוֹצִים, חַס וְשָׁלוֹם, עַכְשָׁו בְּעוּקְבָא דִמְשִׁיחָא שֶׁתִּתְפַּשֵּׁט, חַס וְשָׁלוֹם, חָכְמַת הַפִּילוֹסוֹפְיָא בָּעוֹלָם. וְרוֹצִים לְצוֹדֵד נַפְשׁוֹת יִשְׂרָאֵל בְּדַרְכֵיהֶם

וּבִסְבָרוֹתֵיהֶם, וְהֵם מַתְחִילִים לְחַנֵּךְ נְעָרִים קְטַנִּים אֲשֶׁר אֵין יוֹדְעִים בֵּין יְמִינָם לִשְׂמֹאלָם, לְחַנְּכָם בְּלִמּוּד סִפְרֵיהֶם וּבִלְשׁוֹנוֹת הָעַכּוּ"ם לְהַכְנִיסָם, חַס וְשָׁלוֹם, בְּדַרְכֵיהֶם וּבִסְבָרוֹתֵיהֶם. וְאֵין אִישׁ שָׂם עַל לֵב לְהַרְגִּישׁ צָרָה הַגְּדוֹלָה הַזֹּאת בְּלִבּוֹ, אֲשֶׁר כָּמוֹהוּ לֹא נִהְיְתָה מִימוֹת עוֹלָם, אֲשֶׁר זֶהוּ עִקַּר חֶבְלוֹ שֶׁל מָשִׁיחַ, וְעַל צָרָה הַגְּדוֹלָה הַזֹּאת הִתְנַבְּאוּ כָּל נְבִיאֵינוּ וַחֲכָמֵינוּ הָאֲמִתִּיִּים מִקֶּדֶם. כְּמוֹ שֶׁכָּתוּב: "וְהָיְתָה עֵת צָרָה לְיַעֲקֹב אֲשֶׁר כָּמֹהוּ לֹא נִהְיָתָה", וּכְמוֹ שֶׁהִתְנַבֵּא דָּנִיֵּאל בְּרוּחַ קָדְשׁוֹ, כְּמוֹ שֶׁכָּתוּב: "יִתְבָּרְרוּ וְיִתְלַבְּנוּ וְיִצָּרְפוּ רַבִּים, וְהִרְשִׁיעוּ רְשָׁעִים וְלֹא יָבִינוּ כָּל רְשָׁעִים וְהַמַּשְׂכִּילִים יָבִינוּ":

מָרָא דְעָלְמָא כֻּלָּא, אַתָּה לְבַד יוֹדֵעַ גֹּדֶל הַצָּרָה הַזֹּאת, אֲשֶׁר אֵין כָּמוֹהָ, "מְעוּף צוּקָה וַאֲפֵלָה מְנֻדָּח", וְאֵין מִי יַעֲמֹד בַּעֲדֵנוּ, כִּי הַצַּדִּיקֵי אֱמֶת נִסְתַּלְּקוּ בַּעֲווֹנוֹתֵינוּ. חוּס וַחֲמֹל עָלֵינוּ, יְעוֹרְרוּ רַחֲמֶיךָ עַל בָּנֶיךָ, וְהָגֵן בַּעֲדֵנוּ, וְשָׁמְרֵנוּ וְהַצִּילֵנוּ, וּמַלֵּט נַפְשֵׁינוּ וְהַצִּילֵנוּ בְּרַחֲמֶיךָ אוֹתָנוּ וְאֶת כָּל חֶבְרָתֵנוּ וְאֶת כָּל עַמְּךָ בֵּית יִשְׂרָאֵל מִן כָּל דֵּעוֹת וּסְבָרוֹת הָרָעוֹת וְהַזָּרוֹת שֶׁל כָּל הַמְחַקְּרִים וְהַפִילוֹסוֹפִים, הֵן מִמְּחַקְּרֵי עַכּוּ"ם וְהֵן מִמְּחַקְּרֵי יִשְׂרָאֵל, אֲשֶׁר נִתְפְּסוּ גַּם כֵּן בְּרֶשֶׁת וּמְצוּדָה רָעָה הַזֹּאת שֶׁל חֲקִירוֹת וּפִילוֹסוֹפְיָא,

וְתִלְבַּשׁ קִנְאָתְךָ וְתַחְגֹּר גְּבוּרָתְךָ, וּתְעַקֵּר וּתְשַׁבֵּר וּתְמַגֵּר וּתְבַטֵּל מַחְשְׁבֹתָם הָרָעָה מִן הָעוֹלָם, וְכָל הַמִּינִים וְכָל הַזֵּדִים וְכָל הַכּוֹפְרִים וְכָל הָאֶפִּיקוֹרְסִים כְּרֶגַע יֹאבֵדוּ. וְלֹא יִזָּכֵר וְלֹא יִפָּקֵד עוֹד שׁוּם סְבָרָא מִסְּבָרוֹתֵיהֶם, וְלֹא שׁוּם דֵּעָה מִדֵּעוֹתֵיהֶם. חוּס וְרַחֵם עָלֵינוּ, חוּס וְחָנֵּנוּ וְהַצֵּל וּמַלֵּט אוֹתָנוּ וְאֶת זַרְעֵנוּ וְאֶת כָּל עַמְּךָ בֵּית יִשְׂרָאֵל מִכָּל סִפְרֵיהֶם וּמִכָּל דֵּעוֹתֵיהֶם וּמִכָּל סְבָרוֹתֵיהֶם. "כִּי לֹא בְאֵלֶּה חֵלֶק יַעֲקֹב". לֹא בְאֵלֶּה חֶלְקֵנוּ, לֹא בְאֵלֶּה גּוֹרָלֵנוּ, כִּי אֲנַחְנוּ מִזֶּרַע אַבְרָהָם יִצְחָק וְיִשְׂרָאֵל עֲבָדֶיךָ, מַאֲמִינִים בְּנֵי מַאֲמִינִים. וְאָנוּ מַאֲמִינִים בְּךָ יְהֹוָה אֱלֹהֵינוּ, וּבְצַדִּיקֶיךָ הָאֲמִתִּיִּים בֶּאֱמוּנָה שְׁלֵמָה בֶּאֱמֶת בְּלִי שׁוּם חֲקִירוֹת כְּלָל, כִּי צַדִּיק וְיָשָׁר אַתָּה וְאַתָּה מַנְהִיג כָּל הָעוֹלָם בְּמִדַּת הַחֶסֶד וְהָרַחֲמִים, כְּמוֹ שֶׁכָּתוּב: "טוֹב יְהֹוָה לַכֹּל, וְרַחֲמָיו עַל כָּל מַעֲשָׂיו":

אָנָּא יְהֹוָה, יֶהֱמוּ מֵעֶיךָ עָלֵינוּ, "הַאֲזִינָה קוֹלִי בְּקָרְאִי לָךְ", וְתִהְיֶה בְּעֶזְרֵנוּ, שֶׁנִּזְכֶּה לְעוֹרֵר וּלְהוֹלִיד תָּמִיד תַּעֲלוּמוֹת הַמֹּחִין עַל יְדֵי קוֹל צַעֲקָתֵנוּ. וּתְרַחֵם עָלֵינוּ וְתוֹשִׁיעֵנוּ וּתְזַכֵּנוּ לְקַדֵּשׁ וּלְטַהֵר בֶּאֱמֶת אֶת שִׁבְעַת הַנֵּרוֹת הַיּוֹצְאִים מִן הַמֹּחַ שֶׁבְּרָאשֵׁינוּ, שֶׁהֵם הַפֶּה וּתְרֵין עַיְנִין וּתְרֵין אוּדְנִין וּתְרֵין נוּקְבֵי חוֹטְמָא. וְעַל-יְדֵי-זֶה נִזְכֶּה לְהַמְשִׁיךְ אֵלֵינוּ אוֹר הַפָּנִים שֶׁהוּא

שֶׁפַע אֱלֹקִי שֶׁהוּא הַשָּׂגַת הַמַּקִּיפִים הַקְּדוֹשִׁים שֶׁל הַשֵּׂכֶל. וְתַשְׁפִּיעַ עָלֵינוּ רוּחַ קָדְשֶׁךָ, וְנִזְכֶּה בְּרַחֲמֶיךָ לְהָבִין וּלְהַשִּׂיג בְּכָל פַּעַם מַקִּיפִים חֲדָשִׁים דִּקְדֻשָּׁה, וְנִזְכֶּה לְהָבִין וּלְהַשְׂכִּיל עִמְקֵי סוֹדוֹתֶיךָ. וְתַעַזְרֵנוּ שֶׁנִּזְכֶּה בְּכָל פַּעַם לִקְדֻשָּׁה יְתֵרָה לְמַעַן נִזְכֶּה בְּכָל פַּעַם לְהַשִּׂיג מַקִּיפִים חֲדָשִׁים לְהַכְנִיסָם לִפְנִים לְתוֹךְ שִׂכְלֵנוּ, לְהָבִין וּלְהַשִּׂיג בְּכָל פַּעַם הֲבָנוֹת וְהַשָּׂגוֹת חֲדָשׁוֹת דִּקְדֻשָּׁה מַה שֶּׁלֹּא הָיִינוּ יוֹדְעִים לְהָבִין וּלְהַשִּׂיג מִקֹּדֶם. וְנִזְכֶּה לְהַכִּיר אוֹתְךָ גַּם בָּעוֹלָם הַזֶּה וּלְהַשִּׂיג גְּדֻלָּתְךָ וְרוֹמְמוּתְךָ כָּל מַה שֶּׁאֶפְשָׁר לְהַשִּׂיג בָּעוֹלָם הַזֶּה, כִּי לְכָךְ נוֹצַרְנוּ לֵידַע וּלְהַשִּׂיג אוֹתְךָ. וְאַתָּה עָתִיד לְקַבֵּל דִּין וְחֶשְׁבּוֹן מֵאִתָּנוּ עַל זֶה, עַל מִי שֶׁלֹּא הִשְׁתַּדֵּל לְקַדֵּשׁ עַצְמוֹ בֶּאֱמֶת בָּזֶה הָעוֹלָם, עַד שֶׁיַּשִּׂיג הַשָּׂגַת אֱלֹקוּתְךָ וִידִיעַת רוֹמְמוּתְךָ יִתְבָּרַךְ וְיִתְעַלֶּה שִׁמְךָ לָעַד.

חוּס וַחֲמוֹל נָא עָלֵינוּ, וְעָזְרֵנוּ בְּרַחֲמֶיךָ לְהַשָּׂגוֹת גְּבוֹהוֹת יוֹתֵר בְּכָל פַּעַם בִּקְדֻשָּׁה וּבְטָהֳרָה בֶּאֱמֶת וּבֶאֱמוּנָה שְׁלֵמָה. הָאֱמֶת יָדַעְתִּי רִבּוֹנוֹ דְּעָלְמָא כֻּלָּא, כִּי אֲנִי רָחוֹק עַכְשָׁו מִזֶּה כָּל כָּךְ, עַד שֶׁאֵינִי יָכוֹל עַתָּה אֲפִלּוּ לְבַקֵּשׁ וּלְהַעְתִּיר וּלְהַפְצִיר אוֹתְךָ עַל זֶה. אֲבָל מָה אֶעֱשֶׂה וְאָבִי שֶׁבַּשָּׁמַיִם גָּזַר, כִּי אַתָּה בְּעַצְמְךָ גָּזַרְתָּ עָלֵינוּ בְּתוֹרָתְךָ עַל יְדֵי צַדִּיקֶיךָ הָאֲמִתִּיִּים, שֶׁנִּשְׁתַּדֵּל וְנִתְאַמֵּץ תָּמִיד לְהַכִּיר וּלְהַשִּׂיג וְלָדַעַת אוֹתְךָ

בֶּאֱמֶת וּבְלֵב שָׁלֵם.

חוּס וְחָנֵּנִי בְּמַתְּנַת חִנָּם, שֶׁנִּזְכֶּה לְקַדֵּשׁ עַצְמֵנוּ בֶּאֱמֶת בִּקְדֻשָּׁה יְתֵרָה, וְתַשְׁפִּיעַ בְּלִבֵּנוּ הִתְחַזְּקוּת וְהִתְאַמְּצוּת שֶׁנִּהְיֶה חֲזָקִים בְּדַעְתֵּנוּ לְהַעְתִּיר וּלְהַפְצִיר אוֹתְךָ עַל זֶה, כִּי אַתָּה אָבִינוּ וְאַתָּה חָפֵץ לְהֵטִיב עִמָּנוּ בְּטוּבְךָ הָאֱמֶת בְּכָל מִינֵי טוֹבוֹת אֲמִתִּיּוֹת, וְאַתָּה צוֹפֶה תָּמִיד לְגַלּוֹת לָנוּ וּלְהוֹדִיעַ לָנוּ טוּבְךָ הַגָּנוּז וְהַשְׁגָּחָתְךָ הַגְּבוֹהוֹת, וְאֵין הַמְּנִיעָה כִּי אִם מִצִּדֵּנוּ. קוּמָה בְּעֶזְרָתֵנוּ וְהוֹשִׁיעֵנוּ לִצְעֹק אֵלֶיךָ תָּמִיד בֶּאֱמֶת וּבְלֵב שָׁלֵם, וּלְטַהֵר וּלְקַדֵּשׁ עַצְמֵנוּ בְּכָל מִינֵי טָהֳרוֹת וּקְדֻשּׁוֹת וּלְהַרְבּוֹת תְּפִלָּה וְתַחֲנוּנִים וְדִבְרֵי רִצּוּיִים וּפִיּוּסִים לְפָנֶיךָ תָּמִיד, עַד שֶׁנִּזְכֶּה בְּכָל פַּעַם לְהַשִּׂיג וּלְהַכְנִיס מַקִּיפִים חֲדָשִׁים דִּקְדֻשָּׁה לְתוֹךְ מֹחֵנוּ וְשִׂכְלֵנוּ.

וּתְזַכֵּנוּ לָעוֹלָם הַבָּא, לְעוֹלָם שֶׁכֻּלּוֹ טוֹב, וְשָׁם תְּזַכֵּנוּ בְּרַחֲמֶיךָ לְהִכָּלֵל בְּךָ, וּלְהַשִּׂיג כָּל הַמַּקִּיפִים הַקְּדוֹשִׁים שֶׁל הַשֵּׂכֶל שֶׁלֹּא הָיָה אֶפְשָׁר לְהַשִּׂיגָם בְּזֶה הָעוֹלָם בְּשׁוּם אֹפֶן. וְנִזְכֶּה בְּרַחֲמֶיךָ לְחַיִּים נִצְחִיִּים, לְחַיִּים טוֹבִים וַאֲרוּכִים מֵעַתָּה וְעַד עוֹלָם, לְעוֹלְמֵי עַד וּלְנֵצַח נְצָחִים. וּתְזַכֵּנוּ לָדַעַת שְׁלֵם דִּקְדֻשָּׁה, וְנִזְכֶּה לֵידַע שֶׁהַכֹּל לְטוֹבָתֵנוּ, וְיִמָּשְׁכוּ לָנוּ כָּל הַשְׁפָּעוֹת טוֹבוֹת בְּאֵין מַחְסוֹר דָּבָר:

וּתְרַחֵם עָלֵינוּ בְּרַחֲמֶיךָ הָרַבִּים. וּתְזַכֶּה אוֹתָנוּ וְכָל עַמְּךָ בֵּית יִשְׂרָאֵל, שֶׁיִּהְיֶה נִשְׁאָר מֵאִתָּנוּ שְׁאֵרִית בָּאָרֶץ בָּעוֹלָם הַזֶּה אַחַר הִסְתַּלְּקוּתֵנוּ מִן הָעוֹלָם לְאֹרֶךְ יָמִים וְשָׁנִים. שֶׁנִּזְכֶּה שֶׁיִּתְקַיְּמוּ זַרְעֵנוּ וְזֶרַע זַרְעֵנוּ לָעַד וּלְדוֹרוֹת עַד סוֹף כָּל הַדּוֹרוֹת. וְיִתְקַיֵּם שְׁמֵנוּ וְזִכְרֵנוּ לְעוֹלָם עַל־יְדֵי זַרְעֵנוּ שֶׁיִּשָּׁאֲרוּ אַחֲרֵינוּ. וּתְזַכֵּנוּ בְּבָנִים וּבְבָנוֹת הַרְבֵּה בִּקְדֻשָּׁה וּבְטָהֳרָה. וְנִזְכֶּה לִרְאוֹת בָּנִים לְבָנֵינוּ. וְלֹא יִהְיֶה בָּנוּ וּבְזַרְעֵנוּ עָקָר וַעֲקָרָה. וּתְרַחֵם עֲלֵיהֶם וְתַשְׁפִּיעַ עֲלֵיהֶם חַיִּים וַאֲרִיכוּת יָמִים וְשָׁנִים. שֶׁיִּהְיוּ כָּל יוֹצְאֵי חֲלָצֵינוּ מַאֲרִיכִים יָמִים וְשָׁנִים. וְכֻלָּם יִהְיוּ עוֹסְקֵי תוֹרָתֶךָ לִשְׁמָהּ וּמְקַיְּמֵי מִצְווֹתֶיךָ, וְיִהְיוּ כֻּלָּם קְדוֹשִׁים וּטְהוֹרִים מִכָּל חֵטְא וְעָווֹן. וְיַעֲשׂוּ רְצוֹנְךָ וְיַעַסְקוּ בַּעֲבוֹדָתְךָ בֶּאֱמֶת כָּל יְמֵיהֶם לְעוֹלָם. בְּאֹפֶן שֶׁבָּנֵינוּ אַחֲרֵינוּ יַמְשִׁיכוּ שֵׂכֶל הַפָּנִים בָּעוֹלָם אַחַר הִסְתַּלְּקוּתֵנוּ. וִיגַלּוּ וִיפַרְסְמוּ אֱלֹקוּתְךָ וְאַדְנוּתְךָ בָּעוֹלָם. וְיִהְיֶה נִשְׁאָר זִכְרֵנוּ לְדוֹרֵי דוֹרוֹת לְעוֹלָם וָעֶד:

מָלֵא רַחֲמִים, חוֹשֵׁב מַחֲשָׁבוֹת לְבַל יִדַּח מִמְּךָ נִדָּח, יֶהֱמוּ רַחֲמֶיךָ עָלֵינוּ וְקוּמָה וְהוֹשִׁיעֵנוּ, וְהַצֵּל אוֹתָנוּ וְאֶת זַרְעֵנוּ וְאֶת כָּל זֶרַע עַמְּךָ בֵּית יִשְׂרָאֵל, שֶׁלֹּא יִצְטָרְכוּ כָּל עַמְּךָ יִשְׂרָאֵל לָבוֹא לֹא לִידֵי חֲלִיצָה וְלֹא לִידֵי יִבּוּם. וִיקֻיַּם בָּנוּ מִקְרָא שֶׁכָּתוּב: "וּרְאֵה

בָּנִים לְבָנֶיךָ שָׁלוֹם עַל יִשְׂרָאֵל", כִּי אַתָּה לְבַד יָדַעְתָּ עֹצֶם הָרַחֲמָנוּת שֶׁיֵּשׁ עַל נִשְׁמַת הַנִּפְטָר בְּלֹא זֶרַע שֶׁל קַיָּמָא, חָלִילָה, אֲשֶׁר הַנְּשָׁמָה אָזְלַת עַרְטִלָּאָה וְאֵין לָהּ יְכֹלֶת לַעֲלוֹת אֶל מְקוֹמָהּ הָרִאשׁוֹן, וְאֵינָהּ יְכוֹלָה לָשׁוּב לְבֵית אָבִיהָ וְהִיא הוֹלֶכֶת נָע וָנָד וּמְטֹרֶפֶת, וְאֵין לָהּ מָנוֹחַ לְכַף רַגְלָהּ.

רִבּוֹנוֹ שֶׁל עוֹלָם, רַחֵם עָלֵינוּ בְּרַחֲמֶיךָ הָרַבִּים וּבַחֲסָדֶיךָ הָעֲצוּמִים, וְהַצֵּל אוֹתָנוּ וְאֶת זַרְעֵנוּ וְאֶת כָּל עַמְּךָ בֵּית יִשְׂרָאֵל שֶׁלֹּא יֵלֵךְ אֶחָד מֵהֶם מִן הָעוֹלָם בְּלֹא זֶרַע שֶׁל קַיָּמָא, רַק כֻּלָּם יַשְׁאִירוּ אַחֲרֵיהֶם בָּנִים וּבָנוֹת חַיִּים וְקַיָּמִים, עוֹסְקִים בַּתּוֹרָה וּמִצְווֹת וְכֻלָּם יַעֲשׂוּ פֵּרוֹת הַרְבֵּה. יֵלְכוּ יוֹנְקוֹתָם, תֶּאֱרַכְנָה פֹּארוֹתָם. "עוֹד יְנוּבוּן בְּשֵׂיבָה דְּשֵׁנִים וְרַעֲנַנִּים יִהְיוּ". וְיִתְרַבֶּה גְּבוּל הַקְּדֻשָּׁה עַל יְדֵי זֶרַע יִשְׂרָאֵל שֶׁיִּתְרַבּוּ מְאֹד בָּעוֹלָם, וְיִהְיֶה נִשְׁאָר מִכָּל אֶחָד וְאֶחָד מִיִּשְׂרָאֵל דּוֹרוֹת וְדוֹרֵי דּוֹרוֹת עַד סוֹף כָּל הַדּוֹרוֹת. וְתִפְקֹד לְכָל חֲשׂוּכֵי בָנִים בְּזֶרַע שֶׁל קַיָּמָא לַעֲבוֹדָתֶךָ וּלְיִרְאָתֶךָ. וְכָל אוֹתָן הַנְּשָׁמוֹת מֵעַמְּךָ יִשְׂרָאֵל אֲשֶׁר כְּבָר הָלְכוּ לְעוֹלָמָם וְלֹא הִשְׁאִירוּ אַחֲרֵיהֶם זֶרַע שֶׁל קַיָּמָא, תְּרַחֵם עֲלֵיהֶם בְּרַחֲמֶיךָ הָרַבִּים, וּתְתַקֵּן אוֹתָם בַּחֲסָדֶיךָ הָעֲצוּמִים. וְתַעֲזֹר לְכָל עַמְּךָ בֵּית יִשְׂרָאֵל בְּכָל מָקוֹם שֶׁהֵם, שֶׁיִּזְכּוּ לְקַיֵּם מִצְוַת יִבּוּם וַחֲלִיצָה בִּשְׁלֵמוּת

הָרָאוּי בֶּאֱמֶת בִּקְדֻשָּׁה וּבְטָהֳרָה גְּדוֹלָה. וְיִזְכּוּ לַעֲשׂוֹת בִּשְׁלֵמוּת הַתִּקּוּן הַצָּרִיךְ לְנִשְׁמַת הַמֵּת, בְּאֹפֶן שֶׁתַּעֲלֶה נִשְׁמָתוֹ לְאוֹר הַפָּנִים, וְיָשׁוּב לִמְקוֹמוֹ וְלִמְנוּחָתוֹ "לְהִתְהַלֵּךְ לִפְנֵי אֱלֹהִים בְּאוֹר הַחַיִּים". וּמֵעַתָּה תְּרַחֵם עָלֵינוּ וְעַל זַרְעֵנוּ וְעַל כָּל עַמְּךָ בֵּית יִשְׂרָאֵל שֶׁלֹּא יִצְטָרֵךְ שׁוּם אֶחָד מִיִּשְׂרָאֵל לָבוֹא לֹא לִידֵי חֲלִיצָה וְלֹא לִידֵי יִבּוּם:

וְתִמָּלֵא רַחֲמִים עַל כָּל שְׁבוּרֵי לֵב שֶׁיֵּשׁ לָהֶם צַעַר גָּדוֹל בָּנִים, רַחֲמָנָא לִצְּלָן, וְתַעֲזֹר לָהֶם מֵעַתָּה שֶׁיִּזְכּוּ לְגַדֵּל בְּנֵיהֶם וּבְנוֹתֵיהֶם לְתוֹרָה וּלְחֻפָּה וּלְמַעֲשִׂים טוֹבִים לְאֹרֶךְ יָמִים וְשָׁנִים (ובפרט וכו'):

רִבּוֹנוֹ שֶׁל עוֹלָם מָלֵא רַחֲמִים אַתָּה יָדַעְתָּ אֶת לְבָבָם הַמַּר וְהַנִּמְהָר, לְבָבָם הַנִּשְׁבָּר וְהַנִּדְכָּא, אֲשֶׁר "כָּשַׁל כֹּחַ הַסַּבָּל". רְאֵה עָנְיָם וַעֲמָלָם, רְאֵה דִּמְעָתָם וּשְׁמַע אֶנְקָתָם, וְאַל תַּעְלֵים אָזְנְךָ מִצַּעֲקָתָם. כִּי מִי יוּכַל לִסְבֹּל אֶת קוֹל בִּכְיָתָם וְצַעֲקָתָם וְאֶנְקָתָם מִגֹּדֶל הַצָּרוֹת שֶׁכְּבָר עָבְרוּ עֲלֵיהֶם. רִבּוֹנוֹ דְּעָלְמָא כֻּלָּא, "הָרוֹפֵא לִשְׁבוּרֵי לֵב וּמְחַבֵּשׁ לְעַצְּבוֹתָם" רְפָא שִׁבְרָם וְשַׂמַּח נַפְשָׁם, וֶאֱמֹר לְצָרוֹתֵיהֶם דַּי, וְרַחֵם עֲלֵיהֶם מֵעַתָּה וְתֹאמַר לַמַּלְאָךְ הֶרֶף יָדֶיךָ.

וּתְעוֹרֵר רַחֲמֶיךָ הָעֲצוּמִים עֲלֵיהֶם וְתִשְׁלַח חַיִּים טוֹבִים וַאֲרִיכוּת יָמִים וְשָׁנִים לְהַבָּנִים הַנּוֹלָדִים לָהֶם כְּבָר, שֶׁיִּזְכּוּ לְגַדְּלָם לְתוֹרָה וּלְחֻפָּה וּלְמַעֲשִׂים טוֹבִים, וְיַאֲרִיכוּ יָמִים וְשָׁנִים בְּזֶה הָעוֹלָם. וְיִזְכּוּ לִרְאוֹת מֵהֶם בָּנִים וּבְנֵי בָנִים, וְיֵצְאוּ מֵהֶם דּוֹרוֹת הַרְבֵּה. וְיִזְכּוּ לְהוֹלִיד עוֹד בָּנִים וּבָנוֹת הַרְבֵּה חַיִּים וְקַיָּמִים, וְיֵצְאוּ מִכֻּלָּם דּוֹרוֹת הַרְבֵּה וְדוֹרֵי דּוֹרוֹת עַד סוֹף כָּל הַדּוֹרוֹת. יִרְבּוּ וְיִגְדְּלוּ וְיִצְמְחוּ, עַד בִּיאַת הַגּוֹאֵל עַד סוֹף כָּל הַדּוֹרוֹת. וְכֻלָּם יִהְיוּ עוֹשֵׂי רְצוֹנְךָ בֶּאֱמֶת. וִיקֻיַּם בָּהֶם וּבְזַרְעָם, "הַקָּטֹן יִהְיֶה לָאֶלֶף וְהַצָּעִיר לְגוֹי עָצוּם, אֲנִי יְהוָה בְּעִתָּהּ אֲחִישֶׁנָּה".

רִבּוֹנוֹ שֶׁל עוֹלָם, עֲשֵׂה לְמַעַנְךָ, עֲשֵׂה לְמַעַן זְכוּת אֲבוֹתָם הַקְּדוֹשִׁים וַחֲמֹל עֲלֵיהֶם מֵעַתָּה, שֶׁיִּתְקַיְּמוּ זַרְעָם לְאֹרֶךְ יָמִים וְשָׁנִים. שַׂמְּחֵם כִּימוֹת עִנִּיתָם, נַחֲמֵם מִיגוֹנָם. וְהָכֵן לְבָבָם וַעֲזֹר לָהֶם מֵעַתָּה שֶׁיִּזְכּוּ לִשְׂמֹחַ תָּמִיד בְּבָנִים אֲשֶׁר נוֹלַד לָהֶם כְּבָר וַאֲשֶׁר הֵם עֲתִידִים לְהוֹלִיד עוֹד, כֻּלָּם יַאֲרִיכוּ יָמִים וְשָׁנִים בְּתוֹרָה וּגְדֻלָּה עַד כִּי יָבוֹא שִׁילֹה:

וְזַכֵּנִי בְּרַחֲמֶיךָ הַגְּדוֹלִים וּבַחֲסָדֶיךָ הַמְרֻבִּים, לְקַיֵּם מִצְוַת סֻכָּה כָּרָאוּי, בְּכָל פְּרָטֶיהָ וְדִקְדּוּקֶיהָ וְכַוָּנוֹתֶיהָ וְתַרְיַ"ג מִצְווֹת הַתְּלוּיִים בָּהּ, בְּשִׂמְחָה וּבְטוּב

לֵבָב וּבְכַוָּנָה שְׁלֵמָה כָּרָאוּי. וְנִזְכֶּה שֶׁיַּמְשִׁיךְ עָלֵינוּ עַל יְדֵי מִצְוַת יְשִׁיבַת סֻכָּה, כָּל הַשִּׁבְעַת עַנְנֵי כָבוֹד שֶׁהִקִּיפוּ אֶת יִשְׂרָאֵל בַּמִּדְבָּר, וּפְרֹס עָלֵינוּ סֻכַּת שְׁלוֹמֶךָ. וְנִזְכֶּה לְהַשִּׂיג הַשָּׂגַת הַמַּקִּיפִים הַקְּדוֹשִׁים הַשָּׂגַת רוּחַ הַקֹּדֶשׁ, עַל יְדֵי מִצְוַת סֻכָּה כָּרָאוּי בִּקְדֻשָּׁה וּבְטָהֳרָה וּבְשִׂמְחָה. וְעַל־יְדֵי־זֶה תָּגֵן עָלֵינוּ וּבַעֲדֵנוּ וְתַצִּילֵנוּ מִכָּל אוֹיֵב וְאוֹרֵב, וּמִכָּל מִינֵי שׂוֹנְאִים שֶׁיֵּשׁ לָנוּ בְּגַשְׁמִיּוּת וְרוּחָנִיּוּת, וְהָסֵר שָׂטָן מִלְּפָנֵינוּ וּמֵאַחֲרֵינוּ וּבְצֵל כְּנָפֶיךָ תַּסְתִּירֵנוּ:

רִבּוֹנוֹ שֶׁל עוֹלָם. חוּס וְחָנֵּנוּ וּשְׁמַע קוֹל תְּפִלָּתֵנוּ בְּרַחֲמִים. וְתַשְׁפִּיעַ עָלֵינוּ שֶׁפַע אֱלֹקִי שֶׁפַע הַשֵּׂכֶל הָאֱמֶת, שֶׁפַע הַמַּקִּיפִים הַקְּדוֹשִׁים, שֶׁפַע רוּחַ הַקֹּדֶשׁ. וְיִפְתַּח לָנוּ אוֹר הַשֵּׂכֶל, וִימַהֵר תְּנוּעַת שִׂכְלֵנוּ לְהַשִּׂיג בִּמְהִירוּת גָּדוֹל הַשָּׂגַת הַמַּקִּיפִים הַקְּדוֹשִׁים. וְנִזְכֶּה לְהַשִּׂיג שֵׂכֶל הַנִּקְרָא קֶדֶם שֶׁהוּא אוֹר הַפָּנִים עַד שֶׁלֹּא נִצְטָרֵךְ לְהִשְׁתַּמֵּשׁ בְּשׁוּם הַקְדָּמָה. וְעַל־יְדֵי מְהִירַת תְּנוּעַת הַשֵּׂכֶל הַזֶּה נִזְכֶּה שֶׁתְּהֵא שַׁלְהֶבֶת לִבֵּנוּ עוֹלָה תָּמִיד מֵאֵלֶיהָ. וְתַעַזְרֵנוּ תָּמִיד שֶׁיִּתְלַהֵב לִבֵּנוּ בְּהִתְלַהֲבוּת גָּדוֹל בֶּאֱמֶת לַעֲבוֹדָתְךָ וּלְיִרְאָתְךָ בְּרִשְׁפֵּי שַׁלְהֶבֶת יָהּ. וְעַל־יְדֵי הִתְלַהֲבוּת דִּקְדֻשָּׁה שֶׁל הַלֵּב נִזְכֶּה לְתַקֵּן אֶת כָּל הַפְּגָמִים שֶׁפָּגַמְנוּ עַל־יְדֵי הִתְלַהֲבוּת הַלֵּב דְּסִטְרָא־אָחֳרָא. וְנִזְכֶּה לְתַקֵּן מְהֵרָה אֶת כָּל פְּגַם

הַחֲמִימוּת וְהַהִתְלַהֲבוּת שֶׁהָיָה לָנוּ לִדְבָרִים גַּשְׁמִיִּים לְתַאֲווֹת רָעוֹת וּמִדּוֹת רָעוֹת, עַד אֲשֶׁר בָּאנוּ לִידֵי חֲטָאִים וַעֲווֹנוֹת גְּדוֹלִים עַל־יְדֵי הִתְלַהֲבוּת הַלֵּב לְתַאֲווֹת עוֹלָם הַזֶּה.

עַל כֵּן בָּאתִי לְשַׁחֵר פָּנֶיךָ אֲדוֹנֵנוּ אֱלֹהֵינוּ, יִכְמְרוּ רַחֲמֶיךָ עָלֵינוּ, וְתִשְׁתַּדֵּל בְּהַצְלוֹתֵינוּ, וְתִתְאַמֵּץ בְּתִקּוּן נַפְשׁוֹתֵינוּ, וְתַעַזְרֵנוּ מֵעַתָּה שֶׁלֹּא יִהְיֶה לָנוּ עוֹד שׁוּם הִתְלַהֲבוּת בְּלִבֵּנוּ לְשׁוּם תַּאֲוָה שֶׁבָּעוֹלָם אֲפִלּוּ לִדְבָרִים הַמֻּתָּרִים, מִכָּל שֶׁכֵּן וְכָל שֶׁכֵּן שֶׁלֹּא יַעֲלֶה בְּלִבֵּנוּ שׁוּם הִתְלַהֲבוּת, חַס וְשָׁלוֹם, לְשׁוּם דָּבָר הָאָסוּר לָנוּ. וְתַעַזְרֵנוּ וּתְחָנֵּנוּ וְתַשְׁפִּיעַ עָלֵינוּ בְּחֶמְלָתֶךָ, שֶׁנִּזְכֶּה שֶׁיִּהְיֶה לָנוּ הִתְלַהֲבוּת הַלֵּב דִּקְדֻשָּׁה, לְהִתְלַהֵב בְּשַׁלְהוֹבִין דִּרְחִימוּתָא לִשְׁמֶךָ וְלַעֲבוֹדָתֶךָ בֶּאֱמֶת, לְהִתְפַּלֵּל וּלְהִתְחַנֵּן לִלְמֹד וּלְלַמֵּד וּלְקַיֵּם אֶת כָּל מִצְווֹתֶיךָ בְּהִתְלַהֲבוּת גָּדוֹל בִּקְדֻשָּׁה וּבְטָהֳרָה כִּרְצוֹנְךָ הַטּוֹב בֶּאֱמֶת. וְעַל־יְדֵי־זֶה נִזְכֶּה לְתַקֵּן כָּל פְּגַם הַהִתְלַהֲבוּת דְּסִטְרָא־אָחֳרָא שֶׁהָיָה בְּלִבֵּנוּ מִנְּעוּרֵינוּ עַד הַיּוֹם הַזֶּה, בְּאֹפֶן שֶׁנִּזְכֶּה שֶׁיִּטָּהֵר לְבָבֵינוּ בֶּאֱמֶת. וְעַל־יְדֵי־זֶה נִזְכֶּה לְפָרֵשׁ שִׂיחָתֵנוּ לְפָנֶיךָ תָּמִיד, וְנִזְכֶּה לְרַצּוֹת וּלְפַיֵּס אוֹתְךָ וּלְהִתְחַנֵּן לְפָנֶיךָ בְּכָל פַּעַם בְּדִבּוּרִים חֲדָשִׁים אֲמִתִּיִּים שֶׁיִּהְיֶה לְנַחַת וּלְרָצוֹן לִפְנֵי כִּסֵּא כְבוֹדֶךָ. וְנִזְכֶּה לְהִתְקָרֵב אֵלֶיךָ בְּהִתְקָרְבוּת גָּדוֹל

בֶּאֱמֶת וּבְלֵב שָׁלֵם, כַּאֲשֶׁר נָאֶה לְעַם סְגֻלָּתֶךָ. "לֵב טָהוֹר בְּרָא לִי אֱלֹהִים, וְרוּחַ נָכוֹן חַדֵּשׁ בְּקִרְבִּי. אַל תַּשְׁלִיכֵנִי מִלְּפָנֶיךָ, וְרוּחַ קָדְשְׁךָ אַל תִּקַּח מִמֶּנִּי":

וְתַעַזְרֵנִי שֶׁאֶזְכֶּה לְחַדֵּשׁ בַּתּוֹרָה חִדּוּשִׁים אֲמִתִּיִּים בִּקְדֻשָּׁה וּבְטָהֳרָה, וְאֶזְכֶּה לְהַמְשִׁיךְ תָּמִיד חִדּוּשֵׁי תוֹרָה, שֶׁיִּהְיֶה לִי רְשׁוּת מִן הַשָּׁמַיִם לְגַלּוֹת אוֹתָם לְעַמְּךָ בֵּית יִשְׂרָאֵל לְעַם סְגֻלָּה. וִיגֻלְגַּל זְכוּת עַל יָדִי, וְאֶזְכֶּה לְהֵיטִיב מִטּוּבְךָ אֲשֶׁר תְּחָנֵּנִי לְכָל עַמְּךָ בֵּית יִשְׂרָאֵל, לְגַלּוֹת הַסְּגֻלָּה לְעַם סְגֻלָּה, לְגַלּוֹת לָהֶם מַה שֶּׁתְּזַכֵּנִי לְהַשִּׂיג בְּשִׂכְלִי חִדּוּשֵׁי תוֹרָה אֲמִתִּיִּים בִּקְדֻשָּׁה וּבְטָהֳרָה, בְּאֹפֶן שֶׁיַּחְזְרוּ בִּתְשׁוּבָה שְׁלֵמָה עַל יְדֵי דִּבּוּרַי, וְלֹא אֶכָּשֵׁל בְּאִמְרֵי פִּי, וְלֹא אֹמַר דָּבָר שֶׁלֹּא כִּרְצוֹנֶךָ.

מְקִים מֵעָפָר דָּל מֵאַשְׁפּוֹת יָרִים אֶבְיוֹן, חוּס וְחָנֵּנִי וּמַלֵּא מִשְׁאֲלוֹתַי בְּרַחֲמִים, וַעֲשֵׂה לְמַעַנְךָ וְלֹא לְמַעֲנֵנוּ, עֲשֵׂה לְמַעַנְךָ וְהוֹשִׁיעֵנוּ, וּמִלְּפָנֶיךָ מַלְכֵּנוּ רֵיקָם אַל תְּשִׁיבֵנוּ, חָנֵּנוּ וַעֲנֵנוּ וּשְׁמַע קוֹל תְּפִלָּתֵנוּ. כִּי אַתָּה שׁוֹמֵעַ תְּפִלָּה וּמַאֲזִין קוֹלֵנוּ מִמַּעֲמַקִּים, אֲשֶׁר יִצְעֲקוּ אֵלֶיךָ בֵּית יִשְׂרָאֵל מֵאֶרֶץ מַרְחַקִּים, הַנֶּאֱנָחִים וְהַנֶּאֱנָקִים. "לֹא תוּכַל לְהִתְעַלֵּם מֵאָחִיךָ הָאֶבְיוֹן. עָזֹב תַּעֲזֹב וְהָקֵם תָּקִים". רוֹכֵב שָׁמַיִם בְּעֶזְרֵנוּ וּבְגַאֲוָתוֹ

שְׂחָקִים:

(וְיֹאמַר: "מִזְמוֹר לְדָוִד הָבוּ לַיְיָ בְּנֵי אֵלִים" וְכוּ' (תְּהִלִּים כ"ט) עַד גְּמִירָא)

כב

יְהִי רָצוֹן מִלְּפָנֶיךָ יְהֹוָה אֱלֹהֵינוּ וֵאלֹהֵי אֲבוֹתֵינוּ, רִבּוֹן כָּל הַמַּעֲשִׂים אֲדוֹן כָּל הַנְּשָׁמוֹת. שֶׁתַּשְׁפִּיעַ עָלֵינוּ מִמְּעוֹן קָדְשָׁתֶךָ, וְתַמְשִׁיךְ עָלֵינוּ יִרְאָתְךָ וְאֵימָתְךָ. וְנִזְכֶּה לְמִדַּת הַבּוּשָׁה הַקְּדוֹשָׁה וְתַלְבִּישׁ אוֹתָנוּ בִּלְבוּשׁ הַיִּרְאָה וּבְמַעֲטֵה הַבּוּשָׁה מִשִּׁמְךָ הַגָּדוֹל וְהַקָּדוֹשׁ וְנִתְבַּיֵּשׁ מִמְּךָ תָּמִיד בֶּאֱמֶת, לְבִלְתִּי לָסוּר מֵרְצוֹנְךָ הַטּוֹב יָמִין וּשְׂמֹאל. וְתִהְיֶה יִרְאָתְךָ עַל פָּנַי לְבִלְתִּי אֶחֱטָא, זוֹ הַבּוּשָׁה.

רִבּוֹנוֹ שֶׁל עוֹלָם, חוּסָה עָלַי בְּרַחֲמֶיךָ וֶהְיֵה בְּעֶזְרִי, שֶׁיִּהְיֶה לִי בּוּשָׁה גְּדוֹלָה בָּעוֹלָם הַזֶּה מִפָּנֶיךָ, שֶׁלֹּא לַעֲשׂוֹת שׁוּם דָּבָר נֶגֶד רְצוֹנְךָ, חַס וְשָׁלוֹם, מִכָּל שֶׁכֵּן וְכָל שֶׁכֵּן שֶׁלֹּא לַעֲשׂוֹת, חַס וְשָׁלוֹם, שׁוּם נִדְנוּד עֲבֵרָה, חָלִילָה. וְלֹא אֵבוֹשׁ וְלֹא אֶכָּלֵם לָעוֹלָם הַבָּא. וְזַכֵּנִי שֶׁיִּהְיֶה מוֹרָא שָׁמַיִם עָלַי כְּמוֹרָא בָּשָׂר וָדָם, שֶׁיִּהְיֶה לִי יִרְאָה וּבוּשָׁה מִפָּנֶיךָ כְּמוֹ מִפְּנֵי בָּשָׂר וָדָם מַמָּשׁ:

רִבּוֹנוֹ שֶׁל עוֹלָם, מֶלֶךְ הַכָּבוֹד, צוֹפֶה בְּעֶלְבּוֹן עֲלוּבִים, הֶחָס עַל כְּבוֹד הַבְּרִיּוֹת. הַמְרַחֵם עַל כָּל מַעֲשָׂיו, חוּס וְרַחֵם וַחֲמֹל בְּחֶמְלָתְךָ וְרַחֲמֶיךָ הָאֲמִתִּיִּים, עַל עֹצֶם חֶרְפָּתִי וּכְלִמָּתִי וּבָשְׁתִּי הַגָּדוֹל בְּיוֹתֵר בְּלִי שִׁעוּר וָעֵרֶךְ וּמִסְפָּר כַּאֲשֶׁר אַתָּה לְבַד יָדַעְתָּ. אַתָּה יָדַעְתָּ אֶת חֶרְפָּתִי וּבָשְׁתִּי וּכְלִמָּתִי. מָה אֹמַר וּמָה אֲדַבֵּר בְּהָאֵיךְ אַנְפִּין אֵיעוּל קֳדָם מַלְכָּא. אֵיךְ אוּכַל לְהִטָּמֵן מִפְּנֵי בָשְׁתִּי, אֵיךְ אוּכַל לְהַסְתִּיר פָּנַי בְּעָלְמָא דִקְשׁוֹט מִפְּנֵי כְלִמָּתִי. אֵיךְ אוּכַל לְהָרִים פָּנַי הַמֻשְׁחָרִים יוֹתֵר מִשּׁוּלֵי קְדֵרָה בְּפָנֶיךָ יְהֹוָה אֱלֹהַי וֵאלֹהֵי אֲבוֹתַי, אֵיךְ אָרִים פָּנַי בִּפְנֵי אֲבוֹתַי אֲשֶׁר יָצָאתִי עַל יָדָם לָעוֹלָם. אֵיךְ אָרִים פָּנַי בִּפְנֵי מוֹרַי וְרַבּוֹתַי אֲשֶׁר הוֹרוּנִי בְּדֶרֶךְ הַיָּשָׁר וְהָאֱמֶת, וְאָנֹכִי לֹא חַסְתִּי עַל כְּבוֹדָם הַגָּדוֹל וְהַקָּדוֹשׁ, וּבִזִּיתִי אֶת עַצְמִי וְגַם אוֹתָם, כִּבְיָכוֹל. אֵיךְ אָרִים פָּנַי בִּפְנֵי כָּל הַצַּדִּיקִים הָאֲמִתִּיִּים וּבִפְנֵי כָּל הַכְּשֵׁרִים שֶׁבְּכָל דּוֹר וָדוֹר. אֵיךְ אָרִים פָּנַי בִּפְנֵי חֲבֵרַי. מִי יוּכַל לְהַצִּילֵנִי אָז מִבָּשְׁתִּי הַגָּדוֹל. מִי יוּכַל לַעֲמֹד בִּפְנֵי כְלִמָּתִי הָעֲצוּמָה. אֵיךְ אוּכַל לִמְצֹא לִי מָקוֹם לִבְרֹחַ וּלְהִטָּמֵן שָׁם מִפְּנֵי כְלִמָּתִי וּבָשְׁתִּי וְחֶרְפָּתִי, וּמָה אָשִׁיב שׁוֹלְחִי דָבָר.

כִּי אַתָּה גָּמַלְתָּ עִמִּי כַּמָּה וְכַמָּה טוֹבוֹת בְּכָל עֵת וּבְכָל שָׁעָה וּבְכָל רֶגַע בְּגַשְׁמִיּוּת וּבְרוּחָנִיּוּת. וְהָיִיתָ

מְרַמֵּז לִי בְּכַמָּה מִינֵי רְמָזִים, וְקָרָאתָ אוֹתִי אֶצְלְךָ יִתְבָּרַךְ בְּכַמָּה מִינֵי כְּרוּזִים. וְנָטִיתָ יָדְךָ אֵלַי, וְרָמַזְתָּ לִי מִקָּרוֹב וּמֵרָחוֹק לְקָרְבֵנִי בְּרַחֲמֶיךָ בְּהִתְקָרְבוּת גָּדוֹל מְאֹד בְּכַמָּה וְכַמָּה מִינֵי רְמָזִים וּכְרוּזִים שׁוֹנִים בְּלִי שִׁעוּר וָעֵרֶךְ בְּכָל יוֹם וּבְכָל שָׁעָה מַמָּשׁ, אֲשֶׁר לְפִי הִתְנוֹצְצוּת אֶחָד שֶׁהָיָה מִתְנוֹצֵץ לִי אֱלֹקוּתְךָ יִתְבָּרַךְ וּרְמָזֶיךָ וּכְרוּזֶיךָ הַקְּדוֹשִׁים, הָיָה רָאוּי לִי לִבְלִי לַעֲבֹר עַל רְצוֹנְךָ אֲפִלּוּ תְּנוּעָה קַלָּה שֶׁבַּקַּלּוֹת. וַאֲפִלּוּ עַל תְּנוּעָה קַלָּה בְּעָלְמָא, אִם לֹא הָיָה כָּרָאוּי, חַס וְשָׁלוֹם כִּרְצוֹנְךָ בִּשְׁלֵמוּת, הָיָה רָאוּי לִי לִפֹּל עַל פָּנַי וְלִשְׁכַּב בְּבָשְׁתִּי וּלְהִתְכַּסּוֹת בִּכְלִמָּתִי, עַד שֶׁכִּמְעַט תֵּצֵא נַפְשִׁי, חַס וְשָׁלוֹם, וְשֶׁלֹּא אוּכַל לְהָרִים פָּנַי כְּלָל. מִכָּל שֶׁכֵּן וְכָל שֶׁכֵּן שֶׁאַתָּה הָיִיתָ מִתְנוֹצֵץ לִי הַרְבֵּה הִתְנוֹצְצוּת בְּלִי שִׁעוּר. בְּכַמָּה בְּחִינוֹת וּבְכַמָּה גִּלְגּוּלִים גִּלְגַּלְתָּ עִמִּי, וְכַמָּה סִבּוֹת סִבַּבְתָּ עִמִּי, סִבּוֹת טוֹבוֹת וְשֶׁאֵינָן טוֹבוֹת וְהַכֹּל הָיוּ לְטוֹבָתִי, כְּדֵי לְרַמֵּז לִי עַל יָדָם לָשׁוּב אֵלֶיךָ. בְּכַמָּה לְשׁוֹנוֹת שֶׁל חִבָּה קָרָאתָ אוֹתִי, וּבְכַמָּה רְמָזִים שׁוֹנִים רָמַזְתָּ אֵלַי לְהִתְקָרֵב אֵלֶיךָ. וְלֹא דַּי שֶׁלֹּא חַסְתִּי עָלַי לְהִתְקָרֵב אֵלֶיךָ בֶּאֱמֶת וְלִהְיוֹת כִּרְצוֹנְךָ הַטּוֹב בִּשְׁלֵמוּת, אַף גַּם הָיִיתִי כִּמְסַלֵּק הַבּוּשָׁה מֵעַל פָּנָיו, וּמָרַדְתִּי נֶגְדְּךָ בִּשְׁאָט בְּנֶפֶשׁ בְּמֶרֶד וּבְמַעַל, וּפָגַמְתִּי פְּגָמִים הַרְבֵּה מְאֹד, לֹא יוֹם אֶחָד וְלֹא יוֹמַיִם וְלֹא עֲשָׂרָה יָמִים וְלֹא חֹדֶשׁ וְלֹא שָׁנָה אַחַת כִּי

אִם הִרְבֵּיתִי לִפְשֹׁעַ וְלִפְגֹּם יָמִים וְשָׁנִים הַרְבֵּה. הוֹסַפְתִּי יָמִים עַל יָמִים שָׁנִים עַל שָׁנִים, מְלֵאִים חֵטְא וְעָוֹן וָפֶשַׁע, מְלֵאִים חֶרְפּוֹת וּבוּשׁוֹת גְּדוֹלוֹת וְנוֹרָאוֹת, אֲשֶׁר אִי אֶפְשָׁר לְסָבְלָם:

רִבּוֹנוֹ שֶׁל עוֹלָם, אַתָּה לְבַד יָדַעְתָּ צַעַר הַבּוּשָׁה בְּעָלְמָא דְּאָתֵי בְּעָלְמָא דִּקְשׁוֹט. אַתָּה לְבַד יָדַעְתָּ אוֹתוֹ הָעִנּוּי וְהַצַּעַר הַגָּדוֹל וְהַנּוֹרָא שֶׁל הַבּוּשָׁה שֶׁל מִי שֶׁלֹּא קִשֵּׁט עַצְמוֹ לְהִלּוּלָא דְּבֵי מַלְכָּא. מִכָּל שֶׁכֵּן מִי שֶׁקִּלְקֵל וְלִכְלֵךְ עַצְמוֹ בְּכַמָּה מִינֵי פְּגָמִים וְלִכְלוּכִים. מִכָּל־שֶׁכֵּן וְכוּ׳ (וִיפָרֵט כָּל אֶחָד מַה שֶּׁעָשָׂה אֶת נִגְעֵי לְבָבוֹ) אַתָּה לְבַד יָדַעְתָּ שֶׁאֵין צַעַר וְעִנּוּי וְיִסּוּרִין בָּעוֹלָם נֶחֱשָׁבִים כְּלָל כְּנֶגֶד הַצַּעַר שֶׁל הַבּוּשָׁה הַזֹּאת חַס וְשָׁלוֹם, וַאֲפִלּוּ צַעַר גֵּיהִנָּם הַקָּשֶׁה וָמַר מִכָּל מִינֵי יִסּוּרִין קָשִׁים וּמָרִים שֶׁבָּעוֹלָם הַזֶּה אֲשֶׁר אִם יִתְקַבְּצוּ יַחַד כָּל מִינֵי יִסּוּרִים וְעִנּוּיִים קָשִׁים וּמָרִים שֶׁבָּעוֹלָם, עַל אָדָם אֶחָד, חַס וְשָׁלוֹם, כָּל יְמֵי חַיָּיו חָלִילָה, לֹא יִהְיוּ נֶחֱשָׁבִים מְאוּמָה כְּנֶגֶד שָׁעָה אַחַת וַאֲפִלּוּ כְּנֶגֶד רֶגַע אַחַת שֶׁל צַעַר שֶׁל גֵּיהִנָּם. וְאַף־עַל־פִּי־כֵן אֲפִלּוּ צַעַר שֶׁל גֵּיהִנָּם הַקָּשֶׁה אֵינוֹ נֶחְשָׁב כְּלָל כְּנֶגֶד צַעַר הַבּוּשָׁה, שֶׁהוּא צַעַר גָּדוֹל מִכָּל מִינֵי צַעַר וְיִסּוּרִים שֶׁבָּעוֹלָם, וַאֲפִלּוּ מִצַּעַר גֵּיהִנָּם, כַּאֲשֶׁר גִּלּוּ לָנוּ צַדִּיקֶיךָ הָאֲמִתִּיִּים.

וְאִי אֶפְשָׁר לָנוּ לְצַיֵּר כְּלָל בָּזֶה הָעוֹלָם, כְּשֶׁאָנוּ מְלֻבָּשִׁים בְּגַשְׁמִיּוּת גּוּפֵנוּ, לְצַיֵּר בְּשִׂכְלֵנוּ צַעַר הַבּוּשָׁה שֶׁל עָלְמָא דְּאָתֵי. אוֹי לְאוֹתָהּ בּוּשָׁה. אוֹי לְאוֹתָהּ כְּלִמָּה. וְאִם חֲכָמֵינוּ, זִכְרוֹנָם לִבְרָכָה, אָמְרוּ: 'כָּל צַדִּיק נִכְוֶה מֵחֻפָּתוֹ שֶׁל חֲבֵרוֹ' אוֹי לְאוֹתָהּ בּוּשָׁה. וְגַם אָמְרוּ: פְּנֵי מֹשֶׁה כִּפְנֵי חַמָּה, פְּנֵי יְהוֹשֻׁעַ כִּפְנֵי לְבָנָה. אוֹי לְאוֹתָהּ בּוּשָׁה אוֹי לְאוֹתָהּ כְּלִמָּה. וְאִם כָּל צַדִּיק וְצַדִּיק יִתְבַּיֵּשׁ כָּךְ בִּפְנֵי חֲבֵרוֹ הַגָּדוֹל מִמֶּנּוּ, אֲנַן מַה נַּעֲנֵי אַבָתְרַיְהוּ, אֲנַחְנוּ מַה נֹּאמַר וּמַה נְּדַבֵּר, בְּאֵיזֶה לָשׁוֹן נְדַבֵּר מִבָּשְׁתֵּנוּ וּכְלִמָּתֵנוּ, וְאַיֵּה הַמֵּלִיץ שֶׁיּוּכַל לֶאֱרֹג מְלִיצוֹת עַל עֹצֶם כְּלִמָּתֵנוּ וְחֶרְפָּתֵנוּ. וְאַיֵּה הַמְקוֹנֵן שֶׁיּוּכַל לְקוֹנֵן עַל עֹצֶם צַעַר בָּשְׁתֵּנוּ. וְאַיֵּה הַמַּעְתִּיר הַיּוֹדֵעַ לְרַצּוֹת וּלְפַיֵּס, שֶׁיּוּכַל לְהַעְתִּיר וּלְרַצּוֹת וּלְפַיֵּס אוֹתְךָ שֶׁתֶּאֱסֹף אֶת חֶרְפָּתֵנוּ, וּתְכַסֶּה עַל כְּלִמָּתֵנוּ:

וְאַחֲרֵי כָּל אֵלֶּה, אִם כְּבָר הָיִיתִי זוֹכֶה עַל כָּל פָּנִים לְמִדַּת הַבּוּשָׁה דִּקְדֻשָּׁה, לְהִתְבַּיֵּשׁ מֵעַתָּה מִפָּנֶיךָ בֶּאֱמֶת לִבְלִי לָסוּר מֵרְצוֹנְךָ, חָלִילָה, הֶחֱרַשְׁתִּי. אֲבָל מָה אֶעֱשֶׂה אָבִי שֶׁבַּשָּׁמַיִם, מָה אוֹמַר מָה אֲדַבֵּר, כִּי עֲדַיִן אֲנִי רָחוֹק מִבּוּשָׁה, וַעֲדַיִן לֹא שָׁבַרְתִּי עַזּוּת הַגּוּף כְּלָל, "עַל כֵּן דְּבָרַי לָעוּ", וְאֵינִי יוֹדֵעַ כְּלָל מֵהֵיכָן לְהַתְחִיל לְדַבֵּר, מֵהֵיכָן אַתְחִיל לְפָרֵשׁ שִׂיחָתִי.

"נִשְׁכְּבָה בְּבָשְׁתֵּנוּ וּתְכַסֵּנוּ כְּלִמָּתֵנוּ, כִּי לַיהוָה אֱלֹהֵינוּ חָטָאנוּ".

עַל כֵּן אֵין לִי פֶּה לְדַבֵּר, וְלֹא מֵצַח לְהָרִים רֹאשׁ. רַק בָּאתִי לְפָנֶיךָ יְהוָה אֱלֹהַי וֵאלֹהֵי אֲבוֹתַי וַאֲנִי פּוֹרֵשׂ כַּפַּי אֵלֶיךָ, וְנוֹשֵׂא עֵינַי לִמְעוֹן קָדְשֶׁךָ, "אֵלֶיךָ נָשָׂאתִי אֶת עֵינַי הַיּוֹשְׁבִי בַּשָּׁמָיִם", שֶׁתְּזַמֵּין וְתִשְׁלַח לִי דִּבּוּרִים אֲמִתִּיִּים בְּפִי וּבִלְשׁוֹנִי, שֶׁאוּכַל לְרַצּוֹתְךָ וּלְפַתּוֹתְךָ בָּהֶם, שֶׁתָּשִׁיב פָּנֶיךָ אֵלַי וּתְחָנֵּנִי וְתַצִּילֵנִי מִבּוּשׁוֹת וְחֶרְפּוֹת וּבִזְיוֹנוֹת מֵעַתָּה וְעַד עוֹלָם. וְתִהְיֶה בְּעֶזְרִי וְתַשְׁפִּיעַ עָלַי אוֹר הַיִּרְאָה וְהַבּוּשָׁה דִּקְדֻשָּׁה.

אָבִי שֶׁבַּשָּׁמַיִם, רַחֵם עָלַי כְּרַחֲמֵי הָאָב עַל הַבֵּן וְתַמְשִׁיךְ עָלַי מִדַּת הַיִּרְאָה וְהַבּוּשָׁה דִּקְדֻשָּׁה מִשָּׁרְשָׁהּ מִקֹּדֶם הַבְּרִיאָה, מִמַּאֲמַר הַשָּׁלֵם, שֶׁהוּא "בְּרֵאשִׁית יָרֵא בֹשֶׁת", מֵחָכְמָה עִלָּאָה, מֵעֵדֶן עִלָּאָה דְּסָתִים וְגָנִיז. מִי לֹא יִירָא בִּפְנֵי אוֹרוֹת הַצַּחְצָחוֹת הָאֵלּוּ, מִי לֹא יִתְבַּיֵּשׁ בִּפְנֵיהֶם, מִי לֹא יִפְחַד, מִי לֹא יִרְעַד כְּשֶׁיִּזְכֹּר רִחוּקוֹ הַגָּדוֹל מֵהַשָּׂגַת אוֹרוֹת הָאֵלּוּ אֲפִלּוּ אִם הָיָה נָקִי מִן הַחֵטְא לְגַמְרֵי. מִכָּל שֶׁכֵּן מִי שֶׁפָּגַם אֵיזֶה פְּגַם כָּל שֶׁהוּא בְּכָל יְמֵי חַיָּיו, מִכָּל שֶׁכֵּן וְכָל שֶׁכֵּן מָלֵא חֵטְא וְעָוֹן וָפֶשַׁע. חוּס וַחֲמֹל עָלַי, חוּס וַחֲמֹל עַל נַפְשִׁי וְרוּחִי וְנִשְׁמָתִי, חוּס וַחֲמֹל עַל גּוּפִי

הַמְגֻשָּׁם הָרָחוֹק מִקְּדֻשָּׁתְךָ בְּתַכְלִית הַהַרְחָקָה, הַפָּגוּם בְּכַמָּה מִינֵי פְּגָמִים, הַמְקֻלְקָל בְּכַמָּה מִינֵי קִלְקוּלִים:

רִבּוֹנוֹ שֶׁל עוֹלָם, רִבּוֹנוֹ שֶׁל עוֹלָם, אֲדוֹן הָרַחֲמִים וְהַסְּלִיחוֹת, "רְאֵה עָנְיִי וַעֲמָלִי, רְאֵה עָנְיִי וּמְרוּדִי לַעֲנָה וָרֹאשׁ". אַתָּה יוֹדֵעַ עֹצֶם הָרַחֲמָנוּת שֶׁיֵּשׁ עַל בְּשַׂר גּוּפִי, שֶׁהוּא עַז וְחָזָק כָּל כָּךְ בְּתַאֲוַת עוֹלָם הַזֶּה, עַד שֶׁנִּתְרַחֵק הַגּוּף מִן הַנְּשָׁמָה בְּתַכְלִית הָרִחוּק, עַד שֶׁאִי אֶפְשָׁר לְהַנְּשָׁמָה לְהִתְקָרֵב כְּלָל לְהַגּוּף לְגַלּוֹת לוֹ וּלְהָאִיר בּוֹ מִכָּל הֶאָרָה וּמִכָּל הַשָּׂגָה שֶׁהַנְּשָׁמָה מַשֶּׂגֶת בְּכָל עֵת תָּמִיד בָּעוֹלָמוֹת הָעֶלְיוֹנִים. אֲשֶׁר כַּוָּנָתְךָ הַטּוֹבָה הָיְתָה בִּבְרִיאָתִי וּבִיצִיאָתִי לָזֶה הָעוֹלָם, כְּדֵי שֶׁאֶזְכֶּה לְהַשִּׂיג אוֹתְךָ בָּעוֹלָם הַזֶּה בְּגוּף וָנֶפֶשׁ בְּיַחַד. וְלֹא חַסְתִּי עַל כְּבוֹדְךָ הַגָּדוֹל וְהַקָּדוֹשׁ, וְעַל כְּבוֹד הַנְּשָׁמָה הַקְּדוֹשָׁה, וְלֹא נִתְחַזַּקְתִּי לְהִתְגַּבֵּר עַל תַּאֲוַת הַגּוּף וּמִדּוֹתָיו הָרָעִים, עַד שֶׁאֵין הַנְּשָׁמָה יְכוֹלָה לְהִתְקָרֵב לְהַגּוּף כְּלָל, מֵחֲמַת שֶׁהוּא עַז וְחָזָק בְּהִתְאַוּוּת מְאֹד. וְכָל כָּךְ נִתְגַּבֵּר עַזּוּת הַגּוּף בְּלִי שׁוּם בּוּשָׁה כְּלָל מֵהַשֵּׁם יִתְבָּרַךְ, עַד שֶׁאֵינִי יוֹדֵעַ כְּלָל בְּאֵיזֶה דֶּרֶךְ בְּאֵיזֶה עֵצָה וְתַחְבּוּלָה אֶזְכֶּה לְהַכְנִיעַ וּלְשַׁבֵּר עַזּוּת הַגּוּף. כִּי כָּל דֶּרֶךְ וְכָל עֵצָה וְכָל תַּחְבּוּלָה שֶׁגִּלּוּ צַדִּיקֵי אֱמֶת, אֲשֶׁר עַל יָדָם יְכוֹלִים לְשַׁבֵּר עַזּוּת הַגּוּף וּלְהִתְקָרֵב אֵלֶיךָ, קָשֶׁה וְכָבֵד עָלַי לְקַיֵּם הָעֵצָה בְּעַצְמָהּ.

וְאֵינִי יוֹדֵעַ בְּאֵיזֶה דֶּרֶךְ אֶזְכֶּה לְהַתְחִיל לְקַיֵּם עֲצוֹתֶיךָ הַקְּדוֹשׁוֹת אֲשֶׁר גִּלִּיתָ עַל יְדֵי צַדִּיקֵי אֱמֶת, כִּי מָרַדְתִּי בְּכָל עֲצוֹתֶיךָ הַטּוֹבוֹת:

רִבּוֹנוֹ שֶׁל עוֹלָם, רִבּוֹנוֹ דְּעָלְמָא כֻּלָּא, חֲמֹל עָלַי כִּי עַכְשָׁו אֵינִי יוֹדֵעַ שׁוּם עֵצָה וְתַחְבּוּלָה, כִּי אִם לִצְעֹק אֵלֶיךָ תָּמִיד, שֶׁתְּחָנֵּנִי בְּמַתְּנַת חִנָּם לְגַמְרֵי בְּכָל הַמִּדּוֹת טוֹבוֹת, וְתַצִּילֵנִי בַּחֲסָדֶיךָ הַגְּדוֹלִים מִכָּל הַתַּאֲווֹת וּמִדּוֹת רָעוֹת. וְגַם לָזֶה אֵינִי זוֹכֶה כִּי חוֹלְפִים וְעוֹבְרִים יָמִים וְשָׁנִים אֲשֶׁר אֵינִי זוֹכֶה אֲפִלּוּ לִצְעֹק אֵלֶיךָ בֶּאֱמֶת כָּרָאוּי. וַאֲפִלּוּ אִם הָיוּ עוֹבְרִים בְּלִי פְּגָמִים הָיִיתִי צָרִיךְ גַּם כֵּן לִצְעֹק מְאֹד עַל אֲבֵדַת הַזְּמַן הַיָּקָר מִכָּל הוֹן אֲשֶׁר הָיִיתִי יָכוֹל לְהַרְוִיחַ וּלְהִשְׂתַּכֵּר בּוֹ חַיֵּי עוֹלָם בְּלִי שִׁעוּר וָעֵרֶךְ. אַךְ הַלְוַאי, מִי יִתֵּן וְהָיוּ הַיָּמִים עוֹבְרִים עַל כָּל פָּנִים בְּלִי פְּגָמִים כְּלָל. אֲבָל אַחַר שֶׁהַיָּמִים וְהַשָּׁנִים עָבְרוּ כְּצֵל עוֹבֵר כְּהֶרֶף עַיִן, וְהֵם מְלֵאִים פְּגָמִים כָּאֵלּוּ, חֲטָאִים וַעֲוֹנוֹת וּפְשָׁעִים, וְהַפְּגָמִים וְהָעֲווֹנוֹת מִתְגַּבְּרִים כָּל כָּךְ עַד שֶׁאֵינִי יָכוֹל אֲפִלּוּ לִצְעֹק אֵלֶיךָ כָּרָאוּי כְּמוֹ שֶׁאֲנִי צָרִיךְ לִצְעֹק:

וְעַתָּה אָבִי שֶׁבַּשָּׁמַיִם, אָבִי שֶׁבַּשָּׁמַיִם, מַה אֶעֱשֶׂה מָה אֶפְעַל, לְהֵיכָן אֶבְרַח, לְהֵיכָן אָעוּף לִשְׁכֹּן, "מִי יִתְּנֵנִי בַמִּדְבָּר מְלוֹן אוֹרְחִים", לִבְרֹחַ

מִגַּשְׁמִיּוּת וְעַזּוּת הַגּוּף. אַךְ אַתָּה יוֹדֵעַ כִּי אֵין מָקוֹם לִבְרֹחַ מִן הַגּוּף. אֶהֶפְכָה וְאֶתְהַפְּכָה כְּאוֹפַן בְּמִלֵּי. וְכֻלָּם שָׁבִים לְמָקוֹם אֶחָד. אֵלֶיךָ לְבַד עֵינַי תְּלוּיוֹת, אֵלֶיךָ לְבַד רַעְיוֹנַי צוֹפִיּוֹת, אֵלֶיךָ לְבַד עֵינַי נְשׂוּאוֹת. לִתְשׁוּעַת יְהֹוָה עֵינַי מְיַחֲלוֹת וְדוֹמִיּוֹת. אֵין לִי עַל מִי לְהִשָּׁעֵן כִּי אִם עַל אָבִי שֶׁבַּשָּׁמַיִם. אֵין לִי שׁוּם תִּקְוָה כִּי אִם עָלֶיךָ אָב הָרַחֲמָן. אֵין לִי שׁוּם מִבְטָח וּמָנוֹס כִּי אִם עַל חֲסָדֶיךָ הָעֲצוּמִים:

רִבּוֹנוֹ שֶׁל עוֹלָם, יֶהֱמוּ מֵעֶיךָ עָלַי, יִכָּמְרוּ חֲנִינוֹתֶיךָ עַל עָלוּב כָּמוֹנִי, עַל מָלֵא חֲרָפוֹת וּבוּשׁוֹת כָּמוֹנִי. יָדְךָ תִּכּוֹן עִמִּי אַף זְרוֹעֲךָ תְּאַמְּצֵנִי. קוּמָה בְּעֶזְרָתִי וְהוֹשִׁיעֵנִי כִּי אַתָּה כֹּל יוּכַל, "וְלֹא יִבָּצֵר מִמְּךָ מְזִמָּה". וְאַתָּה בְּרַחֲמֶיךָ וַחֲסָדֶיךָ הָרַבִּים וּבְכֹחֲךָ הַגָּדוֹל אַתָּה מַעֲלֶה מִתַּכְלִית הַיְרִידָה לַעֲלִיָּה גְּדוֹלָה, עַד שֶׁהַיְרִידָה הִיא תַּכְלִית הָעֲלִיָּה. וְאַתָּה מְהַפֵּךְ בְּרַחֲמֶיךָ הָעֲוֹנוֹת לִזְכֻיּוֹת, כִּי מִי יֹאמַר לְךָ מַה תַּעֲשֶׂה, חוּס וַחֲמֹל עָלֵינוּ וַעֲשֵׂה אֶת אֲשֶׁר תַּעֲשֶׂה בְּרַחֲמֶיךָ וַחֲסָדֶיךָ הָעֲצוּמִים, בְּאֹפֶן שֶׁתַּעֲלֶה אוֹתָנוּ מִירִידָתֵנוּ וְתֹאמַר לְצָרוֹתֵינוּ דַּי. וְתַתְחִיל מֵעַתָּה לְהַעֲלוֹת אוֹתָנוּ מַעְלָה מָעְלָה, וְיִתְהַפְּכוּ כָּל הַיְרִידוֹת לַעֲלִיּוֹת גְּדוֹלוֹת. וּתְזַכֵּנוּ לִתְשׁוּבָה שְׁלֵמָה בֶּאֱמֶת. וְאַתָּה בְּרַחֲמֶיךָ תַּהֲפֹךְ כָּל הָעֲוֹנוֹת לִזְכֻיּוֹת.

וְתַעַזְרֵנוּ בְּרַחֲמֶיךָ, שֶׁנִּזְכֶּה לַעֲסֹק כָּל יָמֵינוּ בְּתוֹרָה וּמַעֲשִׂים טוֹבִים וּבִתְפִלָּה בֶּאֱמֶת וּבֶאֱמוּנָה וּבַעֲנָוָה אֲמִתִּיּוּת וּבִמְסִירוּת נֶפֶשׁ, וּבִדְבֵקוּת גָּדוֹל אֵלֶיךָ בְּבִטּוּל גָּמוּר. וְנִזְכֶּה בְּרַחֲמֶיךָ הָרַבִּים לְהַמְשִׁיךְ עָלֵינוּ בְּכָל פַּעַם אוֹר הָעֲדָיִים וְהַכְּתָרִים הַקְּדוֹשִׁים שֶׁהִכְתַּרְתָּ אוֹתָנוּ בְּחוֹרֵב בִּשְׁעַת קַבָּלַת הַתּוֹרָה, בָּעֵת שֶׁאָמַרְנוּ לְפָנֶיךָ נַעֲשֶׂה וְנִשְׁמַע, שֶׁאָז נִכְתְּרוּ שְׁנֵי כְּתָרִים בְּרֹאשׁ כָּל אֶחָד וְאֶחָד מִיִּשְׂרָאֵל, וְעַל־יְדֵי חֲטָאֵינוּ נִלְקְחוּ וְנִסְתַּלְּקוּ מִמֶּנּוּ. וְאַתָּה עָתִיד לְהַחֲזִירָם לָנוּ, כְּמוֹ שֶׁכָּתוּב: "וְשִׂמְחַת עוֹלָם עַל רֹאשָׁם":

רַחֵם עָלֵינוּ וְעָזְרֵנוּ. שֶׁנִּזְכֶּה לְקַדֵּשׁ וּלְטַהֵר עַצְמֵנוּ, וְנִזְכֶּה לָסוּר מֵרָע בֶּאֱמֶת, וְלַעֲשׂוֹת הַטּוֹב בְּעֵינֶיךָ תָּמִיד. וְנִזְכֶּה לַעֲסֹק בְּתוֹרָה וּתְפִלָּה תָּמִיד בֶּאֱמֶת וּבִמְסִירוּת נֶפֶשׁ, בְּאֹפֶן שֶׁנִּזְכֶּה שֶׁיַּחֲזִירוּ לָנוּ לְכָל אֶחָד וְאֶחָד אֶת שְׁנֵי כְּתָרִים הָאֵלּוּ הַנַּעֲשִׂים מִנַּעֲשֶׂה וְנִשְׁמַע, שֶׁהֵם תּוֹרָה וּתְפִלָּה שֶׁהֵם נִגְלוֹת וְנִסְתָּרוֹת שֶׁבַּתּוֹרָה. וּתְזַכֵּנִי בְּכָל פַּעַם לְהַשִּׂיג נִסְתָּרוֹת שֶׁבַּתּוֹרָה לְהַשִּׂיג תּוֹרַת יְהֹוָה. וְנִזְכֶּה לַעֲסֹק וְלִיגַע וְלִטְרֹחַ תָּמִיד בַּעֲבוֹדָתְךָ בִּדְבֵקוּת גָּדוֹל וּבִמְסִירוּת נֶפֶשׁ בֶּאֱמֶת, עַד שֶׁנִּזְכֶּה לֵילֵךְ וְלַעֲלוֹת בִּמְהִירוּת גָּדוֹל בְּכָל פַּעַם מִדַּרְגָּא לְדַרְגָּא וּמִמַּעֲלָה לְמַעֲלָה עַד שֶׁנִּזְכֶּה לְהַשִּׂיג וּלְהָבִין בְּכָל פַּעַם נִסְתָּרוֹת הַתּוֹרָה הַגְּבוֹהִים

יוֹתֵר וְיוֹתֵר. וּבְכָל פַּעַם נִזְכֶּה לְהַשָּׂגַת נַעֲשֶׂה וְנִשְׁמַע הַגָּבוֹהַּ יוֹתֵר. וְנִזְכֶּה תָּמִיד שֶׁיִּהְיֶה נַעֲשֶׂה אֶצְלֵנוּ בְּכָל פַּעַם מֵהַנִּסְתָּר – נִגְלֶה, מֵהַנִּשְׁמַע – נַעֲשֶׂה, מִתְּפִלָּה – תּוֹרָה, מִתּוֹרַת יְהוָה – תּוֹרָתֵנוּ, כְּמוֹ שֶׁכָּתוּב: "כִּי אִם בְּתוֹרַת יְהוָה חֶפְצוֹ וּבְתוֹרָתוֹ יֶהְגֶּה יוֹמָם וָלָיְלָה". וְנִזְכֶּה לְהַשִּׂיג וּלְהָבִין אֶת הָעֲבוֹדָה הַגָּבוֹהַּ שֶׁיֵּשׁ בְּדִבְרֵי הַתּוֹרָה, שֶׁהֵם סִתְרֵי תּוֹרָתְךָ שֶׁמְּלֻבָּשׁ בְּדִבְרֵי הַתּוֹרָה שֶׁהֵם הַפְּסוּקִים שֶׁסְּבִיבוֹת כָּל מִצְוָה וּמִצְוָה, אֲשֶׁר עֹצֶם גְּדֻלַּת הָעֲבוֹדָה הַקְּדוֹשָׁה שֶׁיֵּשׁ בְּאֵלּוּ הַפְּסוּקִים אֵין אָנוּ זוֹכִים לְהַשִּׂיג כְּלָל. חוּס וְחָנֵּנוּ בְּרַחֲמֶיךָ הָרַבִּים, וְזַכֵּנוּ לְהַשִּׂיג וּלְהָבִין הָעֲבוֹדָה הַגָּבוֹהַּ הַזֹּאת שֶׁנִּזְכֶּה לָדַעַת אֵיךְ לַעֲבֹד אוֹתְךָ וְלַעֲשׂוֹת רְצוֹנְךָ הַנֶּעְלָם וְהַנִּסְתָּר בְּדִבְרֵי הַתּוֹרָה הַזֹּאת. וְנִזְכֶּה לַעֲלוֹת בְּכָל פַּעַם מִדַּרְגָּא לְדַרְגָּא וּמֵעוֹלָם לְעוֹלָם הַגָּבוֹהַּ יוֹתֵר, מִנַּעֲשֶׂה וְנִשְׁמַע זֶה לְנַעֲשֶׂה וְנִשְׁמַע גָּבוֹהַּ יוֹתֵר, וְכֵן בְּכָל פַּעַם וּפַעַם לְעוֹלָם וָעֶד. כְּמוֹ שֶׁכָּתוּב: "הַנִּסְתָּרוֹת לַיהוָה אֱלֹהֵינוּ, וְהַנִּגְלֹת לָנוּ וּלְבָנֵינוּ עַד עוֹלָם, לַעֲשׂוֹת אֶת כָּל דִּבְרֵי הַתּוֹרָה הַזֹּאת". עַד שֶׁנִּזְכֶּה לַעֲלוֹת בַּעֲלִיָּה גְּדוֹלָה לְהָבִין וּלְהַשִּׂיג תּוֹרַת יְהוָה בֶּאֱמֶת לַאֲמִתּוֹ. וְנִזְכֶּה לַעֲלוֹת וּלְהִכָּלֵל בְּךָ בְּאוֹר הָאֵין סוֹף. וְנִזְכֶּה לְהִכָּלֵל בְּאַחְדוּתְךָ עַד שֶׁנִּזְכֶּה לְתוֹרַת יְהוָה וְלִתְפִלַּת יְהוָה בֶּאֱמֶת:

וּבְכֵן יְהִי רָצוֹן מִלְּפָנֶיךָ יְהֹוָה אֱלֹהֵינוּ וֵאלֹהֵי אֲבוֹתֵינוּ, שֶׁתְּרַחֵם עָלֵינוּ וְתִהְיֶה בְּעֶזְרֵנוּ וּתְזַכֵּנוּ לְשִׂמְחָה וְחֶדְוָה דִּקְדֻשָּׁה וְנִזְכֶּה לִהְיוֹת בְּשִׂמְחָה תָּמִיד. וְחֶדְוַת יְהֹוָה יִהְיֶה מָעֻזֵּנוּ. וְנִזְכֶּה עַל־יְדֵי־זֶה לְעַזּוּת דִּקְדֻשָּׁה. וְתַעַזְרֵנוּ בְּכָל עֵת לִזְכּוֹת לְקוֹלוֹת דִּקְדֻשָּׁה. וְתִתֵּן בְּלִבֵּנוּ הִתְחַזְּקוּת וְהִתְאַמְּצוּת לִצְעֹק וְלִזְעֹק אֵלֶיךָ תָּמִיד. וּתְרַחֵם עָלֵינוּ וְתוֹשִׁיעֵנוּ שֶׁנַּטֶּה אָזְנֵינוּ וְלִבֵּנוּ לִשְׁמֹעַ הֵיטֵב כָּל הַקּוֹלוֹת דִּקְדֻשָּׁה, וְיִכָּנְסוּ בְּלִבֵּנוּ הֵיטֵב, הֵן קוֹל מוֹכִיחֵי אֱמֶת הֵן קוֹל נִגּוּן וְזִמְרָה וְשִׁירוֹת וְתִשְׁבָּחוֹת לִשְׁמְךָ וְלַעֲבוֹדָתֶךָ, הֵן קוֹל הַקָּדוֹשׁ שֶׁל הַשּׁוֹפָר, הֵן קוֹל אַנְחוֹתֵינוּ וְצַעֲקוֹתֵנוּ וּתְפִלּוֹתֵינוּ, מַה שֶּׁאֲנַחְנוּ בְּעַצְמֵנוּ מִתְאַנְּחִים וְצוֹעֲקִים וּמִתְחַנְּנִים וּמִתְפַּלְלִים אֵלֶיךָ יְהֹוָה אֱלֹהֵינוּ, הֵן שְׁאָר כָּל הַקּוֹלוֹת שֶׁבִּקְדֻשָּׁה – כֻּלָּם נִזְכֶּה לְעוֹרְרָם וּלְשָׁמְעָם הֵיטֵב, וְיִכָּנְסוּ בְּלִבֵּנוּ וּבְאָזְנֵינוּ, וְיַטּוּ לְבָבֵנוּ אֵלֶיךָ בֶּאֱמֶת. וְנִזְכֶּה לְקַבֵּל עַל יָדָם עַזּוּת דִּקְדֻשָּׁה, לְהִתְגַּבֵּר עַל עַזּוּת הַגּוּף, בְּאֹפֶן שֶׁאוּכַל לְשַׁבֵּר וּלְהַכְנִיעַ וּלְבַטֵּל עַזּוּת הַגּוּף לְגַמְרֵי וְיִתְבַּטְּלוּ כָּל תַּאֲווֹת הַגּוּף וּמִדּוֹתָיו הָרָעִים, וְיִתְבַּטֵּל הַגּוּף לְגַבֵּי הַנְּשָׁמָה הַקְּדוֹשָׁה. וְאֶזְכֶּה לִהְיוֹת עַז כַּנָּמֵר בַּעֲבוֹדָתְךָ וּבְתוֹרָתְךָ וּבְיִרְאָתֶךָ, עַד שֶׁאֶזְכֶּה שֶׁתּוּכַל הַנְּשָׁמָה לְרַחֵם עַל בְּשַׂר גּוּפִי, שֶׁתִּתְקָרֵב הַנְּשָׁמָה לְהַגּוּף וְתִגָּלֶה לוֹ וְתָאִיר בּוֹ מִכָּל הֶאָרָה וּמִכָּל הַשָּׂגָה שֶׁהַנְּשָׁמָה מַשֶּׂגֶת תָּמִיד בְּכָל עֵת.

עַד שֶׁתַּגִּיעַ גַּם לְהַנְּשָׁמָה טוֹבָה עַל־יְדֵי־זֶה, שֶׁתּוּכַל הַנְּשָׁמָה לַחֲזֹר לְמַעֲלָתָהּ תָּמִיד עַל־יְדֵי הָרְשִׁימוֹת שֶׁל הַהֶאָרוֹת, שֶׁהֵאִירָה בִּבְשַׂר הַגּוּף. וְנִזְכֶּה לִהְיוֹת דְּבֵקִים בְּךָ תָּמִיד, בְּגוּף וָנֶפֶשׁ בֶּאֱמֶת בְּתַכְלִית הַשְּׁלֵמוּת:

כִּי אַתָּה לְבַד יָדַעְתָּ גֹּדֶל הָרַחֲמָנוּת, שֶׁיֵּשׁ עַכְשָׁו עַל גּוּפִי הָרָחוֹק מֵהַנְּשָׁמָה בְּתַכְלִית הָרִחוּק, וְגַם לְהַנְּשָׁמָה מַגִּיעַ פְּגָם גָּדוֹל, חַס וְשָׁלוֹם, עַל יְדֵי רִחוּק הַגּוּף מֵהַנְּשָׁמָה, כַּאֲשֶׁר אַתָּה יָדַעְתָּ. חוּס וַחֲמֹל עָלַי, וְתֵן בְּלִבִּי רַחֲמָנוּת בֶּאֱמֶת, שֶׁאֶזְכֶּה לְרַחֵם עַל בְּשַׂר גּוּפִי, וְאֶזְכֶּה לְהִתְגַּבֵּר בְּעַזּוּת דִּקְדֻשָּׁה, בְּקוֹלוֹת דִּקְדֻשָּׁה לְהַכְנִיעַ וּלְשַׁבֵּר וּלְבַטֵּל עַל־יְדֵי־זֶה עַזּוּת גּוּפִי, עַד שֶׁגּוּפִי יִתְבַּטֵּל לְגַבֵּי נִשְׁמָתִי לְגַמְרֵי, עַד שֶׁתּוּכַל הַנְּשָׁמָה לְהָאִיר בּוֹ, עַד שֶׁגַּם הַגּוּף יֵדַע מִכָּל הֶאָרָה וּמִכָּל הַשָּׂגָה שֶׁהַנְּשָׁמָה שֶׁלִּי מַשֶּׂגֶת לְמַעְלָה תָּמִיד בְּכָל עֵת:

וְזַכֵּנִי לְהִתְקָרֵב לְצַדִּיקֵי אֱמֶת וּלְמוֹכִיחֵי אֱמֶת. וְאֶזְכֶּה שֶׁיִּהְיֶה לִי עַזּוּת דִּקְדֻשָּׁה לִהְיוֹת עַז כַּנָּמֵר לַעֲמֹד כְּנֶגֶד עַזֵּי פָּנִים שֶׁבַּדּוֹר, הָרוֹצִים לְהַרְחִיק מִצַּדִּיקֵי אֱמֶת. וְתַצִּילֵנִי וְתַבְדִּילֵנִי מִן הַתּוֹעִים וּמִן מַנְהִיגֵי שֶׁקֶר אֲשֶׁר כָּל מַלְכוּתָם וְהִתְנַשְּׂאוּת שֶׁלָּהֶם הוּא רַק עַל־יְדֵי עַזּוּת דְּסִטְרָא אַחֲרָא לְבַד, שֶׁהִיא מַלְכוּתָא בְּלָא

תַגָּא. וְהֵם מִשְׂתָּרְרִים וּמִתְגָּאִים עַל עַם דַּל בְּחִנָּם, אֲשֶׁר אַתָּה לְבַד יָדַעְתָּ כַּמָּה רָעוֹת הֵם גּוֹרְמִים, חַס וְשָׁלוֹם. וְלֹא דַי שֶׁאֵינָם יְכוֹלִים לְקָרֵב אוֹתָנוּ אֵלֶיךָ בֶּאֱמֶת כִּי אִם שֶׁרוֹצִים לְרַחֲקֵנוּ, חַס וְשָׁלוֹם, מְנַקֶּדֶת הָאֱמֶת מִצַּדִּיקֵי אֱמֶת מְכַשְּׁרִים אֲמִתִּיִּים. רַחֵם עָלֵינוּ בְּרַחֲמֶיךָ וְתַבְדִּילֵנוּ מִן הַצְּבוּעִים וְהַשַּׁקְרָנִים מִמַּנְהִיגֵי שֶׁקֶר, וְתֵן לָנוּ עַזּוּת דִּקְדֻשָּׁה שֶׁנּוּכַל לַעֲמֹד כְּנֶגֶד עַזּוּתָם. וְתַעַזְרֵנוּ בְּרַחֲמֶיךָ הָרַבִּים שֶׁיִּהְיֶה לָנוּ כֹּחַ עַל־יְדֵי עַזּוּת דִּקְדֻשָּׁה לְהוֹסִיף עֹז וְתַעֲצוּמוֹת בִּקְדֻשָּׁה שֶׁלְּמַעְלָה. וְאַתָּה תַשְׁפִּיעַ וְתִתֵּן עָלֵינוּ תּוֹסָפוֹת עֹז וְתַעֲצוּמוֹת מֵאִתְּךָ לְהִתְגַּבֵּר וּלְהִתְאַמֵּץ בַּעֲבוֹדָתְךָ וּבְתוֹרָתְךָ וּבְיִרְאָתְךָ בְּכֹחַ וּגְבוּרָה גְּדוֹלָה וּבְעַזּוּת גָּדוֹל דִּקְדֻשָּׁה. וְלֹא נִתְבַּיֵּשׁ מִפְּנֵי הַמַּלְעִיגִים וְלֹא יִפֹּל עָלֵינוּ שׁוּם מוֹרָא וָפַחַד וּבוּשָׁה, וְלֹא שׁוּם חֲלִישׁוּת הַדַּעַת מִשּׁוּם אָדָם וּמִשּׁוּם נִבְרָא שֶׁבָּעוֹלָם, כִּי אִם מִמְּךָ לְבַד נִירָא וְנִפְחַד וְנִתְבַּיֵּשׁ תָּמִיד לְבִלְתִּי לָסוּר מֵרְצוֹנְךָ יָמִין וּשְׂמֹאל מֵעַתָּה וְעַד עוֹלָם. וִיקֻיַּם בָּנוּ מִקְרָא שֶׁכָּתוּב: "תְּנוּ עֹז לֵאלֹהִים עַל יִשְׂרָאֵל גַּאֲוָתוֹ וְעֻזּוֹ בַּשְּׁחָקִים, נוֹרָא אֱלֹהִים מִמִּקְדָּשֶׁיךָ אֵל יִשְׂרָאֵל הוּא נוֹתֵן עֹז וְתַעֲצֻמוֹת לָעָם בָּרוּךְ אֱלֹהִים":

וְתַשְׁפִּיעַ עָלֵינוּ בְּרַחֲמֶיךָ הָרַבִּים דַּעַת דִּקְדֻשָּׁה, שֶׁאֶזְכֶּה לֵידַע אֵיךְ לְהִתְנַהֵג עִם הָעַזּוּת

בְּאֹפֶן שֶׁלֹּא יִהְיֶה לִי שׁוּם עַזּוּת דְּסִטְרָא אָחֳרָא כְּלָל, וְלֹא אֶשְׁתַּמֵּשׁ עִם הָעַזּוּת כִּי אִם לִשְׁמְךָ וְלַעֲבוֹדָתְךָ בֶּאֱמֶת. וְתַצִּילֵנִי וְתִמַלְּטֵנִי מִדִּינָהּ שֶׁל גֵּיהִנֹּם הַקָּשֶׁה וּמַר מְאֹד הַמַּגִּיעַ לְהָעַזֵּי פָּנִים, אֲשֶׁר הֵם נוֹפְלִים בְּגֵיהִנֹּם בְּאֵין סוֹמֵךְ וּמַצִּיל. חוּס וַחֲמֹל עָלַי בְּחֶמְלָתְךָ הָאֲמִתִּיִּים, חוּס וַחֲמֹל עָלַי וְתַצִּילֵנִי מִכָּל מִינֵי עַזּוּת דְּסִטְרָא אָחֳרָא מִכָּל מִינֵי עַזּוּת הַגּוּף. וּתְזַכֵּנִי לְעַזּוּת דִּקְדֻשָּׁה בֶּאֱמֶת לַעֲמֹד כְּנֶגֶד הָעַזֵּי פָּנִים שֶׁבַּדּוֹר הָרוֹצִים לְרַחֵק מִדַּרְכֵי אֱמֶת אוֹ לְהַחֲלִישׁ דַּעְתָּם, חַס וְשָׁלוֹם, שֶׁל הָרוֹצִים לְהִתְקָרֵב לְדַרְכֵי הַקְּדֻשָּׁה בֶּאֱמֶת. וְתַעַזְרֵנוּ שֶׁנִּהְיֶה עַז כַּנָּמֵר נֶגְדָּם לְנַצְּחָם וּלְהַשְׁפִּילָם עַד עָפָר, לְשַׁבְּרָם וּלְבַטְּלָם לְגַמְרֵי. וּתְזַכֵּנִי שֶׁאֶהְיֶה עַז וְחָזָק בַּעֲבוֹדָתְךָ תָּמִיד, וְאֶזְכֶּה לְכָל הַקּוֹלוֹת דִּקְדֻשָּׁה, וּלְהִתְגַּבֵּר עַל יָדָם עַל כָּל מִינֵי עַזּוּת שֶׁל הַגּוּף עַד שֶׁיִּתְבַּטְּלוּ כָּל תַּאֲווֹת הַגּוּף וּמִדּוֹתָיו הָרָעִים.

וְאֶזְכֶּה לְהִתְקָרֵב לְצַדִּיקֵי אֱמֶת בֶּאֱמֶת, וּלְהִתְחַבֵּר תָּמִיד עִם אֲנָשִׁים כְּשֵׁרִים וִירֵאִים בֶּאֱמֶת, הַהוֹלְכִים בְּדֶרֶךְ הָאֱמֶת כִּרְצוֹנְךָ הַטּוֹב. "יְהֹוָה עִזּוּז וְגִבּוֹר, יְהֹוָה אִישׁ מִלְחָמָה, תְּנָה עֻזְּךָ לְעַבְדֶּךָ וְהוֹשִׁיעָה לְבֶן אֲמָתֶךָ", וְזַכֵּנִי לְעַזּוּת דִּקְדֻשָּׁה הַנִּמְשָׁךְ מִבֹּשֶׁת פָּנִים דִּקְדֻשָּׁה, מֵעֵדֶן עִלָּאָה דְּסָתִים וְגָנִיז, מֵחָכְמָה עִלָּאָה, מִמַּאֲמַר הַשָּׁלֵם שֶׁהוּא "בְּרֵאשִׁית", אֲשֶׁר עַל יְדֵי

זֶה תִּבָּנֶה יְרוּשָׁלַיִם עִירְךָ בִּמְהֵרָה בְּיָמֵינוּ, קִרְיָה נֶאֱמָנָה. נַהֲלֵנוּ בְּעָזְּךָ אֶל נְוֵה קָדְשֶׁךָ, וּתְזַכֵּנוּ עַל יְדֵי זֶה לֶאֱמוּנָה שְׁלֵמָה וּלְהִתְקָרֵב וּלְהִכָּלֵל בְּצַדִּיקִים אֲמִתִּיִּים הַכְּלוּלִים מִשִּׁבְעָה רוֹעִים שֶׁהֵם כְּלָלִיּוּת הַקְּדֻשָּׁה. וְיִמְשַׁךְ עַל יָדָם עָלַי וְעַל זַרְעִי וְעַל כָּל עַמְּךָ בֵּית יִשְׂרָאֵל אֱמוּנָה שְׁלֵמָה בֶּאֱמֶת. וְאֶזְכֶּה בְּרַחֲמֶיךָ הָרַבִּים לְהַאֲמִין בְּךָ וּבְצַדִּיקֶיךָ הָאֲמִתִּיִּים וּבְמוֹכִיחֵי אֱמֶת שֶׁהָיוּ בְּכָל דּוֹר וָדוֹר וְשֶׁבַּדּוֹר הַזֶּה, בֶּאֱמֶת וּבֶאֱמוּנָה שְׁלֵמָה, בְּלִי שׁוּם בִּלְבּוּל וּנְטִיָּה כְּלָל. וְאֶזְכֶּה עַל יְדֵי הָאֱמוּנָה לְקַבֵּל מוּסָר מִמּוֹכִיחֵי אֱמֶת, וְאֶשְׁמַע בְּקוֹלָם, וְיִכָּנְסוּ דִּבְרֵיהֶם הָאֲמִתִּיִּים בְּאָזְנַי וּבְלִבִּי, וְאַטֶּה לְבָבִי אֲלֵיהֶם, וַאֲבַטֵּל עַצְמִי לְגַמְרֵי אֲלֵיהֶם, עַד שֶׁאֶזְכֶּה לִהְיוֹת כִּרְצוֹן הַצַּדִּיקֵי אֱמֶת, וְלֹא אָסוּר מִדִּבְרֵיהֶם וּמֵרְצוֹנָם יָמִין וּשְׂמֹאל:

וּתְזַכֵּנִי בְּרַחֲמֶיךָ הָרַבִּים לְשִׁמּוּשׁ דִּקְדֻשָּׁה. שֶׁאֶזְכֶּה לְשַׁמֵּשׁ צַדִּיקִים אֲמִתִּיִּים וּמוֹכִיחֵי אֱמֶת, וְאֶזְכֶּה לַעֲמֹד לִפְנֵיהֶם וּלְשַׁמְּשָׁם וּלְהִטַּפֵּל בָּהֶם וְלַעֲשׂוֹת כָּל צָרְכֵיהֶם וּרְצוֹנָם, לְמַעַן אֶזְכֶּה עַל יְדֵי זֶה שֶׁיִּהְיֶה לִי אֵיזֶה שַׁיָּכוּת וְהִתְקָרְבוּת לָהֶם. כִּי אַתָּה יָדַעְתָּ גֹּדֶל רִחוּקִי מִצַּדִּיקֵי אֱמֶת, עַד שֶׁאֵין לִי שׁוּם שַׁיָּכוּת וְהִתְקָרְבוּת לָהֶם, עַד שֶׁאֲפִלּוּ כְּשֶׁאֲנִי זוֹכֶה לִשְׁמֹעַ דִּבּוּר הַקָּדוֹשׁ מֵהֶם, אֵינוֹ נִשְׁמָע לְאָזְנַי עֶצֶם קוֹל

הַדִּבּוּר, כִּי אִם קוֹל הֲבָרָה, הַנֶּאֱחָז וּמִתְדַּבֵּק בְּקוֹל דִּקְדֻשָּׁה עַל יְדֵי חֲטָאַי וַעֲווֹנוֹתַי הַמְרֻבִּים. וְגַם אֲפִלּוּ קוֹל אַנְחָתִי וְזַעֲקָתִי בְּעַצְמִי אֵינִי זוֹכֶה לִשְׁמֹעַ הֵיטֵב, כִּי אִם קוֹל הֲבָרָה.

אָנָּא יְהוָה, חֲמֹל עָלַי, וְזַכֵּנִי לְשִׁמּוּשׁ דִּקְדֻשָּׁה, שֶׁאֶזְכֶּה בְּרַחֲמֶיךָ לַעֲשׂוֹת מִצְווֹת הַרְבֵּה בְּגוּפִי, שֶׁיִּזְכֶּה גוּפִי לְשַׁמֵּשׁ אֶת הַנְּשָׁמָה בַּעֲשִׂיַּת מִצְווֹת מַעֲשִׂיּוֹת הַרְבֵּה תָּמִיד. וְכֵן אֶזְכֶּה לְשַׁמֵּשׁ הַרְבֵּה תַּלְמִידֵי חֲכָמִים וְצַדִּיקִים אֲמִתִּיִּים, בְּאֹפֶן שֶׁאֶזְכֶּה לִשְׁמֹעַ כָּל הַקּוֹלוֹת דִּקְדֻשָּׁה בְּעַצְמָם, בְּלִי שׁוּם אֲחִיזַת קוֹל הֲבָרָה כְּלָל. וְאַתָּה בְּרַחֲמֶיךָ תִּמְחֹל וְתִסְלַח לִי עַל כָּל עֲווֹנוֹתַי וּפְשָׁעַי וַחֲטָאַי, וְתָסִיר וּתְבַטֵּל כָּל הַמְקַטְרְגִים שֶׁנַּעֲשׂוּ עַל יְדֵי עֲווֹנוֹתַי הַמְרֻבִּים, וְתַכְנִיעֵם וְתַשְׁפִּילֵם וּתְבַטְּלֵם בְּבִטּוּל גָּמוּר, וְתִהְיֶה בְּעֶזְרִי שֶׁאֶתְגַּבֵּר בְּעַזּוּת דִּקְדֻשָּׁה עַל עַזּוּת גּוּפִי, עַד שֶׁאֶזְכֶּה לְשַׁבֵּר וּלְבַטֵּל כָּל תַּאֲווֹת הַגּוּף וּמִדּוֹתָיו הָרָעִים, עַד שֶׁיִּתְבַּטֵּל גּוּפִי לְגַמְרֵי לְגַבֵּי הַנְּשָׁמָה הַקְּדוֹשָׁה, וְיִכָּלֵל וְיִתְאַחֵד הַגּוּף עִם הַנְּשָׁמָה בְּתַכְלִית הַהִתְאַחֲדוּת. וְתָאִיר וְתִגָּלֶה הַנְּשָׁמָה לְהַגּוּף כָּל הֶהָאָרוֹת וְכָל הַהַשָּׂגוֹת שֶׁהִיא מַשֶּׂגֶת תָּמִיד לְמַעְלָה. וְאָנֹכִי בִּכְלַל גּוּפִי וְנַפְשִׁי וְרוּחִי וְנִשְׁמָתִי אֶתְקָרֵב וְאֶתְאַחֵד עִם צַדִּיקֵי אֱמֶת וְאֶהְיֶה נִכְלָל בָּהֶם בֶּאֱמֶת, עַד שֶׁאֶזְכֶּה לְהִכָּלֵל בְּךָ בֶּאֱמֶת

מֵעַתָּה וְעַד עוֹלָם:

וּתְעוֹרֵר רַחֲמֶיךָ עָלֵינוּ. וְתִשְׁלַח לָנוּ מַנְהִיג אֲמִתִּי רוֹעֶה נֶאֱמָן, שֶׁיִּהְיֶה לוֹ כֹּחַ לְקָרְבֵנוּ אֵלֶיךָ בֶּאֱמֶת. וְנִזְכֶּה לְהִכָּלֵל בְּשִׁבְעָה רוֹעִים דִּקְדֻשָּׁה שֶׁהֵם כְּלָלִיּוּת הַקְּדֻשָּׁה, כְּלָלִיּוּת אֱמוּנָה הַקְּדוֹשָׁה שֶׁל יִשְׂרָאֵל עַם קָדְשֶׁךָ. וְתַמְשִׁיךְ עָלֵינוּ וְתַשְׁפִּיעַ עָלֵינוּ אֱמוּנָה הַקְּדוֹשָׁה עַל יָדָם. וַעֲשֵׂה לְמַעַנְךָ וּלְמַעַן הַשִּׁבְעָה רוֹעִים שֶׁהֵם אַבְרָהָם יִצְחָק וְיַעֲקֹב מֹשֶׁה אַהֲרֹן יוֹסֵף דָּוִד, וּלְמַעַן כָּל הַצַּדִּיקִים שֶׁהָיוּ בְּכָל דּוֹר וָדוֹר עַד עַתָּה, וּלְמַעַן הַצַּדִּיקִים אֲמִתִּיִּים שֶׁבַּדּוֹר הַזֶּה וּלְמַעַן כָּל בֵּית יִשְׂרָאֵל עַמֶּךָ. וְתַשְׁפִּיעַ עָלֵינוּ מִמְּעוֹן קָדְשָׁתְךָ וְתֵיטִיב לָנוּ בְּטוּבְךָ הָאֱמֶת. וּתְחָנֵּנוּ בַּחֲסָדֶיךָ הַגְּדוֹלִים וְתִמָּלֵא רַחֲמִים עָלֵינוּ בְּרַחֲמֶיךָ הָרַבִּים. וְתָשִׁיב פָּנֶיךָ אֵלֵינוּ, וְתִקְבַּע וְתִטַּע בְּלִבֵּנוּ אֱמוּנָתְךָ הַקְּדוֹשָׁה בִּשְׁלֵמוּת, שֶׁנִּזְכֶּה לְהַאֲמִין בְּךָ, יְהֹוָה אֱלֹהֵינוּ וֵאלֹהֵי אֲבוֹתֵינוּ, וּבְצַדִּיקֶיךָ הָאֲמִתִּיִּים, הֵן בְּצַדִּיקִים אֲמִתִּיִּים שׁוֹכְנֵי עָפָר, קְדוֹשִׁים אֲשֶׁר בָּאָרֶץ הֵמָּה, הֵן בְּצַדִּיקֵי אֱמֶת וּמוֹכִיחֵי אֱמֶת וּכְשֵׁרִים אֲמִתִּיִּים שֶׁבַּדּוֹר הַזֶּה, בְּכֻלָּם אֶזְכֶּה לְהַאֲמִין בֶּאֱמֶת וּבֶאֱמוּנָה שְׁלֵמָה בְּלִי שׁוּם בִּלְבּוּל וּנְטִיָּה כְּלָל, חַס וְשָׁלוֹם, וְלֹא יִהְיֶה לִי שׁוּם הִרְהוּר אַחֲרֵיהֶם כְּלָל. וְאֶזְכֶּה עַל יְדֵי הָאֱמוּנָה הַשְּׁלֵמָה לְמַלֹּאת הֶאָרַת הַיָּדַיִם הַקְּדוֹשִׁים, וְאֶזְכֶּה לְמַלֹּאת יָדַי

הַיּוֹם לַיהוָה.

וְתִתֵּן לִי כֹּחַ לְהַכְנִיעַ וּלְשַׁבֵּר וּלְבַטֵּל כָּל מִינֵי אֱמוּנוֹת כּוֹזְבִיּוֹת מִן הָעוֹלָם וְכֻלָּם יָשׁוּבוּ לֶאֱמוּנָתְךָ הַקְּדוֹשָׁה. וְאֶזְכֶּה עַל יְדֵי הָאֱמוּנָה הַשְּׁלֵמָה לְקַבֵּל מוּסָר וְתוֹכָחָה מִמּוֹכִיחֵי אֱמֶת, וְיִכָּנְסוּ דִּבְרֵיהֶם בְּלִבֵּנוּ בֶּאֱמֶת. וְנִזְכֶּה לָשׁוּב עַל יְדֵי זֶה בִּתְשׁוּבָה שְׁלֵמָה אֵלֶיךָ בֶּאֱמֶת. וּתְקַבֵּץ נִדְחֵי יִשְׂרָאֵל, וּתְבַטֵּל בְּרַחֲמֶיךָ הָרַבִּים כָּל מִינֵי גֵּרוּשׁ וּמַחֲלֹקֶת מִן הָעוֹלָם, שֶׁלֹּא יְגֹרְשׁוּ עַמְּךָ בֵּית יִשְׂרָאֵל מִמְּקוֹמָם לְעוֹלָם. וְכָל אוֹתָן שֶׁכְּבָר נִתְגָּרְשׁוּ וְנִדְּחוּ מִמְּקוֹמָם מֵעַמְּךָ בֵּית יִשְׂרָאֵל בִּכְלָל וּבִפְרָט כֻּלָּם תַּחֲזִירֵם וּתְשִׁיבֵם לִמְקוֹמָם בְּשָׁלוֹם. וְתָשִׂים שָׁלוֹם בָּעוֹלָם, וּתְבַטֵּל כָּל מִינֵי מַחֲלֹקֶת מִן הָעוֹלָם.

וּתְרַחֵם עָלֵינוּ וּתְטַהֵר עַמְּךָ יִשְׂרָאֵל. וְתִשְׁמְרֵנוּ וְתַצִּילֵנוּ תָּמִיד מִפְּגַם טֻמְאַת נִדָּה חַס וְשָׁלוֹם. וְתַבְדִּיל וְתַפְרִישׁ אוֹתָנוּ וְכָל עַמְּךָ בֵּית יִשְׂרָאֵל מִפְּגַם טֻמְאָה זוֹ לְגַמְרֵי, שֶׁלֹּא יֶאֱרַע לָנוּ וְלֹא יִזְדַּמֵּן לָנוּ שׁוּם מִכְשׁוֹל וּפְגָם, חַס וְשָׁלוֹם, מִפְּגַם עֲוֹן נִדָּה, חַס וְשָׁלוֹם, רַק נִזְכֶּה לִהְיוֹת קְדוֹשִׁים וּטְהוֹרִים תָּמִיד:

וְהוֹשִׁיעֵנוּ בְּרַחֲמֶיךָ הָרַבִּים, וּשְׁלַח לָנוּ צַדִּיקֵי אֱמֶת

מוֹכִיחֵי אֱמֶת, שֶׁיִּהְיֶה לָהֶם כֹּחַ וְחָכְמָה לַעֲשׂוֹת שָׁלוֹם בֵּין יִשְׂרָאֵל לַאֲבִיהֶם שֶׁבַּשָּׁמַיִם, שֶׁיַּעַסְקוּ לְהוֹכִיחַ אֶת יִשְׂרָאֵל בְּתוֹכָחָה הָרָאוּי. וְיִהְיוּ יוֹדְעִים אֵיךְ לְהוֹכִיחַ אוֹתָם. וְיוֹדִיעוּ לָנוּ לְכָל אֶחָד וְאֶחָד אֶת גֹּדֶל עֹצֶם הַפְּגַם שֶׁל כָּל חֵטְא וְעָוֹן, בְּאֹפֶן שֶׁנָּשׁוּב מֵהֶם. וְיַחֲזִירוּ כָּל יִשְׂרָאֵל בִּתְשׁוּבָה שְׁלֵמָה לְפָנֶיךָ. וְיִהְיוּ יְכוֹלִים לְרַצּוֹת אוֹתְךָ וּלְפַתּוֹתְךָ בְּעָתֶר, וּלְהַקְטִין לְפָנֶיךָ מְאֹד כָּל חַטָּאֵינוּ וַעֲווֹנוֹתֵינוּ וּפְשָׁעֵינוּ, עַד שֶׁתִּמָּלֵא רַחֲמִים עָלֵינוּ וְעַל כָּל עַמְּךָ בֵּית יִשְׂרָאֵל, וְתִסְלַח לְכָל עֲווֹנוֹתֵינוּ וְתִמְחֹל לְכָל פְּשָׁעֵינוּ וְחַטֹּאתֵנוּ, שֶׁחָטָאנוּ וְשֶׁעָוִינוּ וְשֶׁפָּשַׁעְנוּ לְפָנֶיךָ בִּכְלָל וּבִפְרָט, בַּדּוֹר הַזֶּה וּבַדּוֹרוֹת הַקּוֹדְמִים, בְּגִלְגּוּל זֶה וּבְגִלְגּוּל אַחֵר – עַל כֻּלָּם תִּמְחֹל וְתִסְלַח אֱלוֹהַּ סְלִיחוֹת. וְתָשִׁיב פָּנֶיךָ אֵלֵינוּ, וּתְרַחֵם עָלֵינוּ תָּמִיד, וְתִבְנֶה עִירְךָ יְרוּשָׁלַיִם קִרְיָה נֶאֱמָנָה בִּמְהֵרָה בְיָמֵינוּ. וְתָשִׂים שָׁלוֹם בָּעוֹלָם. וְנִזְכֶּה בְּרַחֲמֶיךָ עַל יְדֵי צַדִּיקֶיךָ הָאֲמִתִּיִּים לְתַקֵּן בִּשְׁלֵמוּת שְׁנֵי הַחוֹתָמוֹת דִּקְדֻשָּׁה; חוֹתָם בְּתוֹךְ חוֹתָם, חוֹתַם הַיָּדַיִן וְחוֹתַם הָרַגְלַיִן. וְתַמְתִּיק וּתְבַטֵּל כָּל מִינֵי דִינִים מֵעָלֵינוּ וּמֵעַל כָּל עַמְּךָ בֵּית יִשְׂרָאֵל לְעוֹלָם:

וְתַעֲזֹר לָנוּ בְּרַחֲמֶיךָ הָרַבִּים לְהִתְפַּלֵּל בְּכַוָּנָה גְּדוֹלָה תָּמִיד, וּבִפְרָט בְּיֶרַח הָאֵיתָנִים בְּרֹאשׁ הַשָּׁנָה וְיוֹם הַכִּפּוּרִים וְהוֹשַׁעְנָא רַבָּא עָזְרֵנוּ לְהִתְפַּלֵּל אָז בְּכֹחַ

גָּדוֹל וּבְכַוָּנָה גְּדוֹלָה וַעֲצוּמָה. וְתַזְמִין לָנוּ בְּרַחֲמֶיךָ בְּרֹאשׁ הַשָּׁנָה וְיוֹם כִּפּוּר מִתְפַּלְּלִים וְתוֹקְעִים הֲגוּנִים וּכְשֵׁרִים, שֶׁיִּהְיֶה לָהֶם כֹּחַ לְרַצּוֹתְךָ וּלְפַתּוֹתְךָ וּלְעוֹרֵר רַחֲמֶיךָ. וְתַעַזְרֵנוּ לִשְׁמֹעַ קוֹל שׁוֹפָר בְּרֹאשׁ הַשָּׁנָה בְּכַוָּנָה שְׁלֵמָה כָּרָאוּי. וְנִזְכֶּה לְקַיֵּם מִצְוַת שְׁמִיעַת קוֹל שׁוֹפָר בִּשְׁלֵמוּת עִם כָּל פְּרָטֶיהָ וְדִקְדּוּקֶיהָ וְכַוָּנוֹתֶיהָ וְתַרְיַ"ג מִצְווֹת הַתְּלוּיִים בָּהּ וּבְלֵב טוֹב וּבְשִׂמְחָה גְּדוֹלָה, וְנִזְכֶּה לִשְׁמֹעַ קוֹל הַשּׁוֹפָר בְּעַצְמוֹ וְלֹא שׁוּם קוֹל אַחֵר. וְיִכָּנֵס קוֹל הַשּׁוֹפָר הַקָּדוֹשׁ בְּלִבֵּנוּ הֵיטֵב וְיִמְשֹׁךְ עָלֵינוּ קְדֻשָּׁה גְּדוֹלָה עַל יְדֵי כָּל הַקּוֹלוֹת הַקְּדוֹשִׁים שֶׁל הַשּׁוֹפָר. וְיִתְגַּבֵּר וְיִתְחַזֵּק קוֹל הַשּׁוֹפָר הַקָּדוֹשׁ בְּרֹאשׁ הַשָּׁנָה "הֵן יִתֵּן בְּקוֹלוֹ קוֹל עֹז". וְיִפֹּל עָלֵינוּ פַּחַד וַחֲרָדָה וְאֵימָה וְיִרְאָה וּבוּשָׁה גְּדוֹלָה וַעֲצוּמָה מִפָּנֶיךָ עַל יְדֵי קוֹל הַשּׁוֹפָר. כְּמוֹ שֶׁכָּתוּב: "אִם יִתָּקַע שׁוֹפָר בְּעִיר וְעָם לֹא יֶחֱרָדוּ". וְקוֹל הַשּׁוֹפָר יִהְיֶה הוֹלֵךְ וְחָזֵק מְאֹד, עַד שֶׁיַּכְנִיעַ וִישַׁבֵּר וִיבַטֵּל כָּל מִינֵי עַזּוּת דְּסִטְרָא אַחֲרָא, הֵן עַזּוּת הַגּוּף הֵן עַזּוּת שֶׁל הָעַזֵּי פָּנִים שֶׁבַּדּוֹר. וְנִזְכֶּה לִשְׁמֹעַ כָּל הַקּוֹלוֹת הַקְּדוֹשִׁים שֶׁל הַשּׁוֹפָר הַקָּדוֹשׁ בִּשְׁלֵמוּת, הֵן קוֹל תְּקִיעָה, הֵן קוֹל שְׁבָרִים, הֵן קוֹל תְּרוּעָה. וְנִשְׁמַע הֵיטֵב וּנְקַבֵּל בְּלִבֵּנוּ קְדֻשַּׁת כָּל הַקּוֹלוֹת הַלָּלוּ, עַד שֶׁיִּהְיֶה נִשְׁבָּר עַזּוּת גּוּפֵנוּ עַל יְדֵי זֶה וְיִתְעוֹרֵר לִבֵּנוּ בִּתְשׁוּבָה שְׁלֵמָה לְפָנֶיךָ. וְנִזְכֶּה לִהְיוֹת "שְׂמֵחִים וְטוֹבֵי לֵב" בְּרֹאשׁ הַשָּׁנָה בְּכָל הַיּוֹם כֻּלּוֹ, עַד

שֶׁנִּתְעוֹרֵר בִּבְכִיָּה גְּדוֹלָה מִתּוֹךְ הַשִּׂמְחָה הָעֲצוּמָה בְּשִׁמְךָ הַגָּדוֹל, וִיקֻיַּם בָּנוּ מִקְרָא שֶׁכָּתוּב: "בְּשִׁמְךָ יְגִילוּן כָּל הַיּוֹם, וּבְצִדְקָתְךָ יָרוּמוּ. כִּי תִפְאֶרֶת עֻזָּמוֹ אָתָּה וּבִרְצוֹנְךָ תָּרוּם קַרְנֵנוּ":

רִבּוֹנוֹ שֶׁל עוֹלָם, אַתָּה יָדַעְתָּ שֶׁכָּל קְדֻשָּׁתֵנוּ תְּלוּיָה בִּימֵי רֹאשׁ הַשָּׁנָה הַקְּדוֹשִׁים שֶׁהוּא הַתְחָלַת הַשָּׁנָה, יוֹם רִאשׁוֹן בַּשָּׁנָה, זֶה הַיּוֹם תְּחִלַּת מַעֲשֶׂיךָ זִכָּרוֹן לְיוֹם רִאשׁוֹן, אֲשֶׁר מִשָּׁם נִמְשָׁךְ הַקְּדֻשָּׁה עַל כָּל הַשָּׁנָה כֻּלָּהּ. חוּס וַחֲמוֹל עָלֵינוּ, וְעָזְרֵנוּ וְזַכֵּנוּ לְקַבֵּל רֹאשׁ הַשָּׁנָה בִּקְדֻשָּׁה גְּדוֹלָה וּבְשִׂמְחָה גְּדוֹלָה, וְתַעַזְרֵנוּ שֶׁנִּזְכֶּה לְטַהֵר וּלְקַדֵּשׁ מַחְשְׁבוֹתֵינוּ מְאֹד בְּרֹאשׁ הַשָּׁנָה בִּקְדֻשָּׁה וּבְטָהֳרָה גְּדוֹלָה וַעֲצוּמָה מְאֹד בֶּאֱמֶת כָּרָאוּי בְּרֹאשׁ הַשָּׁנָה, כַּאֲשֶׁר אַתָּה יָדַעְתָּ אֵיךְ צְרִיכִים לְהִזָּהֵר לִשְׁמֹר אֶת הַמַּחֲשָׁבָה בִּקְדֻשָּׁה בְּרֹאשׁ הַשָּׁנָה. וְנִזְכֶּה בִּזְכוּת וְכֹחַ צַדִּיקֵי אֱמֶת שֶׁיִּהְיֶה נִשְׁלָם עַל יָדֵינוּ כָּל הַתִּקּוּנִים וְהַיִּחוּדִים וְהַקְּדֻשּׁוֹת שֶׁצְּרִיכִים לְתַקֵּן וּלְיַחֵד לְמַעְלָה בְּרֹאשׁ הַשָּׁנָה וְיוֹם הַכִּפּוּרִים, וּלְהַמְשִׁיךְ קְדֻשָּׁה עָלֵינוּ וְעַל כָּל עַמְּךָ בֵּית יִשְׂרָאֵל מֵרֹאשׁ הַשָּׁנָה עַל כָּל הַשָּׁנָה כֻּלָּהּ. "מֵרֵשִׁית הַשָּׁנָה וְעַד אַחֲרִית שָׁנָה". כִּי אַתָּה יָדַעְתָּ כִּי בְּגָלוּתֵנוּ הַמַּר הַזֶּה, בְּעִקְבָא דִמְשִׁיחָא, אֵין לָנוּ שׁוּם כֹּחַ וְהִתְחַזְּקוּת דִּקְדֻשָּׁה כִּי אִם עַל יְדֵי רֹאשׁ הַשָּׁנָה הַקָּדוֹשׁ אֲשֶׁר נָתַתָּ לָנוּ בְּרַחֲמֶיךָ מַתָּנָה

טוֹבָה וִיקָרָה. וַאֲנַחְנוּ בַּעֲנִיֵּנוּ אֵין לָנוּ שׁוּם שֵׂכֶל וָדַעַת אֵיךְ וּבְאֵיזֶה אֹפֶן לְהַמְשִׁיךְ עָלֵינוּ קְדֻשַּׁת רֹאשׁ הַשָּׁנָה כָּרָאוּי. אַתָּה יָדַעְתָּ אֶת לְבָבֵנוּ, קוּמָה בְּעֶזְרָתֵנוּ בְּעֵת צָרָה הַזֹּאת בְּאַחֲרִית הַיָּמִים, וְעָזְרֵנוּ וְהוֹשִׁיעֵנוּ. וַחֲמֹל נָא עָלֵינוּ, אֲדוֹנֵנוּ אֱלֹהֵינוּ, אָבִינוּ מַלְכֵּנוּ צוּרֵנוּ וְגוֹאֲלֵנוּ, וְרַחֵם עָלֵינוּ בִּזְכוּת צַדִּיקֵי אֱמֶת שֶׁבַּדּוֹר הַזֶּה, וּבִזְכוּת צַדִּיקֵי אֱמֶת הַקְּדוֹשִׁים אֲשֶׁר בָּאָרֶץ הֵמָּה, אֲשֶׁר אָנוּ וְכָל עַמְּךָ בֵּית יִשְׂרָאֵל הוֹלְכִים וְסוֹבְבִים, וּמִשְׁתַּטְּחִים עַל קִבְרֵיהֶם וְצִיּוּן שֶׁלָּהֶם בְּכָל עֶרֶב רֹאשׁ הַשָּׁנָה, וּפוֹרְשִׂים כַּפֵּינוּ לְפָנֶיךָ וּמִתְפַּלְּלִים וּמִתְחַנְּנִים אֵלֶיךָ בְּקִידָה בִּכְרִיעָה בְּהִשְׁתַּחֲוָיָה בְּלֵב נִשְׁבָּר וְנִדְכָּא. חוּסָה עָלֵינוּ בְּרַחֲמֶיךָ הָרַבִּים, וּתְעוֹרֵר לֵב נִשְׁמַת כָּל הַצַּדִּיקִים אֲמִתִּיִּים אֲשֶׁר נִשְׁמָתָם בְּגָבְהֵי מְרוֹמִים בְּרוּם הַמַּעֲלוֹת בָּעוֹלָמוֹת הָעֶלְיוֹנִים הַקְּדוֹשִׁים. שֶׁכָּל נִשְׁמוֹת הַצַּדִּיקִים הַקְּדוֹשִׁים הָאֲמִתִּיִּים יֵרְדוּ לְמַטָּה בְּרֹאשׁ הַשָּׁנָה וְיִהְיוּ עִמָּנוּ בְּקֶרֶב עַמְּךָ יִשְׂרָאֵל. וִיַעַזְרוּ אוֹתָנוּ לְהִתְפַּלֵּל וּלְהִתְחַנֵּן בְּרֹאשׁ הַשָּׁנָה, וּלְהַכְנִיעַ וּלְגָרֵשׁ הַשָּׂטָן בְּרֹאשׁ הַשָּׁנָה, וּלְשַׁבֵּר וּלְבַטֵּל כָּל מִינֵי עַזּוּת דְּסִטְרָא אַחֲרָא מֵעָלֵינוּ וּמֵעַל כָּל עַמְּךָ בֵּית יִשְׂרָאֵל עַל יְדֵי הַתְּפִלּוֹת וְהַתְּקִיעוֹת שֶׁל רֹאשׁ הַשָּׁנָה הַקָּדוֹשׁ, עַד שֶׁנִּזְכֶּה לְהַמְשִׁיךְ עָלֵינוּ וְעַל כָּל עַמְּךָ בֵּית יִשְׂרָאֵל קְדֻשָּׁה וְטָהֳרָה מֵרֹאשׁ הַשָּׁנָה עַל כָּל הַשָּׁנָה כֻּלָּהּ. וְנִזְכֶּה לְתַקֵּן שְׁנֵי הַחוֹתָמוֹת דִּקְדֻשָּׁה חוֹתָם בְּתוֹךְ

חוֹתָם בְּיֶרַח הָאֵיתָנִים, בְּרֹאשׁ הַשָּׁנָה וְיוֹם הַכִּפּוּרִים וְסֻכּוֹת וְהוֹשַׁעְנָא רַבָּא וּשְׁמִינִי עֲצֶרֶת. וְיַעֲלוּ קוֹלֵינוּ לְפָנֶיךָ לְרָצוֹן, וְנִזְכֶּה לְשִׂמְחָה דִקְדֻשָּׁה בִּשְׁלֵמוּת תָּמִיד. וְתִכְתֹּב וְתַחְתֹּם אוֹתָנוּ וְאֶת כָּל עַמְּךָ בֵּית יִשְׂרָאֵל לְחַיִּים טוֹבִים וַאֲרוּכִים וּלְשָׁלוֹם, חַיִּים שֶׁל יִרְאַת שָׁמַיִם, חַיִּים אֲמִתִּיִּים, חַיִּים שֶׁנִּזְכֶּה בָּהֶם לְחַיֵּי עוֹלָם, לְחַיִּים נִצְחִיִּים:

רִבּוֹנוֹ שֶׁל עוֹלָם, אַתָּה יָדַעְתָּ אֶת לְבָבֵנוּ, כִּי צְרָכֵינוּ מְרֻבִּים לְהֵאָמֵר עַד אֲשֶׁר לֹא יַסְפִּיקוּ כָּל יָמֵינוּ לְפָרְטָם. אֲבָל אַתָּה יָדַעְתָּ אֶת כָּל אֲשֶׁר עִם לְבָבֵנוּ, עֲשֵׂה עִמָּנוּ לְמַעַן שְׁמֶךָ וּלְמַעַן כָּל הַצַּדִּיקִים אֲמִתִּיִּים וַחֲמֹל עָלֵינוּ וּמַלֵּא מִשְׁאֲלוֹתֵינוּ לְטוֹבָה בְּרַחֲמִים, הֵן מַה שֶּׁהִזְכַּרְנוּ לְפָנֶיךָ, הֵן מַה שֶּׁקָּצְרָה יָדֵינוּ וּלְשׁוֹנֵנוּ לְהַזְכִּיר לְפָנֶיךָ. וַעֲשֵׂה מַה שֶּׁתַּעֲשֶׂה, בְּאֹפֶן שֶׁנִּזְכֶּה כֻּלָּנוּ לָשׁוּב אֵלֶיךָ בֶּאֱמֶת וּבְלֵב שָׁלֵם בִּתְשׁוּבָה שְׁלֵמָה כִּרְצוֹנְךָ הַטּוֹב, וְלֹא נָסוּר מֵרְצוֹנְךָ יָמִין וּשְׂמֹאל כָּל יָמֵינוּ לְעוֹלָם, וְנִזְכֶּה לֵילֵךְ וְלַעֲלוֹת מְהֵרָה מִדַּרְגָּא לְדַרְגָּא וּמִמַּעֲלָה לְמַעְלָה בִּקְדֻשָּׁה גְּדוֹלָה, עַד שֶׁנִּזְכֶּה בְּחַיֵּינוּ לְהִכָּלֵל בְּךָ בֶּאֱמֶת בְּאוֹר הָאֵין סוֹף כִּרְצוֹנְךָ וְכִרְצוֹן צַדִּיקֶיךָ הָאֲמִתִּיִּים, עַד שֶׁנִּזְכֶּה לְתוֹרַת יְהוָה וְלִתְפִלַּת יְהוָה בֶּאֱמֶת. וְלֹא נֵבוֹשׁ בָּעוֹלָם הַזֶּה וְלֹא נִכָּלֵם לָעוֹלָם הַבָּא. "יְהוָה עֹז לְעַמּוֹ יִתֵּן, יְהוָה יְבָרֵךְ אֶת

עִמּוֹ בַשָּׁלוֹם". יְהִי רָצוֹן מִלְּפָנֶיךָ יְהֹוָה אֱלֹהֵינוּ וֵאלֹהֵי אֲבוֹתֵינוּ שֶׁתִּבָּנֶה עִירְךָ בִּמְהֵרָה בְיָמֵינוּ וְתֵן חֶלְקֵנוּ בְּתוֹרָתֶךָ:

כג

אֱלֹהֵינוּ וֵאלֹהֵי אֲבוֹתֵינוּ, אֱלֹהִים חַיִּים וּמֶלֶךְ עוֹלָם, אֵל חַי חֶלְקֵנוּ צוּרֵנוּ, צַוֵּה לְהַצִּיל יְדִידוּת שְׁאֵרֵינוּ מִשַּׁחַת לְמַעַן בְּרִיתְךָ אֲשֶׁר שַׂמְתָּ בִּבְשָׂרֵנוּ. רִבּוֹנוֹ שֶׁל עוֹלָם מָה רַב טוּבְךָ אֲשֶׁר עָשִׂיתָ עִמָּנוּ, אֲשֶׁר חָמַלְתָּ עַל נַפְשֵׁנוּ, וְחָשַׁבְתָּ מֵרָחוֹק לְהֵטִיב אַחֲרִיתֵנוּ, וְנָתַתָּ בְּרִיתְךָ בֵּינְךָ וּבֵין אַבְרָהָם אוֹהַבְךָ. וַהֲקֵמוֹתָ בְּרִיתְךָ אֶת יִצְחָק וְאֶת זַרְעוֹ יִשְׂרָאֵל וְאֶת זֶרַע זַרְעוֹ לְדוֹרוֹתָם. וְחַסְתָּ עַל תִּקּוּן נַפְשׁוֹתֵינוּ וְנֶפֶשׁ זַרְעֵנוּ, וְצִוִּיתָ אוֹתָנוּ לִכָּנֵס בִּבְרִיתוֹ שֶׁל אַבְרָהָם אָבִינוּ, לָמוּל אֶת בְּשַׂר עָרְלָתֵנוּ בַּיּוֹם הַשְּׁמִינִי. "מִי יְמַלֵּל גְּבוּרוֹת יְהֹוָה יַשְׁמִיעַ כָּל תְּהִלָּתוֹ". מִי יְפָאֵר מִי יְהַדֵּר. מִי יְהַלֵּל, מִי יְשַׁבֵּחַ. מִי יוּכַל לְהוֹדוֹת לְךָ וּלְבָרֶכְךָ וּלְשַׁבֵּחֲךָ וּלְפָאֶרְךָ עַל כָּל הַחֶסֶד וְהַטּוֹבָה הַגְּדוֹלָה וְהַנּוֹרָאָה הַזֹּאת אֲשֶׁר עָשִׂיתָ עִמָּנוּ. אֲשֶׁר קִדַּשְׁתָּ יְדִיד מִבֶּטֶן. וְצֶאֱצָאָיו חָתַמְתָּ בְּאוֹת בְּרִית קֹדֶשׁ:

עַל כֵּן בָּאתִי לְהַפִּיל תְּחִנָּתִי לְפָנֶיךָ יְהֹוָה אֱלֹהַי וֵאלֹהֵי

אֲבוֹתַי אָב הַחֶסֶד אָב הָרַחֲמָן, הַגּוֹאֵל מִמָּוֶת וּפוֹדֶה מִשַּׁחַת, עֲשֵׂה לְמַעַן בְּרִיתְךָ אֲשֶׁר חָתַמְתָּ בִּבְשָׂרֵנוּ, וַחֲמוֹל עַל נַפְשׁוֹתֵינוּ, וְקוּמָה בְּעֶזְרָתֵנוּ וְהוֹשִׁיעֵנוּ לְמַעַן חַסְדֶּךָ. שֶׁנִּזְכֶּה לְקַדֵּשׁ וּלְטַהֵר עַצְמֵנוּ בִּקְדֻשַּׁת הַבְּרִית בְּתַכְלִית הַשְּׁלֵמוּת בֶּאֱמֶת כִּרְצוֹנְךָ הַטּוֹב, וְתָגֵן עָלֵינוּ וְתַעַזְרֵנוּ שֶׁנִּהְיֶה נִשְׁמָרִים מִכָּל דָּבָר רָע. שֶׁלֹּא נְהַרְהֵר בַּיּוֹם שׁוּם הִרְהוּר בָּעוֹלָם, וְלֹא נָבֹא לִידֵי טֻמְאָה בַלַּיְלָה. וְתַצִּילֵנוּ בְּרַחֲמֶיךָ הָרַבִּים מִכָּל מִינֵי פְּגַם הַבְּרִית שֶׁבָּעוֹלָם, וַעֲשֵׂה לְמַעַנְךָ וְלֹא לְמַעֲנֵנוּ, עֲשֵׂה לְמַעַן כָּל הַצַּדִּיקִים וְהַחֲסִידִים הָאֲמִתִּיִּים הַקְּדוֹשִׁים וְהַטְּהוֹרִים, אֲשֶׁר הִתְגַּבְּרוּ עַל יִצְרֵיהֶם לְמַעַן כְּבוֹדֶךָ וְעָמְדוּ בְּנִסְיוֹנוֹת גְּדוֹלוֹת וְנוֹרָאוֹת, וְכָפוּ אֶת יִצְרָם וְקִדְּשׁוּ אֶת שְׁמֶךָ, עַד שֶׁזָּכוּ לִקְדֻשַּׁת הַבְּרִית בְּתַכְלִית הַשְּׁלֵמוּת כִּרְצוֹנֶךָ. וּלְמַעֲנָם וּלְמַעַן אֲבוֹתֵינוּ אַבְרָהָם יִצְחָק וְיַעֲקֹב עֲשֵׂה, וְחוּסָה עָלֵינוּ וְעָזְרֵנוּ וְהוֹשִׁיעֵנוּ וְקַדְּשֵׁנוּ וְטַהֲרֵנוּ בִּקְדֻשָּׁתְךָ הָעֶלְיוֹנָה. בְּאֹפֶן שֶׁנִּזְכֶּה גַּם כֵּן לִשְׁמִירַת הַבְּרִית בֶּאֱמֶת כִּרְצוֹנְךָ הַטּוֹב.

רִבּוֹנוֹ שֶׁל עוֹלָם. מָה אוֹמַר מָה אֲדַבֵּר וּמָה אֶצְטַדָּק. וּבְאֵיזֶה דֶּרֶךְ וּבְאֵיזֶה עֵצָה וּבְאֵיזֶה תַּחְבּוּלָה אוּכַל לְהַתְחִיל לְפָרֵשׁ אֶת לְבָבִי לְפָנֶיךָ וּבְאֵיזֶה דֶּרֶךְ וּבְאֵיזֶה זְכוּת אוּכַל לְרַצּוֹת וּלְפַיֵּס אוֹתְךָ עַל כָּל הַחֲטָאִים וַעֲוֹנוֹת וּפְשָׁעִים שֶׁחָטָאתִי וְשֶׁעָוִיתִי

וְשֶׁפָּשַׁעְתִּי לְפָנֶיךָ מִנְּעוּרַי עַד הַיּוֹם הַזֶּה, בְּמַחֲשָׁבָה דִּבּוּר וּמַעֲשֶׂה, בִּרְאִיַּת הָעַיִן וּבִשְׁמִיעַת הָאֹזֶן וּבִשְׁאָר חוּשִׁים. מִי יוּכַל לְסַפְּרָם מִי יוּכַל לְפָרְטָם אֲפִלּוּ בְּדֶרֶךְ כְּלָל. וְעַל אֵיזֶה מֵהֶן אֲבַקֵּשׁ קֹדֶם, עַל הַחֲדָשׁוֹת אוֹ עַל הַיְשָׁנוֹת, עַל הַנִּגְלוֹת אוֹ עַל הַנִּסְתָּרוֹת עַל הַכְּלָל אוֹ עַל הַפְּרָט, עַל הַגְּדוֹלוֹת אוֹ עַל הַקְּטַנּוֹת. כִּי גַם הַפְּגָמִים הַקְּטַנִּים שֶׁבִּקְטַנִּים בְּעֶרְכִּי, הֵם פְּגָמִים עֲצוּמִים וְנוֹרָאִים, לְפִי עֹצֶם גְּדֻלָּתְךָ וְרוֹמְמוּתֶךָ:

רִבּוֹנוֹ שֶׁל עוֹלָם פְּתַח פִּיךָ לְאִלֵּם כָּמוֹנִי, לְמֻרְחָק כָּמוֹנִי, לְנִרְדָּף כָּמוֹנִי. עָזְרֵנִי לְפָרֵשׁ אֶת לְבָבִי הַמַּר לְפָנֶיךָ, כִּי נַפְשִׁי מָרָה לִי מְאֹד מְאֹד עַד אֲשֶׁר אֵינִי יוֹדֵעַ אֵיךְ אֲנִי יָכוֹל לִחְיוֹת וּלְהִתְקַיֵּם אֲפִלּוּ שָׁעָה אַחַת מֵעֹצֶם מְרִירוּת לִבִּי, כִּי פָּגַמְתִּי בְּהַבְּרִית קֹדֶשׁ בִּמְקוֹר הַחַיִּים.

רִבּוֹנוֹ שֶׁל עוֹלָם אַתָּה יָדַעְתָּ. כִּי כָל יָמֵינוּ וּשְׁנוֹתֵינוּ לֹא יַסְפִּיקוּ לְהִתְוַדּוֹת וּלְהִתְחַנֵּן וְלַעֲשׂוֹת תִּקּוּנִים לְתַקֵּן אֲפִלּוּ פְּגַם מַחֲשָׁבָה וְהִרְהוּר אֶחָד. כִּי אַתָּה לְבַד יָדַעְתָּ עַד הֵיכָן עַד הֵיכָן מַגִּיעַ פְּגַם הַהִרְהוּר חַס וְשָׁלוֹם. מִכָּל שֶׁכֵּן וְכָל שֶׁכֵּן פְּגַם טִפַּת קֶרִי אַחַת לְבַטָּלָה חַס וְשָׁלוֹם מִי יוּכַל לְתַקֵּן זֹאת! מִי יוּכַל לַעֲשׂוֹת תִּקּוּנִים עַל זֶה, וּלְרַצּוֹת וּלְפַיֵּס אוֹתְךָ עַל זֶה

אֲשֶׁר עַל יְדֵי זֶה הֶאֱרַכְנוּ אֶת הַגָּלוּת, וַעֲדַיִן לֹא שַׁבְנוּ לְאַרְצֵנוּ. וְעַתָּה מָה אוֹמַר וּמָה אֲדַבֵּר. וּבְאֵיזֶה לָשׁוֹן וּבְאֵיזֶה דִּבּוּרִים וּבְאֵיזֶה אֹפֶן אַתְחִיל לְהִתְוַדּוֹת לְפָנֶיךָ יְהוָה אֱלֹהַי וֵאלֹהֵי אֲבוֹתַי. וְאֵיךְ אֲקַבֵּל דִּבּוּרִים קְדוֹשִׁים וּטְהוֹרִים לְפָרֵשׁ שִׂיחָתִי לְפָנֶיךָ. "נֶאֱלַמְתִּי דוּמִיָּה הֶחֱשֵׁיתִי מִטּוֹב וּכְאֵבִי נֶעְכָּר. נֶאֱלַמְתִּי לֹא אֶפְתַּח פִּי כִּי אַתָּה עָשִׂיתָ". כִּי הֻשְׁחֲרוּ פָּנֵינוּ מִפְּנֵי חַטֹּאתֵינוּ. וְנֶחְשְׁכוּ עֵינֵינוּ מִפְּנֵי עֲוֹנוֹתֵינוּ. עַד אֲשֶׁר בַּעֲוֹנוֹתַי הָרַבִּים, מִתְגַּבֵּר עָלַי הָעַצְבוּת וְהַמָּרָה שְׁחוֹרָה בְּכָל עֵת, וְאֵין לִי שׁוּם שִׂמְחָה אֲמִתִּיִּית אֲפִלּוּ בָּעֵת שֶׁאֲנִי זוֹכֶה לַעֲשׂוֹת אֵיזֶה דָּבָר שֶׁבִּקְדֻשָּׁה בַּעֲבוֹדָתְךָ וּבְיִרְאָתְךָ וּבְתוֹרָתֶךָ, וַאֲנִי רָחוֹק מִשִּׂמְחָה אֲמִתִּיִּית בְּתַכְלִית הָרִחוּק. כִּי פָּגַמְתִּי בְּאוֹר פְּנֵי מֶלֶךְ חַיִּים, פָּגַמְתִּי בְּכָל מִינֵי שִׂמְחָה דִקְדֻשָּׁה, פָּגַמְתִּי בְּאַנְפִּין נְהִירִין עַד אֲשֶׁר עַל יְדֵי עֲוֹנוֹתַי הָרַבִּים מִתְעוֹרְרִים בְּכָל עֵת הָאַנְפִּין חֲשׁוּכִין עָלֵינוּ חַס וְשָׁלוֹם, שֶׁהֵם עַצְבוּת וּמָרָה שְׁחוֹרָה, שֶׁהֵמָּה הָיוּ בְּעוֹכְרֵינוּ. וְהֵמָּה הֵם רֹב עִקַּר הַמְּנִיעוֹת וְהַבִּטּוּלִים מֵעֲבוֹדָתְךָ בֶּאֱמֶת, וְעַל יָדָם בָּאוּ לָנוּ כָּל הַפְּגָמִים וְכָל הַמִּכְשׁוֹלוֹת וְכָל הַחֲטָאִים שֶׁחָטָאנוּ וְשֶׁעָוִינוּ וְשֶׁפָּשַׁעְנוּ נֶגְדֶּךָ. כַּאֲשֶׁר אַתָּה יָדַעְתָּ יְהוָה אֱלֹהֵינוּ, וְכַאֲשֶׁר גִּלִּיתָ לָנוּ עַל יְדֵי חֲכָמֶיךָ הָאֲמִתִּיִּים שֶׁעִקַּר כָּל הָעֲוֹנוֹת, וּבִפְרָט פְּגַם הַבְּרִית בָּאִין עַל יְדֵי עַצְבוּת וּמָרָה שְׁחוֹרָה חַס וְשָׁלוֹם.

וְעַתָּה אָבִי שֶׁבַּשָּׁמַיִם אֵל חַי וְקַיָּם מֵאַיִן אֲבַקֵּשׁ עֵזֶר וּתְרוּפָה לְמַכּוֹתַי הָאֲנוּשׁוֹת מְאֹד. "אֶשָּׂא עֵינַי אֶל הֶהָרִים מֵאַיִן יָבֹא עֶזְרִי". מֵאַיִן אֲבַקֵּשׁ הַצָּלָה וּמָנוֹס. מֵאַחַר שֶׁכָּל אֶחָד תָּלוּי בַּחֲבֵרוֹ, שִׂמְחָה וּשְׁמִירַת הַבְּרִית, וּמֵאַחַר שֶׁלֹּא זָכִיתִי עֲדַיִן לִשְׁמִירַת הַבְּרִית בִּשְׁלֵמוּת בֶּאֱמֶת כָּרָאוּי, מֵהֵיכָן אֲקַבֵּל שִׂמְחָה. וּמֵאַחַר שֶׁאֲנִי רָחוֹק מִשִּׂמְחָה דִּקְדֻשָּׁה, אִם כֵּן אֵיפוֹא מֵהֵיכָן אֲקַבֵּל כֹּחַ וּגְבוּרָה לִזְכּוֹת לִשְׁמִירַת הַבְּרִית. עַל כֵּן אֶזְעַק וַאֲשַׁוַּע בְּקוֹל מַר אֶצְעַק אֵלֶיךָ. בְּקוֹל צְעָקָה בְּקוֹל אֲנָחָה בְּקוֹל דִּמְעָה אֶתְחַנֵּן לְפָנֶיךָ. בְּכָל מִינֵי תַּחֲנוּנִים אֲנִי מַפִּיל תְּחִנָּתִי לְפָנֶיךָ יְהֹוָה אֱלֹהַי וֵאלֹהֵי אֲבוֹתַי. בְּכָל מִינֵי בַּקָּשׁוֹת אֲנִי מְבַקֵּשׁ לִפְנֵי כִּסֵּא כְבוֹדֶךָ, בְּכָל מִינֵי קוֹלוֹת אֲנִי קוֹרֵא אֵלֶיךָ, חוּס וַחֲמֹל עָלַי, חוּס וְרַחֵם עָלַי, חוּס וְחָנֵּנִי, חָנֵּנִי וּפְדֵנִי, פּוֹדֶה וּמַצִּיל הַצִּילֵנִי, גּוֹאֵל חָזָק לְמַעַנְךָ פְּדֵנִי, שׁוֹמֵעַ אֶנְקַת אֶבְיוֹנִים שׁוֹמֵעַ צַעֲקָתִי וְאַנְחָתִי, מָרָא דְּעָלְמָא כֻּלָּא, אַל תִּתֵּן לַשַּׁחַת נַפְשִׁי, כִּי "מַה בֶּצַע בְּדָמִי בְּרִדְתִּי אֶל שָׁחַת, הֲיוֹדְךָ עָפָר הֲיַגִּיד אֲמִתֶּךָ. הַצִּילֵנִי מִטִּיט וְאַל אֶטְבָּעָה אִנָּצְלָה מִשּׂוֹנְאַי וּמִמַּעֲמַקֵּי מָיִם". כִּי אֵין שׁוּם לָשׁוֹן בָּעוֹלָם שֶׁאוּכַל לְפָרֵשׁ שִׂיחָתִי עַל יָדוֹ. כִּי צָרוֹת נַפְשִׁי גָּדְלוּ וְשָׂגְבוּ יוֹתֵר מִמְּטֻבָּע בְּיָוֵן מְצוּלָה וְאֵין מָעֳמָד. יוֹתֵר מִיּוֹרֵד בְּעִמְקֵי מָיִם. וְאִם כָּל לְשׁוֹנוֹת כָּאֵלּוּ דִּבְּרוּ הַמְשׁוֹרְרִים דָּוִד הַמֶּלֶךְ וּשְׁאָר צַדִּיקִים אֲמִתִּיִּים עַל

עַצְמָם, עַל פְּגָם קַל אֶחָד שֶׁהוּא פְּגָם קַל שֶׁבְּקַלִּים דַּק מִן הַדַּק, שֶׁאֵין פְּגָם כָּזֶה נִתְפָּס בְּדַעְתֵּנוּ כְּלָל, אָנֹכִי מָה אֶעֱנֶה אַבַּתְרַיְהוּ. אָנֹכִי מָה אוֹמַר וּמָה אֲדַבֵּר. וְהַלְוַאי הָיִיתִי זוֹכֶה עַל כָּל פָּנִים לְדַבֵּר דִּבּוּרִים הַקְּדוֹשִׁים בְּלֵב נִשְׁבָּר בֶּאֱמֶת, כְּמוֹ שֶׁיָּצְאוּ דִּבְרֵיהֶם מִפִּיהֶם בֶּאֱמֶת לַאֲמִתּוֹ, אַף־עַל־פִּי שֶׁבֶּאֱמֶת לֹא פָּגְמוּ כְּלָל. וְאָנֹכִי פָּגַמְתִּי בֶּאֱמֶת הַרְבֵּה מְאֹד בְּלִי שִׁעוּר וָעֵרֶךְ, עַל כֵּן אֵין לִי שׁוּם תִּקְוָה וּמִבְטָח וּמִשְׁעָן כִּי אִם עַל זְכוּת צַדִּיקֵי אֱמֶת, צַדִּיקֵי יְסוֹדֵי עוֹלָם אֲשֶׁר עֲלֵיהֶם כָּל בֵּית יִשְׂרָאֵל נִשְׁעָן, אֲשֶׁר עֹצֶם קְדֻשָּׁתָם וּזְכוּתָם מַסְפֶּקֶת לְהָרִים וּלְהַגְבִּיהַּ וּלְקָרֵב אֲפִלּוּ אוֹתִי אֵלֶיךָ. וְעַל כֹּחָם הַגָּדוֹל לְבַד נִשְׁעַנְתִּי, וְעַל תָּקְפָּם וְחָזְקָם אֲנִי נִסְמָךְ, אֲפִלּוּ בְּגָלוּת הַגָּדוֹל וְהַמַּר הַזֶּה. וַעֲלֵיהֶם תָּמַכְתִּי יְתֵדוֹתַי לִקְרֹא אֵלֶיךָ וְלִצְעֹק אֵלֶיךָ מִמָּקוֹם שֶׁאֲנִי שָׁם. וּבָאתִי לְפָנֶיךָ לְשַׁטֵּחַ אֶת כַּפַּי אֵלֶיךָ, וּלְהָרִים עֵינַי לִמְעוֹן קָדְשֶׁךָ, וּלְהִסְתַּכֵּל וּלְיַחֵל לַהֲמוֹן חֲסָדֶיךָ. שֶׁתָּחוֹס וּתְרַחֵם עָלַי וְתַעֲלֶה אוֹתִי מִטִּיט הַיָּוֵן, מִמְּצוּלוֹת יָם, מִכָּל הַמְּקוֹמוֹת וְהָעֲנְיָנִים שֶׁיָּרַדְתִּי לְתוֹכָם עַל יְדֵי מַעֲשַׂי הָרָעִים וּמַחְשְׁבוֹתַי הַמְגֻנּוֹת. מִתֹּהוּ וָבֹהוּ וְחֹשֶׁךְ וּתְהוֹם תַּעֲלֶה נַפְשִׁי, וּמִכָּל מִינֵי טֻמְאוֹת תְּטַהֲרֵנִי, וּמִכָּל מִינֵי קְלִפּוֹת וְסִטְרִין אַחֲרָנִין תִּפְדֵּנִי וְתַצִּילֵנִי בְּרַחֲמֶיךָ הָרַבִּים. וּבְכָל מִינֵי קְדֻשּׁוֹת תְּקַדְּשֵׁנִי. וּבְכָל מִינֵי יְשׁוּעוֹת וְהַצָּלוֹת תּוֹשִׁיעֵנִי וְתַצִּילֵנִי. וּתְהִיֶה עִמִּי

תָּמִיד, וְתַעַזְרֵנִי שֶׁאֲקַשֵּׁר עַצְמִי בְּקֶשֶׁר אַמִּיץ וְחָזָק אֵלֶיךָ בֶּאֱמֶת. וַאֲקַשֵּׁר יַחַד כָּל רְמַ"ח אֵבָרַי וּשְׁסָ"ה גִידַי וְנַפְשִׁי וְרוּחִי וְנִשְׁמָתִי, בְּקֶשֶׁר אַמִּיץ וְחָזָק שֶׁיִּהְיוּ כֻּלָּם מְקֻשָּׁרִים יַחַד וַאֲחוּזִים וּדְבוּקִים בְּמַחֲשָׁבָה קְדוֹשָׁה אַחַת לַעֲבוֹדָתֶךָ וּלְיִרְאָתֶךָ בֶּאֱמֶת, בְּאֹפֶן שֶׁאֶזְכֶּה לִהְיוֹת סוּר מֵרָע בֶּאֱמֶת. שֶׁאֶזְכֶּה לְהִנָּצֵל מִכָּל מִינֵי חֲטָאִים וַעֲוֹנוֹת וּפְשָׁעִים. וּמִכָּל מִינֵי הִרְהוּרִים וּמַחֲשָׁבוֹת רָעוֹת וּמִכָּל מִינֵי בִלְבּוּלִים וּמִכָּל מִינֵי פְּגַם הַבְּרִית חַס וְשָׁלוֹם, וּמִכָּל מִינֵי פְּגָמִים שֶׁבָּעוֹלָם. וְתִמְחֹל וְתִסְלַח לִי עַל כָּל חֲטָאַי וַעֲוֹנוֹתַי וּפְשָׁעַי שֶׁחָטָאתִי וְשֶׁעָוִיתִי וְשֶׁפָּשַׁעְתִּי לְפָנֶיךָ מִנְּעוּרַי עַד הַיּוֹם הַזֶּה. וּתְתַקֵּן כָּל הַפְּגָמִים שֶׁפָּגַמְתִּי עַד הֵנָּה. וּמֵעַתָּה תַּעַזְרֵנִי וּתְזַכֵּנִי לִהְיוֹת קָדוֹשׁ וְטָהוֹר בֶּאֱמֶת כִּרְצוֹנְךָ הַטּוֹב. וּתְזַכֵּנִי לְקַדֵּשׁ עַצְמִי בַּמֻּתָּר לִי, וְאֶזְכֶּה לִפְרִישׁוּת בִּקְדֻשָּׁה גְדוֹלָה בֶּאֱמֶת כִּרְצוֹנְךָ הַטּוֹב. עַד שֶׁאֶזְכֶּה חִישׁ קַל מְהֵרָה לִקְדֻשַּׁת הַבְּרִית בֶּאֱמֶת. וְתַשְׁפִּיעַ עָלַי מִמְּעוֹן קָדְשֶׁתְךָ שִׂמְחָה וְחֶדְוָה תָּמִיד, וְאֶזְכֶּה לִהְיוֹת בְּשִׂמְחָה תָמִיד. "שׂוֹשׂ אָשִׂישׂ בַּיהוָה תָּגֵל נַפְשִׁי בֵּאלֹהַי". וְאֶזְכֶּה לָגִיל וְלִשְׂמֹחַ בִּישׁוּעָתְךָ תָּמִיד. וְתָאִיר עָלַי בְּאוֹר פָּנֶיךָ. וּתְזַכֵּנִי לְפָנִים מְאִירוֹת. לְאַנְפִּין נְהִירִין. לְפָנִים שֶׁל שִׂמְחָה דִקְדֻשָּׁה, לְאוֹר פְּנֵי מֶלֶךְ חַיִּים. מְשַׂמֵּחַ נְפָשׁוֹת עֲגוּמִים, שְׁלַח עָלַי שִׂמְחָה מִמְּעוֹנֶךָ וְשַׂמַּח נַפְשִׁי הָאֻמְלָלָה וְהָעֲלוּבָה

מְאֹד. "שַׂמֵּחַ נֶפֶשׁ עַבְדֶּךָ כִּי אֵלֶיךָ יְהֹוָה נַפְשִׁי אֶשָּׂא. תּוֹדִיעֵנִי אֹרַח חַיִּים, שֹׂבַע שְׂמָחוֹת אֶת פָּנֶיךָ, נְעִימוֹת בִּימִינְךָ נֶצַח":

וְזַכֵּנוּ אָבִינוּ אָב הָרַחֲמָן, "יְהֹוָה אֱלֹהִים אֱמֶת", וֶהְיֵה בְּעֶזְרֵנוּ שֶׁנִּזְכֶּה בְּרַחֲמֶיךָ הָעֲצוּמִים לֶאֱמֶת וֶאֱמוּנָה. חוּסָה עָלַי בְּרַחֲמֶיךָ הָרַבִּים וְהַצֵּל אוֹתִי מִכָּל מִינֵי כְּפִירוֹת וּמִכָּל מִינֵי פְּגַם אֱמוּנָה, שֶׁלֹּא יַעֲלֶה בְּלִבִּי שׁוּם הִרְהוּר וְשׁוּם קֻשְׁיָא וְשׁוּם עַקְמִימִיּוּת שֶׁבַּלֵּב עָלֶיךָ יִתְבָּרַךְ, וְעַל הַנְהָגוֹתֶיךָ, וְעַל צַדִּיקֶיךָ הָאֲמִתִּיִּים, וְעַל כְּשֵׁרֵי הַדּוֹר הָאֲמִתִּיִּים, וְעַל כָּל סִפְרֵי תּוֹרָתְךָ הַקְּדוֹשִׁים וְהַטְּהוֹרִים, וְעַל כָּל הַדְּבָרִים שֶׁבִּקְדֻשָּׁה. רַק אֶזְכֶּה לְהַאֲמִין בְּךָ וּבְצַדִּיקֶיךָ הָאֲמִתִּיִּים, וּבְתוֹרָתְךָ הַקְּדוֹשָׁה וּבִכְלָלִיּוּת עַמְּךָ יִשְׂרָאֵל הַקָּדוֹשׁ, בֶּאֱמוּנָה שְׁלֵמָה בֶּאֱמֶת בְּלִי שׁוּם בִּלְבּוּל וּנְטִיָּה כְּלָל. וְלֹא יַעֲלֶה עַל דַּעְתִּי שׁוּם הִרְהוּר עֲלֵיהֶם כְּלָל. וְאֶזְכֶּה לַעֲבֹד אוֹתְךָ תָּמִיד בֶּאֱמֶת וּבֶאֱמוּנָה שְׁלֵמָה, עַד שֶׁאֶזְכֶּה שֶׁיִּתְגַּלֶּה לִי הַשָּׂגַת אֱלֹהוּתְךָ וִידִיעַת רוֹמְמוּתְךָ יִתְבָּרַךְ. וְאֶזְכֶּה לַחֲזוֹת בְּאוֹר פְּנֵי יְהֹוָה, "לַחֲזוֹת בְּנֹעַם יְהֹוָה וּלְבַקֵּר בְּהֵיכָלוֹ". וִיקֻיַּם בִּי מִקְרָא שֶׁכָּתוּב: "וּמִבְּשָׂרִי אֶחֱזֶה אֱלוֹהַּ", שֶׁאֶזְכֶּה לַחֲזוֹת אֱלֹהוּתְךָ וּלְהַשִּׂיג גְּדֻלָּתְךָ יִתְבָּרַךְ, וּלְהַכִּיר אוֹתְךָ בָּעוֹלָם הַזֶּה וּבָעוֹלָם הַבָּא בֶּאֱמֶת וּבֶאֱמוּנָה שְׁלֵמָה כִּרְצוֹנְךָ הַטּוֹב:

וּבְכֵן תַּעַזְרֵנוּ בְּרַחֲמֶיךָ הָרַבִּים וַחֲסָדֶיךָ הָעֲצוּמִים, וּתְזַכֵּנוּ לְשַׁבֵּר תַּאֲוַת מָמוֹן מֵאִתָּנוּ. שֶׁלֹּא יִהְיֶה לִי שׁוּם תַּאֲוָה וְשׁוּם חֶמְדָּה וְשׁוּם הִשְׁתּוֹקְקוּת לְמָמוֹן. וְנִזְכֶּה לִהְיוֹת שׂוֹנֵא בֶּצַע לִשְׂנֹא אֶת הַמָּמוֹן בְּתַכְלִית הַשִּׂנְאָה. וְתַעַזְרֵנוּ בָּעֵת שֶׁאָנוּ מֻכְרָחִים לַעֲסֹק בְּאֵיזֶה עֵסֶק וּמַשָּׂא וּמַתָּן, שֶׁנִּזְכֶּה לַעֲשׂוֹת הַמַּשָּׂא וּמַתָּן בֶּאֱמוּנָה שְׁלֵמָה. וּנְקַיֵּם דְּבָרֵינוּ תָּמִיד, וְלֹא נַחֲלִיף וְלֹא נְשַׁנֶּה דִּבּוּרֵנוּ לְעוֹלָם אֲפִלּוּ בִּשְׁבִיל הוֹן רָב. וְכָל הוֹן דְּעָלְמָא לֹא יוּכַל לְהַטּוֹת לְבָבֵנוּ חַס וְשָׁלוֹם מִן הָאֱמֶת וְהָאֱמוּנָה, לְשַׁנּוֹת אוֹ לְהַחֲלִיף אֵיזֶה דִּבּוּר מִדְּבָרֵינוּ חַס וְשָׁלוֹם. וּכְכָל הַיּוֹצֵא מִפִּינוּ בִּשְׁעַת הַמַּשָּׂא וּמַתָּן כֵּן נַעֲשֶׂה וּנְקַיֵּם תָּמִיד בְּלִי שׁוּם שִׁנּוּי בָּעוֹלָם. וְתַצִּילֵנִי בְּרַחֲמֶיךָ הָרַבִּים שֶׁלֹּא אֶהְיֶה נִבְהָל לַהוֹן וְלֹא אַטְרִיד אֶת דַּעְתִּי לִרְדֹּף אַחַר הַפַּרְנָסָה חַס וְשָׁלוֹם בִּיגִיעוֹת גְּדוֹלוֹת וּבִטְרָחוֹת עֲצוּמוֹת חַס וְשָׁלוֹם. רַק תַּשְׁפִּיעַ עָלַי בְּרַחֲמֶיךָ, וְתִטַּע וְתִקְבַּע בְּלִבִּי אֱמוּנָה וּבִטָּחוֹן שָׁלֵם בֶּאֱמֶת. וְאֶהְיֶה בּוֹטֵחַ בַּיהוָֹה לְבַד, וְאֵדַע וְאַאֲמִין בֶּאֱמֶת, כִּי לֹא מִמּוֹצָא וּמִמַּעֲרָב וּמִמִּדְבַּר הָרִים. כִּי לֹא בְכֹחַ יִגְבַּר אִישׁ. וְאֵין יְכֹלֶת כְּלָל בְּכֹחִי וְעֹצֶם יָדִי לַעֲשׂוֹת חַיִל וַעֲשִׁירוּת כְּלָל, רַק הַכֹּל מֵאִתְּךָ לְבַד. "וְהָעֹשֶׁר וְהַכָּבוֹד מִלְּפָנֶיךָ וְאַתָּה מוֹשֵׁל בַּכֹּל". וְאַאֲמִין בֶּאֱמֶת וּבֶאֱמוּנָה שְׁלֵמָה שֶׁאַתָּה יָכֹל לְהַזְמִין לִי פַּרְנָסָתִי בִּשְׁלֵמוּת בְּסִבָּה קַלָּה, בְּלִי שׁוּם יְגִיעוֹת

וְטִרְחוֹת וְטִרְדוֹת כְּלָל. וְלֹא אֲבַלְבֵּל אֶת מַחֲשַׁבְתִּי בִּשְׁבִיל טִרְדַּת הַפַּרְנָסָה כְּלָל, רַק אֶזְכֶּה לִהְיוֹת חָזָק בְּמִדַּת הָאֱמוּנָה וְהַבִּטָּחוֹן בְּךָ יִתְבָּרַךְ תָּמִיד:

רִבּוֹנוֹ שֶׁל עוֹלָם חוּס וְחָנֵּנִי, וֶהְיֵה בְּעֶזְרִי, וּמַלְּטֵנִי וְהַצִּילֵנִי מִתַּאֲוַת מָמוֹן שֶׁהִיא עֲבוֹדָה זָרָה מַמָּשׁ. וְלֹא עֲבוֹדָה זָרָה אַחַת לְבַד, כִּי־אִם שִׁבְעִים עֲבוֹדוֹת זָרוֹת שֶׁל כָּל הַשִּׁבְעִין אֻמּוֹת. כַּאֲשֶׁר גִּלִּיתָ לָנוּ עַל־יְדֵי חֲכָמֶיךָ הָאֲמִתִּיִּים, שֶׁכָּל מִי שֶׁנּוֹפֵל לְתַאֲוַת מָמוֹן חַס וְשָׁלוֹם, כְּאִלּוּ עוֹבֵד כָּל הָעֲבוֹדוֹת זָרוֹת שֶׁל כָּל הַשִּׁבְעִין אֻמּוֹת, וְהוּא מְפֹרָשׁ וּמֻבְדָּל מֵאֱמֶת וֶאֱמוּנָה הַקְּדוֹשָׁה מֵאוֹר פְּנֵי מֶלֶךְ חַיִּים, מֵאַנְפִּין נְהִירִין. וְנִתְקַשֵּׁר בְּפָנִים חֲשׁוּכִין בְּסִטְרָא דְמוֹתָא חַס וְשָׁלוֹם, בַּעֲצְבוּת וּמָרָה שְׁחוֹרָה. וְהוּא מָלֵא דַאֲגוֹת וִיגוֹנוֹת תָּמִיד, וְכָל יָמָיו כַּעַס וּמַכְאוֹבִים. וְאֵין לוֹ שׁוּם חִיּוּת לֹא בָּעוֹלָם הַזֶּה וְלֹא בָּעוֹלָם הַבָּא:

חוּס וַחֲמֹל עָלַי וְעַל זַרְעִי וְעַל כָּל עַמְּךָ בֵּית יִשְׂרָאֵל, וְהַצֵּל וּמַלֵּט אוֹתָנוּ מִתַּאֲוָה רָעָה הַזֹּאת שֶׁל מָמוֹן. אֲשֶׁר נִתְפַּשְּׁטָה עַכְשָׁו מְאֹד בָּעוֹלָם בַּעֲוֹנוֹתֵינוּ. וְתָגֵן עָלֵינוּ בִּזְכוּת צַדִּיקֵי אֱמֶת, בְּרִית מֶלַח עוֹלָם, וְתַצִּילֵנִי בִּזְכוּתָם מִתַּאֲוָה זֹאת שֶׁל מָמוֹן. וְתַמְשִׁיךְ עָלֵינוּ חָכְמָה וּבִינָה וָדַעַת מֵאִתְּךָ שֶׁלֹּא יְבַלֶּה הַמָּמוֹן

חַס וְשָׁלוֹם אֶת יְמֵי חַיֵּינוּ. חוּס וַחֲמֹל עָלֵינוּ וּשְׁמַע קוֹל צַעֲקָתֵנוּ בְּרַחֲמִים. וַעֲשֵׂה לְמַעַנְךָ וּלְמַעַן שְׁכִינַת עֻזְּךָ אֲשֶׁר נָדְדָה בַּגּוֹיִם בַּעֲוֹנוֹתֵינוּ, וּלְמַעַן הַצַּדִּיקִים אֲמִתִּיִּים שֶׁזָּכוּ לִשְׁמִירַת הַבְּרִית בֶּאֱמֶת וְלִשְׁבִירַת תַּאֲוַת מָמוֹן בְּתַכְלִית. וּשְׁמַע קוֹל צַעֲקַת הַשְּׁכִינָה וּכְנֶסֶת יִשְׂרָאֵל אֲשֶׁר צוֹעֶקֶת ק"ם [מֵאָה וְאַרְבָּעִים] קָלִין, קַלָּנִי מֵרֹאשִׁי קַלָּנִי מִזְּרוֹעִי, עַל אֵלּוּ הַנּוֹפְלִים לַעֲבוֹדָה זָרָה זֹאת שֶׁל תַּאֲוַת מָמוֹן חַס וְשָׁלוֹם. אֲשֶׁר שָׁם תְּחוּבִים כָּל הָעֲבוֹדוֹת זָרוֹת.

שׁוֹמֵעַ תְּפִלָּה שׁוֹמֵעַ אֲנָחָה שׁוֹמֵעַ צְעָקָה, שְׁמַע קוֹלֵנוּ בְּרַחֲמִים, מִמַּעֲמַקֵּי עֲמֻקִּים, אֲשֶׁר אֲנוּ מִתְאַנְּחִים וְצוֹעֲקִים אֵלֶיךָ שֶׁתַּעַזְרֵנוּ וְתַצִּילֵנוּ בְּרַחֲמֶיךָ הָרַבִּים מִתַּאֲוַת מָמוֹן. "יְהוָה שִׁמְעָה בְקוֹלִי תִּהְיֶינָה אָזְנֶיךָ קַשֻּׁבוֹת לְקוֹל תַּחֲנוּנָי", שֶׁתַּעֲלֶה וְתָקִים אוֹתִי לִהְיוֹת חָזָק וְאַמִּיץ לַעֲמֹד עַל מַעֲמַד הָאֱמוּנָה וְהַבִּטָּחוֹן לְהַאֲמִין בְּךָ בֶּאֱמֶת וּבֶאֱמוּנָה שְׁלֵמָה, עַד שֶׁאֶזְכֶּה לִשְׁבֹּר תַּאֲוַת מָמוֹן לְגַמְרֵי. וְלֹא אַטְרִיד אֶת דַּעְתִּי כְּלָל בְּפַרְנָסָתִי וְלֹא אֶסְמֹךְ עַל שׁוּם סִבָּה וְעַל שׁוּם עֵסֶק כְּלָל. רַק אָשִׂים בִּטְחוֹנִי עָלֶיךָ, וְאֶסְמֹךְ וְאֶתְחַזֵּק בְּבִטָּחוֹן בְּהַשֵּׁם יִתְבָּרַךְ לְבַד. וְאַתָּה תְּרַחֵם עָלַי, וְתַשְׁפִּיעַ עָלַי בְּטוּבְךָ הַגָּדוֹל שֶׁפַע טוֹבָה וּבְרָכָה מִמְּקוֹר וְשֹׁרֶשׁ הַהַשְׁפָּעוֹת שֶׁבִּקְדֻשָּׁה. וְתַזְמִין לִי פַּרְנָסָתִי קֹדֶם

שֶׁאֶצְטָרֵךְ לָהּ בְּסִבָּה קַלָּה בְּלִי שׁוּם יְגִיעָה וְעַצְבוּת כְּלָל, וְאֶזְכֶּה לְשֶׁפַע עֲשִׁירוּת דִּקְדֻשָּׁה לִהְיוֹת שָׂמֵחַ בְּחֶלְקִי תָמִיד. וְאַל תַּצְרִיכֵנִי לֹא לִידֵי מַתְּנַת בָּשָׂר וָדָם וְלֹא לִידֵי הַלְוָאָתָם. וְתַצִּילֵנִי בְּרַחֲמֶיךָ שֶׁלֹּא אֶהְיֶה בַּעַל חוֹב כְּלָל לְעוֹלָם, וְלֹא אֶצְטָרֵךְ לִלְווֹת מֵאֲחֵרִים כְּלָל. וְלֹא אֶרְדֹּף אַחַר מוֹתָרוֹת חַס וְשָׁלוֹם, לִלְווֹת מֵאֲחֵרִים חַס וְשָׁלוֹם בִּשְׁבִיל לְהַנְהִיג מַשָּׂא וּמַתָּן גָּדוֹל. רַק תְּרַחֵם עָלַי וְתַשְׁפִּיעַ עָלַי בְּרַחֲמֶיךָ וְתַזְמִין לִי פַּרְנָסָתִי בְּסִבָּה קַלָּה בְּלִי שׁוּם הַלְוָאָה מֵאֲחֵרִים כְּלָל. וְתִשְׁלַח בְּרָכָה וְהַצְלָחָה וְהַרְוָחָה בְּכָל מַעֲשֵׂי יָדַי. וּתְזַכֵּנִי לִהְיוֹת מְמַעֵט בְּעֵסֶק, רַק לַעֲסֹק בַּתּוֹרָה וַעֲבוֹדַת יְהֹוָה בֶּאֱמֶת כָּל יְמֵי חַיַּי, אֲנִי וְזַרְעִי וְזֶרַע זַרְעִי וְכָל עַמְּךָ בֵּית יִשְׂרָאֵל מֵעַתָּה וְעַד עוֹלָם:

וְחָנֵּנוּ בְּרַחֲמֶיךָ הָרַבִּים. וְזַכֵּנוּ לְקַיֵּם מִצְוַת מְזוּזָה בִּשְׁלֵמוּת הָרָאוּי כִּרְצוֹנְךָ הַטּוֹב. עִם כָּל פְּרָטֶיהָ וְדִקְדּוּקֶיהָ וְכַוָּנוֹתֶיהָ וְתַרְיַ"ג מִצְווֹת הַתְּלוּיִם בָּהּ וּבְלֵב טוֹב וּבְשִׂמְחָה גְּדוֹלָה. וְתַעַזְרֵנוּ וְתִשְׁמְרֵנוּ וְתָגֵן בַּעֲדֵנוּ עַל יְדֵי מִצְוַת מְזוּזָה הַקְּדוֹשָׁה שֶׁנִּזְכֶּה עַל יְדֵי זֶה לְשַׁבֵּר לְגַמְרֵי תַּאֲוַת וְחֶמְדַּת הַמָּמוֹן, שֶׁלֹּא יִהְיֶה לָנוּ שׁוּם חֶמְדָּה וְתַאֲוָה לְשׁוּם מָמוֹן וּלְשׁוּם חֵפֶץ שֶׁל הָעוֹלָם הַזֶּה. מִכָּל שֶׁכֵּן וְכָל שֶׁכֵּן שֶׁלֹּא יַעֲלֶה עַל דַּעְתֵּנוּ שׁוּם חֶמְדָּה חַס וְשָׁלוֹם לְמָמוֹן וַחֲפָצֵי חֲבֵרֵנוּ. וְלֹא נַחְמוֹד

וְלֹא נִתְאַוֶּה בֵּית רֵעֵנוּ. שָׂדֵהוּ עַבְדּוֹ וַאֲמָתוֹ שׁוֹרוֹ וַחֲמוֹרוֹ וְכֹל אֲשֶׁר לְרֵעֵנוּ. וְנִזְכֶּה לַעֲשׂוֹת תְּשׁוּבָה שְׁלֵמָה בֶּאֱמֶת עַל כָּל הַמַּחֲשָׁבוֹת וְהַחֲמָדוֹת שֶׁהָיָה בְּלִבֵּנוּ עַד עַתָּה לְמָמוֹן וְחֶפְצֵי חֲבֵרֵנוּ. וְנִזְכֶּה לְתַקֵּן בֶּאֱמֶת כָּל הַפְּגָמִים שֶׁפָּגַמְנוּ עַל יְדֵי הֶעָוֹן הַגָּדוֹל הַזֶּה שֶׁל לֹא תַחְמֹד. וּמֵעַתָּה נִזְכֶּה לְשַׁבֵּר וּלְבַטֵּל כָּל אֵלּוּ הַמַּחֲשָׁבוֹת וְהַחֲמָדוֹת וְהַתַּאֲווֹת שֶׁל מָמוֹן וַחֲפָצִים וְלֹא יַעֲלוּ עוֹד בְּלִבֵּנוּ כְּלָל. וְנִזְכֶּה לֶאֱמֶת וֶאֱמוּנָה בִּשְׁלֵמוּת.

וּבְרַחֲמֶיךָ הָרַבִּים תְּקַדֵּשׁ אוֹתָנוּ בִּקְדֻשַּׁת מִצְוַת מְזוּזָה הַקְּדוֹשָׁה וְהַנּוֹרָאָה, וְעַל־יְדֵי־זֶה תִּשְׁמֹר צֵאתֵנוּ וּבוֹאֵנוּ לְחַיִּים וּלְשָׁלוֹם מֵעַתָּה וְעַד עוֹלָם. וְתַמְשִׁיךְ עָלֵינוּ קְדֻשָּׁה וְטָהֳרָה שֶׁנִּזְכֶּה לִקְדֻשַּׁת הַבְּרִית וְלִשְׁבִירַת תַּאֲוַת מָמוֹן בֶּאֱמֶת. וְנִזְכֶּה לְחַיִּים טוֹבִים וַאֲרוּכִים וּלְשָׂשׂוֹן וְשִׂמְחָה עַל־יְדֵי הַמְּזוּזָה הַקְּדוֹשָׁה אֲשֶׁר זִכִּיתָ אוֹתָנוּ בְּרַחֲמֶיךָ. וּתְבָרֵךְ אֶת כָּל מַעֲשֵׂי יָדֵינוּ, וְתִשְׁמֹר אוֹתָנוּ וְאֶת נַפְשֵׁנוּ וְאֶת מָמוֹנֵנוּ דִּקְדֻשָּׁה וְאֶת כָּל חֲפָצֵינוּ אֲשֶׁר אַתָּה מַשְׁפִּיעַ לָנוּ בְּרַחֲמֶיךָ בְּכָל עֵת. וְתִשְׁמֹר וְתַצִּיל אוֹתָם מִכָּל מִינֵי הֶזֵּק שֶׁבָּעוֹלָם, וְתַצִּילֵנוּ מִגְּנֵבוֹת וַאֲבֵדוֹת וּמִכָּל מִינֵי הֶפְסֵד שֶׁבָּעוֹלָם, כִּי אֵל שׁוֹמְרֵנוּ וּמַצִּילֵנוּ אָתָּה. וְקוּמָה בְּעֶזְרָתֵנוּ, וְהַצֵּל אוֹתָנוּ מִכָּל מִינֵי שׂוֹנְאִים וּמַחֲלֹקֶת בְּגַשְׁמִיּוּת וּבְרוּחָנִיּוּת. וּתְבַטֵּל בְּרַחֲמֶיךָ הָרַבִּים אֶת

כָּל מִינֵי מַחֲלֹקֶת מִן הָעוֹלָם. וְתָשִׂים שָׁלוֹם בֵּין עַמְּךָ יִשְׂרָאֵל לְעוֹלָם. וּתְגַלֶּה הָאֱמֶת בָּעוֹלָם. וְתַצִּיל אוֹתָנוּ וְאֶת כָּל חֶבְרָתֵנוּ וְאֶת כָּל עַמְּךָ בֵּית יִשְׂרָאֵל הַחֲפֵצִים לְעָבְדְךָ בֶּאֱמֶת, שֶׁלֹּא יִהְיֶה כֹּחַ לְשׁוּם חוֹלְקִים וּמִתְנַגְּדִים אֶל נְקֻדַּת הָאֱמֶת לְהַפִּיל אוֹתָנוּ חַס וְשָׁלוֹם:

רִבּוֹנוֹ דְעָלְמָא כֻּלָּא יוֹדֵעַ כָּל סִתְרֵי יְצוּרִים אַתָּה יָדַעְתָּ כַּמָּה וְכַמָּה מִינֵי שׂוֹנְאִים וְאוֹיְבִים עוֹמְדִים עָלֵינוּ בְּכָל עֵת, אַתָּה לְבַד יָדַעְתָּ אוֹתָם וְאֶת מַחְשְׁבוֹתָם. וְהֵם חֲפֵצִים לְגָרֵשׁ וּלְהַפִּיל אוֹתָנוּ חַס וְשָׁלוֹם מֵעֲבוֹדָתְךָ בֶּאֱמֶת, כַּאֲשֶׁר אַתָּה לְבַד יָדַעְתָּ. וּלְפִי גֹדֶל חֲלִישׁוּתֵנוּ עַל־יְדֵי עֲוֹנוֹתֵינוּ הָרַבִּים אֵין לָנוּ שׁוּם כֹּחַ לַעֲמֹד כְּנֶגְדָּם בְּגַשְׁמִיּוּת וּבְרוּחָנִיּוּת כִּי רַבִּים קָמִים עָלֵינוּ, רַבִּים מְאֹד. גְּדוֹלִים בַּתּוֹרָה גְּדוֹלִים בְּעֹשֶׁר. גְּדוֹלִים בְּמַעֲשִׂים טוֹבִים הַרְבֵּה יוֹתֵר מֵאִתָּנוּ, וְאֵיךְ יוּכְלוּ חֲלוּשֵׁי כֹּחַ כָּמוֹנוּ לַעֲמֹד בִּפְנֵיהֶם. וּמֵאַיִן נְבַקֵּשׁ עֵזֶר לְהִנָּצֵל מֵהֶם, כִּי כְּבָר הִפִּילוּ אוֹתָנוּ הַרְבֵּה עַל יְדֵי מַחֲלָקְתָּם, כַּאֲשֶׁר לְפָנֶיךָ נִגְלֶה הַכֹּל. וְעַתָּה מָה אֶעֱשֶׂה אָבִי שֶׁבַּשָּׁמַיִם, כִּי בֶּאֱמֶת אֲנִי יוֹדֵעַ בְּנַפְשִׁי שֶׁאֵינִי כְּדַאי וְרָאוּי לְהִתְקָרֵב אֵלֶיךָ בֶּאֱמֶת, כִּי פָּגַמְתִּי נֶגְדְּךָ הַרְבֵּה מְאֹד וּמֵחֲמַת זֶה הֵם נִתְעוֹרְרִים עָלַי לְהַלְשִׁין וּלְקַטְרֵג חַס וְשָׁלוֹם. אֲבָל לְפָנֶיךָ נִגְלָה תַּעֲלוּמַת לִבִּי, כִּי אַף־עַל־פִּי־כֵן אֲנִי חָפֵץ וּמִתְגַּעְגֵּעַ לָשׁוּב אֵלֶיךָ

בֶּאֱמֶת. וְאִם אָמְנָם פָּגַמְתִּי בִּכְבוֹדֶךָ, אַתָּה חַנּוּן הַמַּרְבֶּה לִסְלֹחַ. אֲבָל מַה חָטָאתִי נֶגְדָּם, וּמָה פָּגַמְתִּי בִּכְבוֹדָם. לֹא נָשִׁיתִי וְלֹא נָשׁוּ בִּי, וּמַדּוּעַ הֵם חוֹלְקִים עַל חֲלוּשֵׁי כֹחַ נִכְאֵי לֵבָב כָּמוֹנוּ. "כִּי אַתָּה אֲשֶׁר הִכִּיתָ רָדָפוּ, וְאֶל מַכְאוֹב חֲלָלֶיךָ יְסַפֵּרוּ":

רִבּוֹנוֹ שֶׁל עוֹלָם. דַּרְכְּךָ אֱלֹהֵינוּ, לְבַקֵּשׁ אֶת הַנִּרְדָּפִים, וּלְרַחֵם עַל הַחֲלוּשִׁים וְהָעֲיֵפִים. חוּס וַחֲמֹל עָלֵינוּ, חוּס וְרַחֵם עָלֵינוּ. יֶהֱמוּ מֵעֶיךָ וַחֲנִינוֹתֶיךָ עָלֵינוּ. כִּי נִשְׁאַרְנוּ יְתוֹמִים וְאֵין אָב וְאֵין מִי יָקוּם בַּעֲדֵנוּ. וְאֵין לָנוּ עַל מִי לְהִשָּׁעֵן כִּי אִם עַל אָבִינוּ שֶׁבַּשָּׁמַיִם, וְעַל זְכוּת וְכֹחַ הַצַּדִּיקֵי אֱמֶת, שֶׁזָּכוּ לִשְׁלֵמוּת הַבְּרִית בְּתַכְלִית הַשְּׁלֵמוּת בְּתַכְלִית הַמַּעֲלָה בְּתַכְלִית הַקְּדֻשָּׁה כִּרְצוֹנְךָ הַטּוֹב. וּלְמַעַנְךָ וּלְמַעֲנָם עֲשֵׂה וְלֹא לָנוּ, וּתְעוֹרֵר אֶת הַצַּדִּיקֵי אֱמֶת שֶׁיַּמְלִיצוּ טוֹב בַּעֲדֵנוּ, וְהֵם יְלַחֲמוּ לְפָנֵינוּ, וְיַמְשִׁיכוּ אוֹר קְדֻשַּׁת פְּנֵיהֶם הַקְּדוֹשִׁים אֵלֵינוּ. וּתְגָרֵשׁ מִפְּנֵיהֶם וּמִפָּנֵינוּ כָּל מִינֵי שׂוֹנְאִים וּמִתְנַגְּדִים אֶל הָאֱמֶת. וְתַכְנִיעֵם וְתַשְׁפִּילֵם עַד עָפָר וְתִתֵּן בְּלִבֵּיהֶם שֶׁיָּשׁוּבוּ אֶל הָאֱמֶת, וְתִגָּלֶה לָהֶם הָאֱמֶת בְּכָל מָקוֹם שֶׁהֵם, בְּאֹפֶן שֶׁיִּזְכּוּ גַּם כֵּן לֵידַע מִמַּעֲלַת וּגְדֻלַּת קְדֻשַּׁת הַצַּדִּיקִים הָאֲמִתִּיִּים, וּלְהִתְדַּבֵּק וּלְהִתְקָרֵב לְדַרְכֵיהֶם, וּלְהִתְאַבֵּק בַּעֲפַר רַגְלֵיהֶם וְלִשְׁתּוֹת בַּצָּמָא אֶת דִּבְרֵיהֶם, וְלַעֲסֹק בִּסְפָרֵיהֶם

הַקְּדוֹשִׁים שֶׁהִנִּיחוּ אַחֲרֵיהֶם בְּרָכָה כָּל הַצַּדִּיקִים הָאֲמִתִּיִּים לְמַעַן נִזְכֶּה כֻּלָּנוּ לָשׁוּב אֵלֶיךָ בֶּאֱמֶת וּבְלֵב שָׁלֵם, כִּרְצוֹנְךָ הַטּוֹב. חוּס וְחָנֵּנוּ וְרַחֵם עָלֵינוּ וְהוֹשִׁיעֵנוּ, וּמַלֵּא מִשְׁאֲלוֹתֵינוּ בְּרַחֲמִים. וְהָסֵר מֵעָלֵינוּ אוֹיֵב דֶּבֶר וְחֶרֶב וְרָעָב וְיָגוֹן. וְהָסֵר שָׂטָן מִלְּפָנֵינוּ וּמֵאַחֲרֵינוּ:

וְעָזְרֵנוּ שֶׁנִּזְכֶּה לְפַזֵּר מָמוֹן בִּשְׁבִיל עֲשִׂיַּת כָּל מִצְוָה וּמִצְוָה. וְלֹא יִהְיֶה שׁוּם מָמוֹן חָשׁוּב אֶצְלֵנוּ נֶגֶד שׁוּם מִצְוָה. וְנִזְכֶּה לְהוֹצִיא מָמוֹן הַרְבֵּה בִּשְׁבִיל כָּל מִצְוָה וּמִצְוָה וּבִשְׁבִיל כָּל דָּבָר וְדָבָר שֶׁהוּא רְצוֹנְךָ הַטּוֹב בֶּאֱמֶת, וְלֹא נַרְגִּישׁ בְּלִבֵּנוּ כְּלָל הֶפְסֵד הַמָּמוֹן בִּשְׁבִיל שׁוּם מִצְוָה וְדָבָר שֶׁבִּקְדֻשָּׁה שֶׁבָּעוֹלָם. וְנִקְנֶה אוֹתָם בְּדָמִים יְקָרִים וּנְפַזֵּר עֲלֵיהֶם מָמוֹן הַרְבֵּה בְּשִׂמְחָה וְחֶדְוָה גְּדוֹלָה וְנִזְכֶּה לְקַיֵּם מִצְווֹתֶיךָ וּרְצוֹנְךָ תָּמִיד בְּגוּף וָנֶפֶשׁ וּמָמוֹן. וְנִזְכֶּה לֶאֱמֶת וֶאֱמוּנָה שְׁלֵמָה וּלְפָנִים דִּקְדֻשָּׁה לְאַנְפִּין נְהִירִין לְפָנִים שֶׁל שִׂמְחָה, וִיקֻיַּם בָּנוּ וּבְזַרְעֵנוּ מִקְרָא שֶׁכָּתוּב: "זֶה דּוֹר דּוֹרְשָׁיו מְבַקְשֵׁי פָנֶיךָ יַעֲקֹב סֶלָה". וְנִזְכֶּה לְמִדַּת הַבִּטָּחוֹן בִּשְׁלֵמוּת בֶּאֱמֶת כִּרְצוֹנְךָ הַטּוֹב כְּמוֹ שֶׁכָּתוּב: "בִּטְחוּ בַיהוָה עֲדֵי עַד כִּי בְּיָהּ יְהוָה צוּר עוֹלָמִים":

רַחֵם עָלֵינוּ בְּרַחֲמֶיךָ הָרַבִּים. וְעָזְרֵנוּ שֶׁנִּזְכֶּה לְהַגִּיעַ

לְכָל מַה שֶּׁבִּקַּשְׁנוּ מִלְּפָנֶיךָ, שֶׁנִּזְכֶּה אֲנִי וְזַרְעִי וְכָל עַמְּךָ בֵּית יִשְׂרָאֵל לִקְדֻשַּׁת הַבְּרִית בֶּאֱמֶת. וּלְשַׁבֵּר תַּאֲוַת מָמוֹן לְגַמְרֵי. וּלְהַרְחִיק וּלְבַטֵּל מִמֶּנּוּ כָּל מִינֵי עַצְבוּת וּמָרָה שְׁחוֹרָה. וְתָסִיר מִמֶּנּוּ יָגוֹן וַאֲנָחָה. וּתְזַכֵּנוּ כֻּלָּנוּ לִהְיוֹת בְּשִׂמְחָה תָּמִיד וּתְבַטֵּל כָּל מִינֵי מַחֲלֹקֶת מִן הָעוֹלָם. וִיקֻיַּם מִקְרָא שֶׁכָּתוּב: "אַנְשֵׁי דָמִים וּמִרְמָה לֹא יֶחֱצוּ יְמֵיהֶם וַאֲנִי אֶבְטַח בָּךְ". וְנִזְכֶּה כֻּלָּנוּ לִהְיוֹת בִּכְלַל צַדִּיקִים אֲמִתִּיִּים שׁוֹמְרֵי הַבְּרִית בֶּאֱמֶת, כְּמוֹ שֶׁכָּתוּב: "וְעַמֵּךְ כֻּלָּם צַדִּיקִים לְעוֹלָם יִירְשׁוּ אָרֶץ נֵצֶר מַטָּעַי מַעֲשֵׂי יָדַי לְהִתְפָּאֵר". וְתַמְשִׁיךְ עָלֵינוּ וְעַל זַרְעֵנוּ וְעַל כָּל עַמְּךָ בֵּית יִשְׂרָאֵל שֶׁפַע טוֹבָה וּבְרָכָה וְחַיִּים וְשָׁלוֹם וְשָׂשׂוֹן וְשִׂמְחָה, גִּילָה רִנָּה דִּיצָה וְחֶדְוָה מֵעַתָּה וְעַד עוֹלָם. "אוֹר זָרוּעַ לַצַּדִּיק וּלְיִשְׁרֵי לֵב שִׂמְחָה. שִׂמְחוּ בַּיהֹוָה וְגִילוּ צַדִּיקִים וְהַרְנִינוּ כָּל יִשְׁרֵי לֵב".
אָמֵן נֶצַח סֶלָה וָעֶד:

כד

אַשְׁרֵינוּ מַה טּוֹב חֶלְקֵנוּ וּמַה נָּעִים גּוֹרָלֵנוּ. וּמַה יָּפָה יְרוּשָּׁתֵנוּ. אַשְׁרֵינוּ שֶׁזָּכִינוּ בְּרַחֲמֶיךָ הָרַבִּים וַחֲסָדֶיךָ הַיְקָרִים לְקַבֵּל תּוֹרָתְךָ הַקְּדוֹשָׁה. וּלְקַיֵּם מִצְווֹתֶיךָ הַיְקָרוֹת "הַנֶּחֱמָדִים מִזָּהָב וּמִפַּז רָב". וּבְכֵן בָּאתִי לְשַׁחֵר פָּנֶיךָ יְהֹוָה אֱלֹהַי וֵאלֹהֵי אֲבוֹתַי. שֶׁתְּחָנֵּנוּ

בְּרַחֲמֶיךָ הָרַבִּים וּבַחֲסָדֶיךָ הַגְּדוֹלִים, וּתְזַכֵּנוּ שֶׁנַּעֲשֶׂה כָּל הַמִּצְווֹת בְּשִׂמְחָה גְדוֹלָה וַעֲצוּמָה מְאֹד. כַּאֲשֶׁר רָאוּי לִשְׂמֹחַ וְלָשׂוּשׂ וְלָגִיל בְּךָ יְהֹוָה אֱלֹהֵינוּ. בְּכָל עֵת שֶׁאָנוּ זוֹכִים לְקַיֵּם וְלַעֲשׂוֹת אֵיזֶה מִצְוָה, אֲשֶׁר כָּל מִצְוָה וּמִצְוָה הִיא אַחְדוּתֶךָ, וְאָנוּ זוֹכִים לְהִתְדַּבֵּק בְּךָ וּלְהִכָּלֵל בְּךָ יְהֹוָה אֱלֹהֵינוּ עַל יְדֵי עֲשִׂיַּת כָּל מִצְוָה וּמִצְוָה. מָה רַב טוּבְךָ אֲשֶׁר עָשִׂיתָ עִמִּי אֲשֶׁר זִכִּיתַנִי לִהְיוֹת מִזֶּרַע יִשְׂרָאֵל וְלֹא עָשַׂנִי גוֹי. וְאַתָּה מֵקִים מֵעָפָר דָּל, מֵאַשְׁפֹּת תָּרִים אֶבְיוֹן כָּמוֹנִי. וְאַתָּה מְזַכֶּה אוֹתִי בְּכָל יוֹם וּבְכָל עֵת לַעֲשׂוֹת מִצְווֹת הַיְקָרוֹת וְהַחֲבִיבוֹת. עָזְרֵנוּ בְּרַחֲמֶיךָ הָרַבִּים שֶׁיִּמְשַׁךְ עָלֵינוּ שִׂמְחָה גְדוֹלָה מִמִּי שֶׁהַשִּׂמְחָה בִּמְעוֹנוֹ, שֶׁנִּזְכֶּה לִשְׂמֹחַ מְאֹד בֶּאֱמֶת בְּעֵת שֶׁאָנוּ זוֹכִים לַעֲשׂוֹת מִצְוָה, עַד שֶׁנִּזְכֶּה תָּמִיד לַעֲשׂוֹת מִצְווֹת רַבּוֹת בְּכָל יוֹם וָיוֹם בְּשִׂמְחָה גְּדוֹלָה וְחֶדְוָה רַבָּה וַעֲצוּמָה מְאֹד. וְתָגֵן עָלֵינוּ בְּרַחֲמֶיךָ הָרַבִּים וּבַחֲסָדֶיךָ הָעֲצוּמִים, וְתִשְׁמְרֵנִי וְתַצִּילֵנִי מֵעַצְבוּת וּמָרָה שְׁחוֹרָה, שֶׁלֹּא יַעֲלֶה וְלֹא יָבֹא וְלֹא יַגִּיעַ לְלִבִּי שׁוּם עַצְבוּת וּמָרָה שְׁחוֹרָה כְּלָל. וְהָסֵר מִמֶּנִּי יָגוֹן וַאֲנָחָה בְּרַחֲמֶיךָ הָרַבִּים, וְתִהְיֶה בְּעֶזְרִי וְתוֹשִׁיעֵנִי וּתְזַכֵּנִי לְפָרֵשׁ שִׂיחָתִי לְפָנֶיךָ בְּכָל יוֹם וָיוֹם. וְאֶת כָּל אֲשֶׁר עִם לְבָבִי אָשִׂיחָה לְפָנֶיךָ, וְאֶזְכֶּה לְהִתְוַדּוֹת בְּכָל יוֹם עַל כָּל חַטֹּאתַי וַעֲוֹנוֹתַי וּפְשָׁעַי שֶׁחָטָאתִי וְשֶׁעָוִיתִי וְשֶׁפָּשַׁעְתִּי לְפָנֶיךָ. וְלָשׁוּב עֲלֵיהֶם בֶּאֱמֶת בְּכָל לֵב

וָנֶפֶשׁ בִּתְשׁוּבָה שְׁלֵמָה. וּלְבַקֵּשׁ וּלְהִתְחַנֵּן מִלְּפָנֶיךָ מְחִילָה וּסְלִיחָה וְכַפָּרָה בְּלֵב נִשְׁבָּר וְנִדְכֶּה בֶּאֱמֶת כִּרְצוֹנְךָ הַטּוֹב, וּלְקַבֵּל עָלַי קַבָּלָה חֲזָקָה וּנְכוֹנָה בֶּאֱמֶת שֶׁלֹּא אֶחֱטָא עוֹד, וְלֹא אָשׁוּב לְאִוַּלְתִּי. "אִם אָוֶן פָּעַלְתִּי לֹא אוֹסִיף". וְאַתָּה תְּעוֹרֵר חֲסָדֶיךָ וְתִמָּלֵא עָלַי רַחֲמִים. וְתִמְחֹל וְתִסְלַח לִי עַל כָּל חֲטָאַי וַעֲוֹנוֹתַי וּפְשָׁעַי. וְתָסִיר הָעַצְבוּת וְהַדְּאָגוֹת וְהַמָּרָה שְׁחוֹרָה מִמֶּנִּי. וְתַעַזְרֵנִי לָבוֹא אַחַר כָּךְ לְשִׂמְחָה גְּדוֹלָה וַעֲצוּמָה בֶּאֱמֶת, בְּאֹפֶן שֶׁאֶזְכֶּה לִהְיוֹת בְּשִׂמְחָה גְּדוֹלָה תָּמִיד, וּבִפְרָט בִּשְׁעַת עֵסֶק הַתּוֹרָה וְהַתְּפִלָּה. וּבִשְׁעַת עֲשִׂיַּת כָּל מִצְוָה וּמִצְוָה אֶזְכֶּה שֶׁלֹּא יַעֲלֶה עַל לִבִּי שׁוּם עַצְבוּת וּדְאָגָה מִשּׁוּם חֵטְא וְעָוֹן, מִכָּל שֶׁכֵּן שֶׁלֹּא יַעֲלֶה עַל לִבִּי שׁוּם דְּאָגָה וְעַצְבוּת מֵעִסְקֵי פַּרְנָסָה וְעִנְיְנֵי עוֹלָם הַזֶּה חַס וְשָׁלוֹם. רַק אֲסַלֵּק אָז מִדַּעְתִּי וְאֶשְׁכַּח אָז לְגַמְרֵי כָּל מַה שֶּׁעָבַר עָלַי עַד אוֹתָהּ הַשָּׁעָה שֶׁאֲנִי זוֹכֶה לַעֲסֹק בְּתוֹרָתְךָ וְלַעֲשׂוֹת אֵיזֶה מִצְוָה. וְאֶזְכֶּה לְהַמְשִׁיךְ עָלַי שִׂמְחָה שְׁלֵמָה בִּשְׁעַת עֲשִׂיַּת כָּל מִצְוָה. "שׂוֹשׂ אָשִׂישׂ בַּיהוָה, תָּגֵל נַפְשִׁי בֵּאלֹהַי". עַד שֶׁאֶזְכֶּה לַעֲשׂוֹת כָּל מִצְוָה וּמִצְוָה וְכָל דָּבָר שֶׁהוּא רְצוֹנְךָ, בְּשִׂמְחָה שְׁלֵמָה וְחֶדְוָה רַבָּה בֶּאֱמֶת כִּרְצוֹנְךָ הַטּוֹב. עַד שֶׁאֶזְכֶּה עַל־יְדֵי עֲשִׂיַּת הַמִּצְוֹת בְּשִׂמְחָה. לְבָרֵר וּלְהַעֲלוֹת כָּל נִיצוֹצוֹת הַקְּדֻשָּׁה שֶׁנָּפְלוּ בֵּין הַקְּלִפּוֹת עַל יָדִי, עַל־יְדֵי עֲוֹנוֹתַי וּפְשָׁעַי הַמְרֻבִּים. שֶׁחָטָאתִי לְפָנֶיךָ בֵּין בְּגִלְגּוּל

זֶה בֵּין בְּגִלְגּוּל אַחֵר, לְבָרֵר כֻּלָּם עַל יְדֵי שִׂמְחַת הַמִּצְוָה בְּסוֹד אַחַד עָשָׂר סַמְמָנֵי הַקְּטֹרֶת. וְנִזְכֶּה לְהוֹצִיא כָּל הַחִיּוּת מִן הַקְּלִפּוֹת עַד שֶׁיִּתְבַּטְּלוּ כֻּלָּם לְגַמְרֵי, וְיִהְיוּ כְּאַיִן וּכְאֶפֶס. וְנִזְכֶּה לְהַעֲלוֹת כָּל נִיצוֹצוֹת הַקְּדֻשָּׁה לְשָׁרְשָׁם, לְהַשְׁלִים עַל יָדָם קוֹמַת הַשְּׁכִינָה. וּתְרַחֵם עָלֵינוּ, וּתְהִיֶה בְּעֶזְרֵנוּ, שֶׁנִּזְכֶּה לְהַעֲלוֹת הַשְּׁכִינָה מֵהַגָּלוּת עַל יְדֵי עֲשִׂיַּת הַמִּצְוֹת בְּשִׂמְחָה גְּדוֹלָה. וְיִתְגַּלֶּה מַלְכוּתְךָ עַל כָּל בָּאֵי עוֹלָם. וִיקַבְּלוּ כֻּלָּם אֶת עוֹל מַלְכוּתֶךָ, וְתִמְלֹךְ עֲלֵיהֶם מְהֵרָה לְעוֹלָם וָעֶד.

וּבְכֵן תְּרַחֵם עָלֵינוּ, אָבִינוּ מַלְכֵּנוּ, וְתַמְשִׁיךְ עָלֵינוּ קְדֻשָּׁה וְטָהֳרָה. וְתִתֶּן כֹּחַ וּגְבוּרָה בְּכָל מִצְוָה וּמִצְוָה שֶׁאָנוּ זוֹכִין לַעֲשׂוֹת שֶׁתִּתְעוֹרֵר הַמִּצְוָה וְתֵלֵךְ בְּכָל הָעוֹלָמוֹת כֻּלָּם. וּתְעוֹרֵר אֶת כֻּלָּם לַעֲבוֹדָתֶךָ וּלְיִרְאָתֶךָ, עַד שֶׁיִּתְעוֹרְרוּ כָּל הָעוֹלָמוֹת כֻּלָּם וְכָל אֲשֶׁר בָּהֶם לַעֲבוֹדָתְךָ בֶּאֱמֶת, דּוֹמֵם צוֹמֵחַ חַי מְדַבֵּר, אֵשׁ רוּחַ מַיִם עָפָר, מִן הָאֶרֶז אֲשֶׁר בַּלְּבָנוֹן עַד הָאֵזוֹב אֲשֶׁר בַּקִּיר, מִשִּׁלְשׁוּל קָטָן שֶׁבַּיָּם עַד קַרְנֵי רְאֵמִים, "מַלְכֵי אֶרֶץ וְכָל לְאֻמִּים שָׂרִים וְכָל שׁוֹפְטֵי אָרֶץ", גְּדוֹלִים וּקְטַנִּים, בָּנִים וּבָנוֹת, זְקֵנִים וּנְעָרִים, "הָאָרֶץ וְכָל אֲשֶׁר עָלֶיהָ הַיַּמִּים וְכָל אֲשֶׁר בָּהֶם" הַשָּׁמַיִם וּשְׁמֵי הַשָּׁמַיִם וְכָל צְבָאָם, עוֹלַם הָעֲשִׂיָּה וְהַיְצִירָה וְהַבְּרִיאָה וְהָאֲצִילוּת וְכָל אֲשֶׁר בָּהֶם, שְׁפָלִים גַּלְגַּלִּים מַלְאָכִים

זִיקִים חַשְׁמַלִּים שְׂרָפִים וְאוֹפַנִּים וְחַיּוֹת הַקֹּדֶשׁ, מִן תַּכְלִית נְקֻדַּת הַמֶּרְכָּז שֶׁל עוֹלָם הָעֲשִׂיָּה, עַד רֵאשִׁית נְקֻדַּת הַבְּרִיאָה שֶׁהוּא תְּחִלַּת הָאֲצִילוּת. בְּכֻלָּם תֵּלֵךְ הַמִּצְוָה שֶׁאָנוּ זוֹכִין לַעֲשׂוֹת בְּכָל עֵת, וּתְעוֹרֵר וְתָקִיץ כֻּלָּם לַעֲבוֹדָתְךָ בֶּאֱמֶת. וְיָשׁוּבוּ כָּל הָעוֹלָמוֹת וְכָל אֲשֶׁר בָּהֶם אֵלֶיךָ בֶּאֱמֶת. וְעַל יְדֵי זֶה יִתְעוֹרֵר בְּרָכָה בְּכָל הָעוֹלָמוֹת כֻּלָּם. וּתְקַיֵּם מִקְרָא שֶׁכָּתוּב: "פּוֹתֵחַ אֶת יָדֶךָ וּמַשְׂבִּיעַ לְכָל חַי רָצוֹן". וְתַשְׁפִּיעַ בְּרַחֲמֶיךָ הָרַבִּים. וְתַמְשִׁיךְ שֶׁפַע טוֹבָה וּבְרָכָה בְּכָל הָעוֹלָמוֹת כֻּלָּם. וִימִינְךָ תִסְעָדֵנִי, וְתַסִּיעֵנִי מִן הַשָּׁמַיִם וְתִתֵּן בְּלִבִּי שֶׁאֲכַוֵּן אֶת לִבִּי וְדַעְתִּי וּרְצוֹנִי לְהַמְשִׁיךְ עָלַי בִּרְכַּת שֵׂכֶל מֵאִתְּךָ, שֶׁתַּשְׁפִּיעַ עָלַי קְדֻשָּׁתְךָ וּתְחָנֵּנִי מֵאִתְּךָ דֵּעָה בִּינָה וְהַשְׂכֵּל, וּתְזַכֵּנִי לְגָרֵשׁ וּלְבַטֵּל מִמֶּנִּי כָּל מִינֵי שְׁטוּתִים וּבִלְבּוּלִים וְעִרְבּוּב הַדַּעַת. רַק אֶזְכֶּה בְּרַחֲמֶיךָ הָרַבִּים וַחֲסָדֶיךָ הָעֲצוּמִים לְשֵׂכֶל הַקָּדוֹשׁ וְדַעַת שָׁלֵם דִּקְדֻשָּׁה, כִּרְצוֹנְךָ הַטּוֹב. וְתַעַזְרֵנִי בְּרַחֲמֶיךָ הָרַבִּים שֶׁאֶזְכֶּה לֶאֱמוּנָה שְׁלֵמָה בֶּאֱמֶת, שֶׁלֹּא אֶסְמֹךְ עַל שִׂכְלִי כְּלָל. וַאֲפִלּוּ בָּעֵת שֶׁתְּסַיְּעֵנִי בְּרַחֲמֶיךָ, וְתַשְׁפִּיעַ עָלַי שֵׂכֶל שָׁלֵם וְדַעַת נָכוֹן דִּקְדֻשָּׁה בֶּאֱמֶת, לֹא אֶסְמֹךְ עַל הַשֵּׂכֶל לְבַד, רַק אֶזְכֶּה תָּמִיד לְהַמְשִׁיךְ אֱמוּנָה לְתוֹךְ בִּרְכַּת הַשֵּׂכֶל. וְכָל מַה שֶּׁאֶזְכֶּה לְהוֹסִיף חָכְמָה וָשֵׂכֶל, אֶזְכֶּה לְהוֹסִיף אֱמוּנָה. וְעִקַּר תְּבוּנַת שִׂכְלִי יִהְיֶה לְהַאֲמִין בְּךָ בֶּאֱמוּנָה שְׁלֵמָה וְאוֹסִיף לְהִתְחַזֵּק בְּכָל פַּעַם

בֶּאֱמוּנָה חֲזָקָה בְּיוֹתֵר. וְאֶזְכֶּה תָּמִיד לְהַאֲמִין בְּךָ וּבְמִצְווֹתֶיךָ הַקְּדוֹשִׁים וּבְצַדִּיקֶיךָ הָאֲמִתִּיִּים בֶּאֱמוּנָה שְׁלֵמָה בֶּאֱמֶת בִּפְשִׁיטוּת וּבִתְמִימוּת:

וּבְכֵן תְּרַחֵם עָלֵינוּ בְּרַחֲמֶיךָ הָרַבִּים בְּרַחֲמִים גְּדוֹלִים. וּתְזַכֵּנִי לְיַשֵּׁב וּלְסַדֵּר אֶת דַּעְתִּי הֵיטֵב. וְתַשְׁפִּיעַ עָלַי קְדֻשָּׁה וְטָהֳרָה וְשֶׁפַע עֶלְיוֹנָה מִכֶּתֶר עֶלְיוֹן, לְמַעַן אֶזְכֶּה עַל יְדֵי זֶה לְהַמְשִׁיךְ עָלַי כֹּחַ הַמְסַדֵּר וְהַמְיַשֵּׁב אֶת הַמֹּחִין דִּקְדֻשָּׁה. וְאֶזְכֶּה תָּמִיד לְיִשּׁוּב הַדַּעַת הֵיטֵב בֶּאֱמֶת וּבֶאֱמוּנָה שְׁלֵמָה, בִּקְדֻשָּׁה וּבְטָהֳרָה כִּרְצוֹנְךָ הַטּוֹב. מָלֵא רַחֲמִים, קוּמָה בְּעֶזְרָתִי וְהוֹשִׁיעֵנִי שֶׁלֹּא תִרְדֹּף מַחֲשַׁבְתִּי חַס וְשָׁלוֹם אַחַר תַּאֲווֹת וְהִרְהוּרִים וּמַחֲשָׁבוֹת זָרוֹת וְחָכְמוֹת חִיצוֹנִיּוֹת, רַק אֶזְכֶּה לֶאֱחֹז אֶת חָכְמָתִי וּבִינָתִי וְדַעְתִּי לְבִלְתִּי לְהָנִיחַ אֶת הַמֹּחַ לַחְשֹׁב כְּלָל שׁוּם מַחֲשָׁבָה חִיצוֹנָה כְּלָל, וְיִהְיֶה מוֹחִי נָקִי וְזַךְ וָצַח בִּקְדֻשָּׁה וְטָהֳרָה תָּמִיד. וְתַעַזְרֵנִי שֶׁאֶזְכֶּה לַעֲלוֹת תָּמִיד מִמַּעֲלָה לְמַעֲלָה וּמִדַּרְגָּא לְדַרְגָּא עַל יְדֵי עֲשִׂיַּת מִצְווֹתֶיךָ הַקְּדוֹשִׁים בְּשִׂמְחָה, עַד שֶׁאֶזְכֶּה שֶׁתִּרְדֹּף מַחֲשַׁבְתִּי תָּמִיד לְהַשִּׂיג אוֹתְךָ בִּקְדֻשָּׁה וּבְטָהֳרָה וּבְיִשּׁוּב הַדַּעַת בֶּאֱמֶת וּבֶאֱמוּנָה שְׁלֵמָה. וְתַעֲשֶׂה עִמִּי נִפְלָאוֹת, פִּלְאֵי פְלָאוֹת. וְתוֹשִׁיעֵנִי וּתְזַכֵּנִי שֶׁתִּרְדֹּף מַחֲשַׁבְתִּי תָּמִיד לְהַשִּׂיג הָאוֹר הָאֵין סוֹף שֶׁהוּא לְמַעְלָה מִנַּפְשִׁין רוּחִין וְנִשְׁמָתִין. וְתַשְׂבִּיעַ

בְּצַחְצָחוֹת נַפְשִׁי. "אַחַת שָׁאַלְתִּי מֵאֵת יְהֹוָה אוֹתָהּ אֲבַקֵּשׁ שִׁבְתִּי בְּבֵית יְהֹוָה כָּל יְמֵי חַיַּי לַחֲזוֹת בְּנֹעַם יְהֹוָה וּלְבַקֵּר בְּהֵיכָלוֹ". וְתַמְשִׁיךְ עָלַי אוֹר קְדֻשַּׁת כֹּחַ הַמְסַדֵּר וְהַמְיַשֵּׁב אֶת הַמֹּחִין שֶׁהוּא כֶּתֶר עֶלְיוֹן. וְאֶזְכֶּה עַל יְדֵי זֶה לִבְלִי לָצֵאת חוּץ מִן הַגְּבוּל חַס וְשָׁלוֹם. רַק אֶזְכֶּה שֶׁתִּרְדֹּף מַחְשַׁבְתִּי לְהַשִּׂיג אוֹר הָאֵין סוֹף "בְּרָצוֹא וָשׁוֹב" בִּבְחִינַת: "מָטֵי וְלֹא מָטֵי" בִּבְחִינַת: "רְדִיפָה וּמַעֲכָב" עַל יְדֵי כֹּחַ הַמְסַדֵּר וְהַמְיַשֵּׁב אֶת הַמֹּחִין בֶּאֱמֶת וּבֶאֱמוּנָה שְׁלֵמָה. עַד שֶׁאֶזְכֶּה שֶׁיַּעֲלֶה וְיִכָּלֵל שִׂכְלִי בְּתוֹךְ "תִּשְׁעָה הֵיכָלִין עִלָּאִין דְּלָאו אִנּוּן נְהוֹרִין וְלָא רוּחִין וְלָא נִשְׁמָתִין וְלֵית מָאן דְּקַיְּמָא בְּהוּ וְלָא מִתְדַּבְּקִין וְלָא מִתְיַדְעִין". כִּי אַתָּה יְהֹוָה לְבַד יָדַעְתָּ עֹצֶם רְדִיפַת הִשְׁתּוֹקְקוּת נַפְשִׁי וְרוּחִי וְנִשְׁמָתִי בְּשָׁרְשָׁם הָעֶלְיוֹן לְהַשִּׂיג הַשָּׂגוֹת אֵלּוּ, אֲשֶׁר לְכָךְ נוֹצַרְתִּי. "צָמְאָה נַפְשִׁי לֵאלֹהִים לְאֵל חָי מָתַי אָבוֹא וְאֵרָאֶה פְּנֵי אֱלֹהִים. מַה יְּדִידוֹת מִשְׁכְּנוֹתֶיךָ יְהֹוָה צְבָאוֹת. נִכְסְפָה וְגַם כָּלְתָה נַפְשִׁי לְחַצְרוֹת יְהֹוָה לִבִּי וּבְשָׂרִי יְרַנְּנוּ אֶל אֵל חָי". אֲבָל עֲוֹנוֹתַי הִטּוּ אֵלֶּה, וְחַטֹּאתַי הִסְתִּירוּ פָנֶיךָ מִמֶּנִּי. כִּי מַחְשַׁבְתִּי הָיְתָה רוֹדֶפֶת אַחַר תַּאֲווֹת רָעוֹת וְהִרְהוּרִים רָעִים וּמַחְשָׁבוֹת חִיצוֹנִיּוֹת. עַד שֶׁפָּגַמְתִּי בְּכָל חַדְרֵי הַשֵּׂכֶל וּבְכָל נְתִיבוֹת וּשְׁבִילֵי הַדַּעַת, עַד שֶׁהֶחֱרַבְתִּי אֶת בֵּית הַחָכְמָה, וּפָרַצְתִּי גִּדְרֵי הַתְּבוּנָה, וְהָרַסְתִּי אֶת הֵיכְלֵי

הַדַּעַת. וּפָגַמְתִּי הַרְבֵּה בְּחָכְמָה וּבִינָה וָדַעַת וּבְכֹחַ הַמְעַכֵּב וְהַמְסַדֵּר וְהַמְיַשֵּׁב אֶת הַשֵּׂכֶל שֶׁהוּא כֶּתֶר עֶלְיוֹן, בְּכֻלָּם פָּגַמְתִּי הַרְבֵּה מְאֹד עַל יְדֵי חֲטָאַי וַעֲוֹנוֹתַי וּפְשָׁעַי הַמְרֻבִּים. שֶׁחָטָאתִי וְשֶׁעָוִיתִי וְשֶׁפָּשַׁעְתִּי לְפָנֶיךָ יְהוָֹה אֱלֹהָי.

עַל כֵּן הִנְנִי מַפִּיל תְּחִנָּתִי לְפָנֶיךָ. אֲדוֹן הָרַחֲמִים וְהַסְּלִיחוֹת. שֶׁתִּמְחֹל וְתִסְלַח וּתְכַפֵּר לִי עַל כָּל חֲטָאַי וַעֲוֹנוֹתַי וּפְשָׁעַי הַמְרֻבִּים. וְתַעֲשֶׂה עִמִּי כְּגֹדֶל נִפְלְאוֹתֶיךָ הַנּוֹרָאוֹת, וְתוֹצִיאֵנִי וְתַעֲלֵנִי מִמְּצוּלוֹת יָם. וְתָשׁוּב וּתְתַקֵּן אֶת שִׂכְלִי. וּתְרַחֵם עָלַי וְתַצִּילֵנִי מֵעַתָּה מִכָּל מִינֵי מַחֲשָׁבוֹת חִיצוֹנִיּוֹת וּמִכָּל מִינֵי הִרְהוּרִים רָעִים וּמִכָּל מִינֵי רְדִיפַת הַמַּחֲשָׁבָה אַחַר תַּאֲווֹת וְעִסְקֵי הָעוֹלָם הַזֶּה חַס וְשָׁלוֹם. וּתְטַהֲרֵנִי וּתְקַדְּשֵׁנִי בִּקְדֻשָּׁתְךָ הָעֶלְיוֹנָה. וְתָסִיר מִמֶּנִּי יָגוֹן וַאֲנָחָה וּתְבַטֵּל הָעַצְבוּת מִמֶּנִּי בְּבִטּוּל גָּמוּר. וּתְזַכֵּנִי לְשִׂמְחָה שְׁלֵמָה, שֶׁאֶזְכֶּה לַעֲשׂוֹת מִצְוֹתֶיךָ בְּשִׂמְחָה רַבָּה וְחֶדְוָה גְּדוֹלָה וַעֲצוּמָה. וְתָשׁוּב וְתִבְנֶה חָרְבוֹתַי. וְתַחֲזֹר וְתִבְנֶה הֵיכְלֵי שִׂכְלִי עַל מְכוֹנוֹ, וְאַרְמוֹנֵי דַעְתִּי עַל מִשְׁפָּטוֹ יֵשֵׁב בִּקְדֻשָּׁה וּבְטָהֳרָה גְדוֹלָה, בֶּאֱמֶת וּבֶאֱמוּנָה שְׁלֵמָה:

וְאֶזְכֶּה לַעֲלוֹת חִישׁ קַל מְהֵרָה מִמַּעְלָה לְמַעְלָה

וּמַדְרֵגָא לְדַרְגָּא. עַד שֶׁאֶזְכֶּה בְּרַחֲמֶיךָ לְתִשְׁעָה הֵיכָלִין עִלָּאִין הָאֵלּוּ שֶׁהִזְכַּרְתִּי לְפָנֶיךָ, וְאֶזְכֶּה גַּם בָּעוֹלָם הַזֶּה לָדַעַת וּלְהַכִּיר אוֹתְךָ בֶּאֱמֶת. וְאֶזְכֶּה לַעֲלוֹת לְכָל הַמַּדְרֵגוֹת הָעֶלְיוֹנוֹת שֶׁל הַקְּדֻשָּׁה, עַד תַּכְלִית מַדְרֵגָה הָעֶלְיוֹנָה. כָּל מַה שֶּׁאֶפְשָׁר לְאִישׁ יִשְׂרְאֵלִי לַעֲלוֹת וּלְהַשִּׂיג בָּעוֹלָם הַזֶּה. אֲשֶׁר לְכָךְ יָרְדָה הַנְּשָׁמָה בָּזֶה הָעוֹלָם מֵרוּם הַמַּעֲלוֹת, כְּדֵי שֶׁתִּזְכֶּה עַל־יְדֵי מַעֲשֶׂיהָ הַטּוֹבִים לָשׁוּב וְלַעֲלוֹת לִמְקוֹר חֻצָּבָהּ, לְמַעְלָה לְמַעְלָה, בְּיֶתֶר שְׂאֵת וְיֶתֶר עֹז:

חוּס וַחֲמֹל עָלַי, כְּרַחֲמֵי הָאָב עַל הַבֵּן, וְזַכֵּנִי לְטוּבְךָ הַגָּדוֹל בֶּאֱמֶת. כִּי אַתָּה טוֹב וּמֵטִיב לַכֹּל. וְאַתָּה חָפֵץ לְהֵטִיב לִבְרִיּוֹתֶיךָ. וּלְגַלּוֹת לָהֶם אֱלָהוּתְךָ. אֲשֶׁר זֹאת הִיא תַּכְלִית הַטּוֹבָה שֶׁבְּכָל הַטּוֹבוֹת. חוּס וְחָנֵּנִי, וְתֵן בְּלִבִּי, וְעָזְרֵנִי לָשׁוּב אֵלֶיךָ בֶּאֱמֶת, בְּאֹפֶן שֶׁאֶזְכֶּה לִשְׂבֹּעַ מִטּוּבְךָ הָאֲמִתִּי, שֶׁאֶזְכֶּה לָדַעַת וּלְהַכִּיר אוֹתְךָ בֶּאֱמֶת. וּרְדִיפַת מַחְשְׁבוֹתַי תִּהְיֶה תָּמִיד לְהַשִּׂיג אוֹר הָאֵין סוֹף, בִּקְדֻשָּׁה וּבְטָהֳרָה גְּדוֹלָה, בֶּאֱמֶת וּבֶאֱמוּנָה שְׁלֵמָה, בְּתַכְלִית מַדְרֵגָה הָעֶלְיוֹנָה דִּקְדֻשָּׁה שֶׁבְּכָל הַמַּדְרֵגוֹת. וּתְעוֹרֵר רַחֲמֶיךָ עָלֵינוּ, וּתְמַהֵר וְתָחִישׁ לְגָאֳלֵנוּ גְּאֻלַּת עוֹלָם. וְתָשׁוּב וְתִבְנֶה חָרְבוֹתֵינוּ וַהֲרִיסוֹתֵינוּ, וְתִבְנֶה בֵּית קָדְשֵׁנוּ וְתִפְאַרְתֵּנוּ. וְתַחֲזֹר וְתִבְנֶה וּתְתַקֵּן כָּל הַבִּנְיָנִים וְהַהֵיכָלוֹת שֶׁל הַקְּדֻשָּׁה

בְּגַשְׁמִיּוּת וּבְרוּחָנִיּוּת. וְתַמְשִׁיךְ עָלֵינוּ שִׂמְחָה גְדוֹלָה תָמִיד. וְתָקִים וְתַעֲלֶה אֶת הַשְּׁכִינָה מִגָּלוּתָהּ מִבֵּין הַקְּלִפּוֹת וְהַסִּטְרָא אַחֲרָא. וְתוֹצִיא כָּל הַנִּיצוֹצוֹת הַקְּדוֹשִׁים מִבֵּינֵיהֶם. וְתַשְׁפִּיל וְתַכְנִיעַ וּתְכַלֶּה וּתְבַטֵּל כָּל הַקְּלִפּוֹת וְסִטְרִין אוֹחֲרָנִין. כֻּלָּם יִכְרְעוּ וְיִפֹּלוּ וְלִכְבוֹד שִׁמְךָ יְקָר יִתֵּנוּ. וְנִזְכֶּה לָצֵאת מְהֵרָה מִן הַגָּלוּת בְּשִׂמְחָה גְדוֹלָה. מִגָּלוּת הַגַּשְׁמִי וּמִגָּלוּת הָרוּחָנִי. וְכָל הָעַכּוּ"ם יִתְבַּטְּלוּ אֶל יִשְׂרָאֵל, וְיַכִּירוּ כֻּלָּם מַעֲלַת וּקְדֻשַּׁת עַמְּךָ יִשְׂרָאֵל הַקְּדוֹשִׁים אֲשֶׁר בָּהֶם בָּחָרְתָּ. וִיקֻיַּם מִקְרָא שֶׁכָּתוּב: "וְהֵבִיאוּ אֶת כָּל אֲחֵיכֶם מִכָּל הַגּוֹיִם מִנְחָה לַיהוָה בַּסּוּסִים וּבָרֶכֶב וּבַצַּבִּים וּבַפְּרָדִים וּבַכִּרְכָּרוֹת עַל הַר קָדְשִׁי יְרוּשָׁלַיִם אָמַר יְהוָה. כַּאֲשֶׁר יָבִיאוּ בְּנֵי יִשְׂרָאֵל אֶת הַמִּנְחָה בִּכְלִי טָהוֹר בֵּית יְהוָה". וְתִתְגַּדֵּל הַשִּׂמְחָה בְּכָל הָעוֹלָם, כְּמוֹ שֶׁכָּתוּב: "אָז יֹאמְרוּ בַגּוֹיִם הִגְדִּיל יְהוָה לַעֲשׂוֹת עִם אֵלֶּה, הִגְדִּיל יְהוָה לַעֲשׂוֹת עִמָּנוּ הָיִינוּ שְׂמֵחִים". וִיקֻיַּם מִקְרָא שֶׁכָּתוּב: "כִּי בְשִׂמְחָה תֵצֵאוּ וּבְשָׁלוֹם תּוּבָלוּן, הֶהָרִים וְהַגְּבָעוֹת יִפְצְחוּ לִפְנֵיכֶם רִנָּה, וְכָל עֲצֵי הַשָּׂדֶה יִמְחֲאוּ כָף" וְנֶאֱמַר: "כִּי נִחַם יְהוָה צִיּוֹן נִחַם כָּל חָרְבוֹתֶיהָ וַיָּשֶׂם מִדְבָּרָהּ כְּעֵדֶן וְעַרְבָתָהּ כְּגַן יְהוָה שָׂשׂוֹן וְשִׂמְחָה יִמָּצֵא בָהּ תּוֹדָה וְקוֹל זִמְרָה":

כה

יְהִי רָצוֹן מִלְּפָנֶיךָ יְהֹוָה אֱלֹהֵינוּ וֵאלֹהֵי אֲבוֹתֵינוּ, שֶׁתְּרַחֵם עָלַי בְּרַחֲמֶיךָ הָרַבִּים, וְתַעַזְרֵנִי וְתוֹשִׁיעֵנִי, שֶׁאֶזְכֶּה לְשַׁבֵּר וּלְבַטֵּל אֶת כֹּחַ הַמְדַמֶּה שֶׁבַּלֵּב וְלֹא אֵלֵךְ עוֹד אַחַר שְׁרִירוּת לִבִּי הָרָע, וְלֹא אָתוּר אַחַר לְבָבִי וְאַחַר עֵינַי, רַק אֶזְכֶּה לְהִתְגַּבֵּר בְּכֹחֲךָ הַגָּדוֹל, לְשַׁבֵּר וּלְהַכְנִיעַ וּלְבַטֵּל כָּל הַתַּאֲווֹת הַמְדֻמִּיּוֹת, וְכָל הַבִּלְבּוּלִים וְכָל הַמְּנִיעוֹת, הַבָּאִים מִכֹּחַ הַמְדַמֶּה שֶׁהוּא כֹּחַ הַבַּהֲמִיּוּת. וְלֹא אֶעֱשֶׂה עוֹד מַעֲשֵׂה בְהֵמָה, וְיִתְבַּטְּלוּ מִמֶּנִּי כָּל תַּאֲווֹת הַבַּהֲמִיּוֹת, וְלֹא אֶהְיֶה עוֹד "כְּסוּס כְּפֶרֶד אֵין הָבִין. וְעַיִר פֶּרֶא אָדָם יִוָּלֵד", וְאֶזְכֶּה לָצֵאת וְלַעֲלוֹת מִבְּחִינַת בְּהֵמָה לִבְחִינַת אָדָם דִּקְדֻשָּׁה, וְתַעֲלֵנִי מְהֵרָה מִן הַמְדַמֶּה אֶל הַשֵּׂכֶל דִּקְדֻשָּׁה:

חוּס וְחָנֵּנִי וְרַחֵם עָלַי שֶׁאֶזְכֶּה מְהֵרָה לְשַׁבֵּר אֶת כֹּחַ הַמְדַמֶּה וְלַעֲלוֹת אֶל הַשֵּׂכֶל דִּקְדֻשָּׁה. וְיָקוּם וְיִתְרוֹמֵם וְיִתְעַלֶּה תְּכוּנַת שִׂכְלִי לְמַעְלָה. וְיִפָּתַח לִי אוֹר הַחָכְמָה וְהַבִּינָה וְהַדַּעַת דִּקְדֻשָּׁה, וְאֶזְכֶּה לְהִתְבּוֹנֵן בְּשִׂכְלִי, עַד שֶׁאֶזְכֶּה לְהוֹצִיא מִתִּיקוּת שִׂכְלִי מִכֹּחַ אֶל הַפֹּעַל. וְאֶזְכֶּה לְהָבִין דָּבָר מִתּוֹךְ דָּבָר, וּלְחַדֵּשׁ חִדּוּשִׁים אֲמִתִּיִּים בַּתּוֹרָה הַקְּדוֹשָׁה, וּלְהַשִּׂיג הַשָּׂגַת

אֱלֹהוּתְךָ עַד שֶׁאֶזְכֶּה לִקְנוֹת בְּשִׂכְלִי חִדּוּשִׁים וּבִנְיָנִים שְׁלֵמִים בַּתּוֹרָה הַקְּדוֹשָׁה וּבַעֲבוֹדַת יְהֹוָה וּבְהַשָּׂגוֹת אֱלֹהוּת.

וּתְזַכֵּנִי מְהֵרָה לְכָל הַשְּׁלֹשָׁה בְּחִינוֹת שֶׁל הַשֵּׂכֶל דִּקְדֻשָּׁה שֶׁהֵם שֵׂכֶל בְּכֹחַ וְשֵׂכֶל הַפּוֹעֵל וְשֵׂכֶל הַנִּקְנֶה. וּתְרַחֵם עָלַי וְתוֹשִׁיעֵנִי וְתַעַזְרֵנִי שֶׁיִּהְיֶה נִשְׁאָר מִמֶּנִּי שְׁאֵרִית בָּאָרֶץ לְאַחַר הִסְתַּלְּקוּתִי מִן הָעוֹלָם, שֶׁיִּשָּׁאֵר וְיִתְקַיֵּם שִׂכְלִי הַנִּקְנֶה דִּקְדֻשָּׁה בָּעוֹלָם. וְיִתְקַיֵּם הִשָּׁאֲרוּתִי לְאַחַר מִיתָתִי עַל יְדֵי שֵׂכֶל הַנִּקְנֶה דִּקְדֻשָּׁה שֶׁתְּזַכֵּנִי בְּרַחֲמֶיךָ הָרַבִּים. כִּי אַתָּה יָדַעְתָּ רִבּוֹנוֹ דְעָלְמָא כֻּלָּא, שֶׁאֵין קִיּוּמוֹ שֶׁל אָדָם לְאַחַר מִיתָתוֹ אֶלָּא עַל־יְדֵי שֵׂכֶל הַנִּקְנֶה שֶׁזּוֹכֶה לְהַשִּׂיג וְלִקְנוֹת בְּדַעְתּוֹ כְּפִי מַה שֶּׁזּוֹכֶה לְשַׁבֵּר וּלְבַטֵּל תַּאֲווֹת עוֹלָם הַזֶּה וַהֲבָלָיו שֶׁנִּמְשָׁכִין מִכֹּחַ הַמְדַמֶּה, וּבַעֲוֹנוֹתַי הָרַבִּים כְּבָר כִּלִּיתִי יָמִים וְשָׁנִים בִּרְדִיפַת הַתַּאֲווֹת, וּבִשְׁרִירוּת לִבִּי, וְחָטָאתִי עָוִיתִי וּפָשַׁעְתִּי לְפָנֶיךָ יְהֹוָה אֱלֹהַי וֵאלֹהֵי אֲבוֹתַי עַל־יְדֵי לֵב הָאֶבֶן, שֶׁהוּא הַכֹּחַ הַמְדַמֶּה שֶׁבַּלֵּב.

אָנָּא יְהֹוָה רַחֵם עָלַי בְּרַחֲמֶיךָ הָרַבִּים וְחָנֵּנִי בַּחֲסָדֶיךָ הַגְּדוֹלִים, וּמְחֹל לִי עַל כָּל חֲטָאַי וַעֲוֹנוֹתַי וּפְשָׁעַי הָעֲצוּמִים. וְעָזְרֵנִי מֵעַתָּה לְשַׁבֵּר וּלְבַטֵּל אֶת הַכֹּחַ הַמְדַמֶּה שֶׁבְּלִבִּי שֶׁהוּא שְׁרִירוּת לִבִּי וְאֶזְכֶּה

מֵעַתָּה לְשַׁבֵּר וּלְבַטֵּל כָּל הַתַּאֲווֹת הַבַּהֲמִיּוֹת. וְאֶזְכֶּה לַעֲלוֹת אֶל הַשֵּׂכֶל דִּקְדֻשָּׁה חִישׁ קַל מְהֵרָה. וְתַעַזְרֵנִי לְהָבִין וּלְהַשְׂכִּיל בְּתוֹרָתְךָ וּבַעֲבוֹדָתְךָ בֶּאֱמֶת, וּלְהוֹצִיא מִתִּיקוּת שִׂכְלִי מִכֹּחַ אֶל הַפֹּעַל עַד שֶׁאֶזְכֶּה לְהַשִּׂיג שֵׂכֶל הַנִּקְנֶה בִּקְדֻשָּׁה וּבְטָהֳרָה. וְאֶזְכֶּה לְהַשִּׂיג חִדּוּשִׁין דְּאוֹרַיְיתָא אֲמִתִּיִּים וְהַשָּׂגוֹת חֲדָשׁוֹת דִּקְדֻשָּׁה בְּכָל עֵת וָעֵת:

וּבְכֵן תַּעַזְרֵנִי בְּרַחֲמֶיךָ הָרַבִּים וּבַחֲסָדֶיךָ הָעֲצוּמִים, שֶׁאֶזְכֶּה לַעֲלוֹת בְּכָל פַּעַם מִדַּרְגָּא לְדַרְגָּא וּמִמַּעֲלָה לְמַעֲלָה בִּקְדֻשָּׁה וּבְטָהֳרָה גְּדוֹלָה, וְתִהְיֶה בְּעֶזְרִי לְבַעֵר וּלְשַׁבֵּר וּלְבַטֵּל בְּכָל פַּעַם כָּל הַקְּלִפּוֹת הַקּוֹדְמִין לַפְּרִי שֶׁבְּכָל דַּרְגָּא וְדַרְגָּא, שֶׁהֵם הַתַּאֲווֹת וְהַדִּמְיוֹנוֹת וְהַמְּנִיעוֹת וְהַבִּלְבּוּלִים שֶׁמִּתְגַּבְּרִים בְּכָל פַּעַם כְּשֶׁהָאָדָם רוֹצֶה לַעֲלוֹת מִדַּרְגָּא לְדַרְגָּא. וְהֵם מִתְפַּשְּׁטִים וּמִשְׁתַּטְּחִים לִפְנֵי הָאָדָם, וּמוֹנְעִים אוֹתוֹ וּמְבַלְבְּלִים אוֹתוֹ וּמְעַכְּבִים אוֹתוֹ מִלַּעֲלוֹת מִדַּרְגָּא לְדַרְגָּא. אָנָּא יְהֹוָה מָלֵא רַחֲמִים, חוּס וְחֲמֹל עָלַי וְהוֹשִׁיעֵנִי וְעָזְרֵנִי וְסַיְּעֵנִי וְחַזְּקֵנִי וְאַמְּצֵנִי, וְתֶן לִי כֹּחַ וְעֵצָה וּגְבוּרָה, וְחָכְמָה וְשֵׂכֶל דִּקְדֻשָּׁה. וְזַכֵּנִי לְשַׁבְּרָם וּלְבַטְּלָם בְּכָל פַּעַם בְּכָל מַדְרֵגָה וּמַדְרֵגָה דִּקְדֻשָּׁה:

רִבּוֹנוֹ שֶׁל עוֹלָם יְהֹוָה אֱלֹהִים, אַתָּה יָדַעְתָּ אֶת כָּל מַה

שֶׁעָבַר עָלַי מִנְּעוּרַי עַד הַיּוֹם הַזֶּה, כִּי זֶה כַּמָּה נִכְסוֹף נִכְסַפְתִּי לִרְאוֹת בְּתִפְאֶרֶת עֻזֶּךָ, וּבְכָל פַּעַם שֶׁאֲנִי מִתְעוֹרֵר וְרוֹצֶה לַחְתֹּר וְלַעֲלוֹת וּלְהַעְתִּיק מִמְּקוֹמִי אֵיזֶה הַעְתָּקָה בְּעָלְמָא לַעֲלוֹת מִמַּדְרֵגָתִי הַשְּׁפָלָה לְמַדְרֵגוֹת שֶׁבִּקְדֻשָּׁה כְּחוּט הַשַּׂעֲרָה, אֲזַי תֵּכֶף הַדִּמְיוֹנוֹת וְהַתַּאֲווֹת וְהַמְּנִיעוֹת וְהַבִּלְבּוּלִים מִתְגַּבְּרִים עָלַי בְּכָל פַּעַם יוֹתֵר וְיוֹתֵר מִבַּתְּחִלָּה, בְּהִתְגַּבְּרוּת גָּדוֹל וּבְהִתְפַּשְּׁטוּת עָצוּם מְאֹד כַּאֲשֶׁר אַתָּה יָדַעְתָּ. עַד שֶׁלֹּא הִנִּיחוּ אוֹתִי לַעֲלוֹת לְמָקוֹם שֶׁהָיִיתִי צָרִיךְ לַעֲלוֹת עַד הֵנָּה. וְלֹא דַי שֶׁלֹּא הִנִּיחוּ אוֹתִי לַעֲלוֹת לְמַדְרֵגָה הַגָּבוֹהַּ יוֹתֵר. אַף גַּם מִגֹּדֶל הַהִתְגַּבְּרוּת וְהַהִתְפַּשְּׁטוּת שֶׁהִתְפַּשְּׁטוּ עָלַי בְּכָל פַּעַם כַּאֲשֶׁר אַתָּה יָדַעְתָּ עַל יְדֵי זֶה הִפִּילוּ אוֹתִי בְּכָל פַּעַם יוֹתֵר. וְכֵן הָיָה כַּמָּה פְּעָמִים בְּלִי שִׁעוּר וָעֵרֶךְ וּמִסְפָּר, שֶׁבְּכָל פַּעַם שֶׁאָנוּ חוֹתְרִים וְרוֹצִים לָצֵאת וְלַעֲלוֹת מִדַּרְגָּא לְדַרְגָּא בְּעֶרְכֵּנוּ, הֵם מִתְגַּבְּרִים וּמִתְגָּרִים בָּנוּ יוֹתֵר וְיוֹתֵר. עַד אֲשֶׁר "כָּלוּ בְיָגוֹן חַיַּי וּשְׁנוֹתַי בַּאֲנָחָה" עַד אֲשֶׁר אֵינִי יוֹדֵעַ מַה לַּעֲשׂוֹת. וּבֶאֱמֶת אֲנִי מוֹדֶה וּמִתְוַדֶּה לְפָנֶיךָ יְהוָה אֱלֹהַי וֵאלֹהֵי אֲבוֹתַי, כִּי אֲנִי בְעַצְמִי הַחַיָּב. כִּי בְּוַדַּאי הָיָה לִי כֹּחַ לְהִתְגַּבֵּר עֲלֵיהֶם בְּכָל פַּעַם לְנַצְּחָם וּלְשַׁבְּרָם וּלְבַטְּלָם, כִּי אֵין אַתָּה בָא בִּטְרוּנְיָא וּבַעֲלִילָה עַל בְּרִיּוֹתֶיךָ. וּכְשֵׁם שֶׁנָּתַתָּ בָּהֶם כֹּחַ לִמְנֹעַ וּלְבַלְבֵּל אוֹתִי חַס וְשָׁלוֹם, כֵּן נָתַתָּ לִי כֹּחַ יוֹתֵר וְיוֹתֵר לְהִתְגַּבֵּר

עֲלֵיהֶם לְשַׁבְּרָם וּלְבַטְּלָם לְגַמְרֵי. אַךְ בַּעֲוֹנוֹתַי הָרַבִּים לֹא חַסְתִּי עַל נַפְשִׁי וְלֹא נִתְגַּבַּרְתִּי בְּכֹחַ לְשַׁבְּרָם וּלְבַטְּלָם וְלֹא קִיַּמְתִּי עֲצוֹתֶיךָ הַקְּדוֹשׁוֹת. וְאַתָּה חַנּוּן וּמַרְבֶּה לְהֵטִיב חוּס וְחָנֵּנִי וְרַחֵם עָלַי. חֲמֹל עָלַי בְּחֶסֶד חִנָּם וְנִדְבַת חֶסֶד, וְעָזְרֵנִי וְהוֹשִׁיעֵנִי בְּכָל פַּעַם לְשַׁבֵּר וּלְבַעֵר וּלְבַטֵּל כָּל הַקְּלִפּוֹת וְכָל הַדִּמְיוֹנוֹת וְכָל הַתַּאֲווֹת וְכָל הַמְּנִיעוֹת וְהָעִכּוּבִים וְהַבִּלְבּוּלִים שֶׁבְּכָל מַדְרֵגָה וּמַדְרֵגָה, בְּאֹפֶן שֶׁאֶזְכֶּה לַעֲלוֹת חִישׁ קַל מְהֵרָה מִמַּדְרֵגָה לְמַדְרֵגָה בְּכָל עֵת וּבְכָל שָׁעָה בִּקְדֻשָּׁה וּבְטָהֳרָה גְּדוֹלָה, עַד שֶׁאֶזְכֶּה מְהֵרָה לְמַדְרֵגָה עֶלְיוֹנָה לְרוּם הַמַּעֲלוֹת כְּנָאֶה לְאִישׁ הַיִּשְׂרְאֵלִי:

וְזַכֵּנִי בְּרַחֲמֶיךָ הָרַבִּים לִתֵּן צְדָקָה הַרְבֵּה לַעֲנִיִּים מְהֻגָּנִים. וְתַחְמֹל עָלַי בְּחֶמְלָתְךָ הַגְּדוֹלָה וְתַזְמִין לִי תָּמִיד עֲנִיִּים מְהֻגָּנִים צַדִּיקִים וּכְשֵׁרִים בֶּאֱמֶת לִזְכּוֹת בָּהֶם. וְתַשְׁפִּיעַ לִי שֶׁפַע טוֹבָה וּבְרָכָה. וְתַעֲזֹר לִי וְתַזְמִין לִי מָמוֹן הַרְבֵּה לִצְדָקָה, וְאֶזְכֶּה לַעֲזֹר וּלְהוֹשִׁיעַ וּלְהַחֲזִיק יְדֵי לוֹמְדֵי תוֹרָה וְעוֹבְדֵי יְהֹוָה בֶּאֱמֶת. וְתַצִּילֵנִי בְּרַחֲמֶיךָ וְתִשְׁמְרֵנִי שֶׁלֹּא אֶכָּשֵׁל לְעוֹלָם בַּעֲנִיִּים שֶׁאֵינָם מְהֻגָּנִים חַס וְשָׁלוֹם. כִּי אַתָּה יָדַעְתָּ יְהֹוָה אֱלֹהֵינוּ כִּי בָּשָׂר וָדָם אֲנַחְנוּ, וְהָאָדָם יִרְאֶה לָעֵינַיִם, וְאֵינִי זוֹכֶה לֵידַע וּלְהַבְחִין בֵּין הַהֲגוּנִים לְשֶׁאֵינָם הֲגוּנִים. עַל־כֵּן שִׁטַּחְתִּי אֵלֶיךָ כַּפַּי שֶׁתְּרַחֵם

בְּטוּבְךָ וְתַזְמִין לִי תָּמִיד עֲנִיִּים הֲגוּנִים וּכְשֵׁרִים בֶּאֱמֶת לִזְכּוֹת בָּהֶם. וְתַעַזְרֵנִי שֶׁאֶזְכֶּה לְהַחֲזִיקָם בְּכָל עֹז לִתֵּן לָהֶם צְדָקָה הַרְבֵּה בְּשִׂמְחָה וּבְטוּב לֵבָב בְּסֵבֶר פָּנִים יָפוֹת, עַד שֶׁאֶזְכֶּה שֶׁיִּתְעוֹרֵר עַל יְדֵי הַצְּדָקָה שֶׁלִּי כָּל הַגְּוָנִין עִלָּאִין הַמְלֻבָּשִׁין בְּמָמוֹן שֶׁל יִשְׂרָאֵל, גְּוָנִין עֶלְיוֹנִים שֶׁאַתָּה מִתְפָּאֵר בָּהֶם, וְיִכְלְלוּ הַגְּוָנִין הַקְּדוֹשִׁים זֶה בָּזֶה וְיָאִירוּ בְּאוֹר גָּדוֹל עַד שֶׁיִּתְגַּלֶּה עַל־יְדֵי־זֶה גְּדֻלַּת הַבּוֹרֵא יִתְבָּרַךְ. וְתִתְפָּאֵר וְתִתְנַשֵּׂא וְתִתְגַּדֵּל וְתִתְרוֹמֵם עַל־יְדֵי הִתְגַּלּוּת הַגְּוָנִין הַקְּדוֹשִׁים שֶׁיִּתְגַּלּוּ וְיִכְלְלוּ וְיָאִירוּ עַל יְדֵי הַצְּדָקָה שֶׁלָּנוּ. וְנִזְכֶּה שֶׁיִּהְיוּ נַעֲשִׂים עַל יְדֵי זֶה "בִּגְדֵי יֶשַׁע, מְעִיל צְדָקָה".

וְתַעַזְרֵנִי בְּרַחֲמֶיךָ לָגִיל וְלָשׂוּשׂ בַּיהוָה, שֶׁאֶזְכֶּה לְשָׂשׂוֹן וּלְשִׂמְחָה דִּקְדֻשָּׁה. וְאֶהְיֶה בְּשִׂמְחָה תָּמִיד עַל אֲשֶׁר זִכִּיתַנִי בְּרַחֲמֶיךָ הָרַבִּים לִהְיוֹת בִּכְלָל זֶרַע יִשְׂרָאֵל עֲבָדֶיךָ, וּלְהִתְקָרֵב לַעֲבוֹדָתֶךָ וּלְהִתְחַבֵּר לִירֵאֶיךָ וּתְמִימֶיךָ וּלְצַדִּיקִים אֲמִתִּיִּים. וִיקֻיַּם בִּי מִקְרָא שֶׁכָּתוּב: "שׂוֹשׂ אָשִׂישׂ בַּיהוָה, תָּגֵל נַפְשִׁי בֵּאלֹהַי, כִּי הִלְבִּישַׁנִי בִּגְדֵי יֶשַׁע, מְעִיל צְדָקָה יְעָטָנִי". וְתַעַזְרֵנִי עַל יְדֵי זֶה לְשַׁבֵּר וּלְבַטֵּל כָּל הַקְּלִפּוֹת וְהַדִּמְיוֹנוֹת וְהַתַּאֲווֹת וְהַבִּלְבּוּלִים וְהַמְּנִיעוֹת שֶׁבְּכָל דַּרְגָּא וְדַרְגָּא, וּלְקַדֵּשׁ וּלְטַהֵר כָּל הַמַּדְרֵגוֹת מִן הַקְּלִפּוֹת. וְאֶזְכֶּה לְקַדֵּשׁ וּלְטַהֵר עַצְמִי תָּמִיד, וְלַעֲלוֹת בְּכָל פַּעַם חִישׁ קַל מְהֵרָה

מִמַּדְרֵגָה לְמַדְרֵגָה עֶלְיוֹנָה הַיְמָנָה בִּקְדֻשָּׁה וּבְטָהֳרָה גְּדוֹלָה, עַד שֶׁאֶזְכֶּה לְמַדְרֵגָה הָעֶלְיוֹנָה לְמַדְרֵגַת צַדִּיקִים אֲמִתִּיִּים:

וְעָזְרֵנִי וְאַמְּצֵנִי וְחַזְּקֵנִי וְסַיְּעֵנִי שֶׁאֶזְכֶּה לְטַהֵר וּלְקַדֵּשׁ עַצְמִי גַּם בַּמֻּתָּר לִי, עַד שֶׁאֶזְכֶּה לַעֲבֹד אוֹתְךָ גַּם בְּדִבְרֵי הָרְשׁוּת, שֶׁהֵם אֲכִילָה וּשְׁתִיָּה וְכַיּוֹצֵא. וְאֶזְכֶּה לִהְיוֹת שָׁלֵם בִּשְׁלֵמוּת גָּדוֹל בִּשְׁתֵּי הָעֲבוֹדוֹת, בַּעֲבוֹדָה פְּנִימִיּוּת שֶׁהוּא תּוֹרָה וּמִצְוֹת וּמַעֲשִׂים טוֹבִים, וּבַעֲבוֹדָה חִיצוֹנִיּוּת. שֶׁהוּא אֲכִילָה וּשְׁתִיָּה וּשְׁאָר צָרְכֵי הַגּוּף. וְאֶזְכֶּה לִהְיוֹת קָדוֹשׁ וְטָהוֹר בִּשְׁתֵּי עֲבוֹדוֹת הָאֵלּוּ בִּשְׁלֵמוּת. וּשְׁתֵּי הָעֲבוֹדוֹת הָאֵלּוּ יִתְבָּרְרוּ וְיִזְדַּכְּכוּ בְּכָל פַּעַם בִּקְדֻשָּׁה גְּבוֹהַּ בְּיוֹתֵר עַד שֶׁיִּהְיוּ נַעֲשִׂין בְּכָל פַּעַם מֵהַחִיצוֹנִיּוּת פְּנִימִיּוּת עַד שֶׁתִּהְיֶה אֲכִילָתִי וּשְׁתִיָּתִי וּשְׁאָר צָרְכֵי הַגּוּף בִּקְדֻשָּׁה גְּדוֹלָה בִּקְדֻשַּׁת תּוֹרָה וּמִצְוֹת. וּקְדֻשַּׁת הַתּוֹרָה וְהַמִּצְוֹת שֶׁלִּי יִזְדַּכְּכוּ בִּקְדֻשָּׁה גְּבוֹהַּ וּבִשְׁלֵמוּת גָּדוֹל בְּיוֹתֵר. וְאֶזְכֶּה לַעֲלוֹת בְּכָל פַּעַם מִדַּרְגָּא לְדַרְגָּא. וּבְכָל פַּעַם יִהְיוּ נַעֲשִׂין מֵהַחִיצוֹנִיּוּת פְּנִימִיּוּת וְהַפְּנִימִיּוּת יַעֲלֶה לְמַעְלָה יוֹתֵר. וְנִזְכֶּה שֶׁכָּל יִשְׂרָאֵל יְכַלְּלוּ זֶה בָּזֶה בְּאַהֲבָה וְאַחֲוָה וְרֵעוּת וּבְשָׁלוֹם גָּדוֹל עַד שֶׁכָּל יִשְׂרָאֵל יַגְבִּיהוּ וְיָרִימוּ זֶה אֶת זֶה מִמַּדְרֵגָה לְמַדְרֵגָה וּמִמַּעֲלָה לְמַעְלָה בִּקְדֻשָּׁה גְּדוֹלָה, עַד שֶׁנִּזְכֶּה לַעֲלוֹת לְרוּם

הַמַּעֲלָה הָעֶלְיוֹנָה שֶׁל הַקְּדֻשָּׁה, עַד שֶׁנִּזְכֶּה לְהִכָּלֵל בְּךָ יְהֹוָה אֱלֹהֵינוּ וֵאלֹהֵי אֲבוֹתֵינוּ לְעוֹלְמֵי עַד וּלְנֵצַח נְצָחִים:

וּתְרַחֵם עָלֵינוּ וְתִהְיֶה בְּעֶזְרֵנוּ שֶׁנִּזְכֶּה לוֹמַר וּלְסַדֵּר לְפָנֶיךָ תּוֹרַת כָּל הַקָּרְבָּנוֹת כֻּלָּם וּקְטֹרֶת וּמְנָחוֹת בְּכַוָּנָה עֲצוּמָה וּבִקְדֻשָּׁה גְּדוֹלָה וְנוֹרָאָה. עַד שֶׁתַּעֲלֶה אֲמִירָתֵנוּ לְפָנֶיךָ כְּאִלּוּ הִקְרַבְנוּ כָּל הַקָּרְבָּנוֹת כֻּלָּם בְּמוֹעֲדָם וּבִזְמַנָּם וּבִמְקוֹמָם כְּהִלְכָתָן. וּנְשַׁלְּמָה פָרִים שְׂפָתֵינוּ כְּמוֹ שֶׁכָּתוּב: "זֹאת הַתּוֹרָה לָעֹלָה לַמִּנְחָה וְלַחַטָּאת וְלָאָשָׁם וְלַמִּלּוּאִים וּלְזֶבַח הַשְּׁלָמִים". וְנִזְכֶּה עַל יְדֵי זֶה לְהַכְנִיעַ וּלְשַׁבֵּר וּלְבַטֵּל כֹּחַ הַמְדַמֶּה, לְגָרְשׁוֹ וּלְסַלְּקוֹ וּלְבַטְּלוֹ לְגַמְרֵי מֵעָלֵינוּ וּמֵעַל גְּבוּלֵנוּ. וּתְמַהֵר וְתָחִישׁ לְגָאֳלֵנוּ וְתִבְנֶה בֵּית מִקְדָּשֵׁנוּ וְתִפְאַרְתֵּנוּ וְשָׁם נַקְרִיב לְפָנֶיךָ כָּל הַקָּרְבָּנוֹת שֶׁיְּכַפְּרוּ בַּעֲדֵנוּ. וְיַחְזְרוּ לָנוּ שְׁלֹשָׁה דְּבָרִים שֶׁנִּתְבַּטְּלוּ מִשֶּׁחָרַב בֵּית הַמִּקְדָּשׁ שֶׁהֵם הַשָּׁמִיר וְנֹפֶת צוּפִים וַאֲמָנָה. וְנִזְכֶּה [לַעֲלוֹת] אֶל הַשֵּׂכֶל דִּקְדֻשָּׁה, לְמַעְיַן הַחָכְמָה הַיּוֹצֵא מִבֵּית יְהֹוָה. כְּמוֹ שֶׁכָּתוּב: "וּמַעְיָן מִבֵּית יְהֹוָה יֵצֵא". וְנִזְכֶּה לַעֲבֹד אוֹתְךָ תָּמִיד בְּחָכְמָה וּבִינָה וָדַעַת דִּקְדֻשָּׁה וּבֶאֱמוּנָה שְׁלֵמָה בֶּאֱמֶת כָּל יָמֵינוּ לְעוֹלָם אָמֵן וְאָמֵן:

כו

יְהִי רָצוֹן מִלְּפָנֶיךָ יְהֹוָה אֱלֹהֵינוּ וֵאלֹהֵי אֲבוֹתֵינוּ שֶׁתַּעַזְרֵנִי וּתְזַכֵּנִי לְהִתְפַּלֵּל תְּפִלָּתִי לְפָנֶיךָ בְּכַוָּנָה גְּדוֹלָה. וְאֶזְכֶּה שֶׁלֹּא יֵצֵא שׁוּם דִּבּוּר שֶׁל הַתְּפִלָּה מִפִּי בְּלֹא כַוָּנָה. וְאֶשְׁמַע בְּאָזְנַי וּבְלִבִּי הֵיטֵב מַה שֶּׁאֲנִי מוֹצִיא מִפִּי, שֶׁאֶשְׁמַע מַה שֶּׁאֲנִי מְדַבֵּר, וַאֲכַוֵּן הֵיטֵב בְּכָל דִּבּוּר וְדִבּוּר שֶׁל הַתְּפִלָּה. וְתַעַזְרֵנִי שֶׁאֶזְכֶּה לְהִתְפַּלֵּל וּלְהִתְחַנֵּן תָּמִיד בִּמְסִירַת נֶפֶשׁ. וְתִשְׁמְרֵנִי וְתַצִּילֵנִי מִמַּחֲשָׁבוֹת זָרוֹת שֶׁבַּתְּפִלָּה. וְתִתֵּן לִי כֹּחַ וּגְבוּרָה לְהִתְגַּבֵּר עַל כָּל הַמַּחֲשָׁבוֹת זָרוֹת שֶׁבַּתְּפִלָּה לְהַכְנִיעָם וּלְשַׁבְּרָם וּלְגָרְשָׁם וּלְבַטְּלָם שֶׁלֹּא יִתְקָרְבוּ לִתְפִלָּתִי כְּלָל:

וְקוּמָה בְּעֶזְרָתִי וְתֵן בְּלִבִּי בִּינָה וָדַעַת וְעֵצָה וּגְבוּרָה דִּקְדֻשָּׁה. שֶׁאֶזְכֶּה לְהִתְגַּבֵּר בְּיוֹתֵר בְּכָל מָקוֹם בַּתְּפִלָּה שֶׁבָּאִים שָׁם עָלַי מַחֲשָׁבוֹת זָרוֹת לְבַלְבֵּל חַס וְשָׁלוֹם שֶׁאֶתְגַּבֵּר בְּאֵלּוּ הַמְּקוֹמוֹת דַּיְקָא בְּהִתְגַּבְּרוּת גָּדוֹל וְעָצוּם מְאֹד וּבִמְסִירַת נֶפֶשׁ בְּיוֹתֵר. וְאֶזְכֶּה לְהִתְגַּבֵּר אָז בְּכָל עֹז וְתַעֲצוּמוֹת, וְאֶמְסֹר נַפְשִׁי אָז יוֹתֵר וְיוֹתֵר עַד שֶׁאֶזְכֶּה לְשַׁבְּרָם וּלְנַצְּחָם, וּלְטַהֵר אֶת הַתְּפִלָּה מִכָּל מִינֵי מַחֲשָׁבוֹת זָרוֹת וּבִלְבּוּלִים. וְאֶזְכֶּה לְבָרֵר וּלְהַעֲלוֹת נִיצוֹצֵי הַקְּדֻשָּׁה הַמְּלֻבָּשִׁין

בְּהַמַּחֲשָׁבוֹת זָרוֹת, וְתִתֶּן בִּי כֹּחַ לְבָרְרָם וּלְתַקְּנָם וּלְהַעֲלוֹתָם לִמְקוֹר חֻצְבָּם לַהֲשִׁיבָם אֶל הַקְּדֻשָּׁה. וּתְרַחֵם עָלַי וְתוֹשִׁיעֵנִי תָּמִיד שֶׁתִּהְיֶה תְפִלָּתִי זַכָּה וּנְקִיָּה בְּלִי שׁוּם פְּסֹלֶת וּבְלִי שׁוּם מַחֲשָׁבוֹת זָרוֹת. בְּאֹפֶן שֶׁתּוּכַל תְּפִלָּתִי לַעֲלוֹת לְנַחַת וּלְרָצוֹן לִפְנֵי כִסֵּא כְבוֹדֶךָ וְתַעֲלֶה וְתִנָּשֵׂא לִהְיוֹת כֶּתֶר לְרֹאשֶׁךָ. וְתִתְפָּאֵר וְתִתְעַנֵּג בִּתְפִלָּתֵנוּ, וְיִהְיוּ לְךָ שַׁעֲשׁוּעִים גְּדוֹלִים מִתְּפִלָּתֵינוּ וּתְחִנּוֹתֵנוּ תָּמִיד. וְתִמָּלֵא רַחֲמִים עָלֵינוּ, וְתָשִׁיב פָּנֶיךָ אֵלֵינוּ, וְתָבִיא לָנוּ אֶת מְשִׁיחַ צִדְקֵנוּ בִּמְהֵרָה בְיָמֵינוּ אָמֵן:

כז

יְהִי רָצוֹן מִלְּפָנֶיךָ יְהוָה אֱלֹהֵינוּ וֵאלֹהֵי אֲבוֹתֵינוּ, אֲדוֹן הַשָּׁלוֹם, מֶלֶךְ שֶׁהַשָּׁלוֹם שֶׁלּוֹ. שֶׁתָּשִׂים שָׁלוֹם בֵּין עַמְּךָ יִשְׂרָאֵל. וְיִתְרַבֶּה הַשָּׁלוֹם עַד שֶׁיִּמְשַׁךְ הַשָּׁלוֹם בֵּין כָּל בָּאֵי עוֹלָם, וְלֹא יִהְיֶה שׁוּם שִׂנְאָה וְקִנְאָה וְתַחֲרוּת וְנִצָּחוֹן וְקִנְטוּר בֵּין אֶחָד לַחֲבֵרוֹ, רַק יִהְיֶה אַהֲבָה וְשָׁלוֹם גָּדוֹל בֵּין כֻּלָּם. וְכָל אֶחָד יֵדַע בְּאַהֲבַת חֲבֵרוֹ, שֶׁחֲבֵרוֹ דוֹרֵשׁ טוֹבָתוֹ וּמְבַקֵּשׁ אַהֲבָתוֹ וְחָפֵץ בְּהַצְלָחָתוֹ הַנִּצְחִיִּית, עַד שֶׁיּוּכְלוּ לְהִתְוָעֵד וּלְהִתְקַבֵּץ יַחַד כָּל אֶחָד עִם חֲבֵרָיו וִידַבְּרוּ זֶה עִם זֶה וְיַסְבִּירוּ זֶה לָזֶה הָאֱמֶת. עַד שֶׁיּוּכְלוּ לְעוֹרֵר זֶה אֶת זֶה וּלְהַזְכִּיר זֶה

אֶת זֶה לְהִסְתַּכֵּל עַל עַצְמוֹ הֵיטֵב בָּעוֹלָם הַזֶּה. עוֹלָם הָעוֹבֵר כְּהֶרֶף עַיִן. צֵל עוֹבֵר. לֹא כְּצִלּוֹ שֶׁל דֶּקֶל וְלֹא כְּצִלּוֹ שֶׁל כֹּתֶל אֶלָּא כְּצִלּוֹ שֶׁל עוֹף הַפּוֹרֵחַ. וִידַבֵּר וְיָשִׂיחַ כָּל אֶחָד עִם חֲבֵרוֹ מַהוּ הַתַּכְלִית מִכָּל תַּאֲווֹת עוֹלָם הַזֶּה וַהֲבָלָיו. וְעַל מָה אֲתֵינָן לְהַאי עָלְמָא שְׁפָלָה. וְיַרְבּוּ לְדַבֵּר זֶה עִם זֶה בְּאַהֲבָה וְאַחֲוָה וְחִבָּה גְּדוֹלָה בֶּאֱמֶת לַאֲמִתּוֹ מֵעֻמְקָא דְּלִבָּא, בְּלִי שׁוּם נִצָּחוֹן וְקִנְטוּר כְּלָל. עַד שֶׁיְּעוֹרֵר כָּל אֶחָד אֶת חֲבֵרוֹ לָשׁוּב אֶל יְהוָה בֶּאֱמֶת, וּלְהַשְׁלִיךְ אֶת אֱלִילֵי כַסְפּוֹ וֶאֱלִילֵי זְהָבוֹ. וְלֹא יֵלְכוּ עוֹד בִּשְׁרִירוּת לִבָּם הָרָע וְלֹא יַטּוּ אַחֲרֵי הַבֶּצַע כָּל יְמֵיהֶם, וְלֹא יִרְדְּפוּ אַחַר הַמּוֹתָרוֹת לְהַרְבּוֹת הוֹן מֵהֶבֶל. וִיגָרְשׁוּ הָרוּחַ שְׁטוּת מִקִּרְבָּם. וְיִתְרַבֶּה וְיִתְגַּדֵּל הַשָּׁלוֹם בָּעוֹלָם, עַד שֶׁיָּשׁוּבוּ כָּל יִשְׂרָאֵל אֵלֶיךָ בֶּאֱמֶת בִּתְשׁוּבָה שְׁלֵמָה כִּרְצוֹנְךָ הַטּוֹב. עַד שֶׁיִּתְעוֹרְרוּ גַּם כָּל אֻמִּין דְּעָלְמָא, וְיַכִּירוּ הָאֱמֶת לַאֲמִתּוֹ וְיָשׁוּבוּ כֻּלָּם אֵלֶיךָ וִיקַבְּלוּ כֻלָּם אֶת עֹל מַלְכוּתְךָ עֲלֵיהֶם. וִיקֻיַּם מִקְרָא שֶׁכָּתוּב: "כִּי אָז אֶהְפֹּךְ אֶל עַמִּים שָׂפָה בְרוּרָה לִקְרֹא כֻלָּם בְּשֵׁם יְהוָה וּלְעָבְדוֹ שְׁכֶם אֶחָד":

וּבְכֵן יְהִי רָצוֹן מִלְּפָנֶיךָ יְהוָה אֱלֹהֵינוּ וֵאלֹהֵי אֲבוֹתֵינוּ, מָלֵא רַחֲמִים חוֹמֵל דַּלִּים שׁוֹמֵר הַבְּרִית וְהַחֶסֶד, הַגּוֹמֵל לְחַיָּבִים טוֹבוֹת, גְּמֹל עַל עַבְדְּךָ

וְאֶחְיֶה. וְזַכֵּנִי בַּחֲסָדֶיךָ הָרַבִּים וּבְרַחֲמֶיךָ הָאֲמִתִּיִּים, וְעָזְרֵנִי וְהוֹשִׁיעֵנִי שֶׁאֶזְכֶּה מֵעַתָּה לִשְׁמִירַת הַבְּרִית קֹדֶשׁ בֶּאֱמֶת כִּרְצוֹנְךָ הַטּוֹב. וְתַצִּילֵנִי מֵעַתָּה מִכָּל מִינֵי פְּגַם הַבְּרִית וּמִכָּל מִינֵי הִרְהוּרִים רָעִים. וְתִהְיֶה בְּעֶזְרִי וְתִתֶּן לִי חָכְמָה וּבִינָה וָדַעַת וְעֵצָה וּגְבוּרָה, שֶׁאֶזְכֶּה לְהִתְגַּבֵּר עַל כָּל הַמַּחֲשָׁבוֹת רָעוֹת וְהִרְהוּרִים רָעִים, לְהִמָּלֵט מֵהֶם וּלְהִנָּצֵל מֵהֶם לְגַמְרֵי בְּכֹחֲךָ הַגָּדוֹל, לְגָרְשָׁם וּלְשַׁבְּרָם וּלְבַטְּלָם מֵעָלַי וּמֵעַל גְּבוּלִי. וְאֶזְכֶּה בְּרַחֲמֶיךָ לְגָרֵשׁ כָּל הָרוּחַ שְׁטוּת מִקִּרְבִּי שֶׁלֹּא יִהְיֶה שׁוּם אֲחִיזָה לְהָרוּחַ שְׁטוּת אֶצְלִי. רַק אֲשַׁבְּרוֹ וַאֲגָרְשׁוֹ וַאֲבַטְּלוֹ מֵעָלַי וּמֵעַל גְּבוּלִי מֵעַתָּה וְעַד עוֹלָם:

וְתַעַזְרֵנִי וּתְזַכֵּנִי לְהוֹצִיא כָּל נִיצוֹצוֹת הַקְּדֻשָּׁה שֶׁנָּפְלוּ עַל יְדֵי בַּקְּלִפּוֹת בֵּין הָרוּחַ שְׁטוּת וְהַסִּטְרָא אָחֳרָא עַל יְדֵי פְּגַם הַבְּרִית. וְתַעַזְרֵנִי בְּרַחֲמֶיךָ הָעֲצוּמִים שֶׁאֶזְכֶּה לִתְשׁוּבַת הַמִּשְׁקָל מַמָּשׁ, וּבַמָּקוֹם שֶׁקִּלְקַלְתִּי שָׁם אֲתַקֵּן בְּרַחֲמֶיךָ. וּבְכָל עֵת וּבְכָל מָקוֹם שֶׁיִּרְצוּ לְהִתְגַּבֵּר עָלַי חַס וְשָׁלוֹם מַחֲשָׁבוֹת רָעוֹת וְהִרְהוּרִים רָעִים, שָׁם דַּיְקָא אֶזְכֶּה לְשַׁבֵּר תַּאֲוָתִי וּלְגָרֵשׁ הָרוּחַ שְׁטוּת מִקִּרְבִּי, לְגָרֵשׁ וּלְסַלֵּק וּלְבַעֵר וּלְבַטֵּל כָּל הַמַּחֲשָׁבוֹת וְהִרְהוּרִים רָעִים מִמֶּנִּי, עַד שֶׁאֶזְכֶּה עַל־יְדֵי־זֶה לְבָרֵר וּלְהַעֲלוֹת כָּל נִצּוֹצֵי הַקְּדֻשָּׁה שֶׁנָּפְלוּ וְנִתְעָרְבוּ עַל יְדֵי בֵּין הַקְּלִפּוֹת, לְבָרְרָם

וּלְהַעֲלוֹתָם כֻּלָּם וְלַהֲשִׁיבָם אֶל הַקְּדֻשָּׁה. וְאַל יִדַּח מִמְּךָ שׁוּם נִדָּח כְּלָל בְּרַחֲמֶיךָ הָרַבִּים וּבַחֲסָדֶיךָ הַגְּדוֹלִים. וּבִזְכוּת וְכֹחַ צַדִּיקֵי אֱמֶת זְקֵנִים שֶׁבִּקְדֻשָּׁה אֲשֶׁר זָכוּ לִשְׁמִירַת הַבְּרִית בֶּאֱמֶת בְּתַכְלִית הַשְּׁלֵמוּת. וְאֶזְכֶּה מֵעַתָּה לְהַמְשִׁיךְ עָלַי בְּכָל עֵת וּבְכָל שָׁעָה רוּחַ קְדֻשָּׁה וְטָהֳרָה. וִיקֻיַּם בִּי מִקְרָא שֶׁכָּתוּב: "וְנָחָה עָלָיו רוּחַ יְהֹוָה, רוּחַ חָכְמָה וּבִינָה, רוּחַ עֵצָה וּגְבוּרָה, רוּחַ דַּעַת וְיִרְאַת יְהֹוָה":

אָנָּא יְהֹוָה מָלֵא רַחֲמִים אֲדוֹן כֹּל, חוֹשֵׁב מַחֲשָׁבוֹת לְבַל יִדַּח מִמְּךָ נִדָּח, אֲשֶׁר אַתָּה גּוֹמֵל עִמִּי טוֹבוֹת וַחֲסָדִים רַבִּים וַעֲצוּמִים בְּכָל עֵת וּבְכָל רֶגַע מַמָּשׁ, מָה רַב טוּבְךָ אֲשֶׁר עָשִׂיתָ עִמִּי, מָה רַב חַסְדְּךָ אֲשֶׁר הִפְלֵאתָ עִם עַבְדֶּךָ, "רַבּוֹת עָשִׂיתָ אַתָּה יְהֹוָה אֱלֹהַי, נִפְלְאוֹתֶיךָ וּמַחְשְׁבוֹתֶיךָ אֵלֵינוּ, אֵין עֲרוֹךְ אֵלֶיךָ אַגִּידָה וַאֲדַבֵּרָה עָצְמוּ מִסַּפֵּר". וְאַחֲרֵי כָל הַחֲסָדִים וְהַטּוֹבוֹת הַגְּדוֹלוֹת וְהַנּוֹרָאוֹת וְהָעֲצוּמוֹת וְהַמֻּפְלָגוֹת מְאֹד מְאֹד אֲשֶׁר גְּמַלְתָּ עִמִּי בְּלִי שִׁעוּר וָעֵרֶךְ וּמִסְפָּר, מָה אוֹמַר וּמָה אֲדַבֵּר, וְאֵיךְ יוּכַל עֶבֶד אֲדוֹנִי זֶה לְדַבֵּר עִם אֲדוֹנִי זֶה. וּבְאֵיזֶה לָשׁוֹן אֲכַנֶּה אֶת שִׁרְיוֹן צָרַעַת נִגְעֵי נַפְשִׁי וּמַכְאוֹבֵי הַמְרֻבִּים. עַל יְדֵי חֲטָאַי וַעֲוֹנוֹתַי וּפְשָׁעַי שֶׁחָטָאתִי וְשֶׁעָוִיתִי וְשֶׁפָּשַׁעְתִּי לְפָנֶיךָ יְהֹוָה אֱלֹהַי וֵאלֹהֵי אֲבוֹתַי. אֲשֶׁר עַל יָדָם נִמְשָׁכִים וּבָאִים

עָלֵינוּ בְּכָל עֵת הִרְהוּרִים וּמַחֲשָׁבוֹת זָרוֹת וּמְגֻנּוֹת. "טָבַעְתִּי בִּיוֵן מְצוּלָה וְאֵין מָעֳמָד. בָּאתִי בְמַעֲמַקֵּי מַיִם וְשִׁבֹּלֶת שְׁטָפָתְנִי". כִּי לְפִי קְדֻשַּׁת אִישׁ הַיִּשְׂרְאֵלִי בְּשָׁרְשׁוֹ, כְּשֶׁבָּא עָלָיו הִרְהוּר אֶחָד בִּזְמַן רָחוֹק, נִקְרָא מְטֻבָּע בִּיוֵן מְצוּלָה, בִּמְצוּלוֹת יָם. וְעַתָּה אֵיךְ נְכַנֶּה צָרוֹתֵינוּ וְאֵיךְ נְפָרֵשׁ שִׂיחָתֵנוּ, וּבְאֵיזֶה לָשׁוֹן אֲנִי יָכֹל לְסַפֵּר נִגְעֵי לְבָבִי וּמַכְאוֹבַי, אֲשֶׁר הַמְּצוּלוֹת יָם מִתְגַּבְּרִים בְּכָל עֵת עָלֵינוּ, לֹא יִתְּנוּנִי הָשֵׁב רוּחִי. מָה אוֹמַר וּמָה אֲדַבֵּר, "אִוֶּלֶת אָדָם תְּסַלֵּף דַּרְכּוֹ וְעַל יְהֹוָה יִזְעַף לִבּוֹ", כִּי אֲנִי בְּעַצְמִי גָּרַמְתִּי לִי כָּל זֶה עַל יְדֵי מַעֲשַׂי הָרָעִים וּמַחְשְׁבוֹתַי הַמְבֻלְבָּלוֹת שֶׁהָלַכְתִּי אַחֲרֵיהֶם וְלֹא נִתְגַּבַּרְתִּי לְשַׁבְּרָם וּלְגָרְשָׁם מֵעָלַי, עַד שֶׁבָּאתִי לְמַה שֶּׁבָּאתִי, וְנִתְרַחַקְתִּי כְּמוֹ שֶׁנִּתְרַחַקְתִּי. אוֹי לִי וַי לִי. אוֹי לְנַפְשִׁי. וְאַתָּה יָדַעְתָּ כִּי אֵין לִי שׁוּם עֵצָה וְתַחְבּוּלָה כִּי אִם לִצְעֹק וּלְהִתְחַנֵּן אֵלֶיךָ, וּלְהִסְתַּכֵּל וּלְצַפּוֹת לְרַחֲמֶיךָ, וְאֵשֵׁב וַאֲיַחֵל וַאֲצַפֶּה לַחֲסָדֶיךָ, שֶׁתְּחָנֵּנִי בְּמַתְּנַת חִנָּם לְגַמְרֵי, וּתְקַדְּשֵׁנִי בִּקְדֻשָּׁתְךָ הָעֶלְיוֹנָה. כִּי כָּל הָעֵצוֹת פָּגַמְתִּי בָהֶם, וַאֲפִלּוּ כְּשֶׁאַתָּה מַשְׁפִּיעַ לִי עֵצָה טוֹבָה, קָשֶׁה לִי לְקַיֵּם הָעֵצָה בְּעַצְמָהּ, כִּי קְשֵׁה לֵב אֲנִי. וְאֵינִי יוֹדֵעַ שׁוּם תַּחְבּוּלָה וְעֵצָה וּמִשְׁעָן. כִּי אִם עַל רַחֲמֶיךָ הָרַבִּים וַחֲסָדֶיךָ הַגְּדוֹלִים, כִּי עַל רַחֲמֶיךָ הָרַבִּים אָנוּ בְטוּחִים. וְעַל חֲסָדֶיךָ אָנוּ נִשְׁעָנִים, וְלִסְלִיחוֹתֶיךָ אָנוּ מְקַוִּים וְלִישׁוּעָתְךָ אָנוּ

מְצַפִּים, שֶׁתְּרַחֵם עָלֵינוּ וְתוֹשִׁיעֵנוּ בִּזְכוּת צַדִּיקִים אֲמִתִּיִּים זְקֵנִים שֶׁבִּקְדֻשָּׁה שֶׁהָיוּ בְּכָל דּוֹר מִימֵי אֲבוֹתֵינוּ עַד עַתָּה. וְעַל כֹּחָם לְבַד סָמַכְנוּ לִצְעֹק וְלִזְעוֹק וּלְהִתְחַנֵּן אֵלֶיךָ, כְּבֵן הַמִּתְחַטֵּא לִפְנֵי אָבִיו, וּלְצַפּוֹת לְרַחֲמֶיךָ וּלְקַוּוֹת לִישׁוּעָתֶךָ, שֶׁתַּחֲזִירֵנוּ בִּתְשׁוּבָה שְׁלֵמָה לְפָנֶיךָ, חִישׁ קַל מְהֵרָה:

עַל כֵּן בָּאתִי לְפָנֶיךָ יְהֹוָה אֱלֹהַי וֵאלֹהֵי אֲבוֹתַי אֱלֹהֵי אַבְרָהָם אֱלֹהֵי יִצְחָק וֵאלֹהֵי יַעֲקֹב וֵאלֹהֵי כָּל הַצַּדִּיקִים הָאֲמִתִּיִּים, אֱלֹהֵי הָרִאשׁוֹנִים וְהָאַחֲרוֹנִים, אֱלֹהֵי כָל יִשְׂרָאֵל, וְכַפֵּי פְּרוּשׂוֹת מוּל אֲרוֹן בְּרִיתֶךָ, וְעֵינַי מְיַחֲלוֹת לַהֲמוֹן חֲסָדֶיךָ, וְרַעְיוֹנַי צוֹפִיּוֹת לִמְעוֹן קָדְשָׁתֶךָ, שֶׁתְּעוֹרֵר רַחֲמֶיךָ הָרַבִּים וְהַגְּדוֹלִים עָלַי בִּזְכוּת וְכֹחַ הַצַּדִּיקִים הָאֲמִתִּיִּים וְהַזְּקֵנִים דִּקְדֻשָּׁה. וְתַמְשִׁיךְ וְתַשְׁפִּיעַ עָלַי וְעַל כָּל עַמְּךָ בֵּית יִשְׂרָאֵל רוּחַ קְדֻשָּׁה וְטָהֳרָה, רוּחַ חָכְמָה וּבִינָה, רוּחַ עֵצָה וּגְבוּרָה, רוּחַ דַּעַת וְיִרְאַת יְהֹוָה, בְּאֹפֶן שֶׁאֶזְכֶּה לְהִתְגַּבֵּר עַל כָּל הַהִרְהוּרִים וּמַחֲשָׁבוֹת רָעוֹת, לְשַׁבְּרָם וּלְגָרְשָׁם וּלְבַטְּלָם מִמֶּנִּי. וּבְכָל עֵת שֶׁיָּבֹא עָלַי אֵיזֶה הִרְהוּר לֹא טוֹב חַס וְשָׁלוֹם, אֶזְכֶּה בְּכֹחֲךָ לְשַׁבֵּר תַּאֲוָתִי וְלָכוֹף אֶת יִצְרִי, לְשַׁבְּרוֹ וּלְגָרְשׁוֹ מִמֶּנִּי, וּלְהָסִיחַ דַּעְתִּי מִמֶּנּוּ לְגַמְרֵי. וְאֶזְכֶּה לְהוֹצִיא מֵהַקְּלִפּוֹת כָּל הַנִּיצוֹצוֹת הַקְּדֻשָּׁה שֶׁנָּפְלוּ עַל יְדֵי בֵּינֵיהֶם. וּלְבָרֵר הָרוּחַ טוֹבָה מִן

הָרוּחַ שְׁטוּת. וּבְמָקוֹם שֶׁקִּלְקַלְתִּי שָׁם אֲתַקֵּן. עַד שֶׁאֶזְכֶּה בְּרַחֲמֶיךָ לְגָרֵשׁ וּלְבַטֵּל הָרוּחַ שְׁטוּת מִמֶּנִּי וּמִכָּל יִשְׂרָאֵל לְגַמְרֵי, שֶׁלֹּא יִהְיֶה שׁוּם שְׁלִיטָה וַאֲחִיזָה לְהָרוּחַ שְׁטוּת לֹא בְּגוּפִי וְלֹא בְּנַפְשִׁי וְרוּחִי וְנִשְׁמָתִי מֵעַתָּה וְעַד עוֹלָם. לָא בְּעָלְמָא הָדֵין וְלָא בְּעָלְמָא דְאָתֵי. וְאֶזְכֶּה מֵעַתָּה לְמַחֲשָׁבוֹת קְדוֹשׁוֹת וּטְהוֹרוֹת תָּמִיד. וְתַצִּילֵנִי מֵעַתָּה מִכָּל מִינֵי בִּלְבּוּל הַדַּעַת שֶׁבָּעוֹלָם, רַק אֶזְכֶּה שֶׁתִּהְיֶה מַחֲשַׁבְתִּי קְדוֹשָׁה וּטְהוֹרָה זַכָּה וּנְקִיָּה תָּמִיד.

וְתַעַזְרֵנִי לְקַדֵּשׁ עַצְמִי בִּקְדֻשַּׁת הַבְּרִית בְּכָל מִינֵי קְדֻשּׁוֹת. וְתִמְחֹל וְתִסְלַח לִי כָּל מַה שֶּׁפָּגַמְתִּי עַד הֵנָּה בִּפְגַם הַבְּרִית, הֵן מַה שֶּׁפָּגַמְתִּי בְּמַחֲשָׁבָה דִּבּוּר וּמַעֲשֶׂה. הֵן מַה שֶּׁפָּגַמְתִּי בִּרְאִיַּת הָעַיִן וּבִשְׁמִיעַת הָאֹזֶן וּבִשְׁאָר חוּשִׁים בְּשׁוֹגֵג אוֹ בְּמֵזִיד בְּאֹנֶס אוֹ בְּרָצוֹן, מִנְּעוּרַי עַד הַיּוֹם הַזֶּה. עַל כֻּלָּם תִּמְחֹל וְתִסְלַח וּתְכַפֵּר לִי אֱלוֹהַּ סְלִיחוֹת. וּתְמַלֵּא כָּל הַשֵּׁמוֹת שֶׁפָּגַמְתִּי בְּשִׁמְךָ הַגָּדוֹל. וּמֵעַתָּה תִּהְיֶה בְּעֶזְרִי וְתוֹשִׁיעֵנִי וְתַצְלִיחֵנִי וְתַעַזְרֵנִי בְּכָל עֵת בְּאֹפֶן שֶׁאֶזְכֶּה לִקְדֻשַּׁת הַבְּרִית בֶּאֱמֶת:

רִבּוֹנוֹ שֶׁל עוֹלָם רִבּוֹנוֹ דְעָלְמָא כֻּלָּא, "רְפָאֵנִי יְהֹוָה וְאֵרָפֵא הוֹשִׁיעֵנִי וְאִוָּשֵׁעָה כִּי תְהִלָּתִי אָתָּה".

כִּי אַתָּה יָדַעְתָּ אֶת מְרִירוּת לְבָבִי, אֶת מְרִירוּת מַכּוֹתַי הָאֲנוּשׁוֹת אֶת מְרִירוּת נַפְשִׁי הָאֻמְלָלָה, כִּי נַפְשִׁי מָרָה לִי מְאֹד. וְאֶל מָה אֲדַמֶּה וְאַמְשִׁיל מְרִירוּתִי, מַר מִמָּוֶת, מַר מִלַּעֲנָה וָרֹאשׁ. מַר מִכָּל מְרִירוּת שֶׁבָּעוֹלָם. וְאַתָּה יָדַעְתָּ רִבּוֹנוֹ שֶׁל עוֹלָם. אֲשֶׁר לְפִי עֹצֶם חֶלְשׁוּת נַפְשִׁי, לְפִי עֹצֶם וְרִבּוּי הַחוֹלָאַת וְהַמַּכְאוֹבִים הָרָעִים וְהַמָּרִים וְהַפְּגָמִים הָעֲצוּמִים שֶׁהִטַּלְתִּי בְּנַפְשִׁי עַל־יְדֵי מַעֲשַׂי הָרָעִים, אֵין שׁוּם רְפוּאָה בָּעוֹלָם שֶׁתּוּכַל לְהוֹעִיל לִי. וַאֲפִלּוּ אִם תִּמְצָא בְּרַחֲמֶיךָ אֵיזֶה רְפוּאָה שֶׁיּוֹעִיל לִי, אִי אֶפְשָׁר לִי לִסְבֹּל מְרִירוּת הָרְפוּאָה לְפִי מַכּוֹתַי הָאֲנוּשׁוֹת מְאֹד, כִּי אִי אֶפְשָׁר לִי לִסְבֹּל מְרִירוּת הָרְפוּאָה וְהַתְּשׁוּבָה שֶׁצְּרִיכִים לִסְבֹּל לְתַקֵּן פְּגַם הִרְהוּר אֶחָד, מִכָּל שֶׁכֵּן הִרְהוּרִים וּפְגָמִים וַחֲטָאִים רַבִּים וַעֲצוּמִים כָּאֵלֶּה. וְאִם אָמַרְתִּי לְסַפֵּר אֶפֶס קָצֶה מֵהַפְּגָמִים שֶׁל יוֹם אֶחָד, יִכְלֶה הַזְּמַן. אֲפִלּוּ הַפְּגָמִים שֶׁל הַיּוֹם שֶׁנִּקְרָא אֶצְלֵנוּ טוֹב קְצָת, גַּם כֵּן אִי אֶפְשָׁר לְשַׁעֵר וּלְהַעֲרִיךְ הַפְּגָמִים שֶׁבְּכָל עֵת וּבְכָל שָׁעָה, מִכָּל שֶׁכֵּן הַיָּמִים רָעִים שֶׁהָיָה לִי. אוֹי, אוֹי וַאֲבוֹי, אוֹי אוֹי וָמַר. מָה אוֹמַר וּמָה אֲדַבֵּר, מְרִירוּת נַפְשִׁי עַד שָׁמַיִם יַגִּיעַ, כְּאֵב נִשְׁמָתִי מִי יוּכַל לְשַׁעֵר.

רִבּוֹנוֹ שֶׁל עוֹלָם אַתָּה יָדַעְתָּ, וְאִם אֲפִלּוּ תַּשְׁלִיךְ אַחֲרֵי גַוְּךָ כָּל חַטֹּאתַי כַּאֲשֶׁר אַתָּה מִתְנַהֵג עִם

בְּרִיּוֹתֶיךָ בְּרַחֲמִים, וְלֹא תַלְבִּישׁ אֶת רְפוּאָתִי כִּי אִם בִּמְרִירוּת מְעַט דִּמְעַט גַּם כֵּן אִי אֶפְשָׁר לִי לִסְבֹּל כְּלָל. כִּי לְפִי עֹצֶם רִבּוּי הַמְּרִירוּת הַמֻּכְרָח לִרְפוּאָתִי לְפִי עֹצֶם חָלְיֵי נַפְשִׁי. אִי אֶפְשָׁר לִי לְקַבֵּל וְלִסְבֹּל אֲפִלּוּ חֵלֶק אֶחָד מֵאַלְפֵי אֲלָפִים וְרִבֵּי רְבָבוֹת, מֵהַמְּרִירוּת הַמֻּכְרָח לִרְפוּאָתִי, לְפִי עֹצֶם חֲטָאַי וַעֲוֹנוֹתַי וּפְשָׁעַי הַמְּרֻבִּים. כִּי "אַתָּה חָשַׂקְתָּ נַפְשִׁי מִשַּׁחַת בְּלִי". וְהִשְׁלַכְתָּ אַחֲרֵי גֵוְךָ כָּל חֲטָאָי. וְלֹא הִלְבַּשְׁתָּ אֶת הַשָּׁלוֹם וְהָרְפוּאָה שֶׁלִּי כִּי אִם בִּמְרִירוּת מְעַט דִּמְעַט כְּפִי יְכָלְתִּי. וְאַף עַל פִּי כֵן, גַּם זֶה מְעַט הַמְּרִירוּת קָשֶׁה לִי לְקַבֵּל וְלִסְבֹּל, כִּי לְפִי עֹצֶם חָלְיִי וְחֻלְשׁוֹתַי וּמַכּוֹת נַפְשִׁי הָאֲנוּשׁוֹת מְאֹד וּפִזּוּר דַּעְתִּי, אִי אֶפְשָׁר לִי לִסְבּוֹל שׁוּם מְרִירוּת כְּלָל:

וְעַל זֹאת בָּאתִי לְהַפִּיל תְּחִנָּתִי לְפָנֶיךָ יְהוָה אֱלֹהַי וֵאלֹהֵי אֲבוֹתַי. "גְּדוֹל הָעֵצָה וְרַב הָעֲלִילִיָּה". עוֹשֶׂה גְּדוֹלוֹת עַד אֵין חֵקֶר, נִסִּים וְנִפְלָאוֹת עַד אֵין מִסְפָּר, וְאֵין דָּבָר נִמְנָע מִמְּךָ, הֵן "כֹּל תּוּכָל וְלֹא יִבָּצֵר מִמְּךָ מְזִמָּה". וְאַתָּה רוֹפֵא נֶאֱמָן וְרַחֲמָן אֱמֶת, וּבְיָדְךָ הַכֹּל "וּבְיָדְךָ כֹּחַ וּגְבוּרָה וּבְיָדְךָ לְגַדֵּל וּלְחַזֵּק לַכֹּל". וּמִי יֹאמַר לְךָ מַה תַּעֲשֶׂה, עַל כֵּן "עַל מִשְׁמַרְתִּי אֶעֱמֹדָה", וְאֶזְעַק וַאֲשַׁוֵּעַ וְאֶצְעַק אֵלֶיךָ תָּמִיד, עַד שֶׁתְּחָנֵּנִי, וְתַמְתִּיק אֶת מְרִירוּת רְפוּאָתִי, וְתוֹרֵנִי בְּרַחֲמֶיךָ אֶת עֵץ הַחַיִּים לְהַמְתִּיק וּלְבַטֵּל מְרִירוּת הַמַּיִם הָרָעִים,

וְתָסִיר מִמֶּנִּי כָּל מִינֵי מְרִירוּת בְּרַחֲמֶיךָ. וְתִתֵּן לִי כֹּחַ וּגְבוּרָה וְהִתְחַזְּקוּת לִסְבֹּל וּלְקַבֵּל עָלַי בְּאַהֲבָה מְעַט הַמְּרִירוּת שֶׁאֲנִי מֻכְרָח לִסְבֹּל בִּשְׁבִיל רְפוּאָתִי, וּתְמַעֵט בְּחַסְדְּךָ אֶת הַמְּרִירוּת שֶׁל רְפוּאָתִי בְּתַכְלִית הַמִּעוּט. וּתְמַהֵר לְרַפֹּאת אוֹתִי רְפוּאָה שְׁלֵמָה, רְפוּאַת הַנֶּפֶשׁ וּרְפוּאַת הַגּוּף, כִּי אֲנִי רוֹאֶה מֵרָחוֹק חֲסָדֶיךָ הַגְּדוֹלִים, שֶׁאַתָּה מַגְדִּיל עִמִּי בְּכָל עֵת וּבְכָל שָׁעָה בְּלִי שִׁיעוּר וָעֵרֶךְ וּמִסְפָּר, עַל כֵּן אֲנִי מַשְׁלִיךְ יְהָבִי עָלֶיךָ לְבַד. שֶׁתְּרַחֵם עָלַי וְתָגֵן בַּעֲדִי וְתִפְרֹס עָלַי אֶת סֻכַּת שְׁלוֹמֶךָ. וְתַעֲלֶה רְפוּאָה שְׁלֵמָה לְכָל תַּחֲלוּאֵי וּמַכְאוֹבֵי נַפְשִׁי וְגוּפִי, וּתְקַיֵּם בִּי מִקְרָא שֶׁכָּתוּב: "בּוֹרֵא נִיב שְׂפָתָיִם, שָׁלוֹם שָׁלוֹם לָרָחוֹק וְלַקָּרוֹב אָמַר יְהֹוָה, וּרְפָאתִיו".

וּתְזַכֵּנִי מֵעַתָּה לִקְדֻשַּׁת הַבְּרִית בֶּאֱמֶת. וְתַשְׁפִּיעַ וְתָאִיר עָלַי בְּאוֹר פָּנֶיךָ, וְתַמְשִׁיךְ עָלַי הֶאָרַת פָּנִים, שֶׁאֶזְכֶּה לְהַדְרַת פָּנִים לְהֶאָרַת פָּנִים דִּקְדֻשָּׁה. וְתִפְתַּח אֶת דַּעְתִּי, וְתַשְׁפִּיעַ עָלַי שֶׁפַע הַחָכְמָה וְהַבִּינָה וְהַדַּעַת מֵאִתְּךָ. וְתָאִיר עֵינַי בִּמְאוֹר תּוֹרָתֶךָ, עַד שֶׁאֶזְכֶּה לְחַדֵּשׁ בַּתּוֹרָה בְּכָל עֵת חִדּוּשִׁים אֲמִתִּיִּים. וְאֶזְכֶּה לִדְרֹשׁ אֶת הַתּוֹרָה בִּשְׁלֹשׁ עֶשְׂרֵה מִדּוֹת שֶׁהַתּוֹרָה נִדְרֶשֶׁת בָּהֵן. וּלְגַלּוֹת וּלְבָאֵר עַל יְדֵי זֶה דְּרוּשִׁים וּבֵאוּרִים וְחִדּוּשִׁים אֲמִתִּיִּים בַּתּוֹרָה.

וְתַמְשִׁיךְ עָלַי בְּרַחֲמֶיךָ וַחֲסָדֶיךָ הָאֲמִתִּיִּים "מְשַׁח רְבוּת קֻדְשָׁא", שֶׁפַע הַדַּעַת וְהַשֵּׂכֶל דִּקְדֻשָּׁה מִתְּלֵיסַר תִּקּוּנֵי דִיקְנָא קַדִּישָׁא. וּתְזַכֵּנִי לִהְיוֹת נִכְלָל בִּכְלָל זְקֵנִים שֶׁבִּקְדֻשָּׁה עַד שֶׁאֶזְכֶּה לְהֶאָרַת פָּנִים לְהַדְרַת פָּנִים:

וְתַעַזְרֵנִי וּתְזַכֵּנִי, שֶׁיִּזְדַּכֵּךְ קוֹלִי עַל יְדֵי זֶה. וְאֶזְכֶּה לְכַבֵּד אֶת יְהוָה מֵהוֹנִי וּמִגְּרוֹנִי, שֶׁתִּהְיֶה בְּעֶזְרִי שֶׁאֶזְכֶּה לַעֲבֹד אוֹתְךָ תָּמִיד בְּשִׂמְחָה בְּקוֹל רִנָּה וְזִמְרָה וְשִׁירִים וְנִגּוּנִים דִּקְדֻשָּׁה, וּנְגִינוֹתַי אֲנַגֵּן כָּל יְמֵי חַיַּי עַל בֵּית יְהוָה. וְאֶזְכֶּה שֶׁיִּזְדַּכֵּךְ קוֹל רִנָּתִי כָּל כָּךְ עַד שֶׁעַל יְדֵי הַנִּגּוּן לְבַד שֶׁנָּשִׁיר וּנְרַנֵּן לְפָנֶיךָ, עַל יְדֵי זֶה תִּרְאֶה בְּצָרוֹתֵינוּ שֶׁיֵּשׁ לָנוּ מִכָּל עַם וְלָשׁוֹן, וְתִרְאֶה בְּעִנְיָנֵינוּ וְצָרוֹתֵינוּ, וְתִסְתַּכֵּל וְתַשְׁגִּיחַ בְּרַחֲמֶיךָ אֵיזֶה אֻמָּה מְצֵרָה לָנוּ, וְתוֹשִׁיעֵנוּ וְתַצִּילֵנוּ מֵהֶם. וּתְקַיֵּם בָּנוּ מִקְרָא שֶׁכָּתוּב: "וַיַּרְא (יְהוָה) בַּצַּר לָהֶם בְּשָׁמְעוֹ אֶת רִנָּתָם":

רִבּוֹנוֹ שֶׁל עוֹלָם, אַתָּה יָדַעְתָּ אֶת הַמַּחֲשָׁבוֹת אֲשֶׁר חוֹשְׁבִים וְיוֹעֲצִים עָלֵינוּ בְּכָל עֵת בֵּין הָעַכּוּ"ם הַמּוֹשְׁלִים עָלֵינוּ עַכְשָׁו, "עַל עַמְּךָ יַעֲרִימוּ סוֹד וְיִתְיָעֲצוּ עַל צְפוּנֶיךָ". אַתָּה יָדַעְתָּ אֶת כָּל מַחְשְׁבוֹתָם עָלֵינוּ לְרָעָה חַס וְשָׁלוֹם, "אָמְרוּ לְכוּ וְנַכְחִידֵם מִגּוֹי, וְלֹא יִזָּכֵר שֵׁם יִשְׂרָאֵל עוֹד". וּבְצוֹק הָעִתִּים הַלָּלוּ, אֵין מִי שֶׁיַּעֲמֹד

בַּעֲדֵנוּ. "אָבַד חָסִיד מִן הָאָרֶץ", וְגוֹדֵר בַּפֶּרֶץ אָיִן, עַל מִי לָנוּ לְהִשָּׁעֵן עַל אָבִינוּ שֶׁבַּשָּׁמַיִם.

מָלֵא רַחֲמִים עַל עַמְּךָ יִשְׂרָאֵל תָּמִיד. הַבִּיטָה בְּעָנְיֵנוּ כִּי רַבּוּ מַכְאוֹבֵינוּ וְצָרוֹת לְבָבֵנוּ. וּרְאֵה אֶת עַמְּךָ יִשְׂרָאֵל מְרוּדִים מְאֹד, וְאֵין עוֹזֵר וְאֵין סוֹמֵךְ, וְאֶפֶס עָצוּר וְעָזוּב. עֲשֵׂה לְמַעַנְךָ וְלֹא לְמַעֲנֵנוּ. עֲשֵׂה לְמַעַן הַצַּדִּיקִים אֲמִתִּיִּים שׁוֹכְנֵי עָפָר, "לִקְדוֹשִׁים אֲשֶׁר בָּאָרֶץ הֵמָּה וְאַדִּירֵי כָּל חֶפְצִי בָם". עֲשֵׂה לְמַעַנְךָ וְהוֹשִׁיעֵנוּ. וְתַטֶּה לֵב הַמַּלְכוּת וְהַשָּׂרִים וְהַיּוֹעֲצִים עָלֵינוּ לְטוֹבָה, וּתְגָרֵשׁ וּתְשַׁבֵּר וּתְבַטֵּל כָּל מַחְשְׁבוֹתָם הָרָעוֹת שֶׁיֵּשׁ לָהֶם עַל יִשְׂרָאֵל עַמְּךָ הַקָּדוֹשׁ. וּתְבַטֵּל בְּרַחֲמֶיךָ כָּל הַגְּזֵרוֹת רָעוֹת וְכָל הַפְּקֻדּוֹת שֶׁאֵינָן טוֹבוֹת לְיִשְׂרָאֵל, הֵן אוֹתָן הַגְּזֵרוֹת וְהַפְּקֻדּוֹת שֶׁכְּבָר נִגְזְרוּ. וְהֵן אוֹתָם שֶׁרוֹצִים לִגְזֹר עֲדַיִן חַס וְשָׁלוֹם, כֻּלָּם תְּשַׁבֵּר וְתַעֲקֹר וּתְבַטֵּל אוֹתָם בְּבִטּוּל גָּמוּר. וְתַהֲפֹךְ לֵב כָּל הַקֵּיסָרִים וְהַמְּלָכִים וְהַשָּׂרִים עָלֵינוּ לְטוֹבָה תָּמִיד. כִּי אַתָּה יָדַעְתָּ יְהֹוָה אֱלֹהֵינוּ, כִּי אֵין מִי שֶׁיַּעֲמֹד בַּעֲדֵנוּ עַתָּה בְּעִקְבָא דִמְשִׁיחָא בְּעֵת צָרָה הַזֹּאת, כִּי אִם רַחֲמֶיךָ הָרַבִּים לְבַד. "שׁוּב מֵחֲרוֹן אַפֶּךָ, וְהִנָּחֵם עַל הָרָעָה לְעַמֶּךָ". זַכֵּנוּ בְּרַחֲמֶיךָ הָרַבִּים שֶׁיִּזְדַּכֵּךְ קוֹל רִנָּתֵנוּ. עַד שֶׁנִּזְכֶּה לְהַמְתִּיק כָּל הַדִּינִים וּלְבַטֵּל כָּל הַצָּרוֹת וְכָל הַגְּזֵרוֹת מֵעָלֵינוּ וּמֵעַל כָּל עַמְּךָ בֵּית

יִשְׂרָאֵל. עַל יְדֵי הַנִּגּוּנִים לְבַד שֶׁתִּשְׁמַע קוֹל רִנָּתֵנוּ, וְיֶעֱרַב לְךָ רִנּוּנֵנוּ, וּתְרַחֵם עָלֵינוּ וְתוֹשִׁיעֵנוּ:

וְנִזְכֶּה לָשִׁיר וּלְרַנֵּן וּלְנַגֵּן לְפָנֶיךָ נִגּוּנִים וְשִׁירוֹת וְתִשְׁבָּחוֹת לְשִׁמְךָ וְלַעֲבוֹדָתְךָ בֶּאֱמֶת תָּמִיד, עַד שֶׁנִּזְכֶּה לְעוֹרֵר בְּרַחֲמֶיךָ "שִׁיר הַשִּׁירִים אֲשֶׁר לִשְׁלֹמֹה", שִׁיר הַמְּעֻלֶּה עַל כָּל הַשִּׁירִים. וְנִזְכֶּה לְכָל עֲשָׂרָה מִינֵי נְגִינָה שֶׁנֶּאֱמַר בָּהֶם סֵפֶר תְּהִלִּים. וּתְבָרֵךְ אוֹתָנוּ בִּשְׁלוֹמְךָ הַטּוֹב, וְתַשְׁפִּיעַ שָׁלוֹם עַל עַמְּךָ יִשְׂרָאֵל לְעוֹלָם, שֶׁיִּהְיֶה שָׁלוֹם בֵּין כָּל יִשְׂרָאֵל בֵּין אֶחָד לַחֲבֵרוֹ וּבֵין אִישׁ לְאִשְׁתּוֹ. וְלֹא יִהְיֶה שׁוּם שִׂנְאָה וְקִנְאָה וְתַחֲרוּת וְקִנְטוּר בֵּין כָּל יִשְׂרָאֵל עַמְּךָ לְעוֹלָם. וְיִתְרַבֶּה וְיִתְגַּדֵּל הַשָּׁלוֹם, עַד שֶׁיִּמְשַׁךְ שָׁלוֹם בֵּין כָּל בָּאֵי עוֹלָם עַד שֶׁיֻּכְלוּ כָּל אֶחָד וְאֶחָד לְעוֹרֵר אֶת חֲבֵרוֹ אֶל הָאֱמֶת, שֶׁיִּסְתַּכֵּל עַל תַּכְלִיתוֹ הַנִּצְחִי, וְלֹא יְבַלֶּה יָמָיו לַהֶבֶל וְלָרִיק, עַד שֶׁיַּשְׁלִיכוּ כָּל אִישׁ אֶת אֱלִילֵי כַסְפּוֹ וֶאֱלִילֵי זְהָבוֹ, וְיָשׁוּבוּ כֻּלָּם אֵלֶיךָ בֶּאֱמֶת לְעָבְדְךָ בֶּאֱמֶת בְּיִרְאָה וּבְאַהֲבָה. וּתְזַכֵּנוּ לְקַבֵּל שַׁבָּת שָׁלוֹם בְּשִׂמְחָה וְחֶדְוָה גְּדוֹלָה וַעֲצוּמָה תָּמִיד, וְתִפְרֹס עָלֵינוּ סֻכַּת שְׁלוֹמֶךָ. וְנִזְכֶּה שֶׁיִּהְיֶה שָׁלוֹם בְּגוּפֵנוּ. וְתִרְפָּאֵנוּ רְפוּאַת הַנֶּפֶשׁ וּרְפוּאַת הַגּוּף, שֶׁלֹּא יִהְיֶה מַחֲלֹקֶת בֵּין הָאַרְבַּע יְסוֹדוֹת שֶׁבְּגוּפֵנוּ, רַק כֻּלָּם יִתְנַהֲגוּ בְּמֶזֶג הַשָּׁוֶה בְּשָׁלוֹם גָּדוֹל. וְתָסִיר מַחֲלָה מִקִּרְבֵּנוּ, וְתִשְׁלַח

רְפוּאָה שְׁלֵמָה לְחוֹלֵי עַמְּךָ בֵּית יִשְׂרָאֵל (וּבִפְרָט לפלוני בן פלוני וכו'):

וְתַעַזְרֵנוּ שֶׁיִּהְיֶה שָׁלוֹם בְּמָמוֹנֵנוּ. וְתִשְׁלַח בְּרָכָה וְהַצְלָחָה בְּכָל מַעֲשֵׂה יָדֵינוּ וְלֹא יַעֲלֶה שׁוּם קִנְאָה בְּלֵב שׁוּם אֶחָד מִיִּשְׂרָאֵל עַל מָמוֹן וְחֶפְצֵי חֲבֵרוֹ. וְלֹא יִהְיֶה שׁוּם גְּזֵלוֹת וְעשֶׁק בֵּינֵינוּ וְלֹא יַעֲלֶה קִנְאַת אָדָם עָלַי וְלֹא קִנְאָתִי עַל אֲחֵרִים. וְתַזְמִין לָנוּ פַּרְנָסוֹתֵינוּ קֹדֶם שֶׁנִּצְטָרֵךְ לָהֶם. וְאַל תַּצְרִיכֵנוּ לֹא לִידֵי מַתְּנַת בָּשָׂר וָדָם וְלֹא לִידֵי הַלְוָאָתָם:

וּתְזַכֵּנוּ שֶׁיִּהְיֶה שָׁלוֹם בְּתוֹרָתֵינוּ בְּלֹא קֻשְׁיוֹת. וְנִזְכֶּה לְהָבִין הֵיטֵב בִּמְהִירוּת גָּדוֹל בְּכָל מָקוֹם שֶׁנִּלְמַד שָׁם. וְנִזְכֶּה לְהָבִין כָּל דִּבְרֵי תוֹרָתְךָ עַל בּוּרְיָן בְּלִי שׁוּם קֻשְׁיוֹת כְּלָל וְתַעַזְרֵנוּ וּתְזַכֵּנוּ לְחַדֵּשׁ תָּמִיד בֵּאוּרִים וְחִדּוּשִׁים אֲמִתִּיִּים בְּתוֹרָתְךָ הַקְּדוֹשָׁה בִּקְדֻשָּׁה וּבְטָהֳרָה בֶּאֱמֶת וּבֶאֱמוּנָה כִּרְצוֹנְךָ הַטּוֹב. וְנִזְכֶּה לְכָל בְּחִינוֹת שָׁלוֹם בְּתַכְלִית הַשְּׁלֵמוּת, עַד שֶׁנִּזְכֶּה לְעוֹרֵר כָּל הָעוֹלָם כֻּלּוֹ לַעֲבוֹדָתְךָ בֶּאֱמֶת, וְיָשׁוּבוּ כֻלָּם אֵלֶיךָ וְיַעַבְדוּךָ בְּאֵימָה וּבְיִרְאָה וּבְאַהֲבָה. חוּס וְרַחֵם עָלֵינוּ, וּמַלֵּא מִשְׁאֲלוֹתֵינוּ בְּרַחֲמִים. בָּרְכֵנוּ בַשָּׁלוֹם אֵל רָם וְנִשָּׂא, "יְהוָה עֹז לְעַמּוֹ יִתֵּן יְהוָה יְבָרֵךְ אֶת עַמּוֹ בַשָּׁלוֹם". וְקַיֵּם לָנוּ מִקְרָא שֶׁכָּתוּב: "כִּי בְשִׂמְחָה תֵצֵאוּ

וּבְשָׁלוֹם תּוּבָלוּן, הֶהָרִים וְהַגְּבָעוֹת יִפְצְחוּ לִפְנֵיכֶם רִנָּה, וְכָל עֲצֵי הַשָּׂדֶה יִמְחֲאוּ כָף. שָׁלוֹם רָב לְאוֹהֲבֵי תוֹרָתֶךָ וְאֵין לָמוֹ מִכְשׁוֹל". עוֹשֶׂה שָׁלוֹם בִּמְרוֹמָיו, הוּא בְּרַחֲמָיו יַעֲשֶׂה שָׁלוֹם עָלֵינוּ, וְעַל כָּל יִשְׂרָאֵל, וְאִמְרוּ אָמֵן:

כח

רִבּוֹנוֹ שֶׁל עוֹלָם אָב הָרַחֲמָן וְהַחֶסֶד, זַכֵּנִי בְּרַחֲמֶיךָ הָרַבִּים שֶׁאֶזְכֶּה לְמִדַּת הַחֶסֶד דִּקְדֻשָּׁה. וְאֶזְכֶּה לֶאֱחֹז וּלְהִתְדַּבֵּק בְּמִדָּתוֹ שֶׁל אַבְרָהָם אָבִינוּ עָלָיו הַשָּׁלוֹם, שֶׁהָיָה עוֹשֶׂה חֶסֶד כָּל יָמָיו. וּתְזַכֵּנִי בְּרַחֲמֶיךָ הָרַבִּים לְהַכְנִיס אוֹרְחִים הֲגוּנִים בְּתוֹךְ בֵּיתִי. וְיִהְיֶה בֵיתִי בֵּית וַעַד לַחֲכָמִים, שֶׁאֶזְכֶּה לְהַכְנִיס אוֹרְחִים תַּלְמִידֵי חֲכָמִים וְצַדִּיקִים אֲמִתִּיִּים לְתוֹךְ בֵּיתִי. וְאֶזְכֶּה לְקַבְּלָם בְּאַהֲבָה גְדוֹלָה וּבְכָבוֹד גָּדוֹל וּבְשִׂמְחָה רַבָּה. וּתְזַכֵּנִי לַעֲמֹד לִפְנֵיהֶם וּלְשָׁרְתָם וּלְשַׁמְּשָׁם בְּעַצְמִי בְּכָל מִינֵי שֵׁרוּת וְשִׁמּוּשׁ. וְאֶהְיֶה תָמִיד כָּבוּשׁ תַּחַת יַד תַּלְמִידֵי חֲכָמִים צַדִּיקִים אֲמִתִּיִּים, וּלְשַׁמֵּשׁ אוֹתָם תָּמִיד, עַד שֶׁאֶזְכֶּה לִהְיוֹת נִכְלָל בְּמִדָּתוֹ שֶׁל אַבְרָהָם אָבִינוּ עָלָיו הַשָּׁלוֹם, לִהְיוֹת שָׁלֵם בְּמִדַּת הַחֶסֶד בֶּאֱמֶת. וּתְזַכֵּנִי בְּרַחֲמֶיךָ לֶאֱמוּנָה שְׁלֵמָה וְלַעֲנָוָה אֲמִתִּיּוֹת. וְאֶזְכֶּה לְהַרְגִּישׁ שִׁפְלוּתִי בֶּאֱמֶת, וְאֵדַע בֶּאֱמֶת כִּי

"אָנֹכִי תוֹלַעַת וְלֹא אִישׁ". וְתַצִּילֵנִי בְּרַחֲמֶיךָ מִכָּל מִינֵי חֲרָפוֹת וּבִזְיוֹנוֹת. וְתִתֶּן לִי כֹּחַ לְהִתְגַּבֵּר עַל כָּל הַשּׂוֹנְאִים וְהַחוֹלְקִים עַל הָאֱמֶת לְנַצֵּחַ אוֹתָם וּלְהַשְׁפִּילָם עַד עָפָר:

וּתְזַכֵּנִי בְּרַחֲמֶיךָ הָרַבִּים וַחֲסָדֶיךָ הָעֲצוּמִים, לֶאֱמוּנָה שְׁלֵמָה בֶּאֱמֶת. וְאֶזְכֶּה לְהַאֲמִין בְּךָ וּבְצַדִּיקֶיךָ הָאֲמִתִּיִּים וּבְיִרְאֵי הַשֵּׁם הָאֲמִתִּיִּים. וְלֹא יָבֹא בְּדַעְתִּי שׁוּם הִרְהוּר וּמַחֲשָׁבָה לְהַרְהֵר אַחֲרֵיהֶם חַס וְשָׁלוֹם. מִכָּל שֶׁכֵּן שֶׁלֹּא יֵצֵא עָתָק מִפִּי עֲלֵיהֶם חַס וְשָׁלוֹם, וְלֹא אֲדַבֵּר עֲלֵיהֶם שׁוּם דִּבּוּר כְּנֶגֶד כְּבוֹדָם, רַק אֶזְכֶּה לְכַבְּדָם וּלְפָאֲרָם תָּמִיד בֶּאֱמֶת, בְּגוּפִי וְנַפְשִׁי וּמְאֹדִי בְּכָל מִינֵי כָּבוֹד וִיקָר וְתִפְאֶרֶת. וּתְזַכֵּנִי וְתַעַזְרֵנִי וְתַצִּילֵנִי שֶׁלֹּא יִהְיֶה נִשְׁמַע לְאָזְנַי שׁוּם דִּבְרֵי תוֹרָה הַיּוֹצְאִים מִפִּי תַלְמִידֵי חֲכָמִים שֶׁאֵינָם הֲגוּנִים וּכְשֵׁרִים, שֶׁהֵם נִקְרָאִין "תַּלְמִידֵי חֲכָמִים שֵׁדִין יְהוּדָאִין". וְתַרְחִיקֵנִי בְּרַחֲמֶיךָ מֵהֶם, וְלֹא אֶשְׁמַע וְלֹא אֲקַבֵּל תּוֹרָה מֵהֶם. וְתַרְחִיקֵנִי וְתַבְדִּילֵנִי וְתַפְרִישֵׁנִי מִגְּבוּלָם מֵהֶם וּמִתַּלְמִידֵיהֶם. וְתַצִּיל אוֹתִי וְאֶת זַרְעִי וְאֶת זֶרַע זַרְעִי וְאֶת כָּל עַמְּךָ בֵּית יִשְׂרָאֵל מִכָּל מִינֵי הִתְנַגְּדוּת חַס וְשָׁלוֹם כְּנֶגֶד יִרְאֵי הַשֵּׁם, שֶׁלֹּא יִמָּצֵא בָּנוּ שׁוּם מִתְנַגֵּד וְחוֹלֵק עַל יִרְאֵי הַשֵּׁם הָאֲמִתִּיִּים. וְלֹא יִתְגַּלְגֵּל עַל יָדֵינוּ חַס וְשָׁלוֹם שׁוּם חֵרוּף וּבִזָּיוֹן כְּלָל

לְיִרְאֵי הַשֵּׁם בֶּאֱמֶת. רַק נִזְכֶּה לְכַבְּדָם בְּכָל מִינֵי כָּבוֹד, לְהַחֲזִיקָם וּלְסָמְכָם בְּכָל מִינֵי סְמִיכָה. וְנִזְכֶּה לִמְסֹר נַפְשֵׁנוּ וּמְאֹדֵנוּ עֲבוּר יִרְאֵי הַשֵּׁם בֶּאֱמֶת:

וּתְרַחֵם עָלַי בְּרַחֲמֶיךָ הָרַבִּים. וְתַצִּילֵנִי מִכָּל מִינֵי חִדּוּשֵׁי וּבֵאוּרֵי תוֹרָה, הַנִּמְשָׁכִין דֶּרֶךְ הַקְּלִפּוֹת עַל יְדֵי הַשֵּׁדִין שֶׁיֵּשׁ לָהֶם תּוֹרָה נְפוּלָה מֵאַלְפִּין הַנְּפוּלִין. וְתִשְׁמְרֵנִי תָּמִיד שֶׁלֹּא אֶשְׁמַע לְעוֹלָם שׁוּם בֵּאוּרֵי וְחִדּוּשֵׁי תוֹרָה מֵאֵלּוּ הַתּוֹרוֹת הַנְּפוּלוֹת הַנִּמְשָׁכִין דֶּרֶךְ הַקְּלִפּוֹת. וְלֹא יִכָּנְסוּ דִּבְרֵיהֶם בְּאָזְנַי וּבְלִבִּי כְּלָל. וְתָגֵן עָלַי בְּרַחֲמֶיךָ וּבַחֲסָדֶיךָ וְתַעַזְרֵנִי שֶׁיִּהְיוּ נִמְשָׁכִין לִי חִדּוּשֵׁי תוֹרָה אֲמִתִּיִּים דֶּרֶךְ הַקְּדֻשָּׁה, וְאֶזְכֶּה תָּמִיד לְהַמְשִׁיךְ בְּדַעְתִּי וּלְקַבֵּל חִדּוּשִׁין דְּאוֹרַיְתָא אֲמִתִּיִּים מִשָּׁרְשָׁם הָעֶלְיוֹן דֶּרֶךְ הַקְּדֻשָּׁה בְּלִי שׁוּם אֲחִיזַת הַקְּלִפּוֹת וְהַסִּטְרָא אַחֲרָא כְּלָל:

אָנָּא יְהֹוָה מָלֵא רַחֲמִים, אַתָּה יָדַעְתָּ אֶת לְבָבִי. כִּי אֲנִי יוֹדֵעַ בְּעַצְמִי כַּמָּה אֲנִי רָחוֹק מֵחִדּוּשֵׁי תוֹרָה אֲמִתִּיִּים דִּקְדֻשָּׁה, כִּי הֲרֵעוֹתִי אֶת מַעֲשַׂי מְאֹד. אֲבָל אַף עַל פִּי כֵן, כְּבָר גָּזְרַת עָלֵינוּ עַל יְדֵי חֲכָמֶיךָ הַקְּדוֹשִׁים שֶׁאָסוּר לְהָאָדָם שֶׁיִּהְיֶה עֵץ יָבֵשׁ חַס וְשָׁלוֹם. וְחוֹבָה עַל כָּל יוֹדְעֵי הַתּוֹרָה לְהִתְאַמֵּץ בְּכָל עֹז, לְקַדֵּשׁ וּלְטַהֵר עַצְמוֹ בֶּאֱמֶת, עַד שֶׁיִּזְכֶּה לִהְיוֹת "עֵץ עֹשֶׂה פְּרִי"

בְּאוֹרַיְתָא, לְפַלְפֵּל בְּחָכְמָה אֲמִתִּיּוֹת, וּלְחַדֵּשׁ חִדּוּשִׁין דְּאוֹרַיְתָא אֲמִתִּיִּים. עַל כֵּן מָצָא עַבְדְּךָ אֶת לִבּוֹ לְהִתְחַנֵּן לְפָנֶיךָ עַל זֶה, שֶׁתַּחְמֹל וְתָחוּס עָלַי בְּרַחֲמֶיךָ הַגְּדוֹלִים וּבַחֲסָדֶיךָ הַנּוֹרָאִים, וְתַעַזְרֵנִי וְתוֹשִׁיעֵנִי וְתַחֲזִירֵנִי בִּתְשׁוּבָה שְׁלֵמָה לְפָנֶיךָ, וְתִהְיֶה עִמִּי תָּמִיד שֶׁאֶזְכֶּה לְקַדֵּשׁ וּלְטַהֵר עַצְמִי בֶּאֱמֶת, עַד שֶׁתִּפְתַּח אֶת דַּעְתִּי וּלְבָבִי, וְתָאִיר עֵינַי בִּמְאוֹר תּוֹרָתֶךָ. וְתִפְתַּח לִי שְׁבִילֵי הַשֵּׂכֶל דִּקְדֻשָּׁה. וְתַשְׁפִּיעַ לִי תָּמִיד בְּכָל עֵת חִדּוּשֵׁי וּבֵאוּרֵי תוֹרָה מִשָּׁרְשֵׁי הַתּוֹרָה הַקְּדוֹשָׁה מִקְּדֻשָּׁתְךָ הָעֶלְיוֹנָה. וְתַצִּילֵנִי בְּרַחֲמֶיךָ הָרַבִּים מִכָּל מִינֵי חִדּוּשִׁים וּבֵאוּרִים הַנִּמְשָׁכִין דֶּרֶךְ הַקְּלִפּוֹת חַס וְשָׁלוֹם, רַק אֶזְכֶּה תָּמִיד שֶׁיִּהְיוּ נִמְשָׁכִין לִי חִדּוּשֵׁי תוֹרָה אֲמִתִּיִּים דֶּרֶךְ הַקְּדֻשָּׁה. וּתְזַכֵּנִי בְּרַחֲמֶיךָ וּבַחֲסָדֶיךָ הָרַבִּים לִבְנוֹת תָּמִיד בִּנְיָנִים דִּקְדֻשָּׁה בְּתוֹרָתְךָ הַקְּדוֹשָׁה עַל יְסוֹד אַמִּיץ וְחָזָק, יְסוֹד מוּסָד עַל הַקְדָּמוֹת נְכוֹנוֹת וִישָׁרוֹת שֶׁגִּלּוּ צַדִּיקִים אֲמִתִּיִּים בְּנֵי עֲלִיָּה, הַגְּדוֹלִים בְּמַעֲלָה וְהַשָּׂגָה עֲצוּמָה מְאֹד. אֲשֶׁר זָכוּ לְרוּחַ הַקֹּדֶשׁ בְּתַכְלִית הַשְּׁלֵמוּת וְהַמַּעֲלָה לְרוּם הַמַּעֲלוֹת. עֲלֵיהֶם אֶסְמֹךְ, עֲלֵיהֶם אֶשָּׁעֵן, וְאֶזְכֶּה לַהֲגוֹת וְלַחְשֹׁב וּלְהִשְׁתַּעֲשֵׁעַ בְּדִבְרֵיהֶם הַקְּדוֹשִׁים הַנֶּאֱמָרִים בֶּאֱמֶת וָצֶדֶק. עַד שֶׁיִּפְתַּח לִי אוֹר הַדַּעַת, וְאֶזְכֶּה לְהַשִּׂיג דִּבְרֵיהֶם בֶּאֱמֶת, וְלֵירֵד לְעֹמֶק דַּעְתָּם, וּלְהָבִין וּלְהַשְׂכִּיל דָּבָר מִתּוֹךְ דָּבָר. עַד שֶׁאֶזְכֶּה לְבָאֵר דִּבְרֵיהֶם

בֶּאֱמֶת, וּלְחַדֵּשׁ בָּהֶם חִדּוּשִׁים אֲמִתִּיִּים, וְלִבְנוֹת עַל יְסוֹדָם הֶחָזָק בִּנְיָנִים אֲמִתִּיִּים וּשְׁלֵמִים בְּתוֹרָתְךָ וּבַעֲבוֹדָתְךָ בֶּאֱמֶת וּבֶאֱמוּנָה בִּקְדֻשָּׁה וּבְטָהֳרָה גְדוֹלָה, בְּאֹפֶן שֶׁאֶזְכֶּה עַל יְדֵי הַחִדּוּשֵׁי תוֹרָה דִּקְדֻשָּׁה שֶׁתַּשְׁפִּיעַ לִי, לְתַקֵּן עַל יָדָם כָּל הַפְּגָמִים וְכָל הַחֲטָאִים וְהָעֲוֹנוֹת וּפְשָׁעִים שֶׁחָטָאתִי וְשֶׁעָוִיתִי וְשֶׁפָּשַׁעְתִּי לְפָנֶיךָ מִנְּעוּרַי עַד הַיּוֹם הַזֶּה. וְתַעַזְרֵנִי וְתִשְׁמְרֵנִי בְּרַחֲמֶיךָ הָרַבִּים שֶׁלֹּא אֶחֱטָא עוֹד, וְתַצִּילֵנִי מֵעַתָּה מִכָּל מִינֵי חֲטָאִים וַעֲוֹנוֹת וּפְשָׁעִים וּמִכָּל מִינֵי פְּגָמִים שֶׁבָּעוֹלָם. וְתַזְמִין לִי תָּמִיד בְּכָל יוֹם וָיוֹם חִדּוּשִׁין דְּאוֹרַיְתָא אֲמִתִּיִּים דֶּרֶךְ הַקְּדֻשָּׁה שֶׁיִּהְיוּ תִקּוּן גָּדוֹל לְנַפְשִׁי. וּתְקַדְּשֵׁנִי בִּקְדֻשָּׁתְךָ הָעֶלְיוֹנָה בְּאֹפֶן שֶׁיִּהְיֶה לִי רְשׁוּת לְגַלּוֹת הַחִדּוּשִׁין שֶׁתַּשְׁפִּיעַ עָלַי, לְגַלּוֹתָם לְעַמְּךָ יִשְׂרָאֵל. וְתִתֶּן לִי כֹּחַ לְעוֹרֵר וּלְהַמְשִׁיךְ [עַמְּךָ] יִשְׂרָאֵל לַעֲבוֹדָתְךָ בֶּאֱמֶת עַל־יְדֵי חִדּוּשֵׁי תוֹרָה שֶׁתַּזְמִין לִי, וְלַהֲשִׁיבָם בִּתְשׁוּבָה שְׁלֵמָה לְפָנֶיךָ. וְאֶזְכֶּה לְאָמְרָם בִּקְדֻשָּׁה וּבְטָהֳרָה גְדוֹלָה, כִּרְצוֹנְךָ הַטּוֹב. וְלֹא אוֹמַר דָּבָר שֶׁלֹּא כִּרְצוֹנְךָ. וּתְרַחֵם עָלֵינוּ וְתִהְיֶה בְּעֶזְרֵנוּ בְּעֵת שֶׁאָנוּ מֻכְרָחִים לִשְׁמֹעַ אֵיזֶה דְּבַר תּוֹרָה מִפִּי תַלְמִיד חָכָם שֶׁאֵינוֹ הָגוּן. שֶׁאֶזְכֶּה בְּכֹחֲךָ הַגָּדוֹל לְבָרֵר הַטּוֹב הַגָּנוּז בִּדְבָרָיו, לְבָרֵר הַטּוֹב מִן הָרָע. לְהַשְׁלִיךְ וְלִזְרֹק הָרָע וְהַקְּלִפָּה הַחוֹפָה עַל דִּבְרֵי תוֹרָתוֹ, וּלְבָרֵר וּלְלַבֵּן וּלְלַקֵּט רַק מְעַט הַטּוֹב הַגָּנוּז בְּגַוֵּיהּ:

וְעָזְרֵנִי אוֹתִי וְאֶת כָּל חֶבְרָתֵינוּ וְאֶת כָּל עַמְּךָ בֵּית יִשְׂרָאֵל, הַחֲפֵצִים לְהִתְקָרֵב אֵלֶיךָ בֶּאֱמֶת, וְתַצִּילֵנוּ מִכָּל מִינֵי מִתְנַגְּדִים וְחוֹלְקִים עַל הָאֱמֶת, וְתַצִּילֵנוּ מִכָּל מִינֵי חֶרְפּוֹת וּבוּשׁוֹת וּבִזְיוֹנוֹת שֶׁלָּהֶם, שֶׁלֹּא יִהְיֶה לָהֶם שׁוּם כֹּחַ לְחָרֵף וּלְבַיֵּשׁ וּלְבַזּוֹת אוֹתָנוּ חַס וְשָׁלוֹם, לֹא בִּדְבָרִים וְלֹא בְּמַעֲשֶׂה. "שָׁמְרָה נַפְשִׁי וְהַצִּילֵנִי אַל אֵבוֹשׁ כִּי חָסִיתִי בָךְ. בְּךָ יְהֹוָה חָסִיתִי אַל אֵבוֹשָׁה לְעוֹלָם". כִּי אַתָּה יָדַעְתָּ גֹּדֶל הַחֶרְפּוֹת וְהַבִּזְיוֹנוֹת שֶׁמְּבַזִּין וּמְחָרְפִין עַכְשָׁו אֶת יִרְאֵי הַשֵּׁם. עַד אֲשֶׁר "כָּשַׁל כֹּחַ הַסַּבָּל. כָּל הַיּוֹם כְּלִמָּתִי נֶגְדִּי וּבֹשֶׁת פָּנַי כִּסָּתְנִי. מִקּוֹל מְחָרֵף וּמְגַדֵּף מִפְּנֵי אוֹיֵב וּמִתְנַקֵּם. וְאָנֹכִי תוֹלַעַת וְלֹא אִישׁ חֶרְפַּת אָדָם וּבְזוּי עָם. כָּל רוֹאַי יַלְעִיגוּ לִי יַפְטִירוּ בְשָׂפָה יָנִיעוּ רֹאשׁ". חוּס וַחֲמֹל וְרַחֵם וְהַצֵּל תּוֹלַעַת נִמְאָס וְנִרְפָּס וְנִדָּשׁ כָּמוֹנוּ הַיּוֹם. וְהַצִּילֵנוּ מִפִּיהֶם. כִּי דַרְכְּךָ לְבַקֵּשׁ אֶת הַנִּרְדָּפִים, וְאַתָּה יָדַעְתָּ כִּי אֵין נִרְדָּפִים בָּעוֹלָם כְּמוֹ הַחֲלוּשֵׁי כֹּחַ שֶׁבְּיִשְׂרָאֵל הַחֲפֵצִים וּמִתְאַוִּים וּמִשְׁתּוֹקְקִים לְהִתְקָרֵב אֵלֶיךָ, וְכֹחָם חַלָּשׁ וְדַעְתָּם קָטָן לְהִתְגַּבֵּר עַל תַּאֲוָתָם וְלָכֹף אֶת יִצְרָם, אֲשֶׁר עֲלֵיהֶם מִתְגַּבֵּר הַקִּטְרוּג וְהַשִּׂנְאָה מְאֹד. אֲבָל בֶּאֱמֶת אַתָּה מָלֵא רַחֲמִים גַּם עֲלֵיהֶם, כִּי אַתָּה יוֹדֵעַ יִצְרֵנוּ כִּי עָפָר אֲנָחְנוּ, וּתְשׁוּקָתֵנוּ אֵלֶיךָ, וּבִטְחוֹנֵנוּ עַל רַחֲמֶיךָ וַחֲסָדֶיךָ, וְאַתָּה חָפֵץ חֶסֶד וְאַתָּה אוֹהֵב וּמְרַחֵם עַל

הַמְיַחֲלִים אֵלֶיךָ, וּמְצַפִּים לְרַחֲמֶיךָ וּפוֹרְשִׂים כַּפֵּיהֶם וּמַפִּילִים תְּחִנָּתָם לְפָנֶיךָ, אַף־עַל־פִּי שֶׁאֵינָם כְּדָאִים וַהֲגוּנִים לְהִתְקָרֵב אֵלֶיךָ, וְהֵם עֲנִיִּים וְאֶבְיוֹנִים בְּדַעַת וּבְמַעֲשִׂים. אַף־עַל־פִּי־כֵן אֵין אַתָּה מְשַׁקֵּץ וּמְמָאֵס אוֹתָם חָלִילָה. כְּמוֹ שֶׁכָּתוּב, "כִּי לֹא בָזָה וְלֹא שִׁקַּץ עֱנוּת עָנִי, וְלֹא הִסְתִּיר פָּנָיו מִמֶּנּוּ, וּבְשַׁוְּעוֹ אֵלָיו שָׁמֵעַ. עָזְרֵנוּ כִּי עָלֶיךָ נִשְׁעָנְנוּ". כִּי אֵין לָנוּ עַל מִי לְהִשָּׁעֵן כִּי אִם עַל אָבִינוּ שֶׁבַּשָּׁמַיִם. חוּס וַחֲמֹל עָלֵינוּ, וּמַלֵּא אֶת מִשְׁאֲלוֹתֵינוּ בְּרַחֲמִים. וַעֲשֵׂה לְמַעַנְךָ וְלֹא לְמַעֲנֵנוּ, וְזַכֵּנוּ לְנַצֵּחַ אֶת אוֹיְבֵינוּ, וּלְהִתְגַּבֵּר עֲלֵיהֶם וּלְהַכְנִיעָם וּלְהַשְׁפִּילָם עַד עָפָר. וְלֹא יִהְיֶה לָהֶם שׁוּם כֹּחַ לִמְנֹעַ אוֹ לְבַטֵּל אוֹתָנוּ חַס וְשָׁלוֹם מִשּׁוּם דָּבָר שֶׁבִּקְדֻשָּׁה, וְלֹא מִשּׁוּם דָּבָר שֶׁהוּא רְצוֹנְךָ הַטּוֹב. וְתִהְיֶה בְּעֶזְרֵנוּ וּתְזַכֵּנוּ לָשׁוּב אֵלֶיךָ בֶּאֱמֶת בִּתְשׁוּבָה שְׁלֵמָה לְפָנֶיךָ. וְלִהְיוֹת כִּרְצוֹנְךָ הַטּוֹב תָּמִיד מֵעַתָּה וְעַד עוֹלָם. "כְּחַסְדְּךָ חַיֵּנִי וְאֶשְׁמְרָה עֵדוּת פִּיךָ. חַסְדְּךָ יְהֹוָה מָלְאָה הָאָרֶץ חֻקֶּיךָ לַמְּדֵנִי". אָמֵן וְאָמֵן:

כט

שְׁמַע קוֹלֵנוּ יְהֹוָה אֱלֹהֵינוּ, חוּס וְרַחֵם עָלֵינוּ, וְקַבֵּל בְּרַחֲמִים וּבְרָצוֹן אֶת תְּפִלָּתֵנוּ. אָבִינוּ אָב הָרַחֲמָן, "אַל תַּסְתֵּר פָּנֶיךָ מִמֶּנִּי" וְאַל תַּעְלֵם אָזְנְךָ

מְשַׁוְּעָתִי. "לֹא תְאַמֵּץ אֶת לְבָבְךָ מֵאָחִיךָ הָאֶבְיוֹן", וְלֹא תִסְתֹּם אָזְנְךָ מִצַּעֲקָתִי. הֲמוֹן מֵעֶיךָ וְרַחֲמֶיךָ יְעוֹרְרוּ עָלַי, כִּי זֶה כַּמָּה נִכְסוֹף נִכְסַפְתִּי לִרְאוֹת בְּתִפְאֶרֶת עֻזֶּךָ. וַאֲנוּ צוֹעֲקִים וּמִתְפַּלְּלִים וּמִתְחַנְּנִים אֵלֶיךָ זֶה כַּמָּה יָמִים וְשָׁנִים. "עֶרֶב וָבֹקֶר וְצָהֳרַיִם אָשִׂיחָה וְאֶהֱמֶה". וַאֲנוּ מְחַלִּים פָּנֶיךָ תָּמִיד שֶׁתָּשִׁיב פָּנֶיךָ אֵלֵינוּ, וּתְקָרְבֵנוּ בְּרַחֲמֶיךָ לַעֲבוֹדָתְךָ בֶּאֱמֶת. וַעֲדַיִן לֹא נוֹשַׁעְנוּ וְרָחוֹק מִמֶּנּוּ יְשׁוּעָה. כִּי אָרַךְ עָלֵינוּ הַגָּלוּת מְאֹד מְאֹד בְּגוּף וָנֶפֶשׁ, וּבְכָל יוֹם צָרוֹתֵינוּ מְרֻבָּה מֵחֲבֵרוֹ. וּבֶאֱמֶת יָדַעְנוּ כִּי לֹא מִקֹּצֶר יָדְךָ לֹא הוֹשַׁעְתָּ אוֹתָנוּ, וְלֹא מִכֹּבֶד אָזְנֶיךָ לֹא שָׁמַעְתָּ תְּפִלּוֹתֵינוּ, כִּי אִם עֲוֹנוֹתֵינוּ הִבְדִּילוּ בֵּינֵינוּ וּבֵינֶךָ. כִּי בַּעֲוֹנוֹתַי הָרַבִּים נִתְרַחַקְתִּי מִן הַטּוֹב בְּתַכְלִית הָרִחוּק, עַד אֲשֶׁר כָּל דִּבְרֵי תְחִנּוֹתַי וּבַקָּשׁוֹתַי הֵם רְחוֹקִים מִטּוֹב אֲמִתִּי. כִּי לֹא בְדַעַת אֲדַבֵּר, וּמֵחֲמַת זֶה אֵינִי זוֹכֶה לְדַבֵּר שׁוּם דִּבּוּר הַנִּשְׁמָע וְנִתְקַבֵּל, עַד אֲשֶׁר כָּל דִּבּוּרַי אֵינָם נִקְרָאִים בְּשֵׁם דִּבּוּר כְּלָל, מֵאַחַר שֶׁאֵינָם נִמְשָׁכִין מֵהַדַּעַת דִּקְדֻשָּׁה וְאֵין בָּהֶם טוֹב. וְעַתָּה מָה אֶעֱשֶׂה אָבִי שֶׁבַּשָּׁמַיִם, וּמֵאַיִן אֲבַקֵּשׁ עֵזֶר לִי לִזְכּוֹת לְהַמְשִׁיךְ טוֹב לְתוֹךְ דִּבּוּרַי לִזְכּוֹת עַל יְדֵי זֶה לְדִבּוּר הַנִּשְׁמָע וְנִתְקַבֵּל. כִּי אַתָּה יָדַעְתָּ יְהֹוָה אֱלֹהַי וֵאלֹהֵי אֲבוֹתַי שֶׁעַכְשָׁו אֵין לִי שׁוּם סְמִיכָה בְּכָל מַה שֶּׁאֲנִי צָרִיךְ בְּגַשְׁמִיּוּת וּבְרוּחָנִיּוּת, דָּבָר גָּדוֹל וְדָבָר קָטָן, כִּי אִם לְבַקֵּשׁ מִמְּךָ

מַתְּנַת חִנָּם וְנִדְבַת חֶסֶד, שֶׁתְּחָנֵּנִי בְּחֶסֶד חִנָּם וְתִתֶּן לִי כָּל מַה שֶּׁאֲנִי צָרִיךְ לַעֲבוֹדַת יְהֹוָה, וּתְקָרְבֵנִי אֵלֶיךָ בְּרַחֲמִים בְּאֹפֶן שֶׁאֶזְכֶּה לִתְשׁוּבָה שְׁלֵמָה לְפָנֶיךָ בֶּאֱמֶת. כִּי אֵין שׁוּם דָּבָר קָטָן בָּעוֹלָם הַנּוֹגֵעַ לַעֲבוֹדַת יְהֹוָה שֶׁיִּהְיֶה נָקֵל אֶצְלִי לַעֲשׂוֹתוֹ. וְאֵין לִי שׁוּם עֵצָה וְתַחְבּוּלָה, כִּי הָעֵצָה בְּעַצְמָהּ קָשֶׁה לִי לְקַיֵּם כְּמוֹ גּוּף הַדָּבָר שֶׁאֲנִי צָרִיךְ. וְעַל כֵּן אֵין לִי עַתָּה שׁוּם תִּקְוָה כִּי אִם עַל רַחֲמֶיךָ הָרַבִּים. וְאִם חַס וְשָׁלוֹם אַתָּה עוֹשֶׂה עִמִּי אֲפִלּוּ חֵלֶק אֶחָד מֵאֲלָפִים וּרְבָבוֹת כְּפִי עֵרֶךְ מַעֲשַׂי הָרָעִים, וְתִרְצֶה לְחַפֵּשׂ בִּתְפִלָּתִי וּתְחִנָּתִי, אִם יֵשׁ בָּהֶם אֵיזֶה טוֹב, כְּדֵי שֶׁיִּהְיֶה הַדִּבּוּר שֶׁלִּי נִשְׁמָע וְנִתְקַבֵּל, לֹא יָדַעְתִּי נַפְשִׁי "מֵאַיִן יָבֹא עֶזְרִי". כִּי אֲנִי יוֹדֵעַ בֶּאֱמֶת שֶׁכָּל דְּבָרַי הֵם רְחוֹקִים מִטּוֹב אֲמִתִּי בְּתַכְלִית הָרִחוּק:

רִבּוֹנוֹ שֶׁל עוֹלָם צַר לִי מְאֹד מַר לִי מְאֹד. אָמַרְתִּי "וִיהִי מָה אֲרוּצָה" דְּבָרַי לְפָנֶיךָ, "אָשִׂיחָה וְיִרְוַח לִי". אוּלַי יָחוֹס אוּלַי יְרַחֵם. "אוּלַי יִרְאֶה יְהֹוָה בְּעָנְיִי". וּמֵאֶרֶץ אֲדַבֵּר וּמֵעָפָר אִמְרָתִי אֲצַפְצֵף. "אוּלַי יֵשׁ תִּקְוָה". אוּלַי יָחוֹס עַל עָנִי וְאֶבְיוֹן אוּלַי יְרַחֵם. כִּי אַתָּה טוֹב וּמֵטִיב לַכֹּל, לָרָעִים וְלַטּוֹבִים, וּבְוַדַּאי אַתָּה יָכוֹל לִמְצוֹא בִּדְבָרַי גַּם כֵּן אֵיזֶה נְקֻדּוֹת טוֹבוֹת, אַף עַל פִּי שֶׁהֵם בְּהֶעְלֵם וּבְהֶסְתֵּר גָּדוֹל וּבְתַכְלִית הַמִּעוּט וּבְהַעְלָמָה גְּדוֹלָה עַד שֶׁאֵינָן רְאוּיִים דִּבּוּרַי לִהְיוֹתָם

נִשְׁמָעִים וְנִתְקַבְּלִים עַל יְדֵי הַסְתָּרַת מְעַט הַטּוֹב הַזֶּה שֶׁנֶּעֶלְמוּ בָּהֶם. אַף־עַל־פִּי־כֵן אַתָּה רַב חֶסֶד וּמַרְבֶּה לְהֵטִיב, וּלְפָנֶיךָ נִגְלוּ כָּל תַּעֲלוּמוֹת וַהֲמוֹן נִסְתָּרוֹת שֶׁמִּבְּרֵאשִׁית, וְאַתָּה יָכוֹל בְּחַסְדְּךָ הַגָּדוֹל לְגַלּוֹת גַּם מְעַט הַטּוֹב שֶׁיֵּשׁ בִּדְבָרַי. כִּי אַתָּה יָדַעְתָּ רִבּוֹנוֹ דְּעָלְמָא כֻּלָּא. שֶׁאַף־עַל־פִּי שֶׁפָּגַמְתִּי נֶגְדְּךָ הַרְבֵּה, חָטָאתִי עָוִיתִי וּפָשַׁעְתִּי לְפָנֶיךָ מִנְּעוּרַי עַד הַיּוֹם הַזֶּה. וְהָרַע בְּעֵינֶיךָ עָשִׂיתִי, אַף עַל פִּי כֵן כִּוַּנְתִּי בִּדְבָרַי לְטוֹבָה. כִּי אֲנִי כּוֹסֵף וּמִשְׁתּוֹקֵק וְחָפֵץ וּמִתְגַּעְגֵּעַ בֶּאֱמֶת לַעֲבוֹדָתְךָ בֶּאֱמֶת. שֶׁאֶזְכֶּה בְּרַחֲמֶיךָ לָסוּר מֵרָע לְגַמְרֵי וְלַעֲשׂוֹת הַטּוֹב בְּעֵינֶיךָ תָּמִיד. וְאִם אָמְנָם מַעֲשַׂי אֵינָם נָאִים כְּלָל, עִם כָּל זֶה, דִּבְרֵי בַקָּשׁוֹתַי וּתְחִנּוֹתַי הֵם בֶּאֱמֶת לַאֲמִתּוֹ. וְאַתָּה לִמַּדְתָּנוּ עַל־יְדֵי צַדִּיקֶיךָ הָאֲמִתִּיִּים לְהִתְפַּלֵּל וּלְהִתְחַנֵּן לְפָנֶיךָ תָּמִיד עַל כָּל מַה שֶּׁאָנוּ צְרִיכִין לְהִתְקָרְבוּת לַעֲבוֹדַת יְהוָה בֶּאֱמֶת. כִּי אַף עַל פִּי שֶׁנָּתַתָּ לָנוּ בְּחִירָה לִבְחוֹר בַּטּוֹב וְלִמְאֹס בָּרָע, אַף עַל פִּי כֵן, מוֹעִיל תְּפִלָּה וְתַחֲנוּנִים עַל זֶה בְּעַצְמוֹ, שֶׁתַּטֶּה לְבָבֵנוּ אֵלֶיךָ בֶּאֱמֶת. וְתָכֹף אֶת יִצְרֵנוּ לְהִשְׁתַּעְבֵּד לָךְ. וְתַעֲזוֹר לָנוּ וְתַכְרִיחַ אוֹתָנוּ לַעֲזֹב דֶּרֶךְ רֶשַׁע, וְלֶאֱחֹז בְּדֶרֶךְ הַטּוֹב וְהַיָּשָׁר בְּדֶרֶךְ הַחַיִּים. וּבֶאֱמֶת אֵין לִי שׁוּם תִּקְוָה כִּי אִם עַל זֶה, עַל תְּפִלָּה וְתַחֲנוּנִים וְשַׁוְעָה וּצְעָקָה וּזְעָקָה אֵלֶיךָ שֶׁתְּקָרְבֵנִי בְּרַחֲמֶיךָ לַעֲבוֹדָתְךָ בֶּאֱמֶת, וְתָכֹף אֶת יִצְרִי וְתַכְנִיעַ

וּתְשַׁבֵּר אֶת תַּאֲוָתִי, וְתַעֲשֶׂה עִמִּי כַּחֲסָדֶיךָ, בְּאֹפֶן שֶׁאֶזְכֶּה לָסוּר מֵרָע לְגַמְרֵי וְלַעֲשׂוֹת הַטּוֹב בְּעֵינֶיךָ תָּמִיד מֵעַתָּה וְעַד עוֹלָם:

רִבּוֹנוֹ שֶׁל עוֹלָם דַּעְתִּי קְצָרָה וְלִבִּי אָטוּם, וְיָדַי כְּבֵדוֹת לְפָרֵשׁ וּלְבָאֵר כָּל שִׂיחָתִי לְפָנֶיךָ. חוּס וַחֲמֹל עָלַי, חוּסָה עָלַי כְּרֹב רַחֲמֶיךָ, וְעָזְרֵנִי שֶׁאֶזְכֶּה תָּמִיד לְשַׁבֵּחַ וּלְפָאֵר אֶת הַצַּדִּיקִים הָאֲמִתִּיִּים בְּכָל מִינֵי שֶׁבַח וָעֹז וּפְאֵר וְכָבוֹד וְתִפְאֶרֶת. עַד שֶׁאֶזְכֶּה עַל־יְדֵי שֶׁבַח הַצַּדִּיקִים לְרוֹמֵם אֶת הַדַּעַת. עַד שֶׁיִּהְיֶה נִמְשָׁךְ עַל־יְדֵי הַדַּעַת הַקָּדוֹשׁ טוּב אֲמִתִּי לְתוֹךְ הַדִּבּוּר שֶׁלִּי. וְיִהְיוּ כָּל דִּבּוּרֵי דִּבּוּרִים טוֹבִים בֶּאֱמֶת, עַד שֶׁאֶזְכֶּה מֵעַתָּה שֶׁיִּהְיוּ כָּל דִּבּוּרֵי דִּבּוּרִים הַנִּשְׁמָעִים וְנִתְקַבְּלִים בְּעֵינֶיךָ וּבְעֵינֵי כָּל בָּאֵי עוֹלָם. וּזְכוּת וְכֹחַ הַצַּדִּיקִים הָאֲמִתִּיִּים שֶׁנִּזְכֶּה לְשַׁבֵּחַ וּלְפָאֵר אוֹתָם, יָגֵנּוּ עָלֵינוּ, "כְּנֶשֶׁר יָעִיר קִנּוֹ עַל גּוֹזָלָיו יְרַחֵף", עַד שֶׁנִּזְכֶּה לְעוֹרֵר עַל יָדָם "קְנֵה חָכְמָה קְנֵה בִינָה" דִּקְדֻשָּׁה. וְנִזְכֶּה שֶׁיָּשׁוּבוּ לָנוּ מֹחֵנוּ וְדַעְתֵּנוּ שֶׁנִּגְזְלוּ מֵאִתָּנוּ עַל יְדֵי מַעֲשֵׂינוּ הָרָעִים. וְאֶזְכֶּה לְהַשְׁלִים דַּעְתִּי בִּקְדֻשָּׁה גְּדוֹלָה עַד שֶׁאֶזְכֶּה לְקַבֵּל כָּל דִּבּוּרֵי מֵהַדַּעַת הַקָּדוֹשׁ וּלְהַמְשִׁיךְ טוּב אֲמִתִּי לְתוֹךְ דִּבּוּרַי, עַד שֶׁיִּהְיוּ כָּל דִּבּוּרַי דִּבּוּרִים הַנִּשְׁמָעִים וְנִתְקַבְּלִים תָּמִיד. וְלֹא יֵצֵא מִפִּי שׁוּם דִּבּוּר שֶׁאֵינוֹ נִשְׁמָע וְנִתְקַבֵּל, רַק תְּזַכֵּנִי בְּרַחֲמֶיךָ הָרַבִּים,

וְתִהְיֶה תָּמִיד עִם פִּי בְּעֵת דִּבּוּרִי, וְתַמְשִׁיךְ תָּמִיד טוּב אֲמִתִּי לְתוֹךְ כָּל הַדִּבּוּרִים שֶׁלִּי, עַד שֶׁכָּל דִּבּוּרַי יִהְיוּ דִּבּוּרִים הַנִּשְׁמָעִים וְנִתְקַבְּלִים בְּעֵינֵי כֹּל. הֵן כְּשֶׁאֲנִי צָרִיךְ לְפָרֵשׁ שִׂיחָתִי לְפָנֶיךָ וּלְהִתְפַּלֵּל וּלְהִתְחַנֵּן וּלְהַעְתִּיר וּלְהַפְצִיר אוֹתְךָ יְהֹוָה אֱלֹהַי וֵאלֹהֵי אֲבוֹתַי עַל כָּל מַה שֶּׁחָסֵר לִי, אֶזְכֶּה תָּמִיד לְדַבֵּר לְפָנֶיךָ דִּבּוּרִים טוֹבִים דִּבְרֵי חֵן וְתַחֲנוּנִים דִּבּוּרִים הַנִּשְׁמָעִים וְנִתְקַבְּלִים אֶצְלְךָ. וְיִתְקַבְּלוּ וְיִכָּנְסוּ דְּבָרַי בְּלִבְּךָ, בְּאֹפֶן שֶׁתְּמַלֵּא כָּל מִשְׁאֲלוֹתַי בְּרַחֲמִים, וּתְקָרְבֵנִי אֵלֶיךָ בֶּאֱמֶת. כִּי צְרָכַי הֵמָּה מְרֻבִּים מְאֹד מְאֹד, בְּגַשְׁמִיּוּת וּבְרוּחָנִיּוּת בְּלִי שִׁעוּר וָעֵרֶךְ. וְאֵין לִי שׁוּם מִשְׁעָן וּמִבְטָח כִּי אִם עַל רַחֲמֶיךָ הָרַבִּים וַחֲסָדֶיךָ הַגְּדוֹלִים. וְהֵן כְּשֶׁאֲנִי רוֹצֶה לְדַבֵּר לְעַצְמִי דִּבְרֵי כִּבּוּשִׁין וּלְהוֹכִיחַ אֶת עַצְמִי. לְבַל אֶהְיֶה עוֹד אַכְזָר עַל גּוּפִי וְנַפְשִׁי וְרוּחִי וְנִשְׁמָתִי, וַאֲנִי רוֹצֶה לְעוֹרֵר רַחֲמִים עַל עַצְמִי, אֶזְכֶּה תָּמִיד לְדַבֵּר לְעַצְמִי דִּבּוּרִים הַנִּשְׁמָעִים וְנִתְקַבְּלִים, בְּאֹפֶן שֶׁיִּכָּנְסוּ דְּבָרַי בְּלִבִּי. וְאֶזְכֶּה לְעוֹרֵר אֶת עַצְמִי לָשׁוּב אֵלֶיךָ בֶּאֱמֶת, וְלַעֲזֹב מֵעַתָּה דַּרְכֵי הָרַע וּפְעֻלּוֹתַי הַמְגֻנּוֹת, וּמַחְשְׁבוֹתַי הַמְבֻלְבָּלוֹת מְאֹד מְאֹד. וְאֶזְכֶּה מֵעַתָּה לְצַמְצֵם אֶת דַּעְתִּי וּלְקַשֵּׁר עַצְמִי בְּקֶשֶׁר אַמִּיץ וְחָזָק אֵלֶיךָ תָּמִיד. וְלֹא אַנִּיחַ אֶת דַּעְתִּי וּלְבָבִי לְהַתְחִיל לְהַטּוֹת לְשׁוּם דְּבַר תַּאֲוָה חַס וְשָׁלוֹם, וְלֹא לְשׁוּם בִּלְבּוּל שֶׁבָּעוֹלָם. וְאֶזְכֶּה לָסוּר מֵרָע בֶּאֱמֶת

בְּמַחֲשָׁבָה וּבְדִבּוּר וּבְמַעֲשֶׂה, וְלִכְסֹף וּלְהִשְׁתּוֹקֵק אֵלֶיךָ תָּמִיד בֶּאֱמוּנָה שְׁלֵמָה. וּלְהַרְגִּיל עַצְמִי בַּעֲבוֹדָתְךָ בֶּאֱמֶת בְּכָל לֵב בְּגוּף וָנֶפֶשׁ וּמָמוֹן, לִמְסֹר הַכֹּל אֵלֶיךָ, וּלְהַפְקִיר הַכֹּל בִּשְׁבִיל רְצוֹנְךָ הַטּוֹב. וְהֵן כְּשֶׁאֲנִי צָרִיךְ וּמֻכְרָח כְּפִי רְצוֹנְךָ הַטּוֹב לְדַבֵּר דִּבּוּרִים עִם בְּנֵי אָדָם לְעוֹרְרָם לַעֲבוֹדָתֶךָ, אוֹ בִּשְׁבִיל אֵיזֶה חֵפֶץ וְעִנְיָן שֶׁהוּא רְצוֹנֶךָ, תְּזַכֵּנִי בְּרַחֲמֶיךָ תָּמִיד, וְתַמְשִׁיךְ טוּב מֵאִתְּךָ לְכָל דְּבָרַי, בְּאֹפֶן שֶׁיִּהְיוּ דְּבָרַי תָּמִיד דִּבּוּרִים הַנִּשְׁמָעִים וְנִתְקַבְּלִים בְּעֵינֵי כֹּל. וְלֹא אֲדַבֵּר דְּבָרִים בְּטֵלִים לְעוֹלָם, רַק כָּל דִּבּוּרַי יִהְיוּ דִּבּוּרִים טוֹבִים, דִּבּוּרִים שֶׁיָּבֹא מֵהֶם תּוֹעֶלֶת גָּדוֹל לִשְׁמְךָ וְלַעֲבוֹדָתְךָ בֶּאֱמֶת, דִּבּוּרִים הַנִּשְׁמָעִים וְנִתְקַבְּלִים, שֶׁאֶזְכֶּה לִפְעֹל עַל יָדָם דְּבָרִים שֶׁהֵם רְצוֹנְךָ הַטּוֹב בֶּאֱמֶת:

וּבְכֵן תְּרַחֵם עָלַי אָבִי אָב הָרַחֲמָן אָב הַחֶסֶד, וְתוֹשִׁיעֵנִי וְתַעַזְרֵנִי מְהֵרָה. וְתַחְמֹל עָלַי בְּחֶמְלָתְךָ הַגְּדוֹלָה, וּבַחֲנִינוֹתֶיךָ הָאֲמִתִּיִּים. וּתְזַכֵּנִי מֵעַתָּה לְתִקּוּן הַכְּלָלִי שֶׁהוּא תִּקּוּן הַבְּרִית. וְתִמְחֹל וְתִסְלַח לִי עַל כָּל עֲוֹנוֹתַי וַחֲטָאַי וּפְשָׁעַי שֶׁחָטָאתִי וְשֶׁעָוִיתִי וְשֶׁפָּשַׁעְתִּי לְפָנֶיךָ. וּבִפְרָט מַה שֶּׁפָּגַמְתִּי לְפָנֶיךָ בִּפְגַם הַבְּרִית קֹדֶשׁ מִנְּעוּרַי עַד הַיּוֹם הַזֶּה, בְּמַחֲשָׁבָה דִּבּוּר וּמַעֲשֶׂה, בִּרְאִיַּת הָעַיִן וּבִשְׁמִיעַת הָאֹזֶן וּבִשְׁאָר חוּשִׁים, בְּשׁוֹגֵג וּבְמֵזִיד בְּאֹנֶס וּבְרָצוֹן,

הֵן הַפְּגָמִים שֶׁפָּגַמְתִּי בְּהֶתֵּר, הֵן הַפְּגָמִים שֶׁל אִסּוּר, עַל הַכֹּל תִּמְחֹל וְתִסְלַח לִי אֱלוֹהַּ סְלִיחוֹת, חַנּוּן הַמַּרְבֶּה לִסְלֹחַ. וְתַעַזְרֵנִי וְתוֹשִׁיעֵנִי וְתַצִּילֵנִי מֵעַתָּה מִכָּל מִינֵי פְּגַם הַבְּרִית. וּתְקַדְּשֵׁנִי בִּקְדֻשָּׁתְךָ הָעֶלְיוֹנָה. עַד שֶׁאֶזְכֶּה מְהֵרָה חוּשָׁה לְתִקּוּן הַבְּרִית בִּשְׁלֵמוּת.

עָזְרֵנִי וְהוֹשִׁיעֵנִי אָבִי שֶׁבַּשָּׁמַיִם, כִּי אֵינִי יוֹדֵעַ כְּלָל מַה לְדַבֵּר, כִּי אֵין שׁוּם לָשׁוֹן בָּעוֹלָם שֶׁאוּכַל לְפָרֵשׁ שִׂיחָתִי עַל יָדוֹ, רַק אֲנִי צוֹעֵק אֵלֶיךָ לְבַד בְּקוֹל מַר, זְעָקָה גְדוֹלָה וּמָרָה בַּאֲנָחָה וַאֲנָקָה, בְּשַׁוְעָה וּזְעָקָה וּצְעָקָה, בְּכָל מִינֵי קוֹלוֹת וּצְעָקוֹת וַאֲנָחוֹת שֶׁבָּעוֹלָם. "קוֹלִי אֶל יְהֹוָה וְאֶצְעָקָה. קוֹלִי אֶל יְהֹוָה וְהַאֲזִין אֵלָי. קוֹלִי אֶל יְהֹוָה אֶזְעָק קוֹלִי אֶל יְהֹוָה אֶתְחַנָּן. אֵלֶיךָ יְהֹוָה אֶקְרָא וְאֶל יְהֹוָה אֶתְחַנָּן. מַה בֶּצַע בְּדָמִי בְּרִדְתִּי אֶל שָׁחַת, הֲיוֹדְךָ עָפָר הֲיַגִּיד אֲמִתֶּךָ". חוּס וַחֲמֹל עָלַי, חוּס וְרַחֵם עָלַי. עָזְרֵנִי וְהוֹשִׁיעֵנִי וְזַכֵּנִי לְתִקּוּן הַבְּרִית בֶּאֱמֶת, כִּי עֵינַי צוֹפִיּוֹת לְרַחֲמֶיךָ וַחֲסָדֶיךָ הָאֲמִתִּיִּים לְחֶסֶד חִנָּם, וְיָדַי פְּרוּשׂוֹת לַחֲנִינוֹתֶיךָ. וְכָל עוֹד נַפְשִׁי בִּי אֶזְעַק וַאֲשַׁוֵּעַ אֵלֶיךָ וְאֵשֵׁב וַאֲיַחֵל וַאֲצַפֶּה לְרַחֲמֶיךָ, אִם כְּבָנִים אִם כַּעֲבָדִים. אִם כְּבָנִים רַחֵם עָלַי כְּרַחֵם אָב עַל בָּנִים, וְאִם כַּעֲבָדִים. עֵינַי לְךָ תְּלוּיוֹת עַד שֶׁתְּחָנֵּנִי וְתוֹצִיאֵנִי מִמַּסְגֵּר וְתַחְלְצֵנִי מִפְּגַם הַבְּרִית. וּתְמַלֵּט נַפְשִׁי מִנִּי שָׁחַת. וְתִשְׁמְרֵנִי וְתַצִּילֵנִי מֵעַתָּה

מִכָּל מִינֵי פְּגַם הַבְּרִית שֶׁבָּעוֹלָם, בְּיָדַיִם וּבְרַגְלַיִם וּבְעֵינַיִם וּבִשְׁאָר חוּשִׁים, בְּמַחֲשָׁבָה דִּבּוּר וּמַעֲשֶׂה. בְּכֻלָּם אֶזְכֶּה לִהְיוֹת קָדוֹשׁ וְטָהוֹר מִכָּל מִינֵי פְּגַם הַבְּרִית שֶׁבָּעוֹלָם. וּתְזַכֵּנִי מְהֵרָה לְתִקּוּן הַבְּרִית בֶּאֱמֶת בְּתַכְלִית הַשְּׁלֵמוּת בְּמַדְרֵגַת צַדִּיקִים אֲמִתִּיִּים, עַד שֶׁאֶזְכֶּה עַל־יְדֵי תִּקּוּן הַבְּרִית, לְתַקֵּן כָּל הַחֲטָאִים וְהָעֲוֹנוֹת וְהַפְּשָׁעִים שֶׁחָטָאתִי וְשֶׁעָוִיתִי וְשֶׁפָּשַׁעְתִּי לְפָנֶיךָ, וְכָל מִינֵי פְּגָמִים שֶׁפָּגַמְתִּי בִּשְׁסָ״ה לָאוִין שֶׁבַּתּוֹרָה שֶׁהֵם כְּנֶגֶד שְׁסָ״ה גִּידִין כֻּלָּם אֶזְכֶּה לְתַקֵּן עַל יְדֵי תִּקּוּן הַבְּרִית שֶׁהוּא כְּלָלִיּוּת הַגִּידִין, שֶׁהוּא תִּקּוּן הַכְּלָלִי. וְאֶזְכֶּה לְתַקֵּן וּלְזַכֵּךְ כָּל הַדָּמִים שֶׁל כָּל הַשְּׁסָ״ה גִּידַי, וְתַעֲבִיר וּתְבַטֵּל וְתָסִיר מִכָּל הַדָּמִים שֶׁלִּי כָּל מִינֵי פְּגָמִים וַעֲכִירוּת וְלִכְלוּכִים שֶׁהִטַּלְתִּי בָּהֶם עַל יְדֵי הַפְּגָמִים שֶׁפָּגַמְתִּי בִּשְׁסָ״ה לָאוִין שֶׁבַּתּוֹרָה. וּבְרַחֲמֶיךָ הָרַבִּים, תָּסִיר וּתְבַטֵּל כָּל מִינֵי כְּתָמִים שֶׁגָּרַמְתִּי לְהַשְּׁכִינָה כִּבְיָכוֹל עַל־יְדֵי תִּגְבֹּרֶת הַדָּמִים הָרָעִים שֶׁהִתְגַּבְּרוּ עַל־יְדֵי עֲוֹנוֹתַי הַמְרֻבִּים, עַד אֲשֶׁר גָּרַמְתִּי לְהַשְּׁכִינָה כִּבְיָכוֹל בְּחִינַת דַּם נִדּוּת הַרְבֵּה מְאֹד. עַד אֲשֶׁר בַּעֲוֹנוֹתַי יָרְדָה הַשְּׁכִינָה בְּגָלוּת גָּדוֹל מְאֹד. וְגָרַמְתִּי בַּעֲוֹנוֹתַי הָרַבִּים אִפְּרָשׁוּתָא בֵּין קֻדְשָׁא בְּרִיךְ הוּא וּשְׁכִינְתֵּיהּ. ״הִיא יָשְׁבָה בַגּוֹיִם לֹא מָצְאָה מָנוֹחַ״. כְּמוֹ שֶׁכָּתוּב: ״חֵטְא חָטְאָה יְרוּשָׁלַיִם עַל כֵּן לְנִידָה הָיָתָה״.

רִבּוֹנוֹ שֶׁל עוֹלָם מָה אוֹמַר מָה אֲדַבֵּר, הָאֱלֹהִים מָצָא אֶת עֲוֹנִי. "נֶאֱלַמְתִּי דוּמִיָּה הֶחֱשֵׁיתִי מִטּוֹב. וּכְאֵבִי נֶעְכָּר". חוּס וְרַחֵם עָלַי, וַעֲשֵׂה לְמַעַנְךָ וּלְמַעַן הַצַּדִּיקִים אֲמִתִּיִּים, וּלְמַעַן שִׁמְךָ הַגָּדוֹל וּלְמַעַן צַעֲקַת וְשַׁאֲגַת קֻדְשָׁא בְּרִיךְ הוּא וּשְׁכִינְתֵּיהּ. כְּמוֹ שֶׁכָּתוּב: "יְהֹוָה מִמָּרוֹם יִשְׁאַג וּמִמְּעוֹן קָדְשׁוֹ יִתֵּן קוֹלוֹ, שָׁאֹג יִשְׁאַג עַל נָוֵהוּ" עַל נָוֶה דִילֵהּ. אָנֹכִי חָטָאתִי וְהוּא אָסוּר בָּאזִקִּים. וְהִיא גַּם הִיא בְּמַר תִּזְעַק בְּגָלוּתָהּ הַגָּדוֹל, אֲשֶׁר נִפְרְדָה מִדּוֹדָהּ. וְהִיא צוֹעֶקֶת בְּקוֹל מַר, "נְהִי בְּכִי תַמְרוּרִים", קַלַּנִי מֵרֹאשִׁי קַלַּנִי מִזְּרוֹעִי. "אוֹי לָנוּ כִּי שֻׁדָּדְנוּ". אוֹי לָנוּ עַל נַפְשֵׁנוּ. "אוֹי נָא לָנוּ כִּי חָטָאנוּ". אוֹי עַל יָמֵינוּ וּשְׁנוֹתֵינוּ. אוֹי אוֹי לָנוּ. כִּי אֲנַחְנוּ גָרַמְנוּ כָּל זֶה, עַל־יְדֵי חֲטָאֵינוּ וַעֲוֹנוֹתֵינוּ וּפְשָׁעֵינוּ הַמְרֻבִּים. וְהִיא מְגֹאֶלֶת בְּחוֹבִין דִּידָן. וּלְבוּשֶׁיהָ וּבְגָדֶיהָ מְלֻכְלָכִים בִּכְתָמִים מֵעֲוֹנוֹתֵינוּ. מַה נֹּאמַר וּמַה נְּדַבֵּר. מָלֵא רַחֲמִים. טְהוֹר עֵינַיִם. טוֹב וּמֵטִיב לַכֹּל חַנּוּן וְרַחוּם עֲשֵׂה מַה שֶּׁתַּעֲשֶׂה, בְּאֹפֶן שֶׁתְּזַכֵּנוּ לְתַקֵּן כָּל זֶה חִישׁ קַל מְהֵרָה וְזַכֵּנִי לְתִקּוּן הַבְּרִית בִּשְׁלֵמוּת, בְּאֹפֶן שֶׁאֶזְכֶּה עַל־יְדֵי־זֶה לְתַקֵּן כָּל הַפְּגָמִים שֶׁבָּעוֹלָם. וְתִמְחֹל וְתִסְלַח וּתְכַפֵּר לִי עַל כָּל חֲטָאַי וַעֲוֹנוֹתַי וּפְשָׁעַי בְּרַחֲמֶיךָ הָרַבִּים. וּתְעוֹרֵר בְּרַחֲמֶיךָ הַדַּעַת דִּקְדֻשָּׁה, וְתַמְשִׁיךְ מִמֶּנּוּ לַבְּנוּנִית לְבָרֵר וּלְלַבֵּן וּלְזַכֵּךְ כָּל הַדָּמִים שֶׁל כָּל הַשְּׁסָ"ה גִידִין

שֶׁלִּי, עַד שֶׁיִּתְתַּקְּנוּ כָּל הַפְּגָמִים וְהַקִּלְקוּלִים שֶׁבָּהֶם. וּתְזַכֵּנִי לִזְרֹק תִּקּוּנִים לְכָל הַמְּקוֹמוֹת הַצָּרִים וְהַדַּקִּים שֶׁאִי אֶפְשָׁר שֶׁיַּגִּיעַ לְשָׁם שׁוּם תִּקּוּן. וְעַל־יְדֵי תִּקּוּן הַבְּרִית שֶׁתְּזַכֵּנִי בְּרַחֲמֶיךָ, אֶזְכֶּה לִזְרֹק תִּקּוּנִים גַּם לְשָׁם, עַד שֶׁאֶזְכֶּה לְתַקֵּן כָּל מִינֵי פְּגָמִים בִּשְׁלֵמוּת גָּדוֹל בְּתַכְלִית הַתִּקּוּן כִּרְצוֹנְךָ הַטּוֹב בֶּאֱמֶת.

וּתְזַכֵּנִי מֵעַתָּה בְּרַחֲמֶיךָ הָרַבִּים וְתַעַזְרֵנִי וְתוֹשִׁיעֵנִי וְתִהְיֶה עִמִּי תָּמִיד. וְתִשְׁמֹר אֶת לְבוּשַׁי וּבְגָדַי שֶׁלֹּא יָבֹא עֲלֵיהֶם שׁוּם לִכְלוּךְ וְשׁוּם כֶּתֶם וְשׁוּם רְבָב. כִּי אַתָּה לְבַד יָדַעְתָּ גֹּדֶל הַפְּגַם הַנּוֹגֵעַ בְּהַשְּׁכִינָה בְּעַצְמָהּ וּבְעוֹלָמוֹת עֶלְיוֹנִים, עַל־יְדֵי פְּגַם הַבְּגָדִים כְּשֶׁאֵין שׁוֹמְרִים אוֹתָם מִכְּתָמִים וְלִכְלוּכִים. וְהַבְּגָדִים בְּעַצְמָן דָּנִין אֶת הָאָדָם עַל זֶה, כְּשֶׁאֵין שׁוֹמְרִים אוֹתָם מִכְּתָמִים. וּבַעֲוֹנוֹתַי הָרַבִּים, קָשֶׁה וְכָבֵד עָלַי מְאֹד גַּם דָּבָר הַזֶּה, לִשְׁמֹר אֶת הַבְּגָדִים מִכְּתָמִים. כִּי אִי אֶפְשָׁר שֶׁלֹּא אַסִּיחַ דַּעְתִּי מֵהֶם. וּבִפְרָט בִּשְׁעַת עֵסֶק הַתּוֹרָה וְהַתְּפִלָּה וּשְׁאָר עֲסָקִים. וְאָז בָּאִים חַס וְשָׁלוֹם עֲלֵיהֶם כְּתָמִים בְּהֶסַּח הַדַּעַת. וְכָל זֶה גָּרַמְתִּי עַל־יְדֵי עֲוֹנוֹתַי הַמְּרֻבִּים, וּמַחְשְׁבוֹתַי הַמְּבֻלְבָּלוֹת מְאֹד, אֲשֶׁר עַל־יְדֵי זֶה אֵינִי זוֹכֶה לִשְׁמֹר אֶת הַבְּגָדִים וּלְהַחֲזִיקָן בִּנְקִיּוּת, וּלְהַצִּילָן מִכְּתָמִים וְלִכְלוּכִים.

הֵן עַל כָּל אֵלֶּה בָּאתִי לְפָרֵשׁ שִׂיחָתִי לְפָנֶיךָ יְהֹוָה אֱלֹהַי וֵאלֹהֵי אֲבוֹתַי, מָלֵא רַחֲמִים, גּוֹמֵל לַחַיָּבִים טוֹבוֹת. "נוֹרָאוֹת בְּצֶדֶק תַּעֲנֵנוּ אֱלֹהֵי יִשְׁעֵנוּ מִבְטָח כָּל קַצְוֵי אֶרֶץ וְיָם רְחוֹקִים". נוֹרָאוֹת הַפְלֵא לְמַעַן שְׁמֶךָ, וְעָזְרֵנִי וְהוֹשִׁיעֵנִי שֶׁאֶזְכֶּה לְתַקֵּן בְּחַיַּי כָּל זֶה חִישׁ קַל מְהֵרָה, שֶׁאֶזְכֶּה מֵעַתָּה לְתַקֵּן תִּקּוּן הַבְּרִית בִּשְׁלֵמוּת. וְאֶזְכֶּה לְהָרִים וּלְעוֹרֵר אֶת הַדַּעַת דִּקְדֻשָּׁה, וּלְהַמְשִׁיךְ לַבְנוּנִית דִּקְדֻשָּׁה מֵהַדַּעַת הַקָּדוֹשׁ, לְתַקֵּן פְּגַם כָּל הַדָּמִים שֶׁל כָּל הַשְּׁסָ"ה גִּידִין, שֶׁהֵם כְּנֶגֶד שְׁסָ"ה לָאוִין שֶׁבַּתּוֹרָה.

וּתְזַכֵּנִי לְתַקֵּן פְּגַם כָּל הַכְּתָמִים שֶׁל הַבְּגָדִים שֶׁלֹּא שָׁמַרְתִּי אוֹתָם עַד הֵנָּה. וְתִמְחֹל וְתִסְלַח לִי עַל כָּל הַפְּגָמִים הָאֵלֶּה. וְתַעַזְרֵנִי מֵעַתָּה וְתִשְׁמְרֵנִי וְתַצִּילֵנִי מִכָּל חֵטְא וְעָוֹן וּמִכְשׁוֹל. וְתַעַזְרֵנִי מֵעַתָּה לִשְׁמֹר אֶת הַבְּגָדִים וְהַלְּבוּשִׁים שֶׁלִּי לְכַבְּדָן וּלְהַחֲזִיקָן בִּנְקִיּוּת. וּתְזַכֵּנִי שֶׁלֹּא יִמָּצֵא עַל כָּל בְּגָדַי וּלְבוּשַׁי שׁוּם כֶּתֶם וְשׁוּם לִכְלוּךְ וּרְבָב כְּלָל. וְתָגֵן בַּעֲדִי, וְתִשְׁמְרֵנִי אוֹתִי וְאֶת בְּגָדַי תָּמִיד. וְיִהְיוּ גּוּפִי וְנַפְשִׁי וּבְגָדַי וּלְבוּשַׁי כֻּלָּם נְקִיִּים וּטְהוֹרִים וּקְדוֹשִׁים תָּמִיד מֵעַתָּה וְעַד עוֹלָם.

וְתַמְשִׁיךְ בְּרַחֲמֶיךָ מַיִם חַיִּים מִמְּקוֹר הַחַיִּים, וְיִהְיֶה נִמְשָׁךְ "בְּאֵר מַיִם חַיִּים וְנוֹזְלִים מִן לְבָנוֹן"

מִן לְבוּנָא דְמוֹחָא קַדִּישָׁא, וְשָׁם תְּטַהֵר אֶת הַשְּׁכִינָה מִנִּדָּתָהּ, וְתַעֲלֶה אוֹתָהּ מִגָּלוּתָהּ, וְתָשִׁיב אֶל דּוֹדָהּ בְּאַהֲבָה וְאַחֲוָה וְרֵעוּת. וּבְרַחֲמֶיךָ הָרַבִּים תַּמְשִׁיךְ וְתִזְרֹק עָלֵינוּ מַיִם טְהוֹרִים הָאֵלֶּה. וּתְטַהֵר אוֹתָנוּ וְאֶת בְּגָדֵינוּ מִכֹּל טֻמְאוֹתֵינוּ. וּתְקַיֵּם בָּנוּ מִקְרָא שֶׁכָּתוּב: "וְזָרַקְתִּי עֲלֵיכֶם מַיִם טְהוֹרִים וּטְהַרְתֶּם, מִכֹּל טֻמְאוֹתֵיכֶם וּמִכָּל גִּלּוּלֵיכֶם אֲטַהֵר אֶתְכֶם". וְתַלְבִּין חֲטָאֵינוּ כַּשֶּׁלֶג וְכַצֶּמֶר, כְּמוֹ שֶׁכָּתוּב: "לְכוּ נָא וְנִוָּכְחָה יֹאמַר יְהוָה אִם יִהְיוּ חֲטָאֵיכֶם כַּשָּׁנִים כַּשֶּׁלֶג יַלְבִּינוּ, אִם יַאְדִּימוּ כַתּוֹלָע כַּצֶּמֶר יִהְיוּ". וְנִזְכֶּה לְקַיֵּם מִקְרָא שֶׁכָּתוּב: "בְּכָל עֵת יִהְיוּ בְגָדֶיךָ לְבָנִים, וְשֶׁמֶן עַל רֹאשְׁךָ אַל יֶחְסָר":

וּבְכֵן תְּרַחֵם עָלַי בְּרַחֲמֶיךָ הָרַבִּים וְתִהְיֶה עִמִּי תָמִיד. וְתוֹרֵנִי וּתְלַמְּדֵנִי בְּכָל עֵת. אֵיךְ לְהִתְנַהֵג בְּעִנְיַן דִּבּוּרַי עִם בְּנֵי אָדָם. שֶׁלֹּא יֵצֵא מִפִּי דִּבּוּר שֶׁלֹּא כִּרְצוֹנְךָ. וְלֹא אֲגַלֶּה שׁוּם סוֹד שֶׁאֵין צְרִיכִין לְגַלּוֹת. וְתִשְׁמְרֵנִי וְתַצִּילֵנִי תָמִיד שֶׁלֹּא אֶהְיֶה חַס וְשָׁלוֹם בִּכְלָל "הוֹלֵךְ רָכִיל מְגַלֶּה סוֹד", כִּי אֵין אִתָּנוּ יוֹדֵעַ עַד מָה, אֵיזֶה דִּבְרֵי תוֹרָה צְרִיכִין לְדַבֵּר בָּהֶם וּלְגַלּוֹתָם, וְאֵיזֶה דִּבְרֵי תוֹרָה שֶׁאָסוּר לְאָמְרָם וּלְגַלּוֹתָם, אֲשֶׁר עֲלֵיהֶם נֶאֱמַר: "הוֹלֵךְ רָכִיל מְגַלֶּה סוֹד". עָזְרֵנִי תָמִיד בְּרַחֲמֶיךָ שֶׁלֹּא אֶעֱבֹר עַל "לֹא תֵלֵךְ רָכִיל" לְעוֹלָם. הֵן בְּדִבְרֵי

תּוֹרָה. הֵן בְּדִבְרֵי חוֹל. בִּדְבָרִים שֶׁבֵּין אָדָם לַחֲבֵרוֹ. חוּס וְחָנֵּנִי וֶהְיֵה עִם פִּי בְּעֵת הַטִּיפִי. וְלֹא אוֹמַר דָּבָר שֶׁלֹּא כִּרְצוֹנְךָ מֵעַתָּה וְעַד עוֹלָם:

וְרַחֵם עָלַי וְהוֹשִׁיעֵנִי. וְתֵן לִי פַּרְנָסָתִי מִן הַשָּׁמַיִם קֹדֶם שֶׁאֶצְטָרֵךְ לָהּ. וְתִתֶּן לִי וּלְבֵיתִי "לֶחֶם לֶאֱכֹל וּבֶגֶד לִלְבֹּשׁ. לֶאֱכֹל לְשָׂבְעָה וְלִמְכַסֶּה עָתִיק". וְתַזְמִין לִי פַּרְנָסָתִי בְּלִי שׁוּם טִרְחָא וִיגִיעָה כְּלָל בְּכָבוֹד וְלֹא בְּבִזּוּי בְּהֶתֵּר וְלֹא בְּאִסּוּר בְּנַחַת וְלֹא בְּצַעַר מִתַּחַת יָדְךָ הָרְחָבָה וְהַמְּלֵאָה, וְאַל תַּצְרִיכֵנִי לֹא לִידֵי מַתְּנַת בָּשָׂר וָדָם וְלֹא לִידֵי הַלְוָאָתָם. וּכְשֵׁם שֶׁנָּתַתָּ מָזוֹן וּפַרְנָסָה לְעַמְּךָ יִשְׂרָאֵל בַּמִּדְבָּר אַרְבָּעִים שָׁנָה, וְהוֹרַדְתָּ לָהֶם אֶת הַמָּן מִן הַשָּׁמַיִם, וְשִׂמְלָתָם לֹא בָלְתָה מֵעֲלֵיהֶם, כֵּן תְּרַחֵם עָלֵינוּ וְתִפְתַּח לָנוּ אֶת אוֹצָרְךָ הַטּוֹב מִן הַשָּׁמַיִם. וְתַזְמִין לָנוּ פַּרְנָסוֹתֵינוּ בְּנָקֵל בְּלִי שׁוּם טֹרַח בְּרֶוַח גָּדוֹל. וְתַצִּיל אוֹתָנוּ תָּמִיד מִכָּל מִינֵי דַאֲגוֹת פַּרְנָסָה, וְתַשְׁפִּיעַ לָנוּ שֵׂכֶל וָדַעַת מֵאִתְּךָ לִבְטֹחַ בְּךָ תָּמִיד. וְאַתָּה תְּכַלְכְּלֵנִי מִן הַשָּׁמַיִם אוֹתִי וְאֶת בֵּיתִי וְאֶת זַרְעִי וְאֶת כָּל אֲשֶׁר לִי. וְתַשְׁפִּיעַ לִי כָּל מַחְסוֹרַי קֹדֶם שֶׁאֶצְטָרֵךְ לָהֶם, בְּאֹפֶן שֶׁאוּכַל לַעֲסֹק בְּתוֹרָתְךָ וַעֲבוֹדָתְךָ תָּמִיד בֶּאֱמֶת בְּכָל לֵב וָנֶפֶשׁ. וְלֹא יָבֹא עָלַי שׁוּם בִּלְבּוּל בָּעוֹלָם מִטִּרְדַּת הַפַּרְנָסָה כְּלָל כִּי אֲנִי מַשְׁלִיךְ יְהָבִי עָלֶיךָ לְבַד, וְאַתָּה תְּכַלְכְּלֵנִי. כְּמוֹ

שֶׁכָּתוּב "הַשְׁלֵךְ עַל יְהֹוָה יְהָבְךָ וְהוּא יְכַלְכְּלֶךָ":

וְעָזְרֵנוּ בְּרַחֲמֶיךָ הָרַבִּים שֶׁנִּזְכֶּה לַעֲשׂוֹת מַשָּׂא וּמַתָּן בֶּאֱמוּנָה. וְתַצִּילֵנוּ תָּמִיד מִכָּל מִינֵי גְזֵלוֹת, וְלֹא נִגְזֹל וְלֹא נַעֲשׁוֹק אֶת חֲבֵרֵנוּ לְעוֹלָם אֲפִלּוּ שָׁוֶה פְּרוּטָה. וְלֹא נִגַּע בְּמָמוֹן וְחֶפְצֵי חֲבֵרֵנוּ כְּלָל. וְלֹא נַחְמוֹד שׁוּם דָּבָר אֲשֶׁר לְרֵעֵנוּ. וְתַעַזְרֵנוּ וְתוֹשִׁיעֵנוּ שֶׁבְּכָל עֵת שֶׁנַּעֲסוֹק בְּמַשָּׂא וּמַתָּן, יִהְיֶה כָּל כַּוָּנָתֵנוּ בְּעֵסֶק הַמַּשָּׂא וּמַתָּן רַק לִשְׁמְךָ וְלַעֲבוֹדָתְךָ בֶּאֱמֶת. וְנִזְכֶּה לְכַוֵּן בְּכָל דִּבּוּר וְדִבּוּר וּבְכָל הִלּוּךְ וְהִלּוּךְ, שֶׁנְּדַבֵּר וְנֵלֵךְ בִּשְׁעַת הַמַּשָּׂא וּמַתָּן, בְּכֻלָּם נְכַוֵּן תָּמִיד בְּכָל עֵת, שֶׁכָּל כַּוָּנָתֵנוּ בַּעֲשִׂיַּת הַמַּשָּׂא וּמַתָּן כְּדֵי שֶׁנִּזְכֶּה לִתֵּן צְדָקָה עַל־יְדֵי הָרֶוַח שֶׁנַּרְוִיחַ בְּזֶה הַמַּשָּׂא וּמַתָּן. וְכָל עִסְקֵנוּ וְחֶפְצֵנוּ בְּמַשָּׂא וּמַתָּן, יִהְיֶה רַק בִּשְׁבִיל זֶה לְבַד בֶּאֱמֶת, בִּשְׁבִיל שֶׁנִּזְכֶּה לִתֵּן צְדָקָה מֵהָרֶוַח שֶׁל הַמַּשָּׂא וּמַתָּן הַזֶּה. וְתַעַזְרֵנִי וְתוֹשִׁיעֵנִי שֶׁנִּזְכֶּה לִזְכֹּר זֹאת תָּמִיד וּלְכַוֵּן זֹאת בְּכָל עֵת, בְּכָל הִלּוּךְ וְהִלּוּךְ וּבְכָל דִּבּוּר וְדִבּוּר וּבְכָל תְּנוּעָה וּתְנוּעָה שֶׁל הַמַּשָּׂא וּמַתָּן. וְתִפְתַּח אֶת לְבָבֵנוּ, וּתְזַכֵּנוּ לְקַיֵּם זֹאת בֶּאֱמֶת, שֶׁנִּזְכֶּה לִתֵּן צְדָקָה הַרְבֵּה בְּכָל עֵת לַעֲנִיִּים הֲגוּנִים וּכְשֵׁרִים בֶּאֱמֶת. וְתַשְׁפִּיעַ לָנוּ שֶׁפַע טוֹבָה וּבְרָכָה. וְנִזְכֶּה לְהַחֲזִיק יְדֵי לוֹמְדֵי תוֹרָה וְעוֹבְדֵי יְהֹוָה בֶּאֱמֶת. וְנִזְכֶּה לְקַיֵּם מִצְוַת צְדָקָה בִּשְׁלֵמוּת כִּרְצוֹנְךָ

הַטּוֹב, וּבְלֵב טוֹב וּבְסֵבֶר פָּנִים יָפוֹת, וּבְשִׂמְחָה גְדוֹלָה וְחֶדְוָה רַבָּה וַעֲצוּמָה. עַד שֶׁנִּזְכֶּה עַל־יְדֵי הַצְּדָקָה לְרוֹמֵם אֶת הַמֹּחִין וְהַדַּעַת דִּקְדֻשָּׁה, וּלְתַקֵּן תִּקּוּן הַכְּלָלִי שֶׁל הַמַּשָּׂא וּמַתָּן. וְנִזְכֶּה לְתַקֵּן עַל־יְדֵי־זֶה כָּל הַחֲטָאִים וְהַפְּגָמִים שֶׁפָּגַמְנוּ בְּמַשָּׂא וּמַתָּן, וּבְתַאֲוַת וְחֶמְדַּת הַמָּמוֹן מִנְּעוּרֵינוּ עַד הַיּוֹם הַזֶּה. וּזְכוּת הַצְּדָקָה יָגֵן עָלֵינוּ "כְּנֶשֶׁר יָעִיר קִנּוֹ עַל גּוֹזָלָיו יְרַחֵף". וּתְכַפֵּר בַּעֲדֵנוּ וַחֲטָאֵנוּ בִּצְדָקָה נִפְרֹק. וְנִזְכֶּה עַל־יְדֵי הַצְּדָקָה לַתִּקּוּן הַכְּלָלִי:

וְרַחֵם עָלֵינוּ וְעַל פְּלֵטָתֵנוּ וְעַל פְּלֵיטַת עַמְּךָ בֵּית יִשְׂרָאֵל, וְעָזְרֵנוּ וְהוֹשִׁיעֵנוּ וַהֲקִימֵנוּ מְהֵרָה מִנְּפִילָתֵינוּ הַגְּדוֹלָה וְהָעֲמֻקָּה מְאֹד מְאֹד, אֲשֶׁר יָרַדְנוּ מַטָּה מַטָּה, וְנָפַלְנוּ בְּגָלוּת גָּדוֹל מְאֹד זֶה כַּמָּה שָׁנִים בְּגוּף וָנֶפֶשׁ בְּגַשְׁמִיּוּת וּבְרוּחָנִיּוּת, בִּכְלָל וּבִפְרָט. מָרָא דְעָלְמָא כָּלָא סוֹמֵךְ נוֹפְלִים, חוּס וַחֲמֹל עָלֵינוּ, וּסְמֹךְ אוֹתָנוּ בְּרַחֲמֶיךָ הָרַבִּים, וִיקֻיַּם בָּנוּ מִקְרָא שֶׁכָּתוּב: "אַל תִּשְׂמְחִי אוֹיַבְתִּי לִי כִּי נָפַלְתִּי קָמְתִּי, כִּי אֵשֵׁב בַּחֹשֶׁךְ יְהֹוָה אוֹר לִי. שְׁלַח יָדֶיךָ מִמָּרוֹם. פְּצֵנִי וְהַצִּילֵנִי מִמַּיִם רַבִּים, מִיַּד בְּנֵי נֵכָר. חָנֵּנִי וַהֲקִימֵנִי. דַּלּוּ עֵינַי לַמָּרוֹם. יָדְךָ תִּכּוֹן עִמִּי אַף זְרוֹעֲךָ תְּאַמְּצֵנִי". וְהוֹצִיאֵנִי וְהַעֲלֵנִי מְהֵרָה מִכָּל הַנְּפִילוֹת וְהַיְרִידוֹת שֶׁיָּרַדְתִּי וְנָפַלְתִּי עַד הֵנָּה וְנִתְרַחַקְתִּי מִמְּךָ וּמֵעֲבוֹדָתְךָ

מְאֹד. חוּסָה עָלַי כְּרֹב רַחֲמֶיךָ, כִּי אַתָּה יָדַעְתָּ כִּי אֵין מִי שֶׁיַּעֲמֹד בַּעֲדֵנוּ בִּנְפִילָתֵנוּ הַגְּדוֹלָה הַזֹּאת, אֲשֶׁר יָרַדְנוּ פְּלָאִים. כְּמוֹ שֶׁכָּתוּב: "וַתֵּרֶד פְּלָאִים אֵין עוֹזֵר לָהּ". וּכְמוֹ שֶׁכָּתוּב: "הִשְׁלִיךְ מִשָּׁמַיִם אֶרֶץ תִּפְאֶרֶת יִשְׂרָאֵל", מֵאִגְּרָא רָמָא לְבֵירָא עֲמִיקְתָּא. וְאֵין מִי שֶׁיַּעֲמֹד בַּעֲדֵנוּ. וְאֵין מִי שֶׁיּוּכַל לְהָקִים אוֹתָנוּ מִנְּפִילוֹתֵינוּ כִּי אִם אַתָּה לְבַד. וּתְקַיֵּם מִקְרָא שֶׁכָּתוּב כְּמוֹ שֶׁדָּרְשׁוּ חֲכָמֵינוּ זִכְרוֹנָם לִבְרָכָה: "נָפְלָה וְלֹא תוֹסִיף לִפּוֹל עוֹד. וְתֹאמַר אַתָּה לְיִשְׂרָאֵל. קוּם בְּתוּלַת יִשְׂרָאֵל". חוּס וְחֲמֹל עָלֵינוּ, וַעֲזֹר לָנוּ לְתַקֵּן אֶת מֹחֵנוּ וְדַעְתֵּנוּ עַל־יְדֵי תִּקּוּן הַבְּרִית בֶּאֱמֶת בִּשְׁלֵמוּת. וְתַצִּילֵנִי מֵעַתָּה מִכָּל מִינֵי נְפִילוֹת מֵעֲבוֹדָתְךָ חַס וְשָׁלוֹם. וְתַעֲזֹר לָנוּ מֵעַתָּה לַעֲלוֹת וְלָקוּם מְהֵרָה מִכָּל הַנְּפִילוֹת שֶׁנָּפַלְנוּ עַד הֵנָּה. וְתָקִים אֶת "סֻכַּת דָּוִד הַנּוֹפֶלֶת". רִבּוֹנוֹ שֶׁל עוֹלָם אֵלֶיךָ שִׁטַּחְתִּי אֶת כַּפַּי. הֲקִימֵנִי וְאֶחְיֶה. "לֹא תוּכַל לְהִתְעַלֵּם מֵאָחִיךָ הָאֶבְיוֹן. עָזֹב תַּעֲזֹב. וְהָקֵם תָּקִים":

וְתַצִּילֵנִי אוֹתִי וְאֶת זַרְעִי וְאֶת זֶרַע זַרְעִי וְאֶת כָּל עַמְּךָ בֵּית יִשְׂרָאֵל, וְתִשְׁמְרֵנוּ וּתְמַלְּטֵנוּ שֶׁלֹּא יָבֹא שׁוּם אֶחָד מִיִּשְׂרָאֵל לְחֹלִי נוֹפֵל חַס וְשָׁלוֹם. וּתְרַחֵם עַל עַמְּךָ יִשְׂרָאֵל, עַל כָּל אוֹתָן שֶׁכְּבָר בָּאוּ לְחוֹלַאַת הַמָּרָה הַזֹּאת. וּתְרַפְּאֵם בְּרַחֲמֶיךָ הָרַבִּים

רְפוּאָה שְׁלֵמָה, וְתָקִים אוֹתָם מִנְּפִילָתָם וּתְשִׁיבֵם לְאֵיתָנָם, וְתִשְׁלַח לָהֶם מְהֵרָה רְפוּאָה שְׁלֵמָה מִן הַשָּׁמַיִם רְפוּאַת הַנֶּפֶשׁ וּרְפוּאַת הַגּוּף, כִּי אֵל מֶלֶךְ רוֹפֵא נֶאֱמָן וְרַחֲמָן אָתָּה:

וְרַחֵם עָלֵינוּ וְהַצֵּל אוֹתִי וְאֶת זַרְעִי וְכָל עַמְּךָ בֵּית יִשְׂרָאֵל מִכָּל מִינֵי שִׁכְרוּת שֶׁל יַיִן וּשְׁאָר מַשְׁקִים הַמְשַׁכְּרִין. וְלֹא אָבוֹא לִידֵי שִׁכְרוּת לְעוֹלָם. כִּי אַתָּה גִּלִּיתָ עַל־יְדֵי חֲכָמֶיךָ הַקְּדוֹשִׁים גֹּדֶל הַפְּגַם הַנּוֹרָא שֶׁל הַשִּׁכְרוּת חַס וְשָׁלוֹם. חוּס וְחָנֵּנוּ וְרַחֵם עָלֵינוּ, וְהַצִּילֵנוּ מִשְּׁתִיָּה מְרֻבָּה הַמְּבִיאָה לִידֵי שִׁכְרוּת. וַאֲפִלּוּ מְעַט הַשְּׁתִיָּה הַמֻּכְרַחַת בְּשַׁבָּתוֹת וְיָמִים טוֹבִים, תְּזַכֵּנִי שֶׁתִּהְיֶה הַשְּׁתִיָּה בִּקְדֻשָּׁה וּבְטָהֳרָה גְּדוֹלָה. וְנִזְכֶּה לְהָרִים אֶת מֹחֵנוּ וְדַעְתֵּנוּ לְשִׁמְךָ וְלַעֲבוֹדָתְךָ עַל־יְדֵי מְעַט הַשְּׁתִיָּה בַּיָּמִים הַקְּדוֹשִׁים. וְנִזְכֶּה שֶׁלֹּא יֵצֵא מִפִּינוּ שׁוּם דִּבּוּר שֶׁלֹּא כִרְצוֹנְךָ, עַל־יְדֵי שְׁתִיַּת הַיַּיִן אוֹ מַשְׁקֶה הַמְשַׁכֵּר. וְלֹא נְדַבֵּר אָז שׁוּם דִּבּוּר שֶׁאֵין צְרִיכִין לְגַלּוֹת, רַק נִזְכֶּה לְדַבֵּר בִּקְדֻשָּׁה וּבְטָהֳרָה דִּבּוּרִים שֶׁהֵם רְצוֹנְךָ הַטּוֹב בֶּאֱמֶת, בְּשִׂמְחָה וּבְטוּב לֵבָב. וְלֹא נָבֹא לִידֵי שִׁכְרוּת לְעוֹלָם, וְתַצִּילֵנִי בְּרַחֲמֶיךָ מִיַּיִן הַמְשַׁכֵּר. וּתְזַכֵּנִי לְיַיִן "הַמְשַׂמֵּחַ אֱלֹהִים וַאֲנָשִׁים":

חוּס וְחָנֵּנוּ וּמַלֵּא מִשְׁאֲלוֹתֵינוּ בְּרַחֲמִים, וְזַכֵּנוּ מְהֵרָה לְתִקּוּן הַכְּלָלִי בִּשְׁלֵמוּת בְּכָל הַבְּחִינוֹת, הֵן תִּקּוּן הַבְּרִית שֶׁהוּא כְּלָלִיּוּת הַגִּידִין שֶׁהוּא תִּקּוּן הַכְּלָלִי שֶׁל כָּל הַשְּׁסָ"ה לָאוִין שֶׁבַּתּוֹרָה, הֵן תִּקּוּן הַכְּלָלִי שֶׁל הַדִּבּוּר עַל־יְדֵי שֶׁבַח הַצַּדִּיקִים, הֵן תִּקּוּן הַכְּלָלִי שֶׁל הַמַּשָּׂא וּמַתָּן עַל־יְדֵי הַצְּדָקָה, הֵן תִּקּוּן הַבְּגָדִים, לְכֻלָּם תְּזַכֵּנוּ בְּרַחֲמֶיךָ הָרַבִּים חִישׁ קַל מְהֵרָה. כִּי אַתָּה יָדַעְתָּ כִּי אִי אֶפְשָׁר לָנוּ לְתַקֵּן כָּל דָּבָר וְדָבָר בִּפְרָטִיּוּת כִּי הֵם רַבִּים מְאֹד, כִּי פָּגַמְנוּ הַרְבֵּה מְאֹד. רַחֵם עָלֵינוּ וְהוֹשִׁיעֵנוּ מְהֵרָה לְמַעַן שְׁמֶךָ וְזַכֵּנוּ בְּרַחֲמֶיךָ הָרַבִּים וּבַחֲסָדֶיךָ הָעֲצוּמִים לְתִקּוּן הַכְּלָלִי בֶּאֱמֶת וּבִשְׁלֵמוּת בְּכָל הַבְּחִינוֹת, וַעֲשֵׂה לְמַעַנְךָ וּלְמַעַן הַצַּדִּיקֵי אֱמֶת וְלֹא לְמַעֲנֵנוּ. וּמֵעָפָר תְּקִימֵנוּ, וּמֵאַשְׁפּוֹת דַּלּוּתֵנוּ תְּרוֹמְמֵנוּ, וּבְכָל הַתִּקּוּנִים הַכְּלָלִיִּים וְהַפְּרָטִיִּים תְּתַקְּנֵנוּ, וּבְטוּבְךָ הַגָּדוֹל תַּשְׂבִּיעֵנוּ, וְתִשְׁמַע וּתְקַבֵּל צַעֲקָתֵנוּ וּתְפִלָּתֵנוּ וְתַחֲנוּנֵינוּ וּבְכָל מִינֵי טָהֳרוֹת וִקְדֻשּׁוֹת תְּטַהֲרֵנוּ וּתְקַדְּשֵׁנוּ. וּתְקַיֵּם מְהֵרָה מִקְרָא שֶׁכָּתוּב: "וְעָשִׂיתִי אֵת אֲשֶׁר בְּחֻקַּי תֵּלֵכוּ וּמִשְׁפָּטַי תִּשְׁמְרוּ וַעֲשִׂיתֶם". חָנֵּנוּ וַעֲנֵנוּ וּשְׁמַע קוֹל תְּפִלּוֹתֵינוּ. כִּי אַתָּה שׁוֹמֵעַ תְּפִלַּת כָּל פֶּה עַמְּךָ יִשְׂרָאֵל בְּרַחֲמִים.

בָּרוּךְ אַתָּה שׁוֹמֵעַ תְּפִלָּה:

ל

"כְּאַיָּל תַּעֲרֹג עַל אֲפִיקֵי מָיִם כֵּן נַפְשִׁי תַעֲרֹג אֵלֶיךָ אֱלֹהִים. צָמְאָה נַפְשִׁי לֵאלֹהִים לְאֵל חָי מָתַי אָבוֹא וְאֵרָאֶה פְּנֵי אֱלֹהִים". כִּי אַתָּה יְהוָה לְבַד יָדַעְתָּ גְּדֻלָּתְךָ וּגְבוּרָתְךָ וְתִפְאַרְתְּךָ וְרוֹמְמוּתְךָ וְהִתְנַשְּׂאוּתֶךָ. כִּי לִגְדֻלָּתְךָ אֵין חֵקֶר, וְהַשָּׂגַת אֱלֹהוּתְךָ מְרוֹמָם וּמְנֻשָּׂא מְאֹד, כִּי לֵית מַחֲשָׁבָה תְּפִיסָה בָּךְ כְּלָל. אֲבָל מֵעֹצֶם רַחֲמָנוּתְךָ וַחֲנִינוּתְךָ אֲשֶׁר אַתָּה חָפֵץ לְהֵטִיב לִבְרִיּוֹתֶךָ, עָשִׂיתָ פְּעֻלּוֹת גְּדוֹלוֹת וְסִבַּבְתָּ סִבּוֹת רַבּוֹת, וְצִמְצַמְתָּ הַשָּׂגַת אֱלֹהוּתְךָ בְּכַמָּה צִמְצוּמִים שׁוֹנִים, מֵעִלָּה לְעִלּוֹל, מִשֵּׂכֶל עֶלְיוֹן לְשֵׂכֶל תַּחְתּוֹן. וְנָתַתָּ כֹּחַ לְצַדִּיקֶיךָ הָאֲמִתִּיִּים לְהַשִּׂיג הַשָּׂגַת אֱלֹהוּתְךָ וִידִיעַת רוֹמְמוּתֶךָ, וְחָנַנְתָּ אוֹתָם דֵּעָה בִּינָה וְהַשְׂכֵּל. אֲשֶׁר בְּעֹצֶם בִּינָתָם יֵשׁ לָהֶם כֹּחַ לְהַכְנִיס הַשָּׂגַת אֱלֹהוּתְךָ גַּם בְּדַעְתֵּנוּ הַפְּחוּתָה. כַּאֲשֶׁר הִתְחַלְתָּ לְגַלּוֹת הַשָּׂגַת אֱלֹהוּתְךָ עַל יְדֵי מֹשֶׁה נְבִיאֲךָ נֶאֱמַן בֵּיתֶךָ אֲשֶׁר הוֹצִיאָנוּ מִמִּצְרַיִם מִמ"ט [מֵאַרְבָּעִים וְתִשְׁעָה] שַׁעֲרֵי טֻמְאָה. וְהִכְנִיסָנוּ בְּמ"ט [בְּאַרְבָּעִים וְתִשְׁעָה] שַׁעֲרֵי קְדֻשָּׁה, וְקֵרַב אוֹתָנוּ אֵלֶיךָ וְלַעֲבוֹדָתֶךָ, וְנָתַן לָנוּ אֶת הַתּוֹרָה וְהַמִּצְוֹת הַקְּדוֹשִׁים, שֶׁהֵם כֻּלָּם שִׁעוּרִים וְצִמְצוּמִים לְהַשִּׂיג עַל יָדָם הַשָּׂגַת אֱלֹהוּתֶךָ. כִּי עַל־יְדֵי כָּל מִצְוָה וּמִצְוָה וְעַל יְדֵי כָּל אוֹת וְאוֹת מִתּוֹרָתְךָ

הַקְּדוֹשָׁה שֶׁבִּכְתָב וּבְעַל פֶּה. כְּשֶׁאָנוּ זוֹכִים לַעֲשׂוֹתָם בִּקְדֻשָּׁה וּבְטָהֳרָה כָּרָאוּי. יֵשׁ לָנוּ כֹּחַ לְהַמְשִׁיךְ לָנוּ דַּעַת לְהַשִּׂיג אֱלָהוּתְךָ עַל־יְדֵי כַּמָּה שִׁעוּרִים וְצִמְצוּמִים שֶׁל הַתּוֹרָה הַקְּדוֹשָׁה. מָה רַב טוּבְךָ אֲשֶׁר עָשִׂיתָ עִמָּנוּ עַל יְדֵי מֹשֶׁה רַבֵּנוּ עָלָיו הַשָּׁלוֹם, אֲשֶׁר הוּא הֵאִיר עֵינֵינוּ וְהוֹצִיאָנוּ מֵאֲפֵלָה לְאוֹרָה מֵחֹשֶׁךְ לְאוֹר גָּדוֹל מֵעִמְקֵי הַגָּלוּת בְּגוּף וָנֶפֶשׁ וּמָמוֹן, מִמ״ט [מֵאַרְבָּעִים וְתִשְׁעָה] שַׁעֲרֵי טֻמְאָה לְמ״ט [לְאַרְבָּעִים וְתִשְׁעָה] שַׁעֲרֵי קְדֻשָּׁה. כִּי מֵעֹצֶם גְּדֻלַּת מַעֲלַת מֹשֶׁה רַבֵּנוּ עָלָיו הַשָּׁלוֹם הָיָה יָכוֹל לְהַכְנִיס הַשָּׂגַת אֱלָהוּתְךָ אֲפִלּוּ לַאֲנָשִׁים פְּחוּתִים בַּדְּיוֹטָא הַתַּחְתּוֹנָה מְאֹד, כָּמוֹנוּ הַיּוֹם:

וְעַתָּה בָּאתִי לְפָנֶיךָ יְהֹוָה אֱלֹהַי וֵאלֹהֵי אֲבוֹתַי. ״גְּדֹל הָעֵצָה וְרַב הָעֲלִילִיָּה״. לַמְּדֵנִי וְהוֹרֵנִי בְּאֵיזֶה דֶּרֶךְ בְּאֵיזֶה אֹפֶן בְּאֵיזֶה זְכוּת בְּאֵיזֶה עֵצָה וְתַחְבּוּלָה, אֶזְכֶּה אָנֹכִי גַּם כֵּן לְהַשִּׂיג הַשָּׂגַת אֱלָהוּתְךָ אֲשֶׁר לְכָךְ נוֹצַרְתִּי. כַּאֲשֶׁר אַתָּה יָדַעְתָּ כִּי לֹא נִבְרֵאתִי בָּעוֹלָם הַשָּׁפָל הַזֶּה, אֶלָּא כְּדֵי לִרְדֹּף אַחַר הַתַּכְלִית הַטּוֹב הַזֶּה, לְהַשִּׂיג הַשָּׂגַת אֱלָהוּתְךָ יִתְבָּרַךְ:

רִבּוֹנוֹ שֶׁל עוֹלָם, אַתָּה יָדַעְתָּ גֹּדֶל הִתְרַחֲקוּתִי מֵהַשָּׂגַת אֱלָהוּת. כִּי לֹא דַּי שֶׁלֹּא נִזְהַרְתִּי לְקַיֵּם כָּל דִּבְרֵי תוֹרָתְךָ וּמִצְווֹתֶיךָ, אֲשֶׁר עַל יָדָם זוֹכִין לְהַשִּׂיג אוֹתְךָ כָּל

חַד לְפוּם מַה דִּמְשַׁעֵר בְּלִבֵּיהּ, כְּמוֹ שֶׁכָּתוּב "נוֹדָע בַּשְּׁעָרִים בַּעְלָהּ", 'כָּל חַד לְפוּם מַה דִּמְשַׁעֵר בְּלִבֵּיהּ', אַף גַּם עָשִׂיתִי מַה שֶּׁעָשִׂיתִי, וּפָגַמְתִּי מַה שֶּׁפָּגַמְתִּי, וְקִלְקַלְתִּי מַה שֶּׁקִּלְקַלְתִּי, חָטָאתִי עָוִיתִי וּפָשַׁעְתִּי וְהָרַע בְּעֵינֶיךָ עָשִׂיתִי, בְּשׁאָט בְּנֶפֶשׁ בְּזָדוֹן וּבְמַעַל, עַד אֲשֶׁר נִתְרַחַקְתִּי מִמְּךָ כְּמוֹ שֶׁנִּתְרַחַקְתִּי בְּתַכְלִית תַּכְלִית הָרִחוּק. כִּי עַל־יְדֵי כָּל חֵטְא וְעָוֹן וּפְגַם, קִלְקַלְתִּי צִנּוֹר וּשְׁבִיל וּנְתִיב שֶׁל הַחָכְמָה וְהַבִּינָה וְהַדַּעַת, אֲשֶׁר עַל יָדָם הָיִיתִי יָכוֹל לְהַשִּׂיג הַשָּׂגַת אֱלָהוּתְךָ. עַד אֲשֶׁר בְּרֹב עֲווֹנוֹתַי הַמְרֻבִּים מְאֹד בְּלִי שִׁעוּר וָעֵרֶךְ וּמִסְפָּר, וְכָבְדוּ מֵחוֹל יַמִּים, וְרַבּוּ מֵעֲפַר הָאָרֶץ, וְעָצְמוּ מִשַּׂעֲרוֹת רֹאשֵׁינוּ, עַל יְדֵי זֶה קִלְקַלְתִּי וְהָרַסְתִּי וְהֶחֱרַבְתִּי כָּל מִינֵי צִנּוֹרוֹת וּשְׁבִילִים וּנְתִיבוֹת הַחָכְמָה הַקְּדוֹשָׁה, וְהֶחֱרַבְתִּי הַדְּרָכִים אֲשֶׁר עַל יָדָם מַשִּׂיגִין אוֹתְךָ. וּבְכָל פַּעַם הוֹסַפְתִּי חֲטָאִים עַל חֲטָאִים וַעֲווֹנוֹת עַל עֲווֹנוֹת וּפְשָׁעִים עַל פְּשָׁעִים רַבִּים וַעֲצוּמִים מְאֹד מְאֹד. עַד אֲשֶׁר "עֲווֹנוֹתַי עָבְרוּ רֹאשִׁי כְּמַשָּׂא כָבֵד יִכְבְּדוּ מִמֶּנִּי". עַד אֲשֶׁר עַל יְדֵי זֶה עָשִׂיתִי כַּמָּה וְכַמָּה אֲלָפִים וּרְבָבוֹת מְחִצּוֹת בַּרְזֶל וּמְסָכִים הַמַּבְדִּילִים בֵּינִי וּבֵין הַשָּׂגָתְךָ.

מָרָא דְעָלְמָא כֻּלָּא, אַתָּה יָדַעְתָּ כִּי אֵין מִי שֶׁיּוּכַל לְהַכְנִיס בָּנוּ הַשָּׂגַת אֱלָהוּת, כִּי־אִם צַדִּיקֵי הַדּוֹר

הָאֲמִתִּיִּים הַגְּדוֹלִים בְּמַעֲלָה מְאֹד מְאֹד. כִּי לְפִי עֹצֶם יְרִידָתֵנוּ וְהִתְרַחֲקוּתֵנוּ מִמְּךָ מְאֹד, וּכְפִי פְּחִיתוּת נַפְשֵׁנוּ, שֶׁאָנוּ יוֹדְעִים בְּעַצְמֵנוּ, אָנוּ צְרִיכִים עַכְשָׁו מַנְהִיג אֲמִתִּי שֶׁיִּהְיֶה גָּדוֹל בְּמַעֲלָה מֻפְלֶגֶת וַעֲצוּמָה מְאֹד מְאֹד. כִּי כָל מַה שֶּׁהַחוֹלֶה נֶחְלָשׁ בְּיוֹתֵר הוּא צָרִיךְ רוֹפֵא גָּדוֹל בְּיוֹתֵר. וְיִשְׂרָאֵל בְּמִצְרַיִם, שֶׁהָיוּ בְּמַדְרֵגָה פְּחוּתָה מְאֹד בְּמ"ט [אַרְבָּעִים וְתִשְׁעָה] שַׁעֲרֵי טֻמְאָה, לֹא הָיָה מִי שֶׁיּוּכַל לַעֲזֹר לָהֶם כִּי אִם מֹשֶׁה רַבֵּנוּ עָלָיו הַשָּׁלוֹם. וְעַכְשָׁו שֶׁנָּפַלְנוּ בְּגָלוּת גָּדוֹל בְּגוּף וָנֶפֶשׁ יוֹתֵר וְיוֹתֵר מִגָּלוּת מִצְרַיִם, בְּוַדַּאי אֵין מִי שֶׁיּוּכַל לַעֲזֹר אוֹתָנוּ כִּי אִם הַצַּדִּיק הַגָּדוֹל בְּמַעֲלָה מְאֹד, שֶׁיִּהְיֶה בִּבְחִינַת מֹשֶׁה רַבֵּנוּ. וְלֹא דַי שֶׁאֵין אָנוּ זוֹכִין לְהִתְקָרֵב לְצַדִּיק אֲמִתִּי כָּזֶה, אַף גַּם בַּעֲווֹנוֹתֵינוּ הָרַבִּים, שָׁפַכְתָּ חֲמָתְךָ עָלֵינוּ וְלָקַחְתָּ מֵאִתָּנוּ כָּל מְאוֹרֵי עֵינֵינוּ, כָּל צַדִּיקֵינוּ הָאֲמִתִּיִּים הַגְּדוֹלִים בְּמַעֲלָה מֻפְלֶגֶת וַעֲצוּמָה מְאֹד. וּמַה נַּעֲשֶׂה עַכְשָׁו בָּעֵת הַזֹּאת, בִּפְרָט אִישׁ כָּמוֹנִי חוֹלֶה כָּמוֹנִי מְדֻכָּא וּמְעֻנֶּה בְּיִסּוּרֵי הַנֶּפֶשׁ וְהַגּוּף כָּמוֹנִי. נָגוּעַ וּמֻכֶּה וּמְטֹרָף וּמְבֻלְבָּל, "אִישׁ מַכְאוֹבוֹת וִידוּעַ חֹלִי", מָלֵא פְּצָעִים רַבִּים וַעֲצוּמִים בְּלִי שִׁעוּר. "מִכַּף רֶגֶל וְעַד רֹאשׁ אֵין בִּי מְתֹם, פֶּצַע וְחַבּוּרָה וּמַכָּה טְרִיָּה". מָה אוֹמַר וּמָה אֲדַבֵּר וּמַה אֶצְטַדָּק. מִי יַחְמֹל עָלַי וּמִי יָקוּם בַּעֲדִי.

אָבִי שֶׁבַּשָּׁמַיִם, אַתָּה יָדַעְתָּ אֶת כָּל לְבָבִי, "רְאֵה עָנְיִי וַחֲלָצֵנִי", רוֹאֶה בְּעֶלְבּוֹן עֲלוּבִים רְאֵה בְּעֶלְבּוֹנִי. הַחוֹמֵל עַל דַּל חֲמֹל עַל דַּלּוּתֵנוּ. "מַצִּיל עָנִי מֵחָזָק מִמֶּנּוּ, וְעָנִי וְאֶבְיוֹן מִגּוֹזְלוֹ", הַצֵּל וְהוֹשִׁיעַ עָנִי וְאֶבְיוֹן כָּמוֹנִי, הוֹצִיאֵנִי מִבֵּין שִׁנֵּי הַכְּפִירִים. "הַצִּילָה מֵחֶרֶב נַפְשִׁי מִיַּד כֶּלֶב יְחִידָתִי". כִּי אֲנִי מוֹדֶה וּמִתְוַדֶּה לְפָנֶיךָ בְּכָל לֵב וָנֶפֶשׁ, שֶׁאֲנִי בְּעַצְמִי הַחַיָּב בְּכָל אֵלֶּה, מִתְּחִלָּה וְעַד סוֹף. אֲבָל מָה אֶעֱשֶׂה אָבִי שֶׁבַּשָּׁמַיִם, כִּי אֲנִי דוֹמֶה בְּעֵינַי כְּאִלּוּ הָיִיתִי תָּפוּס בְּרֶשֶׁת, וּכְאָסוּר בְּכַבְלֵי בַרְזֶל וְדַלְתוֹת נְחשֶׁת. וְאֵין לִי שׁוּם תִּקְוָה, כִּי אִם לְרַחֲמֶיךָ וַחֲסָדֶיךָ וַחֲנִינוּתֶיךָ הָאֲמִתִּיִּים, כְּמוֹ שֶׁהוֹדַעְתָּ לְמשֶׁה רַבֵּנוּ שֶׁאַתָּה חוֹנֵן וּמְרַחֵם אַף עַל פִּי שֶׁאֵינָם כְּדָאִים וַהֲגוּנִים לְרַחֵם עֲלֵיהֶם, כְּמוֹ שֶׁכָּתוּב: "וַיֹּאמֶר אֲנִי אַעֲבִיר כָּל טוּבִי עַל פָּנֶיךָ וְקָרָאתִי בְשֵׁם יְהוָה לְפָנֶיךָ. וְחַנֹּתִי אֶת אֲשֶׁר אָחֹן וְרִחַמְתִּי אֶת אֲשֶׁר אֲרַחֵם". וְדָרְשׁוּ רַבּוֹתֵינוּ זִכְרוֹנָם לִבְרָכָה אַף־עַל־פִּי שֶׁאֵינוֹ כְּדַאי לָחוֹן, אַף־עַל־פִּי שֶׁאֵינוֹ כְּדַאי לְרַחֵם, "הוֹצִיאָה מִמַּסְגֵּר נַפְשִׁי לְהוֹדוֹת אֶת שְׁמֶךָ, בִּי יַכְתִּירוּ צַדִּיקִים כִּי תִגְמֹל עָלָי":

עָזְרֵנִי וְהוֹשִׁיעֵנִי וּמְחֹל לִי עַל כָּל עֲווֹנוֹתַי הַמְרֻבִּים. וְתַקְּנֵנִי בְּעֵצָה טוֹבָה מִלְּפָנֶיךָ וְהוֹשִׁיעֵנִי מְהֵרָה לְמַעַן שְׁמֶךָ. וְזַכֵּנִי לְהִתְקָרֵב אֵלֶיךָ בֶּאֱמֶת מֵעַתָּה וְעַד

עוֹלָם, וַעֲשֵׂה מַה שֶּׁתַּעֲשֶׂה בְּאֹפֶן שֶׁאֶזְכֶּה לְהַשִּׂיג הַשָּׂגַת אֱלֹהוּתְךָ בֶּאֱמֶת וּבֶאֱמוּנָה שְׁלֵמָה בִּקְדֻשָּׁה וּבְטָהֳרָה גְּדוֹלָה וּבַעֲנָוָה אֲמִתִּיּוֹת, כִּרְצוֹנְךָ וְכִרְצוֹן צַדִּיקֶיךָ הָאֲמִתִּיִּים. וְהָגֵן בַּעֲדִי וְשָׁמְרֵנִי וְהַצִּילֵנִי מִתַּאֲוַת מָמוֹן, שֶׁלֹּא יַעֲלֶה עַל לִבִּי שׁוּם חֶמְדָּה וְתַאֲוָה לְמָמוֹן כְּלָל. וְאֶזְכֶּה לִהְיוֹת שׂוֹנֵא בֶצַע, לִשְׂנֹא אֶת הַמָּמוֹן בְּתַכְלִית הַשִּׂנְאָה. וְתַצִּילֵנִי מִטִּרְדַּת הַפַּרְנָסָה, וּמִיגִיעַת וּרְדִיפַת הָעוֹלָם הַזֶּה. וְלֹא אֲבַלְבֵּל אֶת דַּעְתִּי, וְלֹא אַטְרִיד אֶת מַחֲשַׁבְתִּי בְּשׁוּם דָּבָר מֵעִסְקֵי הָעוֹלָם הַזֶּה כְּלָל. רַק כָּל מַחְשְׁבוֹתַי וְחָכְמָתִי וּבִינָתִי וְדַעְתִּי וְלִבִּי וְנַפְשִׁי וְגוּפִי, יִהְיוּ תָּמִיד חֲבוּקִים וּדְבוּקִים בְּךָ וְתָאֵבִים אֵלֶיךָ, וּמִשְׁתּוֹקְקִים לְרוֹמְמוּתְךָ בֶּאֱמֶת וּבֶאֱמוּנָה שְׁלֵמָה. עַד שֶׁאֶזְכֶּה לְחָכְמָה שְׁלֵמָה דִּקְדֻשָּׁה לְחָכְמָה תַּתָּאָה וּלְחָכְמָה עִלָּאָה עַד שֶׁאֶזְכֶּה לְהַשִּׂיג תָּמִיד הַשָּׂגַת אֱלֹהוּתְךָ בֶּאֱמֶת וּבֶאֱמוּנָה שְׁלֵמָה. וּתְזַכֵּנִי תָּמִיד לְהַשָּׂגוֹת חֲדָשׁוֹת אֲמִתִּיּוֹת בִּידִיעַת רוֹמְמוּתְךָ וּבִתְשׁוּקַת אֱמוּנָתְךָ הַקְּדוֹשָׁה. וְתָחֳנֵּנִי מֵאִתְּךָ דֵּעָה בִּינָה וְהַשְׂכֵּל. עַד שֶׁאֶזְכֶּה בְּרַחֲמֶיךָ לְהַכְנִיס הַשָּׂגַת אֱלֹהוּתְךָ גַּם בִּשְׁאָר אֲנָשִׁים רַבִּים בִּקְדֻשָּׁה וּבְטָהֳרָה גְּדוֹלָה, כִּרְצוֹנְךָ הַטּוֹב. וְאֶזְכֶּה בְּרַחֲמֶיךָ לְגַלּוֹת וּלְפַרְסֵם אֱלֹהוּתְךָ וְרוֹמְמוּתְךָ וְאַדְנוּתְךָ לְכָל בָּאֵי עוֹלָם, וְיֵדַע כָּל פָּעוּל כִּי אַתָּה פְּעַלְתּוֹ וְיָבִין כָּל יָצוּר כִּי אַתָּה יְצַרְתּוֹ. וְיִתְבָּרַךְ וְיִשְׁתַּבַּח שִׁמְךָ מַלְכֵּנוּ בְּפִי כֹּל. וְיִתְגַּלֶּה

וְיִתְרוֹמֵם וְיִתְפָּאֵר וְיִתְנַשֵּׂא וְיִתְעַלֶּה מַלְכוּתְךָ לְעוֹלָם וָעֶד. וְיֹאמַר כֹּל אֲשֶׁר נְשָׁמָה בְּאַפּוֹ יְהוָה אֱלֹהֵי יִשְׂרָאֵל מֶלֶךְ וּמַלְכוּתוֹ בַּכֹּל מָשָׁלָה:

וּבְכֵן תְּחָנֵּנוּ בְּרַחֲמֶיךָ הָרַבִּים, וְתוֹצִיאֵנוּ מִגָּלוּת הַמַּר הַזֶּה, מִגָּלוּת הַגּוּף וְהַנֶּפֶשׁ וְהַמָּמוֹן דִּקְדֻשָּׁה, אֲשֶׁר כֻּלָּם הֵם מְשֻׁקָּעִים בְּגָלוּת גָּדוֹל וָמַר מְאֹד מְאֹד. וְתַעֲלֶה אֶת הַשְּׁכִינָה וּכְנֶסֶת יִשְׂרָאֵל מִגָּלוּתָם, מִבֵּין הָאַרְבַּע מַלְכֻיּוֹת. אֲשֶׁר זֶה כַּמָּה וְכַמָּה שָׁנִים. אֲשֶׁר מַלְכוּת דִּקְדֻשָּׁה הַמּוֹשֶׁלֶת בְּכָל כְּלָלִיּוּת הָאַרְבַּע עוֹלָמוֹת, יָרְדָה מִכִּסְאָהּ בַּעֲווֹנוֹתֵינוּ הָרַבִּים, וְנִתְּנָה בְּיָדָהּ מֶמְשָׁלָה לְהָאַרְבַּע מַלְכֻיּוֹת. וְעַל־יְדֵי־זֶה גָּלִינוּ מֵאַרְצֵנוּ וְנִתְרַחַקְנוּ מֵעַל אַדְמָתֵנוּ, בְּגַשְׁמִיּוּת וּבְרוּחָנִיּוּת. וּמִגּוֹלָה אֶל גּוֹלָה הָלַכְנוּ וּמִכְּלִי אֶל כְּלִי הוּרַקְנוּ, עַד אֲשֶׁר תַּשׁ כֹּחֵנוּ וּמָטָה יָדֵינוּ מְאֹד. וְעַל יְדֵי זֶה מִתְגַּבֵּר הַגָּלוּת הַפְּרָטִי עַל כָּל אֶחָד וְאֶחָד מִיִּשְׂרָאֵל, שֶׁהוּא גָּלוּת הַנֶּפֶשׁ עַל יְדֵי תַּאֲווֹת עוֹלָם הַזֶּה וַהֲבָלָיו, שֶׁכָּל זֶה נִמְשָׁךְ רַק מִן הָעַכּוּ״ם שֶׁאָנוּ בֵּינֵיהֶם, כְּמוֹ שֶׁכָּתוּב 'וַיִּתְעָרְבוּ בַגּוֹיִם וַיִּלְמְדוּ מַעֲשֵׂיהֶם', ״אֱלֹהִים אַל דֳּמִי לָךְ אַל תֶּחֱרַשׁ וְאַל תִּשְׁקֹט אֵל״. וּשְׁמַע קוֹל צַעֲקָתְךָ וְזַעֲקָתְךָ, שֶׁאַתָּה בְּעַצְמְךָ כִּבְיָכוֹל צוֹעֵק וְשׁוֹאֵג זְעָקָה גְּדוֹלָה וּמָרָה עַל גָּלוּת הַשְּׁכִינָה וּכְנֶסֶת יִשְׂרָאֵל. כְּמוֹ שֶׁכָּתוּב ״יְהוָה מִמָּרוֹם יִשְׁאָג וּמִמְּעוֹן קָדְשׁוֹ יִתֵּן קוֹלוֹ,

שָׁאֹג יִשְׁאַג עַל נָוֵהוּ". וְשָׁמַע קוֹל צַעֲקַת וְזַעֲקַת הַשְּׁכִינָה וּכְנֶסֶת יִשְׂרָאֵל, אֲשֶׁר הִיא זוֹעֶקֶת בְּקוֹל מַר עַל צָרוֹת נַפְשֵׁנוּ. אֲשֶׁר הָעַכּוּ"ם מִתְגַּבְּרִים עָלֵינוּ בְּכָל יוֹם. וְלֹא דַי שֶׁהֵם מוֹשְׁלִים עָלֵינוּ בְּגוּף וּמָמוֹן. אַף גַּם הֵם רוֹצִים חַס וְשָׁלוֹם לְהִתְגַּבֵּר בְּחָכְמָתָם הַחִיצוֹנִית הַמְּטְעֵית וְהַסִּכְלָה, אֲשֶׁר בֶּאֱמֶת כָּל חָכְמָתָם הוּא כְּסִילוּת וְאִוֶּלֶת גָּמוּר. וּכְבָר נִתְפְּסוּ הַרְבֵּה מֵאַחֵינוּ בְּנֵי יִשְׂרָאֵל בְּרִשְׁתָּם וּבִמְצוּדָתָם הָרָעָה, וְעוֹד הֵם צוֹדִים לָקַחַת וְלִטְרֹף חַס וְשָׁלוֹם עוֹד נַפְשׁוֹת יִשְׂרָאֵל בְּרֶשֶׁת חָכְמָתָם הַמְּטְעֵית שֶׁל פִילוֹסוֹפְיָא וְאֶפִּיקוֹרְסוּת וּכְפִירוֹת אֲשֶׁר נִתְפַּשְּׁטָה מְאֹד בַּעֲווֹנוֹתֵינוּ. חוּס וַחֲמֹל עָלֵינוּ וְהוֹצֵא אֶת בִּלְעָם מִפִּיהֶם. הַשֵּׂג תַּשִּׂיג וְהַצֵּל תַּצִּיל אוֹתָנוּ וְאֶת אַחֵינוּ וְאֶת זַרְעֵנוּ וְאֶת כָּל זֶרַע עַמְּךָ בֵּית יִשְׂרָאֵל מֵרֶשֶׁת וּמְצוּדָה רָעָה הַפְּרוּסָה עַכְשָׁו עַל כָּל הַחַיִּים אֲשֶׁר לֹא הָיְתָה כָּזֹאת מִימֵי קֶדֶם. זַכֵּנוּ לֶאֱמוּנָה שְׁלֵמָה לְהַמְלִיךְ אוֹתְךָ עָלֵינוּ וְעַל נַפְשֵׁינוּ וְעַל כָּל רְמַ"ח אֵבָרֵינוּ וּשְׁסָ"ה גִידֵנוּ בְּכָל עֵת וָעֵת יְעוֹרְרוּ רַחֲמֵי לִבְּךָ עָלֶיךָ וְעַל בָּנֶיךָ, כִּי מִי יוּכַל לִסְבֹּל אֶת קוֹל צַעֲקַת וְזַעֲקַת קֻדְשָׁא בְּרִיךְ הוּא וּשְׁכִינְתֵּיהּ. מִי יוּכַל לֶאֱטֹם אָזְנוֹ וּלְבָבוֹ מִקּוֹל צַעֲקָתָם וְשַׁוְעָתָם הַמָּרָה. וְתֵן בְּלִבֵּנוּ לִצְעֹק תָּמִיד אֵלֶיךָ עַד שֶׁתְּרַחֲמֵנוּ. נְשַׁוַּע וְתֹאמַר הִנֵּנִי. "הַמַּזְכִּירִים אֶת יְהֹוָה אַל דֳּמִי לָכֶם. וְאַל תִּתְּנוּ דֳמִי לוֹ, עַד יְכוֹנֵן וְעַד יָשִׂים אֶת יְרוּשָׁלַיִם, תְּהִלָּה בָּאָרֶץ":

רִבּוֹנוֹ שֶׁל עוֹלָם "מַלְכוּתְךָ מַלְכוּת כָּל עוֹלָמִים, וּמֶמְשַׁלְתְּךָ בְּכָל דּוֹר וָדוֹר", חוּס וַחֲמֹל וְרַחֵם עַל מַלְכוּתְךָ הַמִּתְפַּשֶּׁטֶת בְּכָל הָאַרְבַּע עוֹלָמוֹת, וּפְדֵה וְהוֹצֵא וְהַעֲלֵה אֶת שְׁכִינַת עֻזְּךָ וּמַלְכוּתְךָ מִבֵּין הַגּוֹיִם. וְתַעֲלֶה אֶת הַמַּלְכוּת דִּקְדֻשָּׁה וּכְנֶסֶת יִשְׂרָאֵל מִן גָּלוּת הָאַרְבַּע מַלְכֻיּוֹת. וּמַלְכוּת הָרִשְׁעָה מְהֵרָה תְּעַקֵּר וּתְשַׁבֵּר וּתְמַגֵּר וּתְכַלֵּם וְתַכְנִיעֵם וְתַשְׁפִּילֵם בִּמְהֵרָה בְיָמֵינוּ. וְתַעֲקֹר וּתְשַׁבֵּר וּתְבַטֵּל כָּל הַדֵּעוֹת הַזָּרוֹת שֶׁל חָכְמוֹת הַחִיצוֹנִיּוֹת וּפִילוֹסוֹפְיָא וְאַפִּיקוֹרְסִית מִן הָעוֹלָם. וְתִמְסֹךְ בְּקִרְבָּם רוּחַ עִוְעִים. וּתְעַרְבֵּב אֶת דַּעְתָּם וְתִסְתֹּם אֶת פִּיהֶם. וְתַעֲקֹר וּתְשַׁבֵּר וּתְבַטֵּל דַּעְתָּם וּמַחְשְׁבוֹתָם הָרָעָה מִן הָעוֹלָם:

וְעָזְרֵנוּ וְהוֹשִׁיעֵנוּ. שֶׁנִּזְכֶּה לְהַגִּיעַ לְמִדַּת הַחֶסֶד בֶּאֱמֶת בְּתַכְלִית הַשְּׁלֵמוּת, כְּמוֹ אַבְרָהָם אָבִינוּ עָלָיו הַשָּׁלוֹם, שֶׁאָחַז בְּמִדַּת הַחֶסֶד בִּשְׁלֵמוּת. וְנִזְכֶּה לַעֲשׂוֹת חֶסֶד וֶאֱמֶת עִם כָּל בְּנֵי אָדָם:

וּתְזַכֵּנוּ בְּרַחֲמֶיךָ הָרַבִּים וְתִשְׁלַח לָנוּ צַדִּיקִים אֲמִתִּיִּים מוֹכִיחֵי אֱמֶת שֶׁיַּעַסְקוּ תָּמִיד לְהוֹכִיחַ אוֹתָנוּ בְּתוֹכָחָה מְגֻלָּה מֵאַהֲבָה מְסֻתֶּרֶת. וְתִתֵּן בְּלִבֵּנוּ שֶׁנַּטֶּה אָזְנֵינוּ וְלִבֵּנוּ לְקַבֵּל תּוֹכַחְתָּם הַטּוֹבָה. אַף עַל פִּי שֶׁתִּהְיֶה לִפְעָמִים בְּדֶרֶךְ בִּזָּיוֹן, אַף

עַל פִּי כֵן נִזְכֶּה לְקַבֵּל דִּבְרֵי תוֹכַחְתָּם בְּאַהֲבָה וּבְחִבָּה וּבְשִׂמְחָה גְדוֹלָה, וְנִהְיֶה בִּכְלַל אוֹהֲבֵי תוֹכָחוֹת. וְנִזְכֶּה לָשׁוּב בִּתְשׁוּבָה שְׁלֵמָה לְפָנֶיךָ בֶּאֱמֶת. וְיִתְגַּלֶּה חֶסֶד גָּדוֹל עַל יְדֵי תוֹכַחְתָּם הַטּוֹבָה. כְּמוֹ שֶׁכָּתוּב: "פִּיהָ פָּתְחָה בְחָכְמָה וְתוֹרַת חֶסֶד עַל לְשׁוֹנָהּ". וְנִזְכֶּה עַל־יְדֵי זֶה לְמִדַּת הַחֶסֶד בִּשְׁלֵמוּת בִּקְדֻשָּׁה וּבְטָהֳרָה, וְנִהְיֶה נִכְלָלִים תָּמִיד בְּמִדָּתוֹ שֶׁל אַבְרָהָם אָבִינוּ עָלָיו הַשָּׁלוֹם שֶׁהָיָה מִדָּתוֹ חֶסֶד. וְעַל־יְדֵי הַחֶסֶד הַזֶּה נִזְכֶּה בְּרַחֲמֶיךָ לַחְתֹּךְ וּלְהַבְדִּיל וּלְהַעֲלוֹת אֶת הַמַּלְכוּת דִּקְדֻשָּׁה מִן הָאַרְבַּע מַלְכֻיּוֹת דְּסִטְרָא אַחֲרָא. וְנִזְכֶּה לַהֲרֹג וּלְהַכְנִיעַ וּלְשַׁבֵּר וְלַעֲקוֹר וּלְבַטֵּל קְלִפַּת מַלְכוּת עֲמָלֵק הָרְשָׁעָה שֶׁכָּלוּל מִכָּל הָאַרְבַּע מַלְכֻיּוֹת, וְתַעַזְרֵנוּ לִמְחוֹת שְׁמוֹ וְזִכְרוֹ מִן הָעוֹלָם, כְּמוֹ שֶׁכָּתוּב: "תִּמְחֶה אֶת זֵכֶר עֲמָלֵק מִתַּחַת הַשָּׁמָיִם לֹא תִּשְׁכָּח". וִיקֻיַּם מִקְרָא שֶׁכָּתוּב: "הָאוֹיֵב תַּמּוּ חֳרָבוֹת לָנֶצַח וְעָרִים נָתַשְׁתָּ אָבַד זִכְרָם הֵמָּה. וַיהוָֹה לְעוֹלָם יֵשֵׁב כּוֹנֵן לַמִּשְׁפָּט כִּסְאוֹ". וְתֵעָקֵר וְתִשָּׁבֵר וְתִבָּטֵל כָּל הַחָכְמוֹת חִיצוֹנִיּוֹת וְכָל הָאֶפִּיקוֹרְסִית וְהַכְּפִירוּת מִן הָעוֹלָם וְיִתְגַּלֶּה אֱמוּנָה הַקְּדוֹשָׁה בְּכָל הָעוֹלָם כֻּלּוֹ וִיקַבְּלוּ כֻלָּם אֶת עוֹל מַלְכוּתֶךָ וְתִמְלֹךְ עֲלֵיהֶם מְהֵרָה לְעוֹלָם וָעֶד וְנִזְכֶּה לְהַעֲלוֹת אֶת הַמַּלְכוּת דִּקְדֻשָּׁה אֶל אוֹר הַפָּנִים. הַמֵּאִיר בְּשָׁלֹשׁ רְגָלִים:

(לִמְקַשָּׁה לֵילֵד יֹאמַר כָּאן וּתְמַלֵּא רַחֲמִים וְכוּ' עַיֵּן לְקַמָּן עַמּוּד שכח).

וְתְרַחֵם עָלֵינוּ בְּרַחֲמֶיךָ הָרַבִּים וּבַחֲסָדֶיךָ הַגְּדוֹלִים וְתוֹשִׁיעֵנוּ שֶׁנִּזְכֶּה לְקַבֵּל אֶת כָּל הַשְּׁלֹשָׁה רְגָלִים הַקְּדוֹשִׁים שֶׁהֵם פֶּסַח שָׁבוּעוֹת סֻכּוֹת בִּקְדֻשָּׁה גְדוֹלָה וּבְחֶדְוָה רַבָּה וַעֲצוּמָה מְאֹד. וְנִזְכֶּה לְכַבֵּד אֶת כָּל הָרְגָלִים וְהַיָּמִים טוֹבִים בְּכָל מִינֵי כָבוֹד וָעֹז וּפְאֵר, בְּמַאֲכָל וּמִשְׁתֶּה וּכְסוּת נְקִיָּה, וּבִשְׁבִיתָה מִן הַמְּלָאכָה, וּבְלֵב טוֹב וּבְשִׂמְחָה גְדוֹלָה, וּבִתְפִלָּה בְּכַוָּנָה עֲצוּמָה וְהִתְעוֹרְרוּת נִפְלָא כָּרָאוּי לְאִישׁ יִשְׂרְאֵלִי לְהִתְפַּלֵּל וּלְהִתְנַהֵג בְּיוֹם טוֹב קֹדֶשׁ. וּתְזַכֵּנוּ וְתַעַזְרֵנוּ לַעֲשׂוֹת מִצְווֹת הַרְבֵּה בְּכָל הַשָּׁנָה, בִּקְדֻשָּׁה גְדוֹלָה וּבְשִׂמְחָה רַבָּה. וְנִזְכֶּה שֶׁיִּתְקַבֵּץ שִׂמְחַת כָּל הַמִּצְווֹת שֶׁל כָּל הַשָּׁנָה, לְתוֹךְ הַלֵּב הַקָּדוֹשׁ שֶׁהֵם הַשָּׁלֹשׁ רְגָלִים, וְעַל-יְדֵי-זֶה נִזְכֶּה לְשִׂמְחַת יוֹם טוֹב בֶּאֱמֶת כִּרְצוֹנְךָ הַטּוֹב. כְּמוֹ שֶׁכָּתוּב: "וְשָׂמַחְתָּ בְּחַגֶּךָ". וְנִזְכֶּה לִשְׂמֹחַ מְאֹד מְאֹד בְּחֶדְוָה רַבָּה וַעֲצוּמָה בְּכָל הַשָּׁלֹשׁ רְגָלִים. "נָגִילָה וְנִשְׂמְחָה בָּךְ". אֲשֶׁר בָּחַרְתָּ בָּנוּ מִכָּל הָעַמִּים וְרוֹמַמְתָּנוּ מִכָּל הַלְּשׁוֹנוֹת עַד שֶׁנִּזְכֶּה לַעֲלוֹת לִרְאוֹת וְלֵרָאוֹת בְּאוֹר פְּנֵי יְהֹוָה. וְתַעַזְרֵנוּ לְקַיֵּם כָּל הַמִּצְווֹת הַנּוֹהֲגוֹת בְּכָל רֶגֶל וָרֶגֶל וּבִפְרָט הָאַרְבַּע מִצְווֹת הַנּוֹהֲגוֹת בְּכָל רֶגֶל אֲשֶׁר עַל יָדָם מַעֲלִין אֶת הַשְּׁכִינָה שֶׁהִיא בְּחִינַת ד' [אַרְבַּע] לְאוֹר הַפָּנִים, שֶׁהֵם בְּפֶסַח אַרְבַּע כּוֹסוֹת. בְּשָׁבוּעוֹת קַבָּלַת הַתּוֹרָה שֶׁהוּא סֵדֶר הַמִּשְׁנָה שֶׁהוּא אַרְבַּע פְּעָמִים בְּיַד כָּל אֶחָד, בְּסֻכּוֹת

אַרְבַּע מִינִים שֶׁבַּלּוּלָב. אָנָּא יְהֹוָה רַחֵם עָלֵינוּ וְזַכֵּנוּ לְקַיֵּם בֶּאֱמֶת וּבִשְׁלֵמוּת כָּל הַמִּצְווֹת הַנּוֹרָאוֹת הָאֵלֶּה בְּמוֹעֲדָם וּבִזְמַנָּם בְּכָל רֶגֶל וָרֶגֶל, עִם כְּלַל שְׁאָר הַמִּצְווֹת הַקְּדוֹשׁוֹת וְהַנּוֹרָאוֹת שֶׁבְּכָל רֶגֶל וָרֶגֶל. וְנִזְכֶּה לְקַיְּמָם בְּתַכְלִית הַשְּׁלֵמוּת בְּשִׂמְחָה וּבְחֶדְוָה רַבָּה וַעֲצוּמָה וּבְיִרְאָה וּבְאַהֲבָה, בְּאֹפֶן שֶׁנִּזְכֶּה לְהַעֲלוֹת אֶת הַמַּלְכוּת דִּקְדֻשָּׁה אֶל אוֹר הַפָּנִים הַמֵּאִיר בְּשָׁלֹשׁ רְגָלִים. וּתְזַכֵּנוּ לָשׁוּב בִּתְשׁוּבָה שְׁלֵמָה לְפָנֶיךָ מִתּוֹךְ שִׂמְחָה, בְּכָל הַיָּמִים טוֹבִים. וּתְחָנֵּנִי בְּרַחֲמֶיךָ הָרַבִּים לַעֲשׂוֹת תְּשׁוּבָה שְׁלֵמָה אֲפִלּוּ עַל הָעֲווֹנוֹת שֶׁאֵינָם יְדוּעִים לִי:

רִבּוֹנוֹ שֶׁל עוֹלָם אַתָּה יָדַעְתָּ כַּמָּה אֲנִי רָחוֹק מִקְּדֻשַּׁת וְשִׂמְחַת יוֹם־טוֹב הַקָּדוֹשׁ, חוּס וַחֲמֹל עָלַי בְּרַחֲמֶיךָ הָרַבִּים, וְזַכֵּנִי בַּחֲסָדֶיךָ הָעֲצוּמִים, שֶׁאֶזְכֶּה לְקַבֵּל הַיָּמִים טוֹבִים בִּקְדֻשָּׁה גְדוֹלָה וּבְשִׂמְחָה רַבָּה, עַד שֶׁאֶזְכֶּה עַל יְדֵי קְדֻשַּׁת וְשִׂמְחַת יוֹם טוֹב לְהַעֲלוֹת אֶת הַמַּלְכוּת דִּקְדֻשָּׁה מִבֵּין הָאַרְבַּע מַלְכֻיּוֹת, וּלְהַעֲלוֹתָהּ לְאוֹר פְּנֵי יְהֹוָה. וִיקֻיַּם מִקְרָא שֶׁכָּתוּב: "צֶדֶק לְפָנָיו יְהַלֵּךְ וְיָשֵׂם לְדֶרֶךְ פְּעָמָיו". וְנֶאֱמַר: "אַךְ צַדִּיקִים יוֹדוּ לִשְׁמֶךָ יֵשְׁבוּ יְשָׁרִים אֶת פָּנֶיךָ". וּתְזַכֵּנִי לְהַמְשִׁיךְ עָלַי קְדֻשַּׁת וְשִׂמְחַת יוֹם־טוֹב תָּמִיד בְּכָל הַשָּׁנָה כֻּלָּהּ, וְאֶזְכֶּה לְשִׂמְחָה דִּקְדֻשָּׁה תָּמִיד, עַד שֶׁאֶזְכֶּה לְהַשָּׂגַת

אֱלָהוּתְךָ וִידִיעַת רוֹמְמוּתְךָ וּתְשׁוּקַת אֱמוּנָתְךָ בֶּאֱמֶת וּבְלֵב שָׁלֵם, בְּשִׂמְחָה וּבְטוּב לֵבָב בִּקְדֻשָּׁה וּבְטָהֳרָה גְדוֹלָה:

וְרַחֵם עָלַי וְהוֹשִׁיעֵנִי וְזַכֵּנִי לְעַזּוּת דִּקְדֻשָּׁה, כְּדֵי שֶׁאֶזְכֶּה לְקַבֵּל וּלְהַמְשִׁיךְ עַל יְדֵי זֶה חִדּוּשֵׁי תוֹרָה אֲמִתִּיִּים. כִּי אַתָּה גִּלִּיתָ לָנוּ עַל יְדֵי חֲכָמֶיךָ הַקְּדוֹשִׁים, אֲשֶׁר אִי אֶפְשָׁר לִזְכּוֹת לַתּוֹרָה הַקְּדוֹשָׁה כִּי אִם עַל יְדֵי עַזּוּת דִּקְדֻשָּׁה, כְּמוֹ שֶׁאָמְרוּ רַבּוֹתֵינוּ זִכְרוֹנָם לִבְרָכָה: 'הֱוֵי עַז כַּנָּמֵר'. וְגַם אַתָּה הוֹדַעְתָּ לָנוּ גֹּדֶל עֹצֶם הַפְּגָם שֶׁל עַזּוּת דְּסִטְרָא אַחֲרָא, כִּי הָעַזֵּי פָנִים הֵם מִן הַתַּתְקַע"ד דּוֹרוֹת שֶׁאֵין לָהֶם שׁוּם חֵלֶק בְּתוֹרַת מֹשֶׁה. עַל כֵּן בָּאתִי לְחַלּוֹת פָּנֶיךָ יְהוָה אֱלֹהַי וֵאלֹהֵי אֲבוֹתַי, שֶׁתְּחָנֵּנִי מֵאִתְּךָ דֵּעָה בִּינָה וְהַשְׂכֵּל, וְתוֹרֵנִי וּתְלַמְּדֵנִי תָמִיד בְּכָל עֵת שֶׁאֶזְכֶּה לֵידַע תָּמִיד אֵיךְ לְהִתְנַהֵג עִם הָעַזּוּת, בְּאֹפֶן שֶׁאֶנָּצֵל תָּמִיד בְּרַחֲמֶיךָ מִכָּל מִינֵי עַזּוּת דְּסִטְרָא אַחֲרָא, וְתַצִּילֵנִי מֵעַזֵּי פָנִים וּמֵעַזּוּת פָּנִים. וְתִשְׁמְרֵנִי וְתַצִּילֵנִי בְּרַחֲמֶיךָ הָאֲמִתִּיִּים, מִכָּל הַתּוֹרוֹת וְהַחִדּוּשִׁים שֶׁל הַסִּטְרָא אַחֲרָא וְהַקְּלִפָּה הַנִּקְרָאִים פְּסִילִים, הַנִּמְשָׁכִין מֵעַזּוּת דִּקְלִפָּה. וּתְחַזְּקֵנִי וּתְאַמְּצֵנִי בַּעֲבוֹדָתְךָ, וְתַמְשִׁיךְ עָלַי כֹּחַ וּגְבוּרָה דִּקְדֻשָּׁה מֵאִתְּךָ, וְתַשְׁפִּיעַ עָלַי עַזּוּת דִּקְדֻשָּׁה מֵאִתְּךָ. וְאֶזְכֶּה עַל יְדֵי הָעַזּוּת דִּקְדֻשָּׁה לְהִתְקָרֵב לַעֲבוֹדָתְךָ

וּלְתוֹרָתְךָ וּלְיִרְאָתְךָ בֶּאֱמֶת. וְאֶזְכֶּה תָּמִיד לְחַדֵּשׁ חִדּוּשִׁים אֲמִתִּיִּים בְּהַתּוֹרָה הַקְּדוֹשָׁה, חִדּוּשִׁים הַנִּכְלָלִים וְנִכְנָסִים בֶּאֱמֶת בְּתוֹרַת משֶׁה, חִדּוּשִׁים שֶׁיִּהְיוּ לְךָ לְנַחַת וּלְרָצוֹן לִפְנֵי כִּסֵּא כְבוֹדֶךָ:

וְתַשְׁפִּיעַ עָלַי עַזּוּת דִּקְדֻשָּׁה נֶגְדְּךָ שֶׁאֶזְכֶּה לְהִתְחַזֵּק וּלְהִתְאַמֵּץ מְאֹד בִּתְפִלָּה בְּכָל עֹז וְתַעֲצוּמוֹת. וַאֲחַזֵּק וַאֲאַמֵּץ אֶת לְבָבִי לְקַוּוֹת אֵלֶיךָ וּלְצַפּוֹת לְרַחֲמֶיךָ. וְאָעִיז פָּנַי נֶגְדְּךָ לְבַקֵּשׁ וּלְהִתְפַּלֵּל וּלְהִתְחַנֵּן לְפָנֶיךָ תָּמִיד עַל כָּל מַה שֶּׁחָסֵר לִי בַּעֲבוֹדַת יְהֹוָה. וְלֹא אֵבוֹשׁ וְלֹא אֶכָּלֵם נֶגְדְּךָ לְעוֹלָם לְבַקֵּשׁ מִלְּפָנֶיךָ גְּדוֹלוֹת וְנוֹרָאוֹת, שֶׁתַּעֲשֶׂה עִמִּי פִּלְאֵי פְלָאוֹת:

רִבּוֹנוֹ שֶׁל עוֹלָם לְפָנֶיךָ נִגְלֶה הַכֹּל, וְאַתָּה יוֹדֵעַ עֹצֶם הַבִּלְבּוּלִים הָרַבִּים וְעִרְבּוּב הַדַּעַת הַמְרֻבֶּה וְהֶעָצוּם מְאֹד מְאֹד שֶׁבָּא עָלַי בְּיוֹתֵר בְּשָׁעָה שֶׁאֲנִי עוֹמֵד לְהִתְפַּלֵּל וּלְהִתְחַנֵּן לְפָנֶיךָ, עַד שֶׁאֵינִי יָכוֹל לְדַבֵּר אֲפִלּוּ דִּבּוּר אֶחָד בִּתְפִלָּה כָּרָאוּי. וְכָל הַבִּלְבּוּלִים וְהָעִרְבּוּב הַדַּעַת שֶׁיֵּשׁ לִי בְּאֵיזֶה פַּעַם בְּכָל הַיּוֹם כֻּלּוֹ, כֻּלָּם בָּאִים אֵלַי בִּשְׁעַת הַתְּפִלָּה דַּיְקָא, וְרוֹצִים לְבַטֵּל תְּפִלָּתִי. וּמֵחֲמַת זֶה תְּפִלָּתִי מְעֻרְבֶּבֶת מְאֹד, בְּכַמָּה מִינֵי פְּסֹלֶת, וְעִרְבּוּב הַדַּעַת. וּמַחֲשָׁבוֹת זָרוֹת, וּפְנִיּוֹת וּבִלְבּוּלִים רַבִּים מְאֹד מְאֹד בְּלִי שִׁעוּר. וְאֵינִי יוֹדֵעַ מַה

לַעֲשׂוֹת. כִּי מֵעֹצֶם הַבִּלְבּוּל הַדַּעַת שֶׁבָּא עָלַי אֵינִי יוֹדֵעַ שׁוּם דֶּרֶךְ אֵיךְ לַעֲמֹד נֶגֶד הַבִּלְבּוּלִים הָרַבִּים הָאֵלֶּה. וְאֵין לִי עַל מִי לְהִשָּׁעֵן כִּי אִם עַל אָבִי שֶׁבַּשָּׁמַיִם. חוּס וְרַחֵם עָלַי וְהוֹשִׁיעֵנִי וּמַלְּטֵנִי וְהַצֵּל אֶת תְּפִלָּתִי מִכָּל מִינֵי עִרְבּוּב הַדַּעַת, וּמִכָּל מִינֵי מַחֲשָׁבוֹת זָרוֹת וְהִרְהוּרִים וּבִלְבּוּלִים שֶׁבָּעוֹלָם. וְעָזְרֵנִי וְזַכֵּנִי שֶׁאֲקַשֵּׁר אֶת מַחֲשַׁבְתִּי בְּדִבּוּרֵי הַתְּפִלָּה, בְּקֶשֶׁר אַמִּיץ וְחָזָק. עַד שֶׁאֶזְכֶּה לְהִתְפַּלֵּל בְּכַוָּנַת הַלֵּב. וְתִהְיֶה תְּפִלָּתִי וּתְחִנָּתִי וּבַקָּשָׁתִי, זַכָּה וּנְכוֹנָה, בָּרָה וּנְקִיָּה מִכָּל סִיג וּפְסֹלֶת. חוּס וַחֲמֹל עָלַי, וַעֲשֵׂה לְמַעַנְךָ וְלֹא לְמַעֲנִי, כִּי אֵין לִי שׁוּם תִּקְוָה כִּי אִם עַל תְּפִלָּה וְתַחֲנוּנִים.

רִבּוֹנוֹ שֶׁל עוֹלָם רְאֵה נָא בְעָנְיֵנוּ וְרִיבָה רִיבֵנוּ. וְהַצֵּל עֲשׁוּקִים "מִיַּד עוֹשְׁקֵיהֶם כֹּחַ". וְאַל תַּנִּיחַ לִגְזֹל דָּל "כִּי דַל הוּא". וּתְקַיֵּם מִקְרָא שֶׁכָּתוּב: "מִשֹּׁד עֲנִיִּים מֵאַנְקַת אֶבְיוֹנִים עַתָּה אָקוּם יֹאמַר יְהוָה, אָשִׁית בְּיֵשַׁע יָפִיחַ לוֹ". עָזְרֵנִי וְהוֹשִׁיעֵנִי, וְחַלְּצֵנִי וּמַלְּטֵנִי מִכָּל מִינֵי מַחֲשָׁבוֹת רָעוֹת וְהִרְהוּרִים רָעִים וּמִכָּל מִינֵי בִלְבּוּלִים וְעִרְבּוּב הַדַּעַת, מֵעַתָּה וְעַד עוֹלָם. וְזַכֵּנִי שֶׁתִּהְיֶה מַחֲשַׁבְתִּי זַכָּה וּנְקִיָּה קְדוֹשָׁה וּטְהוֹרָה תָּמִיד. וּבִפְרָט בִּשְׁעַת הַתְּפִלָּה, אֶזְכֶּה לְטַהֵר וּלְקַדֵּשׁ אֶת מַחֲשַׁבְתִּי בְּיוֹתֵר, עַד שֶׁלֹּא יַעֲלֶה וְלֹא יַגִּיעַ וְלֹא יָבוֹא לְלִבִּי שׁוּם בִּלְבּוּל הַדַּעַת וְלֹא שׁוּם מַחֲשָׁבָה זָרָה, וְלֹא שׁוּם

מַחֲשָׁבָה שֶׁאֵינָהּ מֵעִנְיַן הַתְּפִלָּה, אֲפִלּוּ הִיא מַחֲשָׁבָה קְדוֹשָׁה, לֹא תָבוֹא וְלֹא תַעֲלֶה עַל לִבִּי בִּשְׁעַת הַתְּפִלָּה. רַק אֶזְכֶּה לַעֲמֹד בְּכָל הַתְּפִלָּה בְּאֵימָה וּבְיִרְאָה גְדוֹלָה. וְלֹא אֶשְׁמַע אָז שׁוּם אָדָם וְשׁוּם דָּבָר שֶׁבָּעוֹלָם, כִּי אִם אוֹתְךָ לְבַד. וְאֶזְכֶּה לְהִתְפַּלֵּל בְּכַוָּנָה גְדוֹלָה בְּתַכְלִית הַשְּׁלֵמוּת. וְאֶזְכֶּה לְקַשֵּׁר תְּפִלָּתִי לְכָל הַצַּדִּיקִים אֲמִתִּיִּים שֶׁבְּדוֹרֵנוּ, וּלְכָל הַצַּדִּיקִים הָאֲמִתִּיִּים שׁוֹכְנֵי עָפָר, וְהֵם יְקַבְּלוּ אֶת תְּפִלָּתִי, וִיבָרְרוּ וִיזַכְּכוּ אוֹתָהּ, וְיַצִּילוּ אוֹתָהּ מִכָּל אוֹיֵב וְאוֹרֵב וּמַסְטִין בַּדֶּרֶךְ, וְיַעֲלוּ אוֹתָהּ לְרֵיחַ נִיחוֹחַ לִפְנֵי כִסֵּא כְבוֹדֶךָ בְּתוֹךְ כְּלָלִיּוּת תְּפִלּוֹת עַמְּךָ בֵּית יִשְׂרָאֵל. וְתַעֲלֶה וְתִנָּשֵׂא לִהְיוֹת כֶּתֶר לְרֹאשֶׁךָ:

חוּס וְחָנֵּנִי, וְרַחֵם עָלַי וְהוֹשִׁיעֵנִי, וְזַכֵּנִי לְעַזּוּת דִּקְדֻשָּׁה, שֶׁאֶזְכֶּה תָמִיד בִּשְׁעַת הַתְּפִלָּה לְהִתְגַּבֵּר לְסַלֵּק הַבּוּשָׁה, שֶׁלֹּא אֵבוֹשׁ מִלְּפָנֶיךָ, וְאָעִיז פָּנַי לְבַקֵּשׁ אוֹתְךָ כָּל מִינֵי בַּקָּשׁוֹת גְּדוֹלוֹת שֶׁבָּעוֹלָם הַנּוֹגְעִים לַעֲבוֹדָתְךָ בֶּאֱמֶת, שֶׁתְּקָרְבֵנִי אֵלֶיךָ בְּכָל מִינֵי הִתְקָרְבוּת, וְתַעֲשֶׂה עִמִּי פִּלְאֵי פְלָאוֹת, לְהַעֲלוֹת אוֹתִי מִשְּׁפַל הַמַּדְרֵגָה הַתַּחְתּוֹנָה, לְרוּם הַמַּעֲלוֹת הַקְּדוֹשׁוֹת, וְאֶזְכֶּה לָבוֹא וּלְהַגִּיעַ מְהֵרָה לְכָל הַמַּדְרֵגוֹת הָעֶלְיוֹנוֹת שֶׁל הַקְּדֻשָּׁה, עַד שֶׁאֶזְכֶּה לְהַשִּׂיג אֱלֹהוּתְךָ בְּתַכְלִית מַדְרֵגָה הָעֶלְיוֹנָה, בְּמַדְרֵגַת נְבִיאִים אֲמִתִּיִּים וְצַדִּיקִים

גְּדוֹלִים וְנוֹרָאִים, בְּמַדְרֵגַת בְּנֵי עֲלִיָּה. וְאֶזְכֶּה לֶאֱחוֹז בְּדַרְכֵי אֲבוֹתֵינוּ אֲשֶׁר בָּטְחוּ בְּךָ וְלֹא בוֹשׁוּ לִשְׁאֹל כָּל הַגְּדוֹלוֹת מִלְּפָנֶיךָ. כְּמוֹ שֶׁכָּתוּב: "בְּךָ בָּטְחוּ אֲבוֹתֵינוּ בָּטְחוּ וַתְּפַלְּטֵמוֹ. אֵלֶיךָ זָעֲקוּ וְנִמְלָטוּ, בְּךָ בָטְחוּ וְלֹא בוֹשׁוּ". כִּי אַתָּה יוֹדֵעַ שֶׁלְּפִי עֹצֶם גְּדֻלָּתְךָ וְרוֹמְמוּתְךָ, וּלְפִי עֹצֶם שִׁפְלוּתֵנוּ וּפְחִיתוּתֵנוּ, לֹא הָיָה אֶפְשָׁר לָנוּ לְהַתְחִיל לַעֲמֹד לְפָנֶיךָ וּלְבַקֵּשׁ מִלְּפָנֶיךָ עַל שׁוּם דָּבָר קָטָן שֶׁבָּעוֹלָם, כִּי מִי אָנֹכִי שֶׁאֶזְכֶּה לְהִתְפַּלֵּל לְפָנֶיךָ יְהוָֹה אֱלֹהַי וֵאלֹהֵי אֲבוֹתַי, כִּי אַתָּה יְהוָֹה גָּדַלְתָּ מְאֹד, וְשִׁמְךָ מְרוֹמָם עַל כָּל בְּרָכָה וּתְהִלָּה. וְאֵיךְ נָעִיז פָּנֵינוּ וְנַקְשֶׁה עָרְפֵּנוּ לִשְׁאֹל מִמְּךָ גְּדוֹלוֹת כָּאֵלֶּה, וּבִפְרָט אִישׁ כְּמוֹנִי, פָּגוּם וְנִבְזֶה וַחֲדַל אִישִׁים כָּמוֹנִי, אַךְ בְּרַחֲמֶיךָ הָרַבִּים לִמַּדְתָּנוּ עַל יְדֵי צַדִּיקֶיךָ הָאֲמִתִּיִּים, וְהוֹדַעְתָּ לָנוּ דְּרָכֶיךָ הַטּוֹבִים, אֲשֶׁר אַתָּה חָפֵץ חֶסֶד וּמַרְבֶּה לְהֵיטִיב, וְאַתָּה מַשְׁפִּיעַ עָלֵינוּ עַזּוּת דִּקְדֻשָּׁה מֵאִתְּךָ, וְאַתָּה רוֹצֶה שֶׁנָּעִיז פָּנֵינוּ נֶגְדְּךָ לְבַקֵּשׁ מִמְּךָ גְּדוֹלוֹת וְנוֹרָאוֹת, וְשֶׁנַּעְתִּיר וְנַפְצִיר אוֹתְךָ הַרְבֵּה מְאֹד יָמִים וְשָׁנִים עַד שֶׁנִּזְכֶּה לְנַצֵּחַ אוֹתְךָ כִּבְיָכוֹל לִפְעֹל בַּקָּשָׁתֵינוּ בְּרַחֲמִים אֶצְלְךָ. כְּמוֹ שֶׁכָּתוּב: "אָנֹכִי יְהוָֹה אֱלֹהֶיךָ הַמַּעַלְךָ מֵאֶרֶץ מִצְרָיִם הַרְחֶב פִּיךָ וַאֲמַלְאֵהוּ". עַל כֵּן מָצָא עַבְדְּךָ אֶת לִבּוֹ לְהִתְחַנֵּן מִלְּפָנֶיךָ עַל כָּל אֵלֶּה, שֶׁתַּשְׁפִּיעַ עָלַי עַזּוּת דִּקְדֻשָּׁה מֵאִתְּךָ. וִיקֻיַּם מִקְרָא שֶׁכָּתוּב: "תְּנוּ עֹז לֵאלֹהִים עַל יִשְׂרָאֵל גַּאֲוָתוֹ וְעֻזּוֹ

בַּשְּׁחָקִים, נוֹרָא אֱלֹהִים מִמִּקְדָּשֶׁיךָ אֵל יִשְׂרָאֵל הוּא נוֹתֵן עֹז וְתַעֲצֻמוֹת לָעָם, בָּרוּךְ אֱלֹהִים". וְנִזְכֶּה לְבַקֵּשׁ מִמְּךָ תָּמִיד גְּדוֹלוֹת וְנוֹרָאוֹת, שֶׁתַּעֲשֶׂה עִמִּי פִּלְאֵי פְלָאוֹת, וְתוֹצִיאֵנִי וְתַעֲלֵנִי מֵעַתָּה חִישׁ קַל מְהֵרָה מִכָּל הַנְּפִילוֹת וְהַיְרִידוֹת שֶׁיָּרַדְתִּי עַד הֵנָּה, וּתְקָרְבֵנִי בְּכָל מִינֵי הִתְקָרְבוּת, וּתְרַחֵם עָלַי בְּכָל מִינֵי רַחֲמָנוּת, וּתְקָרְבֵנִי בְּרַחֲמֶיךָ הָרַבִּים לְצַדִּיק גָּדוֹל אֲמִתִּי, לְהָרַב הָאֱמֶת שֶׁבַּדּוֹר הַזֶּה, לְהָרַב דִּקְדֻשָּׁה הַגָּדוֹל בְּמַעֲלָה שֶׁיֵּשׁ לוֹ כֹּחַ לְהַכְנִיס הַשָּׂגוֹת אֱלָהוּת גַּם בִּשְׁפָל וּפָחוּת כָּמוֹנִי. וְתַצִּילֵנִי שֶׁלֹּא אַטְעֶה עַצְמִי חַס וְשָׁלוֹם, לְהַחֲלִיף וּלְהָמִיר טוֹב בְּרָע, וְתִשְׁמְרֵנִי מִן הַשַּׁקְרָנִים וְהַצְּבוּעִים, מִמַּנְהִיגִים שֶׁל שֶׁקֶר. וְתִשְׁמְרֵנִי שֶׁלֹּא יַעֲלֶה עַל לִבִּי הַטָּעוּת שֶׁל כַּמָּה בְּנֵי אָדָם, הָאוֹמְרִים שֶׁדַּי לִפְנֵיהֶם אִם יִהְיוּ מְקֹרָבִים אֲפִלּוּ לְאִישׁ כָּשֵׁר פָּשׁוּט הַקָּטָן בְּמַעֲלָה. כִּי בֶּאֱמֶת הַפְּחוּתִים כָּמוֹנִי צְרִיכִים דַּיְקָא מַנְהִיג אֲמִתִּי הַגָּדוֹל בְּמַעֲלָה מֻפְלֶגֶת מְאֹד מְאֹד. רַחֵם עָלֵינוּ בְּרַחֲמֶיךָ, וּשְׁלַח לָנוּ הַגּוֹאֵל צֶדֶק בִּמְהֵרָה בְּיָמֵינוּ. וִיקֻיַּם מִקְרָא שֶׁכָּתוּב: "כִּימֵי צֵאתְךָ מֵאֶרֶץ מִצְרָיִם אַרְאֶנּוּ נִפְלָאוֹת". וְזַכֵּנִי מְהֵרָה לַעֲלוֹת וְלֵרָאוֹת וּלְהִשְׁתַּחֲווֹת לְפָנֶיךָ בְּבֵית בְּחִירָתְךָ בְּשָׁלֹשׁ פַּעֲמֵי רְגָלֵינוּ.

חוּס וְחָנֵּנִי וְהַצִּילֵנִי וְהוֹשִׁיעֵנִי בְּכָל מִינֵי הַצָּלוֹת

וִישׁוּעוֹת. וְהַעֲלֵנִי מְהֵרָה מֵאֲפֵלָה לְאוֹרָה מִשִּׁעְבּוּד לִגְאֻלָּה מִיָּגוֹן לְשִׂמְחָה. וּתְטַהֲרֵנִי מְהֵרָה מִכָּל מִינֵי טֻמְאוֹת וּתְקַדְּשֵׁנִי בְּכָל מִינֵי קְדֻשּׁוֹת. וְאֶזְכֶּה לַעֲלוֹת וּלְהִכָּלֵל מְהֵרָה בְּכָל הַחֲמִשִּׁים שַׁעֲרֵי קְדֻשָּׁה בֶּאֱמֶת וּבֶאֱמוּנָה שְׁלֵמָה וּבַעֲנָוָה אֲמִתִּיִּית, עַד שֶׁאֶזְכֶּה "לַחֲזוֹת בְּנֹעַם יְהֹוָה וּלְבַקֵּר בְּהֵיכָלוֹ", לְהַשִּׂיג הַשָּׂגַת אֱלֹהוּתְךָ בְּתַכְלִית מַדְרֵגָה הָעֶלְיוֹנָה, וּלְהַכְנִיס הַשָּׂגַת אֱלֹהוּתְךָ בְּלֵב כָּל יִשְׂרָאֵל עַמְּךָ בִּקְדֻשָּׁה וּבְטָהֳרָה גְדוֹלָה, בֶּאֱמֶת וּבֶאֱמוּנָה שְׁלֵמָה וּבַעֲנָוָה אֲמִתִּיִּית כִּרְצוֹנְךָ הַטּוֹב. "הָאִירָה פָנֶיךָ עַל עַבְדֶּךָ הוֹשִׁיעֵנִי בְחַסְדֶּךָ. פָּנֶיךָ הָאֵר בְּעַבְדֶּךָ וְלַמְּדֵנִי אֶת חֻקֶּיךָ. אֲנִי בְּצֶדֶק אֶחֱזֶה פָנֶיךָ אֶשְׂבְּעָה בְהָקִיץ תְּמוּנָתֶךָ. וְלֹא נָסוֹג מִמֶּךָּ תְּחַיֵּינוּ וּבְשִׁמְךָ נִקְרָא. יְהֹוָה אֱלֹהִים צְבָאוֹת הֲשִׁיבֵנוּ, הָאֵר פָּנֶיךָ וְנִוָּשֵׁעָה". אָמֵן וְאָמֵן:

(למקשה לילד יאמר זה בתוך התפלה כנרשם לעיל עמוד שיט)

וְתִמָּלֵא רַחֲמִים עַל כָּל הַיּוֹשְׁבוֹת עַל הַמַּשְׁבֵּר, וְתַצִּילֵם מִכָּל צַעַר וָנֶזֶק (וּבִפְרָט לִפְלוֹנִית בַּת פְּלוֹנִית וכו'). רִבּוֹנוֹ שֶׁל עוֹלָם, מָלֵא רַחֲמִים רַבִּים תָּמִיד, אַתָּה יָדַעְתָּ צָעֳרָהּ וּמַכְאוֹבָהּ, אַתָּה יָדַעְתָּ אֶת לְבָבָהּ וּלְבַב אָבִיהָ וְאִמָּהּ, וְכָל הַמִּצְטַעֲרִים בְּצָרָתָהּ. רְאֵה עָנְיָם וַעֲמָלָם, וְהַבִּיטָה בְּמַכְאוֹבָם. יְעוֹרְרוּ רַחֲמֶיךָ

הָעֲצוּמִים רַחֲמֶיךָ הַגְּנוּזִים, עַל עֲנִיָּה זֹאת הַיּוֹשֶׁבֶת עַל הַמַּשְׁבֵּר בְּלֵב נִשְׁבָּר וְנִדְכָּא. וּפְתַח לָהּ שַׁעֲרֵי הָרַחֲמִים וְהַחֶסֶד וְהַחֶמְלָה וְהַחֲנִינָה, פְּתַח לָהּ שַׁעַר הַהוֹלָדָה, וּבְרַחֲמֶיךָ הָרַבִּים תַּחְתֹּךְ אֶת הַמֵּ"ם סְתוּמָה שֶׁהִיא כְּנֶגֶד מֵ"ם יוֹם שֶׁל יְצִירַת הַוָּלָד, שֶׁשָּׁם מַלְבּוּשׁ הַוָּלָד. וּבְחַסְדְּךָ הַגָּדוֹל תַּחְתֹּךְ אֶת הַמֵּ"ם סְתוּמָה הַזֹּאת. וְתֵעָשֶׂה מִמֶּנָּה שְׁתֵּי דְלָתִי"ם. וְעַל יְדֵי זֶה תִּפְתַּח בְּרַחֲמֶיךָ וַחֲסָדֶיךָ הָאֲמִתִּיִּים דַּלְתֵי בִטְנָהּ שֶׁל הָעֲנִיָּה הַזֹּאת הַיּוֹשֶׁבֶת עַל הַמַּשְׁבֵּר. וְתִהְיֶה בְּעֶזְרָהּ שֶׁתֵּלֵד מִיָּד בְּנָקֵל בְּלִי קֹשִׁי הוֹלָדָה עוֹד כְּלָל. וְתֹאמַר לַמַּלְאָךְ "הֶרֶף יָדֶיךָ". הָאוֹמֵר לְעוֹלָמוֹ דַּי, אֱמֹר לְצָרָתָהּ דָּי. רַב חֶסֶד וּמַרְבֶּה לְהֵטִיב, חוּס וַחֲמֹל וְרַחֵם, כְּחַסְדְּךָ הַגָּדוֹל עֲשֵׂה עִמָּהּ, פְּתַח לָהּ דַּלְתֵי הַהוֹלָדָה חִישׁ קַל מְהֵרָה בְּלִי שׁוּם אִחוּר וְעִכּוּב עוֹד כְּלָל. כִּי כְבָר סָבְלָה מְרִירוּת צַעַר וּמַכְאוֹב הַרְבֵּה, עַד אֲשֶׁר "כָּשַׁל כֹּחַ הַסַּבָּל". גּוֹמֵל חֲסָדִים טוֹבִים עֲשֵׂה עִמָּנוּ חֶסֶד חִנָּם, וְאַל תְּאַחֵר לֵדָתָהּ עוֹד כְּלָל. עֲזֹר וְהַצֵּל וְהוֹשִׁיעָה בְּחַסְדֶּךָ, שֶׁיִּפָּתַח לָהּ צִירֵי וְדַלְתֵי בִטְנָהּ בְּרַחֲמִים גְּדוֹלִים תֵּכֶף וּמִיָּד. וְתֵלֵד מִיָּד בְּקַל בְּלִי שׁוּם צַעַר וּמַכְאוֹב עוֹד כְּלָל, כִּי אִם בְּרַחֲמִים וּבְחֶמְלָה בְּחֶסֶד גָּדוֹל. וְתוֹצִיא הַוָּלָד לְשָׁלוֹם לַאֲוִיר הָעוֹלָם לְחַיִּים טוֹבִים וּלְשָׁלוֹם וּלְאֹרֶךְ יָמִים וְשָׁנִים טוֹבִים. אָמֵן:

(וירבו בצדקה מאד. כי העיקר תלוי בחסד שעל ידי זה חותכין

של לקוטי לא תפלות

את הד' מהמ"ם וכו' כמבואר בתורה הנ"ל שעי"ז נפתח רחמה של המקשה לילד כמבואר בספר. עי' בליקוטי מוהר"ן ח"א בסי' ל' ובסי' קל"ה בסופו והבן):

לא

"חַסְדֵי יְהֹוָה עוֹלָם אָשִׁירָה, לְדוֹר וָדוֹר אוֹדִיעַ אֱמוּנָתְךָ בְּפִי". וַהֲרֵינִי מַאֲמִין בֶּאֱמוּנָה שְׁלֵמָה, בְּיִחוּדְךָ וְאַחְדוּתְךָ וּבְחִדּוּשׁ הָעוֹלָם, וּבְצַדִּיקֶיךָ הָאֲמִתִּיִּים וּבְתוֹרָתְךָ הַקְּדוֹשָׁה, בַּתּוֹרָה שֶׁבִּכְתָב וּבַתּוֹרָה שֶׁבְּעַל פֶּה, וּבְכָל סִפְרֵי צַדִּיקִים אֲמִתִּיִּים, וּבִכְלָלִיּוּת עַמְּךָ יִשְׂרָאֵל אֲשֶׁר בָּהֶם בָּחָרְתָּ. כִּי אַתָּה הוּא יְהֹוָה הָאֱלֹהִים בַּשָּׁמַיִם וּבָאָרֶץ וּבִשְׁמֵי הַשָּׁמַיִם הָעֶלְיוֹנִים. אֱמֶת אַתָּה הוּא רִאשׁוֹן וְאַתָּה הוּא אַחֲרוֹן וּמִבַּלְעָדֶיךָ אֵין אֱלֹהִים. וּבָרָאתָ אֶת הַשָּׁמַיִם וְאֶת הָאָרֶץ וְכָל צְבָאָם. וְאָדָם הָרִאשׁוֹן עָלֶיהָ בָּרָאתָ בְּשֵׁשֶׁת יְמֵי בְרֵאשִׁית. וּבַיּוֹם הַשְּׁבִיעִי שָׁבַתָּ וְנַחְתָּ וְהִרְגַּעְתָּ. וּמֵאַהֲבָתְךָ יְהֹוָה אֱלֹהֵינוּ וּמֵחֶמְלָתְךָ הַגְּדוֹלָה עַל יִשְׂרָאֵל עַמֶּךָ. נָתַתָּ לָנוּ אֶת יוֹם מְנוּחָתְךָ לְנַחֲלָה, יוֹם מְנוּחָה וּקְדֻשָּׁה, יוֹם גָּדוֹל וְקָדוֹשׁ וְנוֹרָא, יוֹם שְׁבִיתָה וּמְנוּחָה וּמַרְגּוֹעַ לְהַגּוּפוֹת וְהַנְּפָשׁוֹת בְּגַשְׁמִיּוּת וּבְרוּחָנִיּוּת, בָּעוֹלָם הַזֶּה וּבְכָל הָעוֹלָמוֹת כֻּלָּם, יוֹם עֲלִיַּת כָּל הָעוֹלָמוֹת לְמַעְלָה מִמַּדְרֵגָתָן עַד תַּכְלִית מַדְרֵגָה הָעֶלְיוֹנָה, עַד תַּכְלִית הַקְּדֻשָּׁה הָעֶלְיוֹנָה, עַד רְעוּא

דְּרַעֲוִין רָצוֹן שֶׁבִּרְצוֹנוֹת, יוֹם שֶׁאֵין בּוֹ שׁוּם אֲחִיזַת דִּין וְשׁוּם אֲחִיזַת הַסִּטְרָא־אָחֳרָא וְהַקְּלִפּוֹת כְּלָל, יוֹם שֶׁכֻּלּוֹ שַׁבָּת וְטוֹב וְרָצוֹן וְאַהֲבָה וָחֶסֶד וְרַחֲמִים גְּדוֹלִים וּפְשׁוּטִים, יוֹם שֶׁכֻּלּוֹ קָדוֹשׁ וְנוֹרָא. אֲשֶׁר מֵעֹצֶם קְדֻשַּׁת עֲצוּמוֹ שֶׁל יוֹם קֹדֶשׁ, אָנוּ יְכוֹלִים לְהִתְדַּבֵּק בְּךָ וּלְהִכָּלֵל בְּאַחְדוּתְךָ, וּלְהַמְשִׁיךְ עָלֵינוּ אֱמוּנָתְךָ הַקְּדוֹשָׁה בְּתַכְלִית הַשְּׁלֵמוּת בְּכָל שֵׁשֶׁת יְמֵי הַמַּעֲשֶׂה:

וּבְכֵן בָּאתִי לְפָנֶיךָ יְהֹוָה אֱלֹהַי וֵאלֹהֵי אֲבוֹתַי, אֱלֹהֵי אַבְרָהָם אֱלֹהֵי יִצְחָק וֵאלֹהֵי יַעֲקֹב, אֵל עֶלְיוֹן גּוֹמֵל חֲסָדִים טוֹבִים, שֶׁתְּחָנֵּנִי בַּחֲסָדֶיךָ הָאֲמִתִּיִּים, וּתְזַכֵּנִי בְּרַחֲמֶיךָ הָרַבִּים, וְתַעַזְרֵנִי בְּכָל עֹז, שֶׁאֶזְכֶּה בְּרַחֲמֶיךָ הָרַבִּים לְקַבֵּל שַׁבָּתוֹת בִּקְדֻשָּׁה גְדוֹלָה וּבְשִׂמְחָה רַבָּה וְחֶדְוָה גְדוֹלָה וַעֲצוּמָה מְאֹד מְאֹד, כָּרָאוּי לְאִישׁ יִשְׂרְאֵלִי לָגִיל וְלָשׂוּשׂ וְלִשְׂמֹחַ בְּכָל עֹז בַּיּוֹם הַגָּדוֹל וְהַקָּדוֹשׁ וְהַנּוֹרָא הַזֶּה, בְּיוֹם שַׁבַּת קֹדֶשׁ, יוֹם שָׂשׂוֹן וְשִׂמְחָה וְחֶדְוָה בְּכָל הָעוֹלָמוֹת כֻּלָּם, יוֹם הִלּוּלָא רַבָּא דְמַלְכָּא וּמַטְרוּנִיתָא, יוֹם שֶׁאֵין בּוֹ שׁוּם עַצְבוּת וְיָגוֹן וַאֲנָחָה כְּלָל, יוֹם שֶׁאֲפִלּוּ חַיָּבֵי גֵּיהִנֹּם נָיְחִין בֵּיהּ, יוֹם שֶׁכֻּלּוֹ אוֹר וָטוֹב, יוֹם שֶׁמֵּאִיר בּוֹ נְהִירוּ עִלָּאָה בְּכָל הָעוֹלָמוֹת כֻּלָּם, אוֹר פְּנֵי מֶלֶךְ חַיִּים, יוֹם שֶׁנִּמְשָׁךְ בּוֹ נְשָׁמוֹת יְתֵרוֹת קְדוֹשׁוֹת וְנוֹרָאוֹת לְכָל אֶחָד וְאֶחָד מִבְּנֵי יִשְׂרָאֵל עַמֶּךָ.

אָבִינוּ מַלְכֵּנוּ אַדִּירֵנוּ בּוֹרְאֵנוּ גּוֹאֲלֵנוּ יוֹצְרֵנוּ קְדוֹשֵׁנוּ קְדוֹשׁ יַעֲקֹב, קַדְּשֵׁנוּ בִּקְדֻשַּׁת שַׁבָּת קֹדֶשׁ תָּמִיד וְעָזְרֵנוּ לְקַבֵּל שַׁבָּתוֹת כָּרָאוּי. וְנִזְכֶּה לְכַבֵּד וּלְעַנֵּג אֶת הַשַּׁבָּת בְּכָל מִינֵי כָבוֹד וָעֹנֶג, הֵן בְּמַאֲכָל וּמִשְׁתֶּה, שֶׁנִּזְכֶּה לְהַרְבּוֹת בְּשַׁבָּת קֹדֶשׁ מַאֲכָלִים וּמַשְׁקוֹת טוֹבִים וְכָל מִינֵי מַעֲדַנִּים וְכָל מִינֵי תַּעֲנוּגִים. וְלֹא יִהְיֶה אֶצְלֵנוּ שׁוּם קְפֵידָא עַל הוֹצָאוֹת שַׁבָּתוֹת וְיָמִים טוֹבִים. וְנִהְיֶה בְטוּחִים בְּךָ שֶׁתְּמַלֵּא לָנוּ כָּל מַה שֶּׁנּוֹצִיא עַל כְּבוֹד שַׁבָּת וְיוֹם טוֹב קֹדֶשׁ. וְהֵן בְּמַלְבּוּשֵׁי כָבוֹד, שֶׁנִּזְכֶּה בְּרַחֲמֶיךָ לְבִגְדֵי שַׁבָּת הַרְבֵּה, לִבְגָדִים יְקָרִים נְקִיִּים וּקְדוֹשִׁים וּטְהוֹרִים. וּתְזַכֵּנוּ לְדִירָה נָאָה לִכְבוֹד שַׁבָּת קֹדֶשׁ, וּלְהַרְבּוֹת בְּנֵרוֹת בְּלֵיל שַׁבָּת קֹדֶשׁ:

וּתְזַכֵּנִי וְתִשְׁמְרֵנִי בְּרַחֲמֶיךָ הָרַבִּים, מִכָּל הַל"ט [הַשְּׁלוֹשִׁים וְתִשְׁעָה] אָבוֹת מְלָאכוֹת וּמִתּוֹלְדוֹתֵיהֶן. וְתָגֵן בַּעֲדֵנוּ וְתַצִּילֵנוּ שֶׁלֹּא נִכָּשֵׁל בְּשׁוּם מְלָאכָה דְּאוֹרַיְתָא וּבְשׁוּם שְׁבוּת דְּרַבָּנָן בְּיוֹם שַׁבָּת קֹדֶשׁ. וְתַעַזְרֵנוּ לְקַדֵּשׁ אֶת פִּינוּ וְדִבּוּרֵנוּ בְּיוֹם הַשַּׁבָּת, שֶׁלֹּא יְהֵא דִבּוּרֵנוּ שֶׁל שַׁבָּת כְּדִבּוּרֵנוּ שֶׁל חוֹל. רִבּוֹנוֹ שֶׁל עוֹלָם, רַחֵם עָלֵינוּ וְקַדְּשֵׁנוּ בְּכָל מִינֵי קְדֻשּׁוֹת שֶׁל שַׁבָּת קֹדֶשׁ בְּשִׂמְחָה וְחֶדְוָה גְדוֹלָה וַעֲצוּמָה מְאֹד, וּבְיִרְאָה וְאַהֲבָה, עַד שֶׁנִּזְכֶּה לְהִכָּלֵל בְּתוֹךְ קְדֻשַּׁת שַׁבָּת קֹדֶשׁ, וּלְהַמְשִׁיךְ קְדֻשַּׁת שַׁבָּת עַל שֵׁשֶׁת יְמֵי הַחוֹל.

וְנִזְכֶּה לִזְכֹּר אֶת הַשַּׁבָּת תָּמִיד. כְּמוֹ שֶׁכָּתוּב: "זָכוֹר אֶת יוֹם הַשַּׁבָּת לְקַדְּשׁוֹ":

וּתְזַכֵּנוּ בְּרַחֲמֶיךָ הָרַבִּים לֶאֱמוּנָה שְׁלֵמָה בֶּאֱמֶת תָּמִיד. שֶׁנִּזְכֶּה לְהַאֲמִין בְּךָ יְהוָה אֱלֹהֵינוּ, וּבְתוֹרָתְךָ הַקְּדוֹשָׁה שֶׁבִּכְתָב וּבְעַל פֶּה, אֲשֶׁר נָתַתָּ לָנוּ עַל־יְדֵי מֹשֶׁה נְבִיאֶךָ נֶאֱמַן בֵּיתֶךָ, וּבְכָל צַדִּיקֶיךָ הָאֲמִתִּיִּים שֶׁהָיוּ בְּכָל דּוֹר וָדוֹר, וּבְכָל צַדִּיקֶיךָ הָאֲמִתִּיִּים וּכְשֵׁרִים אֲמִתִּיִּים שֶׁבַּדּוֹר הַזֶּה, וּבִכְלָלִיּוּת עַמְּךָ יִשְׂרָאֵל הַקָּדוֹשׁ, אֲשֶׁר אַתָּה מִתְפָּאֵר בָּהֶם בְּכָל דּוֹר וָדוֹר, בְּכֻלָּם אֶזְכֶּה בְּרַחֲמֶיךָ לְהַאֲמִין בֶּאֱמוּנָה שְׁלֵמָה חֲזָקָה וּנְכוֹנָה, וְאֶעֱמֹד קַיָּם בֶּאֱמוּנָתְךָ הַקְּדוֹשָׁה, וְאֶהְיֶה חָזָק בֶּאֱמוּנָתְךָ "כִּרְאִי מוּצָק בַּל אֶמּוֹט לְעוֹלָם":

רִבּוֹנוֹ שֶׁל עוֹלָם אַתָּה יָדַעְתָּ אֶת לְבָבִי הַמַּר וְהַנִּמְהָר, אַתָּה יָדַעְתָּ אֶת צָרוֹת נַפְשֵׁנוּ הַמְרֻבִּים מְאֹד מְאֹד שֶׁאִי אֶפְשָׁר לְסָבְלָם. אַתָּה יָדַעְתָּ אֶת מְרִירוּת אַנְחוֹתֵינוּ וְצָרוֹתֵינוּ הַמְרֻבּוֹת מְאֹד וְדָחְקֵנוּ וְעָנְיֵנוּ וַעֲמָלֵנוּ וְלַחֲצֵנוּ. אֲהָהּ יְהוָה, אֲהָהּ עַל נַפְשֵׁנוּ, אוֹי לְרוּחֵנוּ וְנִשְׁמוֹתֵינוּ, אוֹי וָמַר לְגוּפֵנוּ. הֲרֵי אָנוּ צוֹעֲקִים וְנֶאֱנָחִים לְפָנֶיךָ מֵעִמְקֵי הַגָּלוּת, מֵעִמְקֵי עֲמָקִים, כְּאִישׁ אֲשֶׁר עָבְרוּ בוֹ כָּל מִינֵי חִצִּים וּרְמָחִים וַחֲרָבוֹת, וְכֻלָּם תְּחוּבִים עֲדַיִן בְּגוּפוֹ. וּבְכָל אֵבֶר וְאֵבֶר תְּחוּבִים כַּמָּה

אֲלָפִים וּרְבָבוֹת חִצִּים וּרְמָחִים וּקְשָׁתוֹת מְשׁוּחִים בְּכָל מִינֵי סַמִּים מָרִים וְאַרְסִיִּים קָשִׁים, וְכַמָּה חַיּוֹת רָעוֹת וּנְחָשִׁים וְעַקְרַבִּים סוֹבְבִים אוֹתוֹ מִכָּל צַד, וְהוּא מְסֻגָּר בְּמַסְגֵּר עַל מַסְגֵּר, וְאַלְפֵי אֲלָפִים וּרְבָבוֹת שׁוֹמְרִים וְאוֹרְבִים עוֹמְדִים עָלָיו, וְשׁוֹמְרִים אֶת עֲקֵבוֹ, וְאֵינָם מַנִּיחִים אוֹתוֹ לְהָרִים רֹאשׁוֹ אֲפִלּוּ כְּחוּט הַשַּׂעֲרָה, אֲפִלּוּ רֶגַע קַלָּה. וְסוֹתְמִין אֶת פִּיו וּמְעַרְבְּבִין אֶת דַּעְתּוֹ, וּמְעַקְמִין אֶת לְבָבוֹ בְּכָל עֵת וּבְכָל רֶגַע לְבַל יִצְעַק אֵלֶיךָ, וּלְבַל יִסְתַּכֵּל לְרַחֲמֶיךָ, וּלְבַל יְצַפֶּה לִישׁוּעָתֶךָ. וַאֲנִי עָנִי וְכוֹאֵב, גָּרוּעַ הַרְבֵּה מִכָּל זֶה שֶׁהִזְכַּרְתִּי לְפָנֶיךָ. וְצָרוֹתַי וּכְאֵבֵי נַפְשִׁי וְנִגְעֵי לְבָבִי מְרֻבִּים הַרְבֵּה הַרְבֵּה מְאֹד מִכָּל זֶה. כִּי אֵין שׁוּם לָשׁוֹן בָּעוֹלָם שֶׁאוּכַל לְפָרֵשׁ שִׂיחָתִי עַל יָדוֹ. מַר לִי מְאֹד רִבּוֹנוֹ דְּעָלְמָא כֻּלָּא, מַר לִי מְאֹד אָבִי שֶׁבַּשָּׁמַיִם, מַר לִי מְאֹד מִכָּל מִינֵי מְרִירוּת שֶׁבָּעוֹלָם. נַפְשִׁי מָרָה לִי, הוֹמֶה עָלַי לִבִּי, "מֵעַי מֵעַי אוֹחִילָה. יְהוָה מָה רַבּוּ צָרָי, רַבִּים קָמִים עָלָי", וְאַף־עַל־פִּי שֶׁאֲנִי יוֹדֵעַ קְצָת מִכָּל זֶה, אֵיךְ הִתְרַחַקְתִּי וְנִפַלְתִּי עֲמֻקָּה מֵעִמְקֵי תְהוֹם יוֹתֵר וְיוֹתֵר, מַה שֶּׁאֵינִי יָכוֹל לָדַעַת כְּלָל, אַף עַל פִּי כֵן בְּכָל עֵת שֶׁאֲנִי רוֹצֶה לְדַבֵּר מִצָּרוֹתַי הַמְרֻבּוֹת, בָּאִים עָלַי פְּנִיּוֹת וְגַסּוּת הָרוּחַ וּבִלְבּוּלִים עַד שֶׁאֵינִי יָכוֹל לְדַבֵּר אֲפִלּוּ דִּבּוּר אֶחָד בְּלִי פְּנִיּוֹת וּשְׁקָרִים הַרְבֵּה. וְעַתָּה "מֵאַיִן יָבוֹא עֶזְרִי". מֵאַיִן אֲבַקֵּשׁ מָנוֹחַ לִי אֲשֶׁר יִיטַב

לִי לָעַד, מֵאַיִן אֲבַקֵּשׁ הַצָּלָה וּמָנוֹס. הַבִּיטָה בְּעָנְיִי כִּי רַבּוּ מַכְאוֹבַי וְצָרוֹת לְבָבִי. רְאֵה עָנְיִי וְחַלְּצֵנִי. וּבְחַסְדְּךָ לְבַד תְּחַיֵּינִי. "עַד אָנָה יְהֹוָה תִּשְׁכָּחֵנִי נֶצַח עַד אָנָה תַּסְתִּיר אֶת פָּנֶיךָ מִמֶּנִּי. עַד אָנָה אָשִׁית עֵצוֹת בְּנַפְשִׁי יָגוֹן בִּלְבָבִי יוֹמָם. עַד אָנָה יָרוּם אוֹיְבִי עָלַי":

וְהִנֵּה בְּעָנְיִי הַמַּר וְדָחְקִי וְלַחֲצִי וְעִרְבּוּבִי וּבִלְבּוּלִי, אֲשֶׁר נִתְרַחַקְתִּי בַּעֲוֹנוֹתַי הָרַבִּים כְּמוֹ שֶׁנִּתְרַחַקְתִּי, וַאֲפִלּוּ כְּשֶׁאֲנִי זוֹכֶה לִפְעָמִים לַעֲשׂוֹת אֵיזֶה דָּבָר שֶׁבִּקְדֻשָּׁה, הוּא מָלֵא פְּצָעִים, עַצְבוּת וּבִלְבּוּלִים וּפְנִיּוֹת וְשִׁגָּעוֹן וְטֵרוּף הַדַּעַת הַרְבֵּה מְאֹד. וּבְעֹצֶם גָּלוּתִי הַמַּר, אֵין לִי שׁוּם חַיּוּת וְנֶחָמָה וְתִקְוָה כִּי אִם עַל אֱמוּנָתְךָ הַקְּדוֹשָׁה וְהַטְּהוֹרָה וְהַתְּמִימָה. "זֹאת נֶחָמָתִי בְעָנְיִי", מַה שֶּׁזָּכִיתִי עַל כָּל פָּנִים לִהְיוֹת מִזֶּרַע יִשְׂרָאֵל עֲבָדֶיךָ, מַאֲמִינִים בְּנֵי מַאֲמִינִים. עַל כֵּן בָּאתִי לִשְׁטֹחַ כַּפַּי לְרַחֲמֶיךָ וַחֲסָדֶיךָ הָאֲמִתִּיִּים, אַל תַּעַזְבֵנִי וְאַל תִּטְּשֵׁנִי. "גְּמֹל עַל עַבְדְּךָ וְאֶחְיֶה". גְּמֹל עָלַי בַּחֲסָדֶיךָ הָאֲמִתִּיִּים, וְחָנֵּנִי בֶּאֱמוּנָתְךָ הַקְּדוֹשָׁה תָּמִיד, שֶׁאֶזְכֶּה לִהְיוֹת קַיָּם וְחָזָק בֶּאֱמוּנָתְךָ הַקְּדוֹשָׁה תָּמִיד, בְּלִי שׁוּם בִּלְבּוּל וּנְטִיָּה כְּלָל. כִּי אֵין לָנוּ שׁוּם חַיּוּת וְתִקְוָה, כִּי אִם עַל אֱמוּנָתְךָ הַקְּדוֹשָׁה, כְּמוֹ שֶׁכָּתוּב: "וְצַדִּיק בֶּאֱמוּנָתוֹ יִחְיֶה":

רִבּוֹנוֹ שֶׁל עוֹלָם אַתָּה יָדַעְתָּ אֶת עֹצֶם רִבּוּי הַכְּפִירוּת וְהָאֶפִּיקוֹרְסוּת שֶׁמִּתְגַּבֵּר עַכְשָׁו בָּעֵת הַזֹּאת בַּדּוֹרוֹת הַלָּלוּ בְּעוּקְבָא דִּמְשִׁיחָא, אֲשֶׁר כָּמוֹהוּ לֹא נִהְיְתָה מִימוֹת עוֹלָם, וְאֵין מִי שֶׁיַּעֲמֹד בַּעֲדֵנוּ. וְאַתָּה הִבְטַחְתָּ אוֹתָנוּ, "אָבְדָה עֵצָה מִבָּנִים נִסְרְחָה חָכְמָתָם", שֶׁכְּשֶׁאֵין בְּיִשְׂרָאֵל מִי שֶׁיַּעֲמֹד וְיָשִׁיב לָאֶפִּיקוֹרְסִים אֲזַי נִסְרְחָה חָכְמָתָם שֶׁל הַמִּינִים וְהָאֶפִּיקוֹרְסִים גַּם כֵּן. וְעַכְשָׁו בַּעֲווֹנוֹתֵינוּ הָרַבִּים הִכִּיתָ אוֹתָנוּ מַכָּה אֲשֶׁר לֹא כְתוּבָה בַּתּוֹרָה, וְהִפְלֵאתָ אֶת מַכּוֹתֵינוּ מִכָּל הַצְּדָדִים, כִּי הַצַּדִּיקֵי אֱמֶת שֶׁהָיוּ יְכוֹלִים לְהַמְשִׁיךְ לָנוּ אֱמוּנָה שְׁלֵמָה דִּקְדֻשָּׁה, נִסְתַּלְּקוּ בַּעֲווֹנוֹתֵינוּ. וְכַת הָאֶפִּיקוֹרְסִים וְהַפִילוֹסוֹפִים מִתְגַּבְּרִים עַכְשָׁו בְּיוֹתֵר, עַד שֶׁהֵם זוֹרְקִים חִצֵּיהֶם הָרָעוֹת. וּפוֹרְשִׂים רְשָׁתוֹת וּמִכְמוֹרוֹת גַּם עַל הַכְּשֵׁרִים וְהַתְּמִימִים, הַקְּרוּאִים וְהוֹלְכִים לְתֻמָּם. כִּי הֵם מַטְעִים אוֹתָם, וּמַרְאִין עַצְמָן לִפְנֵיהֶם כִּכְשֵׁרִים וּכְאִלּוּ רוֹצִים בְּטוֹבַת וְתַקָּנַת יִשְׂרָאֵל, עַד שֶׁנֶּאֱחָזִין גַּם כַּמָּה נְשָׁמוֹת כְּשֵׁרוֹת בְּרִשְׁתּוֹת שֶׁלָּהֶם, וּמַכְנִיסִים כְּפִירוֹת וּפִילוֹסוֹפְיָא וְאַפִּיקוֹרְסִית בְּלֵב יִשְׂרָאֵל עַמְּךָ הַקָּדוֹשׁ. וּמִתְגַּבְּרִים לְהַרְגִּיל אֶת יִשְׂרָאֵל בְּדַרְכֵי הָעַכּוּ"ם, לְהִתְלַבֵּשׁ בְּמַלְבּוּשֵׁיהֶם וְלָלֶכֶת בְּדַרְכֵיהֶם, וְלִלְמֹד סִפְרֵיהֶם וּלְשׁוֹנוֹתֵיהֶם. "אוֹי לָנוּ כִּי שֻׁדָּדְנוּ", כִּי צָרָה כָּזֹאת לֹא הָיְתָה עֲדַיִן לְיִשְׂרָאֵל מִימוֹת עוֹלָם. וְעַל מִי לָנוּ לְהִשָּׁעֵן,

אֶל מִי נָנוּס לְעֶזְרָה, וְאַיֵּה הַמָּקוֹם לְהִתְחַבֵּא מִפְּנֵיהֶם, וּלְהַצִּיל אֶת בָּנֵינוּ וְזַרְעֵינוּ וְכָל זֶרַע עַמְּךָ בֵּית יִשְׂרָאֵל מֵרִשְׁתוֹתֵיהֶם וּמֵחִצֵּיהֶם. מִי יָגוּר לָנוּ אֵשׁ אוֹכְלָה, מִי יָגוּר לָנוּ מוֹקְדֵי עוֹלָם, מִי יָחוּס עָלֵינוּ, מִי יְרַחֵם עָלֵינוּ, מֵאַיִן יָבוֹא עֶזְרֵנוּ.

רִבּוֹנוֹ שֶׁל עוֹלָם אַתָּה לְבַד יָדַעְתָּ עֹצֶם הַצָּרָה הַזֹּאת. עָזְרֵנִי כִּי עָלֶיךָ נִשְׁעַנְנוּ, כִּי אֵין כֹּחֵנוּ אֶלָּא בַּפֶּה. חוּס וְרַחֵם עָלֵינוּ וְעָזְרֵנוּ לִהְיוֹת חָזָק וְקַיָּם בֶּאֱמוּנָתְךָ הַקְּדוֹשָׁה תָּמִיד, כִּרְצוֹנְךָ הַטּוֹב. וְלֹא יַעֲלֶה עַל לִבִּי שׁוּם סְבָרָה מִסְּבָרוֹתֵיהֶם וְשׁוּם קֻשְׁיָא מִקֻּשְׁיוֹתֵיהֶם וְשׁוּם דֶּרֶךְ מִדַּרְכֵיהֶם. רַק אֶזְכֶּה אֲנִי וְזַרְעִי וְכָל חֶבְרָתֵנוּ וְכָל עַמְּךָ בֵּית יִשְׂרָאֵל, לֵילֵךְ תָּמִיד בְּדַרְכֵי אֲבוֹתֵינוּ הַקְּדוֹשִׁים אַבְרָהָם יִצְחָק וְיַעֲקֹב מֹשֶׁה וְאַהֲרֹן יוֹסֵף וְדָוִד, וּבְדַרְכֵי כָּל הַנְּבִיאִים הָאֲמִתִּיִּים רִאשׁוֹנִים וְאַחֲרוֹנִים וְתַנָּאִים וַאֲמוֹרָאִים. וּבְדַרְכֵי כָּל הַצַּדִּיקִים אֲמִתִּיִּים וְהַכְּשֵׁרִים וְהַתְּמִימִים שֶׁהָיוּ בְּכָל דּוֹר וָדוֹר. וּבִזְכוּתָם מַלְּטֵנוּ וְהַצִּילֵנוּ מִכָּל מִינֵי כְּפִירוֹת וּבִלְבּוּלִים וּסְפֵקוֹת. וְזַכֵּנוּ בְּרַחֲמֶיךָ לֶאֱמוּנָה שְׁלֵמָה וַחֲזָקָה בֶּאֱמֶת בִּקְדֻשָּׁה וּבְטָהֳרָה תָּמִיד לְעוֹלָם וָעֶד:

וְזַכֵּנִי בְּרַחֲמֶיךָ הָרַבִּים לִתֵּן צְדָקָה הַרְבֵּה לַעֲנִיִּים

הַגּוּנִים הַרְבֵּה, וְאֶזְכֶּה לְהַרְבּוֹת בִּצְדָקָה מְאֹד בְּפִזּוּר גָּדוֹל מְאֹד. וְתַעַזְרֵנִי לְקַיֵּם מִקְרָא שֶׁכָּתוּב: "פִּזַּר נָתַן לָאֶבְיוֹנִים צִדְקָתוֹ עוֹמֶדֶת לָעַד". וּתְזַכֵּנִי לִצְדָקָה שֶׁל שַׁבָּת, שֶׁאֶזְכֶּה לִתֵּן לַעֲנִיִּים הֲגוּנִים עַל צָרְכֵי שַׁבָּת קֹדֶשׁ, וּלְהַכְנִיס אוֹרְחִים הֲגוּנִים עַל שֻׁלְחָנִי בְּכָל שַׁבָּת קֹדֶשׁ. וְאֶזְכֶּה לְהַמְשִׁיךְ עָלַי קְדֻשַּׁת שַׁבָּת תָּמִיד, וְעַל יְדֵי זֶה אֶזְכֶּה לֶאֱמוּנָה שְׁלֵמָה לְהַאֲמִין וְלִבְטֹחַ בְּךָ תָּמִיד, וּלְפַזֵּר מָמוֹן הַרְבֵּה לִצְדָקָה בְּלֵב טוֹב וּבְשִׂמְחָה גְּדוֹלָה. עַד שֶׁתְּהֵא חֲשׁוּבָה לְפָנֶיךָ מְאֹד מִצְוַת הַצְּדָקָה שֶׁלִּי, עַל יְדֵי הָאֱמוּנָה הַשְּׁלֵמָה שֶׁתְּזַכֵּנִי. שֶׁהִיא עִקַּר הַחֲשִׁיבוּת וְהַשְּׁלֵמוּת שֶׁל הַצְּדָקָה וְשֶׁל כָּל הַתּוֹרָה כֻּלָּהּ. וִיקֻיַּם בִּי מִקְרָא שֶׁכָּתוּב: "וְהֶאֱמִן בַּיהוָה וַיַּחְשְׁבֶהָ לּוֹ צְדָקָה". וְאֶזְכֶּה שֶׁתָּאִיר אוֹר הַצְּדָקָה שֶׁלִּי בְּאוֹר גָּדוֹל עַל יְדֵי קְדֻשַּׁת שַׁבָּת קֹדֶשׁ. וִיקֻיַּם מִקְרָא שֶׁכָּתוּב: "וְזָרְחָה לָכֶם יִרְאֵי שְׁמִי שֶׁמֶשׁ צְדָקָה וּמַרְפֵּא בִּכְנָפֶיהָ".

וְתַמְשִׁיךְ עָלֵינוּ בְּרָכָה מִמְּקוֹר הַבְּרָכוֹת. וְתִהְיֶה נִמְשֶׁכֶת הַבְּרָכָה מֵהָאֱמוּנָה הַקְּדוֹשָׁה הַנִּמְשֶׁכֶת בְּשַׁבַּת קֹדֶשׁ עַל כָּל שֵׁשֶׁת יְמֵי הַמַּעֲשֶׂה, כִּי הִיא מְקוֹר הַבְּרָכָה. וְיֻמְשַׁךְ עָלֵינוּ שֶׁפַע טוֹבָה וּבְרָכָה וְרַחֲמִים וָדַעַת וְחַיִּים וְשָׁלוֹם וְכָל טוּב עָלֵינוּ וְעַל כָּל עַמְּךָ יִשְׂרָאֵל תָּמִיד. וְתַזְמִין לָנוּ פַּרְנָסוֹתֵינוּ בְּהַרְחָבָה גְּדוֹלָה, קֹדֶם שֶׁנִּצְטָרֵךְ לָהֶם, בְּנַחַת וְלֹא בְּצַעַר, בְּהֶתֵּר

וְלֹא בְּאִסּוּר, בְּכָבוֹד וְלֹא בְּבִזּוּי מִתַּחַת יָדְךָ הָרְחָבָה וְהַמְּלֵאָה. וְאַל תַּצְרִיכֵנִי לֹא לִידֵי מַתְּנַת בָּשָׂר וָדָם וְלֹא לִידֵי הַלְוָאָתָם:

וְעָזְרֵנִי וְזַכֵּנִי לִשְׁמִירַת הַבְּרִית בֶּאֱמֶת בְּתַכְלִית הַשְּׁלֵמוּת כִּרְצוֹנְךָ הַטּוֹב. וְהַצִּילֵנִי מֵעַתָּה בְּרַחֲמֶיךָ הָעֲצוּמִים, וְתִשְׁמְרֵנִי בַּחֲסָדֶיךָ הַגְּדוֹלִים וְהַנּוֹרָאִים, מִכָּל מִינֵי פְּגַם הַבְּרִית שֶׁבָּעוֹלָם. שֶׁלֹּא אֶפְגֹּם בְּטִפֵּי הַמֹּחַ חַס וְשָׁלוֹם, בֵּין בְּשׁוֹגֵג בֵּין בְּמֵזִיד בֵּין בְּאֹנֶס בֵּין בְּרָצוֹן. וּמְחוֹל לִי וּסְלַח לִי וְכַפֵּר לִי עַל מַה שֶּׁפָּגַמְתִּי בִּבְרִית קֹדֶשׁ מִנְּעוּרַי עַד הַיּוֹם הַזֶּה. וְזַכֵּנִי מְהֵרָה לְתִקּוּן הַבְּרִית בִּשְׁלֵמוּת בִּקְדֻשָּׁה וּבְטָהֳרָה כִּרְצוֹנְךָ הַטּוֹב:

וְתַצִּילֵנִי בְּרַחֲמֶיךָ הָרַבִּים מִסַּכָּנַת דְּרָכִים. וְתִשְׁמְרֵנִי וְתַצִּילֵנִי מִכָּל מִינֵי צַעַר וְיִסּוּרִין וְעִכּוּב בַּדֶּרֶךְ, וּמִכָּל אוֹרֵב וְאוֹיֵב וּמַסְטִין. וְתִהְיֶה תָּמִיד עִמִּי בְּשִׁבְתִּי בְּבֵיתִי, וּבְלֶכְתִּי בַדֶּרֶךְ. בְּשִׁמְךָ אֵצֵא לַדֶּרֶךְ לְשָׁלוֹם, וּבְשִׁמְךָ אֶעֱבֹר הַדֶּרֶךְ בְּשָׁלוֹם, וְאָשׁוּב לְבֵיתִי לְשָׁלוֹם. וְתַצִּילֵנִי מִכָּל מִינֵי הֶזֵּיקוֹת וְהֶפְסֵד בַּדֶּרֶךְ בְּגַשְׁמִיּוּת וּבְרוּחָנִיּוּת, בְּגוּף וָנֶפֶשׁ וּמָמוֹן. וּשְׁמֹר צֵאתֵנוּ וּבוֹאֵנוּ לְחַיִּים טוֹבִים וּלְשָׁלוֹם מֵעַתָּה וְעַד עוֹלָם. וּתְזַכֵּנִי לִתֵּן צְדָקָה קֹדֶם צֵאתִי לַדֶּרֶךְ, כְּמוֹ

שֶׁכָּתוּב: "צֶדֶק לְפָנָיו יְהַלֵּךְ וְיָשֵׂם לְדֶרֶךְ פְּעָמָיו", וְעַל יְדֵי זֶה תִּכּוֹן לְפָנַי הַדֶּרֶךְ. וְאַתָּה בְּרַחֲמֶיךָ הָרַבִּים תֵּלֵךְ לְפָנַי לְהַנְחוֹתִי הַדֶּרֶךְ אֲשֶׁר אֵלֵךְ בָּהּ. וְתָאִיר לְפָנַי בְּאוֹרְךָ הַגָּדוֹל. וּתְבִיאֵנִי וְתַגִּיעֵנִי לִמְחוֹז חֶפְצִי לְחַיִּים וּלְשָׁלוֹם כִּרְצוֹנְךָ הַטּוֹב:

וּבְכֵן תְּרַחֵם עָלַי בְּרַחֲמֶיךָ הָרַבִּים, וּתְחָנֵּנִי בַּחֲסָדֶיךָ הַגְּדוֹלִים. וְתִשְׁמְרֵנִי וְתַצִּילֵנִי מִכָּל מִינֵי אִסּוּרִים דְּאוֹרַיְתָא וּדְרַבָּנָן, וּתְזַכֵּנִי לַעֲסֹק בְּתוֹרָתְךָ הַקְּדוֹשָׁה תָּמִיד יוֹמָם וָלַיְלָה. וְתַעַזְרֵנִי לִלְמֹד בְּהַתְמָדָה גְּדוֹלָה סִפְרֵי הַפּוֹסְקִים. וְתִהְיֶה עִמִּי תָּמִיד, וּתְחָנֵּנִי מֵאִתְּךָ דֵּעָה בִּינָה וְהַשְׂכֵּל, לְבָרֵר כָּל דִּינֵי אִסּוּר וְהֶתֵּר, וְאֶזְכֶּה לֵידַע בְּבֵרוּר כָּל הַדִּינִים לַאֲמִתָּתָן, עַד שֶׁאֶזְכֶּה עַל־יְדֵי־זֶה לְבָרֵר הַטּוֹב מִן הָרָע, הַכָּשֵׁר מִן הַפָּסוּל, הַטָּהוֹר מִן הַטָּמֵא, הַמֻּתָּר מִן הָאָסוּר. וּתְזַכֵּנִי לִלְמֹד בִּקְדֻשָּׁה וּבְטָהֳרָה גְּדוֹלָה, לִלְמֹד וּלְלַמֵּד לִשְׁמֹר וְלַעֲשׂוֹת וּלְקַיֵּם אֶת כָּל דִּבְרֵי תוֹרָתְךָ בְּאַהֲבָה בִּקְדֻשָּׁה גְּדוֹלָה. וְאֶזְכֶּה לִהְיוֹת צַדִּיק וְלַמְדָן בֶּאֱמֶת. וּתְזַכֵּנִי לִשְׁמִירַת וְתִקּוּן הַבְּרִית בְּכָל הַבְּחִינוֹת בְּתַכְלִית הַשְּׁלֵמוּת, לִשְׁמִירַת בְּרִית עִלָּאָה וְלִשְׁמִירַת בְּרִית תַּתָּאָה, בִּקְדֻשָּׁה וּבְטָהֳרָה גְּדוֹלָה בֶּאֱמֶת:

וּבְכֵן תְּחָנֵּנִי בְּרַחֲמֶיךָ הָרַבִּים, וְתַעַזְרֵנִי וְתוֹשִׁיעֵנִי

תָמִיד. וּתְזַכֵּנִי לִכְסוּפִין דִּקְדֻשָּׁה, שֶׁאֶהְיֶה נִכְסָף וּמִשְׁתּוֹקֵק תָּמִיד אֵלֶיךָ, וּמִתְגַּעְגֵּעַ לַעֲבוֹדָתְךָ בֶּאֱמֶת לְיִרְאָתְךָ וְאַהֲבָתְךָ. וְכָל הַיּוֹם כֻּלּוֹ תִּהְיֶה תְּשׁוּקָתִי וְתִקְוָתִי וְכִסּוּפַי וְגַעְגּוּעַי רַק אֵלֶיךָ וְלַעֲבוֹדָתְךָ בֶּאֱמֶת. וְעֵינַי יִהְיוּ כָּלוֹת כָּל הַיּוֹם לְהַשִּׂיג עֲבוֹדָתְךָ הָאֲמִתִּיִּת. כְּמוֹ שֶׁכָּתוּב: "כָּלְתָה לִתְשׁוּעָתְךָ נַפְשִׁי לִדְבָרְךָ יִחָלְתִּי. כָּלוּ עֵינַי לְאִמְרָתֶךָ לֵאמֹר מָתַי תְּנַחֲמֵנִי. נִכְסְפָה וְגַם כָּלְתָה נַפְשִׁי לְחַצְרוֹת יְהֹוָה לִבִּי וּבְשָׂרִי יְרַנְּנוּ אֶל אֵל חָי. כָּלָה שְׁאֵרִי וּלְבָבִי צוּר לְבָבִי וְחֶלְקִי אֱלֹהִים לְעוֹלָם. צָמְאָה לְךָ נַפְשִׁי כָּמַהּ לְךָ בְשָׂרִי בְּאֶרֶץ צִיָּה וְעָיֵף בְּלִי מָיִם. צָמְאָה נַפְשִׁי לֵאלֹהִים לְאֵל חָי מָתַי אָבוֹא וְאֵרָאֶה פְּנֵי אֱלֹהִים":

אָבִי אָבִי רֶכֶב יִשְׂרָאֵל, אָבִי אָבִי אֲדוֹנִי מַלְכִּי וֵאלֹהַי, צוּר לְבָבִי וּקְדוֹשִׁי, אַתָּה יוֹדֵעַ עֹצֶם רִחוּקֵינוּ מִמְּךָ עַכְשָׁו אֲשֶׁר אִי אֶפְשָׁר לְכַנּוֹת הַהַרְחָקָה בְּשׁוּם לָשׁוֹן שֶׁבָּעוֹלָם. וְאֵין לָנוּ שׁוּם סְמִיכָה כִּי אִם לִכְסֹף וּלְהִשְׁתּוֹקֵק וּלְהִתְגַּעְגֵּעַ אֵלֶיךָ וּלְצַפּוֹת לִישׁוּעָתְךָ וּלְקַוּוֹת לְרַחֲמֶיךָ, כַּאֲשֶׁר גִּלִּיתָ לָנוּ עַל־יְדֵי צַדִּיקֶיךָ הָאֲמִתִּיִּים, שֶׁהַכִּסּוּפִין וְהַהִשְׁתּוֹקְקוּת דִּקְדֻשָּׁה הֵם בְּעַצְמָם טוֹבִים מְאֹד. עַל כֵּן בָּאתִי לְבַקֵּשׁ מִלְּפָנֶיךָ יְהֹוָה אֱלֹהַי וֵאלֹהֵי אֲבוֹתַי. הֶחָפֵץ בְּתִקּוּנִי וְהַמִּשְׁתַּדֵּל בְּהַצָּלָתִי, שֶׁתְּזַכֵּנִי בְּרַחֲמֶיךָ הָרַבִּים, וְתַרְגִּילֵנִי לִכְסֹף

וּלְהִשְׁתּוֹקֵק וּלְהִתְגַּעְגֵּעַ אֵלֶיךָ תָּמִיד, בֶּאֱמֶת וּבְלֵב שָׁלֵם. וְתַצִּילֵנִי בְּרַחֲמֶיךָ הָרַבִּים וְתִשְׁמְרֵנִי וּתְמַלֵּט נַפְשִׁי מִכָּל מִינֵי כִּסּוּפִין רָעִים וּמִכָּל מִינֵי הִשְׁתּוֹקְקוּת וְגַעְגּוּעִים רָעִים, וּמִכָּל מִינֵי תַּאֲוֹת וְהִרְהוּרִים רָעִים. וְלֹא יַעֲלֶה עַל לִבִּי שׁוּם כִּסּוּפִין וְהִשְׁתּוֹקְקוּת רָעִים כְּלָל מֵעַתָּה וְעַד עוֹלָם:

וְתַעַזְרֵנִי בְּרַחֲמֶיךָ הָרַבִּים, שֶׁאֶזְכֶּה לְדַבֵּר וּלְהוֹצִיא בְּפִי אֶת הַכִּסּוּפִין וְהַגַּעְגּוּעִים טוֹבִים שֶׁלִּי.
וְתַעַזְרֵנִי תָמִיד לְפָרֵשׁ כָּל שִׂיחָתִי לְפָנֶיךָ בְּכָל לֵב וָנֶפֶשׁ. וְאֶזְכֶּה לְהַרְבּוֹת בְּהִתְבּוֹדְדוּת וּבְשִׂיחָה בֵּינִי לְבֵין קוֹנִי תָּמִיד. וְאֶזְכֶּה לִשְׁפֹּךְ כָּל שִׂיחִי לְפָנֶיךָ תָּמִיד. וְכָל אֲשֶׁר עִם לְבָבִי אָשִׂיחָה לְפָנֶיךָ מָלֵא רַחֲמִים, בֶּאֱמֶת וּבִתְמִימוּת, בְּכִסּוּפִין גְּדוֹלִים וְהִשְׁתּוֹקְקוּת נִמְרָץ אֵלֶיךָ, עַד שֶׁאֶזְכֶּה לַעֲשׂוֹת נְפָשׁוֹת רַבּוֹת דִּקְדֻשָּׁה עַל יְדֵי הַכִּסּוּפִין הַקְּדוֹשִׁים שֶׁלִּי שֶׁאֶזְכֶּה לְהוֹצִיאָם וּלְפָרְטָם בְּפִי בְּפֵרוּשׁ בְּכָל יוֹם וָיוֹם חֹק וְלֹא יַעֲבֹר. וְאֶזְכֶּה לַעֲשׂוֹת עַל יְדֵי זֶה נְקֻדּוֹת קְדוֹשׁוֹת לְאוֹתִיּוֹת הַתּוֹרָה וּלְצַיֵּר אוֹתִיּוֹת הַתּוֹרָה לְטוֹב. וְיִהְיוּ נַעֲשִׂים אֶצְלִי כָּל דִּבְרֵי הַתּוֹרָה הַקְּדוֹשָׁה סַם חַיִּים. וְאֶזְכֶּה לְהִתְדַּבֵּק בְּךָ וּבַעֲבוֹדָתְךָ תָּמִיד לְעוֹלָם וָעֶד. וְתִשְׁמְרֵנִי וְתַצִּילֵנִי תָּמִיד, שֶׁלֹּא יִתְגַּלְגֵּל וְלֹא יִתְדַּבֵּק בִּי וּבְזַרְעִי שׁוּם נֶפֶשׁ רָעָה חַס וְשָׁלוֹם הַיּוֹצֵאת וְנַעֲשֵׂית מִכִּסּוּפִין

רָעִים חַס וְשָׁלוֹם. וְתַעַזְרֵנִי שֶׁיֵּצְאוּ מִמֶּנִּי תָּמִיד נְפָשׁוֹת קְדוֹשׁוֹת וְטוֹבוֹת הַרְבֵּה, עַל יְדֵי כִּסּוּפִין הַטּוֹבִים שֶׁלָּנוּ. שֶׁנּוֹצִיאֵם בְּפִינוּ. וְיִתְגַּבְּרוּ אֵלּוּ הַנְּפָשׁוֹת, וִיעוֹרְרוּ כָּל הָעוֹלָם כֻּלּוֹ בִּתְשׁוּבָה שְׁלֵמָה בֶּאֱמֶת, עַד שֶׁיָּשׁוּבוּ כֻּלָּם אֵלֶיךָ לַעֲשׂוֹת רְצוֹנְךָ בֶּאֱמֶת:

וּבְכֵן תְּרַחֵם עָלֵינוּ. וְתוֹשִׁיעֵנוּ וּתְזַכֵּנוּ לֶאֱכֹל בִּקְדֻשָּׁה גְּדוֹלָה וְנוֹרָאָה עַד שֶׁתִּהְיֶה אֲכִילָתֵנוּ בִּבְחִינַת לֶחֶם הַפָּנִים. וְתַעַזְרֵנוּ שֶׁכָּל הָעַכּוּ"ם וְכָל הַכּוֹכָבִים וּמַזָּלוֹת יִהְיוּ כֻּלָּם טוֹרְחִים בִּשְׁבִיל פַּרְנָסוֹתֵינוּ. וְתָסִיר צִלָּם מֵעֲלֵיהֶם, וִיקֻיַּם מִקְרָא שֶׁכָּתוּב: "סָר צִלָּם מֵעֲלֵיהֶם וַיהוָה אִתָּנוּ אַל תִּירָאֻם". וּתְבַטֵּל חָכְמַת הַטֶּבַע מִן הָעוֹלָם. וְתַעֲקֹר וּתְשַׁבֵּר וּתְבַטֵּל דֵּעוֹתֵיהֶם הַמֻּטְעוֹת מִן הָעוֹלָם. וְתִתְגַּלֶּה מַלְכוּתְךָ וְהַשְׁגָּחָתְךָ לְכָל בָּאֵי עוֹלָם, וְיֵדְעוּ הַכֹּל שֶׁאֵין שׁוּם טֶבַע בָּעוֹלָם כְּלָל, רַק הַכֹּל מִתְנַהֵג בְּהַשְׁגָּחָתְךָ לְבַד. וְתָאִיר עָלֵינוּ בְּאוֹר פָּנֶיךָ וְאַל תַּסְתֵּר פָּנֶיךָ מִמֶּנּוּ. "הָאִירָה פָנֶיךָ עַל עַבְדֶּךָ הוֹשִׁיעֵנִי בְחַסְדֶּךָ". וְיֵדַע כָּל פָּעוּל כִּי אַתָּה פְעַלְתּוֹ וְיָבִין כָּל יָצוּר כִּי אַתָּה יְצַרְתּוֹ. וְיֵדְעוּ הַכֹּל כִּי אַתָּה מַשְׁגִּיחַ בְּהַשְׁגָּחָה פְּרָטִיִּית עַל כָּל דָּבָר שֶׁבָּעוֹלָם, בִּפְרָטֵי פְּרָטִיּוּת בְּכָל עֵת וּבְכָל רֶגַע. וְאֵין שׁוּם דֶּרֶךְ הַטֶּבַע בָּעוֹלָם כְּלָל. רַק הַכֹּל מֵאִתְּךָ לְבַד. "פְּנֵה אֵלַי וְחָנֵּנִי תְּנָה עֻזְּךָ לְעַבְדֶּךָ וְהוֹשִׁיעָה לְבֶן אֲמָתֶךָ. פָּנֶיךָ הָאֵר בְּעַבְדֶּךָ

וְלַמְּדֵנִי אֶת חֻקֶּיךָ. נְסָה עָלֵינוּ אוֹר פָּנֶיךָ יְהֹוָה". וּתְבַטֵּל חָכְמַת הַטֶּבַע חָכְמַת הַכּוֹכָבִים וּמַזָּלוֹת מִן הָעוֹלָם, הַנִּמְשָׁכִין מֵהַסְתָּרַת פְּנֵי יְהֹוָה. וּתְגַלֶּה אֲמִתַּת חָכְמַת הַנְהָגַת פְּנֵי הַשְׁגָּחָתְךָ בָּעוֹלָם אֵיךְ אוֹר פְּנֵי יְהֹוָה חוֹפֵף עָלֵינוּ כָּל הַיּוֹם. וּמַנְהִיג עוֹלָמוֹ בְּהַשְׁגָּחָה פְּרָטִיּוּת בְּחָכְמָה נִפְלָאָה וְנוֹרָאָה אֲשֶׁר אִי אֶפְשָׁר לְהַשִּׂיג, וּמַסְתִּיר עַכְשָׁו הַנְהָגָתוֹ בְּדֶרֶךְ הַטֶּבַע. וְיֵדְעוּ הַכֹּל שֶׁגַּם הַטֶּבַע בְּעַצְמָהּ אַתָּה מַנְהִיג בְּהַשְׁגָּחָתְךָ לְבַד, וְגַם הַטֶּבַע הִיא הַשְׁגָּחָה. וּתְמַלֵּא רַחֲמִים עָלֵינוּ, וְתַמְשִׁיךְ גַּם עַכְשָׁו הַהַנְהָגָה שֶׁתִּהְיֶה לֶעָתִיד, שֶׁאָז תְּבַטֵּל הַטֶּבַע לְגַמְרֵי, וְתַנְהִיג אֶת עוֹלָמְךָ בְּהַשְׁגָּחָתְךָ לְבַד. וְנִזְכֶּה שֶׁגַּם עַכְשָׁו תַּנְהִיג אוֹתָנוּ בְּהַשְׁגָּחָתְךָ לְבַד, בְּלִי שׁוּם דֶּרֶךְ הַטֶּבַע כְּלָל. וְתַעַזְרֵנוּ שֶׁתִּהְיֶה אֲכִילָתֵנוּ בִּקְדֻשָּׁה גְּדוֹלָה כָּל כָּךְ. עַד שֶׁיִּהְיֶה הַשֻּׁלְחָן שֶׁלָּנוּ מְכַפֵּר כְּמִזְבֵּחַ. וְיִהְיֶה נֶאֱמַר עַל הַשֻּׁלְחָן שֶׁלָּנוּ "זֶה הַשֻּׁלְחָן אֲשֶׁר לִפְנֵי יְהֹוָה:"

וּתְמַהֵר וְתָחִישׁ לְגָאֳלֵנוּ גְּאֻלַּת עוֹלָם. וְתָבִיא לָנוּ אֶת מְשִׁיחַ צִדְקֵנוּ וְתִבְנֶה לָנוּ בֵּית קָדְשֵׁנוּ וְתִפְאַרְתֵּנוּ. וְשָׁם נַעֲלֶה וְנֵרָאֶה וְנִשְׁתַּחֲוֶה לְפָנֶיךָ בְּשָׁלֹשׁ פַּעֲמֵי רְגָלֵנוּ. כַּכָּתוּב בְּתוֹרָתֶךָ: "שָׁלֹשׁ פְּעָמִים בַּשָּׁנָה יֵרָאֶה כָל זְכוּרְךָ אֶת פְּנֵי יְהֹוָה אֱלֹהֶיךָ בַּמָּקוֹם אֲשֶׁר יִבְחָר, בְּחַג הַמַּצּוֹת וּבְחַג הַשָּׁבוּעוֹת וּבְחַג

הַסֻּכּוֹת. וְלֹא יֵרָאֶה אֶת פְּנֵי יְהֹוָה רֵיקָם, אִישׁ כְּמַתְּנַת יָדוֹ כְּבִרְכַּת יְהֹוָה אֱלֹהֶיךָ אֲשֶׁר נָתַן לָךְ". וְנִזְכֶּה לְסַדֵּר בְּבֵית הַמִּקְדָּשׁ לֶחֶם הַפָּנִים לְפָנֶיךָ תָּמִיד. וְתוֹצִיא חַמָּה מִנַּרְתִּיקָהּ וְתִתְגַּלֶּה הַשֶּׁמֶשׁ בְּתָקְפָּהּ, וּתְקַדְּשֵׁנוּ בִּקְדֻשָּׁתְךָ הָעֶלְיוֹנָה, וְתִתֶּן לָנוּ כֹּחַ לְקַבֵּל עֶצֶם אוֹר הַחַמָּה שֶׁתִּתְגַּלֶּה לֶעָתִיד בְּתָקְפָּהּ וּבִגְבוּרָתָהּ. וְתִרְפָּאֵנוּ עַל יָדָהּ מִכָּל תַּחֲלוּאֵינוּ וּמִכָּל מַכְאוֹבֵינוּ, רְפוּאַת הַנֶּפֶשׁ וּרְפוּאַת הַגּוּף. וּתְתַקֵּן בְּרַחֲמֶיךָ כָּל הַפְּגָמִים שֶׁפָּגַמְנוּ לְפָנֶיךָ בְּכָל הָעוֹלָמוֹת כֻּלָּם. וִיקֻיַּם מִקְרָא שֶׁכָּתוּב: "וְזָרְחָה לָכֶם יִרְאֵי שְׁמִי שֶׁמֶשׁ צְדָקָה וּמַרְפֵּא בִּכְנָפֶיהָ". וְתַכְנִיס אֶת הַשֶּׁפַע וְהַפַּרְנָסָה מִן הַחוּץ לִפְנִים לְתוֹךְ הַקְּדֻשָּׁה וְלֹא תֵלֵךְ עוֹד רִבּוּי הַשֶּׁפַע וְהַפַּרְנָסָה לְהָעַכּוּ"ם וְהָרְשָׁעִים חַס וְשָׁלוֹם, רַק כָּל הַשֶּׁפַע טוֹבָה וְהַפַּרְנָסָה וְהָעֲשִׁירוּת יִהְיֶה נִמְשָׁךְ לָנוּ מֵאִתְּךָ. וּתְקַיֵּם לָנוּ מִקְרָא שֶׁכָּתוּב: "יִפְתַּח יְהֹוָה לְךָ אֶת אוֹצָרוֹ הַטּוֹב אֶת הַשָּׁמַיִם לָתֵת מְטַר אַרְצְךָ בְּעִתּוֹ וּלְבָרֵךְ אֵת כָּל מַעֲשֵׂה יָדֶךָ וְהִלְוִיתָ גּוֹיִם רַבִּים וְאַתָּה לֹא תִלְוֶה. כִּי יְהֹוָה אֱלֹהֶיךָ בֵּרַכְךָ כַּאֲשֶׁר דִּבֶּר לָךְ. וְהַעֲבַטְתָּ גּוֹיִם רַבִּים וְאַתָּה לֹא תַעֲבֹט. וּמָשַׁלְתָּ בְּגוֹיִם רַבִּים וּבְךָ לֹא יִמְשֹׁלוּ":

חוּס וַחֲמוֹל עָלֵינוּ. וּמַלֵּא מִשְׁאֲלוֹתֵינוּ בְּרַחֲמִים, וְזַכֵּנוּ לִקְדֻשַּׁת שַׁבַּת קֹדֶשׁ, וְלִשְׁמִירַת הַבְּרִית בֶּאֱמֶת.

וְלִשְׁמִירַת אִסּוּר וְהֶתֵּר, וְלֶאֱמוּנָה שְׁלֵמָה דִּקְדֻשָּׁה בֶּאֱמֶת. וּתְחָנֵּנוּ מֵאִתְּךָ חָכְמָה בִּינָה וָדַעַת. וְתַשְׁפִּיעַ עָלֵינוּ מִדַּת הָרַחֲמָנוּת תָּמִיד. וְנִזְכֶּה לְרַחֵם עַל הַבְּרִיּוֹת לִתֵּן צְדָקָה הַרְבֵּה בְּשִׂמְחָה גְּדוֹלָה לַעֲנִיִּים הֲגוּנִים הַרְבֵּה. וְעָזְרֵנוּ וְזַכֵּנוּ לְכִסּוּפִין דִּקְדֻשָּׁה, וּלְהִשְׁתּוֹקְקוּת נִמְרָץ לְשִׁמְךָ וְלַעֲבוֹדָתְךָ בֶּאֱמֶת תָּמִיד. וְתֵן לָנוּ פַּרְנָסוֹתֵינוּ בְּהַרְחָבָה גְּדוֹלָה מִיָּדְךָ הַמְּלֵאָה וְהָרְחָבָה, לְמַעַן נִזְכֶּה לַעֲסֹק בְּתוֹרָתְךָ וּבַעֲבוֹדָתְךָ, וְלַעֲשׂוֹת רְצוֹנְךָ בֶּאֱמֶת כָּל יְמֵי חַיֵּינוּ, אֲנַחְנוּ וְצֶאֱצָאֵינוּ וְצֶאֱצָאֵי עַמְּךָ בֵּית יִשְׂרָאֵל מֵעַתָּה וְעַד עוֹלָם. עַד אֲשֶׁר נִזְכֶּה לְהִתְדַּבֵּק וּלְהִכָּלֵל בְּךָ תָּמִיד לַעֲלוֹת וְלֵרָאוֹת בְּאוֹר פָּנֶיךָ. "אֱלֹהִים יְחָנֵּנוּ וִיבָרְכֵנוּ יָאֵר פָּנָיו אִתָּנוּ סֶלָה". וְתִשְׁמֹר לָנוּ חַסְדֵי דָוִד הַנֶּאֱמָנִים. וּתְקַיֵּם לָנוּ מִקְרָא שֶׁכָּתוּב: "לְעוֹלָם אֶשְׁמָר לוֹ חַסְדִּי וּבְרִיתִי נֶאֱמֶנֶת לוֹ". וְנִרְאֵהוּ עַיִן בְּעַיִן בְּשׁוּבוֹ אֶל נָוֵהוּ כַּכָּתוּב: "כִּי עַיִן בְּעַיִן יִרְאוּ בְּשׁוּב יְהֹוָה צִיּוֹן". וְנֶאֱמַר: "וְנִגְלָה כְּבוֹד יְהֹוָה וְרָאוּ כָל בָּשָׂר יַחְדָּו כִּי פִּי יְהֹוָה דִּבֵּר". וְנֶאֱמַר: "וְלֹא יִכָּנֵף עוֹד מוֹרֶיךָ. וְהָיוּ עֵינֶיךָ רֹאוֹת אֶת מוֹרֶיךָ. יְהֹוָה אֱלֹהִים צְבָאוֹת הֲשִׁיבֵנוּ הָאֵר פָּנֶיךָ וְנִוָּשֵׁעָה. יִהְיוּ לְרָצוֹן אִמְרֵי פִי וְהֶגְיוֹן לִבִּי לְפָנֶיךָ יְהֹוָה צוּרִי וְגוֹאֲלִי":

לב

"אֲדֹנָי שְׂפָתַי תִּפְתָּח וּפִי יַגִּיד תְּהִלָּתֶךָ". רִבּוֹנוֹ שֶׁל עוֹלָם אֲדוֹן הַשִּׂמְחָה וְהַחֶדְוָה אֲשֶׁר הַשִּׂמְחָה בִּמְעוֹנֶךָ. וּבְרַחֲמֶיךָ הָרַבִּים בָּרָאתָ שָׂשׂוֹן וְשִׂמְחָה חָתָן וְכַלָּה, גִּילָה וְרִנָּה דִּיצָה וְחֶדְוָה, זַכֵּנִי בְּרַחֲמֶיךָ הָרַבִּים שֶׁאֶזְכֶּה לְקַיֵּם מִצְוַת הַכְנָסַת כַּלָּה לַחֻפָּה בְּתַכְלִית הַשְּׁלֵמוּת בִּקְדֻשָּׁה וּבְטָהֳרָה גְּדוֹלָה. וְאֶזְכֶּה בְּכָל עֵת לְשַׂמֵּחַ חָתָן וְכַלָּה, לְשַׂמְּחָם בְּכָל עֹז וְחֶדְוָה, לְהַרְבּוֹת בְּכָל מִינֵי שִׂמְחָה לִפְנֵיהֶם, וְלִרְקֹד לִפְנֵיהֶם בְּכָל כֹּחִי בְּשִׂמְחָה וְחֶדְוָה גְּדוֹלָה. וְאֶזְכֶּה עַל־יְדֵי הָרִקּוּדִין לְהַמְתִּיק כָּל הַדִּינִים מֵעָלֵינוּ וּמֵעַל כָּל יִשְׂרָאֵל. וְתִתֵּן שִׂמְחָה בְּלִבִּי עַד שֶׁיִּתְנַשְּׂאוּ רַגְלַי עַל־יְדֵי שִׂמְחַת הַלֵּב. לִרְקֹד הַרְבֵּה לִפְנֵי חָתָן וְכַלָּה. וּלְפַזֵּז וּלְכַרְכֵּר בְּכָל עֹז לִפְנֵיהֶם. וְאֶזְכֶּה עַל יְדֵי הָרִקּוּדִין לְהַמְשִׁיךְ ה' [חֲמִשָּׁה] אַלְפִּין שֶׁבְּבִינָה, לְהַמְתִּיק עַל יְדֵי זֶה כָּל הַשַּׁ"ךְ דִּינִים, וְיִתְהַפֵּךְ הַדִּין לְרַחֲמִים פְּשׁוּטִים. וְנִזְכֶּה לְהַמְשִׁיךְ עָלֵינוּ כָּל הַה' [הַחֲמִשָּׁה] קוֹלוֹת הַקְּדוֹשִׁים. וִיקֻיַּם מְהֵרָה מִקְרָא שֶׁכָּתוּב: "עוֹד יִשָּׁמַע בְּעָרֵי יְהוּדָה וּבְחֻצוֹת יְרוּשָׁלַיִם קוֹל שָׂשׂוֹן וְקוֹל שִׂמְחָה, קוֹל חָתָן וְקוֹל כַּלָּה, קוֹל אוֹמְרִים הוֹדוּ אֶת יְהוָֹה צְבָאוֹת, כִּי טוֹב יְהוָֹה כִּי לְעוֹלָם חַסְדּוֹ". וְאֶזְכֶּה תָּמִיד לַעֲסֹק בְּתוֹרָה וּתְפִלָּה וּצְדָקָה וּמַעֲשִׂים טוֹבִים בְּשִׂמְחָה וְחֶדְוָה גְּדוֹלָה, עַד

שֶׁאֶזְכֶּה לְיַחֵד וּלְחַבֵּר חָתָן וְכַלָּה הָעֶלְיוֹנִים. וּתְרַחֵם עַל כְּנֶסֶת יִשְׂרָאֵל עַם קָדְשֶׁךָ, רַעְיָתְךָ הַמְּשׁוּכָה אַחֲרֶיךָ, כַּלָּה קְרוּאָה בִּנְעִימָה בְּאַהֲבָתְךָ וּבְחֶמְלָתֶךָ, וְתַמְתִּיק וּתְבַטֵּל כָּל הַדִּינִים מֵעַל כָּל עַמְּךָ בֵּית יִשְׂרָאֵל בְּגַשְׁמִיּוּת וְרוּחָנִיּוּת. וּתְשַׂמְּחֵנוּ בִּישׁוּעָתְךָ תָּמִיד, וּתְמַהֵר וְתָחִישׁ לְגָאֳלֵנוּ, וְתַעֲלֵנוּ בְּשִׂמְחָה לְאַרְצֵנוּ, וְתִבְנֶה בֵּית קָדְשֵׁנוּ וְתִפְאַרְתֵּנוּ. וִיקֻיַּם מְהֵרָה מִקְרָא שֶׁכָּתוּב: "אָז תִּשְׂמַח בְּתוּלָה בְּמָחוֹל וּבַחֻרִים וּזְקֵנִים יַחְדָּו. וְהָפַכְתִּי אֶבְלָם לְשָׂשׂוֹן, וְנִחַמְתִּים, וְשִׂמַּחְתִּים מִיגוֹנָם". וְנִזְכֶּה לִרְאוֹת בְּנֹעַם זִיוְךָ, בָּעֵת שֶׁתִּתְעַטֵּר בַּעֲטֶרֶת תִּפְאֶרֶת עַל יְדֵי מַעֲשִׂים טוֹבִים שֶׁל כָּל יִשְׂרָאֵל עַמֶּךָ. כָּאָמוּר: "צְאֶינָה וּרְאֶינָה בְּנוֹת צִיּוֹן בַּמֶּלֶךְ שְׁלֹמֹה בָּעֲטָרָה שֶׁעִטְּרָה לּוֹ אִמּוֹ בְּיוֹם חֲתֻנָּתוֹ וּבְיוֹם שִׂמְחַת לִבּוֹ", בִּמְהֵרָה בְיָמֵינוּ אָמֵן:

לג

רִבּוֹן עָלְמִין אַנְתְּ הוּא חַד וְלָא בְחֻשְׁבָּן. אַנְתְּ הוּא עִלָּאָה עַל כָּל עִלָּאִין סְתִימָא דְכָל סְתִימִין, לֵית מַחֲשָׁבָה תְּפִיסָה בָךְ כְּלָל. אַנְתְּ הוּא מְמַלֵּא כָל עָלְמִין וְסוֹבֵב כָּל עָלְמִין וְלֵית אֲתַר פָּנוּי מִנָּךְ כְּלָל, כִּי מְלֹא כָל הָאָרֶץ כְּבוֹדֶךָ, וּמַלְכוּתְךָ בַּכֹּל מָשָׁלָה. וְאַתָּה מְחַיֶּה אֶת כֻּלָּם. כָּל צְבָא מַעְלָה וְכָל צְבָא מַטָּה, כָּל הַהֵיכָלִין

וְהַמַּדְרֵגוֹת הַקְּדוֹשׁוֹת, וְכָל הַמַּדְרֵגוֹת וְהַהֵיכָלִין שֶׁל הַטֻּמְאָה וְהַסִּטְרָא אַחֲרָא. וַאֲפִלּוּ בְּעֶשֶׂר כִּתְרִין דִּמְסָאֲבוּתָא מְלֻבָּשׁ חִיּוּתְךָ יִתְבָּרַךְ לָעַד וּלְנֵצַח נְצָחִים. וְאֵין שׁוּם סִטְרָא אַחֲרָא וּקְלִפָּה וְטֻמְאָה בָּעוֹלָם שֶׁלֹּא יִהְיֶה מְלֻבָּשׁ בָּהֶם חִיּוּתְךָ יִתְבָּרַךְ, כִּי אַתָּה מְחַיֶּה אֶת כֻּלָּם. וּמִבַּלְעָדֶיךָ אֵין לָהֶם שׁוּם חִיּוּת וְקִיּוּם כְּלָל. וַאֲפִלּוּ בְּכָל לְשׁוֹנוֹת הַגּוֹיִם וּבְכָל הַמִּדּוֹת רָעוֹת וּבְכָל הַתַּאֲווֹת רָעוֹת, וַאֲפִלּוּ בְּכָל הָעֲבֵרוֹת וְהָאִסּוּרִים שֶׁבַּתּוֹרָה, מְלֻבָּשׁ וּמֻסְתָּר חִיּוּתְךָ יִתְבָּרַךְ, כִּי מַלְכוּתְךָ בַּכֹּל מָשָׁלָה.

עַל כֵּן בָּאתִי לְפָנֶיךָ יְהוָה אֱלֹהַי וֵאלֹהֵי אֲבוֹתַי. אֲדוֹן כֹּל. לְחַלּוֹת וּלְחַנֵּן פָּנֶיךָ. וְלִשְׁטֹחַ כַּפַּי לְרַחֲמֶיךָ וַחֲנִינוּתֶיךָ. שֶׁתְּחָנֵּנִי בַּחֲסָדֶיךָ הַגְּדוֹלִים. וְתַשְׁפִּיעַ עָלַי שֵׂכֶל וָדַעַת דִּקְדֻשָּׁה. וְכֹחַ וּגְבוּרָה מֵאִתְּךָ. שֶׁאֶזְכֶּה לְהִתְגַּבֵּר עַל יִצְרִי הָרַע וּלְכוֹפוֹ לְהִשְׁתַּעְבֵּד לְךָ בֶּאֱמֶת וְאֶזְכֶּה לְהַכִּיר אוֹתְךָ וּלְהִתְקָרֵב אֵלֶיךָ בְּכָל מָקוֹם, בֵּין בְּטִיבוֹ בֵּין בְּעָקוֹ חַס וְשָׁלוֹם, תָּמִיד אֶתְקָרֵב אֵלֶיךָ. וְאֶזְכֶּה לְקַיֵּם מִקְרָא שֶׁכָּתוּב: "בַּיהוָה אֲהַלֵּל דָּבָר בֵּאלֹהִים אֲהַלֵּל דָּבָר", וּלְהִתְדַּבֵּק בְּךָ תָּמִיד. וּתְזַכֵּנִי וְתַעַזְרֵנִי לְהַכִּיר אוֹתְךָ וּלְהִתְקָרֵב אֵלֶיךָ בֶּאֱמֶת וְלָשׁוּב בִּתְשׁוּבָה שְׁלֵמָה לְפָנֶיךָ מִמָּקוֹם שֶׁאֲנִי שָׁם עַכְשָׁו בָּעֵת הַזֹּאת. וְאִם בַּעֲוֹנוֹתַי הָרַבִּים נָפַלְתִּי לְמָקוֹם שֶׁנָּפַלְתִּי

וְיָרַדְתִּי לְמָקוֹם שֶׁיָּרַדְתִּי, אַף עַל פִּי כֵן אֲנִי מַאֲמִין בֶּאֱמוּנָה שְׁלֵמָה. שֶׁגַּם בִּמְקוֹמִי שֶׁאֲנִי שָׁם עַכְשָׁו בָּעֵת הַזֹּאת. גַּם שָׁם אַתָּה נִמְצָא. כִּי לֵית אֲתַר פָּנוּי מִנָּךְ. וּבְכָל הַמְּקוֹמוֹת מֶמְשַׁלְתֶּךָ.

עַל כֵּן חוּס וַחֲמֹל עָלַי, וְאַל תַּסְתֵּר פָּנֶיךָ מִמֶּנִּי, אֲפִלּוּ בִּמְקוֹמוֹת הַלָּלוּ הַמְּגֻנִּים מְאֹד, "גַּם שָׁם יָדְךָ תַנְחֵנִי וְתֹאחֲזֵנִי יְמִינֶךָ". מָלֵא רַחֲמִים, "מַעֲשֵׂי יָדֶךָ אַל תֶּרֶף", אֱחֹז בִּי וְהוֹצִיאֵנִי מְהֵרָה מִכָּל אֵלּוּ הַמְּקוֹמוֹת הַשְּׁפָלִים וְהַמְּגֻנִּים. וְתַעַזְרֵנִי לְבַקֵּשׁ אוֹתְךָ תָּמִיד בְּכָל הַמְּקוֹמוֹת שֶׁאֲנִי שָׁם. וְאֶזְכֶּה לְקַיֵּם מִקְרָא שֶׁכָּתוּב: "וּבִקַּשְׁתֶּם מִשָּׁם אֶת יְהוָֹה אֱלֹהֶיךָ וּמָצָאתָ כִּי תִדְרְשֶׁנּוּ בְּכָל לְבָבְךָ וּבְכָל נַפְשֶׁךָ" וְתִהְיֶה נִמְצָא עִמִּי תָּמִיד בְּכָל עֵת, וּתְקָרְבֵנִי אֵלֶיךָ בְּרַחֲמֶיךָ אַף עַל פִּי שֶׁאֵינִי זוֹכֶה לִדְרשׁ וּלְבַקֵּשׁ אוֹתְךָ כָּרָאוּי. וּתְקַיֵּם מִקְרָא שֶׁכָּתוּב: "נִדְרַשְׁתִּי לְלוֹא שָׁאָלוּ, נִמְצֵאתִי לְלֹא בִקְשֻׁנִי, אָמַרְתִּי הִנֵּנִי הִנֵּנִי אֶל־גּוֹי לֹא־קֹרָא בִשְׁמִי. שִׁטַּחְתִּי אֵלֶיךָ כַּפַּי פֵּרַשְׂתִּי יָדַי כָּל הַיּוֹם. נַפְשִׁי כְּאֶרֶץ עֲיֵפָה לְךָ סֶלָה, אֵלֶיךָ נָשָׂאתִי אֶת עֵינַי הַיֹּשְׁבִי בַּשָּׁמָיִם, חָנֵּנוּ יְהוָֹה חָנֵּנוּ כִּי רַב שָׂבַעְנוּ בוּז. כִּי שָׁחָה לֶעָפָר נַפְשֵׁנוּ דָּבְקָה לָאָרֶץ בִּטְנֵנוּ. דָּבְקָה לֶעָפָר נַפְשִׁי חַיֵּנִי כִּדְבָרֶיךָ. קוּמָה עֶזְרָתָה לָּנוּ, וּפְדֵנוּ לְמַעַן חַסְדֶּךָ. חוּשָׁה לְעֶזְרָתִי אֲדֹנָי תְּשׁוּעָתִי". וּמַהֵר לְחַלְּצֵנִי וּלְהוֹצִיאֵנִי מִכָּל אֵלּוּ

הַמְּקוֹמוֹת הַמְגֻנִּים וְהַמְטֻנָּפִים וְהַנְּמוּכִים וְהַמְגֻשָּׁמִים מְאֹד. "אַל תִּבְלָעֵנִי מְצוּלָה וְאַל תֶּאְטַר עָלַי בְּאֵר פִּיהָ" וּמַהֵר לְגָאֳלֵנִי בְּרַחֲמֶיךָ וּלְהוֹצִיאֵנִי וּלְהַעֲלוֹתֵנִי וּלְטַהֲרֵנִי מִכָּל הַפְּגָמִים שֶׁפָּגַמְתִּי לְפָנֶיךָ עַל יְדֵי כָּל הַחֲטָאִים וְהָעֲוֹנוֹת וְהַפְּשָׁעִים שֶׁחָטָאתִי וְשֶׁעָוִיתִי וְשֶׁפָּשַׁעְתִּי לְפָנֶיךָ מִנְּעוּרַי עַד הַיּוֹם הַזֶּה בְּשׁוֹגֵג וּבְמֵזִיד בְּאֹנֶס וּבְרָצוֹן.

חוּס וַחֲמֹל עָלַי וְתַשְׁפִּיעַ עָלַי כֹּחַ וּגְבוּרָה דִּקְדֻשָּׁה מִן הַכֹּחַ וְהַגְּבוּרָה שֶׁל הַצַּדִּיקִים הָאֲמִתִּיִּים אֲשֶׁר זָכוּ לִכֹּף אֶת יִצְרָם, אֲשֶׁר הֵם הַדּוֹמִים לְמַלְאַךְ יְהֹוָה צְבָאוֹת מַמָּשׁ. וְעָמְדוּ בְּנִסְיוֹנוֹת רַבּוֹת אֵין מִסְפָּר, וְכָבְשׁוּ אֶת תַּאֲוָתָם, וְכָפוּ אֶת יִצְרָם תַּחְתָּם, עַד אֲשֶׁר שָׁבְרוּ וּבִטְּלוּ אֶת יִצְרָם לְגַמְרֵי. וְזָכוּ לְהִתְדַּבֵּק בְּךָ בֶּאֱמֶת בְּתַכְלִית הַמַּעֲלָה וְהַשְּׁלֵמוּת. שֶׁאֵין שְׁלֵמוּת אַחֲרָיו. וּבִזְכוּתָם וְכֹחָם הַגָּדוֹל נִשְׁעַנְתִּי, שֶׁתָּחוֹס וְתַחְמֹל עָלַי בִּזְכוּתָם, וְתַשְׁפִּיעַ עָלַי מִכֹּחָם וּגְבוּרָתָם, וְתַעַזְרֵנִי שֶׁאֶזְכֶּה גַּם כֵּן לָכֹף וּלְהַכְנִיעַ וּלְשַׁבֵּר וּלְבַטֵּל אֶת יִצְרִי הָרָע, שֶׁאֶזְכֶּה לְשַׁבֵּר וּלְבַטֵּל כָּל הַתַּאֲווֹת רָעוֹת וּמִדּוֹת רָעוֹת לְגַמְרֵי, וְלֹא יִשָּׁאֵר בִּי שׁוּם רָע כְּלָל. וְאֶזְכֶּה לָשׁוּב בִּתְשׁוּבָה שְׁלֵמָה לְפָנֶיךָ בֶּאֱמֶת וּבְלֵב שָׁלֵם. וְתַעַזְרֵנִי שֶׁהָרָע שֶׁנֶּאֱחָז בִּי יִפֹּל וְיִתְבַּטֵּל לְגַמְרֵי. וְהַטּוֹב וְהַתּוֹרָה הַקְּדוֹשָׁה הַנֶּעְלָם וְנִסְתָּר בִּי וּבְמִדּוֹתַי,

הַכֹּל יִתְבָּרֵר וְיִתְגַּלֶּה וְיִתּוֹסֵף עָלָיו אוֹר רַב מִלְּעֵלָּא, עַד שֶׁאֶזְכֶּה לְגַלּוֹת וּלְהָאִיר כָּל הַטּוֹב שֶׁבִּי. וּתְזַכֵּנִי לַעֲלוֹת מִדַּרְגָּא לְדַרְגָּא בִּקְדֻשָּׁה גְּדוֹלָה, עַד שֶׁאֶזְכֶּה לְהִתְקָרֵב אֵלֶיךָ וּלְהִתְדַּבֵּק בְּךָ וּבְהַתּוֹרָה הַקְּדוֹשָׁה בֶּאֱמֶת וּבִתְמִימוּת. וְתִפְתַּח לִי אוֹר הַדַּעַת שֶׁאֶזְכֶּה לְהַכִּיר אוֹתְךָ וּלְהִתְדַּבֵּק בְּךָ תָּמִיד בְּאַהֲבָה יְתֵרָה, בְּאַהֲבָה רַבָּה וְאַהֲבַת עוֹלָם בֶּאֱמֶת וּבֶאֱמוּנָה בִּקְדֻשָּׁה וּבְטָהֳרָה. וּתְמַעֵט הַצִּמְצוּמִים וְהַלְּבוּשִׁים וְהַמְּסַכִים הַמַּבְדִּילִים, וּתְזַכֵּנִי לֵידַע וּלְהַכִּיר אוֹתְךָ בְּלִי צִמְצוּמִים וּלְבוּשִׁים רַבִּים, וּתְקָרְבֵנִי אֵלֶיךָ בְּהִתְקָרְבוּת גָּדוֹל וּבְהִתְגַּלּוּת הַדַּעַת דִּקְדֻשָּׁה, מֵעַתָּה וְעַד עוֹלָם:

אָנָּא יְהֹוָה רַחֲמָן מָלֵא רַחֲמִים, פּוֹדֶה וּמַצִּיל, גּוֹאֵל חָזָק, חוֹשֵׁב מַחֲשָׁבוֹת לְבַל יִדַּח מִמְּךָ נִדָּח, עֲמֹד עַל יְמִינִי וְסָמְכֵנִי וְעָזְרֵנִי וְהוֹשִׁיעֵנִי שֶׁאֶזְכֶּה לָכֹף אֶת יִצְרִי לְהִשְׁתַּעְבֵּד לָךְ. וְאֶזְכֶּה לְשַׁבֵּר וּלְבַטֵּל כָּל הַתַּאֲווֹת וְכָל הַמִּדּוֹת רָעוֹת שֶׁנִּתְאַחֲזוּ בִּי. וּתְזַכֵּנִי מֵעַתָּה לִימֵי טוֹב, וְאֶזְכֶּה לְהַגְבִּיר הַיָּמֵי טוֹב עַל הַיָּמֵי רָע, לְהַכְנִיעַ וּלְהַשְׁפִּיל וּלְשַׁבֵּר וּלְבַטֵּל כָּל הַיָּמֵי רָע תַּחַת הַיָּמֵי טוֹב. וְאֶזְכֶּה לְהָבִין וְלִרְאוֹת וְלִמְצֹא וּלְגַלּוֹת הַטּוֹב הַמְלֻבָּשׁ בִּימֵי רָע, וּלְבָרֵר הַטּוֹב מִן הָרָע. וְתָחוּס וְתַחְמֹל עָלַי מֵעַתָּה, וְתַצִּילֵנִי בְּרַחֲמֶיךָ תָּמִיד מִימֵי רָע. שֶׁלֹּא יִהְיֶה לָהֶם שׁוּם כֹּחַ לְהִתְגַּבֵּר עָלַי חַס וְשָׁלוֹם, כִּי בַּעֲווֹנוֹתַי

כְּבָר עָבְרוּ עָלַי יְמֵי רָע הַרְבֵּה יוֹתֵר מִדַּי, עַד אֲשֶׁר "כָּשַׁל כֹּחַ הַסַּבָּל". חוּס וַחֲמֹל עָלַי מֵעַתָּה וְהַצִּילֵנִי וּמַלְּטֵנִי וּפְדֵה נַפְשִׁי מִן הַיְמֵי רָע. וְעָזְרֵנִי וְזַכֵּנִי לְשַׁבֵּר וּלְהַכְנִיעַ וּלְבַטֵּל כָּל הַיְמֵי רָע תַּחַת הַיְמֵי טוֹב. וְהַצִּילֵנִי מִכָּל רָע, מִכָּל מִכְשׁוֹל עָוֹן, וּמִכָּל הַתַּאֲווֹת וּמִדּוֹת רָעוֹת. וְאֶזְכֶּה לְקַדֵּשׁ עַצְמִי בַּמֻּתָּר לִי בִּקְדֻשָּׁה גְּדוֹלָה וְאֶזְכֶּה מֵעַתָּה שֶׁיִּהְיוּ כָּל יָמַי טוֹבִים, וַאֲבַלֶּה יָמַי בַּטּוֹב הָאֲמִתִּי, וּשְׁנוֹתַי בַּנֹּעַם הָעֶלְיוֹן, שֶׁאֶזְכֶּה לַעֲסֹק כָּל יָמַי בַּעֲבוֹדָתְךָ וּבְתוֹרָתְךָ בֶּאֱמֶת, וּלְהִתְדַּבֵּק וּלְהִכָּלֵל בְּךָ בְּיִרְאָה וְאַהֲבָה גְּדוֹלָה בֶּאֱמֶת וּבֶאֱמוּנָה בִּקְדֻשָּׁה וּבְטָהֳרָה תָּמִיד לְעוֹלָם וָעֶד. וְאֶזְכֶּה לְקַיֵּם מִקְרָא שֶׁכָּתוּב: "סוּר מֵרָע וַעֲשֵׂה טוֹב בַּקֵּשׁ שָׁלוֹם וְרָדְפֵהוּ". וְאֶזְכֶּה לְבַקֵּשׁ שָׁלוֹם תָּמִיד, שֶׁיִּהְיֶה לִי שָׁלוֹם בְּמִדּוֹתַי וּבְמְאוֹרְעוֹתַי, שֶׁתָּמִיד אֶמְצָא הַשֵּׁם יִתְבָּרַךְ בְּכָל מָקוֹם וּבְכָל זְמַן וּבְכָל אָדָם. וּתְזַכֵּנִי תָּמִיד שֶׁאֶהְיֶה רוֹדֵף שָׁלוֹם, לַעֲשׂוֹת שָׁלוֹם בֵּין יִשְׂרָאֵל עַמֶּךָ, בֵּין אָדָם לַחֲבֵרוֹ וּבֵין אִישׁ לְאִשְׁתּוֹ בִּקְדֻשָּׁה וּבְטָהֳרָה גְּדוֹלָה. וְתַעַזְרֵנִי שֶׁאֶהְיֶה בִּכְלַל הָעוֹשִׂים שָׁלוֹם בֵּין יִשְׂרָאֵל לַאֲבִיהֶם שֶׁבַּשָּׁמַיִם:

וּתְזַכֵּנִי לַעֲסֹק בְּתוֹרָתְךָ הַקְּדוֹשָׁה תָּמִיד. וְעַל יְדֵי זֶה תְּקָרְבֵנִי בְּכָל פַּעַם יוֹתֵר אֶל הַשָּׁלוֹם כְּמוֹ שֶׁכָּתוּב: "דְּרָכֶיהָ דַרְכֵי נֹעַם וְכָל נְתִיבוֹתֶיהָ שָׁלוֹם".

וְתַעַזְרֵנִי לְקַיֵּם אֶת כָּל דִּבְרֵי תוֹרָתֶךָ בְּאַהֲבָה. וְאֶזְכֶּה לְקַיֵּם כָּל הַתַּרְיַ"ג מִצְוֹת דְּאוֹרַיְיתָא וְכָל הַמִּצְוֹת דְּרַבָּנָן, עִם כָּל עַנְפֵיהֶם הַיּוֹצְאִים מֵהֶם וְעִם כָּל פְּרָטֵיהֶם וְדִקְדּוּקֵיהֶם. וַאֲפִלּוּ הַמִּצְוֹת שֶׁאִי אֶפְשָׁר לְכָל אָדָם לְקַיְּמָם עַכְשָׁו, תְּזַכֵּנִי לִלְמֹד וְלַהֲגוֹת בָּהֶם, וּלְקַיְּמָם בְּרוּחָנִיּוּת עַל יְדֵי עֵסֶק הַתּוֹרָה, וְעַל יְדֵי כְּלָלִיּוּת שֶׁל עַמְּךָ יִשְׂרָאֵל עַל יְדֵי עֹצֶם הָאַהֲבָה וְהַשָּׁלוֹם שֶׁיִּהְיֶה בֵּין כָּל יִשְׂרָאֵל עַמֶּךָ. וְאֶהְיֶה נִכְלָל בְּתוֹכָם בִּכְלָלִיּוּת גָּדוֹל עַד שֶׁנִּהְיֶה אֲנַחְנוּ כֻּלָּנוּ בְּנֵי יִשְׂרָאֵל עַמְּךָ הַקָּדוֹשׁ נֶחְשָׁבִים כְּאִישׁ אֶחָד:

וְתַעֲלֶה אוֹתִי מַעְלָה מַעְלָה חִישׁ קַל מְהֵרָה, עַד שֶׁאֶזְכֶּה לִהְיוֹת כְּלוֹ [כְּלִי] טוֹב בֶּאֱמֶת, עַד שֶׁאֶזְכֶּה בְּרַחֲמֶיךָ וּבְכֹחֲךָ הַגָּדוֹל וּבְכֹחַ הַצַּדִּיקִים הָאֲמִתִּיִּים לְגַלּוֹת וּלְהָאִיר וְלִמְצֹא הַטּוֹב הַכָּבוּשׁ וְנִסְתָּר בֵּין כָּל הָרְשָׁעִים וַאֲפִלּוּ בֵּין הָעַכּוּ"ם. עַד שֶׁאֲפִלּוּ כְּשֶׁאֲדַבֵּר עִם הָעַכּוּ"ם וְהָרְשָׁעִים, אוֹ כְּשֶׁאֶרְאֶה מִדּוֹתֵיהֶם הָרָעוֹת אוֹ כְּשֶׁאֶהְיֶה מֻכְרָח לַעֲסֹק בְּאֵיזֶה עֵסֶק אוֹ מַשָּׂא וּמַתָּן עִם הָעַכּוּ"ם וְהָרְשָׁעִים, אֶזְכֶּה תָּמִיד לִמְצֹא וּלְגַלּוֹת חִיּוּת אֱלָהוּת הַשּׁוֹכֵן וְנִסְתָּר בְּקִרְבָּם בְּכָל לְשׁוֹנוֹת הַגּוֹיִם וּבְכָל מִדּוֹתֵיהֶם הָרָעוֹת. וְתַעַזְרֵנִי שֶׁתֵּכֶף כְּשֶׁאֲדַבֵּר אוֹ אֶהְיֶה עוֹסֵק עִמָּהֶם, יִפֹּל הָרָע לְפָנַי. וְהַטּוֹב וְהַקְּדֻשָּׁה הַשּׁוֹכֵן שָׁם יִתְגַּלֶּה וְיָאִיר

בְּאוֹר גָּדוֹל. וְיִהְיוּ נִתְגַּלִּין אוֹתִיּוֹת הַתּוֹרָה הַמְלֻבָּשִׁין שָׁם שֶׁהֵם מְחַיִּין כָּל הַדְּבָרִים שֶׁבָּעוֹלָם. וְהָאוֹתִיּוֹת יִהְיוּ בּוֹלְטוֹת וּמִצְטָרְפוֹת וְיִתּוֹסֵף עֲלֵיהֶם אוֹר רַב מִלְּעֵלָּא. עַד שֶׁנִּזְכֶּה לְלַקֵּט וּלְבָרֵר אוֹתִיּוֹת הַתּוֹרָה הַקְּדוֹשָׁה מִכָּל לְשׁוֹנוֹת הָעַכּוּ"ם וּמִכָּל מִדּוֹתֵיהֶם הָרָעוֹת, וְלִבְנוֹת מֵהֶם בִּנְיָנִים שְׁלֵמִים דִּקְדֻשָּׁה. וִיקֻיַּם מִקְרָא שֶׁכָּתוּב: "בָּרְכוּ יְהֹוָה מַלְאָכָיו, גִּבֹּרֵי כֹחַ עֹשֵׂי דְבָרוֹ, לִשְׁמֹעַ בְּקוֹל דְּבָרוֹ. בָּרְכוּ יְהֹוָה כָּל צְבָאָיו מְשָׁרְתָיו עֹשֵׂי רְצוֹנוֹ. בָּרְכוּ יְהֹוָה כָּל מַעֲשָׂיו בְּכָל מְקֹמוֹת מֶמְשַׁלְתּוֹ בָּרְכִי נַפְשִׁי אֶת יְהֹוָה":

רִבּוֹנוֹ שֶׁל עוֹלָם, אַתָּה יָדַעְתָּ כִּי לֹא הָיָה עוֹלֶה עַל דַּעְתִּי לְבַקֵּשׁ כָּל אֵלֶּה מִלְּפָנֶיךָ. כִּי אַף עַל פִּי שֶׁאֵינִי יוֹדֵעַ כָּל הִתְרַחֲקוּתִי מִמְּךָ, אֲבָל אֲפִלּוּ לְפִי מְעַט יְדִיעָתִי מֵהִתְרַחֲקוּתִי מִמְּךָ, גַּם כֵּן לֹא הָיָה עוֹלֶה עַל דַּעְתִּי לְבַקֵּשׁ עַל מְעַט מֵאֵלֶּה. אַךְ אַתָּה יְהֹוָה יָדַעְתָּ אֶת לְבָבִי, כִּי כָּל דִּבְרֵי תְחִנּוֹתַי וּבַקָּשׁוֹתַי וְכָל תִּקְוָתִי וּמִבְטָחִי עֲדַיִן. הוּא רַק עַל זְכוּת וְכֹחַ הַצַּדִּיקִים הָאֲמִתִּיִּים אֲשֶׁר אָנוּ חוֹסִים בְּצֵל כְּנָפֵיהֶם. עַל כֵּן עֲלֵיהֶם אֲנִי נִשְׁעָן לְבַקֵּשׁ מִמְּךָ כָּל אֵלֶּה, כִּי כֹּחָם הַגָּדוֹל מַסְפִּיק אֲפִלּוּ עָלַי, אֲפִלּוּ בְּהִתְרַחֲקוּתִי הָעָצוּם מְאֹד בְּלִי שִׁעוּר וָעֵרֶךְ, אַף עַל פִּי כֵן בְּכֹחָם הַגָּדוֹל אֲנִי בָּטוּחַ וְנִשְׁעָן וְנִסְמָךְ וְנֶאֱחָז, שֶׁעֲדַיִן יֵשׁ לִי תִקְוָה לִזְכּוֹת לְכָל

מַה שֶׁבִּקַּשְׁתִּי מִלְּפָנֶיךָ, וְיוֹתֵר וְיוֹתֵר מִזֶּה. כִּי רַחֲמֶיךָ לֹא כָלִים. וּזְכוּת וְכֹחַ וּגְבוּרַת כָּל הַצַּדִּיקִים הָאֲמִתִּיִּים אֵינוֹ נִפְסָק לְעוֹלָם. וְאֵין שׁוּם סִטְרָא דִּמְסָאֲבָא שֶׁתּוּכַל לַעֲמֹד נֶגֶד קְדֻשָּׁתָם וּמַעֲלָתָם וְגָבְהָם וְתָקְפָּם וְחָזְקָם וְכֹחָם וּגְבוּרָתָם. וּזְכוּתָם וְכֹחָם הַגָּדוֹל יַעֲזֹר וְיָגֵן וְיוֹשִׁיעַ לָנוּ וּלְכָל הַחוֹסִים בָּהֶם, כִּי גְדוֹלִים צַדִּיקִים בְּמִיתָתָם יוֹתֵר מִבְּחַיֵּיהֶם, וְהֵם נִקְרָאִים חַיִּים תָּמִיד. וּתְזַכֵּנִי לִהְיוֹת רָגִיל בְּיוֹתֵר לָבוֹא עַל צִיּוּן קִבְרֵיהֶם הַקְּדוֹשִׁים, וּלְהִשְׁתַּטֵּחַ שָׁם, וּלְפָרֵשׁ שִׂיחָתִי לִפְנֵיהֶם בֶּאֱמֶת, כְּאִלּוּ הָיוּ בַּחַיִּים חַיּוּתָם וְיוֹתֵר וְיוֹתֵר. וְאֶזְכֶּה לְעוֹרֵר רַחֲמֵי לִבָּם עָלַי. וְיֶהֱמוּ וְיִכְמְרוּ רַחֲמֵיהֶם עָלַי, אֲשֶׁר אֲנִי כָלוּא וְסָגוּר כָּל כָּךְ שָׁנִים בִּמְקוֹמוֹת כָּאֵלּוּ הָרְחוֹקִים מִמְּךָ כַּאֲשֶׁר הֵם יוֹדְעִים בְּבֵרוּר כָּל עִנְיָנֵינוּ וּמַהוּתֵנוּ בָּזֶה הָעוֹלָם הָעוֹבֵר מִתְּחִלָּה וְעַד סוֹף. וְהֵם יוֹדְעִים עֹצֶם הָרַחֲמָנוּת שֶׁיֵּשׁ עַל הָאָדָם הָעוֹבֵר בָּעוֹלָם הַזֶּה "כְּאוֹרֵחַ נָטָה לָלוּן", וְאֵינוֹ חוֹשֵׁב עַל אַחֲרִיתוֹ מַה יַּעֲשֶׂה בָּעוֹלָם הָעוֹמֵד וְהַקַּיָּם לָעַד וּלְנֵצַח נְצָחִים. מָרָא דְעָלְמָא כֻּלָּא, הַגּוּף שֶׁלְּךָ וְהַנְּשָׁמָה שֶׁלָּךְ חוּסָה עַל עֲמָלָךְ וַעֲשֵׂה לְמַעַן שְׁמֶךָ, וְעָזְרֵנִי וְהוֹשִׁיעֵנִי יְשׁוּעָה שְׁלֵמָה וַאֲמִתִּיִּית:

וְזַכֵּנִי לְהִתְדַּבֵּק בְּךָ תָּמִיד בֶּאֱמֶת, וּלְהַכִּיר אַהֲבָתְךָ הַגְּדוֹלָה שֶׁאַתָּה אוֹהֵב אֶת עַמְּךָ יִשְׂרָאֵל

הַקָּדוֹשׁ, אֲשֶׁר בָּחַרְתָּ בָּנוּ מִכָּל הָעַמִּים, וְרוֹמַמְתָּנוּ מִכָּל הַלְּשׁוֹנוֹת וְקִדַּשְׁתָּנוּ בְּמִצְוֹתֶיךָ, אֲשֶׁר בָּהֶם מְלֻבָּשׁ אַהֲבָתְךָ הַגְּדוֹלָה, אֲשֶׁר אַתָּה אוֹהֵב אֶת עַמְּךָ יִשְׂרָאֵל, אַהֲבָה אֲמִתִּיִּית אַהֲבָה וְחֶמְלָה שֶׁאֵין לָהּ קֵץ וְתַכְלִית, אֲשֶׁר מֵאַהֲבָתְךָ הַגְּדוֹלָה וּמֵחֶמְלָתְךָ הָאֲמִתִּיִּית עַל עַמְּךָ יִשְׂרָאֵל הַקָּדוֹשׁ, צִמְצַמְתָּ אֱלָהוּתְךָ כִּבְיָכוֹל וְהִלְבַּשְׁתָּ אַהֲבָתְךָ בְּהַתּוֹרָה וּמִצְוֹת הַקְּדוֹשִׁים אֲשֶׁר נָתַתָּ לָנוּ בְּאַהֲבָה עַל יְדֵי מֹשֶׁה נְבִיאֲךָ נֶאֱמַן בֵּיתֶךָ, אֲשֶׁר כָּל מִצְוָה וּמִצְוָה הִיא שִׁעוּר וְצִמְצוּם הַקָּדוֹשׁ כְּדֵי שֶׁנִּזְכֶּה עַל יְדֵי זֶה לְהַכִּיר אוֹתְךָ וּלְהַשִּׂיג אוֹתְךָ וּלְעָבְדְךָ בֶּאֱמֶת בְּיִרְאָה וְאַהֲבָה. חוּס וְחָנֵּנִי וְזַכֵּנִי לְקַיֵּם כָּל מִצְוֹתֶיךָ בְּאַהֲבָה גְּדוֹלָה, וְתַעַזְרֵנִי בְּרַחֲמֶיךָ הָרַבִּים שֶׁאֶזְכֶּה לְהַשִּׂיג וּלְהָבִין אוֹר הָאַהֲבָה שֶׁבַּדַּעַת, שֶׁהוּא סִתְרֵי תוֹרָה שֶׁהִיא אוֹרַיְתָא דְעַתִּיקָא סְתִימָאָה דַעֲתִידָא לְאִתְגַּלְיָא לֶעָתִיד לָבוֹא, שֶׁהִיא הָאַהֲבָה הַגְּדוֹלָה שֶׁהָיָה בֵּינְךָ וּבֵין יִשְׂרָאֵל עַמְּךָ קֹדֶם שֶׁבָּרָאתָ הָעוֹלָם, אֲשֶׁר הָאַהֲבָה הַזֹּאת הִיא לְמַעְלָה מֵהַזְּמַן וְהַמִּדּוֹת וְהַיָּמִים, אֲשֶׁר אִי אֶפְשָׁר לְהַשִּׂיג אוֹר הָאַהֲבָה הַזֹּאת כִּי אִם עַל יְדֵי צַדִּיקִים אֲמִתִּיִּים הַכּוֹפִים אֶת יִצְרָם, וּמְבַטְּלִים כָּל הַתַּאֲווֹת וְהַמִּדּוֹת רָעוֹת בְּתַכְלִית הַבִּטּוּל וְלִבָּם בִּרְשׁוּתָם.

אָבִינוּ מַלְכֵּנוּ, עָזְרֵנִי בְּרַחֲמֶיךָ לְהִתְקָרֵב וּלְהִתְדַּבֵּק

וּלְהַכְלֵל בְּהַצַּדִּיק הָאֱמֶת הַזֶּה אֲשֶׁר יֵשׁ לוֹ הַכֹּחַ הַזֶּה לְהַכְנִיס וּלְהָאִיר גַּם בָּנוּ אוֹר הָאַהֲבָה הַזֹּאת שֶׁבַּדַּעַת. וּתְחָנֵּנִי בְּרַחֲמֶיךָ הָרַבִּים וְתַעַזְרֵנִי שֶׁאֶזְכֶּה גַּם כֵּן בִּזְכוּתוֹ וְכֹחוֹ לָכֹף וּלְהַכְנִיעַ וּלְשַׁבֵּר וּלְבַטֵּל אֶת יִצְרִי הָרָע, וּלְסַלֵּק וּלְבַטֵּל מִמֶּנִּי כָּל הַתַּאֲווֹת וְכָל הַמִּדּוֹת רָעוֹת. וִיהְיֶה לִבִּי בִּרְשׁוּתִי תָּמִיד, וַאֲקַשֵּׁר כָּל הַמִּדּוֹת וְהַיָּמִים שֶׁבַּלֵּב אֶל הַדַּעַת הַקָּדוֹשׁ. וּכְמוֹ שֶׁבְּהַדַּעַת הַקָּדוֹשׁ הַמְּשֹׁרָשׁ בָּנוּ, אָנוּ יוֹדְעִים שֶׁמְּלֹא כָל הָאָרֶץ כְּבוֹדֶךָ, עַד אֲשֶׁר כְּפִי מְעַט הִתְנוֹצְצוּת הַדַּעַת שֶׁמִּתְנוֹצֵץ בָּנוּ מִגְּדֻלָּתְךָ וְרוֹמְמוּתְךָ וְיִחוּדְךָ וְאַחְדוּתְךָ וּמֶמְשַׁלְתְּךָ הָיוּ מִתְבַּטְּלִים לְגַמְרֵי כָּל הַתַּאֲווֹת וְכָל הַמִּדּוֹת רָעוֹת כֻּלָּם, וְלֹא הָיָה אֶפְשָׁר לָנוּ לְהָרִים אֶת יָדֵינוּ וְאֶת רַגְלֵינוּ בִּלְעָדֶיךָ, כֵּן תַּעַזְרֵנוּ שֶׁנִּזְכֶּה לְקַשֵּׁר אֶת הַלֵּב וּמִדּוֹתָיו אֶל הַדַּעַת הַקָּדוֹשׁ הַזֶּה. וְיִהְיֶה לִבִּי בִּרְשׁוּתִי, עַד שֶׁאֶזְכֶּה בְּרַחֲמֶיךָ לְשַׁבֵּר וּלְסַלֵּק וּלְבַטֵּל מִמֶּנִּי כָּל הַתַּאֲווֹת וְכָל הַמִּדּוֹת רָעוֹת, וְיִהְיֶה נִכְלָל הַלֵּב וּמִדּוֹתָיו הַטּוֹבִים בְּהַדַּעַת הַקָּדוֹשׁ, וִיקַבֵּל לִבִּי וּמִדּוֹתַי מֵאוֹר הָאַהֲבָה שֶׁבַּדַּעַת, עַד שֶׁאֶזְכֶּה גַּם בַּזְּמַן וּבַיָּמִים וּבַמִּדּוֹת לְהַשִּׂיג וּלְהָבִין וְלִטְעֹם טַעַם אוֹר הַגָּנוּז שֶׁהוּא אוֹר הָאַהֲבָה שֶׁבַּדַּעַת. וְאֶזְכֶּה לְהָבִין וּלְהַשִּׂיג סִתְרֵי תוֹרָה אֲמִתִּיִּים, וּתְזַכֵּנִי וְתַעַזְרֵנִי לַעֲלוֹת בְּכָל פַּעַם לְהִתְקָרֵב אֵלֶיךָ וְאֶל תּוֹרָתְךָ הַקְּדוֹשָׁה וְאֶל הַשָּׁלוֹם בְּהִתְקָרְבוּת גָּדוֹל יוֹתֵר וְיוֹתֵר. וְאֶזְכֶּה תָּמִיד לְהַשִּׂיג

סִתְרֵי תּוֹרָה הַגְּבוֹהִים יוֹתֵר:

וְזַכֵּנוּ בְּרַחֲמֶיךָ הָרַבִּים שֶׁיִּתְגַּלֶּה לָנוּ הַתּוֹרָה הַגְּנוּזָה וְהַצַּדִּיקִים הַגְּנוּזִים. וְאִם אָמְנָם אֵין הָעוֹלָם כְּדַאי עַכְשָׁו לְהִשְׁתַּמֵּשׁ בָּאוֹר הַגָּנוּז הַזֶּה, שֶׁהִיא הַתּוֹרָה הַגְּנוּזָה וְהַצַּדִּיקִים הַגְּנוּזִים. אַף־עַל־פִּי־כֵן תַּעֲשֶׂה עִמָּנוּ לִפְנִים מִשּׁוּרַת הַדִּין, וּתְעוֹרֵר רַחֲמֶיךָ וַחֲסָדֶיךָ הָאֲמִתִּיִּים עָלֵינוּ, וְתַעַזְרֵנוּ בְּטוֹבוֹתֶיךָ וַחֲנִינוֹתֶיךָ הַגְּדוֹלִים שֶׁנִּזְכֶּה שֶׁיִּתְגַּלּוּ לָנוּ בְּרַחֲמֶיךָ הָרַבִּים הַצַּדִּיקִים הַגְּנוּזִים וְהַתּוֹרָה הַגְּנוּזָה. כִּי אַתָּה יָדַעְתָּ יְהוָה אֱלֹהֵינוּ שֶׁאֵין לָנוּ עַכְשָׁו שׁוּם סְמִיכָה וְתִקְוָה כִּי אִם עַל יְדֵי הַצַּדִּיקִים הַגְּנוּזִים וְהַתּוֹרָה הַגְּנוּזָה. כִּי הֵם לְבַדָּם מְגִנִּים עָלֵינוּ עַכְשָׁו בְּעֹמֶק הַגָּלוּת הַמַּר הַזֶּה, בְּעִקְבָא דִמְשִׁיחָא, חוּסָה עָלֵינוּ בְּרַחֲמֶיךָ יֶהֱמוּ מֵעֶיךָ עָלֵינוּ, וְעָזְרֵנוּ לִכְבֹּשׁ אֶת יִצְרֵנוּ, לָסוּר מֵרָע לְגַמְרֵי כִּרְצוֹנְךָ הַטּוֹב, וְלַעֲשׂוֹת הַטּוֹב בְּעֵינֶיךָ תָּמִיד עַד שֶׁנִּזְכֶּה לֵהָנוֹת וְלִטְעֹם גַּם בָּעוֹלָם הַזֶּה מֵאוֹר הַגָּנוּז וְצָפוּן וְזָרוּעַ לַצַּדִּיקִים, כְּמוֹ שֶׁכָּתוּב: "אוֹר זָרֻעַ לַצַּדִּיק וּלְיִשְׁרֵי לֵב שִׂמְחָה". וּכְתִיב: "אִמְרוּ צַדִּיק כִּי טוֹב כִּי פְרִי מַעַלְלֵיהֶם יֹאכֵלוּ". וְתַמְשִׁיךְ שָׁלוֹם עַל עַמְּךָ יִשְׂרָאֵל לְעוֹלָם, וּתְבַטֵּל כָּל מִינֵי מַחֲלֹקֶת מִן הָעוֹלָם עַד אֲשֶׁר עַל יְדֵי רִבּוּי הַשָּׁלוֹם יִמָּשְׁכוּ וְיִתְקָרְבוּ כָּל הָרְחוֹקִים לַעֲבוֹדָתְךָ וּלְיִרְאָתְךָ בֶּאֱמֶת.

אֲפִלּוּ הָרְחוֹקִים מִן הַקְּדֻשָּׁה מְאֹד מְאֹד בְּתַכְלִית הָרִחוּק אֲפִלּוּ הַמְשֻׁקָּעִים וְהַמְלֻכְלָכִים בְּכָל מִינֵי תּוֹעֵבוֹת וְטִנּוּפִים וְלִכְלוּכִים. כֻּלָּם יִתְעוֹרְרוּ בֶּאֱמֶת. וְיָשׁוּבוּ אֵלֶיךָ מִמָּקוֹם שֶׁהֵם. עַל יְדֵי כֹּחַ הַצַּדִּיקִים הָאֲמִתִּיִּים הָעוֹסְקִים תָּמִיד לְגַלּוֹת אֱלָהוּתְךָ וּלְפַרְסֵם אֲדְנוּתְךָ עַל כָּל בָּאֵי עוֹלָם וְלַעֲשׂוֹת שָׁלוֹם בֵּין יִשְׂרָאֵל לַאֲבִיהֶם שֶׁבַּשָּׁמַיִם. וְתַמְשִׁיךְ גַּם עַתָּה בָּעוֹלָם הַזֶּה הַשָּׁלוֹם הַנִּפְלָא שֶׁאַתָּה עָתִיד לְגַלּוֹת לֶעָתִיד לָבוֹא, כְּמוֹ שֶׁכָּתוּב: "וְגָר זְאֵב עִם כֶּבֶשׂ וְנָמֵר עִם גְּדִי יִרְבָּץ וְעֵגֶל וּכְפִיר וּמְרִיא יַחְדָּו וְנַעַר קָטֹן נֹהֵג בָּם. לֹא יָרֵעוּ וְלֹא יַשְׁחִיתוּ בְּכָל הַר קָדְשִׁי. כִּי מָלְאָה הָאָרֶץ דֵּעָה אֶת יְהֹוָה כַּמַּיִם לַיָּם מְכַסִּים". וּתְקַיֵּם מִקְרָא שֶׁכָּתוּב: "בּוֹרֵא נִיב שְׂפָתָיִם, שָׁלוֹם שָׁלוֹם לָרָחוֹק וְלַקָּרוֹב אָמַר יְהֹוָה וּרְפָאתִיו. שָׁלוֹם רָב לְאֹהֲבֵי תוֹרָתֶךָ וְאֵין לָמוֹ מִכְשׁוֹל. יְהֹוָה עֹז לְעַמּוֹ יִתֵּן, יְהֹוָה יְבָרֵךְ אֶת עַמּוֹ בַשָּׁלוֹם". אָמֵן נֶצַח סֶלָה וָעֶד:

לד

"פִּי יְדַבֵּר חָכְמוֹת וְהָגוּת לִבִּי תְבוּנוֹת. אֱלֹהִים שְׁמַע תְּפִלָּתִי הַאֲזִינָה לְאִמְרֵי פִי. נִדְבוֹת פִּי רְצֵה נָא יְהֹוָה וּמִשְׁפָּטֶיךָ לַמְּדֵנִי. הַאֲזִינָה יְהֹוָה תְּפִלָּתִי וְהַקְשִׁיבָה בְּקוֹל תַּחֲנוּנוֹתָי. שְׁמַע יְהֹוָה קוֹל תַּחֲנוּנַי

בְּשַׁוְּעִי אֵלֶיךָ בְּנָשְׂאִי יָדַי אֶל דְּבִיר קָדְשֶׁךָ. אַל תַּט לִבִּי לְדָבָר רָע לְהִתְעוֹלֵל עֲלִילוֹת בְּרֶשַׁע אֶת אִישִׁים פֹּעֲלֵי אָוֶן וּבַל אֶלְחַם בְּמַנְעַמֵּיהֶם. לֵבָב עִקֵּשׁ יָסוּר מִמֶּנִּי, רָע לֹא אֵדָע. הַט לִבִּי אֶל עֵדְוֹתֶיךָ וְאַל אֶל בָּצַע. לֵב טָהוֹר בְּרָא לִי אֱלֹהִים וְרוּחַ נָכוֹן חַדֵּשׁ בְּקִרְבִּי".

עֲזָרֵנִי רִבּוֹנוֹ שֶׁל עוֹלָם, מָרָא דְעָלְמָא כֻּלָּא שֶׁאֶזְכֶּה לְקַשֵּׁר אֶת לִבִּי לְאִמְרֵי פִּי, וְיִהְיֶה כְּפִי כֵּן לִבִּי.

וְתַצִּילֵנִי בְּרַחֲמֶיךָ הָרַבִּים שֶׁלֹּא אֲדַבֵּר לְפָנֶיךָ שִׂפְתֵי מִרְמָה וְלֹא יִהְיֶה חָלָק לִבִּי מֵאִמְרֵי פִּי. וְאֶזְכֶּה לִשְׁפֹּךְ שִׂיחִי וּתְפִלָּתִי וּתְחִנָּתִי וּבַקָּשָׁתִי לְפָנֶיךָ בְּפֶה מָלֵא וּבְלֵב שָׁלֵם, עַד שֶׁיִּתְקַשֵּׁר לִבִּי לְאִמְרֵי פִי בִּתְחִנּוֹתַי וּבַקָּשׁוֹתַי. וְתִהְיֶה עִמִּי תָּמִיד וְתוֹשִׁיעֵנִי וְתַעַזְרֵנִי וּתְזַכֵּנִי לְפָרֵשׁ כָּל שִׂיחָתִי לְפָנֶיךָ תָּמִיד בְּכָל לֵב, וְאֶת כָּל אֲשֶׁר עִם לְבָבִי אֲשִׂיחָה לְפָנֶיךָ תָּמִיד בֶּאֱמֶת וּבְלֵב שָׁלֵם. וְאֶזְכֶּה לְהַרְבּוֹת מְאֹד בְּהִתְבּוֹדְדוּת וּבְשִׂיחָה בֵּינִי לְבֵין קוֹנִי, עַד שֶׁתִּתְגַּלֶּה וְתָאִיר הַנְּקֻדָּה הַקְּדוֹשָׁה הַמֻּשְׁרֶשֶׁת בִּי שֶׁהִיא בְּחִינַת צַדִּיק מוֹשֵׁל, כְּמוֹ שֶׁכָּתוּב: 'וְעַמֵּךְ (יִשְׂרָאֵל) כֻּלָּם צַדִּיקִים', וְהַנְּקֻדָּה הַקְּדוֹשָׁה הַזֹּאת תָּאִיר וְתִמְשֹׁל עַל יְדֵי אִמְרֵי פִּי בִּתְפִלּוֹת וּתְחִנּוֹת וּבַקָּשׁוֹת. וְאֶזְכֶּה לְקַשֵּׁר לִבִּי לַנְּקֻדָּה הַקְּדוֹשָׁה הַזֹּאת בְּקֶשֶׁר אַמִּיץ וְחָזָק, עַד שֶׁתָּאִיר הַנְּקֻדָּה הַקְּדוֹשָׁה הַזֹּאת מִפִּי לְלִבִּי עַד שֶׁיִּתְגַּלֶּה אוֹר הָאַהֲבָה

הַקְּדוֹשָׁה לְהַשֵּׁם יִתְבָּרַךְ הַמֻּשְׁרֶשֶׁת בִּי. וְעַל יְדֵי זֶה יִתְבַּטֵּל וְיִפֹּל מִלִּבִּי חֶרְפַּת לֵב עָרְלַת לֵב שְׁבִירַת לֵב, שֶׁהֵם כָּל הַתַּאֲווֹת רָעוֹת וּמִדּוֹת רָעוֹת וּמַחֲשָׁבוֹת רָעוֹת וְהִרְהוּרִים רָעִים וּבִלְבּוּלִים, הַשּׁוֹרִין עַל לִבִּי עַד אֲשֶׁר כָּל לִבִּי נִשְׁבַּר וְנִשְׁחַת וְנִתְקַלְקֵל מְאֹד מְאֹד עַל יְדֵי רִבּוּי הַחֲרָפוֹת הַלָּלוּ. וְכֻלָּם יִתְבַּטְּלוּ מִמֶּנִּי לְגַמְרֵי עַל יְדֵי אוֹר הַנְּקֻדָּה הַקְּדוֹשָׁה שֶׁבִּי, שֶׁתְּזַכֵּנִי שֶׁתִּתְגַּלֶּה וְתָאִיר מִפִּי לְלִבִּי עַל יְדֵי דִבְרֵי תְחִנּוֹת וּבַקָּשׁוֹת וְהִתְעוֹרְרוּת אֵלֶיךָ וְלַעֲבוֹדָתֶךָ שֶׁאֶזְכֶּה לְאָמְרָם בֶּאֱמֶת וּבְלֵב שָׁלֵם מֵעוּמְקָא דְלִבָּא בֶּאֱמֶת לַאֲמִתּוֹ:

אָנָּא יְהוָה מָלֵא רַחֲמִים רַבִּים, חוֹמֵל דַּלִּים, שׁוֹמֵעַ אֶנְקַת אֶבְיוֹנִים, רוֹאֶה בְּעֶלְבּוֹן עֲלוּבִים, הֶחָפֵץ בִּתְשׁוּבָתָן שֶׁל רְשָׁעִים וְאֵינוֹ חָפֵץ בְּמִיתָתָם, "אַתָּה יָדַעְתָּ חֶרְפָּתִי וּבָשְׁתִּי וּכְלִמָּתִי נֶגְדְּךָ כָּל צוֹרְרָי. חֶרְפָּה שָׁבְרָה לִבִּי וָאָנוּשָׁה וָאֲקַוֶּה לָנוּד וָאַיִן וְלַמְנַחֲמִים וְלֹא מָצָאתִי". הֲרֵינִי לְפָנֶיךָ מָלֵא בוּשָׁה וּכְלִמָּה. מָלֵא חֲרָפוֹת וּבִזְיוֹנוֹת. מָה אוֹמַר מָה אֲדַבֵּר וּמָה אֶצְטַדָּק. חוּס וַחֲמֹל עָלַי. "הַעֲבֵר חֶרְפָּתִי אֲשֶׁר יָגֹרְתִּי כִּי מִשְׁפָּטֶיךָ טוֹבִים". זַכֵּנִי לָשׁוּב בִּתְשׁוּבָה שְׁלֵמָה לְפָנֶיךָ בֶּאֱמֶת. זַכֵּנִי לְפָרֵשׁ שִׂיחָתִי לְפָנֶיךָ בֶּאֱמֶת וּבְלֵב שָׁלֵם בְּאֹפֶן שֶׁאוּכַל לְעוֹרֵר הַנְּקֻדָּה הַטּוֹבָה שֶׁיֵּשׁ בִּי. וְתָאִיר בִּי מִפִּי לְלִבִּי בְּאֹפֶן שֶׁאֶזְכֶּה לְתַקֵּן אֶת לִבִּי הַפָּגוּם

מְאֹד, וְאֶזְכֶּה לְהָסִיר וּלְבַטֵּל מִלִּבִּי כָּל הַחֶרְפּוֹת לֵב וְכָל הָעָרְלַת לֵב, וְכָל הָעַקְמִימִיּוֹת שֶׁבְּלִבִּי, כִּי לִבִּי מָלֵא עַקְמִימִיּוֹת רַע מְאֹד בְּלִי שִׁעוּר וָעֵרֶךְ וּמִסְפָּר. "עָקֹב הַלֵּב מִכֹּל וְאָנֻשׁ הוּא מִי יֵדָעֶנּוּ". וְאַתָּה יְהֹוָה חוֹקֵר לֵב וּבוֹחֵן כְּלָיוֹת, רְפָא אֶת שִׁבְרִי, וַחֲבֹשׁ אֶת מַכְאוֹבֵי נַפְשִׁי הַמְרֻבִּים מְאֹד. חוּס וַחֲמֹל עָלַי רִבּוֹנוֹ שֶׁל עוֹלָם, כִּי אַתָּה יָדַעְתָּ רֹעַ לְבָבִי וְהָעַקְמִימִיּוֹת הָרָע שֶׁנֶּאֱחַז וְנִתְעָרֵב בְּלִבִּי, עַד שֶׁכָּל לִבִּי מָלֵא הִרְהוּרִים וְתַאֲוֹת וּבִלְבּוּלִים הַרְבֵּה מְאֹד מְאֹד, בְּלִי שִׁעוּר וָעֵרֶךְ וּמִסְפָּר, עַד שֶׁקָּשֶׁה לִי לָנוּחַ וְלִשְׁקֹט שָׁעָה אַחַת. כִּי בְּכָל עֵת וְשָׁעָה רוֹדְפִין הַתַּאֲווֹת וְהַבִּלְבּוּלִים אַחֲרַי וּמְחָרְפִין וּמְשַׁבְּרִין אֶת לְבָבִי. עַד אֲשֶׁר אֵינִי יוֹדֵעַ שׁוּם דֶּרֶךְ וּנְתִיב וְעֵצָה וְתַחְבּוּלָה אֵיךְ לְהִמָּלֵט מֵהֶם. וַאֲפִלּוּ מַה שֶּׁמִּתְנוֹצֵץ לִי עֲדַיִן אֵיזֶה הִתְנוֹצְצוּת עֵצוֹת טוֹבוֹת, אֵינִי מְקַיְּמָם מֵעֹצֶם הַחֲלִישׁוּת הַדַּעַת וּפִזּוּר הַלֵּב וְהַנֶּפֶשׁ.

רִבּוֹנוֹ שֶׁל עוֹלָם מַר לִי מְאֹד. אַתָּה יָדַעְתָּ מְרִירוּתִי הָעָצוּם. אַתָּה יָדַעְתָּ חֶרְפָּתִי וְרֹעַ לְבָבִי בְּכָל בְּחִינוֹתֶיהָ בְּכָל פְּרָטֶיהָ וְדִקְדּוּקֶיהָ. וְאֵין מִי שֶׁיּוּכַל לְרַפְּאוֹת אוֹתִי כִּי אִם אַתָּה לְבַד, יְהֹוָה אֱלֹהַי וֵאלֹהֵי אֲבוֹתַי, בַּחֲסָדֶיךָ הָאֲמִתִּיִּים לְבַד, בְּחֶסֶד חִנָּם לְבַד. אַף עַל פִּי שֶׁאֵינִי זוֹכֶה לְדַבֵּר אֲפִלּוּ דְּבָרִים אֵלּוּ בֶּאֱמֶת,

כַּאֲשֶׁר אַתָּה יָדַעְתָּ, כִּי מְחָרְפִים אוֹתִי בְּכָל מִינֵי חֲרָפוֹת וּבִזְיוֹנוֹת. "כָּל רוֹאַי יַלְעִגוּ לִי, יַפְטִירוּ בְשָׂפָה יָנִיעוּ רֹאשׁ. כָּל הַיּוֹם כְּלִמָּתִי נֶגְדִּי וּבֹשֶׁת פָּנַי כִּסָּתְנִי. מִקּוֹל מְחָרֵף וּמְגַדֵּף מִפְּנֵי אוֹיֵב וּמִתְנַקֵּם". וּבְכָל עֵת וָרֶגַע מְעֻרְבָּב בְּדַעְתִּי וְלִבִּי כָּל מִינֵי חֲרָפוֹת וּבִזְיוֹנוֹת. וְלֹא דַי שֶׁמְּחָרְפִים אוֹתִי וּמְשַׁבְּרִים אֶת לְבָבִי בְּכָל מִינֵי תַּאֲווֹת רָעוֹת וּמִדּוֹת רָעוֹת וְהִרְהוּרִים רָעִים וּמְגֻנִּים, אַף גַּם בְּתוֹךְ כָּךְ כְּשֶׁאֲנִי רוֹצֶה לָשֵׂאת עֵינַי מְעַט אֵלֶיךָ וּלְצַפְצֵף אִמְרָתִי לְרַחֲמֶיךָ וַחֲנִינוֹתֶיךָ, בְּתוֹךְ כָּךְ מָלֵא לִבִּי בִּפְנִיּוֹת וּבִלְבּוּלִים גְּדוֹלִים וְגַסּוּת הָרוּחַ אֲשֶׁר עַל יְדֵי זֶה תְּפִלָּתִי נִמְאֶסֶת מֵאִתְּךָ חַס וְשָׁלוֹם, כְּמוֹ שֶׁכָּתוּב: "תּוֹעֲבַת יְהוָה כָּל גְּבַהּ לֵב". וְעַתָּה מָה אֶעֱשֶׂה וּמָה אֶפְעַל, לְהֵיכָן אָנוּס לְעֶזְרָה, הַבִּיטָה בְעָנְיִי כִּי רַבּוּ מַכְאוֹבַי וְצָרוֹת לְבָבִי. אַךְ אַף־עַל־פִּי־כֵן אֲנִי מְקַוֶּה וּמְיַחֵל לְרַחֲמֶיךָ הָרַבִּים וְלַחֲסָדֶיךָ הַגְּנוּזִים, כִּי אַתָּה יוֹדֵעַ צְפוּן לְבָבִי וְעֶצֶם שֹׁרֶשׁ נְקֻדָּתִי הַטּוֹבָה. אֲשֶׁר בֶּאֱמֶת לַאֲמִתּוֹ יֵשׁ בִּי שֹׁרֶשׁ נְקֻדָּה טוֹבָה וּקְדוֹשָׁה וּטְהוֹרָה, כִּי אֲנִי מִזֶּרַע בֵּית יִשְׂרָאֵל. וְנִשְׁמָתִי מְשֹׁרֶשֶׁת בְּנִשְׁמַת הַצַּדִּיק הָאֲמִתִּי שֶׁהוּא שֹׁרֶשׁ כְּלָלִיּוּת נִשְׁמַת בְּנֵי יִשְׂרָאֵל. עַל כֵּן בֶּאֱמֶת לַאֲמִתּוֹ בִּפְנִימִיּוּת שֹׁרֶשׁ נְקֻדָּתִי הַטּוֹבָה, אֲנִי צוֹעֵק אֵלֶיךָ בֶּאֱמֶת וּבְלֵב שָׁלֵם שֶׁתָּחוּס עָלַי וְתִרַחֵם עָלַי. וּתְחָנֵּנִי מֵאוֹצַר מַתְּנַת חִנָּם. וְתַעַזְרֵנִי לְהָסִיר מִמֶּנִּי עָרְלַת לִבִּי וְשִׁבְרַת לִבִּי וְחֶרְפַּת

לִבִּי. וְאֶזְכֶּה לְהַטּוֹת לְבָבִי אֵלֶיךָ בֶּאֱמֶת לַאֲמִתּוֹ. וּלְשַׁבֵּר וּלְבַטֵּל מִלִּבִּי כָּל הַתַּאֲווֹת רָעוֹת וּמִדּוֹת רָעוֹת וַעֲקְמִימִיּוּת שֶׁבַּלֵּב וְרוֹעַ הַלֵּב. וְתַחֲזִירֵנִי בִּתְשׁוּבָה שְׁלֵמָה לְפָנֶיךָ בֶּאֱמֶת וּבְלֵב שָׁלֵם. וְאֶזְכֶּה מְהֵרָה לְלֵב טָהוֹר לְלֵב טוֹב לְלֵב קָדוֹשׁ לְלֵב שָׁלֵם כִּרְצוֹנְךָ הַטּוֹב:

וּבְכֵן בָּאתִי לְפָנֶיךָ יְהֹוָה אֱלֹהַי וֵאלֹהֵי אֲבוֹתַי, מוֹשֵׁל בַּכֹּל, אֲשֶׁר בָּרָאתָ עוֹלָמְךָ בִּרְצוֹנְךָ הַטּוֹב, בִּשְׁבִיל יִשְׂרָאֵל עַמְּךָ, כְּדֵי שֶׁיְּקַבְּלוּ יִשְׂרָאֵל אֶת הַתּוֹרָה, וְעַל יְדֵי זֶה יִזְכּוּ לִמְשֹׁל בְּךָ כִּבְיָכוֹל, כְּמוֹ שֶׁכָּתוּב: "צַדִּיק מוֹשֵׁל יִרְאַת אֱלֹהִים". וּכְתִיב: "יִשְׂרָאֵל מַמְשְׁלוֹתָיו". עַל כֵּן אוֹתְךָ אֶדְרֹשׁ אוֹתְךָ אֲבַקֵּשׁ, לְפָנֶיךָ אֶתְחַנֵּן, לְפָנֶיךָ אֶשְׁתַּטֵּחַ בִּקִידָה בִּכְרִיעָה בְּהִשְׁתַּחֲוָיָה, בִּכְפִיפַת רֹאשׁ בִּכְנִיעַת חַיִל, בְּאֵימָה בְּיִרְאָה בְּרֶתֶת וְזִיעַ בְּלֵב נִשְׁבָּר וְנִדְכֶּה, נֶאֱנָח וְנִדְכָּא, מְמֻשָּׁךְ וּמְמֹרָט. צוּר יִשְׂרָאֵל וּקְדוֹשׁוֹ, גּוֹאֵל יִשְׂרָאֵל, רַחֵם עָלֵינוּ לְמַעַן שְׁמֶךָ וְזַכֵּנוּ בַּחֲסָדֶיךָ הָעֲצוּמִים לְהִתְקָרֵב וּלְהִתְקַשֵּׁר לַצַּדִּיקִים הָאֲמִתִּיִּים, שֶׁהֵם שֹׁרֶשׁ כְּלָלִיּוּת נִשְׁמוֹת יִשְׂרָאֵל. וּתְזַכֵּנִי לְדַבֵּר עִמָּם פֶּה אֶל פֶּה, וְלִשְׁמֹעַ מִפִּיהֶם הַקָּדוֹשׁ דִּבּוּרִים קְדוֹשִׁים. וִידַבְּרוּ עַל לִבִּי דְּבָרִים הַמִּתְיַשְּׁבִין עַל הַלֵּב. וְאֶזְכֶּה לְקַשֵּׁר אֶת לִבִּי, לְדִבְרֵי פִּיהֶם הַקְּדוֹשִׁים לִנְקֻדָּתָם הַקְּדוֹשָׁה. וְתִמְשֹׁל וְתָאִיר נְקֻדָּתָם הַקְּדוֹשָׁה מִפִּיהֶם לְלִבִּי. וְעַל יְדֵי זֶה יִתְבַּטֵּל

מִלִּבִּי כָּל הַחֲרִפּוּת לֵב וְכָל הָעָרְלַת לֵב וְכָל הָעַקְמִימִיּוּת שֶׁבַּלֵּב, וְיִהְיֶה לִבִּי יָשָׁר עִם יְהוָה תָּמִיד:

וּבְכֵן תְּזַכֵּנִי לְדַבֵּר עִם כְּלָלִיּוּת יִשְׂרָאֵל עַם קָדְשֶׁךָ בְּתוֹרָה וַעֲבוֹדָה וְיִרְאַת שָׁמַיִם, עַד שֶׁאֶזְכֶּה לְקַבֵּל הֶאָרָה טוֹבָה וְהִתְעוֹרְרוּת לְהַשֵּׁם יִתְבָּרֵךְ מִכָּל הַנְּקֻדּוֹת הַקְּדוֹשׁוֹת שֶׁיֵּשׁ בְּכָל אֶחָד וְאֶחָד מִיִּשְׂרָאֵל מַה שֶּׁאֵין בַּחֲבֵרוֹ. וְנִזְכֶּה שֶׁיִּהְיֶה אַהֲבָה וְשָׁלוֹם גָּדוֹל בֵּין כָּל יִשְׂרָאֵל עַמְּךָ. וְכָל אֶחָד וְאֶחָד יְדַבֵּר עִם חֲבֵרוֹ בְּיִרְאַת שָׁמַיִם עַד שֶׁכֻּלָּנוּ עַמְּךָ בֵּית יִשְׂרָאֵל נִהְיֶה נִכְלָלִים זֶה בָּזֶה בְּאַהֲבָה וְאַחֲוָה וְרֵעוּת. וְכָל אֶחָד יְקַבֵּל מֵחֲבֵרוֹ הִתְעוֹרְרוּת לְהַשֵּׁם יִתְבָּרֵךְ מִנְּקֻדָּה הַקְּדוֹשָׁה שֶׁיֵּשׁ בַּחֲבֵרוֹ יוֹתֵר מִמֶּנּוּ. וּנְקַבֵּל זֶה מִזֶּה, וּנְעוֹרֵר זֶה אֶת זֶה לַעֲבוֹדָתְךָ וּלְתוֹרָתְךָ בֶּאֱמֶת לַאֲמִתּוֹ:

וּתְזַכֵּנִי בְּרַחֲמֶיךָ הָרַבִּים. אוֹתִי וְאֶת זַרְעִי וְאֶת זֶרַע זַרְעִי וְאֶת כָּל עַמְּךָ בֵּית יִשְׂרָאֵל. שֶׁנִּזְכֶּה כָּל אֶחָד וְאֶחָד לְדַבֵּר בֵּינוֹ לְבֵין קוֹנוֹ. וּנְעוֹרֵר לִבֵּנוּ לְיִרְאַת שָׁמַיִם. וְנִזְכֶּה תָּמִיד לְפָרֵשׁ שִׂיחָתֵנוּ לְפָנֶיךָ בְּכָל יוֹם וָיוֹם בְּלָשׁוֹן שֶׁמְּדַבְּרִים בּוֹ, בְּרַחֲמִים וְתַחֲנוּנִים גְּדוֹלִים, וּבְדִבְרֵי רִצּוּיִים וּפִיּוּסִים הַרְבֵּה, וּבְטַעֲנוֹת וַאֲמַתְלָאוֹת נְכוֹנוֹת, וּבְהִתְעוֹרְרוּת גָּדוֹל בֶּאֱמֶת, וּבְדִבְרֵי חֵן וְתַחֲנוּנִים, עַד שֶׁנִּזְכֶּה לְקַשֵּׁר לִבֵּנוּ אֶל

הַנְּקֻדָּה הַקְּדוֹשָׁה שֶׁיֵּשׁ בָּנוּ שֶׁהִיא בְּחִינַת "צַדִּיק מוֹשֵׁל". וְנִזְכֶּה לְהַעְתִּיר הַרְבֵּה לְפָנֶיךָ, וּלְהַרְבּוֹת מְאֹד בְּכָל יוֹם וָיוֹם בְּשִׂיחָה זוֹ תְּפִלָּה. וְנִזְכֶּה לוֹמַר לְפָנֶיךָ בְּכָל יוֹם וָיוֹם כַּמָּה וְכַמָּה תְּחִנּוֹת וּבַקָּשׁוֹת וּוִדּוּיִים וּתְפִלּוֹת וְהַפְצָרוֹת. וְנִתְחַזֵּק וְנִתְאַמֵּץ בִּתְפִלָּה וְתַחֲנוּנִים בְּכָל עֹז וְתַעֲצוּמוֹת. וְאַל נִתֵּן דֳּמִי לָךְ עַד שֶׁתְּחָנֵּנוּ נִקְרָא אֵלֶיךָ עַד שֶׁתַּעֲנֵנוּ. עַד שֶׁנְּעוֹרֵר רַחֲמֶיךָ הָאֲמִתִּיִּים עָלֵינוּ. וְנִזְכֶּה לְנַצֵּחַ אוֹתְךָ בִּתְפִלָּתֵנוּ וּתְחִנּוֹתֵינוּ וְשִׂיחָתֵינוּ, שֶׁתָּשִׁיב פָּנֶיךָ אֵלֵינוּ וּתְרַחֲמֵנוּ, וּתְשִׁיבֵנוּ בִּתְשׁוּבָה שְׁלֵמָה לְפָנֶיךָ בֶּאֱמֶת בְּכָל לֵב וָנֶפֶשׁ.

וּתְזַכֵּנוּ שֶׁיָּאִירוּ בָּנוּ כָּל הַשְּׁלֹשָׁה נְקֻדּוֹת הַקְּדוֹשׁוֹת הַלָּלוּ שֶׁהֵם הֶאָרַת הַנְּקֻדָּה הַקְּדוֹשָׁה שֶׁל הַצַּדִּיק הַדּוֹר הָאֲמִתִּי, וְהֶאָרַת הַנְּקֻדָּה הַקְּדוֹשָׁה שֶׁל כְּלָלִיּוּת יִשְׂרָאֵל עַמְּךָ מֵאֶחָד לַחֲבֵרוֹ, שֶׁכָּל אֶחָד יָאִיר בַּחֲבֵרוֹ הֶאָרַת הַנְּקֻדָּה הַקְּדוֹשָׁה שֶׁיֵּשׁ בּוֹ מַה שֶּׁאֵין בַּחֲבֵרוֹ, וְהֶאָרַת הַנְּקֻדָּה הַקְּדוֹשָׁה שֶׁל כָּל אֶחָד בְּעַצְמוֹ. שֶׁכָּל אֶחָד וְאֶחָד יְקַבֵּל מִנֵּיהּ וּבֵיהּ מֵהַנְּקֻדָּה הַקְּדוֹשָׁה שֶׁיֵּשׁ בּוֹ שֶׁתָּאִיר מִפִּיו לְלִבּוֹ עַל יְדֵי שֶׁיְּדַבֵּר בֵּינוֹ לְבֵין קוֹנוֹ בְּהִתְעוֹרְרוּת הַלֵּב, בִּתְפִלָּה וְשִׂיחָה וּתְחִנָּה וּבַקָּשָׁה בֶּאֱמֶת וּבְלֵב שָׁלֵם. וְעַל יְדֵי כָּל זֶה נִזְכֶּה שֶׁיָּאִיר הֶאָרַת צַדִּיק יְסוֹד עוֹלָם בְּלִבֵּנוּ. וְנִזְכֶּה

שֶׁיִּתְקַשֵּׁר לְבָבֵנוּ בֶּאֱמֶת בְּקֶשֶׁר אַמִּיץ וְחָזָק לְעוֹלְמֵי עַד לְאוֹר שְׁלֹשָׁה נְקֻדּוֹת הַקְּדוֹשׁוֹת הַלָּלוּ אֲשֶׁר שָׁם אוֹר הָאַהֲבָה וְהַחֶסֶד הַקָּדוֹשׁ שׁוֹרֶה עַד שֶׁיִּתְבַּטֵּל עַל יְדֵי זֶה כָּל הַחֶרְפּוֹת הַשּׁוֹרִין עַל הַלֵּב הַנִּקְרָאִין עָרְלַת לֵב שְׁבִירַת לֵב. שֶׁהֵם כָּל הַתַּאֲווֹת רָעוֹת וְהִרְהוּרִים רָעִים. וְאֶזְכֶּה שֶׁיִּטָּהֵר לִבִּי בֶּאֱמֶת מִכָּל הָעַקְמִימִיּוֹת שֶׁבַּלֵּב וּמִכָּל מִינֵי כְּפִירוֹת שֶׁבַּלֵּב וּמִכָּל רֹעַ הַלֵּב. וְתַעַזְרֵנִי לְשַׁבֵּר וּלְבַטֵּל כָּל הַתַּאֲווֹת רָעוֹת וְכָל הַהִרְהוּרִים רָעִים וְכָל מִינֵי מַחֲשָׁבוֹת רָעוֹת וְכָל מִינֵי בִּלְבּוּלִים, וְכָל מִינֵי פְּסֹלֶת וַעֲכִירוּת שֶׁבַּלֵּב, עַד שֶׁאֶזְכֶּה לְלֵב טָהוֹר לְלֵב קָדוֹשׁ, לְלֵב טוֹב, לְיַשְׁרוּת לֵב בֶּאֱמֶת לַאֲמִתּוֹ כִּרְצוֹנְךָ וְכִרְצוֹן הַצַּדִּיקִים הָאֲמִתִּיִּים. וְיִהְיֶה לִבִּי יָשָׁר עִם יְהֹוָה תָּמִיד עַד שֶׁאֶזְכֶּה לְהִתְדַּבֵּק בְּךָ וּלְהִכָּלֵל בִּרְצוֹנְךָ הַטּוֹב. וּבְאַהֲבָתְךָ הַגְּדוֹלָה תְּכַסֶּה עַל כָּל פְּשָׁעֵינוּ כְּמוֹ שֶׁכָּתוּב: "וְעַל כָּל פְּשָׁעִים תְּכַסֶּה אַהֲבָה". וְתִמְחֹל וְתִסְלַח וּתְכַפֵּר לָנוּ עַל כָּל חַטָּאֵינוּ וַעֲוֹנוֹתֵינוּ וּפְשָׁעֵינוּ, וְתֶאֱסֹף אֶת חֶרְפָּתֵנוּ. וּמֵעַתָּה תִּהְיֶה בְּעֶזְרֵנוּ שֶׁלֹּא נֶחֱטָא עוֹד לְעוֹלָם, בֵּין בְּשׁוֹגֵג בֵּין בְּמֵזִיד בֵּין בְּאֹנֶס בֵּין בְּרָצוֹן. וְתַצִּילֵנוּ מִכָּל מִינֵי פְּגָמִים שֶׁבָּעוֹלָם, וְנִזְכֶּה לִהְיוֹת כִּרְצוֹנְךָ הַטּוֹב בֶּאֱמֶת:

וּתְזַכֵּנִי לְקַדֵּשׁ אֶת פִּי בְּדִבּוּרִים קְדוֹשִׁים. וְתַעֲזֹר לִי לְתַקֵּן כָּל הַפְּגָמִים שֶׁפָּגַמְתִּי בְּפִי, עַד שֶׁאֶזְכֶּה

שֶׁיִּהְיֶה פִּי מָלֵא בִּרְכַּת יְהֹוָה וִימֻלָּא פִּי תְּהִלָּתֶךָ. וְיִהְיוּ כְּלֵי הַשֶּׁפַע שֶׁלִּי שֶׁהֵם אִמְרֵי פִּי בִּשְׁלֵמוּת גָּדוֹל עַד שֶׁאֶזְכֶּה לְהַמְשִׁיךְ תָּמִיד שֶׁפַע טוֹבָה וּבְרָכָה וְרַחֲמִים וְחַיִּים וְשָׁלוֹם עַל יְדֵי אִמְרֵי פִּי. וְתִשְׁמַע תְּפִלָּתֵנוּ תָּמִיד, וּתְבַטֵּל רְצוֹנְךָ מִפְּנֵי רְצוֹנֵנוּ וְנִגְזַר אֹמֶר וְיָקוּם. וּתְקַיֵּם מִקְרָא שֶׁכָּתוּב: "אָנֹכִי יְהֹוָה אֱלֹהֶיךָ הַמַּעַלְךָ מֵאֶרֶץ מִצְרָיִם, הַרְחֶב פִּיךָ וַאֲמַלְאֵהוּ". וְתַעַזְרֵנוּ בְּרַחֲמֶיךָ שֶׁנִּזְכֶּה מְהֵרָה לִקְדֻשַּׁת הַבְּרִית בֶּאֱמֶת. וְנִזְכֶּה לְתַקֵּן כָּל מִינֵי פְּגַם הַבְּרִית שֶׁפָּגַמְנוּ עַד הֵנָּה. וּזְכוּת יוֹסֵף הַצַּדִּיק שֶׁעָמַד בְּנִסָּיוֹן וּזְכוּת כָּל הַצַּדִּיקִים אֲמִתִּיִּים שֶׁעָמְדוּ בְּנִסְיוֹנוֹת רַבּוֹת אֵין מִסְפָּר וְכָפוּ אֶת יִצְרָם לְמַעַן שִׁמְךָ יָגֵנּוּ עָלֵינוּ. וּבִזְכוּתָם וְכֹחָם תַּעֲזוֹר לִי מֵעַתָּה יְהֹוָה אֱלֹהַי וֵאלֹהֵי אֲבוֹתַי שֶׁאֶזְכֶּה גַּם כֵּן לָכֹף אֶת יִצְרִי וְתַאֲוָתִי. וְתַצִּילֵנִי בְּרַחֲמֶיךָ מִכָּל מִינֵי פְּגַם הַבְּרִית שֶׁבָּעוֹלָם. וְלֹא אֵבוֹשׁ וְלֹא אֶכָּשֵׁל בְּשׁוּם מִכְשׁוֹל וְהִרְהוּר רָע כְּלָל מֵעַתָּה וְעַד עוֹלָם. וּתְזַכֵּנִי מְהֵרָה לְתִקּוּן הַבְּרִית בֶּאֱמֶת וּבִשְׁלֵמוּת כִּרְצוֹנְךָ הַטּוֹב. וְאֶזְכֶּה לְתַקֵּן בִּשְׁלֵמוּת בְּרִית הַלָּשׁוֹן וּבְרִית הַמָּעוֹר. וּתְחָנֵּנוּ מֵאִתְּךָ חָכְמָה וּבִינָה וָדַעַת דִּקְדֻשָּׁה. וְאֶזְכֶּה לִלְמֹד וּלְלַמֵּד בְּהַתְמָדָה גְּדוֹלָה וּלְקַיֵּם אֶת כָּל דִּבְרֵי תוֹרָתֶךָ בְּאַהֲבָה. חוּס וְחָנֵּנוּ וְרַחֵם עָלֵינוּ וּמַלֵּא מִשְׁאֲלוֹתֵינוּ בְּרַחֲמִים. חָנֵּנוּ וַעֲנֵנוּ וּשְׁמַע תְּפִלָּתֵנוּ. כִּי אַתָּה שׁוֹמֵעַ תְּפִלַּת כָּל פֶּה עַמְּךָ יִשְׂרָאֵל בְּרַחֲמִים.

בָּרוּךְ אַתָּה שׁוֹמֵעַ תְּפִלָּה. "יִהְיוּ לְרָצוֹן אִמְרֵי פִי וְהֶגְיוֹן לִבִּי לְפָנֶיךָ יְהֹוָה צוּרִי וְגוֹאֲלִי":

לה

בְּרֹאשׁ הוֹמִיּוֹת אֶקְרָא בְּפִתְחֵי שְׁעָרִים בָּעִיר אֲמָרַי אֹמַר. בְּקוֹל גָּדוֹל בְּקוֹל חָזָק בְּקוֹל מַר אָרִים קוֹלִי וְאֶקְרָא לָאֵל עָלַי גּוֹמֵר. הִנְנִי בְּיָדְךָ כְּמוֹ בְּיַד הַיּוֹצֵר חֹמֶר. שׁוֹמֵר מַה מִלַּיְלָה מַה מִלֵּיל שׁוֹמֵר. אֲשׁוֹטְטָה "בַּשְּׁוָקִים וּבָרְחוֹבוֹת אֲבַקְשָׁה אֵת שֶׁאָהֲבָה נַפְשִׁי" וְאֶזְעַק בְּקוֹל גָּדוֹל וְאֶתְמַרְמֵר וְאוֹמַר. "קוֹלִי אֶל יְהֹוָה אֶקְרָא וַיַּעֲנֵנִי מֵהַר קָדְשׁוֹ סֶלָה. אֲנִי שָׁכַבְתִּי וָאִישָׁנָה הֱקִיצוֹתִי כִּי יְהֹוָה יִסְמְכֵנִי. אֵלֶיךָ יְהֹוָה אֶקְרָא וְאֶל יְהֹוָה אֶתְחַנָּן".

רִבּוֹנוֹ שֶׁל עוֹלָם. אֲדוֹן הָרַחֲמִים וְהַסְּלִיחוֹת הַצּוֹפֶה לָרָשָׁע וְחָפֵץ בְּהִצָּדְקוֹ. הַפּוֹתֵחַ שַׁעַר לְדוֹפְקֵי בִתְשׁוּבָה. זַכֵּנִי בְּרַחֲמֶיךָ הָרַבִּים שֶׁאָשׁוּב בִּתְשׁוּבָה שְׁלֵמָה לְפָנֶיךָ חִישׁ קַל מְהֵרָה עַל כָּל חֲטָאַי וַעֲוֹנוֹתַי וּפְשָׁעַי שֶׁחָטָאתִי וְשֶׁעָוִיתִי וְשֶׁפָּשַׁעְתִּי לְפָנֶיךָ מִנְּעוּרַי עַד הַיּוֹם הַזֶּה. וְאַל תִּטְרֹף עָלַי אֶת הַשָּׁעָה. "שׁוּבָה יְהֹוָה עַד מָתָי וְהִנָּחֵם עַל עֲבָדֶיךָ. הֲשִׁיבֵנוּ יְהֹוָה אֵלֶיךָ וְנָשׁוּבָה חַדֵּשׁ יָמֵינוּ כְּקֶדֶם". כִּי מֵרֵאשִׁית כָּזֹאת

הוֹדַעְתָּ וּמִלְּפָנִים אוֹתָהּ גִּלִּיתָ. כִּי קֹדֶם שֶׁבָּרָאתָ הָעוֹלָם בְּחָכְמָתְךָ הַקְּדוּמָה, הִקְדַּמְתָּ אֶת הַתְּשׁוּבָה תְּחִלָּה. כִּי תְּשׁוּבָה קָדְמָה לָעוֹלָם. כִּי יָדַעְתָּ כִּי בָּשָׂר וָדָם אֲנַחְנוּ, וּמֵחֹמֶר קֹרַצְנוּ. "הֵן בְּעָווֹן חוֹלָלְתִּי וּבְחֵטְא יֶחֱמַתְנִי אִמִּי". וְאַתָּה יָדַעְתָּ יִצְרֵנוּ כִּי עָפָר אֲנָחְנוּ. עַל־כֵּן הִקְדַּמְתָּ תְּעָלָה לְמַכּוֹתֵינוּ וּצְרִי לְמַכְאוֹבֵינוּ. כִּי אַתָּה חָפֵץ בְּקִיּוּם הָעוֹלָם, וְאֵין אַתָּה חָפֵץ בְּהַשְׁחָתַת הָעוֹלָם חַס וְשָׁלוֹם. עַל כֵּן מִתְּחִלָּה עָלְתָה זֹאת בְּמַחֲשָׁבָה לְפָנֶיךָ שֶׁתְּקַבֵּל תְּשׁוּבָתֵנוּ לְפָנֶיךָ בְּכָל עֵת שֶׁנָּבֹא אֵלֶיךָ. אֲבָל מַה נֹּאמַר וּמַה נְּדַבֵּר כִּי כְּבָר נִתְאַחֲזוּ וְנִתְפְּסוּ בָּנוּ כָּל כָּךְ יָוֵן מְצוּלַת הַחֲטָאִים, וְגַשְׁמִיּוּת עֲכִירַת הַחֹמֶר, עַד אֲשֶׁר תַּשׁ כֹּחֵנוּ וּמָטָה יָדֵינוּ מְאֹד, וְקָשֶׁה לָנוּ בְּעַצְמֵנוּ לָשׁוּב אֵלֶיךָ בֶּאֱמֶת. וְאֵין לִי שׁוּם תִּקְוָה כִּי אִם עַל רַחֲמֶיךָ הָרַבִּים, שֶׁאַתָּה בְּעַצְמְךָ תְּשִׁיבֵנוּ וְתַחֲזִירֵנוּ בִּתְשׁוּבָה שְׁלֵמָה לְפָנֶיךָ. וְיַעֲלֶה וְיֵרָאֶה לְפָנֶיךָ אֶנְקוֹתֵינוּ וְאַנְחוֹתֵינוּ וּתְפִלּוֹתֵינוּ וּתְחִנּוֹתֵינוּ, מַה שֶּׁאָנוּ מִתְאַנְּחִים וּמְצַפִּים וּמְחַכִּים וְזוֹעֲקִים בְּכָל עֵת אֵלֶיךָ שֶׁתְּשִׁיבֵנוּ אֵלֶיךָ בֶּאֱמֶת, כְּאִלּוּ עָשִׂינוּ כָּל מַה שֶּׁמּוּטָל עָלֵינוּ, כְּאִלּוּ נִתְעוֹרַרְנוּ וְעָשִׂינוּ תְּשׁוּבָה שְׁלֵמָה, תְּשׁוּבַת הַמִּשְׁקָל, עַל כָּל חֲטָאֵינוּ וַעֲווֹנוֹתֵינוּ וּפְשָׁעֵינוּ. כִּי אֵין אָנוּ יוֹדְעִין מַה לַּעֲשׂוֹת, וְאֵיךְ לְהִנָּצֵל מִמַּה שֶּׁאֲנִי צָרִיךְ לְהִנָּצֵל מֵעַתָּה, לְבַל אֶעֱשֶׂה עוֹד מַה שֶּׁעָשִׂיתִי עַד הֵנָּה, לְבַל אֶפְגֹּם עוֹד מַה שֶּׁפָּגַמְתִּי,

בְּמַחֲשָׁבָה דִּבּוּר וּמַעֲשֶׂה. וְאֵין לִי שׁוּם סְמִיכָה וְתִקְוָה כִּי אִם עַל רַחֲמֶיךָ הָרַבִּים וַחֲסָדֶיךָ הַגְּדוֹלִים שֶׁאַתָּה בְּעַצְמְךָ תַּעֲסֹק בְּתִקּוּנֵנוּ. בִּזְכוּת צַדִּיקֵי אֱמֶת "קְדוֹשִׁים אֲשֶׁר בָּאָרֶץ הֵמָּה וְאַדִּירֵי כָּל חֶפְצִי בָם", בִּזְכוּתָם וְכֹחָם הֲשִׁיבֵנִי אֵלֶיךָ וְאָשׁוּבָה כִּי אַתָּה אֱלֹהָי. וְעָזְרֵנִי בְּרַחֲמֶיךָ שֶׁלֹּא אָשׁוּב עוֹד לְאִוַּלְתִּי. וְאֶעֱזֹב אֶת דַּרְכֵי הָרַע וּמַחְשְׁבוֹתַי הַמְגֻנּוֹת, וְדֵעוֹתַי הַמְעֻרְבָּבוֹת, וְכָל בִּלְבּוּלֵי הַדַּעַת הַמְרֻבִּים, אֲשֶׁר עַל יָדָם בָּאוּ לִי כָּל מַעֲשַׂי הָרָעִים וּפְעֻלּוֹתַי הַזָּרִים. כֻּלָּם אֶזְכֶּה לַעֲזֹב וּלְסַלֵּק מֵעָלַי לְגַמְרֵי מֵעַתָּה וְעַד עוֹלָם.

עָזְרֵנִי מֵעַתָּה לְתַקֵּן אֶת חָכְמָתִי. וְאֶזְכֶּה לִשְׁמֹר אֶת מֹחִי וּמַחֲשַׁבְתִּי וְחָכְמָתִי וְשִׂכְלִי מִכָּל מִינֵי מַחֲשָׁבוֹת רָעוֹת וְשִׂכְלִיּוֹת חִיצוֹנִיִּים. וְלֹא אַנִּיחַ לִכָּנֵס בְּדַעְתִּי שׁוּם מַחֲשָׁבָה חִיצוֹנָה וְשׁוּם חָכְמָה חִיצוֹנָה כְּלָל, הֵן חָכְמוֹת חִיצוֹנִיּוֹת שֶׁל חֲקִירוֹת הַפִּילוֹסוֹפְיָא, וְהֵן שְׁאָר עִנְיְנֵי חֲקִירוֹת וְחָכְמוֹת חִיצוֹנִיּוֹת הָעוֹלִים עַל הַמֹּחַ לְבַלְבֵּל מֵעֲבוֹדָתֶךָ, לַחֲקֹר בְּעִנְיְנֵי הַנְהָגוֹתֶיךָ וּדְרָכֶיךָ חַס וְשָׁלוֹם, אוֹ לְהַרְהֵר חַס וְשָׁלוֹם אַחַר צַדִּיקִים אֲמִתִּיִּים וּכְשֵׁרֵי הַדּוֹר הָאֲמִתִּיִּים, וְכֵן שְׁאָר כָּל עִנְיְנֵי חָכְמוֹת חִיצוֹנִיּוֹת וְלֵיצָנוּת הַנְּהוּגִים בָּעוֹלָם, וּבִפְרָט בַּדּוֹר הַזֶּה אֲשֶׁר הֵם חֲכָמִים בְּעֵינֵיהֶם וְנֶגֶד פְּנֵיהֶם נְבוֹנִים. וּבֶאֱמֶת כָּל אֵלּוּ הַחָכְמוֹת אֵינָם חָכְמוֹת כְּלָל,

כִּי "בִּדְבַר יְהֹוָה מָאָסוּ וְחָכְמַת מֶה לָהֶם". וְכֵן מִשְּׁאָר כָּל מִינֵי חָכְמוֹת וְשִׂכְלִיּוֹת חִיצוֹנִיּוֹת שֶׁאֵינָם צְרִיכִים לַעֲבוֹדָתְךָ הָאֲמִתִּיּוֹת, וּמִכָּל מִינֵי מַחֲשָׁבוֹת חִיצוֹנִיּוֹת וּמִכָּל מִינֵי הִרְהוּרִים וּבִלְבּוּלִים וְעִרְבּוּב הַדַּעַת, מִכֻּלָּם תַּצִּילֵנִי וְתִשְׁמְרֵנִי וּתְפַלְּטֵנִי. וְתִהְיֶה עִמִּי תָּמִיד בְּכָל עֵת וּבְכָל רֶגַע. וְתָגֵן בַּעֲדִי וְתִשְׁמֹר אֶת מֹחִי וְחָכְמָתִי וּמַחֲשַׁבְתִּי, שֶׁלֹּא אַתְחִיל לְהַנִּיחַ לִכְנֹס חַס וְשָׁלוֹם בְּדַעְתִּי וּמוֹחִי וּמַחֲשַׁבְתִּי שׁוּם מַחֲשָׁבָה מֵאֵלּוּ הַמַּחֲשָׁבוֹת רָעוֹת, וְלֹא שׁוּם מַחֲשָׁבָה זָרָה וְחִיצוֹנָה כְּלָל. וְאֶזְכֶּה לְקַדֵּשׁ אֶת מֹחִי וּמַחֲשַׁבְתִּי תָּמִיד בִּקְדֻשָּׁה גְּדוֹלָה:

כִּי לְפָנֶיךָ נִגְלֶה יְהֹוָה אֱלֹהַי וֵאלֹהֵי אֲבוֹתַי, שֶׁכָּל מַעֲשַׂי הָרָעִים וְכָל הַחֲטָאִים וְהָעֲווֹנוֹת וְהַפְּשָׁעִים שֶׁחָטָאתִי וְשֶׁעָוִיתִי וְשֶׁפָּשַׁעְתִּי לְפָנֶיךָ, כֻּלָּם בָּאוּ אֵלַי רַק עַל יְדֵי זֶה לְבַד. עַל יְדֵי שֶׁלֹּא נִזְהַרְתִּי לְקַדֵּשׁ אֶת מַחֲשַׁבְתִּי, לֶאֱחֹז אֶת מַחֲשַׁבְתִּי לְתָפְסָהּ וּלְקָשְׁרָהּ, לִבְלִי לְהַנִּיחַ לִכְנֹס בָּהּ שׁוּם בִּלְבּוּל הַדַּעַת וְשׁוּם הִרְהוּר שֶׁבָּעוֹלָם. וְלֹא שָׁמַרְתִּי הַמַּחֲשָׁבָה שֶׁבַּמֹּחַ, עַד שֶׁהִנַּחְתִּי לְפַזֵּר אֶת דַּעְתִּי וּמַחֲשַׁבְתִּי בְּמַחֲשָׁבוֹת זָרוֹת וְחָכְמוֹת חִיצוֹנִיּוֹת שֶׁל שְׁטוּת וָהֶבֶל. וְכָל מַה שֶּׁהִכְנַסְתִּי מַחֲשָׁבָה זָרָה בַּמֹּחַ, כְּמוֹ כֵן נִתְמַעֵט קְדֻשַּׁת שִׂכְלִי. וְעַל זֶה נִבְנֶה כָּל הַמִּדּוֹת רָעוֹת וְכָל הַתַּאֲווֹת רָעוֹת

שֶׁנִּתְפַּסְתִּי בָּהֶם מִנְּעוּרַי עַד הַיּוֹם הַזֶּה, עַד אֲשֶׁר אֲנִי הוֹלֵךְ בָּעוֹלָם עַכְשָׁו כְּאִישׁ אֲשֶׁר עָבְרוּ בּוֹ כָּל מִינֵי חִצִּים וּרְמָחִים, וַעֲדַיִן תְּחוּבִים בְּגוּפוֹ, וַעֲדַיִן כָּל הָאוֹרְבִים וְהַשּׂוֹנְאִים הוֹלְכִים אַחֲרָיו, וְסוֹבְבִים וְאוֹרְבִים אוֹתוֹ בְּכָל עֵת וָרֶגַע לְבַל יִבְרַח לְאֵיזֶה מְקוֹם הַצָּלָה וּמָנוֹס. "גָּדַר בַּעֲדִי וְלֹא אֵצֵא הִכְבִּיד נְחָשְׁתִּי". וְכָל זֶה עַל יְדֵי פְּגַם הַמַּחֲשָׁבָה שֶׁבַּמֹּחַ, אֲשֶׁר הִרְבֵּיתִי לִפְשֹׁעַ מְאֹד בָּזֶה, עַד אֲשֶׁר נִתְפַּזֵּר דַּעְתִּי מְאֹד מְאֹד, עַד שֶׁכִּמְעַט חַס וְשָׁלוֹם נִתְמַלֵּא כָּל מֹחִי וְדַעְתִּי מִבִּלְבּוּלִים רָעִים וּמְגֻנִּים וְזָרִים, וּמַחֲשָׁבוֹת חִיצוֹנִיּוֹת הַרְבֵּה מְאֹד. "רְאֵה עָנְיִי וְחַלְּצֵנִי. כְּחַסְדְּךָ חַיֵּנִי. חַלְּצֵנִי יְהֹוָה מֵאָדָם רָע מֵאִישׁ חֲמָסִים תִּנְצְרֵנִי". כִּי אַתָּה יוֹדֵעַ שֶׁאִי אֶפְשָׁר לִי לְפָרֵשׁ כָּל שִׂיחָתִי, כִּי אֵין שׁוּם לָשׁוֹן בָּעוֹלָם שֶׁאוּכַל לְכַנּוֹת בּוֹ פְּגָמַי נֶגְדְּךָ וְהִתְרַחֲקוּתִי מִמְּךָ. וַאֲנִי דּוֹמֶה כְּתוֹעֶה בְּעִמְקֵי מְצוּלוֹת יָם. וַאֲנִי בְּעַצְמִי הַחַיָּב בְּכָל זֶה. אֲבָל עַל זֶה בָּאתִי לְבַקֵּשׁ וְלִשְׁאֹל וּלְהִתְחַנֵּן מִלְּפָנֶיךָ, יְהֹוָה אֱלֹהַי וֵאלֹהֵי אֲבוֹתַי, שֶׁתְּחָנֵּנִי בְּרַחֲמֶיךָ לְבַל אֶהְיֶה חַיָּב עוֹד. וּבְרַחֲמֶיךָ הָרַבִּים תַּעֲשֶׂה אוֹתִי זַכַּאי וְלֹא חַיָּב:

רַחֵם עָלַי בְּרַחֲמֶיךָ. וַעֲזֹר לִי מֵעַתָּה לְקַדֵּשׁ אֶת מַחֲשַׁבְתִּי תָּמִיד. כִּי אַף־עַל־פִּי שֶׁכָּל מֹחִי מָלֵא עִרְבּוּבִים וּבִלְבּוּלִים הַרְבֵּה מְאֹד. וְעוֹלִים עַל מַחֲשַׁבְתִּי

הִרְהוּרִים רָעִים וּמַחֲשָׁבוֹת זָרוֹת וְשִׂכְלִיּוֹת חִיצוֹנִיִּים הַרְבֵּה מְאֹד. אַף־עַל־פִּי־כֵן עֲדַיִן יֵשׁ לִי תִּקְוָה לְהִנָּצֵל מֵהֶם בְּכֹחֲךָ הַגָּדוֹל, לְגָרְשָׁם וּלְסַלְּקָם מֵעָלַי וּמֵעַל גְּבוּלִי מֵעַתָּה וְעַד עוֹלָם. עַל כֵּן בָּאתִי לְפָרֵשׁ שִׂיחָתִי, וְלִשְׁטֹחַ כַּפַּי לְפָנֶיךָ יְהוָה אֱלֹהַי וֵאלֹהֵי אֲבוֹתַי. כִּי אַתָּה טוֹב וּמֵטִיב לַכֹּל וּמָלֵא רַחֲמִים אֲמִתִּיִּים וַחֲסָדִים עֲצוּמִים בְּכָל עֵת וּבְכָל שָׁעָה וּבְכָל רֶגַע. חוּס וַחֲמֹל עָלַי. וֶהְיֵה עִמִּי תָּמִיד. וְעָזְרֵנִי וְשָׁמְרֵנִי לְקַדֵּשׁ אֶת מַחֲשַׁבְתִּי וְחָכְמָתִי תָּמִיד. וְאֶזְכֶּה לֶאֱחֹז וְלִתְפֹּס אֶת מוֹחִי וְדַעְתִּי וּמַחֲשַׁבְתִּי, וְלֹא אַנִּיחַ לִכְנֹס בְּמַחֲשַׁבְתִּי שׁוּם חָכְמָה חִיצוֹנָה וְשׁוּם מַחֲשָׁבָה חִיצוֹנָה כְּלָל. וְאֶזְכֶּה לִגְעֹר בָּהֶם וּלְגָרְשָׁם מֵעָלַי וּמֵעַל גְּבוּלִי, וּלְהַסִּיחַ דַּעְתִּי מֵהֶם לְגַמְרֵי, כְּמוֹ שֶׁכָּתוּב: "גְּעַר חַיַּת קָנֶה", בְּאֹפֶן שֶׁאֶזְכֶּה לְסַלְּקָם וּלְשַׁבְּרָם וּלְבַטְּלָם מִמֶּנִּי בְּבִטּוּל גָּמוּר מֵעַתָּה וְעַד עוֹלָם. וְאֶזְכֶּה לִקְנוֹת חָכְמָה קְנֵה בִינָה דִּקְדֻשָּׁה:

וְתַעַזְרֵנִי וְתוֹשִׁיעֵנִי שֶׁאֶזְכֶּה לָשׁוּב מְהֵרָה לַמָּקוֹר אֲשֶׁר נֶחֱצַבְתִּי מִשָּׁם. וְתָשִׁיב נַפְשִׁי וְרוּחִי וְנִשְׁמָתִי אֶל מְקוֹם אֲשֶׁר הָיָה שָׁם אָהֳלָהּ בַּתְּחִלָּה, אֶל הַמְּנוּחָה וְאֶל הַנַּחֲלָה, לַאֲתַר דְּאִתְנְטִילַת מִתַּמָּן, שֶׁהוּא חָכְמָה עִלָּאָה דִּקְדֻשָּׁה, אֲשֶׁר מִשָּׁם נֶחֱצַבְנוּ. כְּמוֹ שֶׁכָּתוּב: "כֻּלָּם בְּחָכְמָה עָשִׂיתָ". וּתְזַכֵּנִי שֶׁלֹּא אֶשְׁתַּמֵּשׁ בְּשִׂכְלִי בְּשׁוּם דָּבָר וְעֵסֶק כְּלָל, לֹא בְּשׁוּם

חָכְמָה חִיצוֹנָה וְלֹא בְּשׁוּם מַחֲשָׁבָה חִיצוֹנָה כְּלָל. כִּי אִם בְּהִתְבּוֹנְנוּת עֲבוֹדַת הַשֵּׁם יִתְבָּרַךְ בִּקְדֻשָּׁה וּבְטָהֳרָה גְדוֹלָה בֶּאֱמֶת וּבֶאֱמוּנָה שְׁלֵמָה. וְיִהְיֶה שִׂכְלִי הוֹלֵךְ וְגָדֵל. וְאֶזְכֶּה לְקַדֵּשׁ אֶת שִׂכְלִי תָּמִיד, וּלְהוֹסִיף חָכְמָה וּבִינָה וָדַעַת בִּקְדֻשָּׁה גְדוֹלָה בְּכָל יוֹם וָיוֹם וּבְכָל עֵת וָעֵת. וְאֶזְכֶּה תָמִיד לָצֵאת וְלַעֲלוֹת מִמֹּחִין דְּקַטְנוּת לְמֹחִין דְּגַדְלוּת, בִּקְדֻשָּׁה גְדוֹלָה, בֶּאֱמֶת וּבֶאֱמוּנָה כִּרְצוֹנְךָ הַטּוֹב. וְאֶזְכֶּה לְהַשִּׂיג בְּכָל פַּעַם הַשָּׂגַת עֲבוֹדָתְךָ בֶּאֱמֶת בְּמַדְרֵגָה גָּבוֹהַּ יוֹתֵר וּבִקְדֻשָּׁה וְטָהֳרָה יְתֵרָה. עַד שֶׁאֶזְכֶּה לִהְיוֹת כִּרְצוֹנְךָ הַטּוֹב בֶּאֱמֶת:

וְעָזְרֵנִי לְחַדֵּשׁ אֶת מֹחִי וְשִׂכְלִי וְנִשְׁמָתִי תָּמִיד. וְתוֹרֵנִי וּתְלַמְּדֵנִי תָמִיד אֵיךְ לְהִתְנַהֵג בְּעִנְיַן הַשֵּׁנָה בְּאֹפֶן שֶׁאוּכַל לְחַדֵּשׁ אֶת מֹחִי תָּמִיד. כִּי אַתָּה יָדַעְתָּ כִּי אֲנַחְנוּ מֻכְרָחִים לִשְׁמֹר אֶת הַשֵּׁנָה מְאֹד כְּדֵי לְחַדֵּשׁ אֶת מֹחֵנוּ וְשִׂכְלֵנוּ, כְּדֵי שֶׁלֹּא יִתְבַּלְבֵּל דַּעְתֵּנוּ חַס וְשָׁלוֹם. וְגַם אַתָּה יָדַעְתָּ עֹצֶם הֶהֶפְסֵד שֶׁל רִבּוּי שֵׁנָה חַס וְשָׁלוֹם שֶׁמַּפְסִידִין הַזְּמַן הַיָּקָר מִכָּל הוֹן. אֲשֶׁר הַשָּׁעָה שֶׁנֶּאֱבַד מֵהַזְּמַן בְּשֵׁנָה אוֹ בְּהַבְלֵי עוֹלָם הַזֶּה חַס וְשָׁלוֹם, אֵין לָהּ תְּמוּרָה בָּעוֹלָם. וְאֵין שׁוּם אֲבֵדָה בָּעוֹלָם, כְּמוֹ אֲבֵדַת הַזְּמַן. וַאֲנִי בַּעַר וְלֹא אֵדַע כְּלָל. אֵיךְ לְהִתְנַהֵג בָּזֶה, בְּעִנְיַן הַנְהָגוֹת הַשֵּׁנָה כְּלָל:

עַל כֵּן אֲנִי מְפָרֵשׁ שִׂיחָתִי לְפָנֶיךָ, וַאֲנִי מוֹסֵר עַצְמִי עָלֶיךָ לְבַד, "בְּיָדְךָ אַפְקִיד רוּחִי פָּדִיתָה אוֹתִי יְהֹוָה אֵל אֱמֶת", שֶׁתִּשְׁמֹר צֵאתִי וּבוֹאִי, וְתִהְיֶה עִמִּי תָּמִיד, וְתַדְרִיכֵנִי בַּאֲמִתֶּךָ. וּתְלַמְּדֵנִי בְּכָל עֵת אֵיךְ לְהִתְנַהֵג בְּעִנְיַן הַשֵּׁנָה, לִישַׁן בְּמוֹעֲדוֹ וּבִזְמַנּוֹ בְּעֵת הַהֶכְרֵחַ לְבַד כִּרְצוֹנְךָ הַטּוֹב, וְתַעַזְרֵנִי שֶׁאֶזְכֶּה לִמְעַט בְּשֵׁנָה. וּתְקַדְּשֵׁנִי בִּקְדֻשָּׁה גְדוֹלָה. וּתְגָרֵשׁ כָּל מִינֵי בִלְבּוּלִים מִמֹּחִי וּמַחְשְׁבוֹתַי עַד שֶׁאֶזְכֶּה עַל יְדֵי מְעַט שֵׁנָה לָתֵת נַיְיחָא לְהַמֹּחִין שֶׁלִּי. וְיִתְחַדְּשׁוּ הַמֹּחִין וְהַנְּשָׁמָה שֶׁלִּי, וְיִתְחַזְּקוּ מֵעֲיֵפוּתָם, עַל יְדֵי מְעַט שֵׁנָה בְּתַכְלִית הַמִּעוּט.

וּתְזַכֵּנִי לִישׁוֹן בִּקְדֻשָּׁה וּבְטָהֳרָה גְדוֹלָה, וּתְרַחֵם עָלַי וְתַעַזְרֵנִי, וְתִפְתַּח לְנִשְׁמָתִי שַׁעֲרֵי רַחֲמִים וָחֶסֶד. וּתְצַוֶּה לְמַלְאָכֶיךָ הַקְּדוֹשִׁים שֶׁיַּנִּיחוּ אֶת נִשְׁמָתִי. שֶׁתִּכָּנֵס לְשַׁעֲרֵי הַקְּדֻשָּׁה בִּשְׁעַת שְׁנָתִי, וְתַעֲלֶה וְתִכָּנֵס נִשְׁמָתִי וְשִׂכְלִי לְתוֹךְ הָאֱמוּנָה הַקְּדוֹשָׁה בִּשְׁעַת שְׁנָתִי. וְאֶזְכֶּה לְחַדֵּשׁ אֶת שִׂכְלִי וְנִשְׁמָתִי בְּתוֹךְ הָאֱמוּנָה בִּשְׁעַת שֵׁנָה וִיקֻיַּם בָּנוּ מִקְרָא שֶׁכָּתוּב: "חֲדָשִׁים לַבְּקָרִים רַבָּה אֱמוּנָתֶךָ". וְאֶזְכֶּה לְקַבֵּל תָּמִיד שֵׂכֶל חָדָשׁ וּנְשָׁמָה חֲדָשָׁה מֵאוֹר הַפָּנִים עַל יְדֵי הַשֵּׁנָה בִּקְדֻשָּׁה וּבְטָהֳרָה.

וּתְזַכֵּנִי לִקְרוֹת קְרִיאַת שְׁמַע שֶׁעַל הַמִּטָּה בִּקְדֻשָּׁה גְדוֹלָה וְנוֹרָאָה וּבִמְסִירַת נֶפֶשׁ עַל קִדּוּשׁ הַשֵּׁם בֶּאֱמֶת. וְאֶזְכֶּה לְהִתְוַדּוֹת עַל כָּל חַטֹּאתַי וַעֲווֹנוֹתַי וּפְשָׁעַי קֹדֶם הַשֵּׁנָה. וְלָשׁוּב בִּתְשׁוּבָה שְׁלֵמָה עַל כָּל מַה שֶּׁפָּגַמְתִּי בְּאוֹתוֹ הַיּוֹם. וְאֶזְכֶּה לְקַבֵּל עָלַי בֶּאֱמֶת שֶׁלֹּא אָשׁוּב עוֹד לְאִוַּלְתִּי. וְאֶזְכֶּה לְקַבֵּל עָלַי קֹדֶם הַשֵּׁנָה תָּמִיד אַרְבַּע מִיתוֹת בֵּית דִּין בֶּאֱמֶת וּבְלֵב שָׁלֵם. וְאַתָּה תְּרַחֵם עָלַי וְתִמְחֹל וְתִסְלַח לִי וּתְכַפֵּר לִי עַל כָּל מַה שֶּׁפָּגַמְתִּי נֶגְדֶּךָ. וּתְטַהֵר אֶת נַפְשִׁי וְרוּחִי וְנִשְׁמָתִי, וּתְצַוֶּה בְּרַחֲמֶיךָ לִפְתֹּחַ לְנִשְׁמָתִי שַׁעֲרֵי הָרַחֲמִים, שַׁעֲרֵי הָאֱמוּנָה הַקְּדוֹשָׁה. וְתִכָּנֵס נִשְׁמָתִי לְתוֹךְ הָאֱמוּנָה הַקְּדוֹשָׁה בִּשְׁעַת שֵׁנָה, עַד שֶׁתַּעֲלֶה עַל יְדֵי הָאֱמוּנָה לְאוֹר הַפָּנִים דִּקְדֻשָּׁה, עַד שֶׁאֶזְכֶּה לְחַדֵּשׁ אֶת נִשְׁמָתִי וְשִׂכְלִי, לְהַמְשִׁיךְ עָלַי וּלְקַבֵּל בְּכָל פַּעַם שֵׂכֶל חָדָשׁ וּנְשָׁמָה חֲדָשָׁה מֵאוֹר פָּנֶיךָ דֶּרֶךְ הָאֱמוּנָה הַקְּדוֹשָׁה:

רִבּוֹנוֹ שֶׁל עוֹלָם רַחֵם עָלַי בְּרַחֲמֶיךָ הָרַבִּים, וְזַכֵּנִי לְכָל זֶה בִּזְכוּת צַדִּיקֵי אֱמֶת אֲשֶׁר לִפְנֵיהֶם אֵין שׁוּם שַׁעַר סָגוּר. בִּזְכוּתָם וְכֹחָם תְּטַהֲרֵנִי וּתְקַדְּשֵׁנִי בִּקְדֻשָּׁתְךָ הָעֶלְיוֹנָה, וְתִפְתַּח לִי כָּל הַשְּׁעָרִים שֶׁל הָאֱמוּנָה הַקְּדוֹשָׁה וְכָל הַשְּׁעָרִים שֶׁל הַקְּדֻשָּׁה. עַד שֶׁתַּעֲלֶה נִשְׁמָתִי לְאוֹר הַפָּנִים. "פִּתְחוּ לִי שַׁעֲרֵי צֶדֶק

אָבוֹא בָם אוֹדֶה יָהּ. הָאִירָה פָנֶיךָ עַל עַבְדֶּךָ הוֹשִׁיעֵנִי בְחַסְדֶּךָ. פָּנֶיךָ הָאֵר בְּעַבְדֶּךָ וְלַמְּדֵנִי אֶת חֻקֶּיךָ". וְזַכֵּנִי לְהַמְשִׁיךְ וּלְקַבֵּל נְשָׁמָה חֲדָשָׁה וְשֵׂכֶל חָדָשׁ מִשִּׁבְעִים פָּנִים שֶׁל הַתּוֹרָה הַקְּדוֹשָׁה. וְאֶזְכֶּה לְהַשִּׂיג וּלְהָבִין הַשִּׁבְעִים פָּנִים שֶׁל הַתּוֹרָה. וְתָאִיר עֵינַי בִּמְאוֹר תּוֹרָתֶךָ. וּתְזַכֵּנִי לִרְאוֹת תָּמִיד בְּכָל עֵת אוֹר פְּנֵי הַצַּדִּיקִים הָאֲמִתִּיִּים, לְקַבֵּל פְּנֵיהֶם תָּמִיד. וְיָאִירוּ פְּנֵיהֶם הַקְּדוֹשִׁים עָלַי בְּרַחֲמִים וְחֶסֶד גָּדוֹל, וּבְאַהֲבָה וְחֶמְלָה גְּדוֹלָה, בְּסֵבֶר פָּנִים יָפוֹת, עַד שֶׁאֶזְכֶּה לְקַבֵּל נְשָׁמָה חֲדָשָׁה וְשֵׂכֶל חָדָשׁ מֵאוֹר פְּנֵי הַצַּדִּיקִים:

וְרַחֵם עָלֵינוּ בְּרַחֲמֶיךָ הָרַבִּים, וְזַכֵּנוּ אוֹתָנוּ וְאֶת כָּל עַמְּךָ בֵּית יִשְׂרָאֵל, שֶׁנִּזְכֶּה לִהְיוֹת דְּבוּקִים בְּךָ תָּמִיד בֶּאֱמֶת וּבֶאֱמוּנָה בְּתַכְלִית הַשְּׁלֵמוּת. וְנִזְכֶּה לְקַיֵּם מִצְוַת "וּבוֹ תִדְבָּק" בִּשְׁלֵמוּת כִּרְצוֹנְךָ הַטּוֹב בְּתַכְלִית הַמַּעֲלָה הָעֶלְיוֹנָה בִּקְדֻשָּׁה וּבְטָהֳרָה גְּדוֹלָה. וְנִזְכֶּה לָתֵת נַיְיחָא לְמֹחֵנוּ וְשִׂכְלֵנוּ. וּבְעֵת שֶׁיִּתְיַגֵּעַ הַמֹּחַ מֵחֲמַת גֹּדֶל הַדְּבֵקוּת. נִזְכֶּה לַעֲסֹק אָז בִּפְשָׁטֵי אוֹרַיְיתָא בֶּאֱמֶת וּבֶאֱמוּנָה שְׁלֵמָה וְנִזְכֶּה לַהֲגוֹת בְּתוֹרָתְךָ תָּמִיד וְלִלְמֹד הַרְבֵּה שַׁ"ס וּפוֹסְקִים. וְעַל יְדֵי זֶה יַחְזְרוּ וְיִתְחַדְּשׁוּ מֹחֵנוּ וְשִׂכְלֵנוּ וְנִשְׁמוֹתֵינוּ. וְנִזְכֶּה לְהַמְשִׁיךְ וּלְקַבֵּל שֵׂכֶל חָדָשׁ וּנְשָׁמָה חֲדָשָׁה מֵאוֹר הַפָּנִים דִּקְדֻשָּׁה. עַל יְדֵי לִמּוּד פְּשָׁטֵי אוֹרַיְיתָא בֶּאֱמֶת

וּבֶאֱמוּנָה שְׁלֵמָה:

וּבְכֵן תְּרַחֵם עָלֵינוּ וְעַל כָּל עַמְּךָ בֵּית יִשְׂרָאֵל וּתְזַכֵּנוּ לַעֲסֹק בְּמַשָּׂא וּמַתָּן בֶּאֱמוּנָה גְדוֹלָה. וְלֹא נַעֲבֹר וְלֹא נְשַׁנֶּה דִּבּוּרֵנוּ לְעוֹלָם אֲפִלּוּ בִּשְׁבִיל הוֹן רָב. וְנִזְכֶּה לִלְמֹד וּלְקַיֵּם כָּל הַדִּינִים הַשַּׁיָּכִים וְנוֹגְעִים לְמַשָּׂא וּמַתָּן שֶׁהֵם כָּל דִּינֵי מָמוֹנוֹת. וְנִזְכֶּה לְקַשֵּׁר מַחֲשַׁבְתֵּנוּ אֶל הַתּוֹרָה הַקְּדוֹשָׁה בִּשְׁעַת הַמַּשָּׂא וּמַתָּן. וּמַחֲשַׁבְתֵּנוּ תִּהְיֶה קְשׁוּרָה בְּדִינֵי הַתּוֹרָה הַמְלֻבָּשִׁין בְּתוֹךְ הַמַּשָּׂא וּמַתָּן, וְתַצִּילֵנוּ שֶׁלֹּא נִכָּשֵׁל בַּעֲוֹן מִדּוֹת וּמִשְׁקוֹלוֹת לְעוֹלָם, בֵּין בְּשׁוֹגֵג בֵּין בְּמֵזִיד, בֵּין בְּאֹנֶס בֵּין בְּרָצוֹן. וְלֹא אַטְעֶה אֶת חֲבֵרַי שׁוּם אוֹנָאַת מָמוֹן וְאוֹנָאַת דְּבָרִים בָּעוֹלָם. וְאֶזְכֶּה לַעֲשׂוֹת הַמַּשָּׂא וּמַתָּן בִּקְדֻשָּׁה גְדוֹלָה וּבֶאֱמוּנָה שְׁלֵמָה בֶּאֱמֶת לַאֲמִתּוֹ. וְתַעַזְרֵנוּ שֶׁנִּזְכֶּה לְקַיֵּם בִּשְׁעַת הַמַּשָּׂא וּמַתָּן "וְדֹבֵר אֱמֶת בִּלְבָבוֹ" כְּרַב סַפְרָא. וְלֹא נְשַׁנֶּה לְעוֹלָם מִכְּפִי מַה שֶּׁנִּגְמַר בִּלְבָבֵנוּ, רַק נִזְכֶּה לְקַיֵּם הַמִּקָּח כְּפִי מַה שֶּׁנִּגְמַר בִּלְבָבֵנוּ לְמָכְרוֹ אוֹ לִקְנוֹתוֹ. וְעַל יְדֵי זֶה תְּזַכֵּנוּ בְּרַחֲמֶיךָ הָרַבִּים וְתָגֵן בַּעֲדֵנוּ וְתִפְרֹס עָלֵינוּ סֻכַּת שְׁלוֹמֶךָ. וְתַמְשִׁיךְ בְּרַחֲמֶיךָ אוֹר הַחַשְׁמַ"ל הַקָּדוֹשׁ מֵעוֹלַם הַבִּינָה לִשְׁמֹר אֶת הָאֱמוּנָה הַקְּדוֹשָׁה שֶׁלֹּא יִגַּע בָּהּ זָר. וְנִזְכֶּה לֶאֱמוּנָה שְׁלֵמָה בֶּאֱמֶת תָּמִיד בִּקְדֻשָּׁה גְדוֹלָה, עַד שֶׁנִּזְכֶּה עַל־יְדֵי עֲשִׂיַּת הַמַּשָּׂא וּמַתָּן בֶּאֱמֶת

וּבֶאֱמוּנָה, לְקַבֵּל שֵׂכֶל חָדָשׁ וּנְשָׁמָה חֲדָשָׁה מֵאוֹר הַפָּנִים. וּתְזַכֶּה אוֹתָנוּ שֶׁנִּהְיֶה כֻּלָּנוּ אֲנַחְנוּ עַמְּךָ בֵּית יִשְׂרָאֵל נִכְלָלִים זֶה בָּזֶה. עַד שֶׁעֲשִׂיַּת הַמַּשָּׂא וּמַתָּן בֶּאֱמוּנָה שֶׁל הַסּוֹחֲרִים הַכְּשֵׁרִים. יִהְיֶה טוֹבָה לְהַתַּלְמִידֵי חֲכָמִים אֲמִתִּיִּים. וּלְהַצַּדִּיקִים וּכְשֵׁרִים אֲמִתִּיִּים הַבְּטֵלִים מִכָּל עִסְקֵי מַשָּׂא וּמַתָּן וְעוֹסְקִים בְּתוֹרָה וַעֲבוֹדָה תָּמִיד. שֶׁיִּתְחַדֵּשׁ שִׂכְלָם עַל יְדֵי הַמַּשָּׂא וּמַתָּן שֶׁל הַסּוֹחֲרִים הַכְּשֵׁרִים הָעוֹסְקִים בְּמַשָּׂא וּמַתָּן בֶּאֱמֶת וּבֶאֱמוּנָה שְׁלֵמָה. עַד שֶׁנִּזְכֶּה כֻּלָּנוּ לְהַמְשִׁיךְ וּלְקַבֵּל בְּכָל עֵת שֵׂכֶל חָדָשׁ וּנְשָׁמָה חֲדָשָׁה מֵאוֹר הַפָּנִים:

וְתַעַזְרֵנוּ שֶׁנִּזְכֶּה לְבָרֵר וּלְהַעֲלוֹת כָּל נִיצוֹצֵי הַקְּדֻשָּׁה שֶׁנָּפְלוּ בֵּין הַקְּלִפּוֹת בַּחֲטָאֵינוּ וַעֲווֹנוֹתֵינוּ הַמְרֻבִּים. וְנִזְכֶּה לְבָרֵר וּלְהַעֲלוֹת כֻּלָּם אֶל הַקְּדֻשָּׁה, לַחֲזֹר וּלְהַכְנִיסָם לְתוֹךְ הָאֱמוּנָה הַקְּדוֹשָׁה, עַל יְדֵי עֲשִׂיַּת מַשָּׂא וּמַתָּן בֶּאֱמֶת וּבֶאֱמוּנָה שְׁלֵמָה. וּתְרַחֵם עַל כָּל הַנִּדָּחִים, עַל כָּל הַנִּיצוֹצוֹת הַקְּדוֹשׁוֹת הַנְּפוֹצִים וּמְפֻזָּרִים בֵּין הַקְּלִפּוֹת וְהָעַכּוּ"ם, וְתַחֲזֹר וּתְקַבְּצֵם וְתַכְנִיסֵם בְּתוֹךְ הַקְּדֻשָּׁה, בְּתוֹךְ הָאֱמוּנָה הַקְּדוֹשָׁה. וּתְטַהֲרֵם וּתְקַדְּשֵׁם בִּקְדֻשָּׁתְךָ הָעֶלְיוֹנָה, עַד שֶׁיִּזְכּוּ לַעֲלוֹת וְלֵרָאוֹת לְפָנֶיךָ וְלֵאוֹר בְּאוֹר פָּנֶיךָ:

וּתְזַכֵּנוּ בְּרַחֲמֶיךָ לְקַיֵּם מִצְוַת תְּפִלִּין כָּרָאוּי עִם כָּל פְּרָטֶיהָ וְדִקְדּוּקֶיהָ וְכַוָּנוֹתֶיהָ וְתַרְיַ"ג מִצְווֹת הַתְּלוּיִים בָּהּ, וּבְלֵב טוֹב וּבְשִׂמְחָה גְּדוֹלָה וּבְיִרְאָה וְאַהֲבָה עֲצוּמָה. וְתַעַזְרֵנוּ שֶׁלֹּא אַסִּיחַ אֶת דַּעְתִּי מִן הַתְּפִלִּין לְעוֹלָם. וְאֶזְכֶּה שֶׁיָּאִיר עָלַי אוֹר פָּנֶיךָ עַל יְדֵי קְדֻשַּׁת מִצְוַת תְּפִלִּין הַקְּדוֹשִׁים. וִיקֻיַּם בִּי מִקְרָא שֶׁכָּתוּב: "וְרָאוּ כָּל עַמֵּי הָאָרֶץ כִּי שֵׁם יְהוָֹה נִקְרָא עָלֶיךָ וְיָרְאוּ מִמֶּךָּ". וְאֶזְכֶּה שֶׁיִּמְשַׁךְ עָלַי אוֹר הַחַשְׁמַ"ל הַקָּדוֹשׁ עַל יְדֵי הָרְצוּעוֹת הַקְּדוֹשׁוֹת שֶׁל הַתְּפִלִּין. וְעַל יְדֵי זֶה אֶזְכֶּה לֶאֱמוּנָה שְׁלֵמָה בֶּאֱמֶת תָּמִיד. וְאֶזְכֶּה לְהִתְקַשֵּׁר וּלְהִתְדַּבֵּק בְּךָ בֶּאֱמֶת עַל יְדֵי קְשִׁירַת הַתְּפִלִּין בְּרֹאשִׁי וּבִזְרוֹעִי, וּתְזַכֵּנִי לְהַמְשִׁיךְ עָלַי תָּמִיד קְדֻשַּׁת אוֹר הַתְּפִלִּין הַקְּדוֹשִׁים, וּלְקַבֵּל תָּמִיד שֵׂכֶל חָדָשׁ וּנְשָׁמָה חֲדָשָׁה מֵאוֹר הַפָּנִים:

וְזַכֵּנוּ בְּרַחֲמֶיךָ הָרַבִּים לִשְׁמֹעַ קוֹל שׁוֹפָר בְּרֹאשׁ הַשָּׁנָה מִתּוֹקֵעַ הָגוּן וְכָשֵׁר. וְיִהְיֶה לָנוּ כֹּחַ בִּשְׁעַת הַתְּקִיעוֹת לְעוֹרֵר אוֹרוֹת מִפָּנִים עֶלְיוֹנִים, עַד שֶׁיָּאִיר אוֹר פְּנֵי הַתּוֹקֵעַ בְּאוֹר פָּנֶיךָ. וְנִזְכֶּה לְהִתְעוֹרְרוּת הַשָּׁנָה עַל יְדֵי הַתְּקִיעוֹת, וּלְחַדֵּשׁ שִׂכְלֵנוּ וְנִשְׁמוֹתֵינוּ אָז, וּלְהַמְשִׁיךְ וּלְקַבֵּל עָלֵינוּ שֵׂכֶל וְחָכְמָה חֲדָשָׁה וּנְשָׁמָה חֲדָשָׁה מֵאוֹר הַפָּנִים. וִיקֻיַּם מִקְרָא שֶׁכָּתוּב: "אַשְׁרֵי הָעָם יוֹדְעֵי תְרוּעָה, יְהוָֹה בְּאוֹר פָּנֶיךָ

יְהַלֵּכוּן". אוֹר פָּנֶיךָ עָלֵינוּ אֲדוֹן נְסָה, וְהַעֲלֵנוּ מְהֵרָה אֶל הַבַּיִת נָכוֹן וְנִשָּׂא. וּמַהֵר לְגָאֳלֵנוּ גְּאֻלָּה שְׁלֵמָה, גְּאֻלַּת הַנֶּפֶשׁ וְהַגּוּף וְהַמָּמוֹן, אֲשֶׁר כֻּלָּם הֵם בְּגָלוּת גָּדוֹל עַכְשָׁו. חוּס וַחֲמֹל עַל פְּלֵיטַת עַמְּךָ בֵּית יִשְׂרָאֵל, וּמַהֵר לְגָאֳלֵנוּ גְּאֻלַּת עוֹלָם בִּכְלָל וּבִפְרָט בְּגַשְׁמִיּוּת וּבְרוּחָנִיּוּת. וְתָבִיא לָנוּ אֶת מְשִׁיחַ צִדְקֵנוּ, בֶּן דָּוִד יָבוֹא וְיִגְאָלֵנוּ. וְתִבָּנֶה חָרְבוֹת יְרוּשָׁלַיִם. עִיר הַצֶּדֶק קִרְיָה נֶאֱמָנָה. וְתָאִיר עָלֵינוּ בְּאוֹר פָּנֶיךָ. וּתְמַהֵר וְתָחִישׁ לִבְנוֹת בֵּית קָדְשֵׁנוּ וְתִפְאַרְתֵּנוּ, וְשָׁם נַקְרִיב לְפָנֶיךָ אֶת קָרְבְּנוֹת חוֹבוֹתֵינוּ. וְנִזְכֶּה לְהַקְרִיב קָרְבַּן הַתָּמִיד בְּמוֹעֲדוֹ וּבִמְקוֹמוֹ כְּהִלְכָתוֹ, וּלְהַקְטִיר קְטֹרֶת בִּזְמַנָּהּ, וְעַל־יְדֵי־זֶה נִזְכֶּה לְהַכְרִית זַרְעוֹ שֶׁל עֲמָלֵק. לְכַלּוֹת וּלְבָעֵר הַקּוֹצִים מִן הַכֶּרֶם, לְהַכְרִית וְלַעֲקֹר וּלְבַטֵּל כָּל הַחוֹחִים וְהַקּוֹצִים הַסּוֹבְבִים אֶת הַשּׁוֹשַׁנָּה הָעֶלְיוֹנָה, וּלְהַעֲלוֹת כָּל נִיצוֹצֵי הַקְּדֻשָּׁה מִבֵּין הַקְּלִפּוֹת וְהָעַכּוּ"ם, וְכֻלָּם יִתְדַּבְּקוּ וְיִתְאַחֲזוּ בָּאֱמוּנָה הַקְּדוֹשָׁה. וְיִתְבָּרְרוּ וְיַעֲלוּ מַעְלָה מַעְלָה עַד שֶׁיָּשׁוּבוּ לַעֲלוֹת וּלְהִתְחַדֵּשׁ בְּאוֹר הַפָּנִים. וְכִסֵּא דָוִד מְהֵרָה תָּכִין, וְיִהְיֶה הַשֵּׁם שָׁלֵם וְהַכִּסֵּא שָׁלֵם. וְתִתֵּן לָנוּ מֶלֶךְ אֶחָד וְרוֹעֶה אֶחָד כִּלְבָבְךָ, הוּא מָשִׁיחַ בֶּן דָּוִד מֶלֶךְ יִשְׂרָאֵל. וְתִתְגַּלֶּה מַלְכוּתְךָ עַל כָּל בָּאֵי עוֹלָם וְתִתְגַּדֵּל וְתִתְנַשֵּׂא וְתִתְרוֹמֵם אֱמוּנָתְךָ וּמַלְכוּתְךָ לְמַעְלָה לְמַעְלָה עַל כָּל יְצוּרֵי עוֹלָם. וְכֻלָּם יִכְסְפוּ וְיִשְׁתּוֹקְקוּ לֶאֱמוּנָתְךָ

הַקְּדוֹשָׁה. וְתִמְלֹךְ אַתָּה יְהֹוָה מְהֵרָה לְבַדְּךָ עַל כָּל מַעֲשֶׂיךָ, כִּי הַמַּלְכוּת שֶׁלְּךָ הִיא וּלְעוֹלְמֵי עַד תִּמְלֹךְ בְּכָבוֹד. כַּכָּתוּב בְּתוֹרָתֶךָ: "יְהֹוָה יִמְלֹךְ לְעוֹלָם וָעֶד". וְנֶאֱמַר: "וְהָיָה יְהֹוָה לְמֶלֶךְ עַל כָּל הָאָרֶץ בַּיּוֹם הַהוּא יִהְיֶה יְהֹוָה אֶחָד וּשְׁמוֹ אֶחָד":

לו

"שְׁמַע אֱלֹהִים קוֹלִי בְשִׂיחִי מִפַּחַד אוֹיֵב תִּצֹּר חַיָּי. יְהֹוָה שִׁמְעָה בְקוֹלִי תִּהְיֶינָה אָזְנֶיךָ קַשֻּׁבוֹת לְקוֹל תַּחֲנוּנָי. יְהֹוָה קְרָאתִיךָ חוּשָׁה לִּי הַאֲזִינָה קוֹלִי בְּקָרְאִי לָךְ. מִבֶּטֶן שְׁאוֹל שִׁוַּעְתִּי שָׁמַעְתָּ קוֹלִי. קוֹלִי שָׁמָעְתָּ, אַל תַּעְלֵם אָזְנְךָ לְרַוְחָתִי לְשַׁוְעָתִי. אָמַרְתִּי לַיהֹוָה אֵלִי אַתָּה הַאֲזִינָה יְהֹוָה קוֹל תַּחֲנוּנָי". רִבּוֹנוֹ שֶׁל עוֹלָם, "צִירִים אֲחָזוּנִי. כַּיּוֹלֵדָה אֶפְעֶה. כְּמוֹ הָרָה תַּקְרִיב לָלֶדֶת תָּחִיל תִּזְעַק בַּחֲבָלֶיהָ. כֵּן הָיִינוּ מִפָּנֶיךָ יְהֹוָה". כִּי אַתָּה יָדַעְתָּ אֶת כָּל הַתְּלָאָה אֲשֶׁר מְצָאַתְנוּ, כִּי מִנְּעוּרֵינוּ עַד הַיּוֹם הַזֶּה הִתְגַּבֵּר עָלֵינוּ מְאֹד עֹל הַגָּלוּת הַמַּר שֶׁל כָּל הַשִּׁבְעִין אֻמּוֹת, שֶׁהֵם תַּאֲווֹתֵיהֶם וּמִדּוֹתֵיהֶן הָרָעוֹת, וּבִפְרָט תַּאֲוָה הָרָעָה בְּיוֹתֵר, שֶׁהוּא הָרָע הַכּוֹלֵל שֶׁל כָּל הַשִּׁבְעִין אֻמִּין, שֶׁהִיא תַּאֲוַת הַמִּשְׁגָּל. אֲשֶׁר זֹאת הַתַּאֲוָה הָרָעָה וְהַמָּרָה מְאֹד הִתְגַּבְּרָה וְהִתְפַּשְּׁטָה עָלֵינוּ מְאֹד. וְאַתָּה יָדַעְתָּ אֶת כָּל

אֲשֶׁר עָבַר עָלֵינוּ עַל־יְדֵי־זֶה, אִם אָמַרְתִּי אֲסַפְּרָה כְּמוֹ יִכְלוּ הֲמוֹן יְרִיעוֹת. וְכַמָּה פְּעָמִים צָעַקְתִּי אֵלֶיךָ בְּכַמָּה מִינֵי קוֹלוֹת וַאֲנָחוֹת וּתְפִלּוֹת וְתַחֲנוּנִים, וַעֲדַיִן אֵין לִי יְשׁוּעָה שְׁלֵמָה, הֵן אֱמֶת יָדַעְתִּי, שֶׁעֲדַיִן לֹא הִתְחַלְתִּי לִצְעֹק כְּלָל חֵלֶק אֶחָד מֵאֶלֶף וּרְבָבָה כָּרָאוּי לִי לִצְעֹק, אַךְ מָה אֶעֱשֶׂה אָבִי שֶׁבַּשָּׁמַיִם, כִּי אַתָּה יוֹדֵעַ שֶׁאִי אֶפְשָׁר לִי כְּלָל לִזְעֹק קוֹל הָרָאוּי לִי. כִּי כָּל הַקּוֹלוֹת שֶׁבָּעוֹלָם אֵינָם מַסְפִּיקִים לִי לִצְעֹק וְלִזְעוֹק עַל צָרוֹת נַפְשִׁי הַמְּרֻבִּים מְאֹד:

וְעַתָּה אֲשֶׁר בָּאתִי אֵלֶיךָ יְהֹוָה אֱלֹהַי וֵאלֹהֵי אֲבוֹתַי. אֱלֹהֵי הָרִאשׁוֹנִים וְהָאַחֲרוֹנִים שֶׁתָּחוֹס וְתַחְמֹל עָלַי כְּגֹדֶל חַסְדְּךָ, וְתַעֲשֶׂה עִמִּי כְּגֹדֶל נִפְלְאוֹתֶיךָ, וְתוֹצִיאֵנִי וְתַצִּילֵנִי וְתַעֲלֵנִי מִן הַגָּלוּת הַמַּר הַזֶּה שֶׁל שִׁבְעִין אֻמִּין. וּתְרַחֵק וּתְגָרֵשׁ וּתְבַטֵּל מִמֶּנִּי כָּל תַּאֲווֹתֵיהֶם וּמִדּוֹתֵיהֶם הָרָעוֹת. וּבִפְרָט תַּאֲוַת נִאוּף תְּרַחֵק וּתְגָרֵשׁ וּתְשַׁבֵּר וּתְבַטֵּל מִמֶּנִּי בְּבִטּוּל גָּמוּר. וְתַאֲזִין קוֹלִי הַפָּגוּם וְתַקְשִׁיב שַׁוְעָתִי הַמְקֻלְקֶלֶת. וְתִשְׁמַע צַעֲקָתִי, וְתַחְמֹל עַל אַנְחָתִי אֲשֶׁר אֲנִי נֶאֱנָח וְנִדְכָּא מְאֹד בְּשִׁבְרוֹן מָתְנַיִם. וְתִתֵּן בְּלִבִּי שֶׁאֶזְעַק וְאֶצְעַק אֵלֶיךָ תָּמִיד "קוֹל גָּדוֹל וְלֹא יָסָף". וְלֹא אֶתֵּן דֳּמִי לָךְ עַד שֶׁתַּעֲנֵנִי וְתַחְמֹל עָלַי וְתוֹשִׁיעֵנִי וְתַצִּילֵנִי. וְתִתֵּן בְּלִבִּי חָכְמָה בִּינָה וָדַעַת דִּקְדֻשָּׁה וְעֵצָה וּגְבוּרָה

לַמִּלְחָמָה, בְּאֹפֶן שֶׁאֶזְכֶּה לְשַׁבֵּר וּלְבַטֵּל מֵעָלַי לְגַמְרֵי תַּאֲוַת נִאוּף עִם כָּל הַתַּאֲווֹת וּמִדּוֹת רָעוֹת. וְאֶזְכֶּה בְּרַחֲמֶיךָ לְהוֹצִיא וּלְמַלֵּט אֶת נַפְשִׁי מִגָּלוּת שֶׁל שִׁבְעִים אֻמּוֹת, לְטַהֲרָהּ וּלְקַדְּשָׁהּ וּלְזַכְּכָהּ מִכָּל תַּאֲווֹתֵיהֶן וּמִדּוֹתֵיהֶן הָרָעוֹת, וּבִפְרָט מִתַּאֲוָה הַכְּלָלִיּוּת שֶׁהִיא תַּאֲוַת הַמִּשְׁגָּל:

אָנָּא יְהֹוָה שְׁמַע קוֹלִי הַפָּגוּם. הַטֵּה אָזְנְךָ לְקוֹל צַעֲקָתִי, לְקוֹל אַנְחָתִי, לְקוֹל דִּמְעָתִי, לְקוֹל תַּחֲנוּנָי. בְּכָל מִינֵי קוֹלוֹת אֲנִי צוֹעֵק אֵלֶיךָ. שׁוֹמֵעַ צְעָקָה, שְׁמַע קוֹל צַעֲקָתֵנוּ, וְיַעֲלֶה וְיֵרָאֶה קוֹלִי הַמַּר וְהַפָּגוּם וְהַמְקֻלְקָל לְפָנֶיךָ, יְהֹוָה אֱלֹהַי וֵאלֹהֵי אֲבוֹתַי, מָלֵא רַחֲמִים תָּמִיד, כְּאִלּוּ אֲנִי צוֹעֵק לְפָנֶיךָ שִׁבְעִין קָלִין רְצוּפִים כְּמוֹ הַיּוֹלֶדֶת קֹדֶם הַלֵּדָה. "קוֹלִי אֶל יְהֹוָה אֶזְעָק, קוֹלִי אֶל יְהֹוָה אֶתְחַנָּן. קוֹלִי אֶל אֱלֹהִים וְאֶצְעָקָה, קוֹלִי אֶל אֱלֹהִים וְהַאֲזִין אֵלָי. הַצִּילָה מֵחֶרֶב נַפְשִׁי מִיַּד כֶּלֶב יְחִידָתִי". אֵלֶיךָ שִׁטַּחְתִּי אֶת כַּפַּי הַצֵּל הַצֵּל, הוֹשִׁיעָה הוֹשִׁיעָה, הוֹשִׁיעָה אֲדוֹנִי הַמֶּלֶךְ, עָזְרֵנִי אָבִי שֶׁבַּשָּׁמַיִם, מַלְּטֵנִי אָבִי אָב הָרַחֲמָן, רְאֵה דִּמְעַת הָעֲשׁוּקִים, רְאֵה בְּעֶלְבּוֹן עֲלוּבִים. עֲזֹר וְהַצֵּל נִרְדָּף כָּמוֹנִי, עָלוּב כָּמוֹנִי, אֲשֶׁר אֲנִי נִרְדָּף מִמֶּנִּי בְּעַצְמִי. וְאַף עַל פִּי כֵן אֵינִי יוֹדֵעַ כְּלָל אֵיךְ לְהַצִּיל אֶת עַצְמִי, לְמַלֵּט נַפְשִׁי מִנִּי שַׁחַת.

רִבּוֹנוֹ שֶׁל עוֹלָם רִבּוֹנוֹ שֶׁל עוֹלָם. "דַּלּוּ עֵינַי לַמָּרוֹם. יְהוָה עָשְׁקָה לִּי עָרְבֵנִי. עֲרֹב עַבְדְּךָ לְטוֹב אַל יַעַשְׁקֻנִי זֵדִים". קוּמָה יְהוָה חַלְּצָה נַפְשִׁי מִגָּלוּת הַמַּר שֶׁל שִׁבְעִין אֻמּוֹת, שֶׁהֵם מִדּוֹתֵיהֶם וְתַאֲוֹתֵיהֶם הָרָעוֹת, וּבִפְרָט מִתַּאֲוָה הַזֹּאת שֶׁהִיא תַּאֲוָה הַכְּלָלִיּוּת שֶׁלָּהֶם. כִּי כַּוָּנָתְךָ הָיְתָה לְטוֹבָתֵנוּ. וְהִכְנַסְתָּ אוֹתָנוּ בַּגָּלוּת הַזֶּה שֶׁל תַּאֲווֹתֵיהֶן וּמִדּוֹתֵיהֶן הָרָעוֹת, כְּדֵי לְנַסּוֹת וּלְצָרֵף נַפְשֵׁנוּ עַל יְדֵי הַגָּלוּת הַזֶּה, כְּדֵי שֶׁנִּזְכֶּה לַעֲמֹד בְּנִסָּיוֹן וְצֵרוּף הַזֶּה שֶׁל תַּאֲווֹתֵיהֶן וּמִדּוֹתֵיהֶן, וּבִפְרָט בְּתַאֲוָה הַכְּלָלִיּוּת שֶׁהִיא עִקַּר הַנִּסָּיוֹן וְהַצֵּרוּף שֶׁל כָּל אָדָם בָּעוֹלָם הַזֶּה, וְאִי אֶפְשָׁר לִזְכּוֹת לְשׁוּם הִתְגַּלּוּת בְּתוֹרָה וַעֲבוֹדָה, כִּי אִם עַל יְדֵי שֶׁנִּתְנַסִּין וְנִצְטָרְפִין בְּתַאֲוָה הַכְּלָלִיּוּת הַזֹּאת, שֶׁהִיא תַּאֲוַת נִאוּף. אֲבָל מָה אוֹמַר מָה אֲדַבֵּר, כִּי "בָּחַנְתָּ לִבִּי פָּקַדְתָּ לַּיְלָה, צְרַפְתַּנִי בַל תִּמְצָא, זַמֹּתִי בַּל יַעֲבָר פִּי". וְהִנֵּה בָּאתִי בְּעֹמֶק הַגָּלוּת, וְלֹא דַי שֶׁלֹּא זָכִיתִי לְשַׁבֵּר הַקְּלִפָּה הַקּוֹדֶמֶת לַפְּרִי, וְלֶאֱכֹל הַפְּרִי אַחַר כָּךְ, לִזְכּוֹת לְהִתְגַּלּוּת הַתּוֹרָה, אַף גַּם פָּגַמְתִּי עַל יְדֵי זֶה מְאֹד עַד אֲשֶׁר "כָלוּ בְיָגוֹן חַיַּי וּשְׁנוֹתַי בַּאֲנָחָה כָּשַׁל בַּעֲוֹנִי כֹחִי וַעֲצָמַי עָשֵׁשׁוּ":

אֲבָל אֲנִי יָדַעְתִּי גֹּאֲלִי חַי. "וְאַחֲרוֹן עַל עָפָר יָקוּם". וַעֲדַיִן יֵשׁ לִי תִּקְוָה גַּם עַכְשָׁו. וְאֵין שׁוּם יֵאוּשׁ בָּעוֹלָם כְּלָל. עַל כֵּן כָּל עוֹד נַפְשִׁי בִי אֶצְעַק אֵלֶיךָ. כָּל

עוֹד רוּחִי בְּקִרְבִּי אֲצַפְצֵף לְרַחֲמֶיךָ כָּל זְמַן שֶׁהַנְּשָׁמָה בְּקִרְבִּי אֲצַפֶּה וַאֲקַוֶּה וַאֲיַחֵל לִתְשׁוּעָתֶךָ:

וּבְכֵן יְהִי רָצוֹן מִלְּפָנֶיךָ יְהֹוָה אֱלֹהֵינוּ וֵאלֹהֵי אֲבוֹתֵינוּ, אֱלֹהֵי אַבְרָהָם אֱלֹהֵי יִצְחָק וֵאלֹהֵי יַעֲקֹב, וֵאלֹהֵי כָּל הַצַּדִּיקִים הָאֲמִתִּיִּים, הָאֵל הַגָּדוֹל הַגִּבּוֹר וְהַנּוֹרָא אֵל עֶלְיוֹן גּוֹמֵל חֲסָדִים טוֹבִים וְקוֹנֵה הַכֹּל, שֶׁתַּעַזְרֵנִי בִּזְכוּת אֲבוֹתֵינוּ, בִּזְכוּת הַצַּדִּיקִים הָאֲמִתִּיִּים, גִּבּוֹרֵי כֹחַ, אֲשֶׁר עָמְדוּ בְּנִסְיוֹנוֹת רַבּוֹת אֵין מִסְפָּר, וְכָפוּ אֶת יִצְרָם, וְזָכוּ לְהִתְגַּלּוּת הַתּוֹרָה, בִּזְכוּתָם וְכֹחָם עָזְרֵנִי וְהוֹשִׁיעֵנִי שֶׁאֶזְכֶּה לְשַׁבֵּר וּלְגָרֵשׁ וּלְבַטֵּל תַּאֲוָה הַכְּלָלִיּוּת מִמֶּנִּי שֶׁהִיא תַּאֲוַת נִאוּף. וְתִהְיֶה בְּעֶזְרִי תָּמִיד בְּכָל עֵת בְּאֹפֶן שֶׁאֶזְכֶּה לְשַׁבֵּר וּלְגָרֵשׁ וּלְבַטֵּל תַּאֲוָה זוֹ מִמֶּנִּי לְגַמְרֵי בְּתַכְלִית הַבִּטּוּל. וְאֶזְכֶּה לִקְדֻשַּׁת הַבְּרִית וְלִפְרִישׁוּת גָּדוֹל בֶּאֱמֶת, בִּקְדֻשָּׁה וּבְטָהֳרָה גְּדוֹלָה כִּרְצוֹנְךָ הַטּוֹב. וּתְרַחֵם עָלֵינוּ וְתַמְשִׁיךְ עָלֵינוּ קְדֻשַּׁת וּפְרִישׁוּת מֹשֶׁה רַבֵּנוּ עָלָיו הַשָּׁלוֹם, שֶׁזָּכָה לְתַכְלִית הַפְּרִישׁוּת בִּקְדֻשָּׁה גְּדוֹלָה כְּמוֹ שֶׁכָּתוּב: "וְאַתָּה פֹּה עֲמֹד עִמָּדִי". וְתַמְשִׁיךְ עָלֵינוּ קְדֻשָּׁתוֹ הַגְּדוֹלָה וְהַנּוֹרָאָה; וּתְזַכֵּנוּ בִּזְכוּתוֹ וּבִזְכוּת כָּל הַצַּדִּיקִים הָאֲמִתִּיִּים לְשַׁבֵּר וּלְגָרֵשׁ וּלְבַטֵּל מֵאִתָּנוּ לְגַמְרֵי תַּאֲוַת נִאוּף. וְנִזְכֶּה כֻּלָּנוּ אֲנַחְנוּ וְזַרְעֵנוּ לִהְיוֹת קְדוֹשִׁים וּטְהוֹרִים בֶּאֱמֶת, בִּקְדֻשַּׁת וּפְרִישׁוּת מֹשֶׁה

רַבֵּנוּ עָלָיו הַשָּׁלוֹם:

וְתַחְמֹל עָלֵינוּ וְתַעַזְרֵנוּ וְתוֹשִׁיעֵנוּ וּתְזַכֵּנוּ, וְתִתֵּן לָנוּ כֹּחַ וּגְבוּרָה בְּרַחֲמֶיךָ הָעֲצוּמִים, וְתָגֵן בַּעֲדֵנוּ וְתִהְיֶה עִמָּנוּ תָמִיד, שֶׁנִּזְכֶּה בְּכֹחֲךָ הַגָּדוֹל בְּכֹחַ וּזְכוּת מֹשֶׁה רַבֵּנוּ עָלָיו הַשָּׁלוֹם, וּבְכֹחַ וּזְכוּת כָּל הַצַּדִּיקִים הָאֲמִתִּיִּים, לְגָרֵשׁ וּלְשַׁבֵּר וְלַעֲקוֹר וּלְכַלּוֹת וּלְבַטֵּל קְלִפַּת בִּלְעָם הָרָשָׁע מִן הָעוֹלָם, שֶׁהִיא הִתְגַּבְּרוּת תַּאֲוַת נִאוּף, שֶׁהָיָה שָׁטוּף בְּזִמָּה בְּיוֹתֵר. וְתַמְשִׁיךְ עָלֵינוּ תָמִיד קְדֻשַּׁת מֹשֶׁה רַבֵּנוּ וּקְדֻשַּׁת כָּל הַצַּדִּיקִים הָאֲמִתִּיִּים. וּתְזַכֵּנוּ מְהֵרָה לָצֵאת מִגָּלוּת שֶׁל הַשִּׁבְעִין אֻמּוֹת, שֶׁהוּא תַּאֲוַת נִאוּף וְכָל שְׁאָרֵי הַתַּאֲווֹת רָעוֹת. וְתַעַזְרֵנוּ וְתוֹשִׁיעֵנוּ לְשַׁבֵּר וּלְגָרֵשׁ וּלְבַטֵּל כֻּלָּם מֵעָלֵינוּ וּמֵעַל גְּבוּלֵנוּ, חִישׁ קַל מְהֵרָה.

וּתְזַכֵּנוּ בְּרַחֲמֶיךָ הָרַבִּים, שֶׁתַּחֲזֹר נַפְשֵׁנוּ לְשָׁרְשָׁהּ. וְתִהְיֶה נַפְשֵׁנוּ נִכְלֶלֶת בְּרַחֲמֶיךָ בְּתוֹךְ הָעַ"ן נְפָשׁוֹת שֶׁל בֵּית יַעֲקֹב, בְּתוֹךְ שְׁנֵים עָשָׂר שִׁבְטֵי יָהּ, בְּתוֹךְ אַרְבָּעִים וָתֵשַׁע אוֹתִיּוֹת שֶׁל שְׁמוֹתֵיהֶם הַקְּדוֹשִׁים, אֲשֶׁר שָׁם הוּא שֹׁרֶשׁ נַפְשֵׁנוּ וְרוּחֵנוּ וְנִשְׁמוֹתֵינוּ. וְאֶזְכֶּה עַל־יְדֵי־זֶה לְהִכָּלֵל בְּתוֹךְ הָעַ"ן פָּנִים שֶׁל הַתּוֹרָה הַקְּדוֹשָׁה. וּתְזַכֵּנִי לָבוֹא מְהֵרָה לְהִתְגַּלּוּת גָּדוֹל בְּתוֹרָה וַעֲבוֹדָה בִּקְדֻשָּׁה וּבְטָהֳרָה

גְּדוֹלָה בֶּאֱמֶת וּבֶאֱמוּנָה שְׁלֵמָה, וְתָאִיר עֵינַי בְּתוֹרָתֶךָ וּתְזַכֵּנִי לְחַדֵּשׁ בַּתּוֹרָה תָּמִיד חִדּוּשִׁים אֲמִתִּיִּים, חִדּוּשִׁים הַנִּמְשָׁכִין מֵעַ"ן פָּנִים שֶׁל הַתּוֹרָה הַקְּדוֹשָׁה, חִדּוּשִׁים הַמְּבִיאִין לִידֵי מַעֲשִׂים טוֹבִים, חִדּוּשִׁים שֶׁיֵּשׁ לָהֶם כֹּחַ לְהוֹצִיא אֶת הָאָדָם מִגָּלוּת שֶׁל עַ"ן אֻמּוֹת מִתַּאֲוֹתֵיהֶן וּמִדּוֹתֵיהֶן הָרָעוֹת, וּלְקָרְבוֹ אֶל הַתּוֹרָה וְאֶל הָעֲבוֹדָה, חִדּוּשִׁין שֶׁנִּמְשָׁכִין עַל יָדָם נְשָׁמוֹת חֲדָשׁוֹת לְכָל הַשּׁוֹמְעִין אֶת הַחִדּוּשִׁין הַלָּלוּ:

וְעָזְרֵנִי בְּרַחֲמֶיךָ הָרַבִּים לְקַבֵּל עָלַי תָּמִיד עֹל מַלְכוּת שָׁמַיִם בְּאַהֲבָה. וְאֶזְכֶּה לְהַצִּיל אֶת נַפְשִׁי מֵהִרְהוּרִים רָעִים עַל יְדֵי אֲמִירַת שְׁנֵי פְּסוּקִים אֵלּוּ שֶׁל קַבָּלַת עֹל מַלְכוּת שָׁמַיִם. שֶׁהֵם: "שְׁמַע יִשְׂרָאֵל יְהֹוָה אֱלֹהֵינוּ יְהֹוָה אֶחָד. בָּרוּךְ שֵׁם כְּבוֹד מַלְכוּתוֹ לְעוֹלָם וָעֶד". וּתְזַכֵּנִי לִהְיוֹת רָגִיל תָּמִיד לוֹמַר בְּכָל פַּעַם אֵלּוּ הַפְּסוּקִים בְּכַוָּנָה גְדוֹלָה וַעֲצוּמָה וּבְשִׂמְחָה גְדוֹלָה וּבִמְסִירַת נֶפֶשׁ. וּתְעוֹרֵר אֶת לְבָבִי בְּאַהֲבָה וּתְשׁוּקָה וַחֲפִצָה גְדוֹלָה אֵלֶיךָ, עַד שֶׁאֶזְכֶּה לְהוֹרִיד דְּמָעוֹת בִּשְׁעַת קַבָּלַת עֹל מַלְכוּת שָׁמַיִם בִּשְׁנֵי פְּסוּקִים הָאֵלּוּ. וְאֶזְכֶּה עַל יְדֵי זֶה לְקַבֵּל וּלְהַמְשִׁיךְ עָלַי מַלְכוּת דִּקְדֻשָּׁה, וּלְהַכְנִיעַ וּלְשַׁבֵּר וְלַעֲקֹר וּלְבַטֵּל מַלְכוּת הָרִשְׁעָה מִן הָעוֹלָם שֶׁהִיא תַּאֲוַת נִאוּף, שֶׁהִיא שִׁפְחָה בִּישָׁא אִשָּׁה זוֹנָה. וְתִבְרַח הַשִּׁפְחָה מִפְּנֵי גְבִרְתָּהּ, כְּמוֹ שֶׁכָּתוּב:

"מִפְּנֵי שָׂרַי גְּבִרְתִּי אָנֹכִי בֹּרַחַת". וְאֶזְכֶּה בְּכֹחֲךָ לְהַגְבִּיר וּלְהַמְלִיךְ "אִשָּׁה יִרְאַת יְהֹוָה" עַל הָאִשָּׁה זוֹנָה. וְתִכָּנַע וְתִפֹּל הַשִּׁפְחָה לִפְנֵי גְּבִרְתָּהּ וְתִבְרַח מִפָּנֶיהָ, בְּאֹפֶן שֶׁאֶזְכֶּה לְבַטֵּל מִמֶּנִּי תַּאֲוַת נִאוּף, וּלְהִתְגַּבֵּר עַל כָּל הַהִרְהוּרִים רָעִים, לְגָרְשָׁם וּלְשַׁבְּרָם וּלְבַטְּלָם מֵעָלַי בְּבִטּוּל גָּמוּר מֵעַתָּה וְעַד עוֹלָם. וְאֶזְכֶּה עַל יְדֵי אֲמִירַת שְׁנֵי פְּסוּקִים אֵלּוּ שֶׁיֵּשׁ בָּהֶם שְׁנֵים עָשָׂר תֵּבוֹת שֶׁתִּהְיֶה נַפְשִׁי נִכְלֶלֶת עַל יְדֵי זֶה בִּשְׁנֵים עָשָׂר שִׁבְטֵי יָהּ. שֶׁהֵם כְּלָלִיּוּת מַלְכוּת דִּקְדֻשָּׁה. וְעַל יְדֵי הַמ"ט [הָאַרְבָּעִים וָתֵשַׁע] אוֹתִיּוֹת שֶׁיֵּשׁ בִּשְׁנֵי פְּסוּקִים אֵלּוּ, אֶזְכֶּה לִהְיוֹת נִכְלָל בְּתוֹךְ מ"ט [אַרְבָּעִים וָתֵשַׁע] אוֹתִיּוֹת שֶׁיֵּשׁ בִּשְׁמוֹת בְּנֵי יִשְׂרָאֵל שֶׁהֵם שְׁנֵים עָשָׂר שִׁבְטֵי יָהּ:

וְתַעַזְרֵנִי לְתַקֵּן פְּגַם הָעֵינַיִן. וְלֹא אָתוּר אַחַר לְבָבִי וְאַחַר עֵינַי. וְתִשְׁמֹר אֶת עֵינַי תָּמִיד מִכָּל מִינֵי פְּגַם הָרְאוּת. וְלֹא אֶסְתַּכֵּל בְּשׁוּם דָּבָר הַמֵּבִיא לִידֵי הִרְהוּר חַס וְשָׁלוֹם. "הַעֲבֵר עֵינַי מֵרְאוֹת שָׁוְא בִּדְרָכֶךָ חַיֵּנִי. גַּל עֵינַי וְאַבִּיטָה נִפְלָאוֹת מִתּוֹרָתֶךָ":

וּתְזַכֵּנוּ בְּרַחֲמֶיךָ וְתַעַזְרֵנוּ וְתוֹשִׁיעֵנוּ, וְתִגְעַר בְּהָרוּחַ שְׁטוּת וְשִׁגָּעוֹן שֶׁנִּדְבַּק בָּנוּ עַל יְדֵי מַעֲשֵׂינוּ הָרָעִים. וּתְגָרְשׁוּ וּתְסַלְּקוּ מֵאִתָּנוּ בְּרַחֲמֶיךָ הָרַבִּים מֵעַתָּה וְעַד עוֹלָם. כִּי אַתָּה יָדַעְתָּ שֶׁכָּל תַּאֲוֹתֵינוּ

הָרָעוֹת, וּבִפְרָט תַּאֲוָה הָרָעָה שֶׁל נִאוּף, כֻּלָּם נִמְשָׁכִין רַק עַל יְדֵי הָרוּחַ שְׁטוּת וְהַשִּׁגָּעוֹן שֶׁנֶּאֱחַז בָּנוּ בַּעֲווֹנוֹתֵינוּ הָרַבִּים, עַד אֲשֶׁר אָנוּ דוֹמִים כְּאִישׁ שׁוֹלָל וְכִמְשֻׁגָּע מַמָּשׁ עַל יְדֵי חֲטָאֵינוּ הַמְרֻבִּים.

אָנָּא יְהֹוָה חוֹנֵן לְאָדָם דַּעַת, חוּס וְחָנֵּנוּ וְזַכֵּנוּ לְגָרֵשׁ וּלְשַׁבֵּר וְלַעֲקוֹר וּלְבַטֵּל כָּל הָרוּחַ שְׁטוּת וְהַשִּׁגָּעוֹן מֵאִתָּנוּ. וְזַכֵּנוּ בְּרַחֲמֶיךָ הָרַבִּים לְרוּחַ חָכְמָה וּבִינָה, רוּחַ עֵצָה וּגְבוּרָה רוּחַ דַּעַת וְיִרְאַת יְהֹוָה, בְּאֹפֶן שֶׁאֶזְכֶּה לְתִקּוּן הַבְּרִית בֶּאֱמֶת כִּרְצוֹנְךָ הַטּוֹב, חִישׁ קַל מְהֵרָה. וְאֶזְכֶּה שֶׁיִּהְיֶה נִשְׁלָם דַּעְתִּי בֶּאֱמֶת בִּשְׁלֵמוּת גָּדוֹל בִּקְדֻשָּׁה גְּדוֹלָה. אָנָּא יְהֹוָה חוּס וַחֲמֹל עָלַי, וּמַלֵּא מִשְׁאֲלוֹתַי בְּרַחֲמִים. וְעָזְרֵנִי וְזַכֵּנִי לְהַגִּיעַ מְהֵרָה לְכָל מַה שֶּׁבִּקַּשְׁתִּי מִלְּפָנֶיךָ:

וְעָזְרֵנִי בְּרַחֲמֶיךָ שֶׁאֶזְכֶּה לִשְׁמֹעַ חִדּוּשֵׁי תוֹרָה אֲמִתִּיִּים, מִפִּי צַדִּיקִים אֲמִתִּיִּים הַגְּדוֹלִים בְּמַעֲלָה, שֶׁיֵּשׁ לָהֶם כֹּחַ לְהַמְשִׁיךְ נְשָׁמוֹת חֲדָשׁוֹת לְכָל הַשּׁוֹמְעִים דִּבְרֵי תוֹרָתָם הַקְּדוֹשָׁה. וְאֶזְכֶּה בְּרַחֲמֶיךָ לְהַמְשִׁיךְ עָלַי וּלְקַבֵּל נְשָׁמָה חֲדָשָׁה קְדוֹשָׁה בְּכָל עֵת, עַל יְדֵי חִדּוּשֵׁי תוֹרָה שֶׁאֶזְכֶּה לִשְׁמֹעַ מִפִּיהֶם, וְלִלְמֹד בִּסְפָרִים קְדוֹשִׁים שֶׁל צַדִּיקִים אֲמִתִּיִּים גְּדוֹלִים וְנוֹרָאִים. וְתַעַזְרֵנִי שֶׁיִּהְיֶה נַעֲשֶׂה אֶצְלִי מֵחִדּוּשֵׁי

תּוֹרָתָם סַם חַיִּים. וְאֶזְכֶּה לְצַיֵּר אֶת הָאוֹר הַפָּשׁוּט הַבָּא מִלְמַעְלָה, בִּבְחִינַת בְּרָכָה וְטוֹבָה, אַף עַל פִּי שֶׁאֵינִי כְּדַאי לָזֶה. כִּי אַתָּה יָדַעְתָּ אֶת עֹצֶם הַפְּגָמִים וְהַקִּלְקוּלִים שֶׁפָּגַמְתִּי וְקִלְקַלְתִּי אֶת כְּלֵי הַמֹּחִין שֶׁלִּי מְאֹד. עַל־יְדֵי פְּגַם הַבְּרִית שֶׁהוּא פְּגַם הַדַּעַת. וּמֵאַיִן יָבֹא עֶזְרִי לְצַיֵּר אֶת הָאוֹר לִבְרָכָה. אַף־עַל־פִּי־כֵן עַל רַחֲמֶיךָ הָרַבִּים אֲנִי בוֹטֵחַ, וְעַל חֲסָדֶיךָ אֲנִי נִשְׁעָן, וְלִישׁוּעָתְךָ אֲנִי מְצַפֶּה, וְלִסְלִיחוֹתֶיךָ אֲנִי מְקַוֶּה, שֶׁתַּעֲשֶׂה עִמִּי כַּחֲסָדֶיךָ וְנִפְלְאוֹתֶיךָ הַגְּדוֹלִים וְהַנּוֹרָאִים, וְתִמָּלֵא עָלַי רַחֲמִים, וְתַעֲשֶׂה עִמִּי נִסִּים וְנִפְלָאוֹת גְּדוֹלוֹת וְנוֹרָאוֹת, וּתְצַיֵּר בְּעַצְמְךָ הָאוֹר הַבָּא מִלְמַעְלָה בִּבְחִינַת בְּרָכָה וְשָׁלוֹם וְחַיִּים וָטוֹב. וְיִמְשַׁךְ עָלֵינוּ הָאוֹר הַקָּדוֹשׁ מִלְמַעְלָה לִבְרָכָה וְלֹא לִקְלָלָה. כְּמוֹ שֶׁכָּתוּב: "הִנֵּה בָרֵךְ לָקָחְתִּי וּבֵרֵךְ וְלֹא אֲשִׁיבֶנָּה". וִיקֻיַּם מִקְרָא שֶׁכָּתוּב: "וְלֹא אָבָה יְהֹוָה אֱלֹהֶיךָ לִשְׁמֹעַ אֶל בִּלְעָם. וַיַּהֲפֹךְ יְהֹוָה אֱלֹהֶיךָ לְךָ אֶת הַקְּלָלָה לִבְרָכָה כִּי אֲהֵבְךָ יְהֹוָה אֱלֹהֶיךָ". כִּי אֵין לִי שׁוּם תִּקְוָה וּמָנוֹס וּמִבְטָח וּמִשְׁעָן, כִּי אִם עָלֶיךָ לְבַד. וְעַל הַצַּדִּיקִים אֲמִתִּיִּים אֲשֶׁר אָנוּ נִשְׁעָנִים עֲלֵיהֶם תָּמִיד, בְּכֹחָם נִשְׁעַנְתִּי לִצְעֹק אֵלֶיךָ תָּמִיד, וּלְצַפּוֹת לְרַחֲמֶיךָ וְלִישׁוּעָתְךָ. עֲשֵׂה עִמִּי מַה שֶּׁתַּעֲשֶׂה, בְּאֹפֶן שֶׁאֶזְכֶּה בְּחַיַּי חִישׁ קַל מְהֵרָה לִשְׁמִירַת הַבְּרִית בֶּאֱמֶת מֵעַתָּה וְעַד עוֹלָם בִּקְדֻשָּׁה גְדוֹלָה. וְאֶזְכֶּה לְהִתְקַדֵּשׁ בִּקְדֻשָּׁתְךָ

הָעֶלְיוֹנָה. עַד שֶׁאֶזְכֶּה לְשִׁבְעִים פָּנִים שֶׁל הַתּוֹרָה הַקְּדוֹשָׁה.

עֲנֵנִי יְהֹוָה עֲנֵנִי. עֲנֵנִי אֱלֹהַי עֲנֵנִי. עֲנֵנִי אָבִי עֲנֵנִי. עֲנֵנִי בּוֹרְאִי עֲנֵנִי. עֲנֵנִי גּוֹאֲלִי עֲנֵנִי (וְכוּ'). מַלְכֵּי וֵאלֹהֵי יוֹצְרֵי וּקְדוֹשֵׁי עֲנֵנִי. מַשְׁמִיעֵי צְעָקָה הַשְׁמִיעוּ צַעֲקָתֵנוּ לִפְנֵי שׁוֹמֵעַ צְעָקָה. מַכְנִיסֵי דִמְעָה הַכְנִיסוּ דִמְעוֹתֵינוּ לִפְנֵי מֶלֶךְ מִתְרַצֶּה בִּדְמָעוֹת. מַשְׁמִיעֵי אֲנָחָה הַשְׁמִיעוּ אַנְחוֹתֵינוּ לִפְנֵי שׁוֹמֵעַ אֲנָחוֹת. הַחוֹמֵל עַל דַּל חֲמֹל עַל דַּלּוּתִי, וּרְאֵה שִׁפְלוּתִי וְאֹרֶךְ גָּלוּתִי, וְהֵטִיבָה אַחֲרִיתִי, וְהָשֵׁב אֶת שְׁבוּתִי חִישׁ קַל מְהֵרָה. בָּרְכֵנוּ אָבִינוּ כֻּלָּנוּ יַחַד בְּאוֹר פָּנֶיךָ. "הָאִירָה פָנֶיךָ עַל עַבְדֶּךָ הוֹשִׁיעֵנִי בְחַסְדֶּךָ. אֱלֹהִים יְחָנֵּנוּ וִיבָרְכֵנוּ יָאֵר פָּנָיו אִתָּנוּ סֶלָה. פָּנֶיךָ הָאֵר בְּעַבְדֶּךָ וְלַמְּדֵנִי אֶת חֻקֶּיךָ". רַחֲמָנָא דְעָנֵי לַעֲנִיֵּי עֲנֵינָא. רַחֲמָנָא דְעָנֵי לִתְבִירֵי לִבָּא עֲנֵינָא. רַחֲמָנָא דְעָנֵי לְמַכִּיכֵי רוּחָא עֲנֵינָא. רַחֲמָנָא עֲנֵינָא. רַחֲמָנָא עֲנֵינָא. רַחֲמָנָא חוּס. רַחֲמָנָא פְּרֹק. רַחֲמָנָא שְׁזִיב. רַחֲמָנָא רַחֵם עֲלָן. רַחֲמָנָא רַחֵם עֲלָן. הַשְׁתָּא בַּעֲגָלָא וּבִזְמַן קָרִיב. "יִהְיוּ לְרָצוֹן אִמְרֵי פִי וְהֶגְיוֹן לִבִּי לְפָנֶיךָ יְהֹוָה צוּרִי וְגוֹאֲלִי":

לז

"נַפְשִׁי בִּשְׁאֵלָתִי וְעַמִּי בְּבַקָּשָׁתִי. הַצִּילָה מֵחֶרֶב נַפְשִׁי מִיַּד כֶּלֶב יְחִידָתִי, אַל תְּעַר נַפְשִׁי" כִּי בְּךָ חָסִיתִי. כִּי אַתָּה תִקְוָתִי וְאַתָּה אֱיָלוּתִי. "שָׁמְרָה נַפְשִׁי וְהַצִּילֵנִי אַל אֵבוֹשׁ כִּי חָסִיתִי בָךְ. חוּשָׁה לְעֶזְרָתִי יְהֹוָה תְּשׁוּעָתִי". תִּיקַר נָא נַפְשִׁי בְּעֵינֶיךָ יְהֹוָה אֱלֹהַי וֵאלֹהֵי אֲבוֹתַי. יִגּוֹלְלוּ רַחֲמֶיךָ עַל מִדּוֹתֶיךָ, יֶהֱמוּ וְיִכָּמְרוּ רַחֲמֵי לִבְּךָ עַל נַפְשִׁי הָאֻמְלָלָה וְהָעֲלוּבָה מְאֹד מְאֹד, עַל נַפְשִׁי הָרְעֵבָה וְהַצְּמֵאָה וְהָעֲיֵפָה מְאֹד, עַל נֶפֶשׁ מָרָה כָּזוֹ, נֶפֶשׁ הַלְּכוּדָה בְּכַבְלֵי עֳנִי וּבַרְזֶל בַּאֲלָפִים וּרְבָבוֹת רְשָׁתוֹת וּמְצוּדוֹת כְּצִפֳּרִים הָאֲחוּזוֹת בַּפָּח, נֶפֶשׁ הָעֲשׁוּקָה מְאֹד. מָלֵא רַחֲמִים, מָלֵא רַחֲמִים, רוֹאֶה בְּעֶלְבּוֹן עֲלוּבִים, הַבִּיטָה נָא וּרְאֵה "דִּמְעַת הָעֲשׁוּקִים" הַצּוֹעֲקִים וּבוֹכִים וְנֶאֱנָקִים וְנֶאֱנָחִים, "וּמִיַּד עוֹשְׁקֵיהֶם כֹּחַ וְאֵין לָהֶם מְנַחֵם". בָּכוֹ יִבְכּוּ הַרְבֵּה בֶּכֶה וְדִמְעָתָם עַל לְחָיָם. רַחֲמָן אֲמִתִּי. אַל תַּסְתֵּר פָּנֶיךָ מִשַּׁוְעָתָם, וְאַל תְּאַטֵּם אָזְנְךָ מִצַּעֲקָתָם, וְאַל תַּעְלִים עֵינֶיךָ מִדִּמְעָתָם.

רִבּוֹנוֹ שֶׁל עוֹלָם. "אֵלֶיךָ יְהֹוָה נַפְשִׁי אֶשָּׂא. פֵּרַשְׂתִּי יָדַי אֵלֶיךָ נַפְשִׁי כְּאֶרֶץ עֲיֵפָה לְךָ סֶלָה. כִּי רָדַף אוֹיֵב נַפְשִׁי דִּכָּא לָאָרֶץ חַיָּתִי. הוֹשִׁיבַנִי בְמַחֲשַׁכִּים כְּמֵתֵי עוֹלָם. וְנַפְשִׁי נִבְהֲלָה מְאֹד וְאַתָּה יְהֹוָה עַד מָתָי.

שׁוּבָה יְהֹוָה חַלְּצָה נַפְשִׁי הוֹשִׁיעֵנִי לְמַעַן חַסְדֶּךָ. כְּסוּס עָגוּר כֵּן אֲצַפְצֵף אֶהְגֶּה כַּיּוֹנָה. דַּלּוּ עֵינַי לַמָּרוֹם יְהֹוָה עָשְׁקָה לִּי עָרְבֵנִי. עֲרֹב עַבְדְּךָ לְטוֹב אַל יַעַשְׁקֻנִי זֵדִים. פְּדֵנִי מֵעֹשֶׁק אָדָם וְאֶשְׁמְרָה פִּקּוּדֶיךָ". אָנָּא יְהֹוָה מַלְּטָה נַפְשִׁי מִכָּל תַּאֲווֹת הַגּוּף וּמִדּוֹתָיו הָרָעִים. עֲזֹר וְהוֹשִׁיעָה בְּרַחֲמֶיךָ הָרַבִּים בְּרַחֲמֶיךָ הָאֲמִתִּיִּים אֶת נַפְשִׁי הָאֻמְלָלָה, וְתֵן לָהּ כֹּחַ וּגְבוּרָה מֵאִתְּךָ יְהֹוָה אֱלֹהַי וֵאלֹהֵי אֲבוֹתַי, שֶׁתּוּכַל לְהִתְגַּבֵּר עַל הַגּוּף. וְתִתְגַּבֵּר נַפְשִׁי עַל גּוּפִי, צוּרָתִי עַל חָמְרִי, עַד שֶׁאֶזְכֶּה לְהַכְנִיעַ וּלְשַׁבֵּר וּלְבַטֵּל אֶת הַגּוּף וְהַחֹמֶר לְגַמְרֵי, וְתִתְגַּלֶּה הֶאָרַת נַפְשִׁי וְצוּרָתִי הַקְּדוֹשָׁה, וְיִמָּשֵׁךְ עָלַי צֶלֶם אֱלֹהִים, צֶלֶם דְּמוּת תַּבְנִיתוֹ.

וּתְזַכֵּנִי לְאוֹר הַשֵּׂכֶל דִּקְדֻשָּׁה, לְחָכְמָה בִּינָה וָדַעַת. וְאֶזְכֶּה לְהַכְנִיעַ וּלְבַטֵּל מִמֶּנִּי כָּל מִינֵי סִכְלוּת וּכְסִילוּת שֶׁל הַגּוּף וְהַחֹמֶר. וְתוֹצִיאֵנִי מֵאֲפֵלָה לְאוֹרָה, מֵחֹשֶׁךְ לְאוֹר גָּדוֹל, מִכְּסִילוּת וְחֶשְׁכַת שֶׁל חָמְרִיּוּת הַגּוּף הֶעָכוּר וְהַמְגֻשָּׁם, לְהֶאָרַת הַחָכְמָה שֶׁל הַנֶּפֶשׁ הַקְּדוֹשָׁה. וְתֵן חֶלְקִי בְּתוֹרָתֶךָ, וְאֶזְכֶּה לִלְמֹד וְלַהֲגוֹת בְּתוֹרָתְךָ וּבַעֲבוֹדָתְךָ יוֹמָם וָלַיְלָה. וְתֵן בְּלִבִּי בִּינָה לְהָבִין וּלְהַשְׂכִּיל, לִשְׁמֹעַ לִלְמֹד וּלְלַמֵּד לִשְׁמֹר וְלַעֲשׂוֹת וּלְקַיֵּם אֶת כָּל דִּבְרֵי תוֹרָתְךָ בְּאַהֲבָה. וְהָאֵר עֵינַי בְּתוֹרָתֶךָ וְדַבֵּק לִבִּי בְּמִצְוֹתֶיךָ. וְתַפְרִישֵׁנִי וְתַבְדִּילֵנִי

מִן הַתּוֹעִים בְּחָכְמוֹת חִיצוֹנִיּוֹת. וְתָגֵן בַּעֲדִי וּבְעַד זַרְעִי תָּמִיד, וּבְעַד כָּל עַמְּךָ בֵּית יִשְׂרָאֵל, שֶׁלֹּא נַעֲסֹק לְעוֹלָם בְּשׁוּם חָכְמָה חִיצוֹנָה כְּלָל. וְלֹא נָשִׂים עַיִן וְלֹא נִלְמַד בְּשׁוּם סֵפֶר מִסִּפְרֵי הַחֲקִירוֹת כְּלָל, הֵן בְּסִפְרֵי חֲקִירוֹת שֶׁל יִשְׂרָאֵל, הֵן בְּסִפְרֵי חֲקִירוֹת שֶׁל הָעַכּוּ"ם. וְתַעֲזֹר לָנוּ שֶׁלֹּא יִכָּנֵס בְּדַעְתֵּנוּ וּמַחֲשַׁבְתֵּנוּ שׁוּם חֲקִירָה מֵחֲקִירוֹתֵיהֶם, וְלֹא שׁוּם סְבָרָה וְדֵעָה מִסְּבָרוֹתֵיהֶם וְדֵעוֹתֵיהֶם הַזָּרוֹת וְהַמָּרוֹת, הַצָּדִים בְּרִשְׁתָּם נְפָשׁוֹת יְקָרוֹת. אֲשֶׁר בֶּאֱמֶת כָּל חָכְמוֹתֵיהֶם הַחִיצוֹנִיּוֹת הֵם רַק כְּסִילוּת וְסִכְלוּת וּשְׁטוּת וָהֶבֶל גָּמוּר בֶּאֱמֶת וְנִמְשָׁכִים רַק מִכְּסִילוּת וְחֶשְׁכַת חָמְרִיּוּת הַגּוּף, וּמִתַּאֲווֹתֵיהֶם וּמִדּוֹתֵיהֶם הָרָעוֹת. אֲשֶׁר מֵחֲמַת תֹּקֶף הִתְגַּבְּרוּת תַּאֲוֹת גּוּפָם וְחָמְרָם הֶעָב וְהַמְגֻשָּׁם וְהַמְזֹהָם וְהַמְשֻׁקָּץ מְאֹד מְאֹד בְּתַכְלִית הַזֻּהֲמָה וְהַטִּנּוּף וְהַמָּאוּס, מִשָּׁם נִתְעַכֵּר וְנִתְקַלְקֵל וְנִשְׁחַת דַּעְתָּם וְלִבָּם הֶעָרֵל, עַד שֶׁנִּתְעוּ וְנָבוֹכוּ מִדֵּעָה לְדֵעָה וּמִסְּבָרָא לִסְבָרָא, עַד שֶׁבָּאוּ לִידֵי טָעוּת וּשְׁטוּת חָכְמוֹתֵיהֶם הַחִיצוֹנִיּוֹת:

רִבּוֹנוֹ שֶׁל עוֹלָם רַחֵם עָלֵינוּ וְעַל זַרְעֵנוּ וְעַל פְּלֵטָתֵנוּ, אֲשֶׁר נִשְׁאַרְנוּ כַּתֹּרֶן בְּרֹאשׁ הָהָר בְּאֵין עוֹזֵר וְסוֹמֵךְ, וְאֵין מִי שֶׁיַּעֲמֹד בַּעֲדֵנוּ. הַצֵּל הַצֵּל וְהוֹשִׁיעָה וּמַלֵּט אוֹתָנוּ וְאֶת זַרְעֵינוּ בְּרַחֲמֶיךָ הָרַבִּים מִכָּל מִינֵי

חָכְמוֹת חִיצוֹנִיּוֹת. שֶׁלֹּא יִהְיֶה לָנוּ שׁוּם חֵלֶק וְעֵסֶק בָּהֶם. וְתִהְיֶה יָדֵנוּ וְשִׂכְלֵנוּ וְלִבֵּנוּ מְסֻלֶּקֶת מֵהֶם. כִּי לֹא בְּאֵלֶּה חֶלְקֵנוּ, וְלֹא בְּאֵלֶּה גּוֹרָלֵנוּ. כִּי אֲנַחְנוּ מִזֶּרַע אַבְרָהָם יִצְחָק וְיַעֲקֹב, מַאֲמִינִים בְּנֵי מַאֲמִינִים. וַאֲנַחְנוּ זָכִינוּ לַעֲמֹד עַל הַר סִינַי וּלְקַבֵּל תּוֹרָתְךָ הַקְּדוֹשָׁה עַל יְדֵי מֹשֶׁה נְבִיאֲךָ נֶאֱמַן בֵּיתֶךָ. עָזְרֵנוּ שֶׁיִּהְיֶה חֶלְקֵנוּ בְּתוֹרָתְךָ הַקְּדוֹשָׁה תָּמִיד; "תּוֹרַת יְהֹוָה תְּמִימָה מְשִׁיבַת נָפֶשׁ. עֵדוּת יְהֹוָה נֶאֱמָנָה מַחְכִּימַת פֶּתִי". חוּס וַחֲמֹל עָלֵינוּ. יֶהֱמוּ נָא מֵעֶיךָ עַל בָּנֶיךָ צֹאן מַרְעִיתֶךָ, וּשְׁמֹר אוֹתָנוּ בְּעֵת צָרָה הַזֹּאת בְּעִקְּבוֹת מְשִׁיחָא, וְהַצֵּל וּמַלֵּט נַפְשֵׁנוּ וְנֶפֶשׁ בָּנֵינוּ וּבְנוֹתֵינוּ שֶׁלֹּא נַעֲסֹק לְעוֹלָם בְּשׁוּם חָכְמָה חִיצוֹנָה כְּלָל. וְתֵן לָנוּ כֹּחַ שֶׁנִּזְכֶּה לְהַכְנִיעַ וּלְשַׁבֵּר וּלְבַטֵּל וְלַעֲקֹר כָּל הָאֶפִּיקוֹרְסִים וְהַכּוֹפְרִים מִן הָעוֹלָם. "יִמָּחוּ מִסֵּפֶר חַיִּים וְעִם צַדִּיקִים אַל יִכָּתֵבוּ". וְכָל הָעוֹסְקִים בְּפִילוֹסוֹפְיָא וַחֲקִירוֹת שֶׁל חָכְמוֹת הַחִיצוֹנִיּוֹת, יִהְיֶה נִמַּח שְׁמָם וְזִכְרָם מִן הָעוֹלָם. יַכְרֵת יְהֹוָה לָאִישׁ אֲשֶׁר יַעֲסֹק בַּחֲקִירוֹתֵיהֶם וּבְדַרְכֵיהֶם עֵר וְעוֹנֶה. "יִהְיוּ בָנָיו יְתוֹמִים וְאִשְׁתּוֹ אַלְמָנָה. יְהִי אַחֲרִיתוֹ לְהַכְרִית בְּדוֹר אַחֵר יִמַּח שְׁמָם. יִזָּכֵר עֲוֹן אֲבוֹתָיו אֶל יְהֹוָה וְחַטַּאת אִמּוֹ אַל תִּמָּח. יִהְיוּ נֶגֶד יְהֹוָה תָּמִיד וְיַכְרֵת מֵאֶרֶץ זִכְרָם" וְיִתְבַּטְּלוּ סְבָרוֹתֵיהֶם וְדֵעוֹתֵיהֶם מִן הָעוֹלָם, וְלֹא יַעֲלוּ עוֹד עַל לֵב וְלֹא יִזָּכְרוּ עוֹד בִּשְׁמָם.

וּתְרַחֵם עַל עַמְּךָ יִשְׂרָאֵל. וְתַעֲלֶה וְתִנָּשֵׂא וְתִרוֹמֵם וְתִגַּלֶּה וְתָאִיר חָכְמַת הַתּוֹרָה הַקְּדוֹשָׁה בָּעוֹלָם. וְנָשׁוּב כֻּלָּנוּ לְתוֹרָתְךָ וְלַעֲבוֹדָתְךָ בֶּאֱמֶת וּבֶאֱמוּנָה, בִּקְדֻשָּׁה וּבְטָהֳרָה גְדוֹלָה. וְנִזְכֶּה לְהִשְׁתּוֹקֵק תָּמִיד לֶאֱמוּנָתְךָ הַקְּדוֹשָׁה בֶּאֱמֶת כִּרְצוֹנְךָ הַטּוֹב; וְנִזְכֶּה לְהַכִּיר אוֹתְךָ בֶּאֱמֶת גַּם בָּעוֹלָם הַזֶּה, וּלְכַבֵּד אֶת שִׁמְךָ הַגָּדוֹל בְּכָל עֵת, כִּי בִּשְׁבִיל זֶה בָּרָאתָ כָּל הָעוֹלָמוֹת כֻּלָּם, בְּגִין דְּיִשְׁתְּמוֹדְעִין לֵיהּ. כְּמוֹ שֶׁכָּתוּב: "כֹּל הַנִּקְרָא בִשְׁמִי וְלִכְבוֹדִי בְּרָאתִיו יְצַרְתִּיו אַף עֲשִׂיתִיו". עֲזוֹר וְרַחֵם וְהוֹשִׁיעָה, וַעֲשֵׂה לְמַעַנְךָ וּלְמַעַן כְּבוֹד תּוֹרָתְךָ הַקְּדוֹשָׁה. שֶׁתִּתְגַּבֵּר חָכְמַת הַתּוֹרָה הַקְּדוֹשָׁה עַל חָכְמַת הַפִּילוֹסוֹפְיָא, עַל חָכְמוֹת הַחִיצוֹנִיּוֹת, וְיִתְבַּטְּלוּ כָּל הַחָכְמוֹת שֶׁבָּעוֹלָם. כְּנֶגֶד אוֹת אֶחָד מִתּוֹרָתְךָ הַקְּדוֹשָׁה וְהַטְּהוֹרָה וְהַתְּמִימָה, תּוֹרָה שֶׁבִּכְתָב וְתוֹרָה שֶׁבְּעַל פֶּה. וְיָשׁוּבוּ כֻלָּם לְתוֹרָתְךָ וְלַעֲבוֹדָתְךָ וּלְיִרְאָתְךָ בֶּאֱמֶת בְּכָל לֵב וָנֶפֶשׁ:

אָנָּא יְהוָֹה רַחֲמָן מָלֵא רַחֲמִים, חוּסָה עַל נַפְשִׁי הָאֻמְלָלָה מְאֹד. וֶהְיֵה בְּעֶזְרִי תָּמִיד. וְחַזֵּק וְאַמֵּץ אֶת נַפְשִׁי בְּכָל מִינֵי עֹז וְתַעֲצוּמוֹת, בְּאֹפֶן שֶׁתִּתְגַּבֵּר נַפְשִׁי הַקְּדוֹשָׁה וְהַטּוֹבָה עַל הַגּוּף וְתַאֲוֺתָיו וּמִדּוֹתָיו הָרָעִים, עַד שֶׁאֶזְכֶּה לְהַפְשִׁיט אֶת נַפְשִׁי מִכָּל מִינֵי תַּאֲוֹת הַגּוּף וּמִדּוֹתָיו. וְאֶטַהֵר וְאֶתְקַדֵּשׁ אֶת נַפְשִׁי וְגוּפִי

בְּכָל מִינֵי טָהֳרוֹת וּקְדֻשּׁוֹת. וְאֶזְכֶּה לְהוֹצִיא אֶת נַפְשִׁי מִכָּל הַתַּאֲווֹת וּמִדּוֹת רָעוֹת הַנִּמְשָׁכִים מֵאַרְבַּע יְסוֹדוֹת חָמְרִיִּים שֶׁל הַגּוּף:

וּבְרַחֲמֶיךָ הָרַבִּים תּוֹצִיאֵנִי וְתַעֲלֵנִי מִבְּחִינַת בְּהֵמָה לִבְחִינַת אָדָם, מִגּוּף לְנֶפֶשׁ, מֵחֹמֶר לְצוּרָה, מֵחֹשֶׁךְ לְאוֹר, מִסִּכְלוּת לְחָכְמָה, מֵחָכְמוֹת וּמַחֲשָׁבוֹת חִיצוֹנִיּוֹת לְחָכְמוֹת הַתּוֹרָה הַקְּדוֹשָׁה, מִשִּׁכְחָה לְזִכָּרוֹן. וְתַשְׁפִּיעַ עָלַי מֵאִתְּךָ כֹּחַ הַזִּכָּרוֹן. וְאֶזְכֶּה לִזְכֹּר תָּמִיד הֵיטֵב אֶת כָּל דִּבְרֵי תּוֹרָתְךָ וַעֲבוֹדָתְךָ, הֵן מַה שֶּׁאֲנִי לוֹמֵד בִּסְפָרִים קְדוֹשִׁים, הֵן מַה שֶּׁשָּׁמַעְתִּי אוֹ מַה שֶּׁאֲנִי עָתִיד לִשְׁמֹעַ מִפִּי רַבּוֹתַי וַחֲבֵרַי. כָּל הַדְּבָרִים הַקְּדוֹשִׁים הַנּוֹגְעִים לְיִרְאַת יְהוָה וְלַעֲבוֹדָתוֹ וְתוֹרָתוֹ, כֻּלָּם אֶזְכֶּה לִזְכֹּר תָּמִיד הֵיטֵב בְּכֹחַ הַזִּכָּרוֹן דִּקְדֻשָּׁה מֵעַתָּה וְעַד עוֹלָם. וְלֹא אֶשְׁכַּח שׁוּם דָּבָר מִמִּשְׁנָתִי. וְאֶזְכֶּה לִזְכֹּר תָּמִיד הֵיטֵב הֵיטֵב אֶת אַחֲרִיתִי וְסוֹפִי. וְלָשׂוּם לִבִּי הֵיטֵב עַל מָה אֲתֵינָא לְהַאי עָלְמָא שְׁפָלָה, וּמַה יִּהְיֶה בְּסוֹפִי וְאַחֲרִיתִי, כַּאֲשֶׁר יָבֹא קִצִּי. וְלֹא אֶשְׁכַּח זֹאת כָּל יְמֵי חַיַּי; וְאֶזְכֶּה לִזְכֹּר זֹאת הֵיטֵב בְּכָל יוֹם וָיוֹם, כִּי כָל יָמֵינוּ וּשְׁנוֹתֵינוּ הֵם הֶבֶל, כַּחֲלוֹם יָעוּף, וּכְצֵל עוֹבֵר, כֶּעָנָן כָּלָה, וּכְרוּחַ נוֹשֶׁבֶת, וּכְאָבָק פּוֹרֵחַ. וְאִי אֶפְשָׁר לְהִמָּלֵט מִן הַמִּיתָה בְּשׁוּם אֹפֶן, "וְאֵין מִשְׁלַחַת בַּמִּלְחָמָה". וּמַה נַּחְשֹׁב עַל יְהוָה,

וּמַה נַּעֲשֶׂה לְיוֹם פְּקֻדָּה. "זָכוֹר תִּזְכֹּר וְתָשׁוֹחַ עָלַי נַפְשִׁי. זְכוֹר אַל תִּשְׁכַּח אֶת אֲשֶׁר הִקְצַפְתָּ אֶת יְהֹוָה אֱלֹהֶיךָ" מִנְּעוּרֶיךָ עַד הַיּוֹם הַזֶּה. כִּי אֵין שִׁכְחָה לִפְנֵי כִּסֵּא כְבוֹדוֹ, וְאֵין נֶעְלָם מִנֶּגֶד עֵינָיו. עָזְרֵנִי וְהוֹשִׁיעֵנִי לִזְכֹּר אֶת כָּל זֹאת תָּמִיד, בְּאֹפֶן שֶׁאֶזְכֶּה לְרַחֵם עָלַי מֵעַתָּה לְמַלֵּט נַפְשִׁי מִנִּי שַׁחַת, וּלְהָכִין צֵדָה לְדַרְכִּי.

אֹרְחָא רַחִיקָא וַאֲפִלּוּ זְוָדִין קְלִילָא לֵית לָן.

וְעָזְרֵנִי בְּרַחֲמֶיךָ הָרַבִּים שֶׁאֶזְכֶּה לִשְׁכֹּחַ אֶת כָּל מִינֵי מַחֲשָׁבוֹת זָרוֹת מַחֲשָׁבוֹת חִיצוֹנִיּוֹת וְחָכְמוֹת חִיצוֹנִיּוֹת וְכָל מִינֵי הִרְהוּרִים רָעִים וַעֲקְמִימִיּוֹת שֶׁבַּלֵּב שֶׁנִּדְבְּקוּ בְּלִבִּי וּבְדַעְתִּי בַּעֲווֹנוֹתַי הָרַבִּים. וְכָל מִינֵי מַחֲשָׁבוֹת הַמְבַלְבְּלִים מֵעֲבוֹדָתֶךָ הָאֲמִתִּיּוֹת, כֻּלָּם אֶזְכֶּה בְּרַחֲמֶיךָ הָרַבִּים לְהַעֲבִירָם מִדַּעְתִּי וְלִבִּי לְגַמְרֵי, וּלְשָׁכְחָם לְגַמְרֵי מֵעַתָּה וְעַד עוֹלָם. וּמֵעַתָּה אֶזְכֶּה לִזְכֹּר אוֹתְךָ תָּמִיד בְּכָל עֵת בְּשִׁבְתִּי בְּבֵיתִי וּבְלֶכְתִּי בַדֶּרֶךְ בְּשָׁכְבִּי וּבְקוּמִי. וּלְדַבֵּק מַחֲשַׁבְתִּי אֵלֶיךָ תָּמִיד, וּלְתוֹרָתְךָ וְלַעֲבוֹדָתְךָ בֶּאֱמֶת בְּיִרְאָה וְאַהֲבָה בִּקְדֻשָּׁה וּבְטָהֳרָה גְּדוֹלָה, בֶּאֱמֶת וּבֶאֱמוּנָה שְׁלֵמָה. וְאֶזְכֶּה שֶׁיִּתְדַּבֵּק לִבִּי וּמַחֲשַׁבְתִּי אֵלֶיךָ וּלְתוֹרָתְךָ וּלְמִצְוֹתֶיךָ בֶּאֱמֶת, בִּדְבֵקוּת גָּדוֹל וּבְהִתְקַשְּׁרוּת אַמִּיץ וְחָזָק מְאֹד. עַד שֶׁאֶזְכֶּה לִזְכֹּר הֵיטֵב אֶת כָּל דִּבְרֵי תוֹרָתְךָ וַעֲבוֹדָתְךָ תָּמִיד לְעוֹלָם וָעֶד. וְלֹא אֶשְׁכַּח שׁוּם דָּבָר מִדִּבְרֵי תוֹרָה

וַעֲבוֹדָה לְעוֹלָם. רַק אֶזְכֶּה לְזָכְרָם תָּמִיד בְּעָלְמָא דֵין וּבְעָלְמָא דְאָתֵי:

וּבְכֵן יְהִי רָצוֹן מִלְּפָנֶיךָ יְהוָה אֱלֹהֵינוּ וֵאלֹהֵי אֲבוֹתֵינוּ, אֱלֹהֵי אַבְרָהָם אֱלֹהֵי יִצְחָק וֵאלֹהֵי יַעֲקֹב, וֵאלֹהֵי כָּל הַצַּדִּיקִים הָאֲמִתִּיִּים רִאשׁוֹנִים וְאַחֲרוֹנִים, וֵאלֹהֵי כָּל עַמְּךָ יִשְׂרָאֵל הַקָּדוֹשׁ, אָבִינוּ אָב הָרַחֲמָן הַיּוֹדֵעַ כָּל תַּעֲלוּמוֹת לֵב, שֶׁתְּרַחֵם עָלַי בְּרַחֲמֶיךָ הָרַבִּים. וּתְחָנֵּנִי מֵאִתְּךָ דֵּעָה בִּינָה וְהַשְׂכֵּל. וְתוֹרֵנִי וְתַדְרִיכֵנִי בַּאֲמִתְּךָ תָּמִיד. וּתְזַכֵּנִי בְּכָל עֵת לָדַעַת בֶּאֱמֶת הַדֶּרֶךְ הַיָּשָׁר, אֵיךְ לְהִתְנַהֵג בְּעִנְיָנֵי תַּעֲנִיּוֹת נְדָבָה. אִם לְהִתְעַנּוֹת אִם לַחְדֹּל. וּתְזַכֵּנִי לֵידַע הָאֱמֶת לַאֲמִתּוֹ, וּלְהִתְנַהֵג בְּדֶרֶךְ הָאֱמֶת כִּרְצוֹנְךָ הַטּוֹב, כִּי לִבִּי הוֹלֵךְ אָנֶה וָאָנָה בְּעִנְיָן זֶה. עַל כֵּן הִנְנִי מַשְׁלִיךְ עַצְמִי עָלֶיךָ לְבַד, וַהֲרֵינִי מוֹסֵר גּוּפִי וְנַפְשִׁי וְרוּחִי וְנִשְׁמָתִי אֵלֶיךָ לְבַד. שֶׁתַּעֲשֶׂה עִמִּי מַה שֶּׁתִּרְצֶה וְכִרְצוֹנְךָ אֶעֱשֶׂה. וְתַעַזְרֵנִי שֶׁלֹּא אֲבַלְבֵּל דַּעְתִּי הַרְבֵּה בְּעִנְיָן זֶה, רַק אֶזְכֶּה תָּמִיד לְעֵצָה שְׁלֵמָה מְהֵרָה. וְתַשְׁפִּיעַ לִי עֵצָה טוֹבָה מֵאִתְּךָ כִּרְצוֹנְךָ הַטּוֹב בֶּאֱמֶת. וְאֶזְכֶּה לֵידַע וּלְהָבִין אֵיךְ לְהִתְנַהֵג בְּעִנְיָן הַתַּעֲנִיּוֹת. וְאֵיךְ לְהִתְנַהֵג בְּכָל הַדְּבָרִים שֶׁבָּעוֹלָם. בְּאֹפֶן שֶׁאֶזְכֶּה לָסוּר מֵרָע וּלְהַכְנִיעַ הַגּוּף וְהַחֹמֶר לְגַבֵּי הַנֶּפֶשׁ וְהַצּוּרָה. וְלַעֲסֹק בְּתוֹרָתְךָ וּבַעֲבוֹדָתְךָ תָּמִיד בֶּאֱמֶת כִּרְצוֹנְךָ

הַטּוֹב מֵעַתָּה וְעַד עוֹלָם. "הַשְׁמִיעֵנִי בַבֹּקֶר חַסְדֶּךָ כִּי בְךָ בָטָחְתִּי. הוֹדִיעֵנִי דֶּרֶךְ זוּ אֵלֵךְ כִּי אֵלֶיךָ נָשָׂאתִי נַפְשִׁי":

וּבְכֵן יְהִי רָצוֹן מִלְּפָנֶיךָ יְהֹוָה אֱלֹהַי וֵאלֹהֵי אֲבוֹתַי. שֶׁתַּעַזְרֵנִי לִתֵּן צְדָקָה הַרְבֵּה לַעֲנִיִּים הֲגוּנִים הַרְבֵּה. וְתַחְמֹל עָלַי בְּרַחֲמֶיךָ וּבַחֲסָדֶיךָ הַגְּדוֹלִים וְהָעֲצוּמִים, וְתַעַזְרֵנִי לִתֵּן צְדָקָה הַרְבֵּה לְאֶרֶץ יִשְׂרָאֵל, לִתְמֹךְ וּלְסַיֵּעַ בְּסִיּוּעַ שֶׁיֵּשׁ בּוֹ מַמָּשׁ לַעֲנִיִּים הֲגוּנִים הַדָּרִים בְּאֶרֶץ יִשְׂרָאֵל. וְאֶזְכֶּה לְהִכָּלֵל עַל יְדֵי זֶה בַּאֲוִירָא דְאֶרֶץ יִשְׂרָאֵל, בָּאֲוִיר הַקָּדוֹשׁ בְּהָאֲוִיר וְהַהֶבֶל שֶׁאֵין בּוֹ חֵטְא. וְנִזְכֶּה עַל יְדֵי זֶה לְהַמְתִּיק וּלְבַטֵּל כָּל מִינֵי דִינִים מֵעָלֵינוּ וּמֵעַל כָּל עַמְּךָ בֵּית יִשְׂרָאֵל. וְנִזְכֶּה תָמִיד לִדְחוֹת וּלְבַטֵּל הַדִּין וְהַחֹשֶׁךְ וְהַסִּכְלוּת וְכָל מִינֵי חָכְמוֹת חִיצוֹנִיּוֹת מִן הָעוֹלָם. וְתַעַזְרֵנוּ לְהַגְבִּיר וּלְהַעֲלוֹת וּלְנַשֵּׂא הַנֶּפֶשׁ הַקְּדוֹשָׁה וְהַתּוֹרָה הַקְּדוֹשָׁה. וְתָאִיר עָלֵינוּ אוֹר הַחָכְמָה הַקְּדוֹשָׁה, וְתַמְשִׁיךְ עָלֵינוּ חֲסָדִים טוֹבִים מֵאִתְּךָ תָמִיד. וְנִזְכֶּה לְזִכָּרוֹן דִּקְדֻשָּׁה, וְתַשְׁפִּיעַ עָלֵינוּ מֵאִתְּךָ שֶׁפַע טוֹבָה וּבְרָכָה, חַיִּים חֵן וָחֶסֶד וְרַחֲמִים וְשָׁלוֹם וְכָל טוּב. וּבְרַחֲמֶיךָ הָרַבִּים תִּזְכֹּר לָנוּ אֶת בְּרִית אֲבוֹתֵינוּ אַבְרָהָם יִצְחָק וְיַעֲקֹב. וּתְקַיֵּם לָנוּ מִקְרָא שֶׁכָּתוּב: "וְזָכַרְתִּי אֶת בְּרִיתִי יַעֲקוֹב וְאַף אֶת בְּרִיתִי יִצְחָק, וְאַף אֶת בְּרִיתִי אַבְרָהָם אֶזְכֹּר

וְהָאָרֶץ אֶזְכֹּר":

וְתַעַזְרֵנוּ שֶׁנִּזְכֶּה לְגַדֵּל וּלְהַעֲלוֹת נַפְשֵׁנוּ לְפָנֶיךָ. וְנִזְכֶּה לְקַדֵּשׁ וּלְקַשֵּׁט נַפְשֵׁנוּ. בְּאֹפֶן שֶׁתּוּכַל נַפְשֵׁנוּ לַעֲלוֹת לְהַשְּׁכִינָה בִּבְחִינַת מַיִין נוּקְבִין. וְתִתְפָּאֵר הַשְּׁכִינָה לְפָנֶיךָ עִם נַפְשׁוֹתֵינוּ, "חֲזִי בַּמֶּה בְּרָא קָאֲתִינָא לְגַבָּךְ". וְנִזְכֶּה שֶׁיִּהְיֶה נַעֲשֶׂה יִחוּד קֻדְשָׁא בְּרִיךְ הוּא וּשְׁכִינְתֵּיהּ עַל יְדֵי נַפְשׁוֹתֵינוּ שֶׁיַּעֲלוּ לְטוֹבָה לְפָנֶיךָ לְרֵיחַ נִיחוֹחַ אִשֶּׁה לַיהוָה:

וּתְזַכֵּנוּ שֶׁתִּהְיֶה אֲכִילָתֵנוּ בִּקְדֻשָּׁה וּבְטָהֳרָה תָּמִיד. וּבִפְרָט כְּשֶׁאָנוּ אוֹכְלִין דָּבָר מִן הַחַי תַּעַזְרֵנוּ לְהִתְקַדֵּשׁ בְּיוֹתֵר בִּשְׁעַת אֲכִילָתֵנוּ, עַד שֶׁנִּזְכֶּה לְהַעֲלוֹת הַנֶּפֶשׁ הַמְּלֻבָּשׁ בַּחַי שֶׁאָנוּ אוֹכְלִים, לְהַעֲלוֹת הַנֶּפֶשׁ מֵחַי לִמְדַבֵּר, עַל יְדֵי הַבְּרָכָה שֶׁאָנוּ מְבָרְכִין עַל אֲכִילָתֵנוּ. וְנִזְכֶּה לוֹמַר כָּל הַבְּרָכוֹת בְּכַוָּנָה גְדוֹלָה וַעֲצוּמָה לְשִׁמְךָ הַגָּדוֹל בֶּאֱמֶת:

וְתִשְׁמְרֵנוּ וְתַצִּילֵנוּ בְּרַחֲמֶיךָ הָרַבִּים מִמַּאֲכָלוֹת אֲסוּרוֹת. וְלֹא יָבֹא לְתוֹךְ פִּינוּ שׁוּם דָּבָר הָאָסוּר לָנוּ. וְלֹא נִכָּשֵׁל לְעוֹלָם בִּנְבֵלוֹת וּטְרֵפוֹת, אֲפִלּוּ בְּשׁוֹגֵג וּבְאֹנֶס. וְתַצִּיל אוֹתָנוּ בְּרַחֲמֶיךָ מִשּׁוֹחֲטִים שֶׁאֵינָם הֲגוּנִים. וְתַפְרִישׁ אוֹתָנוּ וְתַבְדִּיל אוֹתָנוּ מִכָּל

מִינֵי נְבֵלוֹת וּטְרֵפוֹת דְּאוֹרַיְיתָא וּדְרַבָּנָן. וְתַזְמִין לָנוּ בְּרַחֲמֶיךָ תָּמִיד שׁוֹחֲטִים הֲגוּנִים וּכְשֵׁרִים. וְתִהְיֶה עִמָּהֶם תָּמִיד וְתִשְׁמֹר אוֹתָם וְאוֹתָנוּ שֶׁלֹּא יִכָּשְׁלוּ עַמְּךָ יִשְׂרָאֵל עַל יָדָם לְעוֹלָם בִּנְבֵלוֹת וּטְרֵפוֹת חַס וְשָׁלוֹם. וְתַעֲזֹר לְהַשּׁוֹחֲטִים שֶׁיְּכַוְּנוּ תָּמִיד הֵיטֵב בְּבִרְכַּת הַשְּׁחִיטָה, בְּאֹפֶן שֶׁיִּזְכּוּ לְהַעֲלוֹת הַנֶּפֶשׁ הַמְלֻבָּשׁ בְּהַחַי, מֵחַי לִמְדַבֵּר. עַד שֶׁיַּעֲלוּ כָּל הַנְּפָשׁוֹת הָעֲשׁוּקוֹת הַמְגֻלְגָּלִים בְּחַיּוֹת וְעוֹפוֹת וּבְהֵמוֹת אֶל הַשְּׁכִינָה. וִיהְיֶה נַעֲשֶׂה יִחוּד קֻדְשָׁא בְּרִיךְ הוּא וּשְׁכִינְתֵּיהּ עַל יָדָם. וְנִזְכֶּה שֶׁיִּהְיֶה נִמְשָׁךְ עַל יְדֵי זֶה עָלֵינוּ שֶׁפַע טוֹבָה וּבְרָכָה וְרַחֲמִים וְחַיִּים וְשָׁלוֹם. וְנִזְכֶּה לְפַרְנָסָה טוֹבָה בְּכָבוֹד בְּלִי שׁוּם יְגִיעָה וְטִרְחָא וְטִרְדָּא כְּלָל. אָבִינוּ שֶׁבַּשָּׁמַיִם גּוֹמֵל לַחַיָּבִים טוֹבוֹת, גּוֹמֵל חֲסָדִים טוֹבִים, אַתָּה יוֹדֵעַ שֶׁאֵין בָּנוּ כֹּחַ לִשְׁמֹר עַצְמֵנוּ מִשּׁוֹחֲטִים שֶׁאֵינָם הֲגוּנִים הַמְצוּיִים עַכְשָׁו הַרְבֵּה מְאֹד. וְאֵין מִי שֶׁיַּעֲמֹד בַּעֲדֵנוּ וְיִשְׁתַּדֵּל בְּתִקּוּן נַפְשׁוֹתֵינוּ, וְיַצִּיל אוֹתָנוּ מִפְּגַם הַשּׁוֹחֲטִים שֶׁאֵינָם הֲגוּנִים הַגּוֹרְמִים מַה שֶׁגּוֹרְמִים, רַחֲמָנָא לִצְּלָן:

רִבּוֹנוֹ שֶׁל עוֹלָם רַחֵם עָלֵינוּ לְמַעַן שְׁמֶךָ, וּלְמַעַן שְׁכִינַת עֻזֶּךָ, וּלְמַעַן אֲבוֹתֵינוּ אַבְרָהָם יִצְחָק וְיַעֲקֹב, וּלְמַעַן כָּל הַצַּדִּיקִים אֲמִתִּיִּים, וְעָזְרֵנוּ וְהוֹשִׁיעֵנוּ וְהַצִּילֵנוּ וּמַלְּטֵנוּ מִשּׁוֹחֲטִים רָעִים,

מְשׁוֹחֲטִים שֶׁאֵינָם הֲגוּנִים. וְשָׁמְרֵנוּ תָּמִיד שֶׁלֹּא יָבוֹא לְתוֹךְ פִּינוּ שׁוּם מִכְשׁוֹל נְבֵלָה וּטְרֵפָה, כִּי אַתָּה "כֹּל תּוּכַל וְלֹא יִבָּצֵר מִמְּךָ מְזִמָּה", וּבְיָדְךָ הַכֹּל. וְאַתָּה יָכוֹל לִשְׁמֹר אוֹתָנוּ גַּם עַכְשָׁו בַּדּוֹרוֹת הַלָּלוּ מִנְּבֵלוֹת וּטְרֵפוֹת וּמְשׁוֹחֲטִים שֶׁאֵינָם הֲגוּנִים. חוּס וְרַחֵם עָלֵינוּ, לְמַעַנְךָ וְלֹא לְמַעֲנֵנוּ, וְקַדְּשֵׁנוּ בִּקְדֻשָּׁתֶךָ, וְהַבְדִּילֵנוּ מִן מַאֲכָלוֹת אֲסוּרוֹת כְּמוֹ שֶׁכָּתוּב: "וָאַבְדִּיל אֶתְכֶם מִן הָעַמִּים לִהְיוֹת לִי". וְנִזְכֶּה לְקַיֵּם מִקְרָא שֶׁכָּתוּב: "וְאַנְשֵׁי קֹדֶשׁ תִּהְיוּן לִי וּבָשָׂר בַּשָּׂדֶה טְרֵפָה לֹא תֹאכֵלוּ, לַכֶּלֶב תַּשְׁלִכוּן אוֹתוֹ" וּכְתִיב: "וְהִתְקַדִּשְׁתֶּם וִהְיִיתֶם קְדוֹשִׁים כִּי קָדוֹשׁ אָנִי". וִיקֻיַּם מִקְרָא שֶׁכָּתוּב: "טֶרֶף נָתַן לִירֵאָיו, יִזְכֹּר לְעוֹלָם בְּרִיתוֹ":

וְעָזְרֵנוּ בְּרַחֲמֶיךָ הָרַבִּים וְתַזְמִין לָנוּ מְלַמְּדִים טוֹבִים וַהֲגוּנִים לְבָנֵינוּ שֶׁיִּהְיוּ עוֹסְקִים בִּמְלַאכְתָּם בֶּאֱמוּנָה, לִלְמֹד הַרְבֵּה עִם בָּנֵינוּ בְּתַכְלִית הַמּוֹעִיל בֶּאֱמֶת. וְיִהְיוּ כָּל הַמְלַמְּדֵי תִינוֹקוֹת אֲנָשִׁים כְּשֵׁרִים וְצַדִּיקִים שֶׁלֹּא יְקַלְקְלוּ חַס וְשָׁלוֹם אֶת הַהֶבֶל הַקָּדוֹשׁ שֶׁל הַתִּינוֹקוֹת שֶׁל בֵּית רַבָּן, שֶׁהוּא הֶבֶל פֶּה שֶׁאֵין בּוֹ חֵטְא. וְיַעֲלֶה וְיֵרָאֶה וְיֵרָצֶה וְיִשָּׁמַע לְפָנֶיךָ הַהֶבֶל הַקָּדוֹשׁ שֶׁל הַתִּינוֹקוֹת שֶׁל בֵּית רַבָּן. וְעַל יְדֵי זֶה תִּזְכֹּר אֶת בְּרִית אֲבוֹתֵינוּ, וְתַמְתִּיק וּתְבַטֵּל מֵעָלֵינוּ וּמֵעַל כָּל עַמְּךָ בֵּית יִשְׂרָאֵל כָּל הַדִּינִים וְכָל הַגְּזֵרוֹת שֶׁאֵינָם

טוֹבוֹת שֶׁנִּגְזְרוּ עַל עַמְּךָ יִשְׂרָאֵל בִּכְלָל אוֹ בִּפְרָט, בֵּין שֶׁהוּא קֹדֶם גְּזַר דִּין בֵּין שֶׁהוּא לְאַחַר גְּזַר דִּין. כֻּלָּם תַּמְתִּיק וּתְבַטֵּל בִּזְכוּת הֶבֶל פֶּה שֶׁאֵין בּוֹ חֵטְא שֶׁל הַתִּינוֹקוֹת שֶׁל בֵּית רַבָּן. וּתְזַכֵּנוּ בְּרַחֲמֶיךָ הָרַבִּים וּתְקַדְּשֵׁנוּ בִּקְדֻשָּׁתְךָ הָעֶלְיוֹנָה, וּתְזַכֵּנוּ לָשׁוּב בִּתְשׁוּבָה שְׁלֵמָה לְפָנֶיךָ בֶּאֱמֶת בְּכָל לֵב וָנֶפֶשׁ. וְנִזְכֶּה לְתַקֵּן אֶת כָּל אֲשֶׁר שִׁחַתְנוּ. וְנִזְכֶּה לְהַגְבִּיר הַנֶּפֶשׁ עַל הַגּוּף, עַד שֶׁיִּתְבַּטֵּל הַגּוּף לְגַמְרֵי לְגַבֵּי הַנֶּפֶשׁ. וְנִזְכֶּה לִתֵּן צְדָקָה הַרְבֵּה לְאֶרֶץ יִשְׂרָאֵל. עַד שֶׁנִּהְיֶה נִכְלָלִים בַּאֲוִירָא דְאֶרֶץ יִשְׂרָאֵל, בְּהַהֶבֶל הַקָּדוֹשׁ שֶׁאֵין בּוֹ חֵטְא. עַד שֶׁנִּזְכֶּה כֻּלָּנוּ עַמְּךָ בֵּית יִשְׂרָאֵל שֶׁיִּהְיֶה הֶבֶל פִּינוּ הֶבֶל שֶׁאֵין בּוֹ חֵטְא כְּמוֹ אֲוִירָא דְאֶרֶץ יִשְׂרָאֵל וּכְמוֹ הֶבֶל פִּיהֶם שֶׁל תִּינוֹקוֹת שֶׁל בֵּית רַבָּן. וְתַעֲזֹר לְהַשּׁוֹחֲטִים שֶׁיִּתְקַדְּשׁוּ וִיטַהֲרוּ עַצְמָן בֶּאֱמֶת עַד שֶׁיִּהְיֶה הֶבֶל פִּיהֶם גַּם כֵּן הֶבֶל שֶׁאֵין בּוֹ חֵטְא, בְּאֹפֶן שֶׁיּוּכְלוּ לְהַעֲלוֹת הַנְּפָשׁוֹת הַמְגֻלְגָּלוֹת בְּהָחֵי. לְהַעֲלוֹתָם לְשָׁרְשָׁם שֶׁבִּקְדֻשָּׁה עַל יְדֵי הֶבֶל פִּיהֶם שֶׁל בִּרְכַּת הַשְּׁחִיטָה. כִּי אַתָּה יוֹדֵעַ עֹצֶם הָרַחֲמָנוּת שֶׁיֵּשׁ עַל נְפָשׁוֹת הַמְגֻלְגָּלוֹת בְּבַעֲלֵי חַיִּים. חוּסָה נָא בְּרַחֲמֶיךָ עֲלֵיהֶם וְעָלֵינוּ, וַעֲשֵׂה לְמַעַנְךָ, וְעָזְרֵנוּ וְהוֹשִׁיעֵנוּ שֶׁנִּזְכֶּה לְהַעֲלוֹת כָּל הַנְּפָשׁוֹת הַמְגֻלְגָּלוֹת לְשָׁרְשָׁן הָעֶלְיוֹן שֶׁבִּקְדֻשָּׁה:

רַחֲמָן מָלֵא רַחֲמִים, חוֹמֵל דַּלִּים, שׁוֹמֵעַ אֶנְקַת

אֶבְיוֹנִים, רַחֵם עָלֵינוּ וְעַל נַפְשׁוֹתֵינוּ הָעֲשׁוּקוֹת כַּצִּפֳּרִים הָאֲחוּזוֹת בַּפָּח, כַּאֲשֶׁר נִגְלֶה לְפָנֶיךָ יוֹדֵעַ תַּעֲלוּמוֹת, וְעָזְרֵנִי לְמַלֵּט נַפְשִׁי מִנִּי שָׁחַת. כִּי אַתָּה יָדַעְתָּ אֶת גֹּדֶל יְקַר וַהֲדַר תִּפְאֶרֶת נַפְשִׁי בְּשָׁרְשָׁהּ הָעֶלְיוֹן. וְגַם אַתָּה יָדַעְתָּ אֶת רִבּוּי הַטִּנֹּפֶת וְהַלִּכְלוּכִים שֶׁלִּכְלַכְתִּי וְטִנַּפְתִּי נַפְשִׁי הָעֲלוּבָה מְאֹד מְאֹד. וּלְפָנֶיךָ נִגְלֶה עֹצֶם הָרַחֲמָנוּת שֶׁעַל נַפְשִׁי הָאֻמְלָלָה מְאֹד, הַיְגֵעָה מְאֹד, הַנִּדְכֵּאת וְהַמְטֹרֶפֶת מְאֹד בֵּין שִׁנֵּי הַכְּפִירִים. פָּצוּ עָלֵינוּ פִּיהֶם אָמְרוּ בִּלָּעְנוּ. וְאָנוּ צוֹעֲקִים אֵלֶיךָ זֶה זְמַן רַב, וְאֵין מִי שֶׁיּוּכַל לְהוֹשִׁיעֵנוּ, כִּי אֲנַחְנוּ בְּעַצְמֵנוּ הָיִינוּ אַכְזָרִיִּים עַל נַפְשֵׁנוּ. אֲבָל אַתָּה יָכוֹל לְהַצִּיל אֶת נַפְשֵׁנוּ בְּתֹקֶף חֶמְלָתֶךָ, שֶׁתַּהֲפֹךְ אֶת לְבָבֵנוּ לְטוֹבָה, וְתַטֶּה אֶת לְבָבֵנוּ אֵלֶיךָ בֶּאֱמֶת; וְתִתֶּן לָנוּ שֵׂכֶל וָדַעַת דִּקְדֻשָּׁה וְכֹחַ וּגְבוּרָה וְעֵצָה. בְּאֹפֶן שֶׁנִּזְכֶּה לְהַגְבִּיר הַנֶּפֶשׁ עַל הַגּוּף תָּמִיד עַד שֶׁיִּתְבַּטֵּל הַגּוּף וְתַאֲוֹתָיו לְגַמְרֵי. וְאֶזְכֶּה לְהַעֲלוֹת וּלְנַשֵּׂא נַפְשִׁי תָּמִיד בִּקְדֻשָּׁתְךָ הָעֶלְיוֹנָה בֶּאֱמֶת וּבֶאֱמוּנָה שְׁלֵמָה.

אָבִינוּ אָב הָרַחֲמָן חֲמֹל עַל כְּבוֹד הַתּוֹרָה הַקְּדוֹשָׁה שֶׁהִשְׁפַּעְתָּ בָּנוּ. כִּי אַתָּה יוֹדֵעַ אֶת עֹצֶם יְפִי קְדֻשַּׁת הַתּוֹרָה הַיְקָרָה הַנֶּעְלֶמֶת בָּנוּ. עָזְרֵנוּ בְּרַחֲמֶיךָ הָרַבִּים שֶׁנִּזְכֶּה מֵעַתָּה לְטַהֵר וּלְקַדֵּשׁ עַצְמֵנוּ בֶּאֱמֶת,

בְּאֹפֶן שֶׁנִּזְכֶּה לְהוֹצִיא וּלְגַלּוֹת הַתּוֹרָה הַנֶּעְלֶמֶת בָּנוּ בִּקְדֻשָּׁה גְדוֹלָה. וְהַצִּילֵנוּ מֵחֶרְפּוֹת וּבִזְיוֹנוֹת. וְלֹא נֵבוֹשׁ וְלֹא נִכָּלֵם וְלֹא נִכָּשֵׁל לְעוֹלָם וָעֶד. וְזַכֵּנוּ לִכְבוֹד דִּקְדֻשָּׁה, וְנִזְכֶּה לְקַבֵּל אֶת הַכָּבוֹד בִּקְדֻשָּׁה גְדוֹלָה, לְשִׁמְךָ וְלִכְבוֹדְךָ הַגָּדוֹל לְבַד. וְלֹא נִשְׁתַּמֵּשׁ עִם הַכָּבוֹד בִּשְׁבִילֵנוּ כְּלָל, רַק לְשִׁמְךָ וְלַעֲבוֹדָתְךָ לְבַד בֶּאֱמֶת וּבִתְמִימוּת, בְּלִי שׁוּם פְּנִיָּה וּמַחֲשָׁבָה חִיצוֹנָה כְּלָל. וְנִזְכֶּה לְהַחֲזִיר וּלְהַעֲלוֹת הַכָּבוֹד לְשָׁרְשׁוֹ. וְתַעַזְרֵנוּ עַל יְדֵי הַכָּבוֹד דִּקְדֻשָּׁה שֶׁתְּחָנֵּנוּ בְּרַחֲמֶיךָ שֶׁנִּזְכֶּה עַל יְדֵי זֶה לְהוֹצִיא וּלְגַלּוֹת חִדּוּשֵׁי תוֹרָה הַרְבֵּה הַנֶּעְלָמִים בְּנַפְשֵׁנוּ בִּקְדֻשָּׁה וּבְטָהֳרָה גְדוֹלָה. וְתִהְיֶה עִמָּנוּ תָּמִיד, וְלֹא נֹאמַר דָּבָר שֶׁלֹּא כִּרְצוֹנְךָ. וְתִהְיֶה עִם פִּינוּ בְּעֵת הַטִּיפֵנוּ וְעִם יָדֵינוּ בְּעֵת מַעְבָּדֵנוּ:

רִבּוֹנוֹ שֶׁל עוֹלָם חוּסָה עַל נַפְשִׁי הָעֲנִיָּה וְהַדַּלָּה, הָרְעֵבָה וְהַצְּמֵאָה וְהָעֲיֵפָה מְאֹד, וּמַלֵּא מִשְׁאֲלוֹתַי בְּרַחֲמִים. שֶׁתִּתְגַּבֵּר נַפְשִׁי עַל גּוּפִי מֵעַתָּה וְעַד עוֹלָם. וְתִתְעַלֶּה וְתִתְנַשֵּׂא נַפְשִׁי לְמַעְלָה לְמַעְלָה, בִּקְדֻשָּׁה וּבְטָהֳרָה גְדוֹלָה בֶּאֱמֶת וּבֶאֱמוּנָה שְׁלֵמָה, בְּחָכְמָה וּבִינָה וָדַעַת דִּקְדֻשָּׁה, בְּתוֹרָה וַעֲבוֹדָה בְּיִרְאָה וּבְאַהֲבָה וּבִתְשׁוּבָה שְׁלֵמָה לְפָנֶיךָ, בֶּאֱמֶת וּבְלֵב שָׁלֵם כִּרְצוֹנְךָ הַטּוֹב: "שׁוּבִי נַפְשִׁי לִמְנוּחָיְכִי כִּי יְהוָה גָּמַל עָלָיְכִי. כִּי חִלַּצְתָּ נַפְשִׁי מִמָּוֶת אֶת עֵינִי מִן דִּמְעָה אֶת

רַגְלַי מִדֶּחִי אֶתְהַלֵּךְ לִפְנֵי יְהֹוָה בְּאַרְצוֹת הַחַיִּים. כִּי לֹא תַעֲזֹב נַפְשִׁי לִשְׁאוֹל, לֹא תִתֵּן חֲסִידְךָ לִרְאוֹת שָׁחַת. נַפְשִׁי יְשׁוֹבֵב, יַנְחֵנִי בְמַעְגְּלֵי צֶדֶק לְמַעַן שְׁמוֹ. לְמַעַן שִׁמְךָ יְהֹוָה תְּחַיֵּנִי, בְּצִדְקָתְךָ תוֹצִיא מִצָּרָה נַפְשִׁי. וּבְחַסְדְּךָ תַּצְמִית אוֹיְבָי, וְהַאֲבַדְתָּ כָּל צוֹרְרֵי נַפְשִׁי כִּי אֲנִי עַבְדֶּךָ. וְנַפְשִׁי תָּגִיל בַּיהֹוָה תָּשִׂישׂ בִּישׁוּעָתוֹ. הוֹצִיאָה מִמַּסְגֵּר נַפְשִׁי לְהוֹדוֹת אֶת שְׁמֶךָ בִּי יַכְתִּירוּ צַדִּיקִים כִּי תִגְמֹל עָלָי":

לח

"דָּבְקָה נַפְשִׁי אַחֲרֶיךָ בִּי תָּמְכָה יְמִינֶךָ. דָּבַקְתִּי בְעֵדְוֹתֶיךָ יְהֹוָה אַל תְּבִישֵׁנִי". אָבִי אָב הָרַחֲמָן עָזְרֵנִי בְּרַחֲמֶיךָ הָרַבִּים וּבַחֲסָדֶיךָ הַגְּדוֹלִים, שֶׁאֶזְכֶּה לְדַבֵּק עַצְמִי אֵלֶיךָ תָּמִיד בְּכָל עֵת בֶּאֱמֶת וּבֶאֱמוּנָה שְׁלֵמָה וּבְדֵעָה נְכוֹנָה וּמְיֻשֶּׁבֶת. בִּקְדֻשָּׁה וּבְטָהֳרָה גְדוֹלָה. וְאֶזְכֶּה לְפַשְׁפֵּשׁ עַצְמִי בְּכָל עֵת אִם אֲנִי דָבוּק בְּהַשֵּׁם יִתְבָּרַךְ בֶּאֱמֶת, עַד שֶׁאֶזְכֶּה לְקַיֵּם מִצְוַת "וּבוֹ תִדְבָּק" בֶּאֱמֶת, בְּתַכְלִית הַשְּׁלֵמוּת כִּרְצוֹנְךָ הַטּוֹב:

וְזַכֵּנִי בְּרַחֲמֶיךָ הָרַבִּים לְקַיֵּם מִצְוַת תְּפִלִּין כָּרָאוּי בְּכָל פְּרָטֶיהָ וְדִקְדּוּקֶיהָ וְכַוָּנוֹתֶיהָ וְתַרְיַ"ג

מִצְווֹת הַתְּלוּיִים בָּהּ. וְאֶזְכֶּה לְהָנִיחַ בְּכָל יוֹם תְּפִלִּין כְּשֵׁרִים וּקְדוֹשִׁים מִסּוֹפֵר הָגוּן וְצַדִּיק אֲמִתִּי. וְיִהְיוּ נִכְתָּבִין בִּקְדֻשָּׁה גְּדוֹלָה וּבְכַוָּנָה עֲצוּמָה וְנוֹרָאָה כָּרָאוּי, לְכַוֵּן בִּשְׁעַת כְּתִיבַת הַתְּפִלִּין וְתִקּוּנָן וּכְתִיבַת הַפָּרָשִׁיּוֹת וְתִקּוּן הַבָּתִּים וְהָרְצוּעוֹת, וּתְפִירָתָן בְּגִידִין וְכָל תִּקּוּנֵי הַתְּפִלִּין, הַכֹּל יִהְיֶה נַעֲשֶׂה עַל צַד הַיּוֹתֵר טוֹב וְנָאוֹת כְּפִי דִּינֵי הַתּוֹרָה הַקְּדוֹשָׁה, וְיִהְיוּ הַתְּפִלִּין שֶׁלִּי כְּשֵׁרִים תָּמִיד בְּכָל פְּרָטֵי דִּינֵיהֶם וְנָאִים בְּיוֹתֵר בְּתַכְלִית הַנּוֹי וְהַיֹּפִי, וּקְדוֹשִׁים בְּתַכְלִית הַקְּדֻשָּׁה. וְאֶזְכֶּה לְהָנִיחַ תְּפִלִּין דְּרַשִׁ"י וּתְפִלִּין דְּרַבֵּנוּ־תָּם. בְּכָל יוֹם וָיוֹם. וְאֶזְכֶּה לַהֲנִיחָם בִּמְקוֹמָם הָרָאוּי עַל הָרֹאשׁ וְעַל הַזְּרוֹעַ בְּשִׂמְחָה רַבָּה וְחֶדְוָה גְּדוֹלָה וַעֲצוּמָה מְאֹד מְאֹד, וּבְכַוָּנָה גְּדוֹלָה עֲצוּמָה וְנוֹרָאָה, וּבְהִתְעוֹרְרוּת גָּדוֹל בְּשִׂמְחָה גְדוֹלָה. עַד שֶׁאֶזְכֶּה שֶׁיִּהְיֶה נִמְשָׁךְ עָלַי קְדֻשָּׁה גְּדוֹלָה וַעֲצוּמָה, עַל יְדֵי הֲנָחַת תְּפִלִּין הַקְּדוֹשִׁים וְהַנּוֹרָאִים מְאֹד מְאֹד. וְיִהְיֶה נִמְשָׁךְ עָלַי קְדֻשַּׁת הַתְּפִלִּין מִשָּׁרְשָׁם הָעֶלְיוֹן בִּקְדֻשָּׁתְךָ הָעֶלְיוֹנָה, עַד שֶׁאֶזְכֶּה לִדְבֵקוּת גָּדוֹל אֵלֶיךָ בֶּאֱמֶת עַל יְדֵי מִצְוַת תְּפִלִּין. וְלֹא אַסִּיחַ דַּעְתִּי מִן הַתְּפִלִּין לְעוֹלָם, וְלֹא אֲדַבֵּר שׁוּם שִׂיחָה בְּטֵלָה בָּעֵת שֶׁאֲנִי מְכֻתָּר בִּתְפִלִּין בְּכִתְרֵי דְּמַלְכָּא עִלָּאָה, בַּחֲגִירַת זַיְינָא עִלָּאָה, וְאֶזְכֶּה לְהִתְעַטֵּר בְּנֵזֶר עֲטֶרֶת תִּפְאֶרֶת הַתְּפִלִּין הַקְּדוֹשִׁים בְּאֵימָה וּבְיִרְאָה גְּדוֹלָה וַעֲצוּמָה בְּלֵב טוֹב וּבְשִׂמְחָה רַבָּה וְחֶדְוָה גְּדוֹלָה,

בְּאֹפֶן שֶׁאֶזְכֶּה לְקַיֵּם מִצְוַת תְּפִלִּין בִּשְׁלֵמוּת הָרָאוּי כִּרְצוֹנְךָ הַטּוֹב, עַד שֶׁאֶזְכֶּה לְהִתְדַּבֵּק בְּךָ יִתְבָּרַךְ תָּמִיד עַל יְדֵי קְדֻשַּׁת הַתְּפִלִּין הַנּוֹרָאִים.

אָבִינוּ שֶׁבַּשָּׁמַיִם חוֹמֵל דַּלִּים חֲמֹל עָלֵינוּ, וְעָזְרֵנוּ וְחָנֵּנוּ בִּקְדֻשַּׁת הַתְּפִלִּין. וּכְשֵׁם שֶׁזִּכִּיתָ אוֹתָנוּ וְנָתַתָּ לָנוּ עַל יְדֵי מֹשֶׁה עַבְדְּךָ מִצְוָה הַגְּדוֹלָה הַזֹּאת, כֵּן תְּחָנֵּנוּ וּתְזַכֵּנוּ בְּרַחֲמֶיךָ לְקַיֵּם בֶּאֱמֶת וּבִשְׁלֵמוּת גָּדוֹל מִצְוָה זֹאת שֶׁל תְּפִלִּין. וְנִזְכֶּה לְהִתְדַּבֵּק בְּךָ תָּמִיד, וְאַל יִגְרְמוּ עֲוֹנוֹתֵינוּ לְהַפְסִיק חַס וְשָׁלוֹם בֵּינֵינוּ לְבֵינְךָ. כִּי אַתָּה אֱלוֹהַּ סְלִיחוֹת, וּבְרַחֲמֶיךָ הָרַבִּים תְּזַכֵּנוּ לָשׁוּב בִּתְשׁוּבָה שְׁלֵמָה אֵלֶיךָ בֶּאֱמֶת. וְנִזְכֶּה לְהִתְבַּיֵּשׁ מִמְּךָ תָּמִיד בֶּאֱמֶת עַל עֹצֶם פְּשָׁעֵינוּ וְחַטֹּאתֵינוּ נֶגְדְּךָ יִתְבָּרַךְ. וּבְחַסְדְּךָ הַגָּדוֹל תִּמְחֹל לָנוּ עַל כָּל עֲוֹנוֹתֵינוּ וַחֲטָאֵינוּ וּפְשָׁעֵינוּ שֶׁחָטָאנוּ וְשֶׁעָוִינוּ וְשֶׁפָּשַׁעְנוּ לְפָנֶיךָ מִיּוֹם הֱיוֹתֵנוּ עַל הָאֲדָמָה עַד הַיּוֹם הַזֶּה. וּתְתַקֵּן בְּרַחֲמֶיךָ כָּל הַפְּגָמִים שֶׁפָּגַמְנוּ בְּשִׁמְךָ הַגָּדוֹל. עַד שֶׁנִּזְכֶּה לְהַמְשִׁיךְ עָלֵינוּ תָּמִיד קְדֻשַּׁת הַתְּפִלִּין בֶּאֱמֶת, עַד שֶׁנִּזְכֶּה לְהִתְדַּבֵּק בְּךָ תָּמִיד בִּדְבֵקוּת נִפְלָא וְעָצוּם, בִּתְשׁוּקָה וְחֶשְׁקָה וַחֲפֵצָה וְחֶמְדָּה וְאַהֲבָה גְּדוֹלָה אֵלֶיךָ בֶּאֱמֶת כִּרְצוֹנְךָ הַטּוֹב. כְּמוֹ שֶׁכָּתוּב: "כָּלְתָה לִתְשׁוּעָתְךָ נַפְשִׁי לִדְבָרְךָ יִחָלְתִּי. כָּלָה שְׁאֵרִי וּלְבָבִי צוּר לְבָבִי וְחֶלְקִי אֱלֹהִים לְעוֹלָם. אַחַת שָׁאַלְתִּי מֵאֵת

יְהֹוָה אוֹתָהּ אֲבַקֵּשׁ שִׁבְתִּי בְּבֵית יְהֹוָה כָּל יְמֵי חַיַּי לַחֲזוֹת בְּנֹעַם יְהֹוָה וּלְבַקֵּר בְּהֵיכָלוֹ":

וּבְכֵן יְהִי רָצוֹן מִלְּפָנֶיךָ יְהֹוָה אֱלֹהֵינוּ וֵאלֹהֵי אֲבוֹתֵינוּ, שֶׁתַּעַזְרֵנִי וְתִשְׁמְרֵנִי וְתַצִּילֵנִי מִדִּבּוּרִים רָעִים וְלֹא אֶפְגֹּם אֶת דִּבּוּר פִּי לְעוֹלָם. וְלֹא יֵצֵא מִפִּי שׁוּם דִּבּוּר רָע עַל שׁוּם יִשְׂרָאֵל שֶׁבָּעוֹלָם. וְלֹא אֶחְקֹר אַחַר חוֹבוֹת בְּנֵי אָדָם, רַק תַּעַזְרֵנִי וְתַטֶּה אֶת לְבָבִי שֶׁאֶזְכֶּה לַחֲקֹר תָּמִיד אַחַר כָּל זְכוּת וָטוֹב שֶׁאֶפְשָׁר לִמְצֹא בְּכָל אֶחָד וְאֶחָד מִיִּשְׂרָאֵל, אֲפִלּוּ בְּהַגָּרוּעַ שֶׁבַּגְּרוּעִים. וְאֶזְכֶּה לְהִתְיַגֵּעַ וְלִטְרֹחַ אַחַר זֶה, לַחְתֹּר לִמְצֹא אֵיזֶה זְכוּת אֲפִלּוּ בְּהַפָּחוֹת שֶׁבַּפְּחוּתִים. וְתִהְיֶה עִמִּי תָמִיד וְתַעַזְרֵנִי שֶׁיַּעֲלֶה בְיָדִי שֶׁאֶזְכֶּה לִמְצֹא בָהֶם תָּמִיד צַד זְכוּת וָטוֹב. וְאֶזְכֶּה לָדוּן אֶת כָּל אָדָם לְכַף זְכוּת תָּמִיד. וְתַצִּילֵנִי בְּרַחֲמֶיךָ הָרַבִּים מֵעָוֹן הַגָּדוֹל וְהֶחָמוּר מְאֹד, שֶׁהוּא עֲוֹן לְשׁוֹן־הָרָע וּרְכִילוּת הֶחָמוּר בְּיוֹתֵר, הַשָּׁקוּל כְּנֶגֶד שָׁלֹשׁ הָעֲבֵרוֹת הַגְּדוֹלִים שֶׁבַּתּוֹרָה, שֶׁהֵם עֲבוֹדָה זָרָה וְגִלּוּי עֲרָיוֹת וּשְׁפִיכוּת דָּמִים. וַעֲוֹן לְשׁוֹן־הָרָע שָׁקוּל כְּנֶגֶד כֻּלָּם.

מָרָא דְעָלְמָא כֻּלָּא, רַחֵם עָלַי לְמַעַנְךָ, וֶהְיֵה עִם פִּי תָמִיד בְּעֵת דִּבּוּרִי. וְזַכֵּנִי שֶׁאֶשְׁמֹר פִּתְחֵי פִּי, שֶׁלֹּא יֵצֵא מִפִּי שׁוּם דִּבּוּר לְשׁוֹן הָרָע וַאֲבַק לְשׁוֹן הָרָע

עַל שׁוּם יִשְׂרָאֵל שֶׁבָּעוֹלָם, וְלֹא דִּבּוּר שֶׁאֵינוֹ הָגוּן. וְתַצִּילֵנִי מִכָּל מִינֵי דִּבּוּרִים רָעִים, מִלָּשׁוֹן הָרָע וּמֵרְכִילוּת וּמִדְּבָרִים בְּטֵלִים וּמִלֵּיצָנוּת וּמֵחֲנִיפוּת וּמִשְּׁקָרִים, וּמִלְּגַלּוֹת סוֹד שֶׁאֵין צְרִיכִים לְגַלּוֹת, וּמִנִּבּוּל פֶּה, וּמִלְּגַלּוֹת וְלוֹמַר דִּבְרֵי תוֹרָה וְיִרְאַת שָׁמַיִם בְּמָקוֹם וּבִזְמַן שֶׁאֵין רָאוּי לְאָמְרָם וּלְגַלּוֹתָם. וּמִכָּל מִינֵי דִּבּוּרִים שֶׁאֵינָם טוֹבִים, וּמִכָּל מִינֵי הֶבֶל פֶּה הַפּוֹגְמִין אֶת הַדִּבּוּר הַקָּדוֹשׁ שֶׁהוּא רוּחַ פִּיו שֶׁל הַקָּדוֹשׁ בָּרוּךְ הוּא.

אָבִינוּ שֶׁבַּשָּׁמַיִם, מַה נֹּאמַר לְפָנֶיךָ יוֹשֵׁב מָרוֹם וּמַה נְּסַפֵּר לְפָנֶיךָ שׁוֹכֵן שְׁחָקִים, כִּי מֵרֹב רְגִילוּתֵנוּ בְדִבּוּרִים פְּגוּמִים, אֵין אָנוּ יוֹדְעִים שׁוּם דֶּרֶךְ אֵיךְ לְהַרְחִיק עַצְמֵנוּ מֵהֶם מֵעַתָּה. עַל כֵּן בָּאתִי לְפָנֶיךָ יְהוָה אֱלֹהַי וֵאלֹהֵי אֲבוֹתַי, שֶׁתַּעַזְרֵנִי בְּרַחֲמֶיךָ וְתַדְרִיכֵנִי וְתוֹרֵנִי דֶּרֶךְ יְשָׁרָה, בְּאֹפֶן שֶׁאֶזְכֶּה לִשְׁמֹר עַצְמִי בְּרַחֲמֶיךָ שֶׁלֹּא אֶכָּשֵׁל בְּשׁוּם דִּבּוּר שֶׁאֵינוֹ טוֹב. וְלֹא אוֹמַר דָּבָר שֶׁלֹּא כִּרְצוֹנֶךָ. וּתְזַכֵּנִי לִהְיוֹת טוֹב לַכֹּל תָּמִיד. וְלֹא אֶחְקֹר לְעוֹלָם אַחַר חוֹבוֹת בְּנֵי אָדָם חַס וְשָׁלוֹם, רַק אַדְּרַבָּא אֶזְכֶּה לְהִשְׁתַּדֵּל תָּמִיד בְּכָל כֹּחַ וָעֹז וּגְבוּרָה לִמְצֹא תָמִיד זְכוּת וָטוֹב בְּכָל אֶחָד וְאֶחָד מִבְּנֵי יִשְׂרָאֵל עַמְּךָ הַקָּדוֹשׁ, אֲפִלּוּ בְּהַפְּחוּתוֹת שֶׁבַּפְּחוּתִים, וַאֲפִלּוּ בְּהַקַּל שֶׁבַּקַּלִּים, אֲפִלּוּ בְּהַחוֹלְקִים

וְהָרוֹדְפִים אוֹתִי. כֻּלָּם אֶזְכֶּה בְּרַחֲמֶיךָ לְדוּנָם לְכַף זְכוּת תָּמִיד. וְתִתֶּן לִי שֵׂכֶל וָדַעַת מֵאִתְּךָ, אֵיךְ לְחַפֵּשׂ וְלִמְצֹא בָהֶם זְכוּת וּנְקֻדּוֹת טוֹבוֹת תָּמִיד:

וְתַצִּילֵנִי בְּרַחֲמֶיךָ מִסִּטְרָא דְ"קֵץ כָּל בָּשָׂר", מִכָּל בְּנֵי אָדָם הָרָעִים, שֶׁהֵם עַזֵּי פָנִים שֶׁבַּדּוֹר, הַחוֹקְרִים וּמְחַפְּשִׂים תָּמִיד אַחַר חוֹבוֹת בְּנֵי אָדָם. וּמְבַקְשִׁים תָּמִיד לִמְצֹא חֹב וּפְגַם בְּכָל אֶחָד וְאֶחָד. רִבּוֹנוֹ שֶׁל עוֹלָם הַצִּילֵנוּ בְּרַחֲמֶיךָ מֵהֶם וּמֵהֲמוֹנָם, וְאַל תִּשְׁמַע דִּבְרֵיהֶם וְאַל יַעֲלֶה קִטְרוּגָם לְפָנֶיךָ כְּלָל. וְתִסְתֹּם הַפַּרְגּוֹד בִּפְנֵי דִבְרֵיהֶם הָרָעִים, וְאַל יִכָּנְסוּ דִבְרֵיהֶם בְּאָזְנְךָ כְּלָל. כִּי אַתָּה יָדַעְתָּ אֶת לְבָבָם הָרָע, וְהֵם עוֹמְדִים עָלֵינוּ בְּכָל עֵת וּמְקַטְרְגִים עָלֵינוּ, וְרוֹצִים לְרַחֲקֵנוּ חַס וְשָׁלוֹם מֵעֲבוֹדָתְךָ בֶּאֱמֶת. וּמֵהֶם נִמְשְׁכוּ וּבָאוּ עָלֵינוּ כָּל הַקִּטְרוּגִים וְהַנִּסְיוֹנוֹת וְהַבִּלְבּוּלִים אֲשֶׁר עַל יָדָם נִתְרַחַקְנוּ מֵעֲבוֹדָתְךָ בֶּאֱמֶת.

רִבּוֹנוֹ שֶׁל עוֹלָם אַתָּה יָדַעְתָּ אֶת כָּל מַה שֶּׁעָבַר עָלֵינוּ עַד הֵנָּה. וְכָל מַה שֶּׁעוֹבֵר עָלֵינוּ בְּכָל עֵת בְּכָל יוֹם וּבְכָל שָׁעָה. כִּי רַבִּים קָמוּ עָלֵינוּ מְאֹד. "יְהוָֹה מָה רַבּוּ צָרָי רַבִּים קָמִים עָלָי. סַבּוּנִי כַמַּיִם כָּל הַיּוֹם הִקִּיפוּ עָלַי יָחַד". וְהָאֱמֶת יָדַעְתִּי יְהוָֹה אֱלֹהַי וֵאלֹהֵי אֲבוֹתַי, כִּי "כִּי אֲנִי אֲדוֹנִי הֶעָוֹן", וְאָנֹכִי סַבּוֹתִי בְּנַפְשִׁי כָּל

אֵלֶּה, עַל יְדֵי שֶׁלֹּא שָׁמַרְתִּי אֶת עַצְמִי וּפָגַמְתִּי בִּבְרִית הַלָּשׁוֹן וּבִבְרִית הַמָּעוֹר. אֲשֶׁר עַל יְדֵי הַפְּגָמִים הָאֵלֶּה, נִמְשַׁךְ לָהֶם דִּבּוּרִים שֶׁיֵּשׁ לָהֶם כֹּחַ לְדַבֵּר וּלְהַלְשִׁין וּלְקַטְרֵג עָלֵינוּ חַס וְשָׁלוֹם. אֲבָל כְּבָר הִבְטַחְתָּנוּ יְהֹוָה אֱלֹהֵינוּ שֶׁאַתָּה חָפֵץ חֶסֶד, וְאַתָּה מַרְבֶּה לְהֵטִיב, וְרוֹצֶה אַתָּה בִּתְשׁוּבָתָן שֶׁל רְשָׁעִים, וְאֵין אַתָּה חָפֵץ בְּמִיתָתָם, וְאַתָּה שׂוֹנֵא וּמְמָאֵס בְּתַכְלִית הַשִּׂנְאָה וְהַמִּאוּס אֶת כָּל מִי שֶׁרוֹצֶה לְעוֹרֵר דִּין וּלְהַלְשִׁין וּלְקַטְרֵג חַס וְשָׁלוֹם עַל בְּנֵי יִשְׂרָאֵל עַמֶּךָ, ו)בִּפְרָט בְּשָׁעָה שֶׁהֵם נְזוּפִים מִלְּפָנֶיךָ עַל־יְדֵי חֲטָאֵיהֶם וּפְשָׁעֵיהֶם וַעֲוֹנוֹתֵיהֶם, אַף־עַל־פִּי שֶׁחָטְאוּ לְפָנֶיךָ בֶּאֱמֶת, אַף־עַל־פִּי־כֵן אֵין רְצוֹנְךָ שֶׁיְּקַטְרְגוּ עַל יִשְׂרָאֵל חַס וְשָׁלוֹם. וְאַתָּה בּוֹחֵר וּמְקָרֵב וּמְחַבֵּב אֶת מִי שֶׁמְּרַחֵם אָז עַל יִשְׂרָאֵל וְעוֹסֵק לְלַמֵּד זְכוּת עֲלֵיהֶם בָּעֵת הַהִיא, וּמוֹסֵר נַפְשׁוֹ לְהַעְתִּיר עֲבוּרָם, וּלְהַפְצִיר אוֹתְךָ בִּשְׁבִילָם, כְּמוֹ מֹשֶׁה רַבֵּנוּ עָלָיו הַשָּׁלוֹם, שֶׁמָּסַר נַפְשׁוֹ עַל יִשְׂרָאֵל וְהִתְפַּלֵּל עֲלֵיהֶם תָּמִיד, אֲפִלּוּ בָּעֵת שֶׁעָשׂוּ מַה שֶּׁעָשׂוּ. וְאַתָּה בְּרַחֲמֶיךָ שָׁמַעְתָּ תְּפִלָּתוֹ תָּמִיד, וְחִבַּבְתָּ אוֹתוֹ בְּכָל מִינֵי חִבָּה בִּשְׁבִיל זֶה.

וְהִנֵּה עַתָּה בַּעֲוֹנוֹתֵינוּ "אָבַד חָסִיד מִן הָאָרֶץ וְיָשָׁר בָּאָדָם אָיִן". וְאֵין מִי שֶׁיַּעֲמֹד בַּעֲדֵנוּ. וְלֹא דַי לָנוּ בְּכָל זֶה, כִּי אִם עוֹד רַבִּים קָמִים עָלֵינוּ, רַבִּים

מְאֹד, כַּאֲשֶׁר אַתָּה יָדַעְתָּ. עַל מִי לָנוּ לְהִשָּׁעֵן עַל אָבִינוּ שֶׁבַּשָּׁמַיִם. הַחוֹמֵל עַל דַּל חֲמֹל עַל דַּלּוּתֵנוּ, וּרְאֵה שִׁפְלוּתֵנוּ וּבִזְיוֹנֵנוּ. הַבֵּט מִשָּׁמַיִם וּרְאֵה כִּי הָיִינוּ לַעַג וָקֶלֶס. "כָּל הַיּוֹם כְּלִמָּתִי נֶגְדִּי וּבֹשֶׁת פָּנַי כִּסָּתְנִי. מִקּוֹל מְחָרֵף וּמְגַדֵּף מִפְּנֵי אוֹיֵב וּמִתְנַקֵּם". הַבִּיטָה בְּעָנְיֵנוּ. כִּי רַבּוּ מַכְאוֹבֵינוּ וְצָרוֹת לְבָבֵנוּ. חוּסָה עָלֵינוּ בְּאֶרֶץ שִׁבְיֵנוּ, וְאַל תִּשְׁפֹּךְ חֲרוֹנְךָ עָלֵינוּ כִּי עַמְּךָ אֲנַחְנוּ בְּנֵי בְרִיתֶךָ. עָזְרֵנוּ כִּי עָלֶיךָ נִשְׁעָנְנוּ. "מַצִּיל עָנִי מֵחָזָק מִמֶּנּוּ וְעָנִי וְאֶבְיוֹן מִגֹּזְלוֹ", הַצִּילֵנִי נָא מִיַּד אוֹיְבַי, וּמֵרוֹדְפַי הַצִּילֵנִי אָבִי שֶׁבַּשָּׁמַיִם. הַצִּילֵנִי נָא גּוֹאֵל חָזָק. פּוֹדֶה וּמַצִּיל הַצִּילֵנוּ וּמַלְּטֵנוּ, וּפְדֵנוּ מִכָּל מִינֵי שׂוֹנְאִים וּמַלְשִׁינִים וּמְקַטְרְגִים בְּגַשְׁמִיּוּת וּבְרוּחָנִיּוּת. חוּסָה עָלֵינוּ לְמַעַנְךָ וּלְמַעַן אֲבוֹתֵינוּ וּלְמַעַן כָּל הַצַּדִּיקִים אֲמִתִּיִּים, אֲשֶׁר אָנוּ חוֹסִים בָּהֶם תָּמִיד. יוֹדֵעַ תַּעֲלוּמוֹת, רַחֵם רַחֵם, הַצֵּל הַצֵּל, הוֹשִׁיעֵנוּ וְהַצִּילֵנוּ "מֵחֶרֶב מִפִּיהֶם, וּמִיַּד חָזָק אֶבְיוֹן".

וְתַשְׁפִּיעַ עָלֵינוּ כֹּחַ וּגְבוּרָה מֵאִתְּךָ בִּזְכוּת הַצַּדִּיקֵי אֱמֶת. וְתַעַזְרֵנוּ וְתוֹשִׁיעֵנוּ שֶׁנִּזְכֶּה לְהַכְנִיעַ וּלְהַשְׁפִּיל עֲדֵי אָרֶץ כָּל הַמִּתְנַגְּדִים הַחוֹלְקִים עַל הָאֱמֶת. וְנִזְכֶּה לַעֲקֹר וּלְשַׁבֵּר וּלְבַטֵּל כָּל הַמְקַטְרְגִים וְהַמַּלְשִׁינִים עַל הָרְחוֹקִים הַבָּאִים לְהִתְקָרֵב אֵלֶיךָ בֶּאֱמֶת, הַחֲפֵצִים לְיִרְאָה אֶת שְׁמֶךָ; אַף עַל פִּי שֶׁאֵין אָנוּ כְּדָאִים לְהִתְקָרֵב

אֵלֶיךָ לְפִי מַעֲשֵׂינוּ, אַף עַל פִּי כֵן, "רַחֲמֶיךָ רַבִּים יְהֹוָה" רַחֲמֶיךָ רַבִּים מְאֹד, עֲשֵׂה אַתָּה עִמָּנוּ מַה שֶּׁתִּרְצֶה וְכִרְצוֹנְךָ עֲשֵׂה עִמָּנוּ. וּמִי יֹאמַר לְךָ מַה תַּעֲשֶׂה, אֲבָל מִי שָׂם אוֹתָם לְדַיָּן וְשׁוֹפֵט, לָדוּן אוֹתָנוּ חַס וְשָׁלוֹם, וּלְקַטְרֵג עָלֵינוּ חָלִילָה. מִי בִקֵּשׁ זֹאת מִיָּדָם לִרְמֹס עַל הַנִּרְדָּפִים חָלִילָה. "כִּי אַתָּה אֲשֶׁר הִכִּיתָ רָדָפוּ, וְאֶל מַכְאוֹב חֲלָלֶיךָ יְסַפֵּרוּ. אֶפְּלָה נָא בְיַד יְהֹוָה כִּי רַבִּים רַחֲמָיו וּבְיַד אָדָם אַל אֶפֹּלָה":

רִבּוֹנוֹ שֶׁל עוֹלָם, שׁוֹמֵעַ צְעָקָה מֵעִמְקֵי הַשְּׁאוֹל תַּחְתִּיּוֹת וּמִתַּחְתֶּיהָ, שְׁמַע צַעֲקָתִי וְנַאֲקָתִי וְאַנְחָתִי הַמָּרָה מְאֹד, הַכְּבֵדָה מְאֹד הָעֲמוּקָה מְאֹד. אִי שָׁמַיִם הָקִיצוּ לְצַעֲרִי וּרְדִיפָתִי, מַה שֶּׁאֲנִי בְעַצְמִי רוֹדֵף אֶת עַצְמִי בְּיוֹתֵר, וְגַם אֲחֵרִים רוֹדְפִים אוֹתִי מְאֹד מְאֹד, וַתְּהִי הַמִּלְחָמָה עָלַי פָּנִים וְאָחוֹר. "שׁוּבָה יְהֹוָה עַד מָתַי וְהִנָּחֵם עַל עֲבָדֶיךָ" אֲהָהּ יְהֹוָה, אֲהָהּ יְהֹוָה, שִׁטַּחְתִּי אֵלֶיךָ כַּפַּי מֵעִמְקֵי עִמְקֵי עֲמָקִים, מֵעִמְקֵי עִמְקֵי הַהַסְתָּרָה שֶׁבְּתוֹךְ הַסְתָּרָה, מֵאֲלָפִים וּרְבָבוֹת הַסְתָּרוֹת, צַר לִי מְאֹד אָבִי שֶׁבַּשָּׁמַיִם, צַר וּמַר לִי מְאֹד, צַר וּמַר לִי מְאֹד, וְאֵין לִי שׁוּם לָשׁוֹן בָּעוֹלָם לְפָרֵשׁ בּוֹ שִׂיחָתִי וְצַעֲרִי. "קוֹלִי שָׁמָעְתָּ, אַל תַּעְלֵם אָזְנְךָ לְרַוְחָתִי לְשַׁוְעָתִי". חָנֵּנִי וְעָזְרֵנִי שֶׁאֶזְכֶּה לְאַכְפַיָא הַסִּטְרָא אַחֲרָא, סִטְרָא "דְּקֵץ כָּל בָּשָׂר", תַּחַת הַדִּבּוּר שֶׁל

הַקְּדֻשָּׁה. וְאֶזְכֶּה לְהוֹצִיא בִּלְעָם מִפִּיהֶם, לְהוֹצִיא מֵהַסִּטְרָא אַחֲרָא כָּל הַדִּבּוּרִים רָעִים וְכָל הַדִּבּוּרִים פְּגוּמִים שֶׁיָּנְקוּ מֵהֶם עַל יְדֵי פְּגַם הַדִּבּוּר שֶׁפָּגַמְתִּי בּוֹ בְּשׁוֹגֵג וּבְמֵזִיד בְּאֹנֶס וּבְרָצוֹן, וְכֻלָּם אֶזְכֶּה לְתַקֵּן בְּרַחֲמֶיךָ הָרַבִּים, עַד שֶׁאֶזְכֶּה לְהוֹצִיא כָּל הַדִּבּוּרִים מִן הַסִּטְרָא אַחֲרָא, וְלַהֲשִׁיבָם כֻּלָּם לְשָׁרְשָׁם שֶׁבִּקְדֻשָּׁה. עַד אֲשֶׁר הָרִשְׁעָה כֻּלָּהּ כֶּעָשָׁן תִּכְלֶה וְעוֹלָתָה תִּקְפָּץ פִּיהָ. כִּי "יִסָּכֵר פִּי כָל דּוֹבְרֵי שָׁקֶר". וּתְמַלֵּא פִּיהֶם חָצָץ. וּתְעַקֵּם וְתַעֲקֹר אֶת פִּיהֶם וּלְשׁוֹנָם שֶׁל כָּל הַמְקַטְרְגִים וּמַלְשִׁינִים וְדוֹבְרִים רָעוֹת עַל עַמְּךָ יִשְׂרָאֵל הַכְּשֵׁרִים הַחֲפֵצִים לְיִרְאָה אֶת שִׁמְךָ בֶּאֱמֶת. וְתִתֵּן בְּלִבָּם שֶׁיָּשׁוּבוּ מִדַּרְכָּם הָרָעָה, וְיַטּוּ לִבָּם בֶּאֱמֶת אֶל הָאֱמֶת, וְיִתְגַּלֶּה הָאֱמֶת בָּעוֹלָם. וִיקֻיַּם מִקְרָא שֶׁכָּתוּב: "יַעֲזֹב רָשָׁע דַּרְכּוֹ וְאִישׁ אָוֶן מַחְשְׁבוֹתָיו, וְיָשֹׁב אֶל יְהֹוָה וִירַחֲמֵהוּ, וְאֶל אֱלֹהֵינוּ כִּי יַרְבֶּה לִסְלֹחַ":

וּבְכֵן תְּזַכֵּנוּ בְּרַחֲמֶיךָ אָבִינוּ אָב הָרַחֲמָן, וְתַעַזְרֵנוּ לַעֲסֹק בְּתוֹרָתְךָ הַקְּדוֹשָׁה תָּמִיד יוֹמָם וָלַיְלָה. וְלֹא אוֹבַד שׁוּם לַיְלָה מִלֵּילוֹתַי בְּלִי לִמּוּד וְעֵסֶק בְּתוֹרָה וַעֲבוֹדָה, כָּל יְמֵי חַיַּי. וְתַעַזְרֵנִי לְנַדֵּד שֵׁנָה מֵעֵינַי לִלְמֹד הַרְבֵּה תּוֹרָתְךָ הַקְּדוֹשָׁה, וְלַעֲסֹק בִּתְפִלּוֹת וּתְחִנּוֹת וּבַקָּשׁוֹת הַרְבֵּה בְּכָל לַיְלָה וָלַיְלָה וּבְכָל יוֹם וָיוֹם. וְתִהְיֶה בְּעֶזְרִי תָּמִיד, שֶׁלֹּא יִהְיֶה כֹּחַ לְשׁוּם בִּטּוּל

בָּעוֹלָם לְבַטְּלֵנוּ חַס וְשָׁלוֹם מִן הַתּוֹרָה וּמִן הָעֲבוֹדָה. וַאֲפִלּוּ בָּעֵת כְּשֶׁצַּר לָאָדָם חַס וְשָׁלוֹם, אֲפִלּוּ כְּשֶׁיּוֹשְׁבִים בַּעֲנִיּוּת וּבְדַחֲקוּת חָלִילָה, נִזְכֶּה גַּם כֵּן בְּרַחֲמֶיךָ לַעֲסֹק בַּתּוֹרָה וַעֲבוֹדָה תָּמִיד, וְלֹא נִהְיֶה בְּטֵלִים מִדִּבְרֵי תוֹרָה לְעוֹלָם. וְאַתָּה בְּרַחֲמֶיךָ תְּרַחֵם עָלֵינוּ וְתִרְאֶה בְּעָנְיֵנוּ וְדָחְקֵנוּ וַעֲמָלֵנוּ, וְתַמְשִׁיךְ עָלֵינוּ חוּט שֶׁל חֶסֶד בְּרַחֲמֶיךָ הָרַבִּים וּבַחֲסָדֶיךָ הַגְּדוֹלִים וְיִמָּשֵׁךְ עָלֵינוּ אוֹר הַחֶסֶד מִבֹּקֶר דְּאַבְרָהָם. וּכְאוֹר בֹּקֶר יִזְרַח עָלֵינוּ אוֹר הַחֶסֶד וְהָרַחֲמִים וְהַחֶמְלָה וְהַחֲנִינָה. "יוֹמָם יְצַוֶּה יְהוָה חַסְדּוֹ, וּבַלַּיְלָה שִׁירֹה עִמִּי תְּפִלָּה לְאֵל חַיָּי". וְעַל יְדֵי אוֹר הַחֶסֶד בֹּקֶר דְּאַבְרָהָם שֶׁתַּמְשִׁיךְ עָלֵינוּ בְּרַחֲמֶיךָ הָרַבִּים, עַל יְדֵי זֶה תְּזַכֵּנוּ לְהַכְנִיעַ וּלְאַכְפְּיָא סִטְרָא דְּקֵץ כָּל בָּשָׂר, שֶׁהוּא הָרוּחַ סְעָרָה, תַּחַת הַדִּבּוּר דִּקְדֻשָּׁה. וִיקֻיַּם מִקְרָא שֶׁכָּתוּב: "רוּחַ סְעָרָה עֹשָׂה דְבָרוֹ". וְיִתְבַּטְּלוּ מִן הָעוֹלָם מֵעָלֵינוּ וּמֵעַל גְּבוּלֵנוּ כָּל הַדִּבּוּרִים רָעִים שֶׁבָּעוֹלָם, וְנִזְכֶּה לְדִבּוּר דִּקְדֻשָּׁה בִּשְׁלֵמוּת, וּלְתַקֵּן פְּגַם הַדִּבּוּר. וְנִזְכֶּה שֶׁיֵּצֵא הַדִּבּוּר בִּקְדֻשָּׁה מִפִּינוּ בְּשִׁיר וָשֶׁבַח וְרֶנֶן וְהַלֵּל לְהַשֵּׁם יִתְבָּרַךְ. וּתְזַכֵּנוּ מֵעַתָּה שֶׁלֹּא יֵצֵא מִפִּינוּ שׁוּם דִּבּוּר פָּגוּם כְּלָל. רַק כָּל דִּבּוּרֵנוּ יִהְיוּ רַק דִּבּוּרִים קְדוֹשִׁים בַּתּוֹרָה וּתְפִלָּה וּתְחִנּוֹת וּבַקָּשׁוֹת וְשִׁירוֹת וְתִשְׁבָּחוֹת וְהוֹדָאוֹת לְשִׁמְךָ הַגָּדוֹל וְהַקָּדוֹשׁ, וּבְיִרְאַת שָׁמַיִם וַעֲבוֹדַת הַשֵּׁם יִתְבָּרַךְ תָּמִיד, בֶּאֱמֶת וּבְלֵב שָׁלֵם,

בִּקְדֻשָּׁה וּבְטָהֳרָה גְדוֹלָה, כִּרְצוֹנְךָ הַטּוֹב. "יִמָּלֵא פִי תְהִלָּתֶךָ כָּל הַיּוֹם תִּפְאַרְתֶּךָ. תְּהִלַּת יְהוָה יְדַבֶּר פִּי וִיבָרֵךְ כָּל בָּשָׂר שֵׁם קָדְשׁוֹ לְעוֹלָם וָעֶד. אֲבָרְכָה אֶת יְהוָה בְּכָל עֵת תָּמִיד תְּהִלָּתוֹ בְּפִי. פִּי יְסַפֵּר צִדְקָתֶךָ, כָּל הַיּוֹם תְּשׁוּעָתֶךָ. אוֹדֶה יְהוָה מְאֹד בְּפִי, וּבְתוֹךְ רַבִּים אֲהַלְלֶנּוּ, כִּי יַעֲמֹד לִימִין אֶבְיוֹן לְהוֹשִׁיעַ מִשֹּׁפְטֵי נַפְשׁוֹ":

וּבְכֵן תַּעַזְרֵנִי בְּרַחֲמֶיךָ הָרַבִּים וַחֲסָדֶיךָ הַגְּדוֹלִים וְטוֹבוֹתֶיךָ הָעֲצוּמוֹת, וַחֲנִינוֹתֶיךָ הָאֲמִתִּיּוֹת, וְחֶמְלָתְךָ הַחֲזָקָה, וְאַהֲבָתְךָ הַגְּדוֹלָה עָלֵינוּ תָּמִיד. וּתְזַכֵּנִי וְתוֹשִׁיעֵנִי שֶׁאֶזְכֶּה לְהַעֲלוֹת אֶת הַדִּבּוּר לְשָׁרְשׁוֹ שֶׁהוּא חֲמִשָּׁה אֶצְבָּעוֹת שֶׁבִּזְרוֹעַ שְׂמֹאל, שֶׁהֵם כְּנֶגֶד חֲמִשָּׁה מוֹצָאוֹת הַפֶּה. וּתְזַכֵּנִי בְּרַחֲמֶיךָ לְפָרֵשׁ שִׂיחָתִי לְפָנֶיךָ תָּמִיד בְּכָל יוֹם בֶּאֱמֶת וּבְלֵב שָׁלֵם. וְאֶת כָּל אֲשֶׁר עִם לְבָבִי אָשִׂיחָה לְפָנֶיךָ בֶּאֱמֶת וּבִתְמִימוּת וּבְהִתְעוֹרְרוּת הַלֵּב מְאֹד מְאֹד. וְאֶזְכֶּה לְדַבֵּר בַּחֲמִימוּת גָּדוֹל דִּקְדֻשָּׁה, לְעוֹרֵר לִבִּי אֵלֶיךָ וּלְדַבֵּר בֵּינִי לְבֵין קוֹנִי בְּשַׁלְהֶבֶת הַגְּבוּרוֹת, וּלְהִתְעוֹרֵר לַעֲבוֹדָתְךָ בֶּאֱמֶת. וְאֶזְכֶּה לְדַבֵּר בַּחֲמִימוּת שֶׁבַּלֵּב דִּבְרֵי אֱמֶת שֶׁבַּלֵּב וְלִרְאוֹת פְּחִיתוּתִי וְשִׁפְלוּתִי וּכְאֵבִי הֶעָצוּם וְהַמַּר. כְּאֵב עֲווֹנוֹתַי וַחֲטָאַי וּפְשָׁעַי, שֶׁחָטָאתִי וְשֶׁעָוִיתִי וְשֶׁפָּשַׁעְתִּי לְפָנֶיךָ מִנְּעוּרַי עַד הַיּוֹם הַזֶּה.

וְתַעַזְרֵנִי בְּרַחֲמֶיךָ הָרַבִּים שֶׁיִּהְיֶה נִמְשָׁךְ עָלַי בּוּשָׁה גְדוֹלָה וַעֲצוּמָה מֵאִתְּךָ, וְאֶזְכֶּה לְהִתְבַּיֵּשׁ מִפָּנֶיךָ מְאֹד מְאֹד עַל רִבּוּי וְעֹצֶם פְּשָׁעַי וַעֲווֹנוֹתַי, כְּנֶגֶד רַב וְשַׁלִּיט עִקָּרָא וְשָׁרְשָׁא דְכָל עָלְמִין רַב וְשַׁלִּיט עַל כֹּלָּא וּלְעֵלָּא מִן כֹּלָּא וְלֵית לְעֵלָּא מִנֵּיהּ. מְמַלֵּא כָּל עָלְמִין וְסוֹבֵב כָּל עָלְמִין, וּבְתוֹךְ כָּל עָלְמִין, וְלֵית אֲתַר פָּנוּי מִנֵּיהּ, אֲשֶׁר כָּל בְּרוּאֵי מַעְלָה וְכָל בְּרוּאֵי מַטָּה, כֻּלָּם יִרְעֲדוּן וְיִפְחֲדוּן מֵאֵימַת שְׁמוֹ הַגָּדוֹל וְהַקָּדוֹשׁ יִתְבָּרַךְ, וְכֻלָּם עוֹשִׂים רְצוֹנוֹ בְּאַהֲבָה בְּאֵימָה וּבְיִרְאָה וּבְפַחַד גָּדוֹל. מִי לֹא יִירָא מִפָּנֶיךָ מִי לֹא יִרְעַד מִשְּׁמֶךָ. וּבַעֲווֹנוֹתַי הָרַבִּים הִרְבֵּיתִי לִפְשֹׁעַ נֶגְדְּךָ תִּתְבָּרַךְ עַד אֲשֶׁר נִטְמְטֵם לִבִּי כָּל כָּךְ. עַד שֶׁאֵינִי יָכוֹל אֲפִלּוּ לְהִתְבַּיֵּשׁ מִמְּךָ כָּרָאוּי. גַּם בּוֹשׁ לֹא אֵבוֹשׁ גַּם הַכְלִים לֹא אֵדָע. וְעַתָּה בַּמֶּה יְכֻפְּרוּ עֲווֹנוֹתַי הַמְרֻבִּים. וּבַמֶּה אֲרַצֶּה וַאֲפַיֵּס אוֹתְךָ, יְהוָה אֱלֹהַי וֵאלֹהֵי אֲבוֹתַי.

חוּס וַחֲמֹל עָלַי, וְחָנֵּנִי מֵאִתְּךָ דֵּעָה בִּינָה וְהַשְׂכֵּל. בְּאֹפֶן שֶׁאֶזְכֶּה לְהִתְבַּיֵּשׁ מִפָּנֶיךָ מְאֹד עַל גֹּדֶל פְּשָׁעַי נֶגְדֶּךָ. וְאֶזְכֶּה לְדַבֵּר וּלְפָרֵשׁ כָּל שִׂיחָתִי לְפָנֶיךָ בְּהִתְעוֹרְרוּת גָּדוֹל, בְּרִשְׁפֵּי שַׁלְהֶבֶת אֵשׁ לוֹהֵט, מֵעֹמֶק הָאֱמֶת שֶׁבַּלֵּב. וְכָל דְּבָרַי יִהְיוּ כְּגַחֲלֵי אֵשׁ. כְּמוֹ שֶׁכָּתוּב: "חַם לִבִּי בְּקִרְבִּי, בַּהֲגִיגִי תִבְעַר אֵשׁ, דִּבַּרְתִּי בִּלְשׁוֹנִי". וְאֶזְכֶּה לְעוֹרֵר לִבִּי בֶּאֱמֶת לַעֲבוֹדָתְךָ

וּלְיִרְאָתְךָ וּלְתוֹרָתֶךָ, וּלְדַבֵּר תָּמִיד בַּחֲמִימוּת שֶׁבַּלֵּב דִּבְרֵי אֱמֶת שֶׁבַּלֵּב. וּתְזַכֵּנִי לִנְקֻדַּת מִבְחַר רֹאשׁ הָאֱמֶת, שֶׁיִּהְיוּ כָּל דְּבָרַי בֶּאֱמֶת לַאֲמִתּוֹ, בְּתַכְלִית נְקֻדַּת הָאֱמֶת שֶׁאַתָּה חָפֵץ בּוֹ. כְּמוֹ שֶׁכָּתוּב: "רֹאשׁ דְּבָרְךָ אֱמֶת, וּלְעוֹלָם כָּל מִשְׁפַּט צִדְקֶךָ". וְאֶזְכֶּה לְהַרְבּוֹת בְּדִבּוּרֵי אֱמֶת בְּכָל יוֹם בְּשַׁלְהֶבֶת הַגְּבוּרוֹת דִּקְדֻשָּׁה בַּחֲמִימוּת הַלֵּב, עַד שֶׁאֶתְעוֹרֵר בֶּאֱמֶת לַעֲבוֹדָתֶךָ. וְיִמְשַׁךְ עָלַי בּוּשָׁה וְיִרְאָה גְּדוֹלָה בְּכָל עֵת מִפָּנֶיךָ.

וְאֶזְכֶּה מְהֵרָה לַעֲשׂוֹת תְּשׁוּבָה שְׁלֵמָה עַל כָּל חֲטָאַי וַעֲווֹנוֹתַי וּפְשָׁעַי הַמְרֻבִּים. וּבְרַחֲמֶיךָ הָרַבִּים תִּמְחֹל וְתִסְלַח וּתְכַפֵּר לִי עַל כֻּלָּם. אַף עַל פִּי שֶׁאִי אֶפְשָׁר לִי בְּשׁוּם אֹפֶן לַעֲשׂוֹת תְּשׁוּבָה כָּרָאוּי עַל כָּל עֲווֹנוֹתַי הָעֲצוּמִים. כִּי כָל יָמַי לֹא יַסְפִּיקוּ לִי לְתַקֵּן חֵטְא אֶחָד וּפְגַם אֶחָד מֵעֲווֹנוֹתַי הַמְרֻבִּים. אַף עַל פִּי כֵן תְּרַחֵם עָלַי בְּרַחֲמֶיךָ, וּתְזַכֵּנִי שֶׁאֶזְכֶּה עַל כָּל פָּנִים לַעֲשׂוֹת תְּשׁוּבָה שְׁלֵמָה כְּפִי כֹּחִי. וְאַתָּה בְּרַחֲמֶיךָ הָרַבִּים תְּקַבֵּל תְּשׁוּבָתִי לְפָנֶיךָ בְּרַחֲמִים וּבְרָצוֹן, עַד שֶׁאֶזְכֶּה שֶׁתַּעֲבִיר וְתָסִיר וּתְגָרֵשׁ וּתְבַטֵּל מִמֶּנִּי כָּל הָרוּחַ שְׁטוּת שֶׁנִּדְבַּק בִּי עַל יְדֵי מַעֲשַׂי הָרָעִים. וּתְעוֹרֵר רַחֲמֶיךָ הָאֲמִתִּיִּים עָלַי, וְתִגְעַר בְּהָרוּחַ שְׁטוּת שֶׁבְּקִרְבִּי, וּתְגָרְשׁוּ וּתְרַחֲקוּ וּתְבַטְּלוּ מִמֶּנִּי בְּבִטּוּל

גָּמוּר. וּתְזַכֵּנִי לְרוּחַ חָכְמָה וּבִינָה וָדַעַת דִּקְדֻשָּׁה, עַד שֶׁאֶזְכֶּה לְהַכִּיר וְלָדַעַת אוֹתְךָ בֶּאֱמֶת וּבְלֵב שָׁלֵם. וְעַל יְדֵי זֶה אֶזְכֶּה שֶׁתִּתְגַּלֶּה הַבּוּשָׁה בְּפֹעַל עַל פָּנַי, כִּי עַכְשָׁו נִטְמְטֵם לִבִּי וְשִׂכְלִי כָּל כָּךְ עַל יְדֵי עֲווֹנוֹתַי הַמְרֻבִּים. עַד שֶׁאֵין לִי שׁוּם דַּעַת וְשֵׂכֶל אֲפִלּוּ לְהִתְבַּיֵּשׁ מִפָּנֶיךָ בֶּאֱמֶת כָּרָאוּי לִי לְהִתְבַּיֵּשׁ, כַּאֲשֶׁר אַתָּה יָדַעְתָּ יְהֹוָה אֱלֹהַי וֵאלֹהֵי אֲבוֹתַי.

אָנָּא יְהֹוָה, אַל תַּעֲשֶׂה עִמִּי כְּרֹעַ מַעֲלָלַי. חוּס וְרַחֵם וַחֲמֹל עָלַי, וְזַכֵּנִי מְהֵרָה לִתְשׁוּבָה שְׁלֵמָה לְפָנֶיךָ בֶּאֱמֶת, עַד שֶׁאֶזְכֶּה שֶׁתִּתְגַּלֶּה הַבּוּשָׁה דִּקְדֻשָּׁה בְּפֹעַל עַל פָּנַי. וְאֶזְכֶּה לְהִתְבַּיֵּשׁ מִפָּנֶיךָ בֶּאֱמֶת בְּבוּשָׁה גְּדוֹלָה בְּתַכְלִית הַבּוּשָׁה, כַּאֲשֶׁר רָאוּי לִי לְהִתְבַּיֵּשׁ מִפָּנֶיךָ יְהֹוָה אֱלֹהַי וֵאלֹהֵי אֲבוֹתַי, רִבּוֹן כָּל הַמַּעֲשִׂים אֲדוֹן כָּל הַנְּשָׁמוֹת, אֲשֶׁר גְּמַלְתַּנִי טוֹבוֹת כָּאֵלֶּה בְּכָל עֵת וּבְכָל שָׁעָה, וְחָשַׁבְתָּ מֵרָחוֹק לְהֵטִיב אַחֲרִיתִי. וַאֲנִי גְּמַלְתִּיךָ הָרָעָה, רָעוֹת רַבּוֹת וַחֲטָאִים וַעֲווֹנוֹת וּפְשָׁעִים וּפְגָמִים רַבִּים עֲצוּמִים וְנוֹרָאִים בְּכָל עֵת וּבְכָל יוֹם מַמָּשׁ. מָה אוֹמַר לְפָנֶיךָ יוֹשֵׁב מָרוֹם, וּמָה אֲסַפֵּר לְפָנֶיךָ שׁוֹכֵן שְׁחָקִים, הֲלֹא כָּל הַנִּסְתָּרוֹת וְהַנִּגְלוֹת אַתָּה יוֹדֵעַ.

צוּר עוֹלָמִים עָזְרֵנִי פְּדֵנִי וְחָנֵּנִי, הַצִּילֵנִי וְהוֹשִׁיעֵנִי, בְּאוֹר פָּנֶיךָ הַחֲיֵנִי וְקַיְּמֵנִי. זַכֵּנִי שֶׁיִּהְיֶה נִמְשָׁךְ

עָלַי קְדֻשַּׁת הַתְּפִלִּין הַקְּדוֹשִׁים מִשָּׁרְשָׁם הָעֶלְיוֹן. וְאֶזְכֶּה לְחַדֵּד שִׂכְלִי בְּהַתּוֹרָה הַקְּדוֹשָׁה תָּמִיד. וְאֶזְכֶּה תָּמִיד בְּכָל יוֹם וָיוֹם עַל־יְדֵי הֲנָחַת תְּפִלִּין לְמֹחִין חֲדָשִׁים וּלְהַכָּרָה חֲדָשָׁה בְּהַשָּׂגַת אֱלֹהוּתְךָ וִידִיעַת רוֹמְמוּתְךָ יִתְבָּרַךְ וְיִתְעַלֶּה שִׁמְךָ לָעַד וּלְנֵצַח נְצָחִים, וְתַמְשִׁיךְ עָלַי בּוּשָׁה גְּדוֹלָה מִפָּנֶיךָ תָּמִיד, וְתִהְיֶה יִרְאָתְךָ עַל פָּנַי זוֹ הַבּוּשָׁה לְבִלְתִּי אֶחֱטָא מֵעַתָּה וְעַד עוֹלָם. וְתָאִיר עָלַי בְּאוֹר פָּנֶיךָ, וְיִהְיוּ פָּנַי מְאִירוֹת בִּקְדֻשָּׁה גְּדוֹלָה עַל־יְדֵי אוֹר הַבּוּשָׁה דִקְדֻשָּׁה שֶׁתַּמְשִׁיךְ עָלַי בְּרַחֲמֶיךָ וּבַחֲסָדֶיךָ הַגְּדוֹלִים, עַד שֶׁיָּשׁוּבוּ וְיִבָּהֲלוּ מִפָּנַי כָּל רוֹאַי שֶׁיִּפֹּל עֲלֵיהֶם בּוּשָׁה וְיִרְאָה גְּדוֹלָה מִפָּנַי, עַל־יְדֵי קְדֻשַּׁת אוֹר הַתְּפִלִּין שֶׁתַּמְשִׁיךְ עָלַי בְּרַחֲמֶיךָ, וְיִתּוֹסֵף לָהֶם יְדִיעָה גְּדוֹלָה וְהַכָּרָה חֲדָשָׁה דִקְדֻשָּׁה וְיִרְאָה וּבוּשָׁה גְּדוֹלָה, עַל־יְדֵי קְדֻשַּׁת אוֹר הַפָּנִים שֶׁתַּמְשִׁיךְ עָלַי בְּחֶמְלָתְךָ הַגְּדוֹלָה. וִיקֻיַּם בִּי מִקְרָא שֶׁכָּתוּב: "וְרָאוּ כָּל עַמֵּי הָאָרֶץ כִּי שֵׁם יְהוָה נִקְרָא עָלֶיךָ וְיָרְאוּ מִמֶּךָּ:"

וְתַצִּילֵנִי בְּרַחֲמֶיךָ הָרַבִּים מֵעַזֵּי פָנִים, וְתַעַזְרֵנִי וְתוֹשִׁיעֵנִי וּתְמַלְּטֵנִי שֶׁלֹּא יִהְיֶה לִי שׁוּם עַזּוּת דְּסִטְרָא אַחֲרָא כְּלָל. וּתְזַכֵּנִי מְהֵרָה לְהַכְנִיעַ וּלְשַׁבֵּר וּלְבַטֵּל עַזּוּת הַגּוּף וְתַאֲוֹתָיו וּמִדּוֹתָיו הָרָעִים. וּתְרַחֵם עָלַי וְתוֹשִׁיעֵנִי וְתַצִּילֵנִי מִכָּל מִינֵי פְּגַם הַבְּרִית שֶׁבָּעוֹלָם, בְּמַחֲשָׁבָה דִּבּוּר וּמַעֲשֶׂה, בִּרְאִיַּת הָעַיִן

וּבִשְׁמִיעַת הָאֹזֶן וּבִשְׁאָר חוּשִׁים, בְּכֻלָּם אֶזְכֶּה לִהְיוֹת קָדוֹשׁ וְטָהוֹר בִּקְדֻשַּׁת הַבְּרִית בִּקְדֻשָּׁה גְדוֹלָה כִּרְצוֹנְךָ הַטּוֹב בֶּאֱמֶת, כָּרָאוּי לְאִישׁ יִשְׂרְאֵלִי, אֲשֶׁר בָּהֶם בָּחַרְתָּ:

וּתְזַכֵּנִי בְּרַחֲמֶיךָ לְקַבֵּל שַׁבָּתוֹת בִּקְדֻשָּׁה גְדוֹלָה וּבְשִׂמְחָה וְחֶדְוָה רַבָּה, בְּגִילָה רִנָּה דִּיצָה וְחֶדְוָה אַהֲבָה וְאַחֲוָה וְרֵעוּת וְשָׁלוֹם גָּדוֹל. וְתַעַזְרֵנִי בְּרַחֲמֶיךָ הָרַבִּים לִשְׁמֹר אֶת הַשַּׁבָּת כְּהִלְכָתוֹ, וְתַצִּילֵנִי בְּשַׁבַּת קֹדֶשׁ מִכָּל מִכְשׁוֹל הַל"ט [הַשְּׁלוֹשִׁים וְתִשְׁעָה] אָבוֹת מְלָאכוֹת וּמִתּוֹלְדוֹתֵיהֶן, וּמִכָּל הַשְּׁבוּתִים דְּרַבָּנָן. וְיִהְיֶה אָז בְּעֵינַי כְּאִלּוּ כָּל מְלַאכְתִּי עֲשׂוּיָה. וְלֹא אֲהַרְהֵר אָז אַחַר שׁוּם מְלָאכָה וְעֵסֶק וּמַשָּׂא וּמַתָּן, וְלֹא בְּשׁוּם חֶפְצֵי חֹל כְּלָל. וְאֶזְכֶּה לְקַדֵּשׁ אֶת דִּבּוּרֵי בְּשַׁבַּת קֹדֶשׁ בִּקְדֻשָּׁה יְתֵרָה וַעֲצוּמָה. וְלֹא יִהְיֶה דִּבּוּרֵי שֶׁל שַׁבָּת כְּדִבּוּרֵי שֶׁל חֹל, וְלֹא יֵצֵא מִפִּי שׁוּם דִּבּוּר בָּטֵל בְּשַׁבַּת קֹדֶשׁ. וְתַעַזְרֵנִי וּתְזַכֵּנִי לְקַדֵּשׁ אֶת הַשַּׁבָּת בְּכָל מִינֵי קְדֻשּׁוֹת, וּלְכַבְּדוֹ בְּכָל מִינֵי כָבוֹד וָעֹז וּפְאֵר, בְּמַאֲכָל וּמִשְׁתֶּה וּכְסוּת נָקִי, וּבְדִירָה נָאָה וְכֵלִים נָאִים בְּגַשְׁמִיּוּת, וּבְדִירָה נָאָה וְכֵלִים נָאִים, בְּלִבִּי וְאֵבָרַי, וּבְשִׁיר וָשֶׁבַח וְרַנֵּן וְזִמְרָה בְּשִׂמְחָה וְחֶדְוָה גְדוֹלָה, בְּיִרְאָה וְאַהֲבָה רַבָּה וַעֲצוּמָה, וּבִדְבֵקוּת נִפְלָא וְעָצוּם לְשִׁמְךָ הַגָּדוֹל וְהַקָּדוֹשׁ. עַד שֶׁאֶזְכֶּה לְהַמְשִׁיךְ הַקְּדֻשָּׁה

שֶׁל שַׁבָּת קֹדֶשׁ עַל כָּל שֵׁשֶׁת יְמֵי הַחֹל, עַד שֶׁכָּל שֵׁשֶׁת יְמֵי הַמַּעֲשֶׂה יִהְיוּ טְהוֹרִים וּקְדוֹשִׁים בִּקְדֻשַּׁת שַׁבָּת קֹדֶשׁ. וְאֶזְכֶּה לְהַכְנִיעַ וּלְבַטֵּל זֻהֲמַת הַנָּחָשׁ מִכָּל הַל"ט [הַשְּׁלוֹשִׁים וָתֵשַׁע] מְלָאכוֹת שֶׁל יְמֵי הַחֹל, עַד שֶׁכָּל הַל"ט [הַשְּׁלוֹשִׁים וָתֵשַׁע] מְלָאכוֹת וְכָל הָעֲסָקִים וְהַמַּשָּׂא וּמַתָּן שֶׁלִּי, יִהְיוּ מִזְדַּכְּכִים בִּקְדֻשָּׁה וּבְטָהֳרָה גְּדוֹלָה בִּקְדֻשַּׁת שַׁבָּת קֹדֶשׁ. וּתְזַכֵּנִי שֶׁאֶזְכֹּר אֶת הַשַּׁבָּת תָּמִיד, וּלְהָכִין מָנָה יָפָה לְשַׁבָּת מֵאֶחָד בְּשַׁבָּת, כְּמוֹ שֶׁכָּתוּב: "זָכוֹר אֶת יוֹם הַשַּׁבָּת לְקַדְּשׁוֹ", זָכְרֵהוּ מֵאֶחָד בְּשַׁבָּת. וְאֶזְכֶּה לְקַיֵּם מִקְרָא שֶׁכָּתוּב: "אִם תָּשִׁיב מִשַּׁבָּת רַגְלֶךָ, עֲשׂוֹת חֲפָצֶךָ בְּיוֹם קָדְשִׁי, וְקָרָאתָ לַשַּׁבָּת עֹנֶג, לִקְדוֹשׁ יְהֹוָה מְכֻבָּד, וְכִבַּדְתּוֹ מֵעֲשׂוֹת דְּרָכֶיךָ, מִמְּצוֹא חֶפְצְךָ וְדַבֵּר דָּבָר. אָז תִּתְעַנַּג עַל יְהֹוָה, וְהִרְכַּבְתִּיךָ עַל בָּמֳתֵי אָרֶץ, וְהַאֲכַלְתִּיךָ נַחֲלַת יַעֲקֹב אָבִיךָ, כִּי פִּי יְהֹוָה דִּבֵּר". מָלֵא רַחֲמִים חוֹמֵל דַּלִּים, צוּר יִשְׂרָאֵל וּקְדוֹשׁוֹ, קוּמָה בְּעֶזְרָתֵנוּ וּמַלֵּא מִשְׁאֲלוֹתֵנוּ בְּרַחֲמִים, וְזַכֵּנוּ לִהְיוֹת דְּבוּקִים בְּךָ תָּמִיד בְּכָל עֵת בֶּאֱמֶת וּבֶאֱמוּנָה שְׁלֵמָה בִּקְדֻשָּׁה וּבְטָהֳרָה גְּדוֹלָה כִּרְצוֹנְךָ הַטּוֹב בֶּאֱמֶת. וִיקֻיַּם בָּנוּ מִקְרָא שֶׁכָּתוּב: "וְאַתֶּם הַדְּבֵקִים בַּיהֹוָה אֱלֹהֵיכֶם חַיִּים כֻּלְּכֶם הַיּוֹם". אָמֵן נֶצַח סֶלָה וָעֶד:

לט

"עוֹשֶׂה שָׁלוֹם בִּמְרוֹמָיו", אֲדוֹן הַשָּׁלוֹם, מֶלֶךְ שֶׁהַשָּׁלוֹם שֶׁלּוֹ, יְהִי רָצוֹן מִלְּפָנֶיךָ שֶׁתְּרַחֵם עָלֵינוּ בְּרַחֲמֶיךָ הָרַבִּים, וְתַמְשִׁיךְ שָׁלוֹם בָּעוֹלָם. וְתָשִׂים שָׁלוֹם בֵּין כָּל עַמְּךָ יִשְׂרָאֵל. וּתְבַטֵּל כָּל מִינֵי מַחֲלוֹקוֹת מִן הָעוֹלָם. כִּי אַתָּה יָדַעְתָּ רִבּוֹנוֹ דְּעָלְמָא כֻּלָּא, כַּמָּה רָעוֹת וְצָרוֹת גָּרְמוּ לָנוּ הַמַּחֲלוֹקוֹת שֶׁבֵּין יִשְׂרָאֵל, וּבִפְרָט הַמַּחֲלֹקֶת הָעֲצוּמָה שֶׁנִּתְפַּשְּׁטָה עַכְשָׁו בְּעִקְבָא דִמְשִׁיחָא, בֵּין כָּל הַצַּדִּיקִים וְהַתַּלְמִידֵי חֲכָמִים וְהַכְּשֵׁרִים שֶׁבַּדּוֹר, וְנַעֲשָׂה קַטֵּגוֹרְיָא בֵּין תַּלְמִידֵי חֲכָמִים. רַחֵם עָלֵינוּ בְּרַחֲמֶיךָ וְתַשְׁכֵּךְ כַּעַסְךָ מֵעָלֵינוּ, וְתַמְשִׁיךְ רַחֲמִים וְחַיִּים וְשָׁלוֹם עָלֵינוּ וְעַל כָּל עַמְּךָ יִשְׂרָאֵל לְעוֹלָם. וְתִתֵּן בְּלֵב כָּל אֶחָד וְאֶחָד שֶׁיְּרַחֵם עַל חֲבֵרוֹ, וְיֶאֱהַב אֶת חֲבֵרוֹ בֶּאֱמֶת אַהֲבַת נֶפֶשׁ. וְנִזְכֶּה לְקַיֵּם בֶּאֱמֶת מִצְוַת "וְאָהַבְתָּ לְרֵעֲךָ כָּמוֹךָ", בְּכָל לֵב בְּגוּף וָנֶפֶשׁ וּמָמוֹן, אֲשֶׁר מִצְוָה זֹאת הִיא כְּלָל גָּדוֹל בַּתּוֹרָה. וּתְבַטֵּל כָּל מִינֵי שִׂנְאָה וְקִנְאָה וְקִנְטוּר וְנִצָּחוֹן דְּסִטְרָא אַחֲרָא מִן הָעוֹלָם. וְלֹא יַעֲלֶה קִנְאַת אָדָם עָלַי וְלֹא קִנְאָתִי עַל אֲחֵרִים, רַק יִהְיֶה שָׁלוֹם גָּדוֹל וְאַהֲבָה וְאַחֲוָה וְרֵעוּת בֵּין כָּל עַמְּךָ יִשְׂרָאֵל תָּמִיד לְעוֹלָם וָעֶד:

וּבְכֵן תְּרַחֵם עָלֵינוּ, וְתַעַזְרֵנוּ וְתוֹשִׁיעֵנוּ שֶׁנִּזְכֶּה

לְשַׁבֵּר מֵאִתָּנוּ תַּאֲוַת אֲכִילָה. וְנִזְכֶּה שֶׁתִּהְיֶה אֲכִילָתֵנוּ בְּצִמְצוּם רַק כְּפִי הַהֶכְרֵחַ לְקִיּוּם הָאָדָם לְבַד. וּנְמַעֵט תַּאֲוַת טִבְעֵנוּ, וְנִזְכֶּה לֶאֱכֹל בִּקְדֻשָּׁה וּבְטָהֳרָה גְּדוֹלָה לְשִׁמְךָ לְבַד בֶּאֱמֶת לַאֲמִתּוֹ. וְתָסִיר מִמֶּנּוּ חֶרְפַּת רָעָב, וְלֹא נַרְגִּישׁ שׁוּם רַעֲבוֹן בְּקִרְבֵּנוּ לְעוֹלָם. וְנִזְכֶּה לְשַׁדֵּד וּלְשַׁבֵּר וּלְבַטֵּל כָּל תַּאֲווֹת הַבַּהֲמִיּוֹת שֶׁל גּוּפֵנוּ. וְתָסִיר מֵאִתָּנוּ כָּל מִינֵי חֶרְפּוֹת וּבִזְיוֹנוֹת שֶׁהֵם תַּאֲווֹת הַגּוּף, שֶׁמֵּהֶם נִמְשָׁכִין כָּל הַחֶרְפּוֹת. וּתְקַדְּשֵׁנוּ בְּכָל מִינֵי קְדֻשּׁוֹת:

וְתַעַזְרֵנוּ בְּרַחֲמֶיךָ הָרַבִּים שֶׁנִּזְכֶּה לְשַׁבֵּר תַּאֲוַת הַמִּשְׁגָּל לְגַמְרֵי בֶּאֱמֶת. וּתְזַכֵּנוּ לְהִתְקַדֵּשׁ בִּקְדֻשַּׁת הַבְּרִית בִּקְדֻשָּׁה גְּדוֹלָה כָּרָאוּי לְיִשְׂרָאֵל עַמְּךָ הַקָּדוֹשׁ אֲשֶׁר בָּהֶם בָּחַרְתָּ בְּאַהֲבָה. וְתִהְיֶה עִמָּנוּ תָּמִיד, וְתוֹשִׁיעֵנוּ וְתַעַזְרֵנוּ שֶׁנִּזְכֶּה לְקַדֵּשׁ עַצְמֵנוּ בַּמֻּתָּר לָנוּ, וְיִהְיֶה זִוּוּגֵנוּ רַק מִשַּׁבָּת לְשַׁבָּת, בִּקְדֻשָּׁה גְּדוֹלָה וְנוֹרָאָה. וְנִזְכֶּה לְשַׁבֵּר נֶפֶשׁ הַמִּתְאַוָּה שֶׁבְּקִרְבֵּנוּ, שֶׁהוּא תַּאֲוַת הַבַּהֲמִיּוּת. וְיִהְיֶה זִוּוּגֵנוּ בִּקְדֻשָּׁה גְּדוֹלָה בְּלִי שׁוּם תַּאֲווֹת הַגּוּף כְּלָל, וְיִהְיֶה דּוֹמֶה בְּעֵינֵינוּ כְּאִלּוּ כּוֹפֶה שֵׁד. וְנִזְכֶּה לַעֲלוֹת בְּכָל פַּעַם מִקְּדֻשָּׁה לִקְדֻשָּׁה עֶלְיוֹנָה, עַד שֶׁנִּזְכֶּה לְהִכָּלֵל בִּקְדֻשָּׁתְךָ הָעֶלְיוֹנָה כִּרְצוֹנְךָ הַטּוֹב בֶּאֱמֶת. וְנִזְכֶּה לְשַׁבֵּר כָּל תַּאֲווֹת הַבַּהֲמִיּוֹת, הֵן תַּאֲוַת הַמִּשְׁגָּל, הֵן תַּאֲוַת אֲכִילָה, הֵן כָּל הַתַּאֲווֹת, כֻּלָּם

נִזְכֶּה לְשַׁבְּרָם וּלְבַטְּלָם לְגַמְרֵי מֵעָלֵינוּ וּמֵעַל גְּבוּלֵנוּ. וְתַמְשִׁיךְ עָלֵינוּ קְדֻשָּׁה וְטָהֳרָה מִמְּקוֹר כָּל הַקְּדֻשּׁוֹת. וְנִזְכֶּה לְהִתְקַדֵּשׁ בִּקְדֻשָּׁתְךָ הָעֶלְיוֹנָה תָּמִיד, וְנָשׁוּב אֵלֶיךָ בֶּאֱמֶת. וְנִזְכֶּה לָסוּר מֵרָע לְגַמְרֵי וְלַעֲשׂוֹת רְצוֹנְךָ הַטּוֹב תָּמִיד.

אָבִינוּ מַלְכֵּנוּ רַחֵם עָלֵינוּ לְמַעַן שְׁמֶךָ. וְקַדְּשֵׁנוּ בִּקְדֻשָּׁתְךָ הָעֶלְיוֹנָה. וְטַהֵר לִבֵּנוּ לְעָבְדְךָ בֶּאֱמֶת. וְרַחֵם עָלֵינוּ וְתַזְמִין לָנוּ פַּרְנָסָתֵנוּ בְּרֶוַח מֵאִתְּךָ. וְאַל תַּצְרִיכֵנוּ לֹא לִידֵי מַתְּנַת בָּשָׂר וָדָם וְלֹא לִידֵי הַלְוָאָתָם. וְתִפְתַּח לָנוּ אוֹצָרְךָ הַטּוֹב, וְתַשְׁפִּיעַ לָנוּ שֶׁפַע טוֹבָה וּבְרָכָה וְרַחֲמִים וְחַיִּים וְשָׁלוֹם עַד עוֹלָם. וּתְבָרֵךְ אֶת כָּל מַעֲשֵׂה יָדֵינוּ. וְאֶת פְּרִי בִטְנֵנוּ וְיִהְיוּ בָּנֵינוּ וּבְנוֹתֵינוּ חַיִּים וְקַיָּמִים בַּעֲבוֹדָתְךָ וּבְתוֹרָתְךָ וּבְיִרְאָתְךָ לְאֹרֶךְ יָמִים וְשָׁנִים טוֹבִים. וּתְרַחֵם עַל צֶאֱצָאֵינוּ וְצֶאֱצָאֵי עַמְּךָ בֵּית יִשְׂרָאֵל. (וּבִפְרָט עַל צֶאֱצָאֵי פְּלוֹנִי בֶּן פְּלוֹנִי וְכוּ'). וְתַמְשִׁיךְ עֲלֵיהֶם חַיִּים טוֹבִים וַאֲרוּכִים. וְיִהְיוּ כָּל יוֹצְאֵי חֲלָצֵינוּ מַאֲרִיכִים יָמִים וְשָׁנִים טוֹבִים, יֵלְכוּ יוֹנְקוֹתָם וְיִרְבּוּ פֹּארוֹתָם, וְיִהְיוּ צֶאֱצָאֵיהֶם כְּעֵשֶׂב הָאָרֶץ. וְתַצִּילֵם בְּרַחֲמֶיךָ מִצַּעַר גִּדּוּל בָּנִים חַס וְשָׁלוֹם, רַק כֻּלָּם יִזְכּוּ לְגַדֵּל בְּנֵיהֶם וּבְנוֹתֵיהֶם לְתוֹרָה וּלְחֻפָּה וּלְמַעֲשִׂים טוֹבִים. הֵן הַנּוֹלָדִים כְּבָר, הֵן הָעֲתִידִים לְהִוָּלֵד לָהֶם, כֻּלָּם יַאֲרִיכוּ

יָמִים וְשָׁנִים טוֹבִים, וְכֻלָּם יַשְׁאִירוּ שְׁאֵרִית בָּאָרֶץ. וְיִתְרַבּוּ צֶאֱצָאֵיהֶם כְּחוֹל הַיָּם וּכְכוֹכְבֵי הַשָּׁמַיִם לָרֹב, לָעַד וּלְדוֹרוֹת עַד סוֹף כָּל הַדּוֹרוֹת.

רִבּוֹנוֹ שֶׁל עוֹלָם. הַבִּיטָה בָעֳנָיָם. וּרְאֵה מַכְאוֹבָם. כִּי אַתָּה יָדַעְתָּ אֶת לְבָבָם. אַתָּה יָדַעְתָּ צַעֲרָם וְצָרוֹתֵיהֶם הַמְרֻבּוֹת שֶׁסָּבְלוּ עַד הֵנָּה. מָרָא דְעָלְמָא כֻּלָּא, אֵל שַׁדַּי יִתֵּן לָהֶם רַחֲמִים, הָאוֹמֵר לְעוֹלָמוֹ דַּי. יֹאמַר לְצָרוֹתֵיהֶם דַּי. עֲשֵׂה לְמַעַן זְכוּת אֲבוֹתֵיהֶם, וְשַׂמַּח לְבָבֵיהֶם וְעָזְרֵם מֵעַתָּה שֶׁיִּרְבּוּ צֶאֱצָאֵיהֶם, וְיִזְכּוּ לְגַדֵּל כָּל בְּנֵיהֶם וּבְנוֹתֵיהֶם, וְיַאֲרִיכוּ יְמֵיהֶם וּשְׁנוֹתֵיהֶם, יִרְבּוּ וְיִגְדְּלוּ וְיִצְמְחוּ כָּל דּוֹרוֹתֵיהֶם. וִיקֻיַּם בָּנוּ וּבָהֶם "וְהָיָה מִסְפַּר בְּנֵי יִשְׂרָאֵל כְּחוֹל הַיָּם אֲשֶׁר לֹא יִמַּד וְלֹא יִסָּפֵר (מֵרֹב). וְהָיָה, בִּמְקוֹם אֲשֶׁר יֵאָמֵר לָהֶם לֹא עַמִּי אַתֶּם, יֵאָמֵר לָהֶם בְּנֵי אֵל חָי":

וְתַמְשִׁיךְ עָלֵינוּ בְּרָכָה מֵאִתְּךָ, וְתַשְׁפִּיעַ שֹׂבַע גָּדוֹל בָּעוֹלָם, וְתִשְׁלַח שְׂבִיעָה בִּמְעֵינוּ, שֶׁנִּזְכֶּה לֶאֱכֹל מְעַט וְלִשְׂבֹּעַ מִמֶּנּוּ. כְּמוֹ שֶׁכָּתוּב: "וַאֲכַלְתֶּם לַחְמְכֶם לָשֹׂבַע וִישַׁבְתֶּם לָבֶטַח בְּאַרְצְכֶם". וְקַיֵּם לָנוּ מִקְרָא שֶׁכָּתוּב: "וְהוֹשַׁעְתִּי אֶתְכֶם מִכֹּל טֻמְאוֹתֵיכֶם, וְקָרָאתִי אֶל הַדָּגָן וְהִרְבֵּיתִי אוֹתוֹ, וְלֹא אֶתֵּן עֲלֵיכֶם רָעָב. וְהִרְבֵּיתִי אֶת פְּרִי הָעֵץ וּתְנוּבַת הַשָּׂדֶה, לְמַעַן

אֲשֶׁר לֹא תִקְחוּ עוֹד חֶרְפַּת רָעָב בַּגּוֹיִם".

אָבִינוּ שֶׁבַּשָּׁמַיִם חֲמֹל עָלֵינוּ לְמַעַן שְׁמֶךָ, וְעָזְרֵנוּ וְהוֹשִׁיעֵנוּ בְּחֶמְלָתְךָ הַגְּדוֹלָה עָלֵינוּ שֶׁנִּזְכֶּה מְהֵרָה לָבוֹא לְכָל מַה שֶּׁבִּקַּשְׁנוּ מִלְּפָנֶיךָ. שֶׁנִּזְכֶּה לְשַׁבֵּר לְגַמְרֵי תַּאֲוַת הַמִּשְׁגָּל וְתַאֲוַת הָאֲכִילָה וְכָל תַּאֲווֹת הַבַּהֲמִיּוֹת. וְיִהְיֶה זִוּוּגֵנוּ וַאֲכִילָתֵנוּ וְכָל הַנְהָגוֹתֵינוּ בִּקְדֻשָּׁה וּבְטָהֳרָה גְדוֹלָה בֶּאֱמֶת כִּרְצוֹנְךָ הַטּוֹב. וְתַאֲרִיךְ יְמֵי בָנֵינוּ וּבְנוֹתֵינוּ וְכָל יוֹצְאֵי חֲלָצֵינוּ. כֻּלָּם יַאֲרִיכוּ יָמִים וְשָׁנִים טוֹבִים, יְבַלּוּ יְמֵיהֶם בַּטּוֹב וּשְׁנוֹתֵיהֶם בַּנְּעִימִים. וְיַעַסְקוּ תָמִיד כָּל יְמֵיהֶם וּשְׁנוֹתֵיהֶם בְּתוֹרָה וַעֲבוֹדַת יְהֹוָה בֶּאֱמֶת כִּרְצוֹנְךָ הַטּוֹב. "עוֹד יְנוּבוּן בְּשֵׂיבָה דְּשֵׁנִים וְרַעֲנַנִּים יִהְיוּ".

וּתְבַטֵּל כָּל מִינֵי מַחֲלֹקֶת מִן הָעוֹלָם. וְתַמְשִׁיךְ רַחֲמִים וְחַיִּים וְשָׁלוֹם וְשׂוֹבַע וּבְרָכָה וְשֶׁפַע טוֹבָה עָלֵינוּ וְעַל כָּל עַמְּךָ בֵּית יִשְׂרָאֵל מֵעַתָּה וְעַד עוֹלָם. וְקַיֵּם לָנוּ מִקְרָא שֶׁכָּתוּב: "וַאֲהֵבְךָ וּבֵרַכְךָ וְהִרְבֶּךָ וּבֵרַךְ פְּרִי בִטְנְךָ וּפְרִי אַדְמָתֶךָ, דְּגָנְךָ וְתִירֹשְׁךָ וְיִצְהָרֶךָ. שְׁגַר אֲלָפֶיךָ וְעַשְׁתְּרוֹת צֹאנֶךָ, עַל הָאֲדָמָה אֲשֶׁר נִשְׁבַּע לַאֲבוֹתֶיךָ לָתֶת לָךְ". וְנֶאֱמַר: "כִּי חִזַּק בְּרִיחֵי שְׁעָרָיִךְ בֵּרַךְ בָּנַיִךְ בְּקִרְבֵּךְ. הַשָּׂם גְּבוּלֵךְ שָׁלוֹם חֵלֶב חִטִּים יַשְׂבִּיעֵךְ". וְנֶאֱמַר: "וַאֲכַלְתֶּם אָכוֹל וְשָׂבוֹעַ וְהִלַּלְתֶּם

אֶת שֵׁם יְהֹוָה אֱלֹהֵיכֶם אֲשֶׁר עָשָׂה עִמָּכֶם לְהַפְלִיא, וְלֹא יֵבֹשׁוּ עַמִּי לְעוֹלָם. וִידַעְתֶּם כִּי בְקֶרֶב יִשְׂרָאֵל אָנִי וַאֲנִי יְהֹוָה אֱלֹהֵיכֶם וְאֵין עוֹד, וְלֹא יֵבֹשׁוּ עַמִּי לְעוֹלָם. יְהֹוָה עֹז לְעַמּוֹ יִתֵּן יְהֹוָה יְבָרֵךְ אֶת עַמּוֹ בַשָּׁלוֹם":

מ

יְהִי רָצוֹן מִלְּפָנֶיךָ יְהֹוָה אֱלֹהֵינוּ וֵאלֹהֵי אֲבוֹתֵינוּ. שֶׁתְּרַחֵם עָלַי וְתִהְיֶה עִמִּי תָּמִיד, בְּשִׁבְתִּי בְּבֵיתִי, וּבְלֶכְתִּי בַדֶּרֶךְ, בְּשָׁכְבִּי וּבְקוּמִי, בְּצֵאתִי וּבְבוֹאִי. וְתוֹרֵנִי וְתַדְרִיכֵנִי בַּאֲמִתֶּךָ וּתְלַמְּדֵנִי תָּמִיד בְּכָל עֵת אֵיךְ לְהִתְנַהֵג בְּעִנְיְנֵי הַנְּסִיעוֹת לַדְּרָכִים, אִם אֶסַּע וְאִם אֶחְדָּל, וְאֵיךְ לִסַּע וּמָתַי לִסַּע, וּלְהֵיכָן וּלְאֵיזֶה מָקוֹם וָעִיר לִנְסֹעַ, וְכַמָּה אֶתְעַכֵּב בִּדְרָכַי, וְכָל פְּרָטֵי הַנְּסִיעוֹת לְאֵיזֶה דֶרֶךְ גָּדוֹל וְקָטָן אָרֹךְ וְקָצָר. הַכֹּל תּוֹדִיעֵנִי וּתְלַמְּדֵנִי בְּרַחֲמֶיךָ הָאֲמִתִּיִּים. וְתוֹלִיכֵנִי בְּדֶרֶךְ הַיָּשָׁר תָּמִיד בְּכָל עֵת.

אֲדוֹן כֹּל, "גְּדֹל הָעֵצָה וְרַב הָעֲלִילִיָּה אֲשֶׁר עֵינֶיךָ פְּקֻחוֹת עַל כָּל דַּרְכֵי בְּנֵי אָדָם", וְיוֹדֵעַ וּמֵבִין מַחְשְׁבוֹתָם וְסוֹדָם, יְעוֹרְרוּ רַחֲמֶיךָ הָאֲמִתִּיִּים עָלַי. וְזַכֵּנִי וְלַמְּדֵנִי תָּמִיד בְּכָל עֵת אֵיךְ לְהִתְנַהֵג בְּעִנְיְנֵי נְסִיעוֹת לַדְּרָכִים. וּכְשֵׁם שֶׁהָיִיתָ עִם יִשְׂרָאֵל בַּמִּדְבָּר,

וְהָיוּ כָּל נְסִיעָתָם עַל פִּיךָ כִּרְצוֹנְךָ, כְּמוֹ שֶׁכָּתוּב: "עַל פִּי יְהוָה יַחֲנוּ וְעַל פִּי יְהוָה יִסָּעוּ", כֵּן תְּרַחֵם עָלַי, וְתִהְיֶה תָּמִיד עִמִּי. וַאֲנִי מוֹסֵר עַצְמִי עָלֶיךָ לְבַד בֶּאֱמֶת עִם כָּל תְּנוּעוֹתַי תָּמִיד. עַל פִּיךָ אֶחֱנֶה בְּבֵיתִי, וְעַל פִּיךָ אֶסַּע. וְתִשְׁמֹר צֵאתִי וּבוֹאִי לְחַיִּים טוֹבִים וּלְשָׁלוֹם מֵעַתָּה וְעַד עוֹלָם. וּתְרַחֵם עָלַי תָּמִיד בְּכָל עֵת שֶׁאֲנִי מֻכְרָח לִנְסֹעַ לְאֵיזֶה דֶרֶךְ עַל פִּי רְצוֹנְךָ הַטּוֹב, שֶׁתִּהְיֶה עִמִּי תָּמִיד, וְתוֹלִיכֵנִי לְשָׁלוֹם וְתַדְרִיכֵנִי לְשָׁלוֹם, וְתַגִּיעֵנִי לִמְחוֹז חֶפְצִי לְחַיִּים טוֹבִים וּלְשָׁלוֹם. וְתַצִּילֵנִי מִכַּף כָּל אוֹיֵב וְאוֹרֵב בַּדֶּרֶךְ, וְתִתְּנֵנִי לְחֵן וּלְחֶסֶד וּלְרַחֲמִים בְּעֵינֶיךָ וּבְעֵינֵי כָל רוֹאַי וְתִגְמְלֵנִי חֲסָדִים טוֹבִים תָּמִיד. וּתְשִׁיבֵנִי לְשָׁלוֹם לְבֵיתִי. שָׁלוֹם בְּגוּפִי וּבְנַפְשִׁי וּבְמָמוֹנִי וּבְתוֹרָתִי, וְתִשְׁמְרֵנִי בְּרַחֲמֶיךָ מִכָּל מִכְשׁוֹל חֵטְא וְעָוֹן, וּמִכָּל מִינֵי הִרְהוּרִים רָעִים וּמַחֲשָׁבוֹת רָעוֹת, וּמִכָּל הִסְתַּכְּלוּת רָעִים תָּמִיד. וּבִפְרָט בְּעֵת הִלּוּכִי בַּדֶּרֶךְ. וְתַצִּילֵנִי וְתִשְׁמְרֵנִי בְּרַחֲמֶיךָ מִסַּכָּנַת דְּרָכִים לְעוֹלָם. בְּגַשְׁמִיּוּת וְרוּחָנִיּוּת בְּגוּף וָנֶפֶשׁ וּמָמוֹן.

"הוֹרֵנִי יְהוָה דַּרְכֶּךָ וּנְחֵנִי בְּאֹרַח מִישׁוֹר לְמַעַן שׁוֹרְרָי. הַדְרִיכֵנִי בַאֲמִתֶּךָ וְלַמְּדֵנִי, כִּי אַתָּה אֱלֹהֵי יִשְׁעִי, אוֹתְךָ קִוִּיתִי כָּל הַיּוֹם. טוֹב וְיָשָׁר יְהוָה עַל כֵּן יוֹרֶה חַטָּאִים בַּדָּרֶךְ. יַדְרֵךְ עֲנָוִים בַּמִּשְׁפָּט וִילַמֵּד

עֲנָוִים דַּרְכּוֹ. כָּל אָרְחוֹת יְהֹוָה חֶסֶד וֶאֱמֶת לְנוֹצְרֵי בְרִיתוֹ וְעֵדֹתָיו. הוֹרֵנִי יְהֹוָה דַּרְכֶּךָ אֲהַלֵּךְ בַּאֲמִתֶּךָ יַחֵד לְבָבִי לְיִרְאָה שְׁמֶךָ. דָּבְקָה לֶעָפָר נַפְשִׁי חַיֵּנִי כִּדְבָרֶךָ. דְּרָכַי סִפַּרְתִּי וַתַּעֲנֵנִי לַמְּדֵנִי חֻקֶּיךָ. דֶּרֶךְ פִּקּוּדֶיךָ הֲבִינֵנִי וְאָשִׂיחָה בְּנִפְלְאוֹתֶיךָ. דָּלְפָה נַפְשִׁי מִתּוּגָה קַיְּמֵנִי כִּדְבָרֶךָ. דֶּרֶךְ שֶׁקֶר הָסֵר מִמֶּנִּי וְתוֹרָתְךָ חָנֵּנִי. דֶּרֶךְ אֱמוּנָה בָחָרְתִּי מִשְׁפָּטֶיךָ שִׁוִּיתִי. דָּבַקְתִּי בְעֵדְוֹתֶיךָ יְהֹוָה אַל תְּבִישֵׁנִי. דֶּרֶךְ מִצְוֹתֶיךָ אָרוּץ כִּי תַרְחִיב לִבִּי. הוֹרֵנִי יְהֹוָה דֶּרֶךְ חֻקֶּיךָ וְאֶצְּרֶנָּה עֵקֶב. הֲבִינֵנִי וְאֶצְּרָה תוֹרָתֶךָ וְאֶשְׁמְרֶנָּה בְכָל לֵב. הַדְרִיכֵנִי בִּנְתִיב מִצְוֹתֶיךָ כִּי בוֹ חָפָצְתִּי. הַט לִבִּי אֶל עֵדְוֹתֶיךָ וְאַל אֶל בָּצַע. הַעֲבֵר עֵינַי מֵרְאוֹת שָׁוְא בִּדְרָכֶךָ חַיֵּנִי. הָקֵם לְעַבְדְּךָ אִמְרָתֶךָ אֲשֶׁר לְיִרְאָתֶךָ. הַעֲבֵר חֶרְפָּתִי אֲשֶׁר יָגֹרְתִּי כִּי מִשְׁפָּטֶיךָ טוֹבִים. הִנֵּה תָּאַבְתִּי לְפִקֻּדֶיךָ בְּצִדְקָתְךָ חַיֵּנִי":

חוּסָה עָלַי כְּרֹב רַחֲמֶיךָ, "חָנְנֵנִי יְהֹוָה רְאֵה עָנְיִי מִשֹּׂנְאָי מְרוֹמְמִי מִשַּׁעֲרֵי מָוֶת", כִּי אַתָּה יָדַעְתָּ אֶת מְרִירוּת לִבִּי וּפִזּוּר נַפְשִׁי. "וְאַתָּה יָדַעְתָּ נְתִיבָתִי, בְּאֹרַח זוּ אֲהַלֵּךְ, טָמְנוּ פַח לִי. הַבֵּט יָמִין וּרְאֵה וְאֵין לִי מַכִּיר, אָבַד מָנוֹס מִמֶּנִּי, אֵין דּוֹרֵשׁ לְנַפְשִׁי". חוּס וַחֲמֹל עָלַי, חוּס וְחָנֵּנִי וְהַצִּילֵנִי מִמַּה שֶּׁאֲנִי צָרִיךְ לְהִנָּצֵל, מַלְּטֵנִי מִמַּה שֶּׁאֲנִי צָרִיךְ לְהִמָּלֵט,

"חַלְּצֵנִי יְהֹוָה מֵאָדָם רָע מֵאִישׁ חֲמָסִים תִּנְצְרֵנִי". עָזְרֵנִי וְהוֹשִׁיעֵנִי וֶהְיֵה עִמִּי תָּמִיד, וְהַצִּילֵנִי מִיַּד אוֹיְבַי וּמְרוֹדְפַי, בְּשִׁבְתִּי בְּבֵיתִי וּבְלֶכְתִּי בַדֶּרֶךְ. וּתְזַכֵּנִי בְּכָל עֵת שֶׁאֶהְיֶה מֻכְרָח לִנְסֹעַ וְלֵילֵךְ בַּדֶּרֶךְ עַל פִּי רְצוֹנְךָ הַטּוֹב, שֶׁיִּהְיֶה הִלּוּכִי וּנְסִיעָתִי בִּקְדֻשָּׁה וּבְטָהֳרָה גְּדוֹלָה וּבְמַחֲשָׁבוֹת קְדוֹשׁוֹת וּטְהוֹרוֹת, וְאֶהְיֶה נִשְׁמָר מִכָּל דָּבָר רָע. וּתְזַכֵּנִי וְתַעַזְרֵנִי שֶׁאֶזְכֶּה עַל יְדֵי נְסִיעוֹתַי לְתַקֵּן אֶת פְּגַם הָאֱמוּנָה. וְהַגָּלוּת וְהַטִּלְטוּל שֶׁלִּי בַּדֶּרֶךְ יְכַפֵּר עַל פְּגַם הָאֱמוּנָה שֶׁפָּגַמְתִּי לְפָנֶיךָ, אֲשֶׁר עַל יְדֵי זֶה גָּרַמְתִּי טִלְטוּל לְמַעְלָה חַס וְשָׁלוֹם.

אָנָּא יְהֹוָה, עֵינֶיךָ הֲלוֹא לֶאֱמוּנָה, "כָּל מִצְוֹתֶיךָ אֱמוּנָה שֶׁקֶר רְדָפוּנִי עָזְרֵנִי". עָזְרֵנִי וְחָנֵּנִי. וְתַשְׁפִּיעַ עָלַי אֱמוּנָתְךָ הַקְּדוֹשָׁה מֵעַתָּה וְעַד עוֹלָם. וְלֹא יָבוֹא עָלַי שׁוּם כְּפִירָה וּבִלְבּוּל בְּדַעְתִּי כְּלָל. וְתַעַזְרֵנִי מֵעַתָּה לָשׁוּב בִּתְשׁוּבָה שְׁלֵמָה לְפָנֶיךָ בֶּאֱמֶת וּבְלֵב שָׁלֵם. וּבְרַחֲמֶיךָ הָרַבִּים תִּמְחֹל וּתְכַפֵּר וְתִסְלַח, אֱלוֹהַּ סְלִיחוֹת, חַנּוּן הַמַּרְבֶּה לִסְלֹחַ, עַל כָּל הַפְּגָמִים שֶׁפָּגַמְתִּי בֶּאֱמוּנָתְךָ הַקְּדוֹשָׁה. וּתְזַכֵּנִי לְתַקֵּן בְּחַיַּי כָּל הַפְּגָמִים הָאֵלֶּה עַל כָּל מַה שֶּׁפָּגַמְתִּי בֶּאֱמוּנָתְךָ הַקְּדוֹשָׁה מִנְּעוּרַי עַד הַיּוֹם הַזֶּה, בֵּין בְּגִלְגּוּל זֶה בֵּין בְּגִלְגּוּל אַחֵר. הַכֹּל אֶזְכֶּה לְתַקֵּן בִּשְׁלֵמוּת חִישׁ קַל מְהֵרָה, וְאֶזְכֶּה מֵעַתָּה לֶאֱמוּנָה הַקְּדוֹשָׁה בֶּאֱמֶת וּבִשְׁלֵמוּת כִּרְצוֹנְךָ הַטּוֹב.

וְתְרַחֵם עָלֵינוּ וְעַל בָּנֶיךָ, הַנָּעִים וְנָדִים בְּגָלוּת גָּדוֹל זֶה כַּמָּה מֵאוֹת שָׁנִים, צֹאן נִדָּח וְאֵין מְקַבֵּץ, וְהַשְּׁכִינָה כִּבְיָכוֹל עִמָּהֶם בַּגָּלוּת, "כְּצִפּוֹר נוֹדֶדֶת מִן קִנָּהּ, כֵּן אִישׁ נוֹדֵד מִמְּקוֹמוֹ", וּבְצוֹק הָעִתִּים, עַמְּךָ יִשְׂרָאֵל נָעִים וְנָדִים, מְטֹרָפִים וּמְבֻלְבָּלִים. מָרָא דְעָלְמָא כֻּלָּא רְאֵה עָנְיָם וַעֲמָלָם, וַחֲמֹל עַל טִלְטוּלָם. קַבֵּץ נִדָּחֵינוּ מֵאַרְבַּע כַּנְפוֹת הָאָרֶץ. וְקָרֵב פְּזוּרֵינוּ מִבֵּין הַגּוֹיִם וּנְפוּצוֹתֵינוּ כַּנֵּס מִיַּרְכְּתֵי אָרֶץ. וַהֲבִיאֵנוּ לְצִיּוֹן עִירְךָ בְּרִנָּה, וְזַכֵּנִי לֵילֵךְ וְלִנְסֹעַ וְלָבוֹא לְאֶרֶץ יִשְׂרָאֵל בְּחַיַּי חִישׁ קַל מְהֵרָה.

וְעָזְרֵנִי וְזַכֵּנִי לַעֲסֹק בְּתוֹרָתְךָ הַקְּדוֹשָׁה לִשְׁמָהּ תָּמִיד יוֹמָם וָלַיְלָה. וְתַעַזְרֵנִי לַעֲשׂוֹת תְּשׁוּבָה שְׁלֵמָה וּלְתַקֵּן מְהֵרָה בְּחַיַּי אֶת כָּל הַפְּגָמִים שֶׁפָּגַמְתִּי נֶגְדְּךָ עַל יְדֵי חֵטְא וְעָוֹן הַגָּדוֹל שֶׁל בִּטּוּל תּוֹרָה. אֲשֶׁר הָיִיתִי בָּטֵל מִדִּבְרֵי תוֹרָה יָמִים וְשָׁנִים הַרְבֵּה. רַחֵם עָלַי לְתַקֵּן כָּל הַפְּגָמִים הָאֵלֶּה, וְזַכֵּנִי מֵעַתָּה לַעֲסֹק בְּתוֹרָתְךָ וּבַעֲבוֹדָתְךָ לִשְׁמָהּ תָּמִיד בֶּאֱמֶת וּבְלֵב שָׁלֵם. וְלֹא אֶתֵּן שֵׁנָה לְעֵינַי וּלְעַפְעַפַּי תְּנוּמָה, כִּי אִם בְּתַכְלִית הַמִּעוּט וְהַהֶכְרֵחַ הַגָּדוֹל בִּשְׁבִיל קִיּוּם הַגּוּף. הַצִּילֵנִי מִפַּח יוֹקְשִׁים, הַצִּילֵנִי "כִּצְבִי מִיָּד וּכְצִפּוֹר מִיַּד יָקוּשׁ". עָזְרֵנִי כִּי עָלֶיךָ נִשְׁעַנְתִּי. כִּי כְבָר הִתְחַלְתָּ לְהוֹשִׁיעֵנִי הַרְבֵּה וְאֵין נָאֶה לְךָ לְעָזְבֵנִי. עֲשֵׂה לְמַעַנְךָ וּלְמַעַן

הַצַּדִּיקִים אֲמִתִּיִּים, "קְדוֹשִׁים אֲשֶׁר בָּאָרֶץ הֵמָּה", אֲשֶׁר בִּזְכוּתָם לְבַד נִשְׁעַנְתִּי, וּבְכֹחָם חָסִיתִי.

וְתַעַזְרֵנִי שֶׁאֶהְיֶה שָׁלֵם בֶּאֱמוּנָה וּבְבִטָּחוֹן בְּךָ תָּמִיד. וְלֹא אֶעֱשֶׂה שׁוּם פְּעֻלָּה וְלֹא אֶעֱסֹק בְּשׁוּם עֵסֶק וְלֹא אֶסַּע שׁוּם נְסִיעָה בִּשְׁבִיל פַּרְנָסָה כְּלָל, רַק אֶזְכֶּה לֵידַע וּלְהַאֲמִין בְּךָ בֶּאֱמוּנָה שְׁלֵמָה וּבְבִטָּחוֹן חָזָק שֶׁאַתָּה תְכַלְכְּלֵנִי. וְתַזְמִין לִי פַּרְנָסָתִי בִּשְׁלֵמוּת בְּבֵיתִי בְּלִי שׁוּם נְסִיעָה וְטִלְטוּל בָּעוֹלָם כְּלָל, וּבְלִי שׁוּם עֲשִׂיָּה וַעֲוֹבְדָא וָעֵסֶק כְּלָל. וְכָל נְסִיעָתִי לְאֵיזֶה דֶרֶךְ וְכָל עֲסָקַי וּפְעֻלּוֹתַי לֹא יִהְיוּ כִּי אִם לְשִׁמְךָ וְלַעֲבוֹדָתְךָ לְבַד בֶּאֱמֶת. וְכִרְצוֹנְךָ אֶעֱשֶׂה, וְלֹא אֲכַוֵּן בִּנְסִיעָתִי וַעֲסָקַי שׁוּם תּוֹעֶלֶת עַצְמִי כְּלָל. כִּי הַכֹּל שֶׁלָּךְ. הַנְּשָׁמָה שֶׁלָּךְ וְהַגּוּף שֶׁלָּךְ, וּבִלְעָדֶיךָ לֹא אָרִים אֶת יָדִי וְאֶת רַגְלַי לַעֲשׂוֹת שׁוּם עֵסֶק וְשׁוּם נְסִיעָה בָּעוֹלָם. "כִּי אַתָּה אֱלוֹהָי רוּחֲךָ טוֹבָה תַּנְחֵנִי בְּאֶרֶץ מִישׁוֹר". וְתַזְמִין לִי פַּרְנָסָתִי מֵאִתְּךָ לְבַד בְּהַרְחָבָה גְדוֹלָה קֹדֶם שֶׁאֶצְטָרֵךְ לָהּ, בְּאֹפֶן שֶׁאוּכַל לַעֲסֹק בְּתוֹרָתְךָ וַעֲבוֹדָתְךָ תָּמִיד. וְלֹא יִהְיֶה לִי שׁוּם בִּלְבּוּל חַס וְשָׁלוֹם עַל יְדֵי טִרְדַּת הַפַּרְנָסָה כְּלָל. וְתִפְתַּח לָנוּ אוֹצָרְךָ הַטּוֹב, וְתִתֵּן הַמָּטָר בְּעִתּוֹ לִבְרָכָה וּלְחַיִּים וּלְשׂבַע. וְתַשְׁפִּיעַ שֹׂבַע וְזוֹל בָּעוֹלָם. וְלֹא יִצְטָרְכוּ עַמְּךָ יִשְׂרָאֵל זֶה לָזֶה וְלֹא לְעַם אַחֵר. וְתַמְשִׁיךְ שָׁלוֹם בָּעוֹלָם. וִיקֻיַּם מִקְרָא

שֶׁכָּתוּב: "הַשָּׂם גְּבוּלֵךְ שָׁלוֹם, חֵלֶב חִטִּים יַשְׂבִּיעֵךְ". וְתִהְיֶה בְּעֶזְרֵנוּ תָּמִיד, בְּאֹפֶן שֶׁנִּזְכֶּה לְבַלּוֹת יָמֵינוּ בַּטּוֹב הָאֲמִתִּי, בַּטּוֹב הַנִּצְחִי, לַעֲסֹק כָּל יָמֵינוּ בְּתוֹרָה וַעֲבוֹדַת יְהֹוָה בֶּאֱמֶת כִּרְצוֹנְךָ הַטּוֹב. וְלֹא נָסוּר מִדִּבְרֵי הַתּוֹרָה יָמִין וּשְׂמֹאל. וְתוֹרֵנִי וּתְלַמְּדֵנִי תָּמִיד אֶת הַדֶּרֶךְ אֲשֶׁר אֵלֵךְ בָּהּ וְאֶת הַמַּעֲשֶׂה אֲשֶׁר אֶעֱשֶׂה. "אַל תַּעַזְבֵנִי יְהֹוָה אֱלֹהַי, אַל תִּרְחַק מִמֶּנִּי. חוּשָׁה לְעֶזְרָתִי יְהֹוָה תְּשׁוּעָתִי":

מא

יְהִי רָצוֹן מִלְּפָנֶיךָ יְהֹוָה אֱלֹהֵינוּ וֵאלֹהֵי אֲבוֹתֵינוּ שֶׁתְּרַחֵם עָלַי וּתְזַכֵּנִי לִהְיוֹת בְּשִׂמְחָה תָּמִיד. וְאֶזְכֶּה לִהְיוֹת שָׂמֵחַ תָּמִיד בְּשִׂמְחָה שֶׁל מִצְוָה. וְאָגִיל וְאֶשְׂמַח בְּךָ וּבִישׁוּעָתְךָ תָּמִיד עַל כָּל הַחֲסָדִים אֲשֶׁר עָשִׂיתָ עִמָּנוּ. אֲשֶׁר בָּחַרְתָּ בָּנוּ מִכָּל הָעַמִּים וְרוֹמַמְתָּנוּ מִכָּל הַלְּשׁוֹנוֹת וְקִדַּשְׁתָּנוּ בְּמִצְווֹתֶיךָ, וְקֵרַבְתָּנוּ מַלְכֵּנוּ לַעֲבוֹדָתֶךָ, וְשִׁמְךָ הַגָּדוֹל וְהַקָּדוֹשׁ עָלֵינוּ קָרָאתָ. וְאֶזְכֶּה בְּרַחֲמֶיךָ לִזְכֹּר הַטּוֹבָה וְהַחֶסֶד הַגָּדוֹל הַזֶּה תָּמִיד, וְלִשְׂמֹחַ בָּזֶה מְאֹד תָּמִיד בְּכָל יוֹם וּבְכָל עֵת וּבְכָל שָׁעָה, וּבְיוֹתֵר בְּשַׁבָּתוֹת וְיָמִים טוֹבִים. כִּי אֵין שִׁעוּר וָעֵרֶךְ לְרִבּוּי הַחֲסָדִים וְהַטּוֹבוֹת אֲשֶׁר אַתָּה גּוֹמֵל עִמִּי בְּכָל עֵת. מָה רַב טוּבְךָ אֲשֶׁר עָשִׂיתָ עִמִּי. "מָה אָשִׁיב

לַיהוָה כָּל תַּגְמוּלוֹהִי עָלָי". אִלּוּ כָּל הַיַּמִּים דְּיוֹ וְכָל אֲגַמִּים קֻלְמוֹסִין, וּבְנֵי אָדָם לַבְלָרִים וּלְשׁוֹנוֹת מְקַלְּסִים, לֹא יַסְפִּיקוּ לְבָאֵר וּלְסַפֵּר אַחַת מִנִּי אֶלֶף וּרְבָבוֹת, רִבּוּי הַטּוֹבוֹת וְהַחֲסָדִים וְהַהַצָּלוֹת וְהַיְשׁוּעוֹת הַגְּדוֹלוֹת וְהַנּוֹרָאוֹת, נִסִּים רַבִּים וְנִפְלָאוֹת, פִּלְאֵי פְלָאוֹת, אֲשֶׁר הִפְלִיא חַסְדּוֹ עִמָּנוּ אֲדוֹן הַצְּבָאוֹת, אֲשֶׁר הִצִּיל נַפְשֵׁנוּ מִכָּל הַתְּלָאוֹת וְהַהַרְפַּתְקָאוֹת. "רַבּוֹת עָשִׂיתָ אַתָּה יְהוָה אֱלֹהַי, נִפְלְאוֹתֶיךָ וּמַחְשְׁבוֹתֶיךָ אֵלֵינוּ. אֵין עֲרֹךְ אֵלֶיךָ אַגִּידָה וַאֲדַבֵּרָה עָצְמוּ מִסַּפֵּר". עַל כֵּן בְּוַדַּאי חוֹבָה עָלַי בְּכָל עֵת לִזְכֹּר טוֹבוֹתֶיךָ וַחֲסָדֶיךָ הַתְּמִידִיּוֹת וְהַמִּתְחַדְּשׁוֹת עָלַי בְּכָל עֵת תָּמִיד, וְלִשְׂמֹחַ בִּישׁוּעָתְךָ תָּמִיד.

נא אָב הָרַחֲמָן עָזְרֵנִי וְזַכֵּנִי שֶׁאֶהְיֶה בְּשִׂמְחָה תָּמִיד. וְאֶזְכֶּה לְעוֹרֵר עַצְמִי תָּמִיד לְשִׂמְחָה גְּדוֹלָה. בִּפְרָט בְּשַׁבָּתוֹת וְיָמִים טוֹבִים. וְאֶזְכֶּה שֶׁיִּתְלַהֵב לִבִּי מְאֹד מְאֹד עַל יְדֵי הַשִּׂמְחָה דִּקְדֻשָּׁה בְּהִתְלַהֲבוּת הַלֵּב וּבְהִתְעוֹרְרוּת גָּדוֹל וּבִתְשׁוּקָה וְחֶשְׁקָה וַחֲפִצָה וְחֶמְדָּה גְּדוֹלָה לְשִׁמְךָ וְלַעֲבוֹדָתְךָ בֶּאֱמֶת וּבֶאֱמוּנָה, בִּקְדֻשָּׁה וּבְטָהֳרָה גְּדוֹלָה. עַד שֶׁיִּמְשַׁךְ הַהִתְלַהֲבוּת הַלֵּב לְתוֹךְ רַגְלַי, עַד שֶׁאֶזְכֶּה לְהָרִים אֶת רַגְלַי בְּשִׂמְחָה גְּדוֹלָה, וְאֶזְכֶּה לְרִקּוּדִין דִּקְדֻשָּׁה בְּשִׂמְחָה גְּדוֹלָה. וּבִפְרָט בְּשַׁבָּתוֹת וְיָמִים טוֹבִים, וְיָמִים שֶׁעָשִׂיתָ בָּהֶם נִסִּים

לְיִשְׂרָאֵל.

וְתַצִּילֵנִי מִשִּׁכְרוּת תָּמִיד, וְתִשְׁמְרֵנִי וְתַצִּילֵנִי בְּרַחֲמֶיךָ מִיַּיִן הַמְשַׁכֵּר וּמֵהִתְלַהֲבוּת הַלֵּב וְרִקּוּדִין הַנִּמְשָׁכִין מֵהַסִּטְרָא אַחֲרָא חַס וְשָׁלוֹם. וְלֹא יִהְיֶה לִי שׁוּם הִתְלַהֲבוּת הַיֵּצֶר לְשׁוּם תַּאֲוָה כְּלָל. וּתְזַכֵּנִי לְיַיִן "הַמְשַׂמֵּחַ אֱלֹהִים וַאֲנָשִׁים". וּבְכָל עֵת שֶׁיִּהְיֶה הַהֶכְרֵחַ לִשְׁתּוֹת יַיִן וְשֵׁכָר בְּשַׁבָּתוֹת וְיָמִים טוֹבִים וּבְכוֹס שֶׁל בְּרָכָה, תְּזַכֵּנִי שֶׁתִּהְיֶה שְׁתִיָּתִי בְּצִמְצוּם גָּדוֹל רַק כְּדֵי לְהַרְחִיב דַּעְתִּי בִּקְדֻשָּׁה גְּדוֹלָה, וְלָבוֹא לְשִׂמְחָה שֶׁל מִצְוָה, לְשִׂמְחָה אֲמִתִּיִּית דִּקְדֻשָּׁה עַל יְדֵי זֶה, לְהִתְלַהֲבוּת הַלֵּב דִּקְדֻשָּׁה, שֶׁיִּתְלַהֵב לִבִּי בִּקְדֻשָּׁה גְדוֹלָה לְשִׁמְךָ וְלַעֲבוֹדָתְךָ בֶּאֱמֶת כִּרְצוֹנְךָ הַטּוֹב. וְתִשְׁמְרֵנִי וְתַצִּילֵנִי בְּרַחֲמֶיךָ מִשְּׁתִיָּה מְרֻבָּה וְלֹא אָבוֹא לִידֵי שִׁכְרוּת לְעוֹלָם. חוּס וְרַחֵם עָלַי, וְזַכֵּנִי שֶׁיִּהְיֶה לִי כֹּחַ לְעוֹרֵר שֹׁרֶשׁ יַיִן הַמְשַׂמֵּחַ. כְּמוֹ שֶׁכָּתוּב: "וְיַיִן יְשַׂמַּח לְבַב אֱנוֹשׁ". וּתְשַׂמַּח אֶת לְבָבִי תָּמִיד בִּקְדֻשָּׁה גְדוֹלָה בֶּאֱמֶת, עַד שֶׁאֶזְכֶּה לְרִקּוּדִין דִּקְדֻשָּׁה. וְעַל יְדֵי הָרִקּוּדִין בְּהִתְלַהֲבוּת הַלֵּב דִּקְדֻשָּׁה עַל יְדֵי יַיִן הַמְשַׂמֵּחַ. אֶזְכֶּה בְּרַחֲמֶיךָ לְהַמְתִּיק וּלְבַטֵּל כָּל הַדִּינִים הַנֶּאֱחָזִין בַּעֲקֵבִים וּבְרַגְלִין. וְתִתֵּן לָנוּ כֹּחַ לְבַטְּלָם וּלְשַׁבְּרָם וּלְהַמְתִּיקָם וְיִתְבַּטְּלוּ כָּל הַדִּינִים מֵעָלֵינוּ וּמֵעַל כָּל עַמְּךָ בֵּית יִשְׂרָאֵל מֵעַתָּה וְעַד עוֹלָם. וְתַמְשִׁיךְ

עָלֵינוּ בְּרַחֲמֶיךָ שֹׁרֶשׁ הַבְּכוֹרָה וְהַבְּרָכָה, וִיקֻיַּם בָּנוּ מִקְרָא שֶׁכָּתוּב: "בְּנִי בְכוֹרִי יִשְׂרָאֵל". וְנֶאֱמַר: "אַף אָנִי בְּכוֹר אֶתְּנֵהוּ עֶלְיוֹן לְמַלְכֵי אָרֶץ". וְתַמְשִׁיךְ עָלֵינוּ שֶׁפַע טוֹבָה וּבְרָכָה וְרַחֲמִים וְחַיִּים וְשָׁלוֹם וְכָל טוּב תָּמִיד. וְתַמְשִׁיךְ שָׁלוֹם בָּעוֹלָם. וּתְבַטֵּל כָּל מִינֵי מַחֲלֹקֶת מִן הָעוֹלָם.

וּתְזַכֵּנִי לִתֵּן תָּמִיד מָעוֹת עַל פִּדְיוֹן לְצַדִּיקֵי הַדּוֹר הָאֲמִתִּיִּים. וּתְעוֹרֵר בְּרַחֲמֶיךָ שֹׁרֶשׁ הַיָּדַיִם הַקְּדוֹשִׁים שֶׁבְּבִינָה שֶׁהֵם יָד הַגְּדוֹלָה וְיָד הַחֲזָקָה וְיָד הָרָמָה. וְיִתְעוֹרֵר בְּרַחֲמֶיךָ שֵׁם שֶׁל מ"ב [מֵם בֵּית], שֶׁהוּא: אָנָּא בְּכֹחַ גְּדֻלַּת יְמִינְךָ תַּתִּיר צְרוּרָה. קַבֵּל רִנַּת עַמְּךָ שַׂגְּבֵנוּ טַהֲרֵנוּ נוֹרָא. נָא גִבּוֹר דּוֹרְשֵׁי יִחוּדְךָ כְּבָבַת שָׁמְרֵם. בָּרְכֵם טַהֲרֵם רַחֲמֵי צִדְקָתְךָ תָּמִיד גָּמְלֵם. חֲסִין קָדוֹשׁ בְּרֹב טוּבְךָ נַהֵל עֲדָתֶךָ. יָחִיד גֵּאֶה לְעַמְּךָ פְּנֵה זוֹכְרֵי קְדֻשָּׁתֶךָ. שַׁוְעָתֵנוּ קַבֵּל וּשְׁמַע צַעֲקָתֵנוּ יוֹדֵעַ תַּעֲלוּמוֹת. וּבִזְכוּת כָּל הַשִּׁבְעָה שֵׁמוֹת שֶׁכָּל אֶחָד שֶׁל שִׁשָּׁה אוֹתִיּוֹת הַמְצֹרָפִים בִּתְפִלָּה זוֹ בְּרָאשֵׁי תֵבוֹת שֶׁהוּא שֵׁם שֶׁל מ"ב, עַל יְדֵי זֶה יִמְתְּקוּ הַדִּינִים בְּשָׁרְשָׁן. וּתְעוֹרֵר בְּרַחֲמֶיךָ רַחֲמִים הָעֶלְיוֹנִים מֵאוֹר הַפָּנִים, וּתְעוֹרֵר ש"ע [שִׁין עַיִן] נְהוֹרִין שֶׁל הַפָּנִים הָעֶלְיוֹנִים "וְהֵית חִוַּרְתָּא" שֶׁהֵם מִסְפַּר בְּשָׁלוֹ"ם. וְעַל יְדֵי זֶה תַּמְתִּיק וּתְבַטֵּל כָּל הַדִּינִים מֵעָלֵינוּ וּמֵעַל

כָּל עַמְּךָ בֵּית יִשְׂרָאֵל תָּמִיד לְעוֹלָם וָעֶד, וְתַמְשִׁיךְ וּתְחַבֵּר וּתְקַשֵּׁר הַוָּוִי"ן שֶׁל הַשִּׁבְעָה שֵׁמוֹת אֵלּוּ עִם הָעַמּוּדִים. וְיִתְחַבְּרוּ וְיִתְקַשְּׁרוּ יַחַד בְּסוֹד "וָוֵ"י הָעַמּוּדִים וַחֲשֻׁקֵיהֶם כָּסֶף". וְעַל־יְדֵי־זֶה יִהְיֶה נִמְשָׁךְ עָלֵינוּ הַחֶסֶד הָעֶלְיוֹן שֶׁהוּא סוֹד הַכֶּסֶף הַטָּהוֹר וְהַקָּדוֹשׁ, וְעַל יְדֵי זֶה יִתְבַּטְּלוּ כָּל הַדִּינִים מֵעָלֵינוּ וּמֵעַל זַרְעֵנוּ וּמֵעַל כָּל זֶרַע עַמְּךָ יִשְׂרָאֵל לְעוֹלָם. וְתִשְׁלַח רְפוּאָה שְׁלֵמָה לְחוֹלֵי עַמֶּךָ. (וּבִפְרָט לִפְלוֹנִי בֶּן פְּלוֹנִי וְכוּ' אֵל נָא רְפָא נָא לוֹ) וְהַעֲלֵה אֲרוּכָה וּמַרְפֵּא לְכָל תַּחֲלוּאֵיהֶם וּלְכָל מַכְאוֹבֵיהֶם, וּתְשִׁיבֵם לְאֵיתָנֵיהֶם בְּקָרוֹב. וְתִשְׁלַח לָהֶם מְהֵרָה רְפוּאָה שְׁלֵמָה מִן הַשָּׁמַיִם רְפוּאַת הַנֶּפֶשׁ וּרְפוּאַת הַגּוּף. כִּי אֵל מֶלֶךְ רוֹפֵא נֶאֱמָן וְרַחֲמָן אָתָּה. וּתְרַחֵם עָלֵינוּ וְתַעֲזֹר לָנוּ וּתְקַדְּשֵׁנוּ בִּקְדֻשָּׁתְךָ הָעֶלְיוֹנָה, וּתְזַכֵּנוּ בְּרַחֲמֶיךָ וְתִתֵּן לָנוּ כֹּחַ מֵאִתְּךָ שֶׁיִּהְיֶה לְאֵל יָדֵינוּ גַּם כֵּן לַעֲשׂוֹת פִּדְיוֹן לְהַמְתִּיק דִּינִים מִכָּל יִשְׂרָאֵל בִּכְלָלִיּוּת וּבִפְרָטִיּוּת, וּלְהַמְשִׁיךְ חֶסֶד לְכָל הַצְּרִיכִים חֶסֶד, עַל יְדֵי שֶׁאֲקַבֵּל כֶּסֶף הַפִּדְיוֹן לְתוֹךְ יָדַי, אוֹ עַל־יְדֵי שְׁתִיַּת יַיִן הַמְשַׂמֵּחַ בִּקְדֻשָּׁה גְּדוֹלָה. וְאֶזְכֶּה לְהָרִים יָדַי וְרַגְלַי לַיהוָה "אֵל עֶלְיוֹן קֹנֵה שָׁמַיִם וָאָרֶץ" בֶּאֱמֶת וּבֶאֱמוּנָה שְׁלֵמָה וּבְהִתְלַהֲבוּת הַלֵּב דִּקְדֻשָּׁה בְּשִׂמְחָה גְּדוֹלָה כִּרְצוֹנְךָ הַטּוֹב. וְתַמְשִׁיךְ עָלַי הַשְּׁמִירָה הָעֶלְיוֹנָה הַנִּמְשָׁךְ מֵחַשְׁמַ"ל הָעֶלְיוֹן. וּתְטַהֵר אוֹתִי וְאֶת לְבוּשַׁי וּבְגָדַי בְּגַשְׁמִיּוּת וּבְרוּחָנִיּוּת. וְתִשְׁמֹר צֵאתִי

וּבוֹאִי לְחַיִּים טוֹבִים וּלְשָׁלוֹם מֵעַתָּה וְעַד עוֹלָם:

וְתַזַכֵּנִי בְּרַחֲמֶיךָ שֶׁאֶזְכֶּה לְמַלְאֹת גְּרוֹנָם שֶׁל תַּלְמִידֵי חֲכָמִים אֲמִתִּיִּים יַיִן הַמְשַׂמֵּחַ, וְאֶזְכֶּה שֶׁיָּבוֹאוּ לְשִׂמְחָה גְדוֹלָה עַל יָדִי. וְתַעֲזֹר לִי וְתוֹשִׁיעֵנִי וְתַרְחִיב אֶת יָדִי שֶׁאֶזְכֶּה לִתֵּן לְתַלְמִידֵי חֲכָמִים וְצַדִּיקִים אֲמִתִּיִּים מָעוֹת הַרְבֵּה עַל פִּדְיוֹן נַפְשִׁי וְנֶפֶשׁ בָּנַי וּבְנוֹתַי וְכָל יוֹצְאֵי חֲלָצַי בְּתוֹךְ נַפְשׁוֹת כְּלָלִיּוּת עַמְּךָ יִשְׂרָאֵל. עַד שֶׁנִּזְכֶּה בְּרַחֲמֶיךָ שֶׁיִּהְיוּ נִמְתָּקִין כָּל הַדִּינִים בְּשָׁרְשָׁן. וְיִתְגַּבֵּר מִדַּת הַחֶסֶד עַל מִדַּת הַדִּין. וְתִעוֹרֵר בְּרַחֲמֶיךָ הַחֶסֶד הָעֶלְיוֹן עָלֵינוּ. וּמִשָּׁם יִהְיוּ נִמְשָׁכִין עָלֵינוּ חֲסָדִים טוֹבִים תָּמִיד, וּצְדָקָה וּבְרָכָה וְרַחֲמִים וְחַיִּים וְשָׁלוֹם. וְטוֹב יִהְיֶה בְּעֵינֶיךָ לְבָרְכֵנוּ וּלְבָרֵךְ אֶת כָּל עַמְּךָ יִשְׂרָאֵל בְּכָל עֵת וּבְכָל שָׁעָה בִּשְׁלוֹמְךָ הַטּוֹב. וְיִתְרַבֶּה הַשָּׁלוֹם בָּעוֹלָם, וִיקֻיַּם מִקְרָא שֶׁכָּתוּב: "וְכָל בָּנַיִךְ לִמּוּדֵי יְהֹוָה וְרַב שְׁלוֹם בָּנָיִךְ. שָׁלוֹם רָב לְאֹהֲבֵי תוֹרָתֶךָ וְאֵין לָמוֹ מִכְשׁוֹל. וּרְאֵה בָנִים לְבָנֶיךָ שָׁלוֹם עַל יִשְׂרָאֵל. יְהִי שָׁלוֹם בְּחֵילֵךְ שַׁלְוָה בְּאַרְמְנוֹתָיִךְ. לְמַעַן אַחַי וְרֵעָי אֲדַבְּרָה נָּא שָׁלוֹם בָּךְ. לְמַעַן בֵּית יְהֹוָה אֱלֹהֵינוּ אֲבַקְשָׁה טוֹב לָךְ. יְהֹוָה עֹז לְעַמּוֹ יִתֵּן יְהֹוָה יְבָרֵךְ אֶת עַמּוֹ בַשָּׁלוֹם":

מב

"שִׁמְעָה אֱלֹהִים רִנָּתִי הַקְשִׁיבָה תְּפִלָּתִי". עָזְרֵנִי יְהֹוָה אֱלֹהָי. שֶׁאֶזְכֶּה לְהִתְפַּלֵּל בְּכַוָּנָה גְּדוֹלָה וּבְשִׂמְחָה רַבָּה וְהִתְעוֹרְרוּת הַלֵּב בֶּאֱמֶת. וּתְזַכֵּנִי בְּרַחֲמֶיךָ הָרַבִּים וְתַעַזְרֵנִי לְסַדֵּר תְּפִלָּתִי לְפָנֶיךָ בְּקוֹל גִּילָה וְרַנֵּן; וְאֶזְכֶּה לְנַגֵּן אוֹתִיּוֹת הַתְּפִלָּה, וְקוֹל הַנְּגִינָה יִהְיֶה יָפֶה וְזַךְ וָצַח בְּזַכּוּת וּבִבְהִירוּת גָּדוֹל, עַד שֶׁאֶזְכֶּה לְהַלְבִּישׁ אֶת שְׁכִינַת עֻזֶּךָ בִּלְבוּשִׁין דִּנְהִירִין. וְעַל יְדֵי זֶה תִּמָּלֵא רַחֲמִים עַל עַמְּךָ יִשְׂרָאֵל, וְתִרְאֶה בְּצָרוֹתֵינוּ וְעָנְיֵנוּ וַעֲמָלֵנוּ וְדָחְקֵנוּ בְּגוּף וָנֶפֶשׁ וּמָמוֹן, וְתָשִׁיב חֲמָתְךָ מֵאִתָּנוּ. וִיקֻיַּם מִקְרָא שֶׁכָּתוּב: "וּרְאִיתִיהָ לִזְכֹּר בְּרִית עוֹלָם". וְתִזְכֹּר בְּרִית אֲבוֹתֵינוּ אַבְרָהָם יִצְחָק יַעֲקֹב, וּתְרַחֵם עָלֵינוּ בִּזְכוּתָם. וְתַאֲזִין תְּפִלָּתֵנוּ וְתַקְשִׁיב שַׁוְעָתֵנוּ, וְיֵרָאֶה לְפָנֶיךָ רִנּוּנֵנוּ. וִיקֻיַּם מִקְרָא שֶׁכָּתוּב: "וַיַּרְא בַּצַּר לָהֶם בְּשָׁמְעוֹ אֶת רִנָּתָם". וְתַמְתִּיק וּתְבַטֵּל מֵעָלֵינוּ וּמֵעַל כָּל עַמְּךָ בֵּית יִשְׂרָאֵל כָּל הַדִּינִים שֶׁבָּעוֹלָם, וְתַמְשִׁיךְ עָלֵינוּ שֶׁפַע טוֹבָה וּבְרָכָה וְרַחֲמִים וְחַיִּים וְשָׁלוֹם וְכָל טוֹב, וְתִגְמְלֵנוּ חֲסָדִים טוֹבִים תָּמִיד. וּבְכֵן תְּזַכֵּנוּ בְּרַחֲמֶיךָ הָרַבִּים. וְתַשְׁפִּיעַ עָלֵינוּ אֱמוּנָתְךָ הַקְּדוֹשָׁה, וּתְזַכֵּנוּ לֶאֱמוּנַת חֲכָמִים בְּתַכְלִית הַשְּׁלֵמוּת. וְאֶזְכֶּה לְהַאֲמִין בַּחֲכָמִים וְצַדִּיקִים אֲמִתִּיִּים שֶׁכָּל דִּבְרֵיהֶם וּמַעֲשֵׂיהֶם

אֵינוֹ פָּשׁוּט אֶלָּא יֵשׁ בָּהֶם רָזִין. וְאֶזְכֶּה עַל־יְדֵי־זֶה לְאַנְהָרָא לְמַטְרוֹנִיתָא וּלְהַפְשִׁיט מִנָּהּ לְבוּשִׁין דְּקַדְרָנוּתָא דְּפַשְׁטִין, וּלְהַלְבִּישׁ אוֹתָהּ בִּלְבוּשִׁין דִּנְהִירִין דְּאִנּוּן רָזִין דְּאוֹרַיְתָא. וְעַל־יְדֵי־זֶה אֶזְכֶּה לְהַמְתִּיק וּלְבַטֵּל כָּל הַדִּינִים מֵעָלֵינוּ וּמֵעַל כָּל עַמְּךָ יִשְׂרָאֵל מֵעַתָּה וְעַד עוֹלָם:

וְעָזְרֵנִי וְהוֹשִׁיעֵנִי שֶׁאֶזְכֶּה לְהַלְבִּישׁ עֲרֻמִּים, לְכַסּוֹת וּלְהַלְבִּישׁ עֲנִיִּים טוֹבִים וַהֲגוּנִים. וּתְזַכֵּנִי וּתְעַזְרֵנִי שֶׁאֶזְכֶּה לַעֲשׂוֹת לְבוּשִׁים נָאִים לְצַדִּיקִים אֲמִתִּיִּים. וְזַכֵּנוּ בְּרַחֲמֶיךָ לִשְׁמֹעַ קוֹל שׁוֹפָר בְּרֹאשׁ הַשָּׁנָה מִתּוֹקֵעַ הָגוּן וְכָשֵׁר וִירֵא אֱלֹהִים מֵרַבִּים. וְיַעֲלֶה לְפָנֶיךָ קוֹל הַתְּקִיעָה וְהַשְּׁבָרִים וְהַתְּרוּעָה. וִיעוֹרְרוּ אֶת זְכוּת אֲבוֹתֵינוּ אַבְרָהָם יִצְחָק וְיַעֲקֹב. וְתַבִּיט בִּזְכוּתָם, וְעַל יְדֵי זֶה תְּשַׁכֵּךְ וְתַמְתִּיק וּתְבַטֵּל חֲמָתְךָ מֵעָלֵינוּ. וְתָשִׁיב אֵלֵינוּ וְתָאִיר פָּנֶיךָ בָּנוּ. אָבִינוּ מַלְכֵּנוּ, חוּס וַחֲמֹל עָלֵינוּ, וְעָזְרֵנוּ לָבוֹא לְכָל מַה שֶּׁבִּקַּשְׁנוּ מִלְּפָנֶיךָ. עָזְרֵנִי עָזְרֵנִי, חָנֵּנִי חָנֵּנִי, כִּי עָלֶיךָ לְבַד נִשְׁעַנְתִּי. "אָנָּא יְהוָה הוֹשִׁיעָה נָּא. אָנָּא יְהוָה הַצְלִיחָה נָּא". הַצְלִיחֵנִי נָא לְעָבְדְּךָ מֵהַיּוֹם. וְעָזְרֵנִי וְזַכֵּנִי לְדַלֵּג וְלִקְפֹּץ עַל כָּל הַבְלֵי עוֹלָם הַזֶּה וְתַאֲוֹתָיו חִישׁ קַל מְהֵרָה. וְאֶזְכֶּה לְהִתְקַשֵּׁר אֵלֶיךָ בֶּאֱמֶת בְּקֶשֶׁר אַמִּיץ וְחָזָק וּלְהִתְדַּבֵּק בַּעֲבוֹדָתְךָ תָּמִיד יוֹמָם וָלַיְלָה. עֲשֵׂה לְמַעַן שְׁמֶךָ עֲשֵׂה

לְמַעַן יְמִינֶךָ. כִּי צְרָכֵינוּ הֵמָּה מְרֻבִּים, וְדַעְתֵּנוּ קְצָרָה לְבָאֵר וּלְפָרֵשׁ. וְכָל דָּבָר גָּדוֹל וְקָטָן שֶׁאֲנַחְנוּ צְרִיכִים בַּעֲבוֹדַת יְהֹוָה, לֹא יַסְפִּיקוּ יָמֵינוּ לְבָאֵר וּלְפָרֵשׁ אֶת עֹצֶם רִבּוּי הַמְּנִיעוֹת וְהָעִכּוּבִים שֶׁיֵּשׁ עַל זֶה. וְלֹא יַסְפִּיקוּ כָּל יָמֵינוּ לְבַקֵּשׁ וּלְחַנֵּן וּלְהַעְתִּיר וּלְהַפְצִיר אוֹתְךָ עַל זֶה. שֶׁתְּזַכֵּנוּ לְשַׁבֵּר כָּל הַמְּנִיעוֹת. וְלִזְכּוֹת לְהוֹצִיאוֹ מִכֹּחַ אֶל הַפֹּעַל. כִּי אֲנִי יוֹדֵעַ בֶּאֱמֶת שֶׁאֲנִי רָחוֹק מִכָּל הַדְּבָרִים שֶׁבִּקְדֻשָּׁה בַּעֲווֹנוֹתַי הָרַבִּים. אַךְ עָלֶיךָ לְבַד נִשְׁעַנְתִּי. וְעֵינַי תְּלוּיוֹת לְרַחֲמֶיךָ בְּכָל עֵת וּבְכָל רֶגַע וָרֶגַע. "דַּלּוּ עֵינַי לַמָּרוֹם, יְהֹוָה עָשְׁקָה לִּי עָרְבֵנִי. עֲרֹב עַבְדְּךָ לְטוֹב, אַל יַעַשְׁקוּנִי זֵדִים". עָזְרֵנִי בִּזְכוּת אֲבוֹתֵינוּ וּבִזְכוּת כָּל הַצַּדִּיקִים אֲמִתִּיִּים. בִּזְכוּתָם לְבַד נִשְׁעַנְתִּי וּבָהֶם חָסִיתִי, שֶׁכְּמוֹ שֶׁאֲנִי רָחוֹק מִכָּל הַדְּבָרִים שֶׁבִּקְדֻשָּׁה, כֵּן תְּחָנֵּנִי בְּרַחֲמֶיךָ, וּתְקַדְּשֵׁנִי בִּקְדֻשָּׁתְךָ הָעֶלְיוֹנָה, וְתַעַזְרֵנִי וּתְזַכֵּנִי לְהַגִּיעַ מְהֵרָה לְכָל הַדְּבָרִים שֶׁבִּקְדֻשָּׁה, שֶׁאֶזְכֶּה לָסוּר מֵרָע לְגַמְרֵי בֶּאֱמֶת. וְאֶזְכֶּה תָּמִיד לַעֲשׂוֹת מִצְווֹת הַרְבֵּה בְּכָל יוֹם וָיוֹם, לַעֲסֹק בַּתּוֹרָה וּבִתְפִלָּה וּבִגְמִילוּת חֲסָדִים תָּמִיד כָּל יְמֵי חַיַּי. וּתְזַכֵּנִי בְּרַחֲמֶיךָ הָרַבִּים, שֶׁאֶזְכֶּה לָדַעַת וּלְכַוֵּן לַעֲסֹק בְּיוֹתֵר בַּמִּצְוָה הַשַּׁיָּכָה לְשֹׁרֶשׁ נִשְׁמָתִי. וְנַפְשִׁי תִּהְיֶה נִמְשֶׁכֶת בְּיוֹתֵר אַחַר אוֹתָהּ הַמִּצְוָה הַשַּׁיָּכָה לְשָׁרְשִׁי הָעֶלְיוֹן. וְאֶזְכֶּה לְהַרְבּוֹת בְּמִצְוָה זוֹ תָּמִיד בְּכָל עֵת, בְּאֹפֶן שֶׁאֶזְכֶּה לְתַקֵּן בְּחַיַּי

אֶת כָּל אֲשֶׁר שִׁחַתְתִּי. וְתִמָּלֵא רַחֲמִים עָלַי תָּמִיד וּתְשַׁכֵּךְ חֲמָתְךָ מֵאִתִּי. וְאַל תַּעֲשֶׂה עִמִּי כַּחֲטָאַי, וְאַל תְּדִינֵנִי כְּמִפְעָלַי. "שׁוּבֵנוּ אֱלֹהֵי יִשְׁעֵנוּ וְהָפֵר כַּעַסְךָ עִמָּנוּ. הַרְאֵנוּ יְהֹוָה חַסְדֶּךָ, וְיֶשְׁעֲךָ תִּתֶּן לָנוּ. קוּמָה עֶזְרָתָה לָנוּ, וּפְדֵנוּ לְמַעַן חַסְדֶּךָ. אַל תַּסְתֵּר פָּנֶיךָ מִמֶּנִּי, בְּיוֹם צַר לִי, הַטֵּה אֵלַי אָזְנֶךָ בְּיוֹם אֶקְרָא מַהֵר עֲנֵנִי. וַאֲנִי אָשִׁיר עֻזֶּךָ וַאֲרַנֵּן לַבֹּקֶר חַסְדֶּךָ, כִּי הָיִיתָ מִשְׂגָּב לִי וּמָנוֹס בְּיוֹם צַר לִי. אֱלֹהִים שִׁיר חָדָשׁ אָשִׁירָה לָּךְ, בְּנֵבֶל עָשׂוֹר אֲזַמְּרָה לָּךְ. אָשִׁירָה לַיהֹוָה בְּחַיָּי אֲזַמְּרָה לֵאלֹהַי בְּעוֹדִי. עֻזִּי אֵלֶיךָ אֲזַמֵּרָה כִּי אֱלֹהִים מִשְׂגַּבִּי אֱלֹהֵי חַסְדִּי":

מג

יְהִי רָצוֹן מִלְּפָנֶיךָ יְהֹוָה אֱלֹהֵינוּ וֵאלֹהֵי אֲבוֹתֵינוּ, שֶׁתִּהְיֶה בְּעֶזְרֵנוּ וְתִשְׁמְרֵנוּ בְּרַחֲמֶיךָ הָרַבִּים וְתַרְחִיקֵנוּ מִלְּהִתְחַבֵּר עִם רְשָׁעִים. וְתִשְׁמֹר אוֹתִי שֶׁלֹּא יִהְיֶה נִשְׁמָע לְאָזְנַי לְעוֹלָם דִּבּוּרִים שֶׁל רְשָׁעִים שֶׁהֵם בְּנֵי דֵעָה, אֲשֶׁר דִּבּוּרֵיהֶם הֵם אֲוִירִים אַרְסִיִּים שֶׁל נִאוּף, וּמוֹלִידִים נִאוּף בְּהַשְׁמָעַ דִּבְרֵיהֶם. אָנָּא יְהֹוָה רַחֵם עָלַי וְהַרְחִיקֵנִי מִדִּבּוּרִים אֵלּוּ. כִּי אַתָּה יָדַעְתָּ כִּי בָּשָׂר וָדָם אָנֹכִי, וְאִי אֶפְשָׁר לִי בְּעַצְמִי לִהְיוֹת נִשְׁמָר מֵהֶם. וְגַם "כִּי בַעַר אָנֹכִי מֵאִישׁ" וְאֵינִי יוֹדֵעַ לְהַבְחִין

וְלֵידַע מִי הוּא הַצַּדִּיק, וּמִי הוּא הָרָשָׁע לְהִתְרַחֵק מִמֶּנּוּ. עַל כֵּן עָלֶיךָ אֲנִי מַשְׁלִיךְ אֶת יְהָבִי, שֶׁאַתָּה תִּשְׁמְרֵנִי בְּרַחֲמֶיךָ הָרַבִּים, וְתַרְחִיקֵנִי מִן הָרְשָׁעִים. וְלֹא אֲדַבֵּר עִמָּהֶם לְעוֹלָם, וְלֹא אֶשְׁמַע דִּבְרֵיהֶם בְּשׁוּם פַּעַם, וַאֲפִלּוּ כְּשֶׁיִּהְיֶה הַהֶכְרֵחַ לְדַבֵּר עִמָּם, תָּגֵן בַּעֲדִי בְּכֹחֲךָ הַגָּדוֹל, וְתִפְרֹס עָלַי סֻכַּת שְׁלוֹמֶךָ, וְתַסְתִּירֵנִי בְּצֵל כְּנָפֶיךָ. בְּאֹפֶן שֶׁאֶזְכֶּה לְהִנָּצֵל מֵאֶרֶס דִּבְרֵיהֶם. וְתִשְׁמְרֵנִי וְתַצִּילֵנִי שֶׁלֹּא יִכְנֹס בִּי אַרְסֵיהֶם וְחִצֵּיהֶם. וְלֹא יַזִּיקוּ לִי פְּגַם דִּבְרֵיהֶם, וּתְקַדְּשֵׁנִי בִּקְדֻשָּׁתְךָ הָעֶלְיוֹנָה.

וּתְזַכֵּנִי בְּרַחֲמֶיךָ הָרַבִּים לִשְׁמִירַת הַבְּרִית בֶּאֱמֶת. וְתַחְמֹל עָלֵינוּ וְתִהְיֶה עִמָּנוּ תָּמִיד, וּבְחַסְדְּךָ הַגָּדוֹל תּוֹשִׁיעֵנוּ וְתַעַזְרֵנוּ וְתַכְנִיעַ וְתִשְׁבֹּר וּתְעַקֵּר וּתְבַטֵּל קְלִפַּת בִּלְעָם הָרָשָׁע מִן הָעוֹלָם, שֶׁהוּא פְּגַם תַּאֲוַת נִאוּף. וְתַמְשִׁיךְ עָלֵינוּ וְעַל כָּל עַמְּךָ יִשְׂרָאֵל קְדֻשַּׁת וּפְרִישׁוּת מֹשֶׁה רַבֵּנוּ עָלָיו הַשָּׁלוֹם, וּקְדֻשַּׁת כָּל הַצַּדִּיקִים הָאֲמִתִּיִּים שׁוֹמְרֵי הַבְּרִית בֶּאֱמֶת. בִּזְכוּתָם תְּחַיֵּנוּ וְתוֹשִׁיעֵנוּ שֶׁנִּזְכֶּה גַּם כֵּן לִהְיוֹת שׁוֹמְרֵי הַבְּרִית בֶּאֱמֶת. וְתִשְׁמְרֵנוּ וְתַצִּילֵנוּ מֵעַתָּה מִכָּל מִינֵי פְּגַם הַבְּרִית וּמִכָּל מִינֵי הִרְהוּרִים רָעִים וּמִכָּל מִינֵי בִּלְבּוּלִים וְעִרְבּוּב הַדַּעַת. וּתְזַכֵּנוּ לִקְדֻשַּׁת הַבְּרִית וְלִקְדֻשַּׁת הַדַּעַת בְּתַכְלִית הַשְּׁלֵמוּת בֶּאֱמֶת:

וְתְרַחֵם עָלֵינוּ וְתַצִּילֵנוּ תָּמִיד מִן הַכַּעַס וּמִן הַקְּפֵדוֹת. וְנִזְכֶּה לִהְיוֹת טוֹב לַכֹּל תָּמִיד. וְלֹא יִהְיֶה בְּלִבֵּנוּ שׁוּם כַּעַס וּקְפֵדָא וְשׁוּם קִנְטוּר בָּעוֹלָם כְּלָל. וּתְקָרְבֵנוּ לַעֲבוֹדָתְךָ בֶּאֱמֶת. וְנִזְכֶּה לְהִתְקַשֵּׁר בֶּאֱמֶת לְצַדִּיקִים אֲמִתִּיִּים, וְאֶל הַתּוֹרָה הַקְּדוֹשָׁה, וּלְהַשֵּׁם יִתְבָּרַךְ, בֶּאֱמֶת וּבִתְמִימוּת וּבֶאֱמוּנָה שְׁלֵמָה, בְּהִתְקַשְּׁרוּת אַמִּיץ וְחָזָק לְעוֹלְמֵי עַד וּלְנֵצַח נְצָחִים. "טְהוֹר עֵינַיִם מֵרְאוֹת בְּרָע", קַדְּשֵׁנוּ וְטַהֲרֵנוּ מִכָּל מִינֵי טֻמְאוֹת וְזֻהֲמוֹת. וּבִפְרָט מִפְּגַם זֻהֲמַת תַּאֲוַת נִאוּף. "הַצִּילֵנִי מִטִּיט וְאַל אֶטְבָּעָה, אִנָּצְלָה מִשּׂוֹנְאַי וּמִמַּעֲמַקֵּי מָיִם". הַעֲלֵנִי "מִבּוֹר שָׁאוֹן מִטִּיט הַיָּוֵן". הַצִּילֵנִי מִפְּגַם הַדַּעַת. הַצִּילֵנִי מַלְּטֵנִי פְּדֵנִי מֵהִרְהוּרִים רָעִים מִמַּחֲשָׁבוֹת רָעוֹת. עָזְרֵנִי כִּי עָלֶיךָ נִשְׁעַנְתִּי, כִּי אֵין לִי עַל מִי לְהִשָּׁעֵן כִּי אִם עַל אָבִי שֶׁבַּשָּׁמַיִם. וְקַיֵּם בִּי מִקְרָא שֶׁכָּתוּב: "וְזָרַקְתִּי עֲלֵיכֶם מַיִם טְהוֹרִים וּטְהַרְתֶּם, מִכֹּל טֻמְאוֹתֵיכֶם וּמִכָּל גִּלּוּלֵיכֶם אֲטַהֵר אֶתְכֶם. אַל תַּעַזְבֵנִי יְהוָה, אֱלֹהַי אַל תִּרְחַק מִמֶּנִּי. חוּשָׁה לְעֶזְרָתִי יְהוָה תְּשׁוּעָתִי. יִהְיוּ לְרָצוֹן אִמְרֵי פִי וְהֶגְיוֹן לִבִּי לְפָנֶיךָ יְהוָה צוּרִי וְגוֹאֲלִי":

מד מה מו

יְהִי רָצוֹן מִלְּפָנֶיךָ יְהוָה אֱלֹהֵינוּ וֵאלֹהֵי אֲבוֹתֵינוּ. אֱלֹהֵי

אַבְרָהָם אֱלֹהֵי יִצְחָק וֵאלֹהֵי יַעֲקֹב. שֶׁתְּזַכֵּנוּ בְּרַחֲמֶיךָ הָרַבִּים. וְתַעַזְרֵנוּ וְתוֹשִׁיעֵנוּ תָּמִיד שֶׁנִּזְכֶּה לְהִתְפַּלֵּל תְּפִלָּתֵנוּ לְפָנֶיךָ בְּכָל לֵב וָנֶפֶשׁ. בְּכַוָּנָה גְּדוֹלָה וַעֲצוּמָה. בִּקְדֻשָּׁה וּבְטָהֳרָה בֶּאֱמֶת וּבֶאֱמוּנָה שְׁלֵמָה. וּבְיִרְאָה וּבְאַהֲבָה וּבְמַחֲשָׁבָה זַכָּה וּנְכוֹנָה. וְתַצִּילֵנוּ בְּרַחֲמֶיךָ מִכָּל מִינֵי מַחֲשָׁבוֹת זָרוֹת שֶׁבָּעוֹלָם. וּתְזַכֵּנוּ וְתוֹשִׁיעֵנוּ שֶׁתִּהְיֶה תְּפִלָּתֵנוּ תָּמִיד עַל אַדְמַת קֹדֶשׁ. שֶׁנִּזְכֶּה לְקַדֵּשׁ הַמָּקוֹם שֶׁאָנוּ עוֹמְדִים עָלָיו לְהִתְפַּלֵּל בִּקְדֻשַּׁת אֶרֶץ יִשְׂרָאֵל. וּתְעוֹרֵר אֶת לְבָבִי בִּשְׁעַת הַתְּפִלָּה. וְאֶזְכֶּה לְהִתְפַּלֵּל בְּהִתְעוֹרְרוּת גָּדוֹל וְנוֹרָא, עַד אֲשֶׁר יִתְעוֹרְרוּ יָדַי בִּשְׁעַת הַתְּפִלָּה. וְאֶזְכֶּה לְהָרִים יָדַי לַיהוָה וּלְהַכּוֹת כַּף אֶל כַּף בְּהִתְלַהֲבוּת גָּדוֹל בִּשְׁעַת הַתְּפִלָּה, בְּשִׂמְחָה רַבָּה וּבְהִתְעוֹרְרוּת נִפְלָא לְשִׁמְךָ לְבַד בֶּאֱמֶת. וְעַל יְדֵי הַמְּחָאַת כַּף אֶל כַּף אֶזְכֶּה שֶׁיִּתְעוֹרְרוּ כֹּחַ יָדָיו שֶׁל הַקָּדוֹשׁ בָּרוּךְ הוּא. שֶׁהֵם כ״ח [כָּף־חֵית] פִּרְקִין דְּיָדַיִם הָעֶלְיוֹנִים שֶׁהֵם כ״ח [כָּף־חֵית] אַתְוָן שֶׁל מַעֲשֵׂה בְרֵאשִׁית. וְעַל יְדֵי זֶה נִזְכֶּה לְטַהֵר וּלְזַכֵּךְ אֶת אֲוִיר הַמָּקוֹם שֶׁאָנוּ מִתְפַּלְּלִים בּוֹ בִּבְחִינַת 'אֲוִירָא דְאֶרֶץ יִשְׂרָאֵל מַחְכִּים', שֶׁהוּא אֲוִיר הַקָּדוֹשׁ, לְגָרֵשׁ אֲוִיר הַטָּמֵא שֶׁל חוּץ לָאָרֶץ וּלְהַמְשִׁיךְ אֶל הַמָּקוֹם שֶׁאָנוּ עוֹמְדִים עָלָיו לְהִתְפַּלֵּל לְפָנֶיךָ, אֲוִיר הַקָּדוֹשׁ שֶׁל אֶרֶץ יִשְׂרָאֵל. כִּי הַכֹּל שֶׁלָּךְ. וּבְכֹחֲךָ בָּרָאתָ עוֹלָמְךָ בִּרְצוֹנְךָ הַטּוֹב. בְּכ״ח [בְּכָף־חֵית] פִּרְקִין דְּיָדַיִם הַקְּדוֹשִׁים שֶׁהֵם

כ״ח [כָּף־חֵית] אַתְוָן דְּמַעֲשֵׂה בְרֵאשִׁית. כְּמוֹ שֶׁכָּתוּב: ״אַף יָדִי יָסְדָה אֶרֶץ וִימִינִי טִפְּחָה שָׁמָיִם״. וּכְתִיב: ״בִּדְבַר יְהֹוָה שָׁמַיִם נַעֲשׂוּ וּבְרוּחַ פִּיו כָּל צְבָאָם״. וּבִרְצוֹנְךָ הַטּוֹב נָתַתָּ כֹּחַ לְיִשְׂרָאֵל עַמְּךָ לִכְבּשׁ אֶרֶץ יִשְׂרָאֵל מִיַּד הַשִּׁבְעָה עֲמָמִין, וּלְטַהֵר אֶת הָאָרֶץ לְגָרֵשׁ מִשָּׁם אֲוִיר הַטָּמֵא שֶׁל הָעַמִּים, וּלְהַמְשִׁיךְ לְשָׁם אֲוִיר הַקָּדוֹשׁ, לְקַדֵּשׁ הָאָרֶץ בִּקְדֻשַּׁת אֶרֶץ יִשְׂרָאֵל. כְּמוֹ שֶׁכָּתוּב: ״כֹּחַ מַעֲשָׂיו הִגִּיד לְעַמּוֹ לָתֵת לָהֶם נַחֲלַת גּוֹיִם״. כֵּן בְּרַחֲמֶיךָ הָרַבִּים תְּזַכֵּנוּ וּתְחָנֵּנוּ וּתְאַמְּצֵנוּ, וְתִתֶּן לָנוּ כֹּחַ וּגְבוּרָה מֵאִתְּךָ, שֶׁנִּזְכֶּה בְּכָל מָקוֹם שֶׁנַּעֲמֹד שָׁם לְהִתְפַּלֵּל לְפָנֶיךָ, לְטַהֵר אֶת הַמָּקוֹם הַהוּא עַל יְדֵי מְחָאַת כַּפַּיִם. לְעוֹרֵר עַל יְדֵי זֶה כֹּחַ מַעֲשֶׂיךָ וּלְהַמְשִׁיךְ לְשָׁם אֲוִיר הַקָּדוֹשׁ שֶׁל אֶרֶץ יִשְׂרָאֵל, וּלְגָרֵשׁ מִשָּׁם אֲוִיר הַטָּמֵא שֶׁל חוּץ לָאָרֶץ. וְעַל יְדֵי זֶה נִזְכֶּה לְזַכֵּךְ אֶת תְּפִלָּתֵנוּ וּלְטַהֲרָהּ מִכָּל מִינֵי מַחֲשָׁבוֹת זָרוֹת, וּמִכָּל הִרְהוּרֵי עֲבוֹדָה זָרָה וּכְפִירוֹת. מִכֻּלָּם תַּצִּילֵנוּ בְּרַחֲמֶיךָ הָרַבִּים וּבַחֲסָדֶיךָ הַגְּדוֹלִים.

וּתְזַכֵּנוּ לִתֵּן צְדָקָה לְאֶרֶץ יִשְׂרָאֵל, וְנִזְכֶּה לְהַחֲזִיק יְדֵי עֲנִיִּים הֲגוּנִים הַדָּרִים בְּאֶרֶץ יִשְׂרָאֵל, עַד שֶׁנִּזְכֶּה שֶׁנִּהְיֶה נִכְלָלִים בַּאֲוִירָא דְאֶרֶץ יִשְׂרָאֵל. וְעַל יְדֵי זֶה נִזְכֶּה לְגָרֵשׁ מֵי הַמַּבּוּל מֵאִתָּנוּ, שֶׁהֵם הַמַּחֲשָׁבוֹת זָרוֹת וְהַבִּלְבּוּלִים הַמְבַלְבְּלִים אוֹתָנוּ

תָּמִיד, וּמוֹנְעִים אוֹתָנוּ מֵעֲבוֹדָתְךָ הָאֲמִתִּיִּית, וּבִפְרָט בִּשְׁעַת הַתְּפִלָּה, שֶׁכֻּלָּם בָּאִים עָלֵינוּ וּמְבַלְבְּלִים אֶת תְּפִלּוֹתֵינוּ מְאֹד, עַד אֲשֶׁר "כָּשַׁל כֹּחַ הַסַּבָּל". כִּי בַּעֲווֹנוֹתֵינוּ הָרַבִּים גָּבְרוּ הַמַּיִם "מְאֹד עַל הָאָרֶץ וַיְכֻסּוּ כָּל הֶהָרִים הַגְּבֹהִים", עַד אֲשֶׁר קָשֶׁה לַעֲמֹד נֶגֶד בִּלְבּוּלִים וּמַחֲשָׁבוֹת זָרוֹת רַבּוֹת כָּאֵלֶּה, כִּי הִרְבִּינוּ לִפְשֹׁעַ מְאֹד:

רִבּוֹנוֹ שֶׁל עוֹלָם מָרֵא דְעָלְמָא כֻּלָּא, אַתָּה יָדַעְתָּ מִי וָמִי עוֹמְדִים עָלֵינוּ, בִּפְרָט בִּשְׁעַת הַתְּפִלָּה. אַתָּה יוֹדֵעַ אֶת לְבָבֵנוּ. רְאֵה נָא בְּעָנְיֵנוּ וְדָחְקֵנוּ וַעֲמָלֵנוּ וְלַחֲצֵנוּ. "הוֹשִׁיעֵנִי אֱלֹהִים כִּי בָאוּ מַיִם עַד נָפֶשׁ. טָבַעְתִּי בִּיוֵן מְצוּלָה וְאֵין מָעֳמָד. בָּאתִי בְמַעֲמַקֵּי מַיִם וְשִׁבֹּלֶת שְׁטָפָתְנִי":

רִבּוֹנוֹ שֶׁל עוֹלָם. "אַל תִּשְׁטְפֵנִי שִׁבֹּלֶת מַיִם וְאַל תִּבְלָעֵנִי מְצוּלָה וְאַל תֶּאְטַר עָלַי בְּאֵר פִּיהָ. הַצִּילֵנִי מִטִּיט וְאַל אֶטְבָּעָה, אִנָּצְלָה מִשּׂוֹנְאַי וּמִמַּעֲמַקֵּי מָיִם". אָנָּא יְהֹוָה חוּס וְרַחֵם עָלַי, חוּסָה עָלַי כְּרֹב רַחֲמֶיךָ, הַצִּילֵנִי נָא, מַלְּטֵנִי נָא, פְּדֵנִי נָא, חָנֵּנִי נָא, אֲהָהּ יְהֹוָה הַצֵּל הַצֵּל, "שִׁטַּחְתִּי אֵלֶיךָ כַּפָּי", כִּי בִּתְהוּמוֹת וּבִלְבּוּלִים כָּאֵלֶּה אֲשֶׁר גָּבְרוּ מְאֹד עַל הָאָרֶץ בַּיָּמִים הָאֵלֶּה, אֵינִי יוֹדֵעַ שׁוּם עֵצָה וְתַחְבּוּלָה לְהִנָּצֵל,

כִּי אִם עָלֶיךָ לְבַד נִשְׁעַנְתִּי. כְּשֵׁם שֶׁהִצַּלְתָּ אֶת אֲוִיר אֶרֶץ יִשְׂרָאֵל מִמֵּי הַמַּבּוּל, כְּמוֹ שֶׁכָּתוּב: "אֶרֶץ לֹא גֻשְּׁמָהּ בְּיוֹם זָעַם", כֵּן בְּרַחֲמֶיךָ הָרַבִּים תְּזַכֵּנִי שֶׁיִּהְיֶה הַמָּקוֹם שֶׁאֶתְפַּלֵּל עָלָיו קָדוֹשׁ בִּקְדֻשַּׁת אֶרֶץ יִשְׂרָאֵל. וְתַעֲבִיר וְתִסַּלֵּק מִשָּׁם מֵי הַמַּבּוּל מַיִם הַזֵּדוֹנִים, שֶׁהֵם הַמַּחֲשָׁבוֹת זָרוֹת וְהַבִּלְבּוּלִים הַמְבַלְבְּלִים אֶת הַתְּפִלָּה. וְלֹא יִהְיֶה כֹּחַ לְשׁוּם בִּלְבּוּל וְלֹא לְשׁוּם מַחֲשָׁבוֹת זָרוֹת וּכְפִירוֹת לְבַלְבֵּל אֶת תְּפִלָּתִי חַס וְשָׁלוֹם בְּשׁוּם בִּלְבּוּל שֶׁבָּעוֹלָם. וְתִהְיֶה תְּפִלָּתִי זַכָּה וּנְכוֹנָה צַחָה וּנְקִיָּה. וְתַעֲלֶה לְרַחֲמִים וּלְרָצוֹן לִפְנֵי כִּסֵּא כְבוֹדֶךָ, עַד שֶׁאֶזְכֶּה עַל יְדֵי הַתְּפִלָּה לְהַשִּׂיג הַשָּׂגוֹת עֶלְיוֹנוֹת סוֹדוֹת הַתּוֹרָה. וְתִתְפָּאֵר וְתִתְנַשֵּׂא עִם תְּפִלּוֹתֵינוּ בְּכָל הָעוֹלָמוֹת. וְיִהְיֶה לְךָ שַׁעֲשׁוּעִים גְּדוֹלִים מִתְּפִלּוֹתֵינוּ וּתְחִנּוֹתֵינוּ וּבַקָּשׁוֹתֵינוּ. וִיקֻיַּם בָּנוּ מִקְרָא שֶׁכָּתוּב: "וְהָיִית עֲטֶרֶת תִּפְאֶרֶת בְּיַד יְהֹוָה, וּצְנִיף מְלוּכָה בְּכַף אֱלֹהָיִךְ. שׁוֹמֵעַ תְּפִלָּה, עָדֶיךָ כָּל בָּשָׂר יָבוֹאוּ. "שְׁמַע תְּפִלָּתֵנוּ וְאֶנְקוֹתֵינוּ וְאַנְחוֹתֵינוּ מִמַּעֲמַקֵּי עֲמָקִים. וְאַל תַּסְתִּיר פָּנֶיךָ מִמֶּנּוּ. וְאַל תַּעְלֵם אָזְנְךָ מִשַּׁוְעָתֵנוּ וְצַעֲקָתֵנוּ. "אַל תַּעַזְבֵנִי יְהֹוָה, אֱלֹהַי אַל תִּרְחַק מִמֶּנִּי, חוּשָׁה לְעֶזְרָתִי יְהֹוָה תְּשׁוּעָתִי":

מח

וּבְכֵן יְהִי רָצוֹן מִלְּפָנֶיךָ יְהֹוָה אֱלֹהֵינוּ וֵאלֹהֵי אֲבוֹתֵינוּ, שֶׁנִּזְכֶּה עַל יְדֵי מְחָאַת כַּפַּיִם בִּתְפִלָּה, לְעוֹרֵר עַל־יְדֵי־זֶה כְּנָפַיִם הַקְּדוֹשִׁים שֶׁהֵם כַּנְפֵי רֵאָה, לְהוֹצִיא דִּבּוּרִים שְׁלֵמִים וּקְדוֹשִׁים לְפָנֶיךָ בִּתְפִלָּתִי וּתְחִנָּתִי וּבַקָּשָׁתִי. וְעַל־יְדֵי הַכָּאַת חֲמִשָּׁה אֶצְבָּעוֹת יַד יָמִין בַּחֲמִשָּׁה אֶצְבָּעוֹת שֶׁבְּיַד שְׂמֹאל, וַחֲמִשָּׁה אֶצְבָּעוֹת שֶׁבְּיַד שְׂמֹאל, בַּחֲמִשָּׁה שֶׁבְּיַד יָמִין, עַל־יְדֵי־זֶה נִזְכֶּה לְעוֹרֵר לְמַעְלָה הַכָּאַת הָאוֹרוֹת זֶה בָּזֶה, עַד שֶׁיִּהְיוּ נִכְלָלִים הָאוֹרוֹת יַחַד. וְיִתְעוֹרְרוּ חֲמִשִּׁים שַׁעֲרֵי בִינָה שֶׁהוּא יוֹבֵל הַגָּדוֹל. וְעַל־יְדֵי־זֶה נִזְכֶּה לִגְאֻלָּה שְׁלֵמָה, בְּגַשְׁמִיּוּת וְרוּחָנִיּוּת. וּלְהוֹצִיא הַדִּבּוּר דִּקְדֻשָּׁה מֵהַגָּלוּת. וְנִזְכֶּה עַל־יְדֵי־זֶה לַעֲשׂוֹת וּלְהָכִין וּלְתַקֵּן פֶּה קָדוֹשׁ לְקַבֵּל הַדִּבּוּרִים בְּתוֹכוֹ, בְּאֹפֶן שֶׁנִּזְכֶּה לְהִתְפַּלֵּל וּלְהִתְחַנֵּן לְפָנֶיךָ תָּמִיד בְּפֶה מָלֵא וּבְדִבּוּרִים קְדוֹשִׁים וּשְׁלֵמִים, בִּקְדֻשָּׁה וּבְטָהֳרָה גְדוֹלָה. וְיַעֲלוּ אֲמָרֵנוּ לְרָצוֹן לִפְנֵי כִּסֵּא כְבוֹדֶךָ. וּתְמַלֵּא כָּל מִשְׁאֲלוֹתֵינוּ לְטוֹבָה בְּרַחֲמִים:

מז

וּתְזַכֵּנוּ עַל־יְדֵי מְחָאַת כַּפַּיִם לְהַמְתִּיק כָּל הַדִּינִים

שֶׁבָּעוֹלָם. וְנִזְכֶּה לְעוֹרֵר שְׁלֹשָׁה הַיָּדַיִם הַקְּדוֹשִׁים שֶׁלְּמַעְלָה. שֶׁהֵם יָד הַגְּדוֹלָה וְיָד הַחֲזָקָה וְיָד הָרָמָה. שֶׁהֵם שְׁלֹשָׁה שְׁמוֹתֶיךָ הַקְּדוֹשִׁים יקו״ק. וְעַל־יְדֵי־זֶה נִזְכֶּה לְהַמְתִּיק וּלְבַטֵּל כָּל הַדִּינִים הַיּוֹצְאִים מִשָּׁלֹשׁ אֱלֹהִים שֶׁבַּגָּרוֹן. וְנִזְכֶּה לְהַמְשִׁיךְ שְׁלֹשָׁה הַשֵּׁמוֹת הַקְּדוֹשִׁים יקו״ק אֶל הַשָּׁלֹשׁ אֱלֹהִים לְהַמְתִּיקָם עַל־יְדֵי־זֶה, וְעַל־יְדֵי־זֶה יֻמְתְּקוּ וְיִתְבַּטְּלוּ כָּל הַדִּינִים מֵעָלֵינוּ וּמֵעַל כָּל עַמְּךָ יִשְׂרָאֵל מֵעַתָּה וְעַד עוֹלָם. וְנִזְכֶּה לִדְחוֹת מֹחִין דְּקַטְנוּת מֵאִתָּנוּ. וְתַעֲבִיר וּתְסַלֵּק הַשִּׁכְחָה מֵאִתָּנוּ. וּתְזַכֵּנוּ לְמֹחִין קְדוֹשִׁים דְּגַדְלוּת וּלְזִכָּרוֹן דִּקְדֻשָּׁה, לִזְכֹּר אֶת כָּל דִּבְרֵי תּוֹרָתְךָ הַקְּדוֹשָׁה תָּמִיד, וְלֹא אֶשְׁכַּח דָּבָר מִמִּשְׁנָתִי לְעוֹלָם:

וְנִזְכֶּה לְבַטֵּל כָּל מִינֵי מַחֲלֹקֶת מִן הָעוֹלָם, וְיִהְיֶה נִכְלָל שְׂמֹאל בְּיָמִין, וְתַמְשִׁיךְ שָׁלוֹם גָּדוֹל בָּעוֹלָם, וּתְבַטֵּל חֶרֶב וְהֶרֶג וַאֲבַדּוֹן מִן הָעוֹלָם. וּתְקַיֵּם מִקְרָא שֶׁכָּתוּב: "וְנָתַתִּי שָׁלוֹם בָּאָרֶץ וְחֶרֶב לֹא תַעֲבֹר בְּאַרְצְכֶם". חוּס וַחֲמֹל עָלֵינוּ וְזַכֵּנוּ לְהִתְפַּלֵּל תְּפִלָּתֵנוּ לְפָנֶיךָ בְּכַוָּנָה גְדוֹלָה בְּלֵב וָנֶפֶשׁ וּבְהִתְעוֹרְרוּת גָּדוֹל, בְּאֵימָה וּבְיִרְאָה גְדוֹלָה וּבִמְסִירַת נֶפֶשׁ מֵאַהֲבָה, וּבְשִׂמְחָה וְחֶדְוָה רַבָּה וַעֲצוּמָה, וּבְמַחֲשָׁבוֹת זַכּוֹת וּנְכוֹנוֹת. וְתִגְעַר בְּכָל הַמַּחֲשָׁבוֹת זָרוֹת שֶׁלֹּא יִהְיֶה לָהֶם שׁוּם שְׁלִיטָה לְבַלְבֵּל אֶת תְּפִלָּתֵנוּ חַס וְשָׁלוֹם. מָלֵא

רַחֲמִים, זַכֵּנִי בְּרַחֲמֶיךָ הָרַבִּים לִקְדֻשַּׁת הַמַּחֲשָׁבָה תָּמִיד, וּבְיוֹתֵר בִּשְׁעַת תְּפִלּוֹתֵינוּ וְתַחֲנוּנֵינוּ וּבַקָּשׁוֹתֵינוּ, כִּי אֵין כֹּחֵנוּ אֶלָּא בַּפֶּה. וְאֵין לָנוּ עַכְשָׁו שׁוּם סְמִיכָה כִּי אִם עַל תְּפִלָּה וְתַחֲנוּנִים, עָזְרֵנוּ לְהִתְפַּלֵּל לְפָנֶיךָ בְּהִתְעוֹרְרוּת גָּדוֹל וּבְהִתְלַהֲבוּת הַלֵּב, עַד שֶׁיִּתְעוֹרְרוּ יָדַי לַיהוָה. וְנִזְכֶּה לְהַמְחָאַת כַּף בִּקְדֻשָּׁה גְּדוֹלָה בִּשְׁעַת הַתְּפִלָּה. "נִשָּׂא לְבָבֵנוּ אֶל כַּפָּיִם אֶל אֵל בַּשָּׁמָיִם, פֵּרַשְׂתִּי יָדַי אֵלֶיךָ נַפְשִׁי כְּאֶרֶץ עֲיֵפָה לְךָ סֶלָה. נַפְשִׁי בְכַפִּי תָמִיד וְתוֹרָתְךָ לֹא שָׁכָחְתִּי".

וְזַכֵּנוּ לִקְבֹּעַ מָקוֹם לִתְפִלָּתֵנוּ, וְעַל־יְדֵי־זֶה יִהְיֶה אֱלֹהֵי אַבְרָהָם בְּעֶזְרֵנוּ, שֶׁנִּזְכֶּה בִּזְכוּתוֹ לְקַדֵּשׁ הַמָּקוֹם שֶׁאָנוּ עוֹמְדִים עָלָיו לְהִתְפַּלֵּל בִּקְדֻשַּׁת אֶרֶץ יִשְׂרָאֵל. וְיִהְיֶה מֹחֵנוּ וְשִׂכְלֵנוּ צַח וָזַךְ כְּכֶסֶף הַטָּהוֹר בְּלִי שׁוּם תַּעֲרֹבֶת סִיג וּפְסֹלֶת וּבְלִי שׁוּם מַחֲשָׁבוֹת זָרוֹת וּבִלְבּוּל הַדַּעַת כְּלָל. כִּי בְיָדְךָ כֹּחַ וּגְבוּרָה וּבְיָדְךָ לְגַדֵּל וּלְחַזֵּק לַכֹּל. "וְעַתָּה יִגְדַּל נָא כֹּחַ יְהוָה כַּאֲשֶׁר דִּבַּרְתָּ לֵאמֹר". חַזְּקֵנוּ וְאַמְּצֵנוּ בְּכֹחֲךָ הַגָּדוֹל, שֶׁנִּזְכֶּה לְהִתְחַזֵּק וּלְהִתְגַּבֵּר עַל מַלְכוּת אֱדוֹם הָרְשָׁעָה. וּתְמַהֵר וְתָחִישׁ לְגָאֳלֵנוּ. וְנִזְכֶּה לָבוֹא לְאֶרֶץ יִשְׂרָאֵל חִישׁ קַל מְהֵרָה בְּשָׁלוֹם בְּלִי פֶּגַע. וְתָבִיא לָנוּ אֶת מְשִׁיחַ צִדְקֵנוּ וְיִגְאָלֵנוּ גְּאֻלַּת עוֹלָם לְחַבֵּר אֶת הָאֹהֶל לִהְיוֹת אֶחָד, בִּמְהֵרָה בְיָמֵינוּ אָמֵן:

מז

אָבִינוּ מַלְכֵּנוּ אַדִּירֵנוּ בּוֹרְאֵנוּ גּוֹאֲלֵנוּ יוֹצְרֵנוּ קְדוֹשֵׁנוּ קְדוֹשׁ יַעֲקֹב רוֹעֵנוּ רוֹעֵה יִשְׂרָאֵל, עָזְרֵנוּ וְהוֹשִׁיעֵנוּ בְּרַחֲמֶיךָ הָרַבִּים וּבַחֲסָדֶיךָ הַגְּדוֹלִים שֶׁנִּזְכֶּה לְבַטֵּל וּלְשַׁבֵּר תַּאֲוַת אֲכִילָה מֵאִתָּנוּ לְגַמְרֵי. וְנִסְתַּפֵּק בִּמְעַט, לֶאֱכֹל מְעַט כְּדֵי חִיּוּנִי בְּצִמְצוּם וּבְדִקְדּוּק גָּדוֹל, וְלִשְׂבֹּעַ מִמֶּנּוּ. וְתָסִיר וּתְגָרֵשׁ וּתְבַטֵּל הָרְעָבוֹן מִקִּרְבֵּנוּ. וְתַעַזְרֵנוּ לִהְיוֹת עַצְמֵנוּ וּלְהַשְׂבִּיעַ נַפְשֵׁנוּ בַּאֲכִילָה מְעַטָּה. וְאֶזְכֶּה לְדַקְדֵּק בַּאֲכִילָתִי מִכַּזַּיִת וְעַד כַּבֵּיצָה. וּמְעַט אֲכִילָתִי יִהְיֶה בִּקְדֻשָּׁה וּבְטָהֳרָה גְדוֹלָה בֶּאֱמֶת כִּרְצוֹנְךָ הַטּוֹב. וּתְזַכֵּנִי שֶׁאַמְשִׁיךְ מְזוֹנוֹתַי וּפַרְנָסָתִי וְכָל הַשְׁפָּעוֹת טוֹבוֹת מֵאֶרֶץ יִשְׂרָאֵל. שֶׁהוּא אֶרֶץ הַקְּדוֹשָׁה אֶרֶץ הַחַיִּים, שֶׁשָּׁם שֹׁרֶשׁ כָּל הַהַשְׁפָּעוֹת וְכָל הַבְּרָכוֹת:

וּבְכֵן תַּעַזְרֵנִי וּתְזַכֵּנִי בְּרַחֲמֶיךָ הָרַבִּים, שֶׁאֶזְכֶּה לִהְיוֹת נִכְלָל בְּמִדָּתוֹ שֶׁל יַעֲקֹב אָבִינוּ עָלָיו הַשָּׁלוֹם, שֶׁמִּדָּתוֹ אֱמֶת. וְאֶזְכֶּה לְדַבֵּר דִּבְרֵי אֱמֶת תָּמִיד, וְלֹא יֵצֵא שׁוּם דְּבַר שֶׁקֶר מִפִּי לְעוֹלָם, בֵּין בְּשׁוֹגֵג בֵּין בְּמֵזִיד בֵּין בְּאֹנֶס בֵּין בְּרָצוֹן. וְתִשְׁמְרֵנִי וְתַצִּילֵנִי, שֶׁלֹּא אֶהְיֶה נִכְשָׁל בְּשׁוּם דְּבַר שֶׁקֶר אֲפִלּוּ

בִּטְעוּת. וְאֶזְכֶּה לְהַרְחִיק עַצְמִי מִדִּבְרֵי שֶׁקֶר בְּתַכְלִית הָרִחוּק, כְּמוֹ שֶׁכָּתוּב: "מִדְּבַר שֶׁקֶר תִּרְחָק". וּתְזַכֵּנִי בְּרַחֲמֶיךָ הָרַבִּים לִהְיוֹת אִישׁ אֱמֶת בְּכָל הָעִנְיָנִים; לְהִתְנַהֵג בְּדֶרֶךְ הָאֱמֶת, וּלְדַבֵּר אֱמֶת בִּלְבָבִי. וְלֹא אֶטֶּה וְלֹא אָסוּר מִמֶּרְכַּז נְקֻדַּת הָאֱמֶת יָמִין וּשְׂמֹאל.

מָלֵא רַחֲמִים, חוֹנֵן דַּלִּים, רַב חֶסֶד וּמַרְבֶּה לְהֵטִיב, תֶּן לִי בְּמַתְּנַת חִנָּם וְנִדְבַת חֶסֶד מִדַּת אֱמֶת. וִיקֻיַּם מִקְרָא שֶׁכָּתוּב: "תִּתֵּן אֱמֶת לְיַעֲקֹב חֶסֶד לְאַבְרָהָם אֲשֶׁר נִשְׁבַּעְתָּ לַאֲבוֹתֵינוּ מִימֵי קֶדֶם". וְעַל יְדֵי זֶה נִזְכֶּה לְהִתְפַּלֵּל בְּאֶרֶץ יִשְׂרָאֵל בְּאֶרֶץ הַחַיִּים, וְנִזְכֶּה לְהַמְשִׁיךְ הַשֶּׁפַע וְהַבְּרָכָה מִשָּׁם. שֶׁפַע טוֹבָה וּבְרָכָה וְרַחֲמִים וְחַיִּים וְשָׁלוֹם וּפַרְנָסָה טוֹבָה וְכָל טוּב מֵאִתְּךָ עָלֵינוּ וְעַל כָּל עַמְּךָ בֵּית יִשְׂרָאֵל, וְתַזְמִין לָנוּ פַּרְנָסָתֵנוּ בְּרֶוַח מֵאִתְּךָ קֹדֶם שֶׁנִּצְטָרֵךְ לָהֶם, בְּהֶתֵּר וּבְנַחַת וּבְכָבוֹד. וְאַל תַּצְרִיכֵנוּ לֹא לִידֵי מַתְּנַת בָּשָׂר וָדָם וְלֹא לִידֵי הַלְוָאָתָם.

אָבִינוּ אָב הָרַחֲמָן. "יְהֹוָה אֱלֹהִים אֱמֶת. אֱלֹהִים חַיִּים וּמֶלֶךְ עוֹלָם". מַלֵּא מִשְׁאֲלוֹתֵינוּ בְּרַחֲמִים וְזַכֵּנוּ מְהֵרָה לְשַׁבֵּר תַּאֲוַת אֲכִילָה מִקִּרְבֵּנוּ, כִּי לְפָנֶיךָ נִגְלֶה הַכֹּל וְאַתָּה יוֹדֵעַ תַּעֲלוּמוֹת לְבָבִי, וְכַמָּה אֲלָפִים מְנִיעוֹת וְעִכּוּבִים שֶׁיֵּשׁ לִי עַל זֶה מִכַּמָּה צְדָדִים, עַד

אֲשֶׁר אֵינִי יוֹדֵעַ לָשִׁית עֵצוֹת בְּנַפְשִׁי עַל זֶה כְּלָל. עֲשֵׂה עִמִּי כְּחַסְדְּךָ אָבִי שֶׁבַּשָּׁמַיִם, וְאַל תִּגְמְלֵנִי כְּמִפְעָלַי. חָנֵּנִי חָנֵּנִי בְּמַתְּנַת חִנָּם, וְקַדְּשֵׁנִי בִּקְדֻשָּׁתְךָ הָעֶלְיוֹנָה בִּנְדָבַת חֶסֶד. וְזַכֵּנִי מְהֵרָה לְשַׁבֵּר תַּאֲוַת אֲכִילָה בֶּאֱמֶת, כִּרְצוֹנְךָ הַטּוֹב. וּמְעַט אֲכִילָתִי יִהְיֶה בִּקְדֻשָּׁה וּבְטָהֳרָה גְדוֹלָה לִשְׁמְךָ הַגָּדוֹל לְבַד בֶּאֱמֶת לַאֲמִתּוֹ, בְּלִי שׁוּם תַּאֲוַת הַגּוּף כְּלָל. וְאֶזְכֶּה בְּכֹחַ אֲכִילָתִי בִּקְדֻשָּׁה גְדוֹלָה לְהוֹדוֹת וּלְהַלֵּל וּלְשַׁבֵּחַ לְשִׁמְךָ הַגָּדוֹל וְהַקָּדוֹשׁ תָּמִיד, וּלְדַבֵּר דִּבְרֵי אֱמֶת תָּמִיד, וּלְפָאֵר לְיוֹצְרִי עַל שֵׁם כְּבוֹד מַלְכוּתוֹ, עַד שֶׁאֶזְכֶּה עַל־יְדֵי דִּבּוּרֵי בֶּאֱמֶת בִּקְדֻשָּׁה גְדוֹלָה לִהְיוֹת בִּכְלַל הַצַּדִּיקִים אֲמִתִּיִּים אַנְשֵׁי מוֹפֵת, הַבּוֹרְאִים שָׁמַיִם חֲדָשִׁים וְאֶרֶץ חֲדָשָׁה בְּדִבּוּרֵיהֶם הָאֲמִתִּיִּים, וְעוֹשִׂים מוֹפְתִים גְּדוֹלִים אֲמִתִּיִּים בַּשָּׁמַיִם וּבָאָרֶץ. וְאֶזְכֶּה גַּם כֵּן בְּכֹחֲךָ הַגָּדוֹל לַעֲשׂוֹת מוֹפְתִים אֲמִתִּיִּים בָּעוֹלָם, לְגַלּוֹת וּלְפַרְסֵם אֱלָהוּתְךָ וַאֲדְנוּתְךָ וּמֶמְשַׁלְתְּךָ וְגָדְלְךָ וְתִפְאַרְתְּךָ לְכָל בָּאֵי עוֹלָם. וְיֵדְעוּ כֻלָּם כִּי אַתָּה לְבַד מַנְהִיג עוֹלָמְךָ בִּרְצוֹנְךָ הַטּוֹב. וְיַכִּירוּ עֹצֶם אַהֲבָתְךָ אֶת עַמְּךָ יִשְׂרָאֵל, אֲשֶׁר נָתַתָּ לָהֶם כֹּחַ לְבַטֵּל וּלְשַׁנּוֹת הַטֶּבַע בִּתְפִלָּתָם, וְלַעֲשׂוֹת מוֹפְתִים גְּדוֹלִים בָּעוֹלָם. רִבּוֹנוֹ שֶׁל עוֹלָם, "שִׁטַּחְתִּי אֵלֶיךָ כַּפָּי". עֲשֵׂה עִמִּי מַה שֶּׁתִּרְצֶה בְּרַחֲמֶיךָ, בְּאֹפֶן שֶׁתְּזַכֵּנִי לֵילֵךְ בְּחֻקֶּיךָ וְלִשְׁמֹר מִשְׁפָּטֶיךָ וְלִהְיוֹת כִּרְצוֹנְךָ הַטּוֹב תָּמִיד מֵעַתָּה וְעַד עוֹלָם:

וְזַכֵּנִי לֵילֵךְ וְלָבוֹא לְאֶרֶץ יִשְׂרָאֵל, לְאֶרֶץ הַחַיִּים לְאֶרֶץ הַקְּדוֹשָׁה, חִישׁ קַל מְהֵרָה. לְהִתְגּוֹלֵל בַּעֲפָרָהּ וּלְנַשֵּׁק רִגְבוֹתֶיהָ וְלִשְׁאֹב מֵאֲוִירָהּ הַקָּדוֹשׁ וּלְהִסְתּוֹפֵף בְּצִלָּהּ. חוּס וְחָנֵּנִי וְרַחֵם עָלַי, וְזַכֵּנִי לָבוֹא מְהֵרָה לְשָׁלוֹם לְאֶרֶץ יִשְׂרָאֵל, הָאָרֶץ אֲשֶׁר בָּחַרְתָּ בָּהּ מִכָּל הָאֲרָצוֹת, אֶרֶץ הַקְּדוֹשָׁה בַּעֲשָׂרָה קְדֻשּׁוֹת. אֶרֶץ הַחַיִּים, "אֶרֶץ אֲשֶׁר לֹא בְמִסְכֵּנֻת תֹּאכַל בָּהּ לֶחֶם, לֹא תֶחְסַר כֹּל בָּהּ. אֶרֶץ אֲשֶׁר יְהֹוָה אֱלֹהֶיךָ דֹּרֵשׁ אֹתָהּ תָּמִיד עֵינֵי יְהֹוָה אֱלֹהֶיךָ בָּהּ מֵרֵשִׁית הַשָּׁנָה וְעַד אַחֲרִית שָׁנָה":

חוּס וְחָנֵּנִי וְרַחֵם עָלַי וְהוֹשִׁיעֵנִי, וְזַכֵּנִי לָבוֹא מְהֵרָה לְכָל מַה שֶּׁבִּקַּשְׁתִּי מִלְּפָנֶיךָ, לְשַׁבֵּר תַּאֲוַת אֲכִילָה לְגַמְרֵי, וְלִזְכּוֹת לְמִדַּת אֱמֶת בֶּאֱמֶת, וְלָבוֹא לְשָׁלוֹם מְהֵרָה לְאֶרֶץ־יִשְׂרָאֵל. וְתַצִּילֵנִי בְּרַחֲמֶיךָ מִן הָעֲנִיּוּת וּמִן הַחֶסֶר, וְתַמְשִׁיךְ תָּמִיד לִי וְלִבְנֵי בֵיתִי וּלְכָל חֶבְרָתֵנוּ וּלְכָל עַמְּךָ בֵּית יִשְׂרָאֵל. שֶׁפַע טוֹבָה וּבְרָכָה וּפַרְנָסָה טוֹבָה וְרַחֲמִים וְחַיִּים וְשָׁלוֹם וְכָל טוּב מֵעַתָּה וְעַד עוֹלָם. וְנִזְכֶּה שֶׁתִּתְפָּאֵר בָּנוּ בְּכָל הָעוֹלָמוֹת. וִיקֻיַּם בָּנוּ מִקְרָא שֶׁכָּתוּב: "יִשְׂרָאֵל אֲשֶׁר בְּךָ אֶתְפָּאָר". וְתַצִּיל אוֹתָנוּ בְּרַחֲמֶיךָ הָרַבִּים מִכָּל מִינֵי חֶרְפּוֹת וּבוּשׁוֹת. וְאַל תַּסְתִּיר פָּנֶיךָ מֵאִתָּנוּ. וְתִמָּלֵא רַחֲמִים עָלֵינוּ וְעַל כָּל עַמְּךָ יִשְׂרָאֵל תָּמִיד, וְתַמְתִּיק וּתְבַטֵּל כָּל הַדִּינִים מֵעָלֵינוּ. וְתַצִּילֵנוּ וּתְמַלְּטֵנוּ מִכָּל מִינֵי צָרוֹת

וְרָעוֹת. וְתָשִׁיב פָּנֶיךָ אֵלֵינוּ, וִיקֻיַּם בָּנוּ מִקְרָא שֶׁכָּתוּב: "יִשָּׂא יְהֹוָה פָּנָיו אֵלֶיךָ וְיָשֵׂם לְךָ שָׁלוֹם. פָּנֶיךָ הָאֵר בְּעַבְדֶּךָ וְלַמְּדֵנִי אֶת חֻקֶּיךָ. הָאִירָה פָנֶיךָ עַל עַבְדֶּךָ הוֹשִׁיעֵנִי בְחַסְדֶּךָ. אֱלֹהִים יְחָנֵּנוּ וִיבָרְכֵנוּ, יָאֵר פָּנָיו אִתָּנוּ סֶלָה". וְקַיֵּם לָנוּ מִקְרָא שֶׁכָּתוּב: "וַאֲכַלְתֶּם אָכוֹל וְשָׂבוֹעַ, וְהִלַּלְתֶּם אֶת שֵׁם יְהֹוָה אֱלֹהֵיכֶם, אֲשֶׁר עָשָׂה עִמָּכֶם לְהַפְלִיא, וְלֹא יֵבֹשׁוּ עַמִּי לְעוֹלָם. וִידַעְתֶּם כִּי בְקֶרֶב יִשְׂרָאֵל אָנִי, וַאֲנִי יְהֹוָה אֱלֹהֵיכֶם וְאֵין עוֹד, וְלֹא יֵבֹשׁוּ עַמִּי לְעוֹלָם. יְהֹוָה אֱלֹהִים צְבָאוֹת הֲשִׁיבֵנוּ, הָאֵר פָּנֶיךָ וְנִוָּשֵׁעָה". אָמֵן וְאָמֵן:

מח

"שֹׁמֵעַ תְּפִלָּה עָדֶיךָ כָּל בָּשָׂר יָבֹאוּ. הַאֲזִינָה יְהֹוָה תְּפִלָּתִי וְהַקְשִׁיבָה בְּקוֹל תַּחֲנוּנוֹתָי. שְׁמַע יְהֹוָה קוֹל תַּחֲנוּנַי בְּשַׁוְּעִי אֵלֶיךָ בְּנָשְׂאִי יָדַי אֶל דְּבִיר קָדְשֶׁךָ". צוּר עוֹלָמִים, יוֹצֵר הַכֹּל, עָזְרֵנוּ וְהוֹשִׁיעֵנוּ בְּרַחֲמֶיךָ הָרַבִּים וּבַחֲסָדֶיךָ הָאֲמִתִּיִּים, שֶׁנִּזְכֶּה תָּמִיד לְהִתְפַּלֵּל לְפָנֶיךָ בֶּאֱמֶת בְּכָל כֹּחֵנוּ. כְּמוֹ שֶׁכָּתוּב: "כָּל עַצְמוֹתַי תֹּאמַרְנָה יְהֹוָה מִי כָמוֹךָ". וְנִזְכֶּה לְהַכְנִיס כָּל הַכֹּחוֹת שֶׁיֵּשׁ בָּנוּ בַּעֲצָמוֹת וְגִידִים וּבָשָׂר וְכָל שְׁאָר הַכֹּחוֹת שֶׁבְּגוּפִי וְנַפְשִׁי כֻּלָּם אֶזְכֶּה בְּרַחֲמֶיךָ לְהַכְנִיסָם בְּתוֹךְ דִּבּוּרֵי הַתְּפִלָּה, שֶׁאֶזְכֶּה לְהוֹצִיא כָּל דִּבּוּר וְדִבּוּר

שֶׁל הַתְּפִלָּה הַקְּדוֹשָׁה בְּכֹחַ גָּדוֹל בֶּאֱמֶת לַאֲמִתּוֹ, עַד שֶׁאֶזְכֶּה לְהַרְגִּישׁ הַדִּבּוּר בְּכָל עַצְמוֹתַי וְאֵבָרַי. חוּס וְחָנֵּנִי וְרַחֵם עָלַי וְהוֹשִׁיעֵנִי וְזַכֵּנִי לִתְפִלָּה בְּכֹחַ וּבְכַוָּנָה גְדוֹלָה בֶּאֱמֶת, כִּי אַתָּה אֱלֹהִים אֱמֶת וּדְבָרְךָ אֱמֶת וְקַיָּם לָעַד, וְאַתָּה חָפֵץ בֶּאֱמֶת; וְאַתָּה יוֹדֵעַ כַּמָּה אֲנִי רָחוֹק מִדִּבּוּר אֶחָד שֶׁל הַתְּפִלָּה. וְלֹא דַי שֶׁאֵינִי יָכוֹל לְהִתְפַּלֵּל בְּכֹחַ וּבְכַוָּנָה בֶּאֱמֶת, כָּרָאוּי אַף גַּם בַּעֲווֹנוֹתַי הָרַבִּים אֲנִי רָחוֹק מִתְּפִלָּה בְּתַכְלִית הָרִחוּק. "דַּלּוּ עֵינַי לַמָּרוֹם". רִבּוֹנוֹ שֶׁל עוֹלָם, "שִׁטַּחְתִּי אֵלֶיךָ כַּפָּי. אֵלֶיךָ יְהֹוָה נַפְשִׁי אֶשָּׂא", וְאֵינִי יוֹדֵעַ בְּאֵיזֶה דֶּרֶךְ בְּאֵיזֶה אֹפֶן, בְּאֵיזֶה תַחְבּוּלָה, לְבַקֵּשׁ וּלְרַצּוֹת וּלְפַיֵּס אוֹתְךָ. וְאֵינִי יוֹדֵעַ כְּלָל לָשִׁית עֵצוֹת בְּנַפְשִׁי, בְּאֵיזֶה אֹפֶן אֶזְכֶּה לְחַפֵּשׂ וְלִמְצֹא הַטּוֹב הַכָּבוּשׁ בִּי, וְאֵיךְ לִמְצֹא הַטּוֹב שֶׁנִּסְתַּלֵּק מִמֶּנִּי בַּעֲווֹנוֹתַי הָעֲצוּמִים וְהָרַבִּים וְהַגְּדוֹלִים מְאֹד בְּמַהוּת וְכַמּוּת וְאֵיכוּת. וּבִפְרָט מַה שֶּׁפָּגַמְתִּי בִּפְגַם הַדִּבּוּר הַרְבֵּה מְאֹד, כִּי לֹא שָׁמַרְתִּי פִּתְחֵי פִי. וְדִבַּרְתִּי כַּמָּה וְכַמָּה דִּבּוּרִים פְּגוּמִים מִיּוֹם הֱיוֹתִי עַד הַיּוֹם הַזֶּה, עַד אֵין שִׁעוּר וָעֵרֶךְ וּמִסְפָּר, דְּבָרִים בְּטֵלִים וּלְשׁוֹן הָרָע וּרְכִילוּת וְלֵיצָנוּת וּשְׁקָרִים וְנִבּוּל פֶּה, וּשְׁאָר דְּבָרִים פְּגוּמִים הַרְבֵּה מְאֹד. וְגַם אֲפִלּוּ כָּל הַדִּבּוּרִים דִּקְדֻשָּׁה שֶׁלִּי כֻּלָּם פְּגוּמִים מְאֹד מְאֹד, עַד אֲשֶׁר חִשַּׁבְתִּי דְרָכַי אֲשֶׁר מֵעוֹלָם לֹא יָצָא מִפִּי עֲדַיִן דִּבּוּר שָׁלֵם בְּלִי שׁוּם פְּגָם. וּמֵחֲמַת זֶה

הִתְגַּבְּרוּ עָלֵינוּ מְאֹד רִיב לְשׁוֹנוֹת, אֲשֶׁר רַבִּים קָמִים עָלֵינוּ, רַבִּים מְאֹד. "יִתְיַצְּבוּ מַלְכֵי אֶרֶץ וְרוֹזְנִים נוֹסְדוּ יָחַד עַל יְהֹוָה וְעַל מְשִׁיחוֹ. שַׁתּוּ בַשָּׁמַיִם פִּיהֶם וּלְשׁוֹנָם תִּהֲלַךְ בָּאָרֶץ". יֵצֵא עָתָק מִפִּיהֶם וְדוֹבְרִים סָרָה עַל יְהֹוָה וְעַל צַדִּיקִים אֲמִתִּיִּים, וְעַל כְּלָלִיּוּת יִשְׂרָאֵל עַמְּךָ הַקָּדוֹשׁ אֲשֶׁר בָּהֶם בָּחָרְתָּ.

מָרֵיהּ דְעָלְמָא כֻּלָּא. "שְׁלַח יָדֶיךָ מִמָּרוֹם, פְּצֵנִי וְהַצִּילֵנִי מִמַּיִם רַבִּים מִיַּד בְּנֵי נֵכָר, אֲשֶׁר פִּיהֶם דִּבֶּר שָׁוְא וִימִינָם יְמִין שָׁקֶר". אוֹי לְנַפְשִׁי כִּי אָנֹכִי גָּרַמְתִּי כָּל זֶה בַּעֲווֹנוֹתַי הָרַבִּים וְהֶאֱרַכְתִּי אֶת הַגָּלוּת, וּפָגַמְתִּי בְּסֻכַּת דָּוִד הַנֹּפֶלֶת. וְלֹא דַי שֶׁלֹּא הִשְׁתַּדַּלְתִּי לְהָקִים סֻכַּת דָּוִד. אַף גַּם בַּעֲווֹנוֹתַי הָרַבִּים הוֹסַפְתִּי לְהַפִּילָהּ יוֹתֵר וְהִגְבַּרְתִּי סֻכַּת נוֹצְרִים לְשׁוֹנוֹת הָעַכּוּ"ם, עַד אֲשֶׁר בַּעֲווֹנוֹתַי הָרַבִּים הַשְּׁכִינָה וּכְנֶסֶת יִשְׂרָאֵל הֵם בְּגָלוּת גָּדוֹל, וְהִיא רִיב בְּגָלוּתָהּ עַל בְּנָהָא אֲשֶׁר גָּלוּ מִשֻּׁלְחַן אֲבִיהֶם וּמֵאַרְצָם יָצְאוּ:

רִבּוֹנוֹ שֶׁל עוֹלָם רְאֵה בְּצָרוֹתֵינוּ הַמְרֻבּוֹת מְאֹד, וְהַכְּבֵדוֹת מְאֹד, הָאֲרֻכּוֹת מְאֹד. וּבְכָל יוֹם וָיוֹם אָנוּ צוֹעֲקִים וּמִתְחַנְּנִים לִפְנֵי כִּסֵּא כְבוֹדֶךָ, שֶׁתַּחֲזִירֵנוּ בִּתְשׁוּבָה שְׁלֵמָה לְפָנֶיךָ, וַעֲדַיִן לֹא שַׁבְנוּ מִטָּעוּתֵנוּ וּשְׁטוּתֵנוּ. מָלֵא רַחֲמִים עֲזֹר וְהוֹשִׁיעַ וְרַחֵם

וְהַצֵּל, חוּס וַחֲמֹל וְחֵמֹל עַל מְטֻבָּע בְּיוֵן מְצוּלוֹת תַּאֲוֹת הָעוֹלָם הַזֶּה. עַל מְגֹרָשׁ מֵאֶרֶץ הַחַיִּים כָּמוֹנִי. עַל פָּגוּם כָּמוֹנִי, עַל לֵב "עִקֵּשׁ וּפְתַלְתֹּל" כָּמֹנִי. הֲרֵי אֲנִי לְפָנֶיךָ כִּלִי מָלֵא בוּשָׁה וּכְלִמָּה. יְהִי רָצוֹן מִלְּפָנֶיךָ יְהוָה אֱלֹהֵינוּ וֵאלֹהֵי אֲבוֹתֵינוּ שֶׁלֹּא אֶחֱטָא עוֹד. עָזְרֵנִי עָזְרֵנִי. הוֹשִׁיעֵנִי. חָנֵּנִי וַהֲקִימֵנִי חָנֵּנִי וַהֲקִימֵנִי, "מַצִּיל עָנִי מֵחָזָק מִמֶּנּוּ וְעָנִי וְאֶבְיוֹן מִגֹּזְלוֹ" הַצִּילֵנִי וּמַלְּטֵנִי וּפְדֵנִי. "יְהוָה עָשְׁקָה לִּי עָרְבֵנִי".

אָבִי שֶׁבַּשָּׁמַיִם רַחֵם עָלַי. אָבִי שֶׁבַּשָּׁמַיִם חֲמֹל עָלַי. אָבִי שֶׁבַּשָּׁמַיִם הֱיֵה בְּעֶזְרִי. וְחַזְּקֵנִי וְאַמְּצֵנִי. וְעַשֵׂה אֶת אֲשֶׁר בְּחֻקֶּיךָ אֵלֵךְ וְאֶת מִשְׁפָּטֶיךָ אֶשְׁמֹר, שֶׁלֹּא אוֹבַד אֶת עוֹלָמִי בְּחִנָּם חַס וְשָׁלוֹם. כִּי כָל יָמֵינוּ הֵם הֶבֶל וָרִיק, כַּחֲלוֹם יָעוּף וּכְצֵל עוֹבֵר, וּכְעָנָן כָּלָה, וּכְרוּחַ נוֹשֶׁבֶת, וּכְאָבָק פּוֹרֵחַ. אוֹי אוֹי אוֹי, אוֹי וַאֲבוֹי, אֲהָהּ אֲדוֹנִי, אֲהָהּ אָבִי, רַחֲמָן אֲמִתִּי רַחֵם עָלַי, חַסְדָּן אֲמִתִּי, עֲשֵׂה עִמִּי חֶסֶד חִנָּם, וְתֵן לִי חֲנִינָה וְלֹא אוֹבַד. גּוֹאֵל חָזָק לְמַעַנְךָ גְּאָלֵנִי. חָנֵּנִי בִּקְדֻשַּׁת יִשְׂרָאֵל בְּמַתְּנַת חִנָּם וְנִדְבַת חֶסֶד, כִּי אַתָּה יוֹדֵעַ שֶׁאֵין לִי שׁוּם תִּקְוָה כִּי אִם לִצְעֹק אֵלֶיךָ וְלִזְעֹק לַחֲנִינוֹתֶיךָ. קָרוֹב לְכָל קוֹרְאָיו עֲנֵנִי. מָרוֹם לְעוֹלָם יְהוָה עָזְרֵנִי. קָדוֹשׁ עַל כָּל הַקְּדֻשּׁוֹת בִּקְדֻשָּׁתְךָ קַדְּשֵׁנִי. יְהוָה אֱלֹהִים אֱמֶת זַכֵּנִי לִקְדֻשָּׁתְךָ בֶּאֱמֶת. הָקֵם סֻכָּתְךָ הַנּוֹפֶלֶת נְפִילָה אַחַר

נְפִילָה בְּלִי שִׁעוּר וָעֵרֶךְ וּמִסְפָּר, עַד אֲשֶׁר אֵין מִי שֶׁיּוּכַל לַהֲקִימָהּ כִּי אִם אַתָּה לְבַד בְּרַחֲמֶיךָ הָרַבִּים וּבַחֲסָדֶיךָ הַגְּנוּזִים. הֲקִימָה מְהֵרָה תְּקוּמָה אַחַר תְּקוּמָה, מִבֵּירָא עֲמִיקְתָּא לְאִגְּרָא רָמָא.

מָלֵא רַחֲמִים מַרְבֶּה לְהֵטִיב, הֲפֹךְ אֶת לְבָבִי מֵרַע לְטוֹב. הַט לִבִּי אֵלֶיךָ בֶּאֱמֶת כִּרְצוֹנְךָ הַטּוֹב. עָזְרֵנִי שֶׁאֶזְכֶּה לְקַדֵּשׁ עַצְמִי בְּכָל מִינֵי קְדֻשּׁוֹת. וּבִפְרָט בִּקְדֻשַּׁת בְּרִית הַלָּשׁוֹן וּבְרִית הַמָּעוֹר. עָזְרֵנִי שֶׁלֹּא יֵצֵא שׁוּם דָּבָר שֶׁקֶר מִפִּי לְעוֹלָם, וְלֹא שׁוּם דִּבּוּר פָּגוּם. וְאֶזְכֶּה לִשְׁמֹר פִּתְחֵי פִי. וְזַכֵּנִי לְהִתְפַּלֵּל תְּפִלָּתִי לְפָנֶיךָ בְּכָל כֹּחִי וּבְכַוָּנָה גְּדוֹלָה בֶּאֱמֶת לַאֲמִתּוֹ. וְאֶהְיֶה נִכְלָל בְּךָ בִּשְׁעַת תְּפִלָּתִי, עַד שֶׁכָּל דִּבְרֵי תְּפִלָּתִי יִהְיוּ דִּבְרֵי יְהֹוָה בְּעַצְמָן. וְיִתְעוֹרְרוּ עַל יְדֵי תְּפִלָּתִי כ״ח [כֹּחַ־הֵית] אַתְוָן דְּמַעֲשֵׂה בְרֵאשִׁית, שֶׁהֵם עֲשָׂרָה מַאֲמָרוֹת שֶׁבָּהֶם נִבְרָא הָעוֹלָם. וְעַל יְדֵי זֶה תַּמְשִׁיךְ חַסְדְּךָ הַגָּדוֹל עָלֵינוּ, וְתִפְרֹס עָלֵינוּ סֻכַּת שְׁלוֹמֶךָ, וּתְחַבֵּק אוֹתָנוּ בִּימִינֶךָ, וְנִזְכֶּה לְהִסְתּוֹפֵף בְּצִלְּךָ הַקָּדוֹשׁ. וְתָגֵן בַּעֲדֵנוּ וְתַצִּילֵנוּ מִכָּל אוֹיְבֵנוּ וְשׂוֹנְאֵינוּ וְרוֹדְפֵינוּ בְּגַשְׁמִיּוּת וּבְרוּחָנִיּוּת. וּבְצֵל כְּנָפֶיךָ תַּסְתִּירֵנוּ. וִיקֻיַּם בָּנוּ מִקְרָא שֶׁכָּתוּב: ״שְׂמֹאלוֹ תַּחַת לְרֹאשִׁי וִימִינוֹ תְּחַבְּקֵנִי״.

וְתַעַזְרֵנִי בְּרַחֲמֶיךָ וּבַחֲסָדֶיךָ הָרַבִּים שֶׁנִּזְכֶּה לְקַיֵּם

מִצְוַת סֻכָּה בִּזְמַנָּהּ כָּרָאוּי עִם כָּל פְּרָטֶיהָ וְדִקְדּוּקֶיהָ וְכַוָּנוֹתֶיהָ וְתַרְיַ"ג מִצְווֹת הַתְּלוּיִם בָּהּ, וּבְלֵב טוֹב וּבְשִׂמְחָה גְדוֹלָה. וְתַכְנִיעַ וְתַשְׁפִּיל וּתְמַגֵּר וְתַעֲקֹר וּתְבַטֵּל סֻכַּת נוֹצְרִים סֻכַּת עַכּוּ"ם "אֲשֶׁר פִּיהֶם דִּבֶּר שָׁוְא וִימִינָם יְמִין שָׁקֶר". וּתְבַטֵּל הַשֶּׁקֶר מִן הָעוֹלָם, וְתַגְבִּיר הָאֱמֶת בָּעוֹלָם, וְתָקִים אֶת סֻכַּת דָּוִד הַנֹּפֶלֶת. וִיקֻיַּם מִקְרָא שֶׁכָּתוּב: "שְׂפַת אֱמֶת תִּכּוֹן לָעַד, וְעַד אַרְגִּיעָה לְשׁוֹן שָׁקֶר". וְתַסְתִּיר וְתַצְפִּין אוֹתָנוּ בְּסֻכָּתְךָ הַקְּדוֹשָׁה, וּתְסוֹכֵךְ עָלֵינוּ בְּצִלְּךָ הַקָּדוֹשׁ, וְתַצִּילֵנִי מֵרִיב לְשׁוֹנוֹת שֶׁלֹּא יִהְיֶה לָהֶם שׁוּם כֹּחַ עָלֵינוּ כְּלָל. וְתַעֲקֹר הַשֶּׁקֶר מִן הָעוֹלָם, וּתְגַלֶּה הָאֱמֶת בָּעוֹלָם. וּתְזַכֵּנִי מְהֵרָה לָבוֹא לְאֶרֶץ יִשְׂרָאֵל לָאָרֶץ הַקְּדוֹשָׁה חִישׁ קַל מְהֵרָה:

וְזַכֵּנוּ בְּרַחֲמֶיךָ הָרַבִּים לְבָנִים חַיִּים וְקַיָּמִים. לַעֲבוֹדָתְךָ וּלְיִרְאָתְךָ וּלְתוֹרָתֶךָ. (כשרוצה להתפלל על מי שיש לו צער גידול בנים ר"ל יזכירו כאן ויאמר וּבִפְרָט לִפב"פ וְכוּ') חוּס וַחֲמֹל וְרַחֵם וְתֵן לְבָנֵינוּ וְלִבְנוֹתֵינוּ וּלְכָל יוֹצְאֵי חֲלָצֵינוּ. חַיִּים טוֹבִים וַאֲרוּכִים. (וּבִפְרָט לְהַיֶּלֶד פב"פ וכו'. וּלְהַיַּלְדָּה פב"פ וכו'). רַחֵם עֲלֵיהֶם וְעָלֵינוּ בִּזְכוּת אֲבוֹתָם, וְתֵן לָהֶם חַיִּים טוֹבִים וַאֲרֻכִּים, וְתַאֲרִיךְ יְמֵיהֶם וּשְׁנוֹתָם. יֶהֱמוּ נָא וְיִכָּמְרוּ נָא רַחֲמֶיךָ עֲלֵיהֶם וְעָלֵינוּ, וְתֹאמַר דַּי לְצָרוֹתָם. "הֵיטִיבָה יְהֹוָה לַטּוֹבִים וְלִישָׁרִים בְּלִבּוֹתָם".

יְהִי שָׁלוֹם בְּחֵילָם שַׁלְוָה בְּאַרְמְנוֹתָם. "אֵין פֶּרֶץ וְאֵין יוֹצֵאת וְאֵין צְוָחָה" בִּרְחוֹבוֹתָם, לָעַד וּלְדוֹרוֹת, וּלְדוֹרוֹת דּוֹרוֹתָם. רֵאשִׁיתָם מִצְעָר, יִשְׂגֶּה מְאֹד אַחֲרִיתָם. כַּאֲשֶׁר הַשָּׁמַיִם הַחֲדָשִׁים וְהָאָרֶץ הַחֲדָשָׁה, כֵּן יַעֲמֹד זַרְעָם וּשְׁמוֹתָם. וְתַצִּיל אוֹתָם וְכָל יַלְדֵי עַמְּךָ בֵּית יִשְׂרָאֵל מֵעַיִן הָרָע וּמִפֶּגַע רָע וּמִכָּל מִינֵי נֶגַע וּמַחֲלָה. וְתִשְׁלַח לָהֶם רְפוּאָה שְׁלֵמָה מִן הַשָּׁמַיִם לְכָל רַמַ"ח אֵבְרֵיהֶם וּשְׁסָ"ה גִּידֵיהֶם. וְיִזְכּוּ לִהְיוֹת חַיִּים בְּרִיאִים וְקַיָּמִים. יְבַלּוּ יְמֵיהֶם בַּטּוֹב וּשְׁנוֹתֵיהֶם בַּנְּעִימִים וְנִזְכֶּה שֶׁיֵּצְאוּ מֵהֶם דּוֹרוֹת הַרְבֵּה. וְדוֹרֵי דוֹרוֹת עַד סוֹף כָּל הַדּוֹרוֹת. רַחֵם עֲלֵיהֶם וְעָלֵינוּ לְמַעַן שְׁמֶךָ, וּתְגַדְּלֵם לְתוֹרָה וּלְחֻפָּה וּלְמַעֲשִׂים טוֹבִים, לְאֹרֶךְ יָמִים וְשָׁנִים. "עוֹד יְנוּבוּן בְּשֵׂיבָה דְּשֵׁנִים וְרַעֲנַנִּים יִהְיוּ":

מָלֵא רַחֲמִים. צְרָכֵינוּ מְרֻבִּים וְדַעְתֵּנוּ קְצָרָה לְבָאֵר וּלְפָרֵשׁ. אַתָּה יָדַעְתָּ אֶת כָּל מַחְסוֹרֵינוּ. מַלֵּא מִשְׁאֲלוֹתֵינוּ לְטוֹבָה בְּרַחֲמִים לְמַעַנְךָ וְלֹא לְמַעֲנֵנוּ. חוּס וַחֲמֹל עָלַי וְזַכֵּנִי לָשׁוּב אֵלֶיךָ בֶּאֱמֶת וּבְלֵב שָׁלֵם, וְלַעֲשׂוֹת רְצוֹנְךָ בֶּאֱמֶת כָּל יְמֵי חַיַּי, וְלֹא אָשׁוּב עוֹד לְכִסְלָה. "אִם אָוֶן פָּעַלְתִּי לֹא אוֹסִיף" רַחֵם עָלַי בְּרַחֲמֶיךָ הָאֲמִתִּיִּים וְזַכֵּנִי לִהְיוֹת כִּרְצוֹנְךָ בֶּאֱמֶת מֵעַתָּה וְעַד עוֹלָם. וְתִגָּלֶה הָאֱמֶת בָּעוֹלָם, וְיָשׁוּבוּ כָל בָּאֵי עוֹלָם

אֵלֶיךָ לְעָבְדְּךָ בֶּאֱמֶת בְּיִרְאָה וְאַהֲבָה. וִיקֻיַּם מְהֵרָה מִקְרָא שֶׁכָּתוּב: "כִּי אָז אֶהְפֹּךְ אֶל כָּל הָעַמִּים שָׂפָה בְרוּרָה לִקְרֹא כֻלָּם בְּשֵׁם יְהֹוָה לְעָבְדוֹ שְׁכֶם אֶחָד. אֱמֶת מֵאֶרֶץ תִּצְמָח וְצֶדֶק מִשָּׁמַיִם נִשְׁקָף. גַּם יְהֹוָה יִתֵּן הַטּוֹב וְאַרְצֵנוּ תִּתֵּן יְבוּלָהּ. חֶסֶד וֶאֱמֶת נִפְגָּשׁוּ צֶדֶק וְשָׁלוֹם נָשָׁקוּ". וּבְרַחֲמֶיךָ וַחֲסָדֶיךָ הַגְּדוֹלִים תְּפַיֵּס וּתְרַצֶּה אֶת שְׁכִינַת עֻזֶּךָ וּכְנֶסֶת יִשְׂרָאֵל שֶׁתָּשִׁיב פָּנֶיהָ אֵלֶיךָ. וְיִהְיֶה נַעֲשֶׂה יִחוּד קֻדְשָׁא בְּרִיךְ הוּא וּשְׁכִינְתֵּיהּ, פָּנִים בְּפָנִים. וְאַל תַּסְתֵּר פָּנֶיךָ מֵאִתָּנוּ עוֹד. וְתִשְׁלַח לָנוּ צַדִּיקִים וְרַבָּנִים אֲמִתִּיִּים שֶׁיּוֹרוּ לָנוּ אֶת הַדֶּרֶךְ הַטּוֹב וְהַיָּשָׁר אֶת הַדֶּרֶךְ אֲשֶׁר נֵלֵךְ בָּהּ וְאֶת הַמַּעֲשֶׂה אֲשֶׁר נַעֲשֶׂה. וְתַצִּיל אוֹתָנוּ מֵהַמַּנְהִיג וְרַבִּי שֶׁל שֶׁקֶר. קָרְבֵנוּ לִישׁוּעָתֶךָ, עָזְרֵנוּ בְּרַחֲמֶיךָ, הַחֲיֵנוּ בְּאוֹר פָּנֶיךָ. שַׂבְּעֵנוּ מִטּוּבֶךָ וַחֲסָדֶיךָ הָאֲמִתִּיִּים, גְּמֹל עָלֵינוּ חֲסָדִים טוֹבִים, "חַסְדֵי דָוִד הַנֶּאֱמָנִים". וּמֵאוֹצַר מַתְּנַת חִנָּם חָנֵּנוּ. וְקַיֵּם לָנוּ מִקְרָא שֶׁכָּתוּב: "וָאָשִׂים דְּבָרַי בְּפִיךָ וּבְצֵל יָדִי כִּסִּיתִיךָ לִנְטֹעַ שָׁמַיִם וְלִיסֹד אָרֶץ וְלֵאמֹר לְצִיּוֹן עַמִּי אָתָּה". חָנֵּנוּ וַעֲנֵנוּ וּשְׁמַע תְּפִלָּתֵנוּ בְּרַחֲמִים. כִּי אַתָּה שׁוֹמֵעַ תְּפִלַּת כָּל פֶּה. "יִהְיוּ לְרָצוֹן אִמְרֵי פִי וְהֶגְיוֹן לִבִּי לְפָנֶיךָ יְהֹוָה צוּרִי וְגוֹאֲלִי. עֹשֶׂה שָׁלוֹם בִּמְרוֹמָיו", הוּא יַעֲשֶׂה שָׁלוֹם עָלֵינוּ וְעַל כָּל יִשְׂרָאֵל וְאִמְרוּ אָמֵן:

מט

צוּר לְבָבִי וּקְדוֹשִׁי, צוּר עוֹלָמִים, יוֹצֵר הַכֹּל, רִבּוֹן כָּל הַמַּעֲשִׂים, אֲדוֹן כָּל הַנְּשָׁמוֹת, יוֹדֵעַ הַתַּעֲלוּמוֹת, אַתָּה יָדַעְתָּ אֶת לְבָבִי. אַתָּה יָדַעְתָּ אֶת עֹצֶם תַּבְעֵרַת קְדֻשַּׁת אוֹר הָאֱלָהוּת הַשּׁוֹפֵעַ בְּלִבִּי, כִּי אֲנַחְנוּ חֵלֶק אֱלוֹהַּ מִמַּעַל וּשְׁכִינַת אֱלָהוּתְךָ בְּתוֹךְ לְבָבֵנוּ. עַל כֵּן הוֹמֶה עָלַי לִבִּי, לִבִּי כַּכִּנּוֹר יֶהֱמֶה. "כָּלָה שְׁאֵרִי וּלְבָבִי צוּר לְבָבִי וְחֶלְקִי אֱלֹהִים לְעוֹלָם. נִכְסְפָה וְגַם כָּלְתָה נַפְשִׁי לְחַצְרוֹת יְהוָה, לִבִּי וּבְשָׂרִי יְרַנְּנוּ אֶל אֵל חָי". וְרִשְׁפֵּי שַׁלְהֶבֶת לְבָבִי הַבּוֹעֵר וְנִכְסָף אֵלֶיךָ, מַיִם רַבִּים לֹא יוּכְלוּ לְכַבּוֹתָהּ וּנְהָרוֹת לֹא יִשְׁטְפוּהָ, כִּי אוֹר לְבָבִי מְקֻשָּׁר וּמְחֻבָּר בְּאוֹרְךָ הַגָּדוֹל הָאֵין סוֹף. עַל כֵּן אוֹר לַהֲבִיּוּת לְבָבִי הוּא עַד אֵין סוֹף. כִּי אֵין סוֹף וְאֵין תַּכְלִית לִתְשׁוּקָתִי אֵלֶיךָ, וְגַעְגּוּעַי וַחֲפָצַי וְכִסּוּפַי חָזָק וְאַמִּיץ אֵלֶיךָ בְּלִי שִׁעוּר וָעֵרֶךְ. עַד אֲשֶׁר לְפִי עֹצֶם אוֹר לַהֲבִיּוּת הַלֵּב עַד אֵין סוֹף וְתַכְלִית לֹא הָיָה אֶפְשַׁר לַעֲשׂוֹת שׁוּם עֲבוֹדָה כְּלָל, כִּי אוֹר קְדֻשַּׁת לְבָבִי, בּוֹעֵר וּמִתְלַהֵב אֵלֶיךָ בְּחֵשֶׁק נִמְרָץ וּבְרָצוֹן חָזָק, לִהְיוֹת דָּבוּק וְנִכְלָל בְּךָ תָּמִיד לְעוֹלָם וָעֶד; אַךְ אַתָּה גִּלִּיתָ לָנוּ עַל יְדֵי חֲכָמֶיךָ הַקְּדוֹשִׁים, אֲשֶׁר אֵין רְצוֹנְךָ בָּזֶה, וְלֹא זֹאת הָיְתָה כַּוָּנָתְךָ הַקְּדוֹשָׁה בִּבְרִיאָתֵנוּ. כִּי אַתָּה יָדַעְתָּ כִּי בָּשָׂר וָדָם אֲנַחְנוּ, וְאִי אֶפְשַׁר לָנוּ לִהְיוֹת דְּבוּקִים בְּךָ

תָּמִיד, וְאַתָּה חָפֵץ בַּעֲבוֹדָתֵנוּ בַּעֲבֹדוֹת וּבְמַעֲשִׂים טוֹבִים, אֲשֶׁר בִּשְׁבִיל זֶה בָּאנוּ בָּעוֹלָם הַזֶּה הַשָּׁפָל לַעֲבֹד אוֹתְךָ בְּתוֹרָה וּבְמִצְווֹת מַעֲשִׂיּוֹת. עַל כֵּן גָּזַרְתָּ עָלֵינוּ לִבְלִי לַהֲרֹס לַעֲלוֹת אֶל יְהוָה, וְלִבְלִי לִבְעֹר אֵלֶיךָ יוֹתֵר מֵהַמִּדָּה. וְגָזַרְתָּ עָלֵינוּ לְצַמְצֵם אוֹר הַהִתְלַהֲבוּת שֶׁבִּלְבָבֵנוּ, וְלַעֲשׂוֹת חָלָל פָּנוּי בַּלֵּב כְּמוֹ שֶׁכָּתוּב: "וְלִבִּי חָלַל בְּקִרְבִּי". כְּדֵי שֶׁעַל־יְדֵי־זֶה נִזְכֶּה לְצַיֵּר בִּלְבָבֵנוּ כָּל הַמִּדּוֹת טוֹבוֹת וּקְדוֹשׁוֹת, וּלְהַמְשִׁיךְ עָלֵינוּ עֹל עֲבוֹדָתְךָ בֶּאֱמֶת, וְלָלֶכֶת בִּדְרָכֶיךָ הַטּוֹבִים, וּלְהִתְדַּבֵּק בְּמִדּוֹתֶיךָ הַקְּדוֹשׁוֹת, וְלַעֲבֹד אוֹתְךָ בְּהַדְרָגָה וּבְמִדָּה. וְעַל יְדֵי זֶה נִזְכֶּה לְקַבֵּל עָלֵינוּ עֹל מַלְכוּת שָׁמַיִם שְׁלֵמָה, וּלְגַלּוֹת מַלְכוּתְךָ לְכָל בָּאֵי עוֹלָם, אֲשֶׁר זֶה הָיָה כַּוָּנָתְךָ בִּבְרִיאַת הָאָדָם. כְּדֵי שֶׁיִּתְגַּלֶּה מַלְכוּתְךָ בָּעוֹלָם:

וּבְכֵן בָּאתִי לְפָנֶיךָ יְהוָה אֱלֹהַי וֵאלֹהֵי אֲבוֹתַי, אֱלֹהֵי אַבְרָהָם אֱלֹהֵי יִצְחָק וֵאלֹהֵי יַעֲקֹב, וֵאלֹהֵי כָּל הַצַּדִּיקִים הָאֲמִתִּיִּים. אֱלֹהֵי הָרִאשׁוֹנִים וְהָאַחֲרוֹנִים וֵאלֹהֵי כָּל יִשְׂרָאֵל, יֶהֱמוּ נָא וְיִכָּמְרוּ נָא רַחֲמֶיךָ וַחֲסָדֶיךָ עָלַי, עַל פָּגוּם וּמְבֻלְבָּל כָּמוֹנִי, וְתוֹרֵנִי וְתַדְרִיכֵנִי בַּאֲמִתְּךָ וּתְלַמְּדֵנִי, שֶׁאֶזְכֶּה לָדַעַת בֶּאֱמֶת אֵיךְ לְהִתְנַהֵג בְּעִנְיָן זֶה, בְּאֵיזֶה דֶּרֶךְ בְּאֵיזֶה אֹפֶן לְצַמְצֵם הָאוֹר בְּהַדְרָגָה וּבְמִדָּה כִּרְצוֹנְךָ הַטּוֹב בֶּאֱמֶת. כִּי אַתָּה יָדַעְתָּ

כִּי אֲנִי צָרִיךְ לִכְסֹף אֵלֶיךָ תָּמִיד, וּלְהִשְׁתּוֹקֵק אֵלֶיךָ בֶּאֱמֶת, וְלָרוּץ אֵלֶיךָ "כְּגִבּוֹר לָרוּץ אֹרַח" הַזֶּה שֶׁהָיִיתִי יָכֹל לֵילֵךְ בִּזְמַן שֶׁהָיִיתִי נָזוּף מִלְּפָנֶיךָ. כִּי כְּבָר כִּלִּיתִי יָמִים וְשָׁנִים הַרְבֵּה בְּהֶבֶל וָרִיק. מָה אוֹמַר לְפָנֶיךָ יוֹשֵׁב מָרוֹם וּמָה אֲסַפֵּר לְפָנֶיךָ שׁוֹכֵן שְׁחָקִים. אֵין לִי פֶּה לְהָשִׁיב וְלֹא מֵצַח לְהָרִים רֹאשׁ. וּבִמְקוֹמוֹת אֵלּוּ שֶׁנִּתְפַּסְתִּי בָּהֶם בַּעֲווֹנוֹתַי הָרַבִּים, בְּוַדַּאי אֵין שׁוּם דֶּרֶךְ לָצֵאת מֵהֶם בְּהַדְרָגָה כְּסֵדֶר. וּבְוַדַּאי הַהֶכְרֵחַ לִבְרֹחַ מִשָּׁם מְהֵרָה, וְלָרוּץ מִשָּׁם בִּמְהִירוּת וּבִזְרִיזוּת גָּדוֹל, לְמַהֵר לְהִמָּלֵט עַל נַפְשִׁי, וְלִבְלִי לְהַבִּיט אַחֲרַי, כִּי לֹא אוּכַל לְהִתְמַהְמֵהַּ עוֹד חַס וְשָׁלוֹם אֲפִלּוּ כְּרֶגַע. וְאַתָּה צָרִיךְ לְעוֹרֵר רַחֲמֶיךָ הָאֲמִתִּיִּים עָלַי, הַגְּנוּזִים אֶצְלְךָ, וּלְהוֹצִיאֵנִי מְהֵרָה בִּזְרוֹעַ עֻזֶּךָ, וְלִשָּׂא אוֹתִי עַל כַּנְפֵי נְשָׁרִים. וּלְהָבִיא אוֹתִי אֵלֶיךָ, לְקָרְבֵנִי לַעֲבוֹדָתֶךָ חִישׁ קַל מְהֵרָה. כִּי עֲדַיִן לֹא אָבְדָה תִקְוָתִי וְתוֹחַלְתִּי מֵיְהוָה. כִּי "חַסְדֵי יְהוָה כִּי לֹא תָמְנוּ, כִּי לֹא כָלוּ רַחֲמָיו", אֲבָל אַף־עַל־פִּי־כֵן אֲנִי מֻכְרָח לְצַמְצֵם אוֹר הִתְלַהֲבוּת לְבָבִי כַּאֲשֶׁר נִגְלֶה לְפָנֶיךָ אָבִי שֶׁבַּשָּׁמַיִם. כִּי גָלוּי וְיָדוּעַ לְפָנֶיךָ לְכַמָּה פְּגָמִים בָּאתִי עַל יְדֵי רִבּוּי הַהִתְלַהֲבוּת חוּץ מֵהַמִּדָּה. "וַאֲנִי בַעַר וְלֹא אֵדָע, בְּהֵמוֹת הָיִיתִי עִמָּךְ". עַל כֵּן בָּאתִי לְפָנֶיךָ אָבִי אָבִי, אֲדוֹנִי אֲדוֹנִי, גּוֹאֵל יִשְׂרָאֵל וּקְדוֹשִׁי, צוּר לְבָבִי, הֲרֵינִי מַשְׁלִיךְ עַצְמִי עָלֶיךָ. הֲרֵינִי מוֹסֵר גּוּפִי וְנַפְשִׁי וְרוּחִי

וְנִשְׁמָתִי אֵלֶיךָ לְבַד, "בְּיָדְךָ אַפְקִיד רוּחִי פָּדִיתָה אוֹתִי יְהוָה אֵל אֱמֶת. אֵלֶיךָ יְהוָה נַפְשִׁי אֶשָּׂא". וַאֲנִי מוֹסֵר כָּל לְבָבִי עָלֶיךָ לְבַד. "הוֹרֵנִי יְהוָה דַּרְכֶּךָ אֲהַלֵּךְ בַּאֲמִתֶּךָ, יַחֵד לְבָבִי לְיִרְאָה שְׁמֶךָ". הוֹרֵנִי וְלַמְּדֵנִי אֵיךְ לְהִתְנַהֵג בְּעִנְיַן הַתְּשׁוּקָה וְהַהִתְלַהֲבוּת אֵלֶיךָ. וְאֵיךְ לְצַמְצֵם אֶת הַהִתְלַהֲבוּת, בְּאֹפֶן שֶׁאֶזְכֶּה לִתְשׁוּבָה שְׁלֵמָה בֶּאֱמֶת, וְלֵילֵךְ בִּדְרָכֶיךָ הַקְּדוֹשִׁים וּלְהִתְדַּבֵּק בְּמִדּוֹתֶיךָ הַטּוֹבוֹת. וּלְקַבֵּל עָלַי תָּמִיד עֹל מַלְכוּת שָׁמַיִם שְׁלֵמָה בְּאַהֲבָה וּבְרָצוֹן, בְּאֵימָה וּבְיִרְאָה בִּקְדֻשָּׁה וּבְטָהֳרָה גְדוֹלָה, וְלַעֲבֹד אוֹתְךָ בֶּאֱמֶת לַאֲמִתּוֹ בְּהַדְרָגָה וּבְמִדָּה כִּרְצוֹנְךָ הַטּוֹב בֶּאֱמֶת.

רִבּוֹנוֹ שֶׁל עוֹלָם רִבּוֹנוֹ שֶׁל עוֹלָם, אַתָּה יוֹדֵעַ כִּי אִי אֶפְשָׁר לִי לְפָרֵשׁ שִׂיחָתִי לְפָנֶיךָ בִּשְׁלֵמוּת בְּשׁוּם אֹפֶן, בִּפְרָט בְּעִנְיָן זֶה; עָזְרֵנִי עָזְרֵנִי, הוֹשִׁיעֵנִי הוֹשִׁיעֵנִי, חָנֵּנִי חָנֵּנִי, פְּדֵנִי גָּאָלֵנִי, מַלְּטֵנִי הַצִּילֵנִי, הַצִּילֵנִי נָא בְּרַחֲמֶיךָ מִן הַיֵּצֶר הָרָע. הַצִּילֵנִי מִטִּפְּשׁוּת לֵב, מֵעָרְלַת לֵב, פְּדֵנִי וְחָנֵּנִי וּמַלְּטֵנִי בְּרַחֲמֶיךָ הָרַבִּים מִמַּחֲשָׁבוֹת רָעוֹת מֵחָכְמוֹת רָעוֹת, שֶׁהֵם עִקַּר הַיֵּצֶר הָרָע שֶׁבַּלֵּב. חוּס וַחֲמֹל עָלַי, חוּס וְחָנֵּנִי. גּוֹאֵל מִמָּוֶת וּפוֹדֶה מִשַּׁחַת, פְּדֵנִי מִמְּצוּלוֹת יָם, פְּדֵנִי מִמַּחֲשָׁבוֹת רָעוֹת, מַלְּטָה נַפְשִׁי מֵהִרְהוּרִים רָעִים, הַפּוֹגְמִים בְּנֶפֶשׁ יִשְׂרָאֵל מְאֹד מְאֹד, כַּאֲשֶׁר אַתָּה יָדַעְתָּ יְהוָה אֱלֹהַי

וֵאלֹהֵי אֲבוֹתַי. הַצִּילֵנִי מַלְּטֵנִי מִכָּל מִינֵי מַחֲשָׁבוֹת זָרוֹת וּבִלְבּוּלִים אֲשֶׁר הֵם הֵם עִקַּר הַיֵּצֶר הָרָע שֶׁבַּלֵּב, אֲשֶׁר הֵם עָרְלַת לֵב, שֶׁהֵם מְטַמְטְמִין אֶת הַלֵּב, וְרַק הֵם הָיוּ בְּעוֹכְרָי, כִּי עַל יָדָם נִתְפַּסְתִּי וְנִלְכַּדְתִּי בַּעֲווֹנוֹתַי וּפְשָׁעַי הָעֲצוּמִים, שֶׁחָטָאתִי וְשֶׁעָוִיתִי וְשֶׁפָּשַׁעְתִּי לְפָנֶיךָ מִנְּעוּרַי עַד הַיּוֹם הַזֶּה. אֲשֶׁר כֻּלָּם בָּאוּ עָלַי, רַק עַל יְדֵי שֶׁלֹּא נִזְהַרְתִּי לְקַדֵּשׁ אֶת מַחֲשַׁבְתִּי בְּמַחֲשָׁבוֹת קְדוֹשׁוֹת וּטְהוֹרוֹת, וְהָלַכְתִּי אַחֲרֵי שְׁרִירוּת לִבִּי. וַהֲרֵעוֹתִי אֶת מַעֲשַׂי עַל יְדֵי רִבּוּי הַמַּחֲשָׁבוֹת רָעוֹת וּבִלְבּוּלִים רַבִּים אֲשֶׁר הִנַּחְתִּי לִכְנֹס בְּלִבִּי. וְלֹא הִתְגַּבַּרְתִּי לְגָרְשָׁם מִמֶּנִּי עַד אֲשֶׁר הִשְׂתָּרְגוּ עָלוּ עַל צַוָּארִי הִכְשִׁילוּ כֹּחִי. עַד אֲשֶׁר עַל יָדָם בָּאתִי לְכָל הַפְּגָמִים שֶׁפָּגַמְתִּי נֶגְדֶּךָ, וּלְכָל הַהִתְרַחֲקוּת אֲשֶׁר נִתְרַחַקְתִּי מִמְּךָ עַד הֵנָּה. עַד אֲשֶׁר דַּרְכֵי הַתְּשׁוּבָה בֶּאֱמֶת נֶעֶלְמוּ מִמֶּנִּי, וְאֵינִי יוֹדֵעַ שׁוּם דֶּרֶךְ אֵיךְ לָצֵאת וּלְהִמָּלֵט מֵהֶם. וְעַתָּה מֵאַיִן יָבֹא עֶזְרִי, מֵאַיִן תָּבֹא תְּשׁוּעָתִי. מֵאַיִן אֲבַקֵּשׁ מָנוֹחַ אֲשֶׁר יִיטַב לִי לָעַד. אֲהָהּ יְהֹוָה, עֲזֹר, עֲזֹר, הַצֵּל הַצֵּל, הוֹשִׁיעָה הוֹשִׁיעָה, "הוֹשִׁיעֵנִי אֱלֹהִים כִּי בָאוּ מַיִם עַד נָפֶשׁ". הוֹשִׁיעֵנִי טַהֲרֵנִי קַדְּשֵׁנִי. קַדֵּשׁ אֶת מַחֲשַׁבְתִּי בִּקְדֻשָּׁתְךָ הָעֲצוּמָה, בִּקְדֻשָּׁתְךָ הַגְּדוֹלָה, בִּקְדֻשָּׁתְךָ הַנּוֹרָאָה, אֲשֶׁר אֵין שׁוּם סִטְרָא אַחֲרָא יְכוֹלָה לַעֲמֹד נֶגֶד קְדֻשָּׁתְךָ הַגְּדוֹלָה וְהַנּוֹרָאָה.

אָבִי שֶׁבַּשָּׁמַיִם גָּרֵשׁ מִפְּנֵי קְדֻשָּׁתְךָ כָּל הַטִּפְּשׁוּת שֶׁבְּלִבִּי, כָּל עָרְלַת לְבָבִי, וְקַיֵּם לִי בְּרַחֲמֶיךָ מִקְרָא שֶׁכָּתוּב: "וּמָל יְהֹוָה אֱלֹהֶיךָ אֶת לְבָבְךָ וְאֶת לְבַב זַרְעֶךָ, לְאַהֲבָה אֶת יְהֹוָה אֱלֹהֶיךָ בְּכָל לְבָבְךָ וּבְכָל נַפְשְׁךָ לְמַעַן חַיֶּיךָ". זַכֵּנִי לְמַחֲשָׁבוֹת קְדוֹשׁוֹת וּטְהוֹרוֹת. הַצִּילֵנִי מִמַּחֲשָׁבוֹת רָעוֹת. הַצִּילֵנִי נָא מֵהִרְהוּרִים רָעִים. הַצִּילֵנִי הַצִּילֵנִי. קַדֵּשׁ אֶת מַחֲשַׁבְתִּי בְּרַחֲמֶיךָ הָרַבִּים, בְּרַחֲמֶיךָ הַגְּדוֹלִים בְּרַחֲמֶיךָ הָעֲצוּמִים. יוֹדֵעַ תַּעֲלוּמוֹת חֲמוֹל עָלַי, מָלֵא רַחֲמִים יֶהֱמוּ וְיִכָּמְרוּ מֵעֶיךָ עָלַי. קְדוֹשׁ יַעֲקֹב קַדְּשֵׁנִי וְטַהֲרֵנִי. קָדוֹשׁ עַל כָּל הַקְּדֻשּׁוֹת. תֵּן לִי בְּמַתְּנַת חִנָּם וְנִדְבַת חֶסֶד קְדֻשָּׁתְךָ הַנּוֹרָאָה, בְּאֹפֶן שֶׁאֶזְכֶּה לְקַבְּלָהּ. זַכֵּנִי מְהֵרָה שֶׁיִּהְיֶה לִבִּי פָּנוּי וְחָלָל מִכָּל מִינֵי עָרְלַת לֵב, מִכָּל מִינֵי טִפְּשׁוּת הַלֵּב, מִכָּל מִינֵי מַחֲשָׁבוֹת זָרוֹת וְהִרְהוּרִים רָעִים וְחָכְמוֹת חִיצוֹנִיּוֹת הַנִּמְשָׁכִין מֵהַיֵּצֶר הָרָע.

וְעָזְרֵנִי שֶׁאֶזְכֶּה לְהַמְשִׁיךְ לְתוֹךְ לִבִּי בְּהַדְרָגָה וּבְמִדָּה מַחֲשָׁבוֹת קְדוֹשׁוֹת וּטְהוֹרוֹת, מַחֲשָׁבוֹת זַכּוֹת וּנְכוֹנוֹת, מַחֲשָׁבוֹת טוֹבוֹת שֶׁהֵם הַיֵּצֶר הַטּוֹב. וְתִתֵּן לִי כֹּחַ לְהַגְבִּיר הַיֵּצֶר טוֹב עַל הַיֵּצֶר הָרָע, לְהַגְבִּיר הַמַּחֲשָׁבוֹת קְדוֹשׁוֹת עַל הַמַּחֲשָׁבוֹת רָעוֹת, לְגָרֵשׁ וּלְסַלֵּק מִלִּבִּי כָּל הַמַּחֲשָׁבוֹת רָעוֹת וּבִלְבּוּלִים וְכָל

הַמַּחֲשָׁבוֹת הַטּוֹרְדוֹת שֶׁבָּעוֹלָם. וְאֶזְכֶּה לַחְשֹׁב בֶּאֱמֶת כָּרָאוּי אֵיךְ לַעֲבֹד אוֹתְךָ בֶּאֱמֶת בְּמַחֲשָׁבָה זַכָּה וְצַחָה בְּלִי שׁוּם בִּלְבּוּל הַדַּעַת כְּלָל. וְאַתָּה תִּהְיֶה עִמִּי תָּמִיד, וְתוֹרֵנִי וּתְלַמְּדֵנִי דְּרָכֶיךָ הַטּוֹבִים, וּתְדַבְּקֵנִי בְּמִדּוֹתֶיךָ הַקְּדוֹשׁוֹת, עַד שֶׁאֶזְכֶּה לְקַבֵּל עָלַי עֹל מַלְכוּתְךָ בִּשְׁלֵמוּת, בְּאַהֲבָה וּבְיִרְאָה בֶּאֱמֶת וּבֶאֱמוּנָה בִּקְדֻשָּׁה וּבְטָהֳרָה גְּדוֹלָה, וְלָשׁוּב אֵלֶיךָ בִּתְשׁוּבָה שְׁלֵמָה בֶּאֱמֶת, וּלְהִתְדַּבֵּק בְּךָ תָּמִיד לְעוֹלָם וָעֶד כִּרְצוֹנְךָ הַטּוֹב בֶּאֱמֶת. וְאֶזְכֶּה לָרוּץ מְהֵרָה כָּל הָאֹרַח הַזֶּה שֶׁהָיִיתִי יָכוֹל לֵילֵךְ בַּזְּמַן שֶׁהָיִיתִי נָזוּז מִלְּפָנֶיךָ. וְתַעַזְרֵנִי שֶׁאֶזְכֶּה לְתַקֵּן מְהֵרָה בְּחַיַּי כָּל הַפְּגָמִים שֶׁפָּגַמְתִּי לְפָנֶיךָ מִנְּעוּרַי עַד הַיּוֹם הַזֶּה. עַל־יְדֵי חֲטָאַי וַעֲווֹנוֹתַי וּפְשָׁעַי הָרַבִּים וְהָעֲצוּמִים:

חוּס וְחָנֵּנִי וְרַחֵם עָלַי וְהוֹשִׁיעֵנִי חִישׁ קַל מְהֵרָה יְשׁוּעָה שְׁלֵמָה וַאֲמִתִּיִּית. יְשׁוּעַת הַנֶּפֶשׁ וְהַגּוּף בֶּאֱמֶת. יְשׁוּעָה הַנִּצְחִיִּית לְעוֹלְמֵי עַד וּלְנֵצַח נְצָחִים. עָזְרֵנִי כִּי עָלֶיךָ נִשְׁעַנְתִּי. הוֹשִׁיעֵנוּ כִּי שִׁמְךָ נִקְרָא עָלֵינוּ. אַל תַּנִּיחֵנוּ וְאַל תִּטְּשֵׁנוּ וְאַל תַּעַזְבֵנוּ. "זְכֹר רַחֲמֶיךָ יְהֹוָה וַחֲסָדֶיךָ כִּי מֵעוֹלָם הֵמָּה. זָכְרֵנִי יְהֹוָה בִּרְצוֹן עַמֶּךָ פָּקְדֵנִי בִּישׁוּעָתֶךָ. טַהֵר לִבֵּנוּ לְעָבְדְּךָ בֶּאֱמֶת. "עוּרָה כְבוֹדִי עוּרָה הַנֵּבֶל וְכִנּוֹר אָעִירָה שָּׁחַר". עוּרָה נָא עוֹרְרִי נָא קוּמִי נָא עִמְדִי נָא חַלִּי נָא פְּנֵי אֵל בְּמֵיטַב

הֶגְיוֹן, אוּלַי יָחֹס אוּלַי יְרַחֵם אוּלַי יָחוּס עַם עָנִי וְאֶבְיוֹן אוּלַי יְרַחֵם אוּלַי יְרַחֵם, אוּלַי יְרַחֵם. "דַּלּוּ עֵינַי לַמָּרוֹם יְהֹוָה עָשְׁקָה לִּי עָרְבֵנִי". מָרָא דְעָלְמָא כֻּלָּא, אֵינִי יוֹדֵעַ כְּלָל מַה לְּדַבֵּר, "כִּי אֵין מִלָּה בִּלְשׁוֹנִי הֵן יְהֹוָה יָדַעְתָּ כֻלָּהּ", רַק בָּאתִי לְפָנֶיךָ יְהֹוָה אֱלֹהַי וֵאלֹהֵי אֲבוֹתַי מָלֵא רַחֲמִים, לִשְׁטֹחַ כַּפַּי אֵלֶיךָ, וְלִשָּׂא עֵינַי לִמְעוֹן קָדְשֶׁתְךָ אוּלַי יֵשׁ תִּקְוָה. תֵּן לִי תִקְוָה טוֹבָה חִישׁ קַל מְהֵרָה. תֵּן לִי חַיִּים אֲמִתִּיִּים. הָסֵר מִמֶּנִּי יָגוֹן וַאֲנָחָה. "שַׂמֵּחַ נֶפֶשׁ עַבְדֶּךָ כִּי אֵלֶיךָ יְהֹוָה נַפְשִׁי אֶשָּׂא". זַכֵּנִי מְהֵרָה לִתְשׁוּבָה שְׁלֵמָה בֶּאֱמֶת, וְאֶזְכֶּה לָשׁוּב לַמָּקוֹר שֶׁנֶּחְצַבְתִּי מִשָּׁם. וְאֶזְכֶּה עַל־יְדֵי תְּשׁוּבָתִי לְיַחֵד יְחוּדָא עִלָּאָה וִיחוּדָא תַּתָּאָה:

וּתְזַכֵּנִי לְקַדֵּשׁ עַצְמִי בְּיוֹתֵר בִּשְׁנֵי הֶחֳדָשִׁים הַקְּדוֹשִׁים, שֶׁהֵם שְׁנֵי רָאשִׁים שֶׁל הַשָּׁנָה, שֶׁהֵם נִיסָן וְתִשְׁרֵי שֶׁהֵם יְמֵי תְשׁוּבָה, שֶׁאֶזְכֶּה בְּכָל שָׁנָה וְשָׁנָה לָשׁוּב בָּהֶם בִּתְשׁוּבָה שְׁלֵמָה, וּלְהִתְקַדֵּשׁ בָּהֶם בִּקְדֻשָּׁה יְתֵרָה וּבְשִׂמְחָה גְדוֹלָה. וְאֶזְכֶּה לְהַמְשִׁיךְ עָלַי קְדֻשָּׁה גְדוֹלָה וּתְשׁוּבָה שְׁלֵמָה תָּמִיד מִשְּׁנֵי הֶחֳדָשִׁים הָאֵלּוּ עַל כָּל הַשָּׁנָה כֻּלָּהּ. וּתְזַכֵּנִי לְעוֹרֵר וּלְגַלּוֹת עֲשָׂרָה מִינֵי נְגִינָה. וְאֶזְכֶּה מְהֵרָה לְסַדֵּר לְפָנֶיךָ בְּכָל יוֹם תָּמִיד שִׁירוֹת וְתִשְׁבָּחוֹת הַרְבֵּה בְּקוֹל גִּילָה וְרַנֵּן לְשִׁמְךָ הַגָּדוֹל וְהַקָּדוֹשׁ, בְּשִׁיר וָשֶׁבַח וְנִגּוּן וְזִמְרָה

וָעֹז וְחֶדְוָה, בְּכָל עֲשָׂרָה מִינֵי נְגִינָה הַקְּדוֹשִׁים, עַד שֶׁנִּזְכֶּה שֶׁיִּתְעַר עַל יָדֵינוּ הַשִּׁיר שֶׁיִּתְעַר לֶעָתִיד, שֶׁהוּא שִׁיר פָּשׁוּט כָּפוּל מְשֻׁלָּשׁ מְרֻבָּע. כְּמוֹ שֶׁכָּתוּב "הַשִּׁיר יִהְיֶה לָכֶם כְּלֵיל הִתְקַדֶּשׁ חָג". וִיקֻיַּם בָּנוּ מִקְרָא שֶׁכָּתוּב: "וְשָׁרִים כְּחֹלְלִים כָּל מַעְיָנַי בָּךְ". וּתְזַכֵּנוּ לֵידַע וּלְהַשִּׂיג סוֹדוֹת הַקַּבָּלָה הַקְּדוֹשָׁה, עַד שֶׁאֶזְכֶּה לְהַשִּׂיג וְלֵידַע אוֹרַיְיתָא דְעַתִּיקָא סְתִימָאָה דַעֲתִידָא לְאִתְגַּלְיָא לֶעָתִיד לָבוֹא:

וְזַכֵּנִי בְּרַחֲמֶיךָ הָרַבִּים לְקַיֵּם מִצְוַת צִיצִית בִּשְׁלֵמוּת בְּכָל פְּרָטֶיהָ וְדִקְדּוּקֶיהָ וְכַוָּנוֹתֶיהָ וְתַרְיַ"ג מִצְווֹת הַתְּלוּיִם בָּהּ וּבְלֵב טוֹב וּבְשִׂמְחָה גְדוֹלָה. וִיהִי רָצוֹן לְפָנֶיךָ שֶׁתְּהֵא חֲשׁוּבָה מִצְוַת צִיצִית שֶׁאָנוּ עוֹשִׂין מִצֶּמֶר לָבָן כְּאִלּוּ קִיַּמְנוּ גַּם מִצְוַת תְּכֵלֶת שֶׁבַּצִּיצִית, כִּי גָּלוּי וְיָדוּעַ לְפָנֶיךָ שֶׁרְצוֹנֵנוּ לַעֲשׂוֹת רְצוֹנְךָ, וְאָנוּ חֲפֵצִים וּמִתְגַּעְגְּעִים לְקַיֵּם מִצְוַת תְּכֵלֶת שֶׁבַּצִּיצִית. וְאִם הָיִינוּ זוֹכִים לִמְצֹא תְּכֵלֶת לְצִיצִית הָיִינוּ מְפַזְּרִים הוֹן רַב כְּדֵי לְקַיֵּם הַמִּצְוָה בִּשְׁלֵמוּת. אַךְ בַּעֲוֹנוֹתֵינוּ הָרַבִּים חָרַב בֵּית מִקְדָּשֵׁנוּ, וְנִתְעַלֵּם הַחִלָּזוֹן בַּעֲוֹנוֹתֵינוּ. וּמֵאָז וָהָלְאָה אֵין אָנוּ זוֹכִים לְקַיֵּם מִצְוָתְךָ בִּשְׁלֵמוּת. עַל כֵּן יְהִי רָצוֹן מִלְּפָנֶיךָ שֶׁתְּהֵא חֲשׁוּבָה מִצְוַת צִיצִית לָבָן לְפָנֶיךָ כְּאִלּוּ קִיַּמְנוּ מִצְוַת תְּכֵלֶת שֶׁבַּצִּיצִית. וְרַחֵם עָלֵינוּ וּבְנֵה עִירְךָ בִּמְהֵרָה

בְּיָמֵינוּ, וַהֲבִיאֵנוּ לְשָׁלוֹם לְאֶרֶץ הַקְּדוֹשָׁה, וְזַכֵּנוּ שֶׁיַּחֲזֹר וְיִתְגַּלֶּה הַחִלָּזוֹן. וְנִזְכֶּה לְקַיֵּם מִצְוַת תְּכֵלֶת שֶׁבְּצִיצִית וְעַל־יְדֵי־זֶה תְּכַלֶּה וּתְשַׁבֵּר וְתַעֲקֹר וּתְמַגֵּר מַלְכוּת הָרִשְׁעָה מִן הָעוֹלָם. וִיקֻיַּם מִקְרָא שֶׁכָּתוּב: "כַּלֵּה בְחֵמָה כַּלֵּה וְאֵינֵמוֹ, וְיֵדְעוּ כִּי אֱלֹהִים מֹשֵׁל בְּיַעֲקֹב לְאַפְסֵי הָאָרֶץ סֶלָה":

וּתְזַכֵּנוּ אוֹתָנוּ וְאֶת כָּל עַמְּךָ בֵּית יִשְׂרָאֵל. לִהְיוֹת דְּבוּקִים בְּךָ תָּמִיד. וּלְקַבֵּל עָלֵינוּ אֶת עֹל מַלְכוּתְךָ בְּאַהֲבָה. וְתַמְשִׁיךְ וְתַשְׁפִּיעַ עָלֵינוּ חַיִּים אֲרוּכִים טוֹבִים וְקַיָּמִים. וִיקֻיַּם בָּנוּ מִקְרָא שֶׁכָּתוּב: "וְאַתֶּם הַדְּבֵקִים בַּיהוָה אֱלֹהֵיכֶם חַיִּים כֻּלְּכֶם הַיּוֹם". וְתַמְתִּיק וּתְבַטֵּל כָּל הַדִּינִים מֵעָלֵינוּ וּמֵעַל כָּל עַמְּךָ בֵּית יִשְׂרָאֵל תָּמִיד לְעוֹלָם וָעֶד. וְתַמְשִׁיךְ עָלֵינוּ שֶׁפַע טוֹבָה וּבְרָכָה וְרַחֲמִים וְחַיִּים וְשָׁלוֹם וַעֲשִׁירוּת דִּקְדֻשָּׁה. וִיקֻיַּם בָּנוּ מִקְרָא שֶׁכָּתוּב: "וַהֲרִיקוֹתִי לָכֶם בְּרָכָה עַד בְּלִי דָי":

וְזַכֵּנוּ לְשִׂמְחָה שֶׁל מִצְוָה. וְעָזְרֵנוּ לְשַׂמֵּחַ חָתָן וְכַלָּה הַכְּשֵׁרִים, לְשַׂמְּחָם בְּכָל מִינֵי שְׂמָחוֹת, וּלְזַמֵּר וּלְרַקֵּד לִפְנֵיהֶם בְּשִׂמְחָה וְחֶדְוָה רַבָּה בִּקְדֻשָּׁה וּבְטָהֳרָה גְּדוֹלָה. וְנִזְכֶּה עַל־יְדֵי־זֶה לְיַחֵד חָתָן וְכַלָּה הָעֶלְיוֹנִים, וּלְחַבֵּר אֵשֶׁת נְעוּרִים עִם דּוֹדָהּ בְּאַהֲבָה וְאַחֲוָה וְרֵעוּת.

וְנִזְכֶּה לְיַחֵד יִחוּדָא עִלָּאָה וְיִחוּדָא תַּתָּאָה, וְיִתְחַבְּרוּ יַחַד אַרְבַּע אוֹתִיּוֹת שֶׁל שִׁמְךָ הַגָּדוֹל וְהַקָּדוֹשׁ. וִיקֻיַּם מִקְרָא שֶׁכָּתוּב: "בְּקִרְבְּךָ קָדוֹשׁ וְלֹא אָבוֹא בְּעִיר":

וְזַכֵּנִי לְהִתְקָרֵב לְצַדִּיקִים אֲמִתִּיִּים. וְתַעֲזֹר אוֹתִי וְאֶת כָּל עַמְּךָ בֵּית יִשְׂרָאֵל, שֶׁנִּזְכֶּה לָצֵאת מֵחָכְמוֹת חִיצוֹנִיּוֹת שֶׁל הָעַכּוּ"ם, וְלֹא נַטֶּה מַחֲשַׁבְתֵּנוּ לְשׁוּם חָכְמָה חִיצוֹנָה כְּלָל, רַק מַחֲשַׁבְתֵּנוּ תִהְיֶה דְבוּקָה בְּךָ וּבְתוֹרָתְךָ הַקְּדוֹשָׁה תָּמִיד לְעוֹלָם וָעֶד. וְעַל־יְדֵי־זֶה יִתְגַּדֵּל וְיִתְעַלֶּה אוֹר הַצַּדִּיקִים הָאֲמִתִּיִּים וְיִזְכּוּ לְהַשִּׂיג תָּמִיד הַשָּׂגוֹת עֶלְיוֹנוֹת חֲדָשׁוֹת. וּתְזַכֵּנוּ בְּרַחֲמֶיךָ הָרַבִּים לְקַבֵּל וְלֵהָנוֹת מֵאוֹרָם הַגָּדוֹל וְהַקָּדוֹשׁ.

וְזַכֵּנוּ לִקְדֻשַּׁת שַׁבַּת קֹדֶשׁ שֶׁנִּזְכֶּה לְקַבֵּל שַׁבָּתוֹת בְּשִׂמְחָה גְדוֹלָה וּבְחֶדְוָה רַבָּה וַעֲצוּמָה, בְּשִׁיר וָשֶׁבַח הַלֵּל וְזִמְרָה בְּגִילָה רִנָּה דִּיצָה וְחֶדְוָה, בְּיִרְאָה וְאַהֲבָה בֶּאֱמֶת וּבֶאֱמוּנָה בִּקְדֻשָּׁה וּבְטָהֳרָה גְדוֹלָה. וְנִזְכֶּה בְּכֹחַ קְדֻשַּׁת שַׁבָּת לְשַׁבֵּר וּלְבַטֵּל תַּאֲוַת מָמוֹן מֵאִתָּנוּ, שֶׁלֹּא יִהְיֶה לָנוּ שׁוּם תַּאֲוָה וְחֶמְדָּה לְמָמוֹן כְּלָל. רַק נִזְכֶּה לְהִתְאַוּוֹת וְלִכְסֹף תָּמִיד לְתַכְלִית הַנִּצְחִי, לִהְיוֹת מְקֻשָּׁט לְיוֹם שֶׁכֻּלּוֹ שַׁבָּת וּמְנוּחָה לְחַיֵּי הָעוֹלָמִים:

מָלֵא רַחֲמִים רַחֵם עָלֵינוּ וּמַלֵּא מִשְׁאֲלוֹתֵינוּ בְּרַחֲמִים, שֶׁנִּזְכֶּה מֵעַתָּה לְגָרֵשׁ וּלְבַעֵר וּלְבַטֵּל כָּל הַמַּחֲשָׁבוֹת רָעוֹת מִלְּבָבֵנוּ. וְנַמְשִׁיךְ עָלֵינוּ מַחֲשָׁבוֹת קְדוֹשׁוֹת וּטְהוֹרוֹת זַכּוֹת וּנְכוֹנוֹת. וְנַתְחִיל מֵעַתָּה לְעָבְדְךָ בֶּאֱמֶת בְּהַדְרָגָה וּבְמִדָּה כִּרְצוֹנְךָ הַטּוֹב, בְּאֹפֶן שֶׁנִּזְכֶּה לָבוֹא וּלְהַגִּיעַ מְהֵרָה לְתַכְלִית הַשְּׁלֵמוּת, לְתַכְלִית הָאֲמִתִּי. אָבִינוּ שֶׁבַּשָּׁמַיִם, הוֹרֵנוּ דְּרָכֶיךָ, לַמְּדֵנוּ לַעֲשׂוֹת רְצוֹנֶךָ, קָרְבֵנוּ אֵלֶיךָ, "שִׂימֵנִי כַחוֹתָם עַל לִבֶּךָ כַּחוֹתָם עַל זְרוֹעֶךָ, כִּי עַזָּה כַמָּוֶת אַהֲבָה, קָשָׁה כִשְׁאוֹל קִנְאָה, רְשָׁפֶיהָ רִשְׁפֵּי אֵשׁ שַׁלְהֶבֶתְיָה. מַיִם רַבִּים לֹא יוּכְלוּ לְכַבּוֹת אֶת הָאַהֲבָה, וּנְהָרוֹת לֹא יִשְׁטְפוּהָ, אִם יִתֵּן אִישׁ אֶת כָּל הוֹן בֵּיתוֹ בָּאַהֲבָה בּוֹז יָבוּזוּ לוֹ". חוֹמֵל דַּלִּים חֲמֹל עָלֵינוּ, וּתְמַהֵר וְתָחִישׁ לְגָאֳלֵנוּ בִּכְלָלִיּוּת וּבִפְרָטִיּוּת, בְּגַשְׁמִיּוּת וּבְרוּחָנִיּוּת, וְתָבִיא לָנוּ אֶת מְשִׁיחַ צִדְקֵנוּ. וְנִזְכֶּה וְנִחְיֶה וְנִרְאֶה וְנִירַשׁ טוֹבָה וּבְרָכָה לִשְׁנֵי יְמוֹת הַמָּשִׁיחַ וּלְחַיֵּי הָעוֹלָם הַבָּא. "הֲשִׁיבֵנִי וְאָשׁוּבָה כִּי אַתָּה [יְהוָה] אֱלֹהָי. שׁוּבָה יְהוָה עַד מָתָי וְהִנָּחֵם עַל עֲבָדֶיךָ. הֲשִׁיבֵנוּ יְהוָה אֵלֶיךָ וְנָשׁוּבָה, חַדֵּשׁ יָמֵינוּ כְּקֶדֶם. יִהְיוּ לְרָצוֹן אִמְרֵי פִי וְהֶגְיוֹן לִבִּי לְפָנֶיךָ יְהוָה צוּרִי וְגוֹאֲלִי". אָמֵן אָמֵן:

נ

"הַצִּילָה מֵחֶרֶב נַפְשִׁי מִיַּד כֶּלֶב יְחִידָתִי. הוֹשִׁיעֵנִי מִפִּי אַרְיֵה וּמִקַּרְנֵי רֵמִים עֲנִיתָנִי. כִּי סְבָבוּנִי כְּלָבִים עֲדַת מְרֵעִים הִקִּיפוּנִי כָּאֲרִי יָדַי וְרַגְלָי". רִבּוֹנוֹ שֶׁל עוֹלָם הַצִּילֵנִי מִפְּגַם הַבְּרִית. הַצִּילֵנִי מִבְּאֵר שַׁחַת מִטִּיט הַיָּוֵן. הַצִּילֵנִי מִדִּין גֵּיהִנֹּם הַקָּשֶׁה הַמַּגִּיעַ עַל פְּגַם הַבְּרִית חַס וְשָׁלוֹם. חוּס וַחֲמֹל עָלַי, "זְכוֹר רַחֲמֶיךָ יְהוָה וַחֲסָדֶיךָ כִּי מֵעוֹלָם הֵמָּה". זְכֹר וְרַחֵם וְהַצֵּל וְהוֹשִׁיעָה אֶת נַפְשִׁי הָאֻמְלָלָה מִן הַשְּׁאוֹל תַּחְתִּיּוֹת, כִּי אַתָּה יוֹדֵעַ הַצַּעַר וְהָרַחֲמָנוּת שֶׁיֵּשׁ עַל מִי שֶׁפָּגַם בִּבְרִיתוֹ חַס וְשָׁלוֹם, וְלֹא זָכָה לְתַקֵּן בְּחַיָּיו, שֶׁיּוֹרֵד לַמַּדְרֵגָה הַתַּחְתּוֹנָה שֶׁל שְׁאוֹל בְּאֵין עוֹזֵר וְסוֹמֵךְ. אֲשֶׁר אִי אֶפְשָׁר לָנוּ לְשַׁעֵר בְּדַעְתֵּנוּ עֹצֶם הַצַּעַר וְהַיִּסּוּרִים הַקָּשִׁים וְהַמָּרִים מְאֹד מְאֹד, וְעֹצֶם הָרַחֲמָנוּת שֶׁעָלָיו. רַק אַתָּה לְבַד יוֹדֵעַ זֹאת. וְאַתָּה יוֹדֵעַ שֶׁשָּׁם בְּעָלְמָא דְאָתֵי אֵין מוֹעִיל שׁוּם רַחֲמָנוּת בָּעוֹלָם, כִּי שָׁם אֵין אַתָּה וַתְּרָן כְּלָל. וְעִקַּר הָרַחֲמָנוּת שֶׁלְּךָ הוּא מַה שֶּׁאַתָּה חוֹשֵׁב מַחֲשָׁבוֹת, לְבַל יִדַּח מִמְּךָ נִדָּח. וְאַתָּה שׁוֹלֵחַ וּמַזְמִין הִרְהוּרֵי תְשׁוּבָה בְּכָל יוֹם וָיוֹם לְכָל אֶחָד וְאֶחָד. וְאַתָּה פּוֹשֵׁט יָד לְקַבֵּל שָׁבִים. וְאַתָּה מְסַיֵּעַ וְעוֹזֵר לָשׁוּב אֵלֶיךָ בֶּאֱמֶת לְכָל הַבָּאִים לִטָּהֵר.

עַל כֵּן בָּאתִי לְפָנֶיךָ יְהֹוָה אֱלֹהַי וֵאלֹהֵי אֲבוֹתַי, הַצּוֹפֶה לָרָשָׁע וְחָפֵץ בְּהִצָּדְקוֹ, חוּס וַחֲמֹל עַל נַפְשִׁי הַיְקָרָה. חוּס וַחֲמֹל עָלַי, חוּס וְחָנֵּנִי וּפְדֵנִי מִפְּגַם הַבְּרִית. "הַצִּילֵנִי מִטִּיט וְאַל אֶטְבָּעָה אִנָּצְלָה מִשּׂוֹנְאַי וּמִמַּעֲמַקֵּי מָיִם. אַל תִּשְׁטְפֵנִי שִׁבֹּלֶת מַיִם וְאַל תִּבְלָעֵנִי מְצוּלָה וְאַל תֶּאְטַר עָלַי בְּאֵר פִּיהָ". הַצִּילֵנִי בְּרַחֲמֶיךָ מִמְּרִירוּת חַרְבּוֹ שֶׁל מַלְאַךְ הַמָּוֶת דְּאִית לָהּ תְּרֵי פִיּוֹת. הַצִּילֵנִי מִן הַמַּלְאֲכֵי חַבָּלָה הַקָּשִׁים וְהָאַכְזָרִיִּים הַנִּקְרָאִים כְּלָבִים, הַטּוֹרְפִים נַפְשׁוֹ שֶׁל הַפּוֹגֵם בַּבְּרִית חַס וְשָׁלוֹם, וּמוֹלִיכִין אוֹתוֹ לַגֵּיהִנֹּם וְצוֹוְחִין הַב הַב. הַצִּילֵנִי מִפַּחְדָּם הַקָּשֶׁה, הַצִּילֵנִי מִדִּינָם הַקָּשֶׁה, מִדִּינָם הַמַּר בְּתַכְלִית הַמְּרִירוּת. הַצִּילֵנִי מִמַּיִין מְרִירִין מִמַּיִין מְסָאֲבִין. חוּס וַחֲמֹל, חוּס וְרַחֵם, חוּס וְהַצֵּל, חוּס וּפְדֵה נַפְשִׁי הָעֲשׁוּקָה מְאֹד. וְעָזְרֵנִי וְהוֹשִׁיעֵנִי מֵעַתָּה שֶׁלֹּא אֶפְגֹּם עוֹד בִּבְרִיתִי כְּלָל, הֵן בְּמַחֲשָׁבָה דִּבּוּר וּמַעֲשֶׂה, הֵן בִּרְאִיָּה וּבִשְׁמִיעָה וּבִשְׁאָר חוּשִׁים, בֵּין בְּשׁוֹגֵג בֵּין בְּמֵזִיד, בֵּין בְּאֹנֶס בֵּין בְּרָצוֹן. וְלֹא אָתוּר אַחַר לְבָבִי וְאַחַר עֵינַי, וְלֹא אֵלֵךְ עוֹד בִּשְׁרִירוּת לִבִּי. וְתִתֶּן לִי כֹּחַ וּגְבוּרָה מֵאִתְּךָ לְשַׁבֵּר אֶת יִצְרִי הָרָע, וְלִכְבֹּשׁ אֶת תַּאֲוָתִי. וְתִתֶּן לִי יֵצֶר טוֹב, וְיִהְיֶה לְבָבִי בִּרְשׁוּתִי:

רִבּוֹנוֹ שֶׁל עוֹלָם חוּס וְרַחֵם עָלַי. חוּס וְחָנֵּנִי. חָנֵּנִי יְהֹוָה חָנֵּנִי כִּי רַב שָׂבַעְתִּי בוּז. רַבַּת שָׂבְעָה

לָּהּ נַפְשִׁי הַלַּעַג הַשַּׁאֲנַנִּים. רַבַּת שָׂבְעָתִי מְרִירוּת
תַּאֲווֹת עוֹלָם הַזֶּה וַהֲבָלָיו. "הָשַׁע מִמֶּנִּי וְאַבְלִיגָה בְּטֶרֶם
אֵלֵךְ וְאֵינֶנִּי". הָשַׁע מִמֶּנִּי וְאַבְלִיגָה מְעַט. בַּעֲמַל יָדֶיךָ
אַל תִּבְעַט. הֲרֵי אֲנִי עוֹמֵד לְפָנֶיךָ כְּעָנִי בַּפֶּתַח. כְּעֵין
הָעֶבֶד אֶל אֲדוֹנָיו. כְּעֵין הַשָּׁבוּי הַחַיָּב. הַמְצַפֶּה לְמַתְּנַת
חִנָּם, שׁוֹאֵל וּמְבַקֵּשׁ עַל נַפְשׁוֹ, וְעֵינָיו כָּלוֹת כָּל הַיּוֹם
לְנִדְבַת חֶסֶד, כֵּן עֵינַי תָּמִיד אֶל יְהֹוָה עַד שֶׁיְּחָנֵּנִי,
וִישִׁיבֵנִי בִּתְשׁוּבָה שְׁלֵמָה לְפָנָיו בֶּאֱמֶת. "פֵּרַשְׂתִּי יָדַי
כָּל הַיּוֹם נַפְשִׁי כְּאֶרֶץ עֲיֵפָה לְךָ סֶלָה". וְאִם אָמְנָם גַּם
דְּבָרַי אֵלֶּה מְעֹרְבָבִים בִּפְנִיּוֹת הַרְבֵּה, מָה אֶעֱשֶׂה
אֲדוֹנִי, לְהֵיכָן אֶבְרַח.

מָרֵיהּ דְעָלְמָא כֻּלָּא "אֵלֶיךָ יְהֹוָה אֶקְרָא וְאֶל יְהֹוָה
אֶתְחַנָּן, מַה בֶּצַע בְּדָמִי בְּרִדְתִּי אֶל שָׁחַת,
הֲיוֹדְךָ עָפָר הֲיַגִּיד אֲמִתֶּךָ". עֲשֵׂה עִמִּי מַה שֶּׁתַּעֲשֶׂה
בְּרַחֲמֶיךָ הָרַבִּים, בְּאֹפֶן שֶׁתַּצִּילֵנִי מֵעַתָּה מִכָּל מִינֵי
פְּגַם הַבְּרִית שֶׁבָּעוֹלָם. וְתִגְעַר בְּהָרוּחַ שְׁטוּת וְהַשִּׁגָּעוֹן.
וּתְגָרְשֵׁהוּ וְתַרְחִיקֵהוּ וּתְבַטְּלוֹ מֵעָלֵינוּ בְּבִטּוּל גָּמוּר
מֵעַתָּה וְעַד עוֹלָם. וְכָל מַה שֶּׁחָטָאתִי וְעָוִיתִי וּפָשַׁעְתִּי
לְפָנֶיךָ בִּפְגַם הַבְּרִית מִנְּעוּרַי עַד הַיּוֹם הַזֶּה. וְכָל טִפָּה
וְטִפָּה קֶרִי שֶׁיָּצָא מִמֶּנִּי לְבַטָּלָה בְּשׁוֹגֵג וּבְמֵזִיד בְּאֹנֶס
וּבְרָצוֹן, עַל הַכֹּל תִּמְחֹל וְתִסְלַח לִי אֱלוֹהַּ סְלִיחוֹת, חַנּוּן
הַמַּרְבֶּה לִסְלֹחַ, וּתְקַבֵּץ נִדָּחֵינוּ מֵאַרְבַּע כַּנְפוֹת הָאָרֶץ,

וְתַחֲזֹר וְתִקַּבְּצֵם בִּקְדֻשָּׁה שֵׁנִית, וּתְמַלֵּא כָּל הַשֵּׁמוֹת שֶׁפָּגַמְתִּי בְּשִׁמְךָ הַגָּדוֹל. וְתִהְיֶה עִמִּי תָּמִיד בְּאֹפֶן שֶׁאֶזְכֶּה לְתִקּוּן הַבְּרִית בִּשְׁלֵמוּת בֶּאֱמֶת כִּרְצוֹנְךָ הַטּוֹב. וְאֶזְכֶּה מֵעַתָּה לְהִתְקַדֵּשׁ בִּקְדֻשָּׁה וּבְטָהֳרָה גְּדוֹלָה בֶּאֱמֶת, וְלֹא אָשׁוּב עוֹד לְכִסְלָה. וְלֹא אֶעֱשֶׂה עוֹד הָרַע בְּעֵינֶיךָ. וְאֶזְכֶּה לְהוֹסִיף תָּמִיד קְדֻשָּׁה עַל קְדֻשָּׁה, וּלְקַדֵּשׁ עַצְמִי בַּמֻּתָּר לִי, בִּקְדֻשָּׁה וּבְטָהֳרָה גְּדוֹלָה כִּרְצוֹנְךָ הַטּוֹב בֶּאֱמֶת, מֵעַתָּה וְעַד עוֹלָם:

וּבְכֵן יְהִי רָצוֹן מִלְּפָנֶיךָ יְהוָה אֱלֹהֵינוּ וֵאלֹהֵי אֲבוֹתֵינוּ. שֶׁתִּהְיֶה בְּעֶזְרִי תָּמִיד, וְתַעַזְרֵנִי לְהִתְפַּלֵּל תְּפִלָּתִי לְפָנֶיךָ בְּכַוָּנָה גְּדוֹלָה וַעֲצוּמָה, בְּכָל לֵב וָנֶפֶשׁ בֶּאֱמֶת לַאֲמִתּוֹ. וְאֶזְכֶּה לְכַוֵּן הֵיטֵב בְּכָל דִּבּוּר וְדִבּוּר שֶׁל הַתְּפִלָּה הַקְּדוֹשָׁה, וְלֹא יֵצֵא שׁוּם דִּבּוּר מִפִּי בִּתְפִלָּתִי שֶׁלֹּא בְּכַוָּנָה. וְאַשְׁמִיעַ לְאָזְנַי הֵיטֵב הֵיטֵב מַה שֶּׁאֲנִי מוֹצִיא מִפִּי בִּתְפִלָּתִי וּתְחִנָּתִי וּבַקָּשָׁתִי, וּבְכָל מִינֵי שִׁירוֹת וְתִשְׁבָּחוֹת וְהוֹדָאוֹת, שֶׁאֶזְכֶּה לְסַדֵּר לְפָנֶיךָ בְּכָל יוֹם תָּמִיד. וּתְזַכֵּנִי לְמַיֵּין מְתִיקִין עַד שֶׁאֶזְכֶּה לְהַרְגִּישׁ מְתִיקַת וַעֲרֵבוּת וּנְעִימוּת דִּבּוּרֵי הַתְּפִלָּה הַקְּדוֹשָׁה. וְאֶזְכֶּה לְהַרְגִּישׁ מְתִיקוּת כָּל דִּבּוּר וְדִבּוּר שֶׁל הַתְּפִלָּה בְּתוֹךְ כָּל עַצְמוֹתַי. וִידֻשְּׁנוּ כָּל עַצְמוֹתַי עַל יְדֵי דִּבּוּרֵי הַתְּפִלָּה הַקְּדוֹשִׁים. וְאֶזְכֶּה לְקַיֵּם בֶּאֱמֶת מִקְרָא שֶׁכָּתוּב: ״כָּל עַצְמוֹתַי תֹּאמַרְנָה

יְהוָה מִי כָמוֹךָ, מַצִּיל עָנִי מֵחָזָק מִמֶּנּוּ וְעָנִי וְאֶבְיוֹן מִגֹּזְלוֹ". וְתַעֲלֶה תְּפִלָּתִי לְפָנֶיךָ לְרַחֲמִים וּלְרָצוֹן לִפְנֵי כִּסֵּא כְבוֹדֶךָ. וְיֵרֵד אַרְיֵה שֶׁבַּמֶּרְכָּבָה הָעֶלְיוֹנָה הַקְּדוֹשָׁה לֶאֱכֹל אֶת תְּפִלָּתִי וּלְהַעֲלוֹתָהּ לִפְנֵי כִּסֵּא כְבוֹדֶךָ. וּבְרַחֲמֶיךָ הָרַבִּים תַּצִּיל אֶת תְּפִלָּתִי מִן הַכְּלָבִים עַזֵּי נֶפֶשׁ שֶׁלֹּא יִטְרוֹפוּ אֶת תְּפִלָּתִי חַס וְשָׁלוֹם. וְתַצִּילֵנִי מֵעַזֵּי פָנִים וּמֵעַזּוּת פָּנִים. שֶׁלֹּא יִתְגָּרוּ בִּתְפִלָּתִי עַזֵּי פָנִים שֶׁבַּדּוֹר, וְלֹא יַחֲלוֹקוּ עַל תְּפִלָּתִי. וְתִתֶּן לָנוּ כֹּחַ לַעֲמֹד כְּנֶגֶד הָעַזֵּי פָנִים שֶׁבַּדּוֹר. הַחוֹלְקִים וּמְקַטְרְגִים עַל תְּפִלָּתֵנוּ. וְרוֹצִים לְבַלְבֵּל אוֹתָנוּ מִתְּפִלָּתֵינוּ חַס וְשָׁלוֹם. וְתַעַזְרֵנוּ לְהַכְנִיעָם וּלְשַׁבְּרָם וּלְהַשְׁפִּילָם עַד עָפָר. כֻּלָּם יִכְרְעוּ וְיִפְּלוּ לְפָנֵינוּ, וְיָשׁוּבוּ אֵלֶיךָ בֶּאֱמֶת וְיַכִּירוּ כֹּחַ מַלְכוּתֶךָ, כִּי אַתָּה יָדַעְתָּ כִּי אֵין בָּנוּ כֹּחַ לַעֲמֹד כְּנֶגְדָּם, כִּי אִם בְּרַחֲמֶיךָ הָרַבִּים וּבְכֹחֲךָ הַגָּדוֹל, וּבְכֹחַ וּזְכוּת הַצַּדִּיקִים הָאֲמִתִּיִּים, אֲשֶׁר עָסְקוּ בִּתְפִלָּה כָּל יְמֵיהֶם, אֲשֶׁר כֹּחַ קְדֻשָּׁתָם יְכוֹלָה לְהָגֵן גַּם עָלֵינוּ שֶׁנִּזְכֶּה בִּזְכוּתָם לְקַדֵּשׁ וּלְטַהֵר עַצְמֵנוּ בִּקְדֻשָּׁה גְדוֹלָה בֶּאֱמֶת, וּלְהִתְפַּלֵּל בְּכַוָּנָה גְדוֹלָה וּבִמְסִירַת נֶפֶשׁ וּבְשִׂמְחָה רַבָּה, וּלְהַצִּיל אֶת תְּפִלָּתֵנוּ מִן כָּל הָעַזֵּי פָנִים שֶׁבַּדּוֹר. "מְקִימִי מֵעָפָר דָּל מֵאַשְׁפּוֹת יָרִים אֶבְיוֹן", חוּס וְחָנֵּנוּ וַחֲמֹל עָלֵינוּ, וּמַלֵּא מִשְׁאֲלוֹתֵינוּ בְּרַחֲמִים לְמַעַן שִׁמְךָ הַגָּדוֹל וְהַקָּדוֹשׁ שֶׁנִּקְרָא עָלֵינוּ, כִּי שִׁמְךָ מְשֻׁתָּף בִּשְׁמֵנוּ:

וּבְכֵן תְּרַחֵם עָלַי, וּתְזַכֵּנִי וְתוֹרֵנִי וּתְלַמְּדֵנִי, שֶׁאֶזְכֶּה לֵידַע בֶּאֱמֶת אֵיךְ לְהִתְנַהֵג בְּעִנְיַן הַתַּעֲנִיּוֹת שֶׁאֲנִי מְחֻיָּב לְהִתְעַנּוֹת בִּשְׁבִיל תְּשׁוּבָה עַל עֲוֹנוֹתַי הָרַבִּים. כִּי אַתָּה לְבַד יָדַעְתָּ אֶת כָּל הַמְּנִיעוֹת וְכָל הַסְּפֵקוֹת וְהַבִּלְבּוּלִים שֶׁיֵּשׁ לִי עַל זֶה, עַד שֶׁאֵינִי יוֹדֵעַ לָתֵת עֵצוֹת בְּנַפְשִׁי כְּלָל בְּעִנְיָן זֶה שֶׁל תַּעֲנִיּוֹת. וְאַתָּה יוֹדֵעַ כַּמָּה אֲנִי צָרִיךְ לְהִתְעַנּוֹת עַד אֲשֶׁר כָּל יָמַי לֹא יַסְפִּיקוּ לִי לְהִתְעַנּוֹת חֵלֶק אֶחָד מֵאֶלֶף וּרְבָבָה מִמַּה שֶׁאֲנִי צָרִיךְ לְהִתְעַנּוֹת עַל תִּקּוּן חֵטְא וּפְגַם אֶחָד מֵחֲטָאַי וּפְשָׁעַי וּפְגָמַי הַמְרֻבִּים מְאֹד. וְאֵין אִתָּנוּ יוֹדֵעַ עַד מָה, לַחֲשֹׁב מַחֲשָׁבוֹת לְיַשֵּׁב דַּעְתֵּנוּ כְּלָל בְּעִנְיָן זֶה, כַּאֲשֶׁר נִגְלֶה לְפָנֶיךָ אֲדוֹן כֹּל. חוּס וְחָנֵּנִי וְרַחֵם עָלַי, וְהַדְרִיכֵנִי בַּאֲמִתְּךָ וְלַמְּדֵנִי הָאֱמֶת לַאֲמִתּוֹ אֵיךְ לְהִתְנַהֵג בְּעִנְיָן זֶה, וּבְכָל הָעִנְיָנִים וְהַהַנְהָגוֹת שֶׁבָּעוֹלָם, בְּאֹפֶן שֶׁאֶזְכֶּה לָצֵאת מֵרַע לְטוֹב, מֵחֹשֶׁךְ לְאוֹר גָּדוֹל, וְלָשׁוּב בִּתְשׁוּבָה שְׁלֵמָה לְפָנֶיךָ בֶּאֱמֶת וּבְלֵב שָׁלֵם. וְאֶזְכֶּה לִהְיוֹת כָּל יָמַי בִּתְשׁוּבָה בִּקְדֻשָּׁה וּבְטָהֳרָה גְדוֹלָה בֶּאֱמֶת:

וּתְזַכֵּנִי שֶׁתִּהְיֶה אֲכִילָתִי בִּקְדֻשָּׁה וּבְטָהֳרָה גְדוֹלָה. בְּלִי שׁוּם תַּאֲוַת הַגּוּף כְּלָל, רַק לֶאֱכֹל מְעַט בִּקְדֻשָּׁה גְדוֹלָה לְהַשְׂבִּיעַ נַפְשִׁי דִּקְדֻשָּׁה. וְאֶזְכֶּה לִהְיוֹת בִּכְלַל הַצַּדִּיקִים הָאוֹכְלִים לְשֹׂבַע נַפְשָׁם דִּקְדֻשָּׁה. כְּמוֹ

שֶׁכָּתוּב: "צַדִּיק אוֹכֵל לְשֹׂבַע נַפְשׁוֹ". רִבּוֹנוֹ שֶׁל עוֹלָם מָרֵא דְעָלְמָא כֻּלָּא, שִׁטַּחְתִּי אֵלֶיךָ כַּפַּי לְךָ לְבַד עֵינַי תְּלוּיוֹת, לְךָ לְבַד רַעְיוֹנַי צוֹפִיּוֹת, לְמַתְּנַת חִנָּם לְנִדְבַת חֶסֶד לִתְשׁוּעַת יְהֹוָה, עֵינַי מְיַחֲלוֹת וְדוֹמִיּוֹת. "צָפוּ מַיִם עַל רֹאשִׁי אָמַרְתִּי נִגְזָרְתִּי. קָרָאתִי שִׁמְךָ יְהֹוָה מִבּוֹר תַּחְתִּיּוֹת. מִבֶּטֶן שְׁאוֹל שִׁוַּעְתִּי שָׁמַעְתָּ קוֹלִי. קוֹלִי שָׁמָעְתָּ אַל תַּעְלֵם אָזְנְךָ לְרַוְחָתִי לְשַׁוְעָתִי". וְאֵשֵׁב וַאֲיַחֵל וַאֲצַפֶּה לְרַחֲמֶיךָ "עַד יַשְׁקִיף וְיֵרֶא יְהֹוָה מִשָּׁמָיִם". עָזְרֵנִי כִּי עָלֶיךָ נִשְׁעַנְתִּי. "עֵינַי תָּמִיד אֶל יְהֹוָה כִּי הוּא יוֹצִיא מֵרֶשֶׁת רַגְלָי". יִשְׁלַח עֶזְרִי מִקֹּדֶשׁ, וּמִצִּיּוֹן יִסְעָדֵנִי. וּמִכָּל מִינֵי טֻמְאוֹת וְזֻהֲמוֹת מְהֵרָה יוֹצִיאֵנִי, וּבְכָל מִינֵי קְדֻשּׁוֹת יְקַדְּשֵׁנִי. וּלְכָל מִינֵי תְּשׁוּבוֹת בֶּאֱמֶת יְזַכֵּנִי, וּלְחַיִּים טוֹבִים חַיִּים אֲרוּכִים חַיִּים נִצְחִיִּים מְהֵרָה יַגִּיעֵנִי. וְלָאָרֶץ הַקְּדוֹשָׁה חוּשָׁה מְהֵרָה יְבִיאֵנִי. וּבְכָל הַתִּקּוּנִים יְתַקְּנֵנִי, וּמֵרִיב לְשׁוֹנוֹת בְּסֻכּוֹ יִצְפְּנֵנִי. "אַל תַּשְׁלִיכֵנִי לְעֵת זִקְנָה כִּכְלוֹת כֹּחִי אַל תַּעַזְבֵנִי. אַל תַּשְׁלִיכֵנִי מִלְּפָנֶיךָ וְרוּחַ קָדְשְׁךָ אַל תִּקַּח מִמֶּנִּי. אַל תַּעַזְבֵנִי יְהֹוָה, אֱלֹהַי אַל תִּרְחַק מִמֶּנִּי. חוּשָׁה לְעֶזְרָתִי יְהֹוָה תְּשׁוּעָתִי. יִהְיוּ לְרָצוֹן אִמְרֵי פִי וְהֶגְיוֹן לִבִּי לְפָנֶיךָ יְהֹוָה צוּרִי וְגוֹאֲלִי". אָמֵן וְאָמֵן:

ואלו התפלות השייכים לזמני השנה שבת ויו"ט ור"ח וכו'.

לשבת: יט, כז, לא, לח, מט, נז, נח, נט, פא, צו, קז, קלח. ח"ב. ב, יג, כח, לג, מב.

לראש חדש: י.

לחודש ניסן: מט, ע. ח"ב. ה.

לפסח: ה בהשמטה. כ, ח"ב, א, לז, מב.

לימי הספירה: י. ח"ב: לו.

לחודש אייר: קז.

לל"ג בעומר, הילולא דרשב"י: ח"ב. מז.

לשבועות: נו. ח"ב: א.

לבין המצרים: קמב. ח"ב: לג.

לחודש אלול: ו. פה. ח"ב: מא, מד, נז.

לחודש תשרי: מט.

לראש השנה: כב, לה, מב, סא, עו. ח"ב: א, ה, ו ח, כט, מד, נז.

לעשרת ימי תשובה: ח"ב. ה.

ליום הסליחה של שלש עשרה מדות: ח"ב. מח.

ליום כפור: כב, קג. ח"ב: ה, ז, נד, נז.

לסוכות: כא, מח, קמה. ח"ב: א, ה, נז.

אתרוג ומיניו: ח"ב: לג, נז.

להושענא רבא: צג.

לשמיני עצרת: ח"ב: ה.

לשמחת תורה: צג, קמה.

לחנוכה: יד, ח"ב: ז.

לז אדר הילולא דמשה רבינו ע"ה: יח, ל, לו, מג, סד, פא, צא, צט, קד, קט, קכט. ח"ב: ז, כ, כג, כח, לה, מא.

לתענית אסתר: ח"ב: לז.

לפורים: י, נו, ח"ב: לז.

לכלליות יו"ט: ל, צט, קא, קמ. ח"ב: א, ד.

MW01554702

הספר הקדוש הזה
נדפס
לעילוי נשמת

הגאון הצדיק
רבי מנחם זאב זי"ע
בן הגאון הקדוש
רבי אלכסנדר זישא
הי"ד
נפטר ד' בתשרי ה'תשס"ג

ת. נ. צ. ב. ה.